D1205984

DAVID BOWIE

Une étrange fascination

David BUCKLEY

DAVID BOWIE

Une étrange fascination

Traduit de l'anglais
par Florence Bertrand

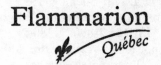

Flammarion
Québec

Catalogage avant publication de la Bibliothèque nationale du Canada

Buckley, David, 1965-

David Bowie : une étrange fascination

Traduction de : Strange fascination.

ISBN 2-89077-280-2

1. Bowie, David. 2. Musiciens rock — Grande-Bretagne — Biographies. I. Titre.
ML420.B686B9214 2004   782.42166'092   C2004-941162-4

Titre original : *Strange Fascination, David Bowie : The Definitive Story*
Éditeur original : Virgin Books Ltd
© David Buckley, 1999
© 2004, Flammarion Québec pour l'édition canadienne
ISBN : 2-89077-280-2
Dépôt légal : 4ᵉ trimestre 2004
Imprimé en France

Introduction

MONTRONS NOS COULEURS

Peut-être que seul un fan aurait encore
des choses intéressantes à dire au sujet de David Bowie.
Ian Penman, *Guardian*, 27 novembre 1996.

David Bowie entre dans sa cinquième décennie en tant qu'artiste pop, pendant trente ans, il a été une des rock stars les plus photographiées, adulées, imitées, admirées et commentées de la période post-Beatles. Il a aussi été la plus diffamée, la plus haïe, la plus ridiculisée. Il a été accusé d'être un tricheur, un escroc, un tyran obsédé par l'argent et même un touriste sexuel. Il n'est rien de moins que le premier antihéros du vingt et unième siècle, un hérétique héroïque qui, ayant redéfini la notion de star dans les années 70, est devenu une icône de la pop mainstream dans les années 80, puis s'est réinventé en esthète culturel dans les années 90. Il est sans doute, avec Neil Young, Lou Reed et Iggy Pop, la seule pop star de la fin des années 60 et 70 qui puisse mériter notre respect de par la qualité de sa musique. Aucun de ses contemporains n'a jamais été une pop star aussi populaire que Bowie. Peut-être que, comme pour la musique pop elle-même, ses plus belles années de révolte et d'innovation sont révolues. Mais son impact sur la musique pop a été sismique. *David Bowie, une étrange fascination* tente d'expliquer pourquoi.

D'abord éclipsé par Marc Bolan, Bowie fut ensuite, deux ans durant (1972 et 1973), la plus grande pop star du Royaume-Uni. Depuis, il a connu des fortunes diverses, mais il a toujours pu compter sur une communauté de fidèles fanatiques, une troupe apparemment inépuisable de vaillants supporters qui font toujours de lui la plus grande icône de la pop. Son œuvre dans la deuxième moitié des années 70 a affermi sa réputation de gourou du style, d'homme qui, selon la légende, a toujours une longueur d'avance sur ses concurrents. Ce que Bowie faisait une année, le monde entier le faisait l'année suivante. Il réunissait puissance commerciale et prestige artistique. Au début des années 80, alors qu'il semblait sur le déclin, il devint à la mode de dénigrer ses succès, de descendre en flammes chaque nouvel album – qu'il soit bon, mauvais ou ordinaire – dès sa sortie. Bowie s'est sans doute trouvé en butte à plus de mesquines vendettas littéraires qu'aucune autre figure de la pop. Au milieu des années 90, il se trouva partiellement réhabilité, et, à l'heure actuelle, il est redevenu l'un des artistes les plus respectés de la musique contemporaine (à défaut d'être le plus vendu).

Pourtant, contrairement à Dylan, Lennon, Zappa, Prince, Kraftwerk, Bolan et les Sex Pistols, tous des acteurs majeurs de la pop post rock'n'roll, l'œuvre de Bowie n'a jamais fait l'objet d'un ouvrage complet (contrairement à sa vie privée).

Il y a toutefois beaucoup plus de hauts que de bas dans la carrière de Bowie. Il propulsa le glam rock à de nouveaux sommets, et fut le premier dans la pop à jouer des personnages, mariant théâtre et musique en un spectacle fluide et puissant. Puis il fit découvrir les sons plus actuels de la musique noire américaine au public britannique blanc, établissant une tradition de soul aux yeux bleus dans les charts du Royaume-Uni. Un peu plus tard, avec la collaboration de Brian Eno et de Tony Visconti, il introduisit sous la bannière du rock les œuvres d'art moderne les plus ambitieuses qu'on puisse imaginer. Un peu plus tard encore, il fut le pionnier du mariage de la pop et de la vidéo, et produisit une série de clips extraordinairement inventifs. Aucune autre pop star de la génération de Bowie n'a surmonté le déclin presque inévitable de créativité qui survient tôt ou tard et il conçut par la suite des albums aussi expérimentaux et flamboyants qu'*Outside* et *Earthling*. Et même ses occasionnels échecs sont toujours intéressants, ce qui est le propre d'un grand artiste.

Ce livre a été écrit par un fan absolu de Bowie, mais qui peut être parfois sévère, un homme qui a soutenu Bowie, depuis plus de vingt-cinq ans, financièrement aussi, même pendant ses heures les plus sombres. Les récits de ses proches et des tabloïds ont invariablement présenté Bowie comme un pervers sexuel drogué plutôt que comme un des artistes les plus importants du vingtième siècle. Cet ouvrage entend ne s'intéresser qu'à l'œuvre de Bowie. Le livre s'adresse avant tout à ses fans. Il est aussi écrit pour ceux qui voudraient avoir plus d'information sur son travail, et non pas le détail de ses ébats amoureux avec Jagger. Le travail de Bowie a affecté tant de domaines de la culture populaire que son importance dépasse de loin le cadre de ses fans.

Ce livre traite aussi de ses chansons, de ses films, les meilleurs comme les moins bons ; des personnes qui l'ont influencé, et de celles qu'il a influencées. Il évoque ses excellentes performances et ses clips brillants, sa maîtrise du travail en studio, son style vocal, ses idées (sur le sexe et le reste), et ses fans. Il traite surtout de la tradition d'ironie et de théâtralité propre à la musique populaire britannique. Il s'adresse à ceux qui ne sont pas gênés de voir le stimulus auditif enveloppé d'une information visuelle aussi puissante que la musique qu'elle accompagne, non à ceux qui recherchent dans la pop un son pur dépourvu de vision. A une époque où la relation fan/star se fait plus égalitaire, où la *dance* est dominée par le culte de l'anonymat, et où le rocker moyen se targue d'être un homme comme les autres, *David Bowie, une étrange fascination* s'adresse à tous ceux qui veulent que leurs stars soient moins comme eux et plus proches des personnages qu'ils rêvent d'être.

Pour de nombreux jeunes des années 70 et 80, David Bowie était la seule rock star qui comptait réellement. Durant cette période, il était omnipotent sans jamais être omniprésent. Il a peut-être fait couler plus d'encre que n'importe quelle autre pop star de l'époque, au Royaume-Uni tout au moins. Sa musique et ses personnages ont fait délirer des légions de scribes du rock, et ses passe-temps hors du commun ainsi que son aspect photogénique lui ont valu de faire la couverture des tabloïds pendant plus d'une décennie. Il était sérieux et tape-à-l'œil, manipulateur et manipulé, et (pour un temps, tout au moins) à la fois homme et femme – au sens figuré, bien entendu. En dépit de ce fatras de commentaires, une impression justifiée de manque semblait d'une certaine façon le rendre inaccessible, tout au moins pour ses fans. Bien que des quantités astronomiques d'albums (70 millions en 1995) et de singles aient été vendus, les apparitions de Bowie à la télévision étaient rares. Dans les années 70, on ne le vit que deux fois à *Top of the Pops*, le rendez-vous du jeudi soir, pourtant si important dans la conscience collective adolescente.

Bowie était à peine plus visible en chair et en os. En avril 1974, deux ans après sa grande percée, il quitta la Grande-Bretagne pour New York, puis pour LA, avant de s'installer en Suisse, puis à Berlin jusqu'à la fin de la décennie. Ses tournées furent somme toute assez peu fréquentes. Certes, il parada avec panache dans le rôle de Ziggy Stardust en 1972 et pendant la première moitié de 1973. Mais par la suite, il ne donna que dix-neuf concerts au Royaume-Uni en dix ans. Quant aux Australiens et aux Néo-Zélandais, ils n'eurent que huit occasions de le voir en concert, toutes pendant la même année, 1978. Le Japon, un des plus grands marchés de Bowie, ne fut honoré de sa présence que treize fois en dix ans. Il n'est pas étonnant que la demande de billets ait été colossale quand Bowie décida de relancer sa carrière en 1983, et que la tournée *Serious Moonlight* ait battu tous les records de demande de billets dans l'histoire du rock jusqu'à l'avènement d'Oasis dans les années 1990.

Bowie attirait tous les jeunes qui ne se satisfaisaient pas de la dévotion au mainstream. Si aimer les Osmonds, Bay City rollers ou même Gary Numan, était à la mode, les fans de Bowie, eux, se considéraient comme une race à part. Ils soutinrent Bowie avec constance, le considérant comme un *artiste sérieux*. On a beaucoup écrit sur le côté artificiel de Bowie, mais ses fidèles le voyaient comme quelqu'un d'authentique, à l'écart de la pop mainstream en dépit de ses nombreuses mélodies à succès.

Après que son héritage a été terni dans les années 80, après le copinage avec les célébrités et les albums superficiels et insipides du milieu des années 80, il est difficile d'imaginer que Bowie ait eu un jour une telle influence sur ses ouailles. C'est pourtant le cas, et, malgré ce qu'on peut lire dans les pages des magazines de mode et dans la presse musicale, Bowie a eu plus d'influence sur la vie des jeunes au Royaume-Uni qu'aucune autre pop star, morte ou vivante, et ce, pendant plus longtemps que les Beatles eux-mêmes. Entre 1972 et 1983, Bowie n'était pas simplement aimé ou admiré. Au Royaume-Uni, tout au moins, il était adulé.

Il suffit pour s'en convaincre d'examiner les groupes de rock et de pop dont le travail s'est inspiré – consciemment ou non – de celui de Bowie, ou qui ont décidé de faire de la musique pour suivre son exemple. Le punk n'aurait pu exister comme il l'a fait sans l'apport crucial d'un groupe de fans de Bowie (Siouxsie Sioux, Billy Idol, etc.). Johnny Rotten, qui, hormis *Rebel Rebel*, détestait Bowie, lui emprunta néanmoins sa coupe de cheveux, tandis que Sid Vicious fut une victime de Bowie avant d'être une victime du rock. Dans l'Angleterre des années 70, légion sont ceux qui ont été influencés par Bowie : Ian McCulloch d'Echo & the Bunnymen, Holly Johnson, Boy George, Morrissey, Kate Bush (qui lui emprunta même son professeur de mime, Lindsay Kemp), Gary Numan (qui s'appropria l'éclairage de Bowie, son sang-froid et sa moue) ; pratiquement tous les nouveaux romantiques ; les chanteurs souls gominés de l'ère New-Pop (ABC, Associates, Spandau Ballet), sans compter les duos pop-synthé (Soft Cell, les Pet Shop Boys, Eurythmics). En Amérique, les trois plus grandes idoles des années 80, Madonna, Prince, et Michael Jackson ont largement emprunté l'aspect caméléon de Bowie (Madonna a confessé qu'elle avait décidé d'être une star en assistant à un concert de Ziggy à l'âge de quinze ans). Dans les années 90, des groupes britanniques tels que Suede (avec leur imitation très professionnelle du transvestisme de l'ère Ziggy), et américains (Nine Inch Nails, Nirvana, The Smashing Pumpkins), et – surtout –, Marylin Manson, ont rendu hommage au passé de Bowie. Et contrairement à ce qu'ont dit les médias sur l'impeccable pedigree Beatles et Kinks de la Britpop, celle-ci aussi a tiré son chapeau à la Dame. En 1997, Oasis a été classé numéro 3 au Royaume-Uni avec le single *Stand By Me*, dont le refrain reprenait intégralement le riff de *All The Young Dudes*, tandis que Blur aurait, dit-on, discrètement versé des dommages et intérêts à Bowie pour avoir utilisé sciemment *Boys Keep Swinging* dans leur excellente parodie/hommage *M.O.R.*

En bref, l'héritage de Bowie est impressionnant. Comme le disait Bono en plaisantant pendant l'hommage rendu à Bowie par Radio 1 à l'occasion de son cinquantième anniversaire, « On devrait tous faire la queue pour te lécher le cul. » « Toi le premier », rétorqua Bowie, conscient du fait que l'album de U2, *Achtung Baby* (enregistré avec Eno aux studios Hansa à Berlin, là où Bowie avait chanté *Heroes* pour la première fois), et leur passage d'un *stadium rock* éculé au bricolage post-moderne devait beaucoup à son propre travail.

Il n'est guère surprenant que Bowie ait eu une telle influence sur les autres musiciens. Ses enregistrements constituent une somme de travail époustouflante : ils sont riches, excitants, drôles, mystérieux, profondément émouvants, et mêlent pop, *ambient*, rock, soul, jazz, folk, techno, *jungle* (en 1997, il exécuta même une version country de *Scary Monsters* aux États-Unis – un moment inouï parmi d'autres dans cette extraordinaire carrière rock). L'exemple de Bowie offrait la preuve que les changements rapides d'image et de musique, bien conçus et impeccablement présentés, pouvaient être la clé de la longévité d'une carrière. Dans son sillage les stars devinrent des hommes d'affaires, conscients de l'importance du clip en tant qu'« emballage » de la pop. La carrière de Bowie était centrée sur la promotion de soi, défendait toute une philosophie avec la musique. Le message était clair : pour réussir dans le marché de la pop, il fallait prendre le contrôle de tout. Bowie écrivait ou co-écrivait la plupart de ses chansons, les chantait, les jouait, contribuait souvent à la conception des pochettes, choisissait son équipe, participait à la création artistique des tournées, avait son mot à dire sur les clips, surveillait de près les produits dérivés, restreignait jalousement l'accès des médias à sa propre personne. Vers le milieu des années 70, Bowie avait même appris à se passer de manager, gérant ses affaires lui-même avec l'aide d'avocats et d'assistants personnels. Intelligent, avisé, sexy et immensément talentueux, Bowie a apporté la preuve que, pour rester parmi les grands, il est nécessaire d'évoluer.

Alors que les autres stars du rock admiraient sa musique, son sens du style et des affaires, ce qui comptait avant tout pour ses fans était qu'il reflétait directement leurs propres vie et intellect. Bowie n'était pas tout à fait assez original pour être un vrai intellectuel (comme Eno), pas assez authentique pour être un vrai rocker (comme Jagger), et trop viril pour être un franc travesti (comme Wayne County). Au lieu de quoi il était, et reste, l'incarnation parfaite de la pop star *éclectique*, une création médiatique de notre temps, sérieuse et profonde, et en même temps frivole et superficielle. Il a inventé le multi-média à lui tout seul, des années avant que la technologie apporte l'« interactivité » dans nos foyers. Bowie était la preuve vivante que nos personnalités sont en mouvement permanent, évoluent et se transforment perpétuellement, ne sont pas irrémédiablement fixées par l'âge, la classe sociale ou le sexe. Ses changements de personnalité dans les années 70, à commencer par Ziggy, étaient la manifestation médiatique d'un processus que nous accomplissons tous, une sorte de tri effectué afin de produire de nouvelles versions de nous-mêmes, qu'on espère meilleures, à livrer aux autres. Il n'y a pas de version définitive de Bowie. Pour chaque adolescent qui se considérait incomplet, peut-être pas très satisfait de son sort, n'aimant pas la façon dont fonctionnait la société mais qui ne pouvait articuler son sentiment de malaise, Bowie était l'arme parfaite. Il n'est pas étonnant que tant de punks aient commencé par être des fans de Bowie.

A tous ceux qui avaient des doutes sur leur sexualité ou qui envisageaient avec angoisse leur « coming out », Bowie disait au moins que quelqu'un (et, de plus, quelqu'un de cool et de talentueux) les écoutait :

You got your mother in a whirl
She's not sure whether you're a boy or a girl

« Ta mère est toute retournée
Elle ne sait pas si tu es un garçon ou une fille »
Rebel Rebel, 1974.

Avec des paroles aussi simples (voire simplistes), Bowie (et la pop en général, quand elle est bonne) a changé la vie des gens. Pour tous ceux qui se sentaient perdus, à l'écart, isolés ou tristes, Bowie apportait la thérapie par la pop :

You're not alone
Gimme your hands
'Cos you're wonderful

« Tu n'es pas seul
Donne-moi tes mains
Parce que tu es merveilleux »
Rock'n'roll Suicide, 1972.

Dans les années 70, Bowie était la manifestation de la pop en tant que rite salvateur. Il devint le sorcier du rock'n'roll, apportant son secours à ses frères « malades ». Beaucoup dépendaient de son succès, et exigeaient de lui des efforts de création de plus en plus grands, de plus en plus ambitieux. De plus, Bowie était indéniablement sexy, cool, choquant, et amusant. Pendant toutes les années 70, il fut la coqueluche des adolescentes, public crucial pour tout artiste désireux de percer dans le mainstream.

Bowie a stimulé et changé les esprits. Il les a ouverts à des domaines entiers de la culture populaire. Ses fans se sont appropriés ses obsessions littéraires ou musicales. Des milliers de gens n'auraient jamais lu Burroughs ni *Lhassa, le Tibet disparu*, ni écouté la musique de Kraftwerk, Eno, Human League ou encore Placebo, sans l'influence de Bowie. L'obsession qu'il a suscitée chez certains de ses fans les a entraînés vers une dangereuse mythomanie. Non seulement certaines personnes voulaient être lui, être avec lui, le toucher, coucher avec lui, mais une minorité s'imaginait qu'elle *était* lui, ou sa réincarnation. Pendant toute une décennie, Bowie a surpassé tous ses concurrents ; il a pris son public de vitesse, l'a emmené trop loin, trop vite.

Bowie était important alors, et, pour des raisons différentes, il l'est toujours aujourd'hui. Ce livre offre au lecteur une grande partie des témoignages disponibles. C'est le premier ouvrage consacré à Bowie qui s'inspire d'interviews majeures avec presque tous les acteurs principaux de la carrière de Bowie. Ken Scott et Tony Visconti, à eux deux coproducteurs de plus de la moitié des albums de Bowie, ont fourni des informations exclusives. Carlos Alomar, qui, après avoir travaillé avec Bowie durant presque treize ans sans interruption dans les années 70 et 80, l'a rejoint pour le projet *Outside*, et Reeves Gabrels, qui a écrit avec Bowie pendant la dernière décennie, ont pu s'exprimer ici. Ce livre est donc le tableau le plus complet de l'œuvre de Bowie jusqu'à présent.

Il examine aussi la version médiatique de David Bowie – David Bowie « fictif », la version qu'il nous autorise à filmer, à interviewer, à voir sur scène. Contrairement à la plupart des textes existants, ce livre ne se concentre pas sur le personnage « privé » de Bowie. Peu de gens connaissent le David Robert Jones père d'âge mûr qui mange, boit, dort et respire. « David Bowie » lui-même est essentiellement une créature médiatique, la plus époustouflante rock star jamais créée, et ne représente qu'indirectement la personnalité de David Jones. La plupart des musiciens qui ont passé des mois en tournée avec Bowie ne le connaissent pas vraiment, tant il s'abrite derrière un réseau d'aides, d'assistants et de gardes du corps, jouant son rôle de superstar. « Il est très isolé, a déclaré Adrian Belew en 1978. Je ne connais personne dans le monde du rock qui le soit davantage. Quelquefois je me demandais : "Pourquoi cherchent-ils à le protéger de *moi* ? Je fais partie de cette tournée." Les barrières érigées par Bowie pour se protéger, surtout depuis 1980 (après le 9 décembre 1980 pour être précis), régulent sévèrement le contact qu'il a avec ses collègues et son public. Un tel système de « soutien » est peut-être une conséquence inévitable de la gloire internationale, mais avec Bowie on devine que ces défenses font partie de la mystification qui est au centre de son œuvre. Le camouflage et la désinformation font partie de son art. Même quand, à la fin des années 90, il a organisé une série de forums sur Internet, ses réponses prenaient souvent la forme de plaisanteries énigmatiques, de dérobades délibérées et d'aphorismes spirituels (comédien né, Bowie a un véritable talent pour ce genre de choses). Bowie adore jouer à être une star de rock, le fait brillamment, et se moque de lui-même avec non moins de brio.

Ce « docudrame » délibérément choisi comme mode de vie est précisément ce qui rend hors sujet beaucoup des biographies qui lui ont été consacrées : elles essaient de créer des vérités à partir de constructions médiatiques. *David Bowie, une étrange fascination* analyse les mêmes documents (et beaucoup d'autres), mais au lieu de considérer que le biographe a pour mission de révéler la vérité, le livre accepte – mieux, il célèbre – les tromperies de Bowie. Cependant, il suggère aussi que ce monstre médiatique fictif, tel qu'il apparaît à travers son œuvre commercialisée, n'est en fait qu'un élément d'une histoire créative encore plus fascinante. La version de Bowie donnée dans la chronologie bien précise des biographies existantes ou suggérée par l'assemblage des CD dans les magasins de disques n'est pas une version dans laquelle l'artiste se reconnaîtrait. Pour chaque album, chaque concert, chaque prestation télévisée, il y a une chanson inachevée, une idée non réalisée, un joyau jamais découvert. Il est triste de penser que les fans de Bowie devront sans doute attendre sa mort pour découvrir ces chansons. Quantité d'excellentes images d'archives des tournées principales, d'innombrables chutes et des chansons inédites, des cassettes audio et des expériences vidéo restent enfermées dans les coffres de Bowie, pour être exhumées par les nécrophages du siècle à venir.

Très peu de gens connaissent le « vrai » David Jones qui se cache derrière le David Bowie inventé. L'on soupçonne même que lui-

14

même ignore qui il est vraiment. Ce que nous savons, en revanche, c'est que toute sa carrière est la représentation médiatique de la quête d'une certaine identité spirituelle. Bowie a utilisé les médias comme *thérapie*. Ses disques sont l'expression d'une blessure, d'une douleur, et d'un doute – ils rendent publique une souffrance personnelle. Tout au long de son parcours, il a créé des chansons pop qui comptent parmi les meilleures jamais écrites. Cet ouvrage explore sa créativité stupéfiante, son immense talent théâtral, et son désir presque pathologique de rester un artiste d'actualité, un artiste d'avant-garde.

PREMIÈRE PARTIE

1947-1974

1

ELVIS EST ANGLAIS, 1947-1970

Elvis is English and climbs the hills
Elvis est anglais et escalade les collines.
The Buddha of Suburbia, David Bowie, 1993.

Vous devez penser que nous, qui ne sommes pas de la ville, nous sommes de drôles de cinglés. Eh bien, je suppose que vous avez raison. Ha ha ha ha, oui nous dansons un furieux ennui.
Extrait d'une lettre de Bowie à John Peel, DJ de Radio 1, 1969.

David Bowie, héros de la musique pop, n'aurait pu appartenir à aucune autre époque, à aucun autre lieu que l'Angleterre d'après-guerre. C'est contre le profond sentiment d'ennui qui pesait sur les classes moyennes dans les années 50, l'austérité, la déférence et la médiocrité qui caractérisaient leur quotidien, que Bowie et avec lui une génération entière de jeunes issus du baby-boom se sont rebellés dans les années 60. La révolte de Bowie, comme celle de quelques autres qui avaient la chance d'avoir un exutoire à leur frustration, a pu s'exprimer à travers sa musique et ses concerts.

Bowie, de son vrai nom David Robert Jones, est né le 8 janvier 1947, douze ans jour pour jour après l'un de ses premiers héros, Elvis Presley. Le futur dieu du rock fit sa première apparition en public chez lui, au 40, Stansfield Road, dans le quartier de Brixton, à Londres, devant une sage-femme extralucide qui aurait déclaré : « Cet enfant est déjà venu sur terre », à l'instant où il naissait. Si les accouchements à domicile étaient monnaie courante à l'époque, le

19

fait que les parents de David n'étaient pas mariés ne manqua pas en revanche de susciter quelques haussements de sourcils dans le voisinage.

Le père de David, Haywood Stanton Jones (surnommé John Jones), né en 1912 à Doncaster dans le Yorkshire, était le fils d'un fabricant de chaussures, et travaillait au service marketing de l'association caritative du Dr Barnardo. Il avait une fille, Annette, née d'un premier mariage avec une chanteuse de cabaret, et avait combattu dans les rangs de l'armée britannique en Afrique du Nord pendant la Seconde Guerre mondiale. C'était un homme aimable, de tempérament calme et réservé. Sa mère, Margaret Mary Burns (connue sous le nom de Peggy), âgée de 32 ans à la naissance de Bowie, était ouvreuse au cinéma du quartier. Elle avait également un autre enfant, Terry, né en 1937 d'une liaison avec un juif nommé James Rosenburg. Cette relation peut paraître surprenante étant donné l'admiration que Peggy vouait alors (dit-on) à Oswald Mosley et à ses Chemises noires, adeptes du nazisme. En 1946, John et Peggy s'étaient installés à Brixton, un quartier ouvrier qui subissait de plein fouet la pénurie de l'immédiat après-guerre. Ils se marièrent en septembre 1947, mais n'eurent pas d'autre enfant.

Le jeune David Jones ne tarda pas à faire preuve de son originalité. Un jour qu'elle l'avait laissé seul quelques instants, Peggy le retrouva barbouillé de poudre de riz et de khôl. Le petit garçon, âgé de trois ans, s'était découvert une fascination « contre nature » pour la trousse à maquillage de sa mère. « On aurait dit un clown, déclara Peggy à la journaliste Kerry Juby en 1985. Quand je lui ai expliqué qu'il ne devait pas se maquiller, il m'a répondu : "Tu le fais, toi." J'ai dit que oui, mais que ce n'était pas pour les petits garçons. » Comme elle se trompait...

Quelques mois avant son cinquième anniversaire, David entra à Stockwell Junior School. Pendant ses premières années d'école, il partagea sa chambre avec son demi-frère adolescent, Terry, et les deux garçons devinrent très proches. Si on en croit les biographies existantes de Bowie, l'austérité de ses relations avec ses parents et l'absence totale de marques d'affection de leur part (on ne se faisait pas de câlins au foyer des Jones) auraient profondément marqué le jeune David. Terry se querellait constamment avec sa mère ; son père était souvent lointain, plongé dans une sorte de mélancolie perplexe. Il est fort possible que la froideur de la musique de Bowie trouve ses sources dans l'atmosphère glaciale de la maison de son enfance.

De son propre aveu, Bowie a longtemps souffert d'une timidité maladive. Mal à l'aise avec les gens, il éprouvait une difficulté extrême à nouer des relations autres que superficielles. A vrai dire, le Bowie affable, bavard et décontracté des années 90 est l'antithèse absolue du jeune Bowie, qui a passé ses quarante premières années sur terre à se comporter comme s'il débarquait de la planète Mars. Son sentiment d'aliénation n'était pas feint : David Bowie, personnage public, et David Jones, son alter ego dans la vie privée, étaient tous deux incapables de créer des liens avec les autres. Cette tâche n'était guère facilitée par le fait que, pendant la majeure partie des années 70, il était quasi impossible à quiconque, y compris l'intéressé, de démêler les deux facettes de sa personnalité.

Comme la plupart des stars, qu'elles soient issues du cinéma (on pense immédiatement à Orson Welles ou à Greta Garbo), du sport (Mohammed Ali) ou même de la politique (John F. Kennedy), Bowie a donné naissance à une foule de mythes. Les biographes qui cherchent à découvrir « le vrai visage derrière le masque » se trompent d'objectif : non seulement le mythe a une portée beaucoup plus vaste, mais il est infiniment plus fascinant que les plates hypothèses visant à identifier une prétendue « véritable » essence. Par ailleurs, les mythes en question ne se limitent pas simplement à des mensonges purs et simples ou à « des inexactitudes historiques ». En tant qu'icône culturelle, Bowie a bousculé les stéréotypes, l'héroïsme et la bassesse, la comédie et la tragédie, autrement dit les archétypes qui contribuent à l'élaboration des récits sur lesquels repose notre culture. En devenant un héros, et une sorte particulière de héros – capable de manipuler les médias, de passer d'un genre artistique à un autre, voire d'un sexe à l'autre – il a remis en question les bases mêmes de notre façon d'appréhender notre entourage.

Cela dit, Bowie était aussi maître en l'art de mentir impunément. Au cours d'une interview, il réinventa ainsi son enfance, à la Andy Warhol, prétendant tour à tour avoir été élevé dans une « maison pleine de Noirs » ou avoir vécu un certain temps avec des parents dans le Yorkshire. En réalité, il est resté à Brixton jusqu'à l'âge de six ans, avant de déménager dans la banlieue résidentielle de Bromley, dans le Kent, environ treize kilomètres au sud-ouest de Brixton. Après de brefs séjours sur Canon Road, puis Clarence Road, la famille Jones s'installa en 1955 au 4, Plaistow Grove, une petite maison en mitoyenneté, dotée de jardinets devant et derrière, qui allait être le foyer de David pendant plus de dix ans. Sa chambre, située à l'arrière de la maison, donnait sur le pub voisin.

La géographie des lieux est cruciale : habiter dans une banlieue si proche de Londres ne pouvait qu'inciter à l'évasion. La capitale représentait le changement, l'exotisme, la liberté, pour des jeunes désespérés par la monotonie de leur vie. A une demi-heure de train, la métropole permettait d'échapper à l'aspect respectable et paisible de Bromley. Des milliers d'adolescents avaient accès à l'univers

21

excitant des boîtes de nuit, des pubs, des magasins et des scandales de Londres tout en demeurant ancrés dans la culture de leurs parents. La respectabilité côtoyait la rébellion. Peu d'entre eux allèrent jusqu'au bout et quittèrent leur banlieue pour s'installer dans la capitale. Ceux qui, comme Bowie, le firent appartenaient à une courageuse minorité.

La vitalité de la musique pop anglaise depuis les années 50 provient essentiellement de musiciens tels que lui, rêveurs, artistes, bohèmes : pour la plupart des autodidactes blancs issus de la classe moyenne, depuis Pete Townshend, Jagger, Richards et Ray Davies dans les années 60, jusqu'à Brett Anderson et Suede, Damon Albarn et Blur, ou Jarvis Cocker et Pulp, dans les années 90. Loin d'être un obstacle à la musique pop, la classe moyenne a produit certains de ses meilleurs moments. David Bowie a été, et demeure, l'élément le plus remarquable de cette sensibilité. La volonté de choquer, de provoquer l'indignation, d'aller toujours plus loin qui domine sa musique vient précisément de sa situation d'individu en marge, de son envie d'être différent, de sa jeunesse passée dans une banlieue petite-bourgeoise et conformiste, aux antipodes de l'univers urbain et dans le vent auquel il aspirait.

Dans un essai récent tiré du recueil *Visions of Suburbia*, le critique Roger Silverstone a démontré que Bromley était sans doute l'archétype de l'habitat suburbain, l'incarnation d'un programme moderniste qui, en cherchant à parvenir à un métissage de la ville et de la campagne, érigea un rempart entre les plaisirs cachés de la métropole et les prés verdoyants du monde rural. Étonnamment, le très conservateur Bromley se révéla un véritable creuset de talents. L'écrivain HG Wells y naquit en 1866. Outre Bowie, l'écrivain Hanif Kureishi et un bon nombre des punks les plus célèbres en sont aussi originaires. L'écrivain Andy Medhurst suggère l'analyse suivante : « Les attaques lancées par la culture pop contre la vie suburbaine trouvent leur origine dans le désir presque instinctif de rébellion qu'éprouvent les jeunes vis-à-vis de la culture de leurs parents. Le public suburbain – tous ces adolescents qui traînaient dans leurs chambres à Hendon ou à Beckenham – s'accrocha à la pop, y voyant une preuve qu'il était possible de s'échapper, et qu'au-delà des banlieues, un monde passionnant était à leur portée. »

Un autre facteur joua un rôle crucial dans la rébellion de la jeunesse des banlieues : la culture américaine, qui pendant un certain temps représenta la quintessence du cool. C'était en Amérique qu'étaient apparus les premières conurbations (le terme y était employé depuis les années 1890) et le concept de « communautés modèles » telles que Beverly Hills en Californie et Forest Hills à New York. La tension entre les cultures populaires britannique et américaine s'avéra décisive. Pour une certaine frange de l'intelligentsia (notamment la gauche traditionnelle), l'avènement d'une culture de masse (l'apparition de journaux, de magazines et de films à grande circulation, puis, dès le milieu des années 50, celle des juke-boxes, des *milk bars* et du rock'n'roll) constituait un pas vers l'éclatement de la société. Alors que, par le passé, familles et communautés avaient partagé des buts communs, que ce soit dans le domaine du travail ou celui des loisirs, cette nouvelle culture de masse conduisait les jeunes à s'isoler des autres. La radio, la télévision, les disques encourageaient la solitude, créaient un espace de plaisir individuel, distinct des loisirs collectifs, même si leur convivialité était à la fois artificielle et forcée (en l'espace d'une décennie, la chansonnette familiale autour du piano fut remplacée par l'écoute de Radio Luxembourg en catimini, seul dans sa chambre). Ce que certains perçurent comme la tyrannie de la culture de masse s'accompagnait d'une « américanisation » de la société. Les auteurs de gauche, tels que Richard Hoggart dans son livre *Uses of Literacy*, publié en 1957, voyaient dans l'Amérique l'incarnation de tout ce qui était stérile, superficiel, artificiel et païen. Dans les *milk bars*, écrit-il, « les jeunes hommes roulent des épaules en vous fixant d'un air blasé à la Humphrey Bogart... Beaucoup de clients – à en juger par leurs vêtements, leurs coiffures, l'expression de leur visage – vivent en grande partie dans un monde imaginaire composé de quelques éléments simples qu'ils ont identifiés comme ceux de la vie d'un Américain. »

La génération de Bowie fut la première à ressentir vraiment l'impact de ce prétendu impérialisme culturel, et ce fut la réaction de ces jeunes à ce phénomène qui leur donna l'essentiel de leur identité. Si pour la grande majorité des adolescents l'influence américaine eut un effet merveilleusement libérateur, la vie et l'œuvre de Bowie illustrent en revanche non seulement l'« atomisation » de l'individu, l'aliénation et l'individualisme d'une société de consommation qui crée une fausse notion de communauté par le biais des médias, mais aussi cette tension entre la « petite Angleterre » et tout ce qui était américain.

Bowie a toujours adoré écouter de la musique. A cinquante ans passés, il évoque dans son site Internet les dimanches d'hiver en famille, autour d'un gigot d'agneau garni de pommes de terres rôties et de petits pois, le feu pétillant dans la cheminée. « La radio diffusait *Two Way Family Favourites,* raconte-t-il, des disques à la demande pour "nos petits gars" qui servaient à l'étranger, dans les avant-postes lointains d'un empire qui s'effondrait rapidement, même s'il me semblait que l'armée toute entière était entassée sur l'île de Malte. "Oh, j'adore cette chanson", disait ma mère en entendant Ernest Luft entonner *Oh For The Wings of A Dove*. Sa voix s'élevait à l'unisson de celle du chanteur, atteignant les notes avec la même aisance que lui tandis qu'elle apportait la saucière à table. "Dans la famille, on savait tous chanter, nous disait-elle, on ne savait pas faire grand-chose d'autre, mais on adorait la musique." » S'ensuivaient les récriminations habituelles, M. Jones étant accusé d'avoir brisé le rêve de Peggy de devenir une star de la chanson. Si Peggy adorait faire des scènes pour rien, John en revanche était d'un naturel paisible. Bowie allait hériter de ce mélange complexe et malheureux de traits de caractère, redoutant souvent la confrontation (d'où le recours à une foule d'assistants et de « protecteurs » pour le représenter), mais en même temps incroyablement cabotin et demandeur d'attention.

John Jones, toujours à la pointe de la modernité, avait acheté une télévision à l'occasion du couronnement de la reine Élisabeth II en 1953, et le jeune David se souvient que la moitié de la rue s'était pressée autour de l'écran brouillé pour assister à l'événement. Son père avait également fait l'acquisition d'un gramophone, et David écoutait avec délices les derniers disques de Danny Kaye. Cependant, un beau jour de 1956, la collection de disques des Jones fut radicalement renouvelée : son père rentra à la maison chargé d'une pile de 45 tours. « Bien sûr, dit Bowie, on ne savait pas que les 45 tours ne passaient pas à la même vitesse que les 78 tours, et, penché sur le plateau, je faisais tourner le disque de plus en plus vite, jusqu'à ce qu'il atteigne plus ou moins ce que je supposais être sa vitesse réelle. Le son était chevrotant et déformé, mais ça marchait. J'ai écouté Moonglow, Frankie Lymon et les Teenagers, les Platters, Fats Domino. Et puis, un jour, la révélation : *Tutti Frutti* de Little Richard. Mon cœur a failli exploser. Je n'avais jamais rien entendu de pareil, et de loin. Ça débordait d'énergie, de couleur, de provocation insensée. J'avais entendu Dieu. Et je voulais le rencontrer. »

Comme beaucoup d'autres de sa génération, Bowie adorait la musique et la culture américaines (adolescent, il s'intéressa au baseball, et pendant les vacances scolaires de 1962, joua pour une équipe locale, les Dulwich Bluejays, tandis que le monde entier fredonnait *I Remember You* de Frank Ifield). Mais ce fut surtout la musique qui l'inspira. Pour la plupart des jeunes, l'apparition du rock'n'roll américain fut une forme de catharsis, et pour Bowie, ainsi qu' une infime minorité d'autres, elle joua un rôle plus important encore : elle lui donna l'envie de devenir une star.

D'après diverses interviews de Bowie, ce fut à ce moment-là, à la fin des années 1950, qu'il sut qu'il voulait passer sa vie à faire de la musique, et rien d'autre. Au début de son adolescence, il n'écoutait pas seulement du rock'n'roll et du rhythm'n'blues, mais aussi le jazz de Charlie Mingus. De plus, Terry, son demi-frère, lui parlait de sa passion pour les poètes de la Beat Generation, Kerouac et Ginsberg, des caves qu'il fréquentait le soir, de l'énergie et du plaisir que procurait le jazz moderne qu'on jouait dans la métropole.

Beau garçon, doué d'un esprit vif, Terry était malheureusement sujet à des crises de profonde dépression, et allait finalement être diagnostiqué comme schizophrène. La présence de la « folie » dans la famille Jones terrifia le jeune Bowie : en dehors de Terry, profondément atteint, plusieurs des membres de la famille Burns souffraient de troubles psychologiques ou mentaux. Sa tante Una, schizophrène, mourut âgée d'une trentaine d'années après un traitement à base d'électrochocs et un internement dans un hôpital psychiatrique. Sa tante Vivienne eut, elle aussi, des périodes de schizophrénie. Sa tante Nora avait subi une lobotomie afin de traiter ses nerfs. La mère de Peggy avouait elle-même être « folle ». Le jeune Bowie voyait tout autour de lui des gens perturbés, tout en étant, ne serait-ce qu'indirectement, pas clair, tel confronté à la stigmatisation des malades mentaux par la société.

En 1958, au retour de son service militaire, Terry, négligé et l'esprit confus, fut mis à la porte de la maison de Plaistow Grove par sa mère. Durant la décennie suivante, il allait y revenir de façon intermittente, avant d'être interné dans divers hôpitaux psychiatriques. Cependant, tout au long de son adolescence, David resta proche de Terry, qu'il accompagnait lors de ses excursions à Londres pour découvrir les dernières tendances musicales. Un incident survenu à l'époque allait hanter Bowie pendant des années. Vers le milieu des années 60, les deux frères se rendirent ensemble à Londres pour voir Cream en concert. Sur le chemin du retour, Terry, de plus en plus agité, finit par tomber à genoux et par marcher à quatre pattes sur la route. Il voyait des flammes s'élever du macadam, comme si elles venaient de l'enfer. Par la suite, les hallucinations, les visions de lumières vives (symbole du paradis) et de flammes (symbolisant l'enfer) deviendraient de plus en plus fréquentes. Comme beaucoup de schizophrènes, Terry croyait souvent entendre « la voix de Dieu ». Voir quelqu'un qui lui était si proche succomber à la folie terrifia Bowie. Craignant de devenir schizophrène à son tour, alors que l'époque grisante du succès commençait à remplacer l'échec relatif vécu lors de sa jeunesse, il s'éloigna de plus en plus de son frère.

La première apparition de Bowie sur scène remonte à la fin des années 50, lors d'un séjour sur l'île de Wight avec les Louveteaux de Bromley. En compagnie de George Underwood – qui devait rester son ami toute sa vie – ils exécutèrent plusieurs chansons skiffle [1] de Lonnie Donegan accompagnés d'une contrebasse, d'un coffre en bois, d'un manche à balai et d'un ukulélé. A l'école, Bowie profitait des récréations pluvieuses pour gratter quelques riffs sur une guitare. Il jouait dans le groupe de son ami George Underwood à l'école, George And The Dragons, et participa à la fête de fin d'année. Pour financer son intérêt pour la musique, il trouva deux jobs à temps partiel, l'un comme livreur à domicile chez un boucher (s'être fait livrer des saucisses par David Bowie doit figurer parmi les plus curieux des titres de gloire), le second dans un magasin de disques dont le propriétaire s'appelait Vic Furlong. Bowie fut renvoyé de ce dernier emploi parce qu'il rêvassait trop, mais pas avant de s'être acheté son premier saxophone, – avec l'aide de son père.

Le jeune Bowie poursuivit son éducation musicale en prenant des cours de saxophone avec le musicien Ronnie Ross, qui se souvient de lui comme d'un élève enthousiaste mais ordinaire. A l'école aussi, Bowie était loin d'être brillant. Après avoir échoué à l'examen du *11-plus* (le concours d'entrée au lycée classique), il fréquenta le lycée technique de Bromley, qu'il quitta en 1963 avec un seul diplôme en poche – en dessin. A vrai dire, la chose la plus importante qui lui soit arrivée à l'école – sur le plan de sa carrière – fut la soudaine et douloureuse acquisition des yeux les plus bizarres du showbiz. Après avoir piqué la petite amie de son meilleur copain et confident, George Underwood, Bowie fut mêlé à une bagarre dans la cour de récréation. Il s'avéra qu'il n'était pas un boxeur en herbe, loin s'en fallait. Après une opération et de longs mois de convalescence, Bowie s'en tira avec une pupille dilatée, paralysée, et des problèmes de vision. Contrairement à un mythe répandu dans les médias, Bowie a les deux yeux bleu pâle : c'est seulement l'effet de la pupille dilatée sur l'iris qui donne l'illusion de couleurs différentes, l'œil gauche apparaissant vert ou marron selon la lumière ambiante. Les origines de ses yeux en Technicolor ont été un élément clé de presque tous les articles « à révélations » que les tabloïds ont publiés sur Bowie au cours des trente dernières années. Une foule d'anecdotes ont été inventées à ce sujet, extrapolant sur les origines de la physionomie extraterrestre de Bowie. Toute cette affaire illustre parfaitement la fascination des médias pour une star de rock qui, à plus de cinquante ans, a conservé un physique quasi parfait : des traits affirmés, des cheveux abondants (bien que Phil Oakey de Human League ait suggéré en 1983 que David Bowie dissimulait sa calvitie sous une perruque !), une taille mince (à un âge où la plupart des hommes ont un ventre qui déborde de leur ceinture) et une denti-

---

1. Mélange de jazz traditionnel et de folk blues. (*N.d.T.*)

tion remarquablement refaite (ses deux canines, pointues, ont été extraites il y a quelques années parce qu'elles poussaient les autres dents et que Bowie se réveillait le matin avec un oreiller couvert de sang).

Bowie avait un autre talent : en dépit de ses faiblesses en orthographe et en grammaire, il savait raconter les histoires mieux que quiconque. Bowie est essentiellement un autodidacte. Son éloquence et sa connaissance d'une variété de sujets allant de l'art (il prétend avoir vu toutes les collections d'art importantes en Europe) à la politique témoignent de sa capacité d'acquisition intellectuelle. Sur le plan technique, il n'aurait peut-être pas pu devenir joueur de saxophone professionnel, mais les sons qu'il tirait de son instrument – mélodiques, rauques, presque asthmatiques – étaient personnels et reconnaissables. En fait, il en avait fait un instrument punk avant l'heure. Au piano, à la guitare, et au saxophone, sa technique est limitée, voire simpliste, mais c'est le caractère non conformiste, presque enfantin, de ses compositions qui fait leur originalité et leur succès. Bowie n'est pas un musicien.

La diversité de ses centres d'intérêt a joué un rôle décisif dans sa carrière. Alors que dans les années 1940 et 1950 l'Amérique avait codifié le R&B, le blues, la country et le rock' n' roll, ce fut la Grande-Bretagne qui stylisa le tout, mélangea les genres, introduisit des éléments non musicaux, et « enjoliva » l'ensemble. Les Anglais changèrent pour toujours la façon dont la musique pop était présentée. Des gens comme Bowie, ou Robert Smith des Cure, ou Jarvis Cocker de Pulp, ne pouvaient venir que d'Angleterre. Le look, autrement dit « l'emballage » (à la fois sur le plan conceptuel et vestimentaire) comptait tout autant, sinon plus, que la forme originale. Bowie fut au centre de cette évolution. Il voulait être un Little Richard anglais, un Elvis anglais. Et c'est exactement ce qu'il devint – la première superstar britannique de l'ère des *art-schools*.

Ce fut un moment clé de la culture pop. Le début des années 60 vit l'apparition des premiers vrais rockers britanniques (John Lennon, Mick Jagger), par opposition aux clones des américains (Adam Faith, Cliff Richard). Billy Fury avait donné le ton en écrivant (sous le pseudonyme de Wilberforce) et en enregistrant ses propres compositions pour son premier album en 1960, *The Sound of Fury,* établissant un modèle que les Beatles, les Who, les Kinks et les Rolling Stones suivraient quelques années plus tard. Parallèlement à la nouveauté qui consistait à chanter ses propres chansons plutôt que d'interpréter celles des autres, on tentait de créer une identité libérée des stéréotypes de la norme, et bien distincte du modèle américain. La promotion des Stones par Andrew Loog Oldham soulignait leur authenticité et leur position non conformiste, rebelle (« Laisseriez-vous votre fille sortir avec un Rolling Stone ? »), et contrastait avec la présentation plus classique des Beatles par Brian Epstein. Bowie et Bryan Ferry, qui à l'origine exploitaient le même fonds de commerce mêlant l'outrage à l'artifice, suivirent une trajectoire différente à cause d'un certain malaise : ils étaient trop jeunes pour faire partie de la Britpop originale, leur présentation semblait curieusement étudiée, distanciée, comme s'ils essayaient désespérément d'être authentiques, mais sans y parvenir vraiment. A présent, il ne s'agissait plus simplement d'apprendre et d'appliquer les règles du jeu de la sincérité, mais de les contourner et de les dénoncer – d'où la fascination de Bowie et de Ferry pour la pop en tant que fabrication, qu'état artificiel.

Bien que Bowie, dans un communiqué de presse à l'occasion de la sortie de *The London Boys* en 1966 ait prétendu avoir fréquenté la Bromley Art School, il n'en est rien (c'est seulement un exemple supplémentaire de l'aptitude de Bowie à forger son propre mythe). L'introduction de Bowie à l'art se fit en réalité par l'intermédiaire de Owen Frampton, le père du célèbre guitariste Peter, membre de Humble Pie à l'origine, qui se dévoya dans les années 70 en vendant des millions d'exemplaires d'un album qui annonçait les délices éphémères du vocodeur, et, celles, plus durables, du « stadium rock », avec *Frampton Comes Alive*. Owen Frampton enseigna à la Bromley Technical School, où Bowie fut élève de 1958 à 1963. Le régime libéral qui régnait dans les cours de Frampton s'inspirait de l'esprit non-conformiste des *art schools*. Celles-ci créaient un espace d'expérimentation exempt des codes de conduite en vigueur dans les autres établissements d'études supérieures : on y encourageait l'apprentissage par l'expérience et la liberté d'expression. Dans leur ouvrage qui fit école, *Art Into Pop*, les sociologues Simon Frith et Howard Horne décrivent leur influence dans les termes suivants : « Ce qui distingua les bohèmes des années 60 des jeunes révoltés qui les avaient précédés fut leur collusion avec les médias (et leur intervention directe dans ces médias). [...] Le défi artistique consistait à prendre le contrôle du processus commercial lui-même, à détourner la pop de l'intérieur. L'*art-pop* (inspiré plus ou moins directement par le *pop-art*) signifiait non pas l'expression individuelle (à la différence du art-rock), mais la manipulation des signes. »

Dans la liste des musiciens pop qui fréquentèrent les *art-schools* à la fin des années 50 on trouve les artistes les plus importants de l'époque : John Lennon, Eric Burdon, Keith Richards, Pete Townshend, Eric Clapton, Syd Barrett, Freddie Mercury, Charlie Watts, Bryan Ferry et Brian Eno, pour n'en citer que quelques-uns.

Tout au long des années 60, Bowie fréquenta des musiciens et des artistes issus de ces écoles, lesquels eurent une influence considérable sur lui. Il adoptait une approche de peintre vis-à-vis de son travail, et, à l'âge mûr, porta plus loin encore son éclectisme culturel. C'est essentiellement la tradition des *art-schools* qui a inspiré son désir d'accumuler les connaissances, le sérieux de son approche, et son intérêt pour combiner toutes les formes d'art : musique, peinture, mime, danse. Bowie excelle dans l'art du collage, et ses meilleures œuvres des années 70 représentent une extension du travail de nombreux artistes des années 60.

En 1992, il expliqua au magazine *Life* : « Dès mon plus jeune âge, j'ai été fasciné par ceux qui transgressaient la norme, défiaient les conventions, que ce soit en musique, en peinture ou dans n'importe quel domaine. C'étaient mes héros – les artistes Marcel Duchamp et Salvador Dali, et pour le rock, Little Richard... D'abord, il y a eu John Lennon, certains des Stones et des Kinks, et puis des types comme Bryan Ferry de Roxy Music, King Crimson, Pink Floyd. En général, c'était Dada. Oui, appliquer Dada, créer ces monstres du rock absolument effrayants, extraordinaires que personne ne pouvait aimer... J'aimerais penser qu'avec d'autres artistes dans les années 70, nous avons changé la nature de la pop, que nous en avons fait un récepteur plus vaste, capable d'incorporer des idées venant d'autres formes d'art. »

Pourtant, malgré la volonté affichée par les musiciens issus des *art-schools* de mêler des éléments non musicaux à leurs œuvres, la plupart faisaient de la musique qui serait plus tard considérée comme du rock, ou tout au moins fondée sur le rock. Comme Ken Pitt, le manager de Bowie de 1966 à 1970, le répète à qui veut l'entendre, Bowie n'exprima jamais la moindre intention de se joindre à la bande des rockers. En 1993, Pitt dit au journaliste Paul Gambaccini sur BBC Radio 1 : « Quand il est venu me trouver, il ne savait pas ce qu'il voulait faire. Ce qui est certain, c'est qu'il n'a jamais dit qu'il voulait être une star de rock'n'roll. A cette époque-là, je cherchais un artiste complet ; il y avait très peu de gens prometteurs et j'ai pensé que David était capable d'en être un. »

La musique de Bowie à l'époque confirme ces dires. Le premier groupe auquel il s'était joint était un groupe de R&B, les Konrads. Après avoir quitté le seul emploi permanent qu'il ait jamais eu – comme employé de bureau chez Nevendy Hirst, sur Bond Street –, Bowie effectua ses premiers enregistrements avec les King Bees et les Manish Boys, des morceaux plus ou moins écoutables consistant en réarrangements électriques de blues acoustique à la John Lee Hooker.

Le jeune David Jones n'était pas dépourvu d'un certain culot. Il avait une telle confiance en son propre talent qu'il écrivit à John Bloom, un riche homme d'affaires, pour lui demander de financer son groupe, qu'il présentait comme les nouveaux Beatles. Plutôt que de mettre la lettre au panier, Bloom transmit la requête à Leslie Conn, qui gérait la société d'édition musicale de Doris Day et était *talent scout* chez Dick James, un des principaux éditeurs de Londres à l'époque. Curieux de voir ce dont le groupe était capable, Conn leur trouva un engagement pour un anniversaire de mariage à Soho. Leur R&B bruyant et agressif déplut tellement aux convives que Conn dut leur demander d'arrêter de jouer au bout de dix minutes. Davie Jones était en larmes. Néanmoins, Conn devint manager et promoteur des King Bees pendant quelques mois en 1964. Le 5 juin 1964 le groupe sortit son premier single – une interprétation d'un vieux negro-spiritual, *Liza Jane* (bien que Conn soit crédité comme auteur, ce qui était alors une combine courante visant à tirer plus d'argent du système). Le disque ne se vendit presque pas.

Pendant tout le milieu des années 60, Davie Jones ne fut rien d'autre qu'un de ces nombreux adolescents pleins d'espoir qui hantaient les milieux pop de Londres et qu'on voyait se produire au Marquee ou au Roundhouse. Les Manish Boys jouèrent en première partie de la tournée de Gene Pitney/Gerry And The Pacemakers et apparurent dans plusieurs émissions de télévision, telles que *Juke Box Jury*, *Gadzooks* sur BBC2 et *The Beat Room*.

Avec son groupe suivant, The Lower Third, Bowie poursuivit son parcours avec une musique mod dans le style des Who, (*Can't Help Thinking About Me* en est le meilleur exemple : une chanson pop rythmée dans laquelle l'accent américanisé de ses premiers enregistrements est remplacé par une voix du sud de Londres, grêle et théâtrale). Puis ce fut l'extraordinaire excentricité du premier disque enregistré chez Deram en 1967, l'acoustique folk/pop des Feathers en 1968 et le mélange confus de ballades pop et de country rock qu'on trouve dans *David Bowie* en 1969. Mais Bowie n'adopta presque jamais le rock en tant que style comme le firent, par exemple, les Kinks, dans leur disque proto-punk *You Really Got Me*, ou les Beatles dans *Revolution*, leur classique satire de la société. Bowie n'aimait pas le « heavy », qu'il considérait comme une forme d'expression plutôt primitive. Pour lui, le rock souffrait d'accorder une trop grande importance à la technique. « Je recherche la sensation plutôt que la qualité, et le "heavy" semble être plein de musiciens de qualité plutôt que de musiciens capables de vous donner des frissons dans le dos. »

Son point de vue est resté remarquablement constant. Tous ses enregistrements, mis à part ceux de Tin Machine, qui élevèrent la technique au-dessus de la musique elle-même, possèdent une excentricité rebelle, et privilégient la sensation plutôt que la compréhension, la vision plutôt que la virtuosité. Bowie s'est rarement intéressé à la technique : en studio, il est souvent satisfait de performances que les musiciens eux-mêmes jugent ratées, rejetant les passages parfaits pour leur préférer les discordants, la juste combinaison de mauvais éléments : « C'est comme quand on joue avec les couleurs dans un tableau... on essaie d'assembler des choses, de les faire se juxtaposer. J'étais vraiment à fond dans l'idée des "découpages" de Brion Gysin et William Burroughs, et je savais que si on met les mauvais trucs ensemble on finit souvent par avoir un résultat qui marche. Il fallait essayer de trouver ce qui n'allait pas. Ce qu'on pouvait mettre ensemble pour que ça n'ait pas de sens et que ça en ait en même temps. »

En fait, il vaudrait peut-être mieux ne pas qualifier Bowie de musicien « rock » du tout. Il a enregistré très peu d'albums dominés par une guitare solo, très peu qui côtoieraient sans problème ceux des pionniers du hard rock, Led Zeppelin, Black Sabbath ou Deep Purple. *The Rise and Fall of Ziggy Stardust and the Spiders from Mars,* avec la pop fantasque de *Starman* et le style ballade de *Five Years* est-il vraiment un album rock ? Même les titres qui ont un style blues ne l'ont qu'en partie. *Aladdin Sane*, « Ziggy va en Amérique », ne contient que cinq chansons rock sur les dix que compte l'album.

Au cours de sa carrière, Bowie a essayé une grande variété de styles non rock (country, reggae, soul, disco, jazz, *ambient*, techno, *jungle*), interprété des chansons de Jacques Brel et de Kurt Weill (qui ne sont pas vraiment des piliers du « stadium rock »), et chanté en duo avec Bing Crosby. En fait Bowie n'a produit que deux véritables albums rock, et pour ceux-là, il a été presque universellement assassiné par la critique, comme l'a amplement illustré la saga médiatique autour de *Tin Machine*. Ses collaborations artistiques les moins réussies ont presque toujours été avec des rockers de stade (Mick Jagger, Tina Turner). Sa seule attache constante à l'éthique rock a été son faible, après Ronson, pour les guitaristes solo stridents dans ses tournées principales, qui donnent une fausse idée de la musique qu'il fait en réalité.

La palette musicale de Bowie est en vérité beaucoup plus large, et c'est cela qui le rend particulièrement intéressant. Une influence cruciale sur le jeune Bowie fut celle de son troisième manager, Ken Pitt. Pitt succéda à Ralph Horton, qui avait été le manager de The Lower Third. (Fait intéressant, alors que le groupe allait de concert en concert dans une vieille ambulance déglinguée, Bowie, lui, voyageait dans la voiture luxueuse de Horton – déjà la star !) Après avoir vu le groupe jouer en septembre 1965 au Marquee, Pitt accepta de devenir le manager de David. D'après Gus Dudgeon, ingénieur du son et producteur de Bowie, Pitt était « un homme extrêmement charmant, distingué, grand et impressionnant. Les intérêts de Bowie lui tenaient à cœur, et il avait une grande influence sur lui, sur ses choix ». Il n'y avait rien d'exceptionnel à ce qu'un homosexuel blanc de la petite bourgeoisie soit manager et agent dans le show-business des années 50 et 60. Pitt était un personnage important dans le monde musical, ayant travaillé avec Frankie Laine, Duke Ellington, Louis Armstrong, Frank Sinatra et Mel Tormé, tous des artistes populaires sans être pour autant des mascottes de la culture populaire.

L'approche franchement traditionnelle de Pitt, axée sur la variété plutôt que sur la dernière mode, apporta au style naissant de Bowie un angle intéressant, dont l'influence fut durable (de ce point de vue, les duos avec Cher, Bing Crosby et Tina Turner s'expliquent facilement). Mais Pitt ne voyait pas en Bowie qu'un jeune homme séduisant. Il fut le premier à se rendre compte qu'il était autant acteur que musicien. Il fit découvrir à Bowie toutes sortes d'expériences culturelles, du théâtre au cinéma en passant par la littérature (en particulier l'écriture d'Oscar Wilde) et l'art (Aubrey Beardsley). Il lui fournit une base culturelle avec laquelle Bowie pourra expérimenter dans les années 70. De la même façon que Terry avait transmis à Bowie le goût de la culture américaine à la mode, Pitt développa sa fascination naissante pour les arts « légitimes ». Toute l'œuvre de Bowie reflète son intérêt pour ces deux niveaux d'effort artistique. Bowie emprunta à l'art « intellectuel » et le fit descendre dans la rue. Et loin de le déprécier, il le transforma en quelque chose de radicalement différent. La disparition des frontières entre art « intellectuel » et art « populaire » est inextricablement liée à l'avènement de rock stars comme Bowie.

Il avait des goûts éclectiques, et un esprit aussi inquisiteur qu'acquisiteur (il était déjà un avide collectionneur d'objets d'art), et Pitt lui laissa toute latitude pour absorber le matériau disponible et faire son propre tri. En fait, Ken Pitt, charmant, raffiné, conservateur (à vrai dire, tous les managers votaient conservateur à l'époque, à l'exception de Brian Epstein), fut à lui tout seul l'école d'art de Bowie, avec un programme traditionnel plutôt que progressiste. Il donna à Bowie toute la liberté dont il avait besoin pour expérimenter, le finança et lui apporta un soutien inconditionnel. Son livre, *The Pitt Report*, raconte toute l'histoire bien mieux que personne d'autre ne pourrait le faire, et constitue un document étonnant sur l'univers de l'industrie musicale des années 60, où l'amateurisme, les bricolages de dernière minute et l'apathie générale des maisons de disques prêtent à sourire.

La première recommandation de Pitt à Bowie fut de changer de nom. Déjà en 1963, avec son premier groupe, les Konrads, David

Jones se faisait appeler Dave Jay. A présent, un nouveau pseudonyme s'imposait. Son homonyme, le chanteur Davy Jones, avait déjà eu son quart d'heure de gloire en tant que membre des Monkees, le premier groupe d'adolescents à s'être fait connaître presque exclusivement par le biais de la télévision. « Bowie » fut choisi en raison de son lien avec le couteau Bowie. Jim Bowie était un aventurier texan mort pendant le siège de Fort Alamo en 1836, qui portait un couteau à la lame effilée des deux côtés. Les raisons données par Bowie pour ce choix varient. Dans les années 70, il prétendait que le couteau symbolisait le désir de trancher dans le mensonge pour découvrir les vérités cachées (plutôt ironique, étant donné la capacité de Bowie à tromper), tandis que dans une interview récente accordée à Radio 1, il a expliqué qu'il aimait l'idée d'une lame affûtée des deux côtés, évocatrice de toutes sortes d'ambiguïtés. Ainsi le nom « Bowie » incarne-t-il la quintessence de l'homme : trompeur, ambivalent, multiple, sans attache fixe ni conviction profonde. En dépit de son origine américaine (un lien dont David l'Anglais ne pouvait que se réjouir, puisque toute sa carrière est essentiellement une variation anglaise d'un thème américain), le nom dérivait du patrimoine écossais, et cette distinction régionale plaisait aussi à Bowie.

Comme tous les pseudonymes qui ont réussi, le nom de Bowie semble à présent parfaitement naturel. Comme l'écrit Simon Frith, on oublie souvent combien un nom peut nous avoir paru stupide la première fois qu'on l'a entendu, comme on oublie son côté ringard ou inapproprié. « The Beatles », par exemple, est l'un des noms les plus bêtes de l'histoire du rock (allusion à la « beat music » doublée d'un jeu de mots : « beetles », les scarabées), mais comme le rappelle Frith, les noms des groupes à succès sonnent toujours justes, tandis que ceux des autres restent « bêtes ».

En janvier 1966, David Jones devint donc David Bowie. Pas officiellement cependant. A la ville, David Jones est toujours David Jones, et c'est à ce nom que lui est adressée toute sa correspondance officielle. « David Bowie » fut son premier alter ego.

L'aspect le plus remarquable de la production de Bowie au cours des années 60 est qu'à une ou deux exceptions près, elle ne présage pas de la qualité à venir, sauf sur un seul point : son sens inné du théâtre.

Bowie s'avère un imitateur brillant : au milieu des années 60, sa voix ressemble à s'y méprendre à celle de Anthony Newley, le chanteur britannique qui, fait significatif, fut mime dans la comédie musicale à succès intitulée *Stop The World I Want To Get Off !*(1961), connut un énorme succès aux États-Unis, épousa Joan Collins et continua à jouer un rôle actif au théâtre jusqu'à sa mort en avril

33

1999. Tim Hughes écrit en 1970 : « Les héros de Bowie – George Formby, Nat Jackley, Gracie Fields, Albert Modley – peuvent paraître surprenants jusqu'au moment où on comprend que ce qu'il admire chez ces artistes est leur talent sur scène, leur capacité à divertir le public. Ses influences modernes sont Jacques Brel, Dylan, Tony Newley, John Lennon et Tiny Tim. »

Dans une interview donnée à la fin des années 60, Bowie confie à Gordon Coxhill : « Je veux divertir le public, que ce soit dans les clubs, les cabarets, les salles de concerts, n'importe où... On parle beaucoup de snobisme musical parmi les fans, mais je pense que les groupes ne valent guère mieux. Pour une raison bizarre, les mots "artiste de variété" et "cabaret" suffisent à les faire frémir. »

Bowie s'inspira du music-hall, de la variété, du théâtre, de la musique populaire anglo-américaine. Il ne fut pas le seul. Tommy Steele, Marty Wilde et Joe Brown reprirent tous des chansons du music-hall tandis que les Kinks et les Beatles rendirent hommage au genre. Comme ces chanteurs qui l'avaient précédé, et comme John Lennon qui chantait avec l'accent nasillard de Liverpool, Bowie chante avec son accent, celui de Londres. A une époque où les talents régionaux produisaient leur premier impact dans les hit-parades avec des gens tels que Bernard Cribbins, Mike Sarne, Lionel Bart, Tommy Steele, et bien sûr Anthony Newley, Bowie représente la voix du sud de Londres, et non pas celle du sud de l'Alabama (comme Mick Jagger).

Mais Bowie ne se contente pas de singer le music-hall. Sa musique est déjà influencée par toutes sortes d'autres éléments – venant du théâtre et de la musique classique – qui le rendent unique parmi ses contemporains. La théâtralité est primordiale dans tout son premier album, intitulé *David Bowie,* sorti chez Deram. La chanson *Love You Till Tuesday,* « Je t'aimerai jusqu'à mardi », dans le style de Herman's Hermits, et son petit aparté comique (« Bon, je pourrais peut-être aller jusqu'à mercredi »), la pop orchestrale de *Rubber Band* avec son mignon et timide dénouement, sont, tout comme *The Laughing Gnome*, aussi éloignés du rock'n'roll qu'on peut l'imaginer.

Sortie en single en 1967, *The Laughing Gnome*, chanson pour enfants au rythme entraînant, fut un fiasco total, mais, redistribuée en 1973 (sans la permission de Bowie) elle devint le n° 6 au hit-parade. Le riff qui constitue l'ouverture instrumentale a été recyclé à de nombreuses reprises par Bowie, et on peut en entendre des versions légèrement différentes sur *Speed of Life* (1977), *Scary Monsters (And Supercreeps),* (1980), *Beat of Your Drum* (1987) et *The Last Thing You Should do* (1997). *The Laughing Gnome* n'est pas une exception. *When I'm five*, enregistré en 1968 et inclus dans

34

la bande promo *Love You Till Tuesday*, est une autre chanson qui révèle une sensibilité aiguë en ce qui concerne l'essence de l'enfance. La sottise sans retenue de *Rupert The Riley* (cousin oublié de *Driving In My Car* de Madness), qui date des années 70 et fut écrite à propos d'une des voitures préférées de Bowie, dépasse même celle de *The Laughing Gnome*. Malheureusement, elle n'est jamais sortie et n'est disponible que sur des enregistrements pirates.

Le seul concurrent de Bowie dans le domaine de la franche bêtise au sein de la pop (hormis les disques « comiques » de Bernard Cribbins ou des Avengers) était Syd Barrett, issu d'une *art-school* et chanteur de Pink Floyd. Ce dernier créa dans *The Gnome, Scarecrow* et *Bike* des collages sonores d'explosions, de collisions et de rires démoniaques en accéléré qui furent à vrai dire supérieurs à ceux de Bowie. Quand Tony Visconti, le jeune et brillant New-Yorkais à peine plus âgé que Bowie, coproducteur de certains de ses disques les plus brillants dans les années 70, déclina l'offre de produire *Space Oddity* en 1969, en le qualifiant de disque « fantaisie », il se méprenait d'une certaine façon sur l'acte de son ami. Bowie avait un côté sérieux, mais une grande partie de son œuvre, qu'il en ait eu ou non l'intention, est pleine d'humour, et *Space Oddity*, loin d'être une exception, s'intègre au contraire dans cette optique-là.

L'album éponyme de Bowie, sorti le 1er juin 1967 (le même jour que *Sgt Pepper*), est sans aucun doute le disque le plus bizarre de toute sa carrière. En apparence, il est très différent du reste de son œuvre : il contient de courtes chansons narratives encadrées par des accompagnements pop des plus classiques (il y a à peine une guitare solo dans le lot), avec quelques cuivres et instruments à vent et à cordes dans ce bouillon musical. Bowie avait déjà la réputation d'aimer les mélanges musicaux bizarres. Ainsi, pour son premier album, son collaborateur Dek Fernley et lui apprirent-il les rudiments du solfège à l'aide de l'*Observer Book of Music*. Ils donnèrent ensuite à l'orchestre philharmonique de Londres leur version d'une partition, que l'orchestre se fit un devoir de transposer et d'amender. L'anecdote cerne parfaitement la naïveté attachante de Bowie. Quelle autre star du rock aurait suivi un cours accéléré de solfège à seule fin d'apprendre à écrire une partition pour basson ?

L'album fut produit par Mike Vernon, de chez Decca, connu pour avoir produit le premier album des Bluesbreakers, où jouait Eric Clapton. Il fut immédiatement impressionné par Bowie, qu'il considérait comme intelligent et capable d'écrire des paroles originales. « Ce qu'il avait, se souvint Vernon en 1998, c'était de petites chansons accrocheuses. » Parmi elles *Love You Till Tuesday*, qui fut enregistrée en deux versions, dont l'une pour une sortie en single. Une version en allemand *Liebe Dich Bis Dienstag* fut également enregistrée, et demeure l'un des moments les plus cocasses de la carrière de Bowie, une espèce d'apogée comique. L'ingénieur du son de l'album, Gus Dudgeon, producteur de *Space Oddity* (1969) et plus tard des platines d'Elton John, était persuadé que cette chanson avait du potentiel : « Pour être franc, je croyais que ça serait son premier tube. J'avais des doutes pour *Rubber Band*. J'adorais la chanson, mais je pensais qu'elle serait peut-être un peu trop dingue. Il faisait encore un peu le crooner, à la Anthony Newley, mais il s'amusait comme un fou ! »

Dudgeon se souvient avec émotion de toute l'affaire : « C'était génial parce que la musique était très filmique, très visuelle, et honnête, sans prétention, et tout ça en faisait un truc unique. » Ce qui frappa avant tout Dudgeon et Vernon fut le sens aigu du bizarre que possédait Bowie. « Parfois, explique Mike Vernon, il faisait des trucs, et je me disais, mais qu'est-ce qu'il fabrique, bon Dieu ? Je n'y comprends rien ! *Gravedigger* était un truc que je n'ai pas compris à l'époque. Je n'avais pas la moindre idée de ce qui se passait ! »

Mal aimé du public, et apparemment une source d'embarras total pour Bowie lui-même, l'album est l'équivalent en vinyle du squelette dans le placard. Bowie ne l'a jamais ressorti. « Il est dans une situation où il peut s'éviter une gêne s'il le désire », déclara Dudgeon en 1998. « Si quelque chose ne lui plaît pas, il ne le fait pas. Vous le connaissez ! » L'échec commercial rencontré par l'album est en partie imputable à la politique promotionnelle complètement démodée de Decca. Comme Ken Pitt le dit dans *The Pitt Report*, la maison a tout bonnement échoué à promouvoir un album qu'elle avait payé cher pour enregistrer. Decca était une organisation antédiluvienne, raconte Mike Vernon : « Ils ne comprenaient pas ce qu'était la musique pop. J'ai fait des enregistrements avec les Yardbirds, qu'ils ont refusés. Pareil pour le Spencer Davis Rhythm And Blues Quartet. On les passait aux gens qui géraient la boîte, mais ils étaient coincés à une époque révolue, celle de Vera Lynn, Mantovani, Frank Chacksfield et David Whitfield. J'ai proposé John Mayall et Graham Bond, mais ils n'y ont rien compris du tout. »

Bien qu'il ait été un fiasco absolu, et que Bowie l'ait abandonné à son sort, l'album contient néanmoins un embryon des thèmes que Bowie allait développer, de manière moins insouciante, tout au long de sa carrière. Étonnamment, il a même eu une influence, mineure il est vrai, sur la musique des groupes Britpop des années 90, en particulier sur Blur. Les caricatures rebelles créées par Damon Albarn (Ernold Same, Tracy Jacks) et leur refus de se conformer à la norme ressemblent de façon frappante aux personnages de Uncle Arthur et Little Bombardier imaginés par Bowie. Bowie avait une prédilection pour les vignettes narratives de trois minutes, décrivant l'univers d'une série d'hommes (et de femmes) ordinaires, d'un autre temps, chantées dans un style qui ne devait pas grand-chose au rock'n'roll ni au blues.

Little Bombardier est typique de cette approche. La chanson raconte l'histoire de Frankie, soldat démobilisé qui a « bu sa solde » mais n'a « raconté ses malheurs à personne ». Le soldat se lie d'amitié avec deux enfants qu'il gâte de sucreries, mais se voit finalement chassé de la ville, brisé, soupçonné par la police d'être un pervers. Ce thème de l'« *outsider* », de l'individu incapable d'établir un lien avec le reste de l'humanité, est d'une grande importance dans toute l'œuvre de Bowie. Il est intéressant de noter que *Little Bombardier*, de même que *Maid on Bond Street*, est une valse. En musique populaire, la valse évoque un temps ancien, la nostalgie d'émotions passées, une sensation de deuil ou de regret. Kate Bush l'utilise dans *Army Dreamers* (1980), sa condamnation de la guerre en Irlande, et des vies absurdement perdues. Les Stranglers aussi y ont recours pour une partie de leur hymne à l'héroïne, *Golden Brown*, en 1981, comme Bowie dans *After All* (1970).

En plus de *Little Bombardier*, deux autres chansons, *She's Got Medals* et *Rubber Band* avaient aussi pour cadre une guerre fictive. *She's Got Medals* raconte l'histoire d'une femme qui rejoint l'armée mais se lasse de « ramasser des filles, nettoyer son fusil, et raser ses boucles ». C'est la première chanson de Bowie évoquant les travestis et l'ambivalence sexuelle. Même la structure des accords et les paroles sont un avant-goût de son hommage au Velvet Underground dans *Queen Bitch* (1971) :

> *She walked through the door*
> *And she'd set up the drinks on the house*
> *She played a good game of darts*
> *And the men slapped her back, never took her out*

> « Elle entrait dans le bar
> Et se faisait payer à boire
> Elle jouait bien aux fléchettes
> Et les hommes lui tapaient dans le dos, ne sortaient jamais avec elle »
> *She's Got Medals*, 1967, transcription de l'auteur.

Sur son premier album, Bowie a recours à une innovante juxtaposition d'instruments traditionnellement associés à la musique pop – guitare acoustique, piano, guitare basse et batterie – et d'instruments de l'ère du music-hall, tels que le tuba et la trompette. Son incorporation de cuivres et d'instruments à vent à grande échelle sur un morceau comme *Rubber Band*, sorti le 2 décembre 1966, était antérieure à leur utilisation dans l'album des Beatles *Sgt Pepper's Lonely Heart Club Band*, objet de tant de louanges.

Pourquoi toutes ces références à des héros de guerre et à des histoires d'amour vouées à l'échec dans un passé lointain où on mâchait des bonbons à un sou et où la teigne faisait des ravages dans les écoles ? Certains biographes de Bowie ont prétendu que celui-ci était hanté par des récits de hauts faits accomplis par des ancêtres de la famille Jones à la santé mentale fragile. Mais Bowie faisait plus probablement ce en quoi il excelle toujours – ayant senti l'air du temps, il lui donnait une expression à travers ses chansons. George Melly, l'intellectuel et musicien de jazz de Liverpool, écrivit en 1969 : « A la suite du succès des Beatles, le culte des États-Unis a été largement remplacé par un chauvinisme discret, quoique profond, mais comme il est impossible d'imaginer une Angleterre sans passé, on traitait l'histoire comme une vaste boutique pleine d'uniformes militaires, de binocles et de chaussures de grand-mères, de disques de George Formby et de costumes des années 30. En arrachant ces objets à leur contexte historique, on les rendait inoffensifs. » Le premier album de Bowie illustrait ce « chauvinisme » à la perfection.

Ses premières œuvres renferment par ailleurs une sorte de critique naïve de la révolte contre la culture dominante et de l'hédonisme drogué qui y est associé. Ce sont les premiers signes indiquant combien Bowie se sent éloigné de la philosophie hippie. *The London Boys*, sorti en 1966, en est un exemple typique. La ville est vue comme une source de corruption ; elle a perdu son charme innocent pour devenir un étalage ostentatoire de consommation et d'excès :

> *The first time that you try a fill*
> *You feel a little queasy, decidedly ill,*
> *You're gonna be sick, but you mustn't lose face*
> *To let yourself down would be a big disgrace*
> *With the London Boys*

> « La première fois que tu prends une cuite
> Tu as mal au cœur, tu te sens malade,
> Tu vas vomir, mais tu ne dois pas perdre la face
> Si tu les déçois, tu auras honte,
> Devant les gars de Londres »
> *London Boys*, 1966, transcription de l'auteur.

Dans *Join The Gang*, il ajoute à une critique de la drogue une attaque visant la contre-culture, dénonçant la camaraderie artificielle de celle-ci :

This is what to do now that you're here
Sit down doing nothing altogether very fast

« Voici ce que tu dois faire maintenant que tu es là
Assieds-toi et ne fais rien du tout très vite »
Join the Gang, 1967, transcription de l'auteur.

Le premier album de Bowie est déjà plein de starlettes. La vision
de la vie en tant que théâtre, le caractère cinématographique du quotidien, thèmes qui deviendraient centraux pour Bowie, commençaient à se manifester :

This girl her world is made of flashlights and films
Her cares are scraps on the cutting-room floor

« Cette fille, son univers est fait de pellicule et de projecteurs
Ses soucis sont des coupures sur le sol de la salle de montage »
Maid Of Bond Street, 1967, transcription de l'auteur.

Le moment le plus fou de l'album est gardé pour la fin. Juste au
moment où on croit avoir survécu à une attaque en règle des cinglés,
et qu'on est convaincu que Bowie ne peut pas se rendre plus ridicule,
les deux dernières minutes portent la bizarrerie plus loin encore.
Please Mr Gravedigger est le « disque macabre » de Bowie. Au
milieu des années 60, les hit-parades étaient pleins de récits américains de carambolages sanglants, de jeunes filles décapitées et de
jeunes et beaux blousons noirs massacrés (voir *Leader Of The Pack*,
de Shangri-La et l'hystérique *I Want My Baby Back* de Jimmy
Cross), souvent enregistrés avec force effets sonores de mauvais goût
allant du vrombissement exaspérant de la moto au grincement du
couvercle de cercueil. Cependant, Bowie donne au genre une originalité particulière en allant puiser son inspiration, non pas dans la
vie rose bonbon de l'ère James Dean, mais dans le music-hall
anglais. Bowie relate l'histoire d'un assassin d'enfants, qui observe
le fossoyeur au travail et planifie sa mort afin de l'empêcher de
révéler les meurtres à la police. La chanson elle-même fait penser à
une parodie macabre de la bonhomie des chansons telles que *Oh
Mr Porter*. Dépourvues d'accompagnement instrumental, les paroles
sont soutenues par une panoplie d'effets spéciaux comme des coups
de tonnerre, gouttes de pluie, glas qui sonne, créant la curieuse
impression qu'on écoute une pièce de théâtre des années 40 ou 50.
Une fois ou deux Bowie feint même d'éternuer. Il était d'ores et
déjà évident en 1966, lors de l'enregistrement de ce disque, que
Bowie voyait comme un tout la musique et les personnages. En fait,

il avait l'ambition de poursuivre une carrière d'acteur plutôt que de chanteur : « Je veux jouer... J'aimerais interpréter différents rôles. Je pense qu'il est très difficile de devenir quelqu'un d'autre. Très difficile. »

Cette chanson est véritablement l'un des moments les plus fous de l'histoire de la musique pop. Gus Dudgeon l'évoque avec enthousiasme :

« Je l'adore. J'adore *Gravedigger* ! Les basses des coups de tonnerre sont fantastiques. Decca possédait une bibliothèque d'effets sonores absolument fabuleuse. Je revois Bowie debout, deux canettes à la main, le col remonté comme s'il était sous la pluie, penché en avant, marchant dans une caisse de gravier. Et vous pensiez que Brian Wilson était fou ! Je lui ai demandé : "Combien de temps dure ce truc ?" Il m'a dit : "Cinq minutes devraient suffire", alors je suis allé à la bibliothèque d'effets sonores et j'ai trouvé du tonnerre et de la pluie que j'ai réussi à obtenir en stéréo – le son du tonnerre est particulièrement violent – avec plein de basses ! Alors j'ai mis cinq minutes de pluie et de tonnerre et j'ai rajouté quelques oiseaux, et c'est devenu l'accompagnement. Dingue, non ? L'éternuement est bien vu, hein ? C'est à ça qu'on voit que Bowie est un acteur. Il y a un autre truc bizarre à propos de cet enregistrement, qui m'a toujours foutu les jetons. Il est question d'un fossoyeur et le narrateur raconte qu'il va le pousser dans le trou et creuser sa tombe, et il n'arrête pas de parler d'un M. GD. C'est mes initiales et ça me rend malade ! A chaque fois que je l'entends, je me dis, oh, non, pas ça, c'est comme de recevoir une de ces chaînes de lettres, merci bien ! J'avais oublié que ça me donnait la chair de poule quand je l'entends chanter "Oh, M.GD." »

Join The Gang est presque aussi tourmenté. En écoutant l'album pour la première fois depuis plus d'un quart de siècle, Dudgeon commente : « C'est vraiment bizarre. J'adore la cithare devant, c'est fou, c'est génial. La batterie est super aussi, et, à la fin, on dirait les Bonzos – les effets sonores sont fantastiques. Il y a un aspirateur, des gens qui pètent, qui mâchent des trucs. Les pets me font l'effet d'être authentiques. Il y en a un qui arrive après coup, comme un écho ; il va de droite à gauche de la stéréo ! »

Voilà pour les premiers pas de Bowie vers la pop théâtrale. Il sait que pour transmettre une idée de personnage, il lui faut embrasser la technologie disponible en studio, et utiliser chaque innovation. L'histoire de ses enregistrements révèle une fascination particulière pour la modification de sa voix au moyen du doublage à l'octave sur plusieurs pistes (une seconde voix, qui chante une octave au-dessus de la première, est enregistrée et souvent harmonisée avec la voix originale) et le recours à toute une gamme d'astuces de studio pour déformer le timbre de la voix ou changer son débit. Les premières tentatives dans cette voix se firent, bien sûr, pour ce bijou qu'est *The Laughing Gnome*. A la fois complètement débile et incroyablement entraînante, cette chanson a toujours été une des préférées des jeunes membres de la communauté rock. Dans les années 1970, Tony Blackburn, DJ de Radio 1, l'annonçait souvent comme étant chantée par Tonton David Bowie, une ironie qui n'échappait pas aux fans de Bowie, qui avaient plutôt l'habitude de le voir tomber par terre en « simulant la branlette avec sa guitare » à l'époque.

On dit que le temps guérit toutes les blessures, mais les cicatrices émotionnelles infligées à Dudgeon, âgé de 25 ans à l'époque, sont toujours présentes après trente ans d'efforts pour se réconcilier avec une chanson qu'il présente comme « sa propre cassette des Troggs [1] » : « On a fait cette foutue chanson débile, et il a décidé qu'il voulait une voix accélérée. J'ai demandé au technicien de passer sur la bande moitié moins vite, et du coup nos voix paraissaient plus aiguës. Je veux dire, c'est tellement éculé, c'est nul, quoi. Et puis, on a aussi décidé d'incorporer autant de jeux de mots que possibles sur « gnome ». Franchement, c'était pitoyable. En fait, ça l'est toujours. Le plus curieux, c'est qu'on a pris notre pied à faire ça. C'est ça qui est effrayant. Techniquement ça a marché, mais c'est drôlement gênant. On s'est mis ensemble pour trouver ces paroles. Je veux dire, on marchait à quoi ? »

Voici un exemple des trouvailles spirituelles de Dudgeon/Bowie :

BOWIE : Eh, d'où viens-tu ?
DUDGEON (dans le rôle du gnome) : du Gnome-man's land
BOWIE : Vraiment ?
Ou encore :
BOWIE : Hé, qu'est-ce que c'est que ce tic-tac ?
DUDGEON : C'est Fred – c'est un métrognome !

Le problème essentiel pour Bowie, chanteur débutant, était qu'il n'avait pas de voix propre. Il empruntait celle d'Anthony Newley, et ses collègues ne tardèrent pas à considérer cela comme un handicap. « On aurait dit ce foutu Anthony Newley sur tous les premiers disques que j'ai faits avec lui, se souvient Gus Dudgeon. Ça nous embêtait Mike Vernon et moi. J'étais technicien à l'époque et je ne savais pas trop si c'était un plus ou un moins, mais il me semblait que c'était peut-être un moins. N'empêche, il l'imitait vraiment bien ! »

Sous cette apparence tranquille de fantaisie anglaise et de musique

---

1. Les Troggs étaient un groupe des années 60 (*N.d.T.*)

41

de cabaret espiègle se cachaient des thèmes plus sérieux. *We Are Hungry Men* préfigure la fixation de Bowie dans les années 70 sur les surhommes. Cette chanson évoque avec une incroyable mièvrerie les premiers remous que suscitait l'écologie dans les médias et la panique provoquée par des rapports selon lesquels la surpopulation menaçait de devenir un problème global. Bowie lui-même incarne le personnage d'un Messie qui, grâce au soutien aveugle de la populace, triomphera des maux dont souffre la société :

I prepared a document
Legalising mass abortion
We will turn a blind eye to infanticide

« J'ai préparé un document
Légalisant l'avortement de masse.
Nous fermerons les yeux sur l'infanticide »
We Are Hungry Men, 1967, transcription de l'auteur.

Là aussi, il est difficile de prendre au sérieux cette chanson, qui commence par la voix de l'ingénieur du son qui imite un présentateur de la BBC. Mais les paroles sont plus profondes.

Ce titre contient le germe de bien des choses à venir. C'est la vision noire du monde futur, peuplé de dupes désensibilisés en quête d'un Christ pour les sauver. L'obsession de Bowie pour les hommes à poigne et sa croyance dans la possibilité de l'émergence d'une nouvelle démagogie, qui ternirent beaucoup de ses interviews au milieu des années 70, sont étrangement préfigurées par cet extrait d'une interview accordée à Kate Simpson pour *Music Now !* en 1969 : « Ce pays cherche désespérément un leader. Dieu sait ce qu'il veut, mais s'il n'y fait pas attention, on va finir avec un type comme Hitler... Le seul individu qui ait la moindre force est Enoch Powell [1]. Il est le seul à être suivi. Que ce soit bien ou mal n'est pas la question. C'est un fait. »

Vers le milieu de 1967, la carrière de Bowie a atteint une impasse. Malgré quelques bonnes critiques, ses ventes sont négligeables. C'est à ce moment-là qu'il rencontre l'un des personnages les plus importants de sa carrière, le futur producteur Tony Visconti, né à Brooklyn, tout frais débarqué à Londres pour apprendre son métier à Decca, sous la houlette du producteur Denny Cordell. Cordell collaborait avec David Platz, dont les éditions musicales publiaient Bowie, mais aussi des artistes comme Anthony Newley et Lionel

---

1. Politicien britannique aux vues d'extrême droite, décédé en 1998. (*N.d.T.*)

Bart. Visconti, convoqué à une réunion dans le bureau de Platz, écoute des extraits du premier album de David. « J'ai été amusé par l'éclectisme du chanteur. Il y avait un fossé énorme entre le style de *The Laughing Gnome* et celui de *When I Live My Dream*. Je crois que j'ai dit : "Ce type part dans tous les sens." Platz a trouvé ça drôle, et il m'a dit que Bowie cherchait un producteur qui puisse lui donner une direction plus nette. Il m'a demandé si je voulais le rencontrer. J'ai dit oui, et Platz m'a répondu : "Il est dans la pièce à côté." Bowie, vingt ans, cheveux raides qui lui tombaient sur les épaules, faisait les cent pas, tirant nerveusement sur une cigarette. On a parlé pendant deux ou trois heures. Il connaissait très bien les groupes underground américains, et il aimait particulièrement Frank Zappa, le Velvet Underground et les Fugs. Moi aussi. On a passé le reste de l'après-midi ensemble et on a fini par aller dans un petit cinéma d'art et d'essai à Chelsea, où on a vu *Le Couteau dans l'eau* de Roman Polanski. Les vieux films étrangers en noir et blanc étaient une autre passion qu'on avait en commun. »

A cette époque-là, Bowie est un chanteur pop sans guère de succès, et Visconti un producteur presque inconnu. « Jusque-là, je n'avais rien fait », confirme Visconti. « En tant qu'assistant de Denny Cordell, j'avais contribué au deuxième album de Procol Harum, au premier de Joe Cocker (j'avais fait quelques partitions et mixé la plupart des morceaux) et au premier [sic] album de Move, *Shazam*. J'avais fait signer Tyrannosaurus Rex chez Regal Zonophone, le label que dirigeait Denny, et ç'avait été ma première production – *My People Were Fair...* leur premier album. Je n'avais pas encore fait mes preuves. »

Cependant, Bowie a trouvé en Visconti un ami qui partage les mêmes intérêts, et qui, chose importante, est américain, donc par définition plutôt cool. Mais Visconti s'avère un facteur perturbant dans l'axe Bowie-Pitt. Les relations de Visconti avec le manager de Bowie, Ken Pitt, ne seront jamais amicales, et Visconti se souvient que Bowie trouvait des excuses à Pitt, disant que c'était un manager de la vieille école, qui s'intéressait au théâtre mais pas au rock. « Quand je les ai vus ensemble, raconte Visconti, j'ai eu l'impression qu'il y avait une espèce de gêne entre eux. Pitt m'a parlé de ses projets pour Bowie, mais ça ne m'a pas vraiment impressionné. Il me semblait qu'il n'avait rien de concret, en tout cas rien qui me plaisait. Je sais qu'il avait été question que Bowie ait un petit rôle dans *Virgin Soldiers*. J'avais l'impression que Pitt ne m'aimait pas beaucoup. David faisait l'intermédiaire tant bien que mal, il essayait de trouver des choses dont nous pourrions discuter ensemble. Je ne suis jamais devenu proche de Pitt, et nous avons gardé nos distances l'un envers l'autre. Il me traitait de "gauchiste insoumis". A l'époque

43

je ne connaissais rien à la politique et je n'étais certainement pas un insoumis. En fait, j'ai été réformé de l'armée pour raisons médicales. Pitt était seulement jaloux et frustré parce que David et moi étions amis. »

Ainsi Bowie était au croisement du monde « normal » et du monde « cool », tous les deux possédant un certain charme pour un homme aussi féru d'art déco que des Fugs. Cependant, le remplacement de Vernon par Visconti n'aura pas d'impact immédiat sur la situation de Bowie. *Let Me Sleep beside You / Karma Man*, le premier produit d'une séance d'enregistrement aux Studios Advison à Londres, le 1er septembre, sera refusé par le panel de sélection rétrograde de Decca et ne sortira jamais.

En 1960, à Londres, il n'y avait pas de carrières plus enviables que celles de la musique, de la mode ou de la photographie, domaines jeunes, dynamiques, qui définissaient la culture pop du moment – neuve, vibrante, gaie. Bowie trouva sa place dans deux de ces domaines, mêlant avec une aisance remarquable musique et mode, et, pris dans les flashes du Polaroïd, devient le sujet du troisième. C'était un non-conformiste né. Son style personnel et son expression à travers les vêtements constituaient un élément central de sa rébellion. En 1997, il déclara : « Une tenue est une expérience de la vie. C'est beaucoup plus qu'un simple vêtement. Elle montre qui on est, elle est un badge et un symbole. »

A l'école déjà, Bowie possédait un style vestimentaire rebelle, et avait comme aujourd'hui une obsession pour les chaussures : en 1961, il fut un des premiers à porter des chaussures à bout pointu, importées d'Italie. Un de ses professeurs, Brian Lane, se souvient que Bowie vint une ou deux fois à l'école avec les cheveux teints, ce qui à l'époque était d'une audace inouïe. Il arborait aussi une superbe « banane » blonde qui le faisait ressembler à une version féminine de Billy Fury.

En cela, il ne différait guère de son rival et ami Marc Bolan, né Mark Feld en 1948. Adolescent, Bolan avait travaillé comme mannequin, et était peut-être plus encore que Bowie un fondamentaliste de la mode. A vrai dire, par l'intermédiaire du producteur Tony Visconti, l'amitié quelque peu difficile de Bowie et de Bolan évolua vers la fin des années 60 en un mélange de respect mutuel et de rivalité hargneuse. Visconti : « D'après eux, ils ont toujours été conscients l'un de l'autre. A l'adolescence, ils ont tous les deux été l'objet d'articles dans la presse, surtout à cause de leur façon de s'habiller. Dans un article, Bolan était salué comme le "Roi des Mods", à cause de ses élégants costumes italiens et de la Vespa sur laquelle il posait, mais qu'il ne savait pas conduire. Mon association

44

avec Marc a commencé environ six mois avant que je rencontre Bowie. Tous les deux venaient souvent chez moi à Earl's Court pour passer la soirée à faire de la musique. Ils vivaient avec leurs parents à l'époque (et j'avais rencontré le père de David, venu chez moi à l'improviste un week-end). Même quand Marc a épousé June, ils revenaient prendre des bains trois fois par semaine chez moi parce que leur studio à Notting Hill n'avait pas de baignoire. Et David utilisait souvent mon appartement pour y inviter des copines. »

Le style « mod » était très important pour Bolan comme pour Bowie – pas le genre mod songeur avec anorak et Vespa de la génération des Who, mais leurs prédécesseurs immédiats. Les premiers mods du début des années 60 étaient de dangereux modernistes : ils portaient des costumes coûteux, du rouge à lèvres, du fard à joues et de l'ombre à paupière. S'ils étaient les descendants de la culture gay, sur le plan vestimentaire, ils comptaient parmi les ancêtres du glam.

Les jeunes Bowie et Bolan traînaient dans les endroits chics du Londres dans le vent, pillant les poubelles de Carnaby Street à la recherche de vêtements abandonnés qu'ils pourraient récupérer pour leurs soirées. Mark Paytress, biographe de Bolan, affirme : « Ils étaient tous les deux des ex-mods aux dents longues dans le Londres des années 60, des petits arnaqueurs qui se retrouvaient au café Giaconda dans Denmark Street, en espérant que quelqu'un les remarquerait. C'étaient des caméléons, prêts à adopter les tendances émergentes. Mais Bolan était sans doute une star "naturelle", alors que Bowie s'intéressait de façon plus sérieuse à des questions intellectuelles. » Le DJ John Peel, doyen de la musique alternative et seul membre du personnel originel de Radio 1 à toujours faire partie de cette radio était un défenseur de Bolan et de Bowie. « Bolan donnait certainement l'impression de vouloir être une superstar du rock, ni plus ni moins », se souvient Peel. « Je dirais qu'il était rusé. Ça peut sembler un peu sévère, mais on était toujours conscient du fait qu'il y avait chez lui quelque chose de désagréable. Il est évident qu'il a toujours été très ambitieux. »

Sur le plan du style personnel, dans les années 60, Bowie, pour l'essentiel, suivait plutôt qu'il n'initiait les tendances de la mode, bien qu'il fût l'un des premiers adolescents à avoir les cheveux longs. Le 12 novembre 1964, il apparut sur le plateau de l'émission *Tonight* en tant que président de la Société pour la prévention de la cruauté envers les hommes à cheveux longs, et raconta à un Cliff Michelmore très amusé que les membres de l'association étaient en butte à des moqueries en raison de leur coiffure. Tout dans le comportement de Bowie suggérait une féminité innée – en fait cette première apparition à la télévision est sans doute la plus efféminée de toute sa carrière – mais le jeune Bowie adorait briser les tabous et bousculer les conventions. "Eh bien, je pense que nous sommes tous assez tolérants, dit-il à Michelmore, mais il y a deux ans qu'on nous balance des remarques comme 'Chérie' et 'Tu veux que je porte ton sac à main ?' et il est temps que ça cesse." »

Il voulait attirer l'attention, il voulait être connu, et en 1964, être un homme aux cheveux longs était un moyen d'y parvenir. Le scandale qu'il causa ainsi dans un monde où les homosexuels étaient un objet de ridicule fut une leçon dont il tira profit dans les années 70. En 1972, à l'exception du look skinhead, les cheveux courts pour les hommes seraient aussi une nouveauté, et préfigureraient le look gay de la période post-Ziggy. Quand arrivèrent les années 70, il était aussi différent des autres stars du rock, présentes ou passées, qu'il était possible de l'être.

En 1965, Bowie était un mod, en 1966 et 1967 un hippie, mais dès 1968, il a développé son propre style, post-hippie et légèrement efféminé. D'après Ken Pitt, il s'éloigna du mouvement hippie au moment précis où le grand public allait l'embrasser, et c'est à cette époque qu'il se mit à lancer des tendances vestimentaires plutôt qu'à les copier. Au même moment, il commença à enfreindre plus directement les conventions de l'époque. En tant qu'artiste, Bowie avait recours à une théâtralité inimaginable à l'époque pour la pop britannique ordinaire. Au milieu des années 60, un concert typique pour son groupe mod, The Lower Third, au Marquee de Londres, incorporait *Mars* des *Planètes* de Holst (alors le générique de l'émission hebdomadaire de science-fiction *Quartermass*), et une interprétation de *Chim Chim Cheree* de *Mary Poppins* – pas vraiment le genre rock pop moyen. Le premier concert de Bowie auquel assista son futur manager Ken Pitt connut son apothéose au moment où Bowie interpréta *When You Walk Through A Storm* de Judy Garland.

Sous la tutelle du danseur Lindsay Kemp (fils spirituel de William Kemp, le clown de Shakespeare au Globe Theatre à Londres), le goût inné de Bowie pour le bizarre s'épanouit en toute liberté. Kemp était né à Irby, près de Liverpool, en 1938. A 16 ans, il assistait à des cours du soir au Bradford College of Art, et en 1964, il avait formé la Lindsay Kemp Mime Company. Quand Bowie le rencontra, il vivait dans un appartement situé dans Bateman Buildings à Soho, au-dessus d'une boîte de strip-tease. Son petit ami, Jack Birkett, danseur et mime brillant quoique quasi aveugle, participait régulièrement à ses spectacles. Bowie et Kemp firent connaissance pendant l'été 1967, un an avant le premier gros succès de Kemp avec un spectacle intitulé *Fleurs... pantomime pour Jean Genet.* Kemp passait le premier album de Bowie pendant les cours qu'il donnait dans un studio de danse de Floral Street. Bowie s'y inscrivit à mi-temps et y rencontra la styliste Natasha Korniloff (qui créerait sa garde-robe pour la tournée mondiale de 1978 et le costume de Pierrot utilisé dans le clip et les photos promotionnelles de *Ashes to Ashes*.)

Plus que les cours de danse (Kemp insiste sur le fait que ce n'étaient pas des cours de mime), ce fut la personnalité de Kemp qui marqua Bowie et lui permit de développer son propre sens du bizarre. En 1997, Bowie déclara à son propos : « Il vivait de ses émotions, il était une merveilleuse influence. Sa vie quotidienne était le truc le plus théâtral que j'aie jamais vu. C'était comme ça que je m'imaginais la Bohème. Je me suis joint au cirque. »

« Je ne lui ai pas vraiment appris à devenir un mime, mais à être davantage lui-même devant les autres, affirma Kemp dans les années 80. Je lui ai permis de libérer l'ange et le démon qu'il avait en lui. »

La première performance de Bowie avec Kemp et Jack Birkett, dont le nom de scène était Orlando, eut lieu dans *Pierrot in Turquoise* au New Theatre d'Oxford le 28 décembre 1967. Kemp était Pierrot, Bowie incarnait Cloud et put chanter certaines de ses chansons. Le spectacle fut ensuite joué au Rose Hill Theatre de Cumberland, puis au Mercury Theatre, à Notting Hill au début du mois de mars 1968, et enfin au Intimate Theatre à Palmer's Green, à la fin du même mois. Gus Dudgeon se souvient que Bowie a toujours considéré avec humour ses incursions dans le domaine du mime. « Bowie m'en a parlé un jour qu'on travaillait. En fait, on a bien ri. Il a dit : "J'ai étudié le mime avec un type et je vais faire un spectacle à Notting Hill Gate dans un tout petit théâtre, mais la différence est que je vais chanter des chansons." Puis il a ri : "Mais ce n'est pas vraiment un spectacle de mime !" En fait, il était très doué. »

Tony Visconti se souvient que, quoique Bowie se fût lancé avec enthousiasme dans le mime, il ne donna jamais l'impression que là était sa vocation, mais plutôt qu'il fouinait ici et là à la recherche de tout élément exotique susceptible d'enrichir sa cuisine rock :

« Je me rappelle avoir rencontré Lindsay à une répétition pour ce spectacle au Mercury Theatre. A cette époque-là, j'apprenais le karaté, et David semblait penser que mes mouvements étaient plutôt harmonieux. Donc, il m'a présenté à Kemp avec beaucoup d'emphase, affirmant que j'étais un expert en karaté (c'était faux). Il a tout de suite voulu que je montre certains gestes à Kemp, ce que j'ai fait. Je me souviens de l'expression dégoûtée de Lindsay, qui m'a conseillé après de ne pas faire ça sans échauffement. J'ai compris qu'il n'avait pas été sensible à ma démonstration, et je me suis assis dans un coin pour regarder la répétition. Plus tard, j'ai assisté à une répétition en costumes au Mercury. Je savais que David passait beaucoup de temps sur ce projet, et je dois dire que Lindsay a eu une grande influence sur lui, ne serait-ce que pendant un bref et intense moment.

« Lindsay Kemp se conduisait comme une "folle" typique. Il parlait d'une manière incroyablement affectée et faisait de petits gestes du poignet aussi souvent que possible. Il était l'homosexuel incarné. Son petit ami, Orlando, parlait peu, mais il était aussi un expert en mime. David disait souvent qu'Orlando était légèrement meilleur que Lindsay. Tous les deux avaient le crâne rasé. Même si je me méfiais des homosexuels à l'époque (on m'avait dit que je les attirais à cause de mon physique de latin et ils me harcelaient à tout bout de champ), j'aimais beaucoup Lindsay. Il était drôle et c'était un mime excellent. Pendant les répétitions, il était concentré, absolument déterminé à obtenir les nuances subtiles qu'il recherchait. David l'observait avec beaucoup d'attention, et il apprenait de nombreuses techniques qui lui serviraient plus tard. Mais même alors, je savais qu'être mime n'était pas son but dans la vie. »

La tournée fut une curieuse expérience. Korniloff, qui officiait à la fois comme habilleuse et comme conductrice, avait créé pour Bowie une « immense chemise rose à pois bordeaux, avec un grosse fraise rose et bordeaux et une culotte courte grise avec des rayures en velours rouge ». A l'époque, et sans que ni Kemp ni Korniloff ne se doutent de rien, Bowie entretenait une liaison avec tous les deux. Une nuit, il s'avéra que Bowie avait câliné Kemp en début de soirée avant d'aller compléter la ronde de ses plaisirs nocturnes par une halte dans le boudoir de Korniloff. Il y eut d'amères récriminations à la table du petit déjeuner, et, avant le spectacle de ce soir-là, Kemp se tailla les veines, mais pas assez sérieusement pour devoir être transporté à l'hôpital. Il tint son rôle avec un bras couvert de pansements après une visite aux urgences, saignant stoïquement et pleurant abondamment tout au long du spectacle sous les applaudissements enthousiastes du public, persuadé que cela faisait partie de la pièce.

Bowie était conscient d'avoir découvert quelque chose de vraiment original à travers son expérience du mime. Kemp le jugeait plutôt raide et ne ménageait pas ses critiques pendant ses cours de danse, mais quoique Bowie ne soit pas naturellement doué, il en apprit juste assez sur le mime pour l'appliquer au rock. A la fin des années 60, il mélangea les deux, et en 1969, lors d'une tournée en première partie de Tyrannosaurus Rex, il exécuta un mime intitulé *Yet-San and the Eagle*, avec *Silly Boy Blue* en accompagnement. Rétrospectivement, faire face à un public de rock à la fin des années 60 avec un numéro de mime semble extrêmement courageux, et presque aussi incongru que le passage du comique Max Wall en première partie du groupe rock Mott the Hoople en 1972. Cela ne fit certainement pas l'unanimité. John Peel, qui soutint la carrière de Bowie durant la traversée du désert entre *Space Oddity* et *Starman* en l'invitant régulièrement à se produire en concert pour Radio 1, décrit ainsi le Bowie des débuts :

« Je ne me souviens pas qu'il ait été particulièrement androgyne. Bien sûr, il n'avait rien non plus du lecteur de *Loaded* avec une panse à bière. A l'époque, je fréquentais Marc [Bolan], "Beautiful Peter", un photographe avec qui je partageais un appartement, et qui a pris la photo pour la pochette du premier album de Marc Bolan (on ne pouvait pas savoir si c'était un homme ou une femme) et un DJ appelé Jeff Dexter, qui avait de longs cheveux blonds. Sheila [la femme de Peel] l'a pris pour une fille quand elle l'a vu. Par rapport à eux, Bowie ressemblait plutôt à un GI !

« La première fois que je l'ai remarqué, c'était pendant une tournée des Tyrannosaurus Rex. Ils avaient en première partie un joueur de cithare australien [Vytas Serelis] – une espèce plutôt rare – et David Bowie. Je l'ai vu dans la loge du Philarmonic Hall à Liverpool et quelqu'un lui a crié : "Il est huit heures, David, c'est à toi." Il était très nerveux. Peut-être parce qu'il savait que son numéro était nul. Je ne doute pas que le mime soit la forme la plus ancienne et la plus importante de l'art, mais pour moi, franchement, c'est nul. J'ai toujours pensé que Marcel Marceau avait besoin d'un bon coup de pied au cul. Ça ne m'intéresse pas s'il n'y a pas de guitares qui hurlent, et dans l'ensemble, avec le mime, il n'y en a pas. »

L'ironie, bien sûr, c'est qu'en 1972, on eut justement cela : Ziggy, du mime, et des guitares hurlantes à profusion.

Geoff Ward, un fan de Bowie aujourd'hui poète, écrivain et intellectuel, se souvient d'un autre concert de la tournée – au Free Trade Hall de Manchester le 22 février 1969 – qu'il décrit comme le plus bruyant auquel il ait jamais assisté :

« Il était vraiment assourdissant – ou plutôt la musique sur laquelle il mimait était assourdissante. C'était l'âge d'or de l'ampli Marshall (fabriqué localement par Jim Marshall, bien sûr) et je quittais souvent le Free Trade Hall les oreilles bourdonnantes. Mais même pour l'époque, c'était affreusement fort. Ça créait une disparité étrange (voulue ? peut-être pas) entre la nature nécessairement silencieuse – et dans le contexte d'un concert pop, particulièrement vulnérable – de la performance physique, et ce qu'on entendait. Le mime en lui-même, si on y repense avec du recul, était un numéro plutôt conventionnel imitant Marcel Marceau... Au secours ! Je suis enfermé dans une cabine téléphonique invisible avec des implications existentielles... Bowie était clairement un gymnaste compétent, mais ce n'était pas une performance particulièrement magnétique. Il n'avait pas encore appris le genre de projection physique dont je l'ai vu faire preuve à Londres pendant les célèbres concerts de Ziggy, quand il montait et descendait d'une rangée de haut-parleurs à la fin de *Suffragette City* et que ça vous donnait des frissons dans la nuque. On voyait ce qui était de toute évidence chorégraphié (le costume de kabuki arraché par des jeunes femmes qui se précipitaient sur lui depuis les coulisses), mais il y avait une dangereuse zone floue où il était impossible de distinguer le chorégraphié de l'improvisé. En revanche, je soupçonne que tout dans le mime de 1969 avait été répété avec soin. Ce qui était frappant, surtout, c'était non pas le numéro, mais l'accueil bienveillant et soumis, voire l'indifférence abrutie, qui lui a été réservé. En 1999, aucun groupe de rock ambitieux n'aurait brutalement changé de style l'espace d'une tournée en s'attendant à ce que le public suive. Mais je suppose qu'un public prêt à écouter John Peel lire des contes de fées et un joueur de cithare des antipodes flotte probablement à l'apogée de la tolérance. »

Visconti, cependant, considère que la tournée était un plan fourbe fomenté par Bolan pour déprécier son concurrent : « David était ouvert à l'amitié, mais Marc était assez cruel au sujet de la carrière musicale, jusque-là limitée, de Bowie. Je pense que c'était par une sorte de sadisme ravi que Marc a engagé David en lever de rideau de Tyrannosaurus Rex, pas pour une performance musicale, mais en tant que mime. »

Si Bowie en concert cherchait à injecter une dose de féminité, il en allait tout autrement dans le privé. Presque toutes les personnes interviewées pour ce livre décrivent le jeune Bowie comme sympathique, travailleur et « différent ». Mais efféminé ? « Certainement pas, déclare Mike Vernon, quoiqu'à vrai dire, à cette époque-là, je ne sais pas si je m'en serais aperçu. » Ken Scott, qui plus tard produisit les classiques de Bowie pendant sa période glam et qui commença sa collaboration de cinq ans comme technicien sur le deuxième album de ce dernier, confirme : « Je ne me souviens pas qu'il ait été efféminé à aucun moment. »

L'expérimentation de Bowie en matière de théâtre allait lui être fort utile au cours de la décennie qui suivrait, mais elle ne fut pas un succès, ni sur le plan commercial, ni sur le plan artistique. Il a indéniablement connu plus de faux départs que n'importe quelle superstar de la pop, et ses premières œuvres ne suggèrent pas l'ombre de la grandeur à venir. Cependant, dans les années 60, on avait le droit à l'échec. Si Bowie avait commencé dans les années 90, il n'aurait sans doute pas réussi – les maisons de disques et les managers ne s'attardent pas avec des artistes dépourvus de succès, aussi talentueux soient-ils (il faut rendre justice à Ken Pitt d'avoir persévéré avec « son gars » malgré des années successives de déboires commerciaux).

Étant donné l'ampleur de son succès ultérieur, l'importance de l'échec initial de Bowie est plutôt remarquable, et le fait qu'il n'a jamais vraiment douté de son destin témoigne de sa ténacité. Il est vrai qu'il a bénéficié de certains encouragements. Il avait ses supporters dans les médias, notamment la journaliste Penny Valentine, et deux de ses chansons, *Over the Wall* et *Silly Boy Blue* avaient été reprises respectivement par Oscar Beuselinck (devenu plus tard Paul Nicholas, chanteur et acteur célèbre pour *Dancing With the Captain*) et Billy Fury. Et puis il y eut la quantité habituelle de projets irréalisables et irréalisés. Bowie s'intéressait au bouddhisme, devint l'ami du moine bouddhiste Chime Youngdong Rimpoche, et, selon certains dires, faillit devenir moine lui-même. Cependant, Tony Visconti, qui éprouvait lui aussi une certaine curiosité pour le bouddhisme à l'époque, doute que Bowie ait pris la chose très au sérieux :

« J'étais un néo-bouddhiste, si on veut. J'ai découvert cette philosophie par l'intermédiaire de la traduction psychédélique de Timothy Leary du livre intitulé *The Tibetan Book of The Dead* (« Le Livre des morts tibétain »), écrit spécialement pour les défonces à l'acide (LSD). Ma politique était celle de l'ecstasy. David et moi avions le bouddhisme tibétain en commun, et il parlait beaucoup de rencontrer Chime Rimpoche et d'étudier sous sa direction. J'étais très envieux, parce que c'était une obsession chez moi depuis deux ans, l'idée de rencontrer un véritable moine tibétain et d'étudier avec lui. Quand j'ai fini par rencontrer Chime Rimpoche, ce n'était pas par l'intermédiaire de David. J'ai eu l'impression que David était réticent à nous présenter, et je crois aussi qu'il a exagéré le temps qu'il a passé à étudier avec Chime, bien que certaines biographies affirment qu'il l'ait fait pendant six mois. Beaucoup plus tard, quand on mixait l'album *Scary Monsters* à Londres, j'ai appelé le British Museum, où Chime travaillait dans le département de l'Asie, et je l'ai persuadé de venir faire une visite surprise à David à mon studio d'enregistrement de Soho (Good Earth). David a été très heureux de le voir. Je savais que Chime avait une idée fabuleuse pour un concert de rock au Potala à Lhasa, au Tibet, et il voulait que David en soit la star. Je les ai laissés seuls un moment pour qu'il expose son idée à David, mais ça n'a rien donné. »

Vers le milieu de 1967, Bowie avait fini par quitter le foyer paternel et s'était installé chez son manager, Ken Pitt. Très proches, ils vécurent ensemble pendant près d'un an. Avec une totale candeur, Pitt décrit leur relation comme « forte et affectueuse » . Il n'est certainement pas courant qu'un artiste et son manager forgent des liens si intenses qu'ils en viennent à vivre ensemble, mais il était temps pour Bowie de rompre avec l'atmosphère confinée de Plaistow Grove. La maladie mentale de Terry et ses accès de schizophrénie devenaient de plus en plus pénibles, l'ambiance à la maison était étouffante, et Bowie avait besoin d'espace. Le vaste appartement de Pitt, débordant de livres et de disques, était idéal.

Pendant son séjour chez Pitt, Bowie enregistra le prototype d'une comédie musicale rock, *Ernie Johnson*, au sujet d'un personnage qui organise une fête à l'occasion de son suicide, prévu pour le lendemain. Ce disque n'est jamais sorti. Une cassette en contenant des extraits a bien été mise aux enchères chez Christie's en juin 1996, mais elle n'a pas atteint sa mise à prix. La cassette raconte l'histoire d'Ernie, dix-neuf ans, qui passe la journée d'avant la fête à penser à ses amours de l'année précédente et à avoir un échange de propos racistes avec un clochard, avant de chanter une chanson en se regardant dans la glace et puis de se précipiter dans Carnaby Street pour acheter une cravate neuve. La cassette date de février 1968 environ, à l'époque où Bowie faisait souvent des démos à l'aide d'un magnétophone 4 pistes installé dans sa chambre. La liste des chansons est la suivante : *Tiny Tim, Where's TheLoo, Season Folk, Just One Moment Sir, Early Morning, Noon Lunchtime, Evening, Ernie Boy, This My Day.* Des morceaux supplémentaires (datant approximativement de février 1966) furent ajoutés à la cassette aux enchères chez Christie's : *Going Down, Over The Wall We Go* et *Love You Till Tuesday.*

Bowie continua à écrire et à enregistrer après la fin des séances d'enregistrement de son premier album, en 1967, et pendant tout 1968, mais la plupart de ce qu'il produisit à l'époque n'est jamais sorti, tout au moins pas officiellement. En novembre 1966, Pitt revint d'un voyage d'affaires aux États-Unis, au cours duquel il avait rencontré Lou Reed à la Factory (lieu de travail de Warhol), et écouté un exemplaire du premier album du Velvet Underground. Cette rencontre qui poussa Bowie à enregistrer, avec un groupe appelé The Riot Squad, *Waiting For The Man* avec Gus Dudgeon. C'était la première réaction britannique à la pop d'avant-garde produite par le milieu de la Factory sur la côte Est, et elle montre que Bowie appréciait déjà le Velvet Underground bien avant sa colonisation du territoire à grands renforts de publicité dans les années glam.

A cette époque, Bowie travaillait à un certain nombre de projets : « En 1967, je participais à deux ou trois groupes en même temps. L'un d'eux était The Buzz, mon groupe, avec qui j'essayais toutes mes nouvelles chansons, bonnes ou mauvaises. L'autre était The Riot Squad. C'était un groupe plus démocratique, dans lequel on était deux à se partager les chansons et j'y jouais du sax ténor.

Je leur infligeais aussi mon goût pour le théâtre. Ç'a été le premier groupe auquel j'ai participé dans lequel le maquillage et les pantalons étaient aussi importants que la musique. Je les ai aussi persuadés de reprendre des chansons de Mothers of Invention. Ce n'était pas très heureux, si je me souviens bien, d'autant que ma grande préférée était *It Can't Happen Here*. La musique de Frank était pratiquement inconnue en Angleterre, et, en réécoutant à présent, je comprends pourquoi on ne la passait pas. »

De cette époque datent nombre de chansons incomplètes, ni sorties, ni sortables, y compris une, remarquable, enregistrée avec The Riot Squad en avril 1967 et intitulée *Little Toy Soldier* (connue également sous le nom de *Sadie's Song*). Elle raconte l'histoire de Sadie, qui possède un petit soldat mécanique qui prend vie et la fouette quand elle remonte son mécanisme. Un jour, la fillette le remonte trop, et il la bat à mort ! Exprimée à travers le filtre d'une sorte de pop de pantomime, c'est la première vision de Bowie du genre de sexualité masochiste présente dans les chansons du Velvet Underground telles que *Venus in Furs*.

En 1968, la situation financière de Bowie était si délicate qu'il était forcé de travailler de temps à autre chez Legastat, comme préposé à la photocopieuse. De plus, si on se fie à certaines cassettes pirates, Bowie (comme un certain Elton John) effectua anonymement une série d'enregistrements des tubes de l'époque pour l'interminable série d'albums *Top of The Pops*, chantant *Rosie* de Don Partridge, *Hurdy Gurdy Man* de Donovan, et *Penny Lane* des Beatles. Époque grisante, en vérité ! Entre-temps, le panel de sélection de Decca avait décliné trois chansons qu'il avait espéré sortir en singles. Puis Bowie fut rejeté par Apple Records. Une pièce de théâtre qu'il avait écrite, *The Champion Flower Grower,* fut refusée par la BBC. Il échoua à des auditions pour *The Virgin Soldiers*, *Alain* et *Oh What A Lovely War* (mais il obtint une semaine de travail en tant qu'extra pour le premier), et, afin d'obtenir un peu d'argent, il fit une apparition dans une publicité pour les glaces « Luv » de Lyons Maid, produite, soit dit en passant, par Ridley Scott, plus célèbre pour *Alien* et *Bladerunner*. Il tourna aussi dans un court métrage muet, *The Image,* réalisé par Michael Armstrong, mais ne fit guère impression. De plus, Ken Pitt désapprouvait la formation de son nouveau groupe, Feathers, qu'il considérait comme une extravagance hautement indésirable.

Feathers (à l'origine appelé Turquoise d'après la production de Kemp, *Pierrot in Turquoise*) rassemblait Bowie, son ami alors fidèle John Hutchinson (souvent connu sous le nom de Hutch) qui avait remplacé à la basse le membre original du groupe, Tony Hill, et la compagne de Bowie à l'époque, Hermione Farthingale, à la guitare acoustique. Le groupe commença à se produire *live* en septembre 1968 et fit la première partie des Who au Roundhouse, début 1969.

Feathers, comme le concéda Bowie plus tard, n'était qu'un prétexte pour être avec Hermione le plus souvent et le plus longtemps possible. Au début 1968, la BBC avait demandé à Kemp de chorégraphier une production de *Un duel* (une pièce de Tchekhov). Kemp choisit Bowie et une superbe danseuse aux cheveux roux – Hermione Farthingale – pour danser un poétique menuet. Ils devinrent très vite amants et vécurent ensemble tout au long de 1968.

Quand arriva l'été 1968, Bowie s'était installé dans un appartement de Clairville Grove, à Londres, avec Hermione et Hutch. Hermione était issue d'une famille très bourgeoise, et il semble que ses parents aient vu d'un très mauvais œil son flirt avec une prétendue pop star. Pendant ces mois d'engouement pour Hermione, Bowie se consacra à concocter des projets lui permettant de passer du temps avec l'objet de son amour ; Feathers était l'un d'eux.

Le groupe ne donna qu'une poignée de concerts, et leur style bohème, mélange de Merseybeat, de poésie inspirée par Roger McGough, de ballades pop et de mime, n'eut guère de succès. Une de leurs chansons, *The Ching-A-Ling-Song* est un classique inconnu dans le genre chanson débile, avec des paroles complètement idiotes et une mélodie qui sera reconnue par tous ceux qui ont vu *Nuts in May,* la pièce de Mike Leigh, comme étant le précurseur de la chanson de Candice Marie, *We're Going To The Zoo He Said.* En voici un extrait :

While walking on red roosters lawn
A char-faced man I'd spy
He blew into his handkerchief
And stuttered as he sighed
I wish I'd play the doodah-horn
The doodah horn is fine
I'd sell my house and ferny coach
To make this daydream mine

« En marchant sur le gazon des coqs rouges
J'ai vu un homme au visage carbonisé
Il s'est mouché
Et a marmonné en soupirant
Si seulement je savais jouer au cor machin
Le cor machin c'est bien
Je vendrais ma maison et mon carrosse en fougère
Pour réaliser ce rêve »

Tandis que Feathers était destiné à prendre place dans le panthéon grandissant des flops pop de Bowie, Ken Pitt commençait à réunir des fonds pour ce qu'il espérait être le projet qui lancerait définitivement la carrière de ce dernier. Mais son coup de maître, un film avec Bowie, s'avéra lui aussi un échec commercial.

Love You Till Tuesday, collection de clips promotionnels destinés à susciter l'intérêt des médias pour une carrière mal en point, était en réalité une œuvre pleine de prescience. Avec des clips réalisés par les Rolling Stones, les Kinks et les Beatles pour leurs singles dans les années 60, cette collection constitue l'une des premières tentatives pour vendre la pop de cette façon. Dans le film, Bowie arbore non une perruque, mais plutôt une fausse petite queue-de-cheval. Ses cheveux, coupés court pour l'audition de *Virgin Soldiers,* n'avaient pas eu le temps de repousser suffisamment au moment du tournage, et on dut avoir recours à une extension. Bowie s'expose donc avec sa coiffure la moins réussie jusque-là. Trente ans plus tard, le film est un peu gênant par moments, mais c'est le sens du théâtral démontré par Bowie qui est le plus frappant. *When I'm Five, Rubber Band* et *The Mask,* une courte séquence de mime écrite et exécutée par Bowie, ont un côté original et attachant, tandis que *Let Me Sleep Beside You,* beaucoup admirée par Brett Anderson, de Suede, est la première chanson pop géniale de Bowie, avec son riff dévastateur et ses paroles plutôt osées :

Wear the dress your mother wore
Let me sleep beside you

« Porte la robe que portait ta mère
Laisse-moi dormir près de toi »

Rejetée par Deram, *Let Me Sleep Beside You* aurait peut-être pu réussir au hit-parade. Néanmoins, comme l'observa plus tard Bowie, « Si les choses avaient marché pour moi dans les années 60, j'aurais peut-être été isolé d'un grand nombre d'influences. » S'il était entré dans le mainstream à ce moment-là, il aurait presque inévitablement eu une carrière de chanteur pop ou d'artiste léger des années 70 – à la Frank Spencer plutôt qu'à la Frank Black. A première vue, il peut sembler bizarre de dire cela à propos du jeune David, mais les preuves sont là : Bowie ne faisait pas de rock, s'intéressait au théâtre, avait un faible pour l'argot londonien, dansait bien, avait un talent (parfois involontaire) pour la comédie, et alla même jusqu'à créer et répéter (mais sans jamais l'exécuter devant un public payant) un numéro de cabaret qui incluait des reprises des Beatles telles que *Trains and Boats and Planes.* A cette époque, de nombreux groupes de beat inspirés par les Beatles (Gerry And The Pacemakers, Freddie And The Dreamers) glissaient vers le cabaret, et si Bowie ne les rejoignit pas et ne devint pas l'équivalent anglais de Dick Van Dyke, c'est là encore une conséquence de l'influence des *art-schools*. Les Beatles avaient John Lennon, formé dans une *art-school*, empreint d'idéologie romantique (son héros était Van Gogh) et par conséquent désireux d'embrasser la nouveauté. Voilà pourquoi ils ne cédèrent pas à la parodie d'eux-mêmes ni à la tentation d'une carrière dans la variété au fil des années, et ce fut une sensibilité similaire qui, en fin de compte, fit de Bowie leur successeur naturel.

Love You Till Tuesday s'avéra également être un tournant dans la vie sentimentale de Bowie, car, durant le tournage du film, il se querella amèrement avec sa compagne et co-star, Hermione. Sa relation avec la jeune femme, beauté anglaise classique aux longs cheveux blond vénitien, aux pommettes hautes et une voix à la Clodagh Rodgers [1], et leur rupture abrupte au début 1969, semblent avoir eu un effet dévastateur sur Bowie. (Farthingale s'enfuit avec un danseur avant d'épouser un anthropologue et d'aller vivre à l'étranger.)

Après la rupture, Bowie retourna brièvement vivre chez ses parents à Bromley, puis revint chez Ken Pitt, mais s'installa bientôt chez une dénommée Mary Finnegan, qui habitait au 24 Foxgrove Road à Beckenham, dans le Kent. (Apparemment, Bowie, avec son côté enfant sans défense, attirait les femmes aussi bien que les hommes). Finnegan, divorcée et mère de deux enfants, materna Bowie pendant leur brève liaison.

Dans les années 70, Bowie affirma que ce fut la seule fois où il avait véritablement été amoureux, et perçut cette expérience comme un état de trouble émotionnel menaçant – comparable à une maladie qui vous pourrit lentement le cerveau. Après la rupture, Bowie eut une série d'aventures sans lendemain, effrayé à l'idée de s'engager à long terme avec quiconque. Bien sûr, de ce point de vue, il ne diffère guère de beaucoup de gens, rock stars ou pas, mais il n'est pas impossible que la perte d'Hermione l'ait rendu réticent à nouer de véritables liens d'affection avec ses partenaires sexuels. Cela apparaît dans le vide émotionnel qui caractérise la plupart de ses chansons à l'époque, mais aussi dans la manière dont l'amour y est évoqué, presque toujours comme une liaison furtive, passionnée, destructive et éphémère. Pour les personnages de Bowie, il s'agissait bien en effet de *Wham, Bam, Merci Madame*. L'acte sexuel relaté dans *Young Americans* dure « quelques minutes pour lui », mais « ne la mène nulle part ». Dans *Stay*, Bowie refuse que sa maîtresse reste

---

1. Chanteuse irlandaise assez connue dans les années 60. (*N.d.T.*)

plus d'une nuit tandis que dans *Candidate*, le protagoniste de la chanson a passé la journée à coucher avec des filles :

« *on another floor, in the back of a car, in a
cellar like a church with the door ajar* »

« Sur un autre plancher, à l'arrière d'une
voiture, dans une cave qui ressemblait à une église avec la porte
entrouverte ».

Dans l'ensemble, Bowie tend à évoquer l'acte sexuel comme une baise impersonnelle dans les toilettes, entre deux pipis.

Bowie s'était installé chez Finnegan au cours de la première moitié de 1969, et, à la surprise mi-amusée, mi-horrifiée de celle-ci, avait envahi tout l'espace disponible – un ampli de basse ici, une guitare douze cordes là. La salle à manger de son petit appartement ne tarda pas à ressembler à un croisement entre les coulisses du Roundhouse et un magasin de bric-à-brac.

Comme beaucoup de jeunes de sa génération, Finnegan vivait en marge du système. Journaliste à temps partiel, elle était très active au sein du milieu underground de Londres, autrement dit elle prenait pas mal de drogues et avait beaucoup de dettes. Bowie n'était guère en mesure de l'aider financièrement : les concerts avaient cessé, Deram ne l'avait pas signé, et il n'avait pas de maison de disques. Pour s'en sortir, le couple fonda un *Arts Lab*, un laboratoire de création artistique, qui se réunissait chaque dimanche soir dans l'arrière-salle d'un pub du quartier, The Tree Tuns. Bowie apparaissait chaque semaine et devint le pivot de l'événement, chantant la plupart des morceaux non enregistrés de l'album *Space Oddity*, accompagné par une cassette préenregistrée ou un stylophone, un nouveau synthé bon marché dont on jouait avec un objet qui ressemblait à un stylo magique. Il écrivit à John Peel afin de lui demander de l'aider à trouver des fonds pour le *Arts Lab* et Peel se souvient d'avoir reçu des dessins pour un *Lab* conçu par Bowie. Ce dernier prenait au sérieux l'idée du mélange des médias. Le *Arts Lab* eut bientôt un nom dûment hippie, Growth (Croissance) et connut un certain succès dans le voisinage.

« David était excellent, raconte Tony Visconti. Un jour, il m'a emmené dans un *Arts Lab* à Covent Garden. Je pense que c'était le premier jamais créé. J'ai été impressionné par l'atmosphère d'avant-garde et l'esprit de liberté qui y régnaient. Il m'a dit ce soir-là qu'il voulait en ouvrir un à Beckenham, ce qu'il a fait bien sûr. Je m'entendais bien avec Hutch et David aimait bien « faire de la folk » avec lui. En fait, je connaissais à peine David à ce moment-là, et j'ai pensé que c'était ce qu'il voulait faire dans la vie. J'ignorais qu'il s'agissait seulement d'une des nombreuses facettes de sa personnalité. Ce que j'aimais dans cette relation avec son *Arts Lab*, c'était que ça lui donnait un but. Il venait d'être lâché par Deram, mais ça ne l'empêchait pas de s'exprimer. Le *Arts Lab* et le mime étaient une façon de gagner du temps et d'aiguiser certains talents pendant que les gens importants ne regardaient pas. J'admirais cette attitude, je la trouvais saine. »

Bowie ne s'intégra jamais vraiment au milieu hippie. Alors que ses pairs prenaient du cannabis et de l'acide, Bowie se soûlait à la bière. En fait, à l'occasion, il faisait la leçon au public du *Arts Lab* sur les dangers des drogues dures. Hormis un bref passage par l'héroïne, et quelques joints, Bowie préférait l'alcool (vu d'un mauvais œil par la contre-culture). Peut-être parce qu'il craignait l'effet que des drogues hallucinogènes pourraient avoir sur sa personnalité. Étant donné l'état mental précaire de sa famille, il était hors de question qu'il touche à l'acide.

Cependant, la vie à Beckenham était loin d'être calme. A la suite d'un voyage, Mary Finnegan rentra chez elle pour trouver son appartement étonnamment propre et bien rangé. (D'après elle, le jeune Bowie était exceptionnellement bordélique, et s'attendait à ce qu'elle fasse le ménage derrière lui). Bien que n'ayant jamais été la maîtresse officielle de Bowie (ils ne couchaient ensemble que de façon occasionnelle), Finnegan avait été supplantée par Angela Barnett.

Mary Barnett, surnommée Angie, est née en 1950 à Xeros, à Chypre, de parents américains. Adolescente, elle avait fréquenté, en Suisse, la même pension pour jeunes filles de bonne famille que Mary Finnegan, et les deux femmes s'amusaient à parler français pour agacer Bowie. Angie avait rencontré celui-ci alors qu'ils partageaient un amant, Calvin Mark Lee, attaché de presse dans la nouvelle maison de disques de Bowie, Mercury. Chinois de San Francisco, personnage haut en couleur, Lee était également docteur en philosophie. Angie l'avait accompagné quand il était venu voir Bowie en concert avec Feathers au début 1969 en première partie des Who et de Scaffold. La liaison entre Angie et Bowie commença après qu'ils eurent été présentés l'un à l'autre par Calvin Lee lors d'une conférence de presse pour King Crimson au Speakeasy à Londres. La séduisante et excentrique Angie était activement bisexuelle. Intelligente, cultivée et sympathique, elle était aussi très exigeante et prête à provoquer des scènes de toute sorte – évanouissements et crises de colère compris – pour attirer l'attention sur elle. Par ailleurs, elle nourrissait l'ambition d'être actrice et star de cinéma. En s'attachant à une pop star en puissance, elle espérait contribuer à la réussite de son partenaire, et en profiter par la même occasion pour mener à bien son propre projet.

Pour David Bowie, 1969 commence par ressembler à 1967 et 1968 : beaucoup d'idées, beaucoup d'énergie, mais pas de succès commercial. L'heure est grave : il est temps que son apprentissage prenne fin... C'est alors qu'intervient son premier tube en single, *Space Oddity*, écrit après avoir vu le film de Stanley Kubrick, *2001 : L'odyssée de l'espace.*

Space Oddity n'était qu'une chanson parmi d'autres dans un lot enregistré en février 1969 dans la chambre de David, à Clairmont Grove, Chelsea, à l'époque où il partageait un appartement avec Hermione et John Hutchinson. Ces enregistrements furent les premières chansons post-Hermione. Hutch et David y exécutent un duo dans l'espoir de devenir une sorte d'équivalent anglais de Simon et Garfunkel. Hormis une version de *Space Oddity*, le duo produisit aussi une démo de *An Occasional Dream, When I'm Five, I'm Not Quite* (qui deviendra plus tard *Letter To Hermione*), *Conversation Piece, Life Is A Circus, Ching-A-Ling* et *Lover To The Dawn* (une première version de *Cygnet Committee*).

Mais *Space Oddity* était le bijou du lot. Elle demeure un chef-d'œuvre superbement troublant, quoique daté, le récit d'une aliénation qui annonce un thème essentiel de Bowie dans la décennie à venir. Elle relate l'histoire de l'astronaute Major Tom, destiné à errer dans l'univers pour toujours : « *Planet Earth is blue and there's nothing I can do* /La planète Terre est bleue et je suis impuissant ». Dans les années 80 et 90, Bowie aime la chanter avec un arrangement réduit au strict minimum, optant pour l'interprétation presque lennonesque de 1980. Mais bien que la structure de base soit folk pop avec une guitare acoustique dominante, l'effet ne fonctionne vraiment que quand ce matériel acoustique est opposé aux aigus stratosphériques de la guitare et du synthé. C'est cette tension – le traditionalisme maison de l'instrumentation acoustique face à la puissance technologique de l'orchestration – qui donne sa force à la chanson. Fait intéressant pour une chanson pop de cette époque-là, *Space Oddity* n'a pas de refrain. C'est un dialogue ininterrompu, le récit parfaitement posé d'un événement, et la mélodie est immédiatement reconnaissable : un riff exceptionnel et un battement de mains avec écho pour le *middle-eight* et des paroles à la fois simples et belles qui se graveront dans l'esprit du public.

Gus Dudgeon est chargé de produire le disque après que celui-ci a été refusé par le « cinquième Beatle », George Martin (que Pitt avait d'abord choisi), et par Tony Visconti, qui le qualifie de « tentative mesquine » visant à tirer profit de l'atterrissage d'Apollo 11 sur la Lune le 20 juillet de cette année-là. Pour Visconti, cette chanson ouvertement pop n'avait absolument rien à voir avec la sensibilité rock-folk de Bowie et l'antimercantilisme de ses différents projets de mélange des genres :

« Rappelez-vous que David Platz m'avait chargé de le maintenir dans une seule direction. Oui, je crois qu'il essayait de profiter de la première sortie dans l'espace ou de l'atterrissage sur la Lune, j'ai oublié lequel, mais un truc qui se passait à ce moment-là. Je ne suis pas sûr que la chanson ait été motivée par *2001*. Il ne m'a jamais dit ça, mais les images de la Lune ont été montrées pendant plus d'un an avant la sortie de la chanson. Je m'y suis opposé pour cette raison et parce que ça me donnait l'impression que David faisait une sorte d'imitation de John Lennon. Et puis la phrase "here am I sitting on a tin can/Me voilà, assis sur une boîte en fer-blanc" ressemblait à un truc tiré de *Bookends*, un album de Simon et Garfunkel. J'admets que c'était une chanson bien ficelée, mais elle n'avait rien à voir avec ce qu'il écrivait à l'époque ; c'était plutôt un genre de jingle. Pour moi, en tout cas. Je considérais David comme un auteur plus subtil, capable d'écrire sur ses propres expériences plutôt qu'à la troisième personne sur un Major Tom. Je lui ai prédit que ça serait sûrement un tube, mais qu'il ne pourrait pas suivre après. Il ne l'a jamais vraiment fait, et ç'a été très difficile pour lui d'aboutir enfin à quelque chose quelques années plus tard – et ç'a été le personnage de Ziggy.

« En y repensant, ç'aurait été à mon avantage de le produire. Mais en fin de compte, il en est sorti une amitié plus profonde. J'ai suggéré à David de l'enregistrer avec Gus Dudgeon. Quand j'ai entendu le résultat, je me suis dit que David voudrait sûrement faire l'album avec Gus. Au lieu de quoi il est revenu me voir et il a dit : "Ça, c'est fini. Maintenant continuons à faire l'album." Je ne m'y attendais pas. Gus a toujours été un producteur très réglo, très méticuleux. J'ai travaillé avec lui comme arrangeur et j'ai vu ses notes : guitare *overdub* – 3.30, tambourin *overdub* – 4.45, Pause – 5.00, accompagnement vocal – 5.30, etc. Ce genre de production est insupportable pour David, qui aime utiliser le studio comme une toile vierge où il peut imprimer ses pensées. Pour pouvoir assurer la sortie du reste de l'album, David devait travailler avec Gus. Après il est revenu à ses méthodes de travail de prédilection avec moi. Pour la défense de Gus, je dois dire que d'autres artistes n'étaient pas gênés par son approche, notamment Elton John. »

Dudgeon, cependant, pensait que Visconti avait refusé la chance du siècle. « J'étais un bon copain de Visconti et ses bureaux étaient à côté. Et voilà qu'il refuse ! Je me suis dit, il est fou, il est complètement fou. Je n'arrivais pas à croire que Visconti avait refusé. » Dudgeon fut également content de retravailler avec Bowie. Alors que

Visconti était très souple en studio, et ravi de créer un environnement propice à l'enregistrement, Dudgeon, à l'époque, était plus tatillon et consacrait beaucoup plus de temps à la préproduction. Le résultat, pour 1969, est un son symphonique extrêmement précis :

« J'ai tout planifié jusqu'au moindre détail avant d'aller au studio. A partir de la démo, qui m'avait enthousiasmé quand je l'avais entendue, j'ai passé des heures à imaginer une carte murale avec les paroles écrites dessus. C'était comme une opération militaire – les lignes marron, c'étaient les violoncelles, les jaunes les instruments à corde (etc.) –, et organiser pour qu'il y ait toujours une orchestration. Puis Paul Buckmaster est arrivé. Il avait fait de très bons arrangements sur plusieurs disques de William Kimber qui n'avaient pas marché et il avait joué avec Marsha Hunt. J'ai conçu un système qui me permettait de retrouver la ligne de l'instrument auquel je pensais rien qu'en regardant cette espèce de graphique, en gros, avec des tas d'espaces entre les paroles pour que je puisse écrire. Et puis Buckmaster a tout mis sur partition très vite, et ç'a été fini en un rien de temps. Par rapport à mes productions précédentes, c'était beaucoup plus proche de ce que j'avais dans la tête avant d'arriver au studio. Quand j'ai suggéré d'avoir un joueur de basse pour la session, quelqu'un a mentionné Herbie Flowers, et j'ai dit : "Quel nom génial, putain ! Il faut qu'on le prenne. Avec un nom pareil, il ne peut pas être mauvais !", et il était brillant ! C'est Terry Cox qui a été un drôle de choix. Pourquoi est-ce que j'ai choisi Terry Cox ? Je n'en ai aucune idée parce que je ne l'aimais pas particulièrement. Et qu'en plus il était dans Pentangle, putain ! Et puis quoi encore... Pourquoi j'ai pris un batteur de folk qui passait la plupart du temps à faire tap-tap-tap en se bouchant l'oreille avec le doigt, ou plutôt, dans son cas, avec une baguette, je me le demande encore. Je devais être cinglé. »

Rick Wakeman, alors musicien de studio, arriva en retard à la session à cause d'une panne de métro. Il fit une erreur au Mellotron [1] à la première prise, mais la seconde fut parfaite. Buckmaster, de formation classique, jouait de la flûte et du violoncelle, et le tout était accompagné d'un petit orchestre à cordes engagé exprès pour l'enregistrement. Pour 1969, c'était une production ambitieuse. Dudgeon avait aussi conscience qu'il s'agissait d'un single très spécial, et avait peur que le disque ne soit en avance sur les hit-parades de l'époque. Ce ne fut certainement pas un succès immédiat. C'était l'époque où un single pouvait mettre des semaines, sinon des mois, à exploser, le contraire absolu des années 90, où les n° 1 anglais entraient et sortaient du Top 75 en l'espace de six semaines.

---

1. Clavier pouvant restituer les sons de divers instruments, ancêtre des samplers actuels. (*N.d.A*)

Bien que Visconti n'ait pas douté du succès commercial du disque, la promotion fut tout d'abord gênée par les événements auxquels celui-ci faisait allusion (encore qu'il ait été utilisé le jour de l'atterrissage sur la Lune pendant la transmission en direct de la BBC), car les médias, ou plutôt la radio de la BBC, craignaient qu'il ne soit de mauvais goût étant donné les dangers encourus par les trois astronautes au cours de leur mission. Dudgeon : « La BBC l'a interdit ! Il me semble qu'il est entré au hit-parade à la 75e place ou un truc comme ça. Ce qui s'est passé, c'est que la BBC n'a pas voulu qu'il soit diffusé avant que les types redescendent. Dès qu'ils sont revenus, il a été rejoué, et il a commencé à monter. Ce n'était pas vraiment un nouveau lancement, mais on a retravaillé dessus, et Calvin Lee, le pauvre, était un de ceux qui ont travaillé dur, très dur, pour en faire la promotion. C'était un copain de Bowie, qui l'admirait totalement. Il était docteur en philo ou un truc comme ça, et pourtant il a trimé comme un esclave. Il a fait une de ces pubs ! Il était partout ! Il n'était pas payé en plus, d'après ce que j'en sais. J'avais l'impression qu'il était plutôt friqué. Il portait les cheveux longs, des vêtements excentriques, il était gay, c'était un compagnon idéal pour Bowie à l'époque : il l'a aidé à exprimer sa propre excentricité. »

Dudgeon se souvient aussi que Calvin Lee prêta à Bowie sa combinaison en lamé argent pour sa première apparition à *Top Of The Pops,* où notre intrépide astronaute fut filmé « tournoyant au milieu des étoiles et flottant dans l'espace. »

Par la suite, Dudgeon passa à des projets plus importants, en tant que producteur d'une série d'albums à succès d'Elton John, Elkie Brooks et Chris Rea dans les années 70 et 80. Il considère toujours *Space Oddity* comme une de ses meilleures productions. « A chaque fois que je l'entends à la radio, il faut que je monte le son, putain ! *Let's Dance* et *Ashes* sont presque aussi bons, mais pour moi, celui-là est son meilleur single. Franchement, je ne sais pas si j'ai fait mieux depuis ! » Loin d'être simplement un tube commercial, *Space Oddity* est la première manifestation de l'intérêt que Bowie porte à l'espace, qu'il voit comme une métaphore de l'esprit. Paul Buckmaster, qui décrit Bowie comme « un type chaleureux, très sympa, très amical, facile à vivre », affirme que ce dernier était fasciné par l'esprit de la science-fiction qui avait envahi la culture, populaire. « On avait des discussions fantastiques. Les premières qu'on a eues portaient surtout sur une sorte de mysticisme de la science-fiction, mélangé à un peu de métaphysique et de spiritualisme. Quand on s'est rencontrés, on parlait beaucoup d'extraterrestres et d'ovnis. C'était le principal sujet de débat. Beaucoup de gens appartenant à cette génération de baby-boomers étaient obsédés par ça – les bandes dessinées, la littérature de science-fiction. »

Visconti aussi se souvient d'un Bowie plongé dans les livres : « David m'a toujours donné l'impression d'être cultivé. Dans les années 60, on parlait souvent des livres de science-fiction qu'on avait lus tous les deux ; des écrivains connus comme Bradbury, Asimov et Sturgeon, et aussi d'autres complètement inconnus. Il m'a recommandé *The Origin of Consciousness In The Breakdown Of The Bicameral Mind*[1], de Julian Jaynes, une théorie sur l'évolution du cerveau et de l'esprit humains. »

D'après Visconti, David était également un observateur d'ovnis, quoique Bowie ait laissé entendre qu'il ne s'était agi que d'une phase.

« Ça ne m'étonne pas que David se soit intéressé aux ovnis, mais on n'en parlait pas beaucoup. Un jour, il m'a présenté à l'auteur et interprète Leslie Duncan, qui était une de ses amies. Leslie et son ami ont parlé d'ovnis pendant des heures. C'était leur spécialité. Quand il a commencé à faire nuit, je suis allé sur le balcon avec son ami qui a fini par dire : "Ils sont là-haut tout le temps." Puis il a montré quelque chose du doigt, un objet à peine visible, à peu près de la taille d'une étoile moyenne, qui traversait le ciel rapidement. "En voilà un", a-t-il dit. J'ai dit que ce n'était pas possible, que c'était seulement un satellite. Il a dit que non et qu'on devait continuer à l'observer. Très vite, l'objet a pris un virage à angle droit – pas du tout comme un satellite, il a accéléré, et puis il a disparu. David était à l'intérieur quand ça s'est passé, mais on s'est dépêchés d'aller le leur raconter, à Leslie et à lui. »

Étant donné le côté « bande dessinée » des intérêts de Bowie à l'époque, *Space Oddity* en tant qu'œuvre de science-fiction est remarquablement, peut-être délibérément, naïf. Plutôt que d'adopter la terminologie correcte, Bowie choisit des termes enfantins et vieillots, tels que « contrôle au sol » pour « centre de contrôle » « vaisseau spatial » et non pas « fusée », « compte à rebours » au lieu de « mise à feu » ou encore « Major Tom » au lieu de, peut-être, « Commandant Tom » (de plus, le recours au prénom établit une distance encore plus grande entre la narration et la réalité). En conséquence, Major Tom apparaît comme une marionnette, une sorte de polichinelle expédié dans l'espace dans une fusée faite d'un rouleau de papier hygiénique couvert de papier aluminium, volant dans une chambre d'enfant plutôt qu'à travers le cosmos. De ce point de vue, *Space Oddity* n'est qu'une autre version du *Laughing Gnome*.

Mais sous cette histoire enfantine se dissimule un thème plus sombre. Les paroles de la chanson sont aussi une métaphore de l'absorption de drogues, (Bowie admet avoir flirté avec l'héroïne en

---

1. La Naissance de la conscience dans l'effondrement de l'esprit bicaméral (*N.d.T.*)

1968). « Immédiatement après l'injection, le drogué est animé, voire exubérant, explique l'auteur Terrence McKenna. Cette réaction cède rapidement la place à une espèce de somnolence. L'objectif d'un junkie avec chaque injection est d'accéder à cet état de détachement somnolent dans lequel les longues rêveries provoquées par les narcotiques peuvent avoir lieu. Dans cet état, il n'y a ni douleur, ni regret, ni folie, ni peur. L'héroïne est la drogue idéale pour ceux qui souffrent d'un manque d'estime de soi ou qui sont traumatisés par leur passé. C'est la drogue des champs de bataille, des camps de concentration, des pavillons des cancéreux, des prisons, des ghettos. C'est la drogue des résignés et des corrompus, de ceux qui savent qu'ils vont mourir et des victimes qui ne veulent ou ne peuvent pas résister. » Ainsi l'héroïne était la métaphore rêvée pour l'astronaute abandonné, aliéné, de *Space Oddity* – le compte à rebours qui reflète le décalage entre l'injection et le trip (l'envolée de l'orchestre menant à l'euphorie de « *Ground control to Major Tom/ You really made the grade* (Centre de contrôle à Major Tom/ Vous avez réussi brillamment) ») puis le flottement somnolent conduisant à la résolution et aux paroles « *Planet Earth is blue and there is nothing I can do* (La planète Terre est bleue et je suis impuissant) ».

Space Oddity, le premier « classique » de Bowie est aussi entré au panthéon des paroles célèbres pour avoir été les plus mal comprises, *Ground Control to Mao Tse-toung* étant presque du même ordre que *The girl with colitis goes by* (La fille atteinte d'une colite passe) (confondu avec *The girl with kaleidoscope eyes* (« La fille aux yeux kaleïdoscopiques »)) dans *Lucy In The Sky With Diamonds* des Beatles. Le thème en sera repris par Bowie lui-même dans *Ashes To Ashes* en 1980, mais aussi par Peter Schilling en 1984 dans *Major Tom* (Coming Home). Et bien sûr, trois ans après l'enregistrement de *Space Oddity*, Gus Dudgeon produisit avec Elton John un *Rocket Man* d'inspiration très similaire.

Cependant, à sa sortie pendant l'été 1969, l'avenir du disque est loin d'être assuré. Pour commencer, il ne fait aucune apparition au hit-parade, en dépit de la tentative de Ken Pitt de le faire entrer dans le Top 50 en donnant un pot-de-vin (cent quarante livres) à un truqueur de charts. Entré à la 48e place en septembre, il en ressort presque aussitôt, provoquant une semaine d'anxiété dans les rangs du camp Bowie. Ces inquiétudes sont néanmoins infondées, car il entre de nouveau la semaine suivante, et cette fois grimpe régulièrement jusqu'à atteindre la 5e place au début du mois de novembre. Bowie n'est pas encore un nom connu de tous, mais il est enfin au hit-parade.

Le jeune David, qui a toujours eu un faible pour les enregistrements en langue étrangère, a même chanté les paroles, ou du moins ce qu'il pensait être les paroles, en italien. Gus Dudgeon se souvient de la farce que fut l'enregistrement de *Regazzo Solo, Regazza Sola* (« garçon seul, fille seule ») aux studios Trident :

« David Platz m'a dit qu'il y avait une version italienne de *Space Oddity* par deux jeunes Italiens, qu'elle était très bien faite et qu'elle allait évidemment menacer les chances de succès de la version originale en Italie. Alors j'ai réservé un studio et j'ai engagé les services d'un interprète italien pour qu'il aide Bowie avec sa prononciation. On est entrés dans le studio et on a mis la bande, l'interprète avait écrit les mots en phonétique sur une feuille de papier. C'était souvent vraiment drôle parce que Bowie était mort de rire, moi aussi, et l'Italien n'arrêtait pas de dire : "Non non non ! Il faut lé diré comme ça : "Reg-az-za Solo. Qué ça tombe à la fin." On finit par y arriver, il est content, et bon, Bowie enfile sa veste et lui dit comme ça : "Vous avez dû avoir des problèmes avec les paroles, non ? – Cet astronaute dans l'espace et tout ça... " et l'Italien fronce les sourcils et lui répond : "Non, ce n'était pas un problème. Un garçon qui rencontre une fille dans la brume au sommet d'une montagne, ils tombent amoureux, ils échangent un long baiser, et puis ils rentrent chez eux." Et Bowie lui dit : "Mais ma chanson parle d'astronautes, merde !", alors le type répond : "Non, non, en Italie ça ne marcherait pas." Alors Bowie a lancé en rigolant : "Elle est bien bonne ! J'ai passé trois heures à chanter des conneries sur une pétasse qui tombe amoureuse dans la brume en haut d'une montagne !" Bowie a un excellent sens de l'humour. Mais ça a marché. Notre version a été un tube. »

Malheureusement pour Bowie, ce succès intervint quelques semaines après la mort subite de son père à la suite d'une pneumonie en août 1969. Sur les conseils de Pitt, Bowie s'était rendu à Malte et en Italie où, dans un ultime effort pour s'introduire dans le mainstream, il avait participé à deux concours avec la chanson *When I Live My Dream*, et les avait gagnés tous les deux. De retour au début du mois d'août, en pleine forme, bronzé et exubérant, il avait joué comme d'habitude aux Three Tuns, et Mary Finnegan, quoique au courant de l'état de santé de John Jones, décida de ne lui rien dire avant la fin de la soirée. Bowie fut hors de lui quand il apprit enfin que son père était gravement malade.

Au dire de certains, il se précipita au chevet de son père pour lui montrer la statuette gagnée sur le continent. Il ne devait pas revoir son père vivant. Deux jours plus tard, le 5 août, la nouvelle de sa mort parvint à Bowie lors d'une séance d'enregistrement de *Space Oddity* aux studios Trident, à Soho. Bouleversé, Bowie termina néanmoins la séance.

Après les obsèques, l'atmosphère fut tendue à Plaistow Grove. D'après les mémoires d'Angie Bowie, le chagrin de Bowie était encore exacerbé par le fait que Peggy avait soigné son mari elle-même et avait attendu trop longtemps pour appeler un médecin. « Pour finir, écrit Angie, John Jones est mort d'asphyxie, seul dans une chambre, en essayant d'atteindre une bonbonne d'oxygène hors de sa portée. »

« En y réfléchissant, je pense que David ressemble beaucoup à son père, déclare Tony Visconti. C'était un homme affable, qui s'exprimait très bien. Il était réservé, mais chaleureux et respectueux des autres. Il donnait l'impression d'avoir reçu une bonne éducation. Il avait un accent du Sud, (mais en tant qu'Américain à l'étranger, je n'étais pas un expert en accents anglais à l'époque. Je dis ça de mémoire, et il y a plus de trente ans de tout ça...). Je crois qu'il était presque aussi grand que moi – un mètre quatre-vingts. Il était maigre. La mère de David et Terry aussi. Je l'ai rencontrée plusieurs fois. C'était une femme silencieuse, sombre et triste à cette époque-là. Son mari venait de mourir. Elle ne s'en est jamais vraiment remise. A chaque fois que je l'ai vue, elle a à peine parlé. »

Privé du soutien de son père, Bowie se mit à rechercher chez d'autres personnes l'appui dont il avait besoin sur le plan professionnel et personnel. Parmi ces personnes, Angie était celle qui comptait le plus, mais d'autres amis comme Tony Visconti étaient également très proches de lui. Après la mort de son père, les contacts entre Bowie et sa mère se raréfièrent au cours des années 70, et elle se plaignit amèrement d'avoir été abandonnée, avec Terry, quand Bowie était au sommet de sa gloire. Elle assista néanmoins à la performance de Bowie dans le rôle de *Elephant Man* à Broadway en 1980 et à son mariage avec Iman en 1992. A présent âgée de plus de quatre-vingts ans, elle vit, dit-on, dans une luxueuse maison de retraite privée.

Le deuxième album de Bowie sortit à l'automne de 1969. Il était certainement plus cohérent et moins éparpillé que son premier effort chez Deram, mais à l'exception de *Space Oddity*, rien n'annonçait encore la qualité à venir. Bowie reflètait toujours les idéologies et modes musicales dominantes de l'époque (ballade acoustique, folk, country et rock progressif) au lieu de développer son propre style. Cependant, c'était son premier véritable album, et il a été jugé digne d'être inclus dans les rééditions ultérieures. Il a continué à se vendre de façon très respectable, totalisant à ce jour le chiffre impressionnant de trente-huit semaines au hit-parade des albums anglais.

Unwashed and Somewhat Slightly Dazed est une sorte de fusion entre le rock progressif et la country. C'est une chanson au sujet de la perception, la façon dont Bowie pensait que les autres le voyaient : *raving mad* / fou à lier, *a phallus in pig-tails* / un phallus en forme de queue de cochon. L'écriture en est plus lourde, plus ornée, plus ambitieuse, et plus sérieuse. D'après le sociologue Rogan Taylor, alors que la pop des années 50 était surtout axée sur le *Dream Lover (l'amant de rêve)*, celle des années 60 en revanche parlait de rêve tout court. Son livre, *The Death and Resurrection Show : From Shaman to Superstar*[1] est un exposé brillant des origines chamaniques des distractions modernes : « Dans les années 60, la musique pop passe du stade de rite pubertaire à celui de rite magique. Il ne s'agit plus de grandir et d'avoir une première expérience sexuelle, comme dans les années 50, mais de se confronter à de grandes questions. »

Bowie, comme la pop elle-même, mûrissait vite. *Cygnet Committee* est une chanson follement ambitieuse, se terminant en délire, en tirade émotionnelle contre la contre-culture, soutenue par un arrière-plan musical presque militaire.

The Wild Eyed Boy From Freecloud est plus poétique et contemplative. Elle inaugure aussi les débuts sur un disque de Bowie d'un certain Mick Ronson, qui, au mixage, ajouta une dose de guitare solo et quelques battements de main pendant le *middle eight*.

La chanson la plus importante sur le plan des paroles est aussi la plus directe, *Janine*. Quand Bowie chante *But if you took an axe to me / You'd kill another man, not me at all* (Mais si tu m'attaquais avec une hache / C'est un autre homme que tu tuerais, pas moi) », il apparaît clairement comme détaché de sa propre personne, une idée qui allait dominer toute son œuvre dans la première moitié des années 70. Dans *An Occasional Dream* et *Letter To Hermione*, Bowie se montre tremblant et vulnérable, presque aussi féminisé que l'amour dont il parle. Le sérieux des paroles de chansons comme celles-ci paraît en opposition totale avec l'invention de l'œuvre ultérieure de Bowie, plus représentative.

Visconti, producteur de l'album, n'est guère satisfait de sa propre contribution : « J'adorais les arrangements et les performances, mais sur le plan du son, ç'a été un disque terrible pour moi. Je n'y connaissais rien. Les chansons étaient géniales. Il n'y en avait pas une seule qui soit mauvaise. Je suis content d'avoir pu me racheter en réenregistrant *Memory Of A Free Festival* entre *Space Oddity* et *The Man Who Sold The World* avec Mick Ronson dans l'équipe. J'en savais un peu plus long à ce moment-là. »

Space Oddity était une chanson exceptionnelle, et un tube mérité en Angleterre, qui resta au hit-parade quatorze semaines durant. Paul Buckmaster était persuadé que la carrière de Bowie était assurée

---

1. Le show de la mort et de la résurrection : de chaman à superstar. (*N.d.T.*)

après ce succès, mais l'ingénieur du son, Ken Scott, avait des doutes : « Je pensais que le matériau était très bon, mais n'avait rien de révolutionnaire. Musicalement, à ce moment-là, je ne l'ai pas trouvé différent du reste. J'avais l'impression d'avoir déjà entendu ça. Il n'avait pas tout à fait trouvé le moyen de prendre toutes ses influences et de les assembler. » Scott aurait-il prédit une carrière de plus de trente ans pour Bowie, âgé de vingt-deux ans à l'époque ? « Sûrement pas ! Mais je n'aurais prédit une carrière de trente ans pour aucun autre artiste non plus. »

Gus Dudgeon n'était pas, lui non plus, certain de l'ampleur du succès que rencontrerait Bowie. « Je pensais qu'on avait affaire à une personnalité unique, énigmatique, imaginative. Mais il y a un monde entre l'intégrité artistique et le succès commercial. C'est un équilibre que des artistes comme Randy Newman ou Tom Waits n'ont trouvé que rarement en dépit du fait que ce sont des auteurs remarquables. Et Bowie faisait partie de la même catégorie. Il était évident qu'il serait célèbre, qu'il allait réussir à un niveau ou à un autre. A quel point, c'était cela qui était difficile à dire. »

Folk, impressionniste, plein de fantaisie, le second album de David Bowie était encore le produit d'un « non-citadin ». Un extrait d'une gentille lettre adressée à John Peel montre que le jeune David (ou simplement « Bowie », comme il signait lui-même) était encore un « banlieusard » au fond :

« Je me trouve au cœur d'un jardin énorme, peut-être le plus grand du monde, en plein Beckenham (inouï, non ?). J'ai eu des fourmis dans les jambes après la tournée, alors avec ma guitare sur le dos et des souvenirs d'Hermione dans la tête, j'ai feuilleté les pages de ma mémoire et je me suis mis à écrire. En l'espace de deux semaines, j'ai écrit au moins quinze chansons, dont certaines très mauvaises. Alors je suis venu là, dans ce jardin sur lequel donne un grand appartement... Vers dix heures, on a fait un super repas autour d'un feu de joie. Les renards étaient assis en cercle juste en marge de la lumière et ils attendaient qu'on leur lance à manger. J'espère qu'ils n'ont pas été trop fâchés contre nous, mais on avait drôlement faim. »

Ce David Bowie, plouc suburbain, allait être la première version média du personnage à être éliminée en même temps que le son de la guitare acoustique qu'il avait développé pour lui coller à la peau. En dépit du succès remporté par le single, l'album fut un échec cinglant, tout comme le disque choisi pour succéder à *Space Oddity*, *The Prettiest Star*. Pitt était convaincu qu'il fallait sortir la chanson *London By Ta Ta*, un morceau léger mais racé dans le genre pop de Herman's Hermits, mais Bowie insista en faveur du billet doux plutôt lourd qu'il avait écrit à l'intention d'Angela Barnett, et le single fut un flop.

The Prettiest Star fut, bien sûr, retravaillé et beaucoup amélioré pendant les sessions d'*Aladdin Sane* trois ans plus tard, mais le single d'origine illustrait le talent de Marc Bolan à la guitare. Visconti, qui travaillait déjà avec T.Rex, pensait que c'était un exercice de réconciliation utile que de réunir les deux prétendants à la couronne et, pendant un temps, tout se passa bien. « Je les ai finalement réunis pour *The Prettiest Star*, raconte Visconti, simplement parce que je les aimais tous les deux et que je pensais que Marc jouait mieux de la guitare électrique que la plupart des guitaristes que j'avais rencontrés. L'idée a tout de suite plu à David, et à Marc aussi. Mais June Bolan a gâché l'union magique dont je rêvais en allant voir David à la fin de la séance et en lui sifflant : « Marc est trop bon pour jouer sur ce disque. » Marc, jusque-là content de lui, a paru sidéré par l'explosion de June et l'ambiance tendue qu'elle avait provoquée, et est finalement sorti en silence derrière elle, nous laissant perplexes, David et moi. Je suppose que, pour la première fois, Marc ne ressentait aucune rivalité entre David et lui ; il était simplement content d'être reconnu comme un bon joueur de guitare. Pour la première fois, il y avait en fait une camaraderie sincère entre eux deux – mais June a jugé opportun de rappeler à Marc qu'il avait pour mission d'être le messie de la musique pop ! »

Bowie sentait qu'il avait besoin d'un style de management plus dur et plus percutant pour faire de lui une star et lâcha Ken Pitt en mai 1970. Bowie signa chez Gem, une société de production appartenant à Lawrence Myers. Dès 1971, sa carrière fut aux mains de l'un des employés de Gem, l'homme de loi Tony DeFries, qui voyait en Bowie un énorme potentiel. Son organisation, MainMan, géra les affaires de Bowie jusqu'au début de 1975. Pitt prétend que si Bowie était resté avec lui, sa carrière se serait développée encore plus vite qu'elle ne l'a fait, arguant qu'il avait été à l'origine de la plupart des stratégies qui furent adoptées par la suite. C'est en partie vrai. Ce fut à l'initiative de Pitt que Bowie s'exprima dans le magazine gay, *Jeremy*, à la fin 1969, et Pitt avait déjà prévu une tournée de promotion pour Bowie aux États-Unis en 1970. Mais Pitt était jugé trop traditionnel par l'entourage de certains amis et associés qui gravitaient autour de Bowie, et il n'est pas prouvé qu'il aurait pu égaler le succès spectaculaire de la promotion lancée par MainMan. Cela dit, Pitt avait eu une influence cruciale sur le talent naissant de Bowie, et l'avait indéniablement amené tout au bord de la célébrité.

En plus d'une stratégie, Bowie avait besoin de compétition. Son ami d'un temps, Marc Bolan, qui avait connu un énorme succès au

Royaume-Uni avec la chanson de T.Rex, *Ride A White Swan*, allait la lui fournir. Et au début des années 1970, Bowie, avec son maquillage, ses paillettes et sa chevelure flamboyante, lança une critique dévastatrice de *l'establishment* rock.

2

GARE A VOUS BANDE DE ROCK' N' ROLLERS, 1970-1972

> *We are stardust, we are golden*
> *And we've got to get ourselves back in the Garden*
> (On est poussière d'étoile, on est en or
> et il faut qu'on retrouve le chemin du paradis)
> Joni Mitchell, Woodstock, 1969.

> *We've never got off on all that revolution stuff*
> *Such a drag – too many snags*
> (On n'a jamais cru à cette histoire de révolution
> Dommage – trop compliqué)
> *Mott The Hoople All The Young Dudes,* 1972,
> paroles et musique de David Bowie.

Les femmes vont être les nouveaux Elvis. C'est la seule issue pour le rock'n'roll. Les seules personnes qui peuvent exprimer quelque chose de nouveau dans le rock sont les filles et les gays.
Debbie Harry, 1981.

En 1970, la pop était devenue laborieuse, ennuyeuse. Il lui manquait le danger, l'excitation, la tension entre générations. Les hippies étaient désormais la norme. Aux concerts, le jeune de 16 ans moyen arborait cheveux longs, pattes et trench-coat : ni élégant, ni original, ni franchement révolutionnaire. Certains se tournèrent alors vers la *soul* venue du Nord qu'on jouait dans les nouveaux clubs de province, précurseur de la culture *acid house* et des raves de la fin des années 80. D'autres furent séduits par le heavy metal naissant et le côté populaire de Black Sabbath. C'étaient les débuts du gothique et l'apothéose de la culture motard. Et les jeunes d'entre vingt et trente ans qui mouraient d'envie d'entendre autre chose qu'un joli solo néo-classique au clavier ou une énième chanson pop bien ficelée se tournèrent vers Bowie, Bolan, et Roxy Music.

Bowie commença cette décennie derrière lui avec la sortie non seulement de son premier tube, mais aussi avec une série de désastres commerciaux et artistiques. En 1970, il prit donc une série de décisions personnelles qui allaient influer sur l'orientation de sa carrière pour quelques années au moins. Primo, il renvoya son manager, Ken Pitt ; secundo, il « inventa » le glam rock ; tertio, il se lia avec Tony DeFries, avocat et homme d'affaires dépourvu de toute expérience en tant que manager de rock, mais très avisé, pour finir, il décida de se fiancer à Angela Barnett, qui, pour un temps, lui disputa la vedette et partagea son ascension vers la célébrité.

Le débat fait rage entre les fans de Bowie et de Bolan quant à savoir lequel des deux a inventé le glam. Marc Bolan peut en effet prétendre en être le parrain, puisque, au début 1971, dans *Top Of The Pops,* il avait des paillettes sous les yeux alors qu'il interprétait *Hot Love* avec son groupe T.Rex, éveillant ainsi l'intérêt des tabloïds pour le *Glitter Rock.* Jusqu'au milieu de 1972, Bolan était aussi indéniablement le plus populaire des deux parmi les adolescents, et celui qui produisait les chansons les plus pop. Il eut une série de titres dans le Top Ten (onze au total, depuis *Ride A White Swan* à la fin de 1970 jusqu'à *The Groover* en juin 1973) dans un style engageant, quoique toujours sur la même formule, mêlant un rock'n'roll étonnamment punky influencé par les années 50 à d'habiles arrangements orchestraux, le tout couronné par la voix bêlante et insolente de Bolan, reconnaissable entre mille. Des singles tels que *Metal Guru* et surtout *20th Century Boy* font toujours le poids aujourd'hui. Quant à la sautillante *Hot Love*, elle est extrêmement agaçante, mais d'une certaine façon plutôt attachante.

Ce qui comptait d'abord pour Bolan, cependant, c'était la célébrité à tout prix, même si sa musique, dès 1973, ressemblait à une coquille vide – l'énième répétition d'une formule fatiguée. Son producteur, Tony Visconti, déclare : « Marc et David possédaient tous les deux un talent pour l'écriture et étaient des interprètes dynamiques. Le problème de Marc, c'était qu'il avait l'impression d'être "arrivé", et, en tant que musicien, il n'a jamais dépassé le stade qu'il avait atteint pendant ses années de succès. On l'a aussi pris en train de mentir trop souvent – il croyait pouvoir raconter n'importe quoi pour manipuler les journalistes. Ses vantardises étaient légendaires ! David n'a jamais eu les défauts de Marc. »

« Tous les deux s'inspiraient largement des talents de leurs associés, explique le journaliste Mark Paytress, biographe de Bolan, mais Marc était moins diplomate que Bowie, et avait tendance à agacer les autres plus facilement. Et il faut dire aussi que, même si Marc a fait certains disques géniaux, Bowie était le plus doué des deux. »

A bien des égards, Bolan ouvrit la voie pour Bowie. Ce dernier l'admet lui-même, quand il écrit en 1998 : « Le petit diable avait ouvert la porte. Ce qui était génial, pourtant, c'était qu'on savait qu'il n'avait pas tout à fait réussi. Genre *Glam 1.0*. On attendait en coulisses avec les versions *1.01* et *1.02* alors que Marc hésitait encore à porter du satin. » Tous deux avaient exploité des filons similaires à la fin des années 60. Tous deux venaient d'une base folk pop (Bolan plus que Bowie). Bolan était passé le premier du stade de petit artiste culte à celui de dieu de la pop mainstream. Bowie a suivi, a fait mieux, et est allé plus loin, mais Bolan avait montré le chemin.

En fait, qualifier le glam de mouvement est un peu trompeur, puisque le mot implique une sorte d'approche commune. A la vérité, il y avait trop peu de groupes américains glam rock pour qu'ils forment un mouvement proprement dit. Ceux qui existaient gravitaient dans le milieu de Warhol à New York, lequel s'intéressait plus au théâtre et au cinéma qu'à la musique, et autour de la discothèque Rodney's English Disco à LA (fondée par Rodney Bingenheimer à la suite de la visite de Bowie aux États-Unis en 1971). De plus, pour l'Amérique bien pensante, l'image masculine dans la pop était obligatoirement synonyme de T-shirt blanc et blue-jeans. Au Royaume-Uni, il n'y avait absolument aucune idéologie partagée. David Bowie n'avait rien de commun avec Alvin Stardust, hormis l'envie d'être en tête du hit-parade.

De manière générale, il y a toujours eu deux tendances distinctes dans le glam, (ou le glitter rock, comme on l'appelait plus fréquemment à l'époque) : d'un côté la branche artiste, sérieuse, plus subversive (Bowie, Roxy Music, les New York Dolls, Alice Cooper, et, pendant un temps, Lou Reed), et de l'autre les gars qui portaient des pantalons ridicules (Gary Glitter, les Sweet, Alvin Stardust). A l'exception de Suzi Quatro, le glam était presque exclusivement masculin, et presque exclusivement hétérosexuel. En dépit de tous les gestes efféminés, seul Elton John (qui portait des lunettes rigolotes, mais restait plus AOR[1] que glam) était en réalité homosexuel, et son « coming out » en 1976 a eu lieu bien après la mort du glam. Lou Reed, dont la propre bisexualité était évidente, n'a suivi la locomo-

---

1. *Adult Orientated Rock*, « Rock pour adultes ». (*N.d.T.*)

tive du glam que le temps d'un album. Le glam rock anglais était implacablement masculin et macho. Gary Glitter était le *leader of the gang* et « *indeed was doing all right with the lads again*/se trouvait très bien avec les mecs ». Sweet aussi était un groupe de mecs, « *hell-raising*/fêtards » lors d'un « *teenage rampage*/déchaînement d'adolescents »), alors que Slade, jeunes soiffards des Midlands, ex-skinheads reconvertis, sans doute l'un des meilleurs groupes glam de l'époque, revendiquait également son machisme en bafouant l'orthographe de ses premiers titres. C'étaient de vilains garçons qui gémissaient *Mama Weer All Crazee Now*, inventant au passage le *terrace-stomp*[1], que reprendront Sham 69 ainsi qu'Oasis (en partie). Mais pour être David Bowie, ou pour lui ressembler, il fallait avoir vraiment du cran. Il ne tarda pas à avoir des fans qui osaient être différents, une race à part parmi les fans de glam rock.

Roxy Music était considéré comme le groupe d'avant-garde du mouvement glam, même si on pouvait aussi lui faire confiance pour sortir les chansons les plus cool. David Bowie et Roxy Music comblent le fossé entre la pop et le rock, et définissent la musique pop moderne du début des années 70 au Royaume-Uni. Cependant Bryan Ferry dit qu'il n'avait pas la moindre affinité avec la musique de Bowie en 1972, qu'il jugeait trop pop pour être associée à Roxy. Aux yeux de certains critiques, Roxy Music et (peut-être) Steve Harley et Cockney Rebel sont les seuls véritables groupes de glam rock, en ce sens qu'ils ont commencé leur carrière professionnelle dans le glam ou le art rock plutôt que dans la folk. Cockney Rebel a été de loin le moins applaudi des groupes glam, malgré deux singles qui sont devenus des classiques, *Judy Teen* et *Make Me Smile (Come Up And See Me)*. Steve Harley, qui au départ était fasciné par Bowie, se produisit même au Beckenham Arts Lab. A vrai dire, il est impossible d'imaginer certaines des chansons orchestrales de Suede dans les années 90, comme *Still life*, sans penser au *Sebastian* écrit vingt ans plus tôt, à la fois incroyablement hautain et étrangement émouvant.

L'ère du glam a sans doute été la dernière période des groupes masculins dans la pop britannique : Gary Glitter (trois fois n° 1, quatre fois n° 2) contre Sweet (une seule fois n° 1 et trois fois n° 2) contre Slade (6 fois n° 1 et trois fois n° 2) contre T.Rex (quatre fois n° 1 et quatre fois n° 2) contre Wizzard (deux fois n° 1). C'était une période de compétition intense. C'est pourquoi le duel Oasis contre Blur en 1995, lorsque les deux grands de la Britpop ont planifié la sortie de leurs singles respectifs le même jour, est important. Il nous

---

1. « Trépignement. »

74

rappelle une époque où la lutte sans merci pour le sommet du hit-parade était fréquente.

Qu'était vraiment le glam rock ? S'agissait-il seulement, comme l'a dit John Lennon, de « rock'n'roll avec du rouge à lèvres » ? Ou était-ce plus radical, au contraire ? Si le glam n'avait été qu'une histoire de maquillage et de paillettes, alors Liberace et toute une liste d'artistes des années 50 et 60 auraient pu eux aussi prétendre à la célébrité du glam rock : par exemple Roy Wood qui chantait avec Move en 1968 vêtu d'un gilet violet à paillettes du meilleur goût, et qui, au début des années 70, forma Wizzard, groupe de pantomime inspiré par Phil Spector. Le glam-rock possédait aussi un côté très showbiz, sous la forme du souvent drôle Gary Glitter (de son vrai nom Paul Gadd), et du plutôt sinistre Alvin Stardust (de son vrai nom Bernard Jewry, et connu dans les années 60 sous le pseudonyme de Shane Fenton). Cependant ces chanteurs s'inscrivaient davantage dans la tradition des « variétés » que d'autre chose. C'était du clin-quant de fête foraine pour le marché adolescent, et ça marchait très bien.

En revanche, la version Bowie du glam tentait non seulement de dénoncer les codes liés au sexe ou d'injecter une dose d'art et un certain détachement dans la musique pop, mais aussi de choquer les masses à une époque de torpeur hippie bercée d'encens. Ses origines se trouvent chez des gens comme Little Richard, qui campait sur scène un personnage androgyne avec un maquillage tape-à-l'œil et d'incroyables cheveux crêpés. Déjà désavantagé parce qu'il était noir, Richard, le premier « travesti » de l'ère du rock'n'roll, ne pou-vait en plus admettre qu'il était gay.

Puis il y eut Syd Barrett, de Pink Floyd, le premier des artistes psychédéliques des années 60 à porter du maquillage, un homme qui eut une influence reconnue sur Bowie. Avant de sombrer dans la maladie mentale, Barrett prédit brièvement à la pop un avenir alar-mant, fait de trips planants et de conventionnalisme affiché. Sa musique, surtout sur scène, détruisait complètement la structure des chansons. D'énormes vagues de sons discordants jaillissaient des haut-parleurs pendant que le public assistait, perplexe, à un collage étrange de tourbillons verts et rouge sang et de taches de couleurs psychédéliques. Avec des chansons telles que *Interstellar Overdrive* et la désuète mais brillante *Astromime Domine*, Barrett préfigurait la fascination de Bowie pour l'espace. *Arnold Layne*, une chanson au sujet d'un homme qui vole des vêtements de femme sur des cordes à linge, fut jugée trop osée et interdite sur les ondes. Si Barrett avait continué, Bowie aurait peut-être eu moins de marge de manœuvre dans les années 70. Mais en 1971, il était malheureusement devenu une épave, la victime la plus célèbre de l'acide dans le monde de la pop ; un novateur détruit avant son heure.

Entre les mains de Bowie, le glam remit en question l'ethos masculin de la pop. Il s'attaqua à la violence des conventions liées au sexe. Lou Reed et Iggy Pop ne commencèrent à porter un maquillage outrancier sur scène qu'après que Bowie et Bolan eurent commencé à le faire. Dès 1973, une dose de féminité grossière était devenue de rigueur dans les plus traditionnels des groupes pop, et les guitaristes de groupes comme Mud et Sweet se mirent à faire les folles à *Top of the Pops*. Bientôt, il y eut dans tout groupe adolescent qui se respectait au moins un membre affublé d'une combinaison en faux-léopard avec accessoires clinquants assortis. Bowie, cependant, n'avait pas grand-chose à voir avec ces *glitter rockers*. Il y avait une intensité chez lui que nul autre chanteur glam ne possédait. D'où cela lui était-il venu ?

Les origines du glam à la Bowie remontent au tout début des années 70, à une époque où le rock pesant de la génération post-Woodstock et le sérieux excessif des nouveaux chanteurs-compositeurs luttaient contre le raz de marée des chansons à l'eau de rose qui inondaient les charts, avec des groupes comme les Archies ou Edison Lighthouse. En février 1970, au Roundhouse à Londres, Bowie donna avec son groupe The Hype[1], dont le style hard rock tranchait avec la tournée folk pop acoustique de Bowie en solo en première partie de Humble Pie l'année précédente, un des concerts les plus remarquables et les moins remarqués de l'histoire du rock.

The Hype avait été imaginé comme une sorte de dessin animé comique, une pantomime de rock'n'roll pour la nouvelle décennie, et son nom choisi par opposition à l'idéal d'une communauté rock anti commerciale. Voilà des gens qui s'annonçaient d'emblée comme des arnaqueurs ; c'était là la première manifestation d'une tentative encore timide de Bowie pour attirer l'attention sur les stratégies de marketing de la pop, que l'orthodoxie rock du moment faisait mine de rejeter ou essayait de dissimuler. En ce sens, The Hype était un coup d'essai pour Ziggy Stardust, qui viendrait deux ans plus tard. Bowie lui-même, portant cape multicolore et foulards diaphanes, était Rainbow Man (l'homme arc-en-ciel) ; le batteur John Cambridge était Pirate Man ; le guitariste Mick Ronson, Gangsterman, en costume lamé or et feutre assorti empruntés pour l'occasion ; et le bassiste Tony Visconti incarnait Hype Man, sorte de héros de bande dessinée en justaucorps blanc, cape, et slip fait au crochet. Il n'existe presque aucune photo du concert dans les ouvrages de

---

1. Littéralement « le battage médiatique ». (*N.d.T.*)

rock, et jusqu'à la découverte récente d'images tournées par un fan, aucun film n'en témoignait.

D'après Bowie, certains membres du public étaient tellement hostiles à ce spectacle pionnier qu'ils ne prirent pas même la peine de huer, ils se bornèrent à tourner le dos à la scène ! Il a néanmoins la conviction que ce concert était le premier du glam rock britannique. Selon des sources incertaines, Marc Bolan, vêtu d'une fausse armure avec épée fermement plantée dans son fourreau ; tentant de s'intégrer à la débilité de l'ensemble, était au pied de la scène. « On n'avait absolument rien à voir avec le glam rock, affirme Tony Visconti. L'idée de nous déguiser pour ce concert au Roundhouse venait uniquement de David et d'Angela. Mais on a compris le côté théâtral du truc. Le but était de se faire remarquer. A ce moment-là, on en savait assez pour écouter David. Je crois que c'est cette nuit-là que le glam est né. »

Avec l'expérience de Hype, Bowie comprit l'importance d'avoir un groupe stable pour des raisons musicales, théâtrales et personnelles. Il était déjà un ami proche de Tony Visconti. Et en Mick Ronson, un guitariste de 24 ans originaire de Hull, calme, sympathique et suprêmement doué, il trouva un confrère musical et un compère séduisant. Les éléments de son succès futur commençaient à se mettre en place.

Ronson fut un élément très important du son produit par Bowie à l'époque, même si depuis sa mort en 1993 son rôle a été légèrement exagéré par les défenseurs de sa cause. C'est compréhensible, en partie parce que sa carrière post-Bowie a été plutôt instable (ce qui a provoqué une certaine compassion vis-à-vis de celui que Bowie avait « lâché ») et en partie parce qu'il était très aimé par ses fans et tous ceux qui ont travaillé avec lui. « Ronno » était talentueux, mais naïf et légèrement candide. Visconti le décrit comme un homme charmant, mais ajoute : « Il avait toujours l'air un peu perdu ; il n'avait pas la moindre ambition. » Gus Dudgeon se souvient aussi de lui avec affection :

« Bowie et Ronson se sont rencontrés parce que je travaillais avec Ronson. [Visconti prétend que c'est John Cambridge qui aurait présenté Bowie à Ronson, après avoir joué avec ce dernier dans les Rats]. Ronson avait participé à l'album de Michael Chapman pour Harvest et il avait très bien joué. Je crois que Bowie a écouté l'album et qu'il lui a plu. Ils ont tout de suite sympathisé, et ils sont devenus copains, c'est comme ça que tout a commencé. Ronson était un type tout à fait charmant, adorable, qui était très gêné de devoir faire tout ce numéro soirée après soirée pendant la période Ziggy. Il détestait ça. Quand je l'ai rencontré, il m'a un peu inquiété parce qu'il n'était pas très intelligent, mais ça me gêne d'utiliser ce mot-là. Peut-être qu'il était seulement très timide. En tout cas, à la seconde où il se mettait à jouer de la guitare, il se transformait. Il était génial, il explosait. Par contre, dès qu'il posait la guitare, c'était comme si on lui avait éteint le cerveau en même temps que l'ampli ! Mais j'ai beaucoup admiré certains de ses arrangements. Il était vraiment gentil et je ne veux pas qu'on dise du mal de lui, quoique je vienne peut-être de le faire. J'espère que ça ne fera pas de peine à sa femme, parce qu'elle est adorable aussi. »

Beaucoup plus tard, les qualités de Ronson – sa virtuosité, son don de la mélodie, ses talents d'arrangeur, son admiration pour la pop puissante de Cream et de Jeff Beck de la fin des années 60 – ont fini par ancrer Bowie dans un genre trop traditionnel, et par freiner son évolution. Mais à ce moment-là, Ronson était l'atout rêvé pour le jeune Bowie.

Le 20 mars 1970, Angie et David se marièrent civilement à Beckenham. Bien qu'aucun membre de la famille n'ait été invité, la mère de Bowie vint et informa la presse. L'heureux couple arriva en retard et sans témoin, et dut rentrer en hâte en chercher. Angie portait une robe d'occasion en soie à fleurs roses et mauves, achetée la veille aux puces de Kensington. David, ses cheveux permanentés hirsutes, en pantalon de cuir moulant et chemise de satin noir, faisait un marié fringant quoique peu conventionnel. Lors de la brève cérémonie, ils échangèrent non pas des alliances mais des bracelets péruviens. Ils avaient passé la nuit précédent le mariage au lit en compagnie d'un ami commun, et ils passeront celle d'après à se saouler dans un pub.

L'influence d'Angie sur son mari est presque impossible à évaluer dans la mesure où elle a elle-même largement exagéré sa propre importance dans ses deux autobiographies (sur la couverture de celle de 1993, *Backstage Passes*, elle prétend qu'il s'agit de son premier livre, mais c'est en réalité le second, après une autobiographie intitulée *Free Spirit*, en 1980). Étant donné qu'elle se trompe sur la date de sa première rencontre avec son futur mari, il est difficile de savoir quel crédit accorder à son témoignage. Néanmoins, il est indéniable qu'elle fait tout son possible pour promouvoir les talents de Bowie, usant tour à tour de pression et de persuasion sur les maisons de disques et les agences de publicité, aidant pour les costumes, téléphonant, faisant des suggestions, recevant des amis, encourageant les ultimes efforts de Bowie. Il est non moins certain que pendant un temps, elle est aussi remarquée que Bowie lui-même, voire plus. Elle aime choquer, et est ouvertement bisexuelle. Sa coupe de cheveux est plus courte, plus osée, plus extravagante que celle de Bowie.

Nombre de leurs proches de l'époque insistent sur le fait que c'est seulement après avoir vécu avec Angie que Bowie adopte une image vraiment bizarre.

Dans le camp Bowie, Angie polarise les opinions. Apparemment, Ken Pitt la déteste. Gus Dudgeon ne la comprend pas. « Je ne l'aimais pas. Je pensais qu'elle était juste une groupie typique. Qu'elle était vulgaire et qu'elle disait des conneries. Je le pense toujours. Désolé, Angie ! Je ne tiens pas particulièrement à la blesser. Ce n'est pas la peine. Elle l'est déjà assez. Elle n'est plus mariée à une super-star. »

« Elle était très originale, raconte Ken Scott. Quand elle entrait dans une pièce, on la remarquait tout de suite. Je pense que David a vu l'effet qu'elle produisait sur les gens et qu'il a commencé à l'imiter. Ça faisait partie de son caractère de prendre des choses autour de lui et de les incorporer à son personnage. Au début, il était beaucoup plus réservé, beaucoup plus timide. Petit à petit, il est devenu plus excentrique. Sur le plan musical, elle n'a pas eu la *moindre* influence. Elle passait au studio de temps en temps en disant "Hello, mes chéris ! Oh ! Oui, c'est très joli, oui", et elle repartait faire du shopping ou autre. Mais bon, ça allait. Je n'avais pas de problème avec elle. »

D'après la seconde autobiographie d'Angie, Bowie était tout à fait franc quant à ses sentiments envers elle. Il lui avait dit en 1969 qu'il ne l'aimait pas vraiment, et que s'ils se mariaient, ce serait une sorte de mariage de raison : chacun des deux aiderait l'autre à devenir une star. Ni l'un ni l'autre ne prétendait à la fidélité. Leur relation était curieuse ; censée être « ouverte », selon Scott. « Mais à chaque fois que j'ai entendu parler d'un truc comme ça, il y en a toujours un des deux qui finit par être jaloux, et c'est ce qui s'est passé. »

Beaucoup des fans de Bowie se souviennent d'Angie comme d'une femme charmante, d'abord facile, drôle. Un des fans contactés lors de l'écriture de cette biographie a affirmé qu'elle était très attentionnée, et qu'elle souffrait beaucoup d'avoir été décrite comme une « vulgaire aventurière » dans les médias. A vrai dire, Tony Visconti la considérait comme un rouage essentiel de la machine Bowie, tout au moins au début :

« Au début, Angie a été un membre fantastique de l'équipe. Après Ken Pitt et avant Tony DeFries, c'est Angie qui a négocié avec Mercury, qui leur a soutiré plus de fric, et qui a même obtenu un petit contrat pour The Hype, ce qui nous a permis d'acheter du matériel de scène pour la tournée de David. Elle l'a aussi beaucoup soutenu au moment où il commençait à s'affirmer en tant qu'interprète. Elle a été là pour lui pendant une transition difficile. Mais j'ai vu à un moment donné que ça ne lui suffisait plus.

« Pendant un concert, David était entouré de fans et Angie était à côté de lui, habillée de façon encore plus scandaleuse que lui (on lui voyait les seins). Comme toute l'attention était concentrée sur lui, elle a fait semblant de s'évanouir (elle faisait ça souvent) et soudain elle a créé un drame autour d'elle, volant la vedette à David. Cette fois-là, Liz, ma copine, s'est penchée pour aider Angela et a posé la main sous sa tête. Angie a ouvert brièvement les yeux, a reconnu Liz et lui a fait un clin d'œil de connivence, puis a continué à jouer la comédie. J'ai compris qu'Angie, qui était indispensable au début, finirait par devenir un gros obstacle. »

Pendant un temps, néanmoins, tout le monde vécut comme une grande famille unie. Et sous le même toit, encore. A l'époque, même les stars de rock louaient souvent leur maison plutôt que de l'acheter. Bowie s'était installé dans une énorme demeure victorienne en brique rouge nommée Haddon Hall, au 42, Southend Street, à Beckenham, dans le Kent. En fait « Hard-On Hall[1] » aurait peut-être été un nom plus approprié pour l'endroit, à en juger par ce qui se passait dans la chambre de Bowie, dit-on.

Bowie et Angie n'avaient pas tardé à faire de leur maison une sorte de laboratoire du sexe et de la mode, ramassant des types et des filles dans des endroits tels que The Sombrero, une discothèque gay, fréquentée par Bowie non pas essentiellement dans ce but, mais pour savourer l'atmosphère et écouter de la bonne musique. Après avoir passé une nuit à distraire les amis trouvés dans ces soirées, Bowie se précipitait dans la salle de bains pour essayer les nouvelles coiffures ou les nouveaux looks qu'il avait vus la veille. Comme le Teddy Boy des années 50 et le mod des années 60, le style glam-rock de Bowie dans les années 70 intégrait à la mode hétéro de la rue des éléments empruntés à la sous-culture gay.

Mick Ronson, John Cambridge et Roger Fry, de Hype, dormaient sur des matelas d'occasion installés sur le palier. La cave avait été transformée en salle de répétition pour Bowie et le groupe. Ce fut là qu'ils préparèrent *The Man Who Sold The World*, *Hunky Dory* et *Ziggy Stardust*. Il y avait aussi un grand jardin, et Tony Visconti a des photos où on voit le jeune David se détendre en jouant au foot. Pendant un temps, Visconti et sa compagne de l'époque, Liz Hartley, étudiante en art, vécurent aussi à Haddon Hall, et Visconti se souvient de l'endroit avec affection :

« Ha ! C'était un endroit dingue. Mais il fallait s'y attendre avec tous ces jeunes artistes vivant ensemble. Liz et moi, on s'est installés avec David et Angela en décembre 1969. On est partis l'été suivant, vers le mois de juillet. La raison principale pour laquelle nous

---

1. Jeu de mots sur Haddon et *hard-on*, « érection ». (*N.d.T.*)

sommes partis était que David et Angela en avaient fait leur maison. Il y avait une grande inégalité entre nous parce que David était le seul (musiciens et *roadies* compris) à avoir de l'argent, et tout passait dans le mobilier de sa chambre, œuvres d'art, etc. Angela et lui disparaissaient pendant des jours entiers et revenaient avec des objets Art déco ou Art nouveau incroyables. Il parlait de ses nouvelles connaissances avec enthousiasme et j'ai beaucoup appris de lui pendant cette période. Nous autres, on pouvait à peine réunir les huit livres de participation aux courses de la semaine. Si c'étaient David et Angela qui faisaient les courses, on se disputait quelquefois parce qu'ils dépensaient trop ou qu'ils n'achetaient pas assez de produits de première nécessité pour la semaine. Ce n'étaient pas qu'ils soient des voleurs ni des gourmets, mais ils mangeaient ce qu'ils voulaient, et pas ce dont ils avaient besoin, comme nous. La vie spartiate, ce n'était pas pour eux. Quant aux parties de jambes en l'air, ça n'arrivait qu'à l'occasion, quand David et Angela sortaient en boîte et ramenaient des gens. Je n'ai aucune idée de ce qu'ils faisaient, sauf qu'on passait une nuit blanche à entendre les rires et les cris qui venaient de leur chambre. Le jour où leurs invités ont essayé d'entrer dans notre chambre au petit matin, on a su qu'il était temps de déménager. David et Angela n'ont jamais essayé de nous mêler à leurs "sexcapades". »

Haddon Hall était aussi une demeure empreinte de mystère – à cause du manque d'éclairage, la maison était plongée dans une pénombre permanente. Avec son escalier en chêne ciré, ses fauteuils gothiques (tapissés par Angie de velours frappé), et son énorme cheminée, elle ressemblait à un décor sorti d'une production de Hammer Horror. Haddon Hall était paraît-il hanté, et Bowie a passé certaines des années les plus créatives de sa vie à s'inspirer de l'atmosphère étrange de cette villa victorienne. Visconti explique :

« Nous avons tous vu, à un moment ou à un autre, une mystérieuse jeune dame vêtue de blanc, peut-être d'un linceul, qui marchait dans le jardin, lentement, le long de la haie, au lever du jour. Elle paraissait victorienne. Elle avait les cheveux blond foncé et des traits délicats, pleins d'élégance. Elle baissait les yeux d'un air coupable en se dirigeant vers la haie du bout et elle se volatilisait là-bas.

Il y avait aussi de drôles de trucs qui se passaient dans l'appartement (j'en ai encore des frissons dans le dos rien que d'en parler). Un jour, pendant que Liz nettoyait la baignoire, il y a eu une grosse explosion au-dessus de sa tête, qui s'est entendue dans tout l'appartement. On (les membres de Hype et David) a tous couru à la salle de bains et on l'a trouvée à moitié évanouie par terre. Ça sentait l'ozone. Il n'y avait aucune trace d'un court-circuit – en fait, les prises de courant étaient interdites dans les salles de bains à l'époque, même les prises pour rasoirs. On était en plein après-midi, le plafonnier était donc éteint. Liz a dit que toute la pièce était devenue d'un blanc éblouissant, et que l'onde de choc causée par l'explosion l'avait fait tomber. C'était très bizarre. Personne ne restait jamais dans l'appartement tout seul. Les autres locataires aussi ont vu la dame en blanc. »

C'est dans cette maison sinistre que David et Angela commencèrent à fonder une famille. A la fin de l'été 1970, Angie était enceinte.

Dans la période 1970/1971, Bowie cherche une nouvelle approche de la pop. Il a rejeté l'esprit communautaire de la contre-culture (« *We never got off on that revolution stuff* (On n'a jamais cru à ces histoires de révolution) ») et a chargé les rêves de la « génération Woodstock » d'une nouvelle ambiguïté sexuelle. Il mène les troupes des enfants de l'après *flower-power,* perturbées, déconnectées. Sa position tient en partie du rock progressif revu et corrigé (il est toujours un artiste pop sérieux), en partie du collage révolutionnaire. En 1973, il confie à William Burroughs : « Pour moi, l'idée de rassembler les esprits sent l'époque *flower-power*. Unir les gens est, à mon avis, un principe obscène. Ce n'est pas humain. Ce n'est pas aussi naturel que certains veulent nous le faire croire. »

Alors que dans les années 60, sa carrière avait été caractérisée par une recherche frénétique dans la garde-robe contemporaine pour y dénicher les vêtements les moins assortis possibles, le concert de The Hype au Roundhouse marque le début d'une phase où ce goût du disparate commence à prendre un certain sens.

L'échec du concert s'accompagne de l'échec commercial de tous les singles produits à la suite de *Space Oddity*. *The Prettiest Star* et beaucoup d'autres, dont *Memory Of A Free Festival* et *Holy Holy* ne font aucune impression. Cette dernière chanson, réenregistrée pendant les sessions de *Ziggy Stardust*, finira par être ressortie en face B de *Diamond Dogs* en 1974. L'influence de *Memory Of A Free Festival* sera un peu plus durable. C'est le genre de disque que Primal Scream, aurait pu faire dans sa période *Screameadelica,* si le groupe avait existé en 1970 – une sorte de nouvelle version planante de *Sympathy For The Devil* des Stones mais avec des paroles souriantes. Ce disque est le premier enregistrement de Bowie où figurent Mick Ronson et Woody Woodmansey. C'est un single déchaîné, avec une fin toute gaie « *Sun Machine is coming down / And we're gonna have a party* (La Machine du Soleil descend /Et on va faire la fête) ». Bien qu'il ait fait un flop à sa sortie, il a été réutilisé dans la période *dance* des années 90 : une fois par E-Zee Possee (*The Sun Machine*) en 1990 et avec plus de succès sous la forme de *Sun Machine* par Dario G en 1998.

Les influences musicales de Bowie continuent à être étrangement éclectiques, comme s'en souvient Tony Visconti :

« Ce n'est pas un secret de dire qu'il a toujours aimé le Velvet Underground. Il avait un certain respect pour le rock de ses contemporains, mais sa collection de disques personnelle était extrêmement éclectique. Il aimait Van Morrison, c'est pourquoi on jouait *Madame George* sur scène. Il aimait aussi l'auteur de *Buzz The Fuzz* [Biff Rose], qu'on chantait aussi live. Oui, et Jacques Brel, mais pas en français, dans les versions anglaises de Mort Shuman dans *Jacques Brel is Alive and Well on Broadway* (d'où l'enregistrement ultérieur de « Port of Amsterdam »). Il était aussi fasciné par un disque parlé d'un cer*ain Ken Nordine, qui s'appelait *Word Jazz*, je crois. Il appréciait le travail de Marc Bolan avec Tyrannosaurus Rex, et son parcours l'impressionnait. »

Quoi qu'il en soit, le son que Bowie développait sur scène et en studio s'affirmait, devenait plus défini, plus théâtral. L'album suivant, *The Man Who Sold The World*, (sorti en décembre 1970 aux États-Unis et en avril 1971 en Angleterre), était nettement plus sombre et plus inquiétant que le chic progressif de l'ère de *Space Oddity*. Ce morceau tourmenté de rock'n'roll gothique, tout en nuances lugubres, est son œuvre la plus autobiographique à ce jour.

Dans une interview accordée à Radio 1 en 1993, Bowie évoqua pour la première fois ouvertement la peur de la folie qui avait pesé sur lui pendant les années 70 et influencé une grande partie de son œuvre. « On s'inflige de tels dégâts psychologiques à essayer d'éviter la folie ! On commence à s'approcher de la chose même dont on a peur. Ma famille, du côté de ma mère, en avait tragiquement souffert. Il semblait y avoir plein de gens plus ou moins sains d'esprit, affligés de différents troubles mentaux. Et trop de suicides à mon goût – ça me faisait terriblement peur. C'était une sorte de fardeau sur mes épaules. Mais il me semblait que j'étais celui qui avait de la chance parce que j'étais un artiste et que tout ça ne pourrait jamais m'arriver. Tant que je pouvais mettre ces excès psychologiques dans ma musique et dans mon travail, je pouvais m'en débarrasser. »

La chanson clé de l'album se devait donc d'être *All The Madmen*, qui fait directement référence à la souffrance de son frère Terry (celui-ci passa la majeure partie de cette période à Cane Hill, l'asile d'aliénés local, où il vécut jusqu'à son suicide en 1985). La chanson exprime une empathie avec lui et établit un contraste entre les troubles des internés et les valeurs corrompues d'une société qui institutionnalise la folie. Sur le plan des paroles, c'est une des chansons les plus troublantes de Bowie, surtout l'incroyable coda « *Zane, Zane, Zane, Ouvre le chien*[1]. » Musicalement, la flûte à bec soprano

---

1. En français dans le texte. (*N.d.T.*)

donne à la chanson un caractère enfantin, comme la première leçon de musique d'un gosse de sept ans qui aurait viré au tragique.

After All est le bijou de l'album, une mélodie superbe avec une section au synthé dans le *middle eight* sur un tempo de valse. Le refrain « *Oh by jingo* » qui se répète sur le disque fait écho aux chansons de music hall du siècle précédent. Bowie a déclaré plus tard que des chansons de son enfance, comme *Inchworm* de Danny Kaye, avec sa mélancolie mesurée, légèrement sinistre, avait aussi inspiré la valse comptine de *After All* et, beaucoup plus tard, le sublime *Ashes To Ashes*. Dans *After All*, le premier des mini-manifestes de Bowie pour ses enfants élus, il se décrit avec ses ouailles « *Painting our faces and dressing in thoughts from the skies* (Peignant nos visages et nous habillant de pensées venues du ciel) ». Avec cette phrase dans la dernière strophe « *Live til your rebirth and do what you will* (Vis jusqu'à ce que tu renaisses et fais ce que tu veux) », Bowie se fait l'écho des enseignements de l'occultiste du dix-neuvième siècle Aleister Crowley, dont la maxime était « *Do what thou wilt* (Fais ce que tu voudras) ».

Dans la chanson éponyme de l'album, objet de tant d'admiration, Bowie exprime avec une franchise inédite le malaise psychique qu'il éprouvait. Là, Bowie (déjà mort ?) affronte son double. Il y a dans *The Man Who Sold The World* une mélodie cadencée, une section rythmée style bossa-nova, un riff de guitare de Mick Ronson qui s'intensifie peu à peu, et une interprétation pop parfaite de Bowie, qui entonne chaque vers comme s'il récitait le Notre Père. La chanson fut reprise plus tard par Lulu, dans une version à dominante saxo produite par Bowie, au moins égale à l'original. Elle fut aussi reprise en 1993 par Nirvana pour leur session *Unplugged* sur MTV. « *I thought you'd died alone, a long, long time ago* (Je pensais que tu étais mort tout seul, il y a très très longtemps) », chantait Kurt Cobain d'une voix éraillée et torturée, un an tout juste avant son suicide.

The Width Of A Circle montre Bowie au sommet de son audace. La chanson, dans sa version courte, faisait partie du répertoire live de Bowie bien avant l'enregistrement, mais en studio, elle devint un monument effrayant du pop art. Elle contient l'un des moments les plus explosifs de Mick Ronson sur un album de Bowie. Sa guitare solo domine le mix, parfaite riposte à la métamorphose kafkaïenne du chanteur :

Then I ran across a monster who was sleeping by a tree
And I looked and frowned and the monster was me

« Et puis j'ai rencontré un monstre qui dormait au pied d'un arbre »

Je l'ai regardé et j'ai froncé les sourcils, car le monstre c'était moi »

Dans la seconde moitié de ce thriller de neuf minutes, Bowie décrit une rencontre homo-érotique avec Dieu dans l'antre du diable :

He swallowed his pride and puckered his lips
And showed me the leather belt round his hips

« Il ravala sa fierté et me tendit ses lèvres
Et me montra la ceinture en cuir sur ses hanches »

Le dernier titre, *The Supermen*, est tout aussi sombre. Emmené par un riff « donné » à Bowie dans les années 60 par Jimmy Page (et plus tard réutilisé dans *Dead Man Walking* dans les années 90), la chanson est une série de spirales de son assourdissantes. Les timbales sont mises en avant, une référence au romantisme allemand de Richard Strauss, et toute la chanson est délibérément primale, monumentale, et triomphaliste.

The Man Who Sold The World décrit un monde d'une perversion néo-occulte presque satanique (*The Width Of A Circle*), un enfer futur où l'interface entre l'homme et la machine a corrompu l'espèce (*Saviour Machine*), où désir et luxure ont remplacé la monogamie hétérosexuelle éculée et tranquille prêchée par les chanteurs pop des années 60 (*She Shook Me Cold*). Bowie est aussi hanté par la possibilité d'un éclatement de sa personnalité (*Width Of A Circle, All The Madmen, The Man Who Sold The World*).

La couverture de l'album, qui montre Bowie vêtu d'une robe et arborant une longue chevelure blonde (que Bowie appelait son look préraphaélite, à la Gabriel Rossetti), fut rapidement retirée de la circulation aux États-Unis, où il était inconcevable qu'une star de rock puisse paraître si clairement féminisée. C'était le premier album briseur de tabous de Bowie, et le plus radical sur le plan du thème et de la musique jusqu'à *Aladdin Sane* en 1973. Il était le signe que la jeune génération allait faire s'écrouler toutes les certitudes de l'ère hippie.

Les années 60 s'achevaient piteusement dans un climat d'incertitude émotionnelle, économique et politique, terrain propice à un *agent provocateur*[1] tel que Bowie. Comme il le dit au *New York Times* en 1998 : « Je pense que dans les années 70, il y avait une impression générale de chaos, le sentiment qu'on avait eu tort de

---

1. En français dans le texte. (*N.d.T.*)

considérer les années 60 comme "un idéal". Plus rien ne semblait idéal. Tout semblait gris. On pensait : Sommes-nous en train d'entrer dans un vaste flux dont nous ne sortirons plus jamais ? » Bowie et sa génération représentaient rien moins qu'une nouvelle façon de voir le monde : une existence faite de bric et de broc, une culture faite d'emprunts – un peu de bouddhisme ici, une portion de libéralisme là, et quelques bonnes vieilles valeurs victoriennes pour faire bonne mesure.

The Man Who Sold The World est noir et étrangement construit. Les germes de la *cyber space-pop*, développée plus tard par des gens comme John Foxx, Gary Numan, Bill Nelson et Thomas Dolby, se trouvent dans des chansons telles que *Saviour Machine*. Le type de paranoïa enfantine présente sur *After All* et *All The Madmen* était une forme nouvelle de mélodrame gothique, et eut une influence directe sur Siouxsie and The Banshees et The Cure dans les années 70 et 80, ainsi que sur le groupe américain Nine Inch Nails dans les années 90. De plus, à une époque où Led Zeppelin et Black Sabbath se tournaient vers ce qui deviendrait bientôt respectivement le hard rock et le heavy metal, le travail solo à la guitare de Ronson, en particulier sur *She Shook Me Cold*, est aussi percutant que tout ce qui a pu être fait en 1970. D'après Visconti, le groupe fut enregistré de façon à ce que le son paraisse délibérément gras, « sans *overdubs*, pour qu'on puisse jouer cette chanson live sans décevoir le public ».

Visconti et Bowie, lequel désirait maîtriser les nouvelles opportunités créées par l'arrivée du synthétiseur, sont à l'origine de ce paysage sonore lugubre. « Le synthé était une de mes passions à l'époque » se souvient Visconti :

« J'entrevoyais d'immenses possibilités, pas tant pour créer des sons de science-fiction, mais plutôt parce que la machine m'apparaissait comme un Wagner ou un Beethoven plus grand que nature. J'ai écrit les premières partitions et j'ai demandé à Ralph Mace, cadre chez Phonogram, de les jouer parce qu'elles étaient au-dessus de nos capacités alors que lui avait une formation classique. David et moi étions d'accord pour essayer de créer les effets électroniques les plus frappants, les plus évocateurs. Il y avait une sorte de compétition à l'époque. Le plus beau compliment qu'on pouvait te faire était : "Comment as-tu réussi à obtenir un son pareil ?" On a trouvé des paysages soniques dingues comme *The Supermen*, qui était une sorte de prémonition du son que Queen finirait par produire : pas seulement le style vocal, mais les chœurs très aigus et le solo de guitare aussi. *The Man Who Sold The World* a été une sorte d'amorce pour les générations à venir. »

Pourtant, l'enregistrement du disque s'avéra un cauchemar pour le jeune Visconti. Selon lui, Bowie semblait distrait et manquait de discipline pendant les séances d'enregistrement : il passait plus de temps à faire des câlins à Angie dans le vestibule du studio ou à collectionner des objets d'art afin de transformer Haddon Hall en un foyer artistique décadent digne d'une star du rock, qu'à se soucier de finir l'album avant d'être à court d'argent. Visconti jugeait que les « simagrées » de Bowie avec sa jeune épouse témoignaient d'un manque de conscience professionnelle. Une grande partie de la musique a été « arrangée » par Visconti et le groupe :

« Toutes les chansons sur *The Man Who Sold The World* étaient des "arrangements" de tête, préparés en commun ou faits sur le moment, c'est-à-dire des arrangements auxquels tous les membres du groupe contribuent de manière spontanée, qu'on perfectionne et qu'on mémorise. Rien n'est écrit, tout se fait « de tête ». David n'a pas écrit ma partition pour la basse, ni celle de la guitare de Mick, mais il a souvent suggéré des variations sur ce qu'on trouvait. Il a aussi eu l'idée de certains riffs, mais dans l'ensemble, *The Man Who Sold The World* était un travail de groupe. C'était un truc du début des années 70 d'appeler ce qu'on faisait "des arrangements", plutôt que de la "composition". Il est évident que David est l'auteur de toutes les chansons sur l'album. Les passages instrumentaux contiennent beaucoup de ses idées (l'instrumental de *Saviour Machine* était basé sur *Ching-a-Ling-Song* enregistrée plus tôt avec Feathers.) »

Au fil des sessions d'enregistrement, Visconti devint de plus en plus inquiet. En tant que producteur, il était aussi responsable de l'aboutissement du projet dans les délais et le budget prévus. Non seulement le groupe essayait d'innover à une époque où les gadgets disponibles en studio étaient encore à leurs balbutiements, mais le protagoniste de l'album arrivait régulièrement au studio sans les paroles des chansons, Visconti stressant, au bord de l'apoplexie, comme il le décrit ici :

« Bowie écrivait au dernier moment parce que d'une part il avait envie de faire comme ça, et que d'autre part il était absorbé au studio par son amour tout neuf, Angie – c'était une sorte de lune de miel. A la fin de l'album, on avait les accompagnements, mais ni mélodie ni paroles. On a enregistré la partie vocale de la chanson-titre le dernier jour du mixage alors qu'on était déjà en retard et qu'on avait dépassé le budget. Mick Ronson, Woody Woodmansey et moi, on a fait la plupart des arrangements tout seuls, en l'absence de David. Évidemment, tout était soumis à son approbation, mais ses longues absences ont créé une opposition entre lui et nous. Il faut rendre justice à un héros inconnu dans tout ça, notre technicien du son Gerald Chevin. C'était un génie de la technique, qui pouvait suivre notre imagination où qu'elle aille. »

Cette tactique, écrire au studio et trouver les paroles des chansons à la dernière minute, déroutait peut-être ses amis, mais Bowie apprenait une nouvelle technique – l'improvisation au micro. Bowie n'a jamais été un musicien conventionnel, et, tout au long de sa carrière, il a transformé l'occasion en tactique, développant un environnement propice à la création spontanée.

Sur le plan artistique, *The Man Who Sold The World* était un succès. Visconti considère à présent que cet album est, avec *Scary Monsters*, le plus réussi de ceux qu'il a faits avec Bowie. En tant que produit commercial, cependant, ce fut un échec relatif de plus, avec des ventes modérées aux États-Unis pendant un temps, mais tout à fait désastreuses en Angleterre. Ronson rentra chez ses parents, à Hull, et redevint jardinier. De plus, peu après l'enregistrement de l'album, Visconti quitta l'entourage de Bowie pour se concentrer sur son travail de production auprès de Bolan. Il y avait plusieurs raisons au départ de Visconti, mais la principale était la relation d'affaires que Bowie entretenait avec DeFries :

« Au début, j'étais content que David ait un homme d'affaires aussi avisé qui travaille pour lui. Il avait certainement du bagout. Il nous a confié qu'il s'intéressait à Bowie comme artiste et à moi comme producteur, mais que nous devrions laisser tomber le groupe. C'était immédiatement après *The Man Who Sold The World,* alors que le groupe avait couché par terre à Haddon Hall pendant des mois et fait l'album et les concerts pour très peu d'argent. Je me suis dit à ce moment-là que c'était plutôt cruel, mais je suppose que c'est ce qui est arrivé, parce que le groupe s'est bel et bien séparé après mon départ. Quant à moi, je me suis aperçu que Tony DeFries m'avait raconté des bobards et qu'il essayait de me rouler dès le début. Notre accord stipulait qu'il avait droit à dix pour cent, mais après que j'ai dû attendre une éternité pour un chèque (qui n'avait rien à voir avec Bowie), il m'a informé par lettre qu'il exigeait à présent quinze pour cent. J'ai senti que notre relation allait être pénible et j'ai décidé de ne plus le prendre comme manager. J'ai averti David à son sujet, et il m'a assuré que Tony n'était pas malhonnête, et qu'on allait tous gagner plein d'argent. C'est ça qui a mené à notre rupture. Après l'expérience épuisante de *The Man Who Sold The World,* pour lequel on n'avait pas eu l'accord de la maison de disques, et avec Tony DeFries en perspective, j'ai décidé de me concentrer sur la carrière florissante de Marc. Elle semblait plus stable et plus positive. On s'est séparés au coin de Regent Street et de Great Castle Street, devant les bureaux de DeFries et de Lawrence Myers. Je ne me rappelle pas ce qu'on s'est dit, mais David avait l'air très peiné et je suis parti très vite. Je n'étais pas très content de moi, mais je ne pouvais pas supporter DeFries et je n'arrivais pas à faire comprendre à David que ce type n'était pas celui qu'il paraissait être. »

Par contraste avec l'approche désinvolte de Bowie pour l'enregistrement de *The Man Who Sold The World,* 1971 fut une année de discipline et de création prolifique, productive à plusieurs points de vue. Le 28 mai 1971, le fils de Bowie, nommé Duncan Zowie Haywood Bowie, vit le jour à l'hôpital de Bromley. Il pesait près de quatre kilos. Ce fut une expérience pénible pour Angie, qui eut le pelvis brisé au cours des trente heures que dura l'accouchement. Bowie écoutait un disque de Neil Young chez lui quand la nouvelle de la naissance de son fils lui parvint. Inspiré par l'atmosphère nostalgique du folk, Bowie écrivit comme cadeau pour son fils *Kooks,* un pastiche du Neil Young du début des années 70.

La naissance de Zowie semble avoir eu peu d'impact sur David et Angie en tant que couple et sur l'inspiration de Bowie. Celui-ci a toujours aimé les enfants. Ses amis et collaborateurs observent souvent qu'il s'entend bien avec leurs enfants et trouve le temps de jouer avec eux. Pourtant, quoique raisonnablement heureux d'être papa, Bowie se hâta d'engager une nourrice, Suzie Frost, pour s'occuper du bébé. Quant à Angie, épuisée par le traumatisme de l'accouchement et la dépression qui s'était ensuivie, elle ne tarda pas à partir en vacances en Italie avec une amie, la chanteuse Dana Gillespie. Par la suite, David et elle ne furent que des parents à mi-temps. Ce fut seulement vers la fin des années 70 que Bowie se rendit compte qu'il passait à côté de quelque chose et que son fils avait besoin de sa présence.

Sur le plan professionnel, les choses démarraient vraiment. Le 1er août 1971, Bowie signait un contrat avec la société de production Gem, dont Tony DeFries et Lawrence Myers étaient copropriétaires. Durant tout 1971, Bowie commença à se constituer un stock de chansons qui seraient rassemblées sur deux albums enregistrés presque immédiatement l'un après l'autre aux studios Trident à Londres entre le début avril 1971 et la fin janvier 1972.

Bien qu'il n'ait pas eu de gros single après *Space Oddity,* Bowie parvint à garder une vague présence dans les médias par l'intermédiaire de sessions live pour la BBC. Entre décembre 1967 et mai 1972, il enregistra douze sessions. Cependant, une bonne partie des chansons écrites alors ne furent jamais achevées, elles furent données, ou encore restèrent enfermées dans un coffre en attendant leur heure.

Bowie commença cette période comme auteur plutôt qu'interprète. Il se considérait comme un artisan de l'écriture, en dépit de son flirt avec la pop théâtrale avec The Hype. Chacun sait qu'il a donné au brillant producteur pop Mickie Most la chanson *Oh You Pretty*

Thing, qui fut interprétée par Peter Noone, ancien de Herman's Hermit. Ce fut un tube, qui atteignit la 12ᵉ place des charts en été 1971.

Mais avant ce succès d'auteur (qui devait l'aider à obtenir le soutien du label RCA, basé aux États-Unis), Bowie donnait volontiers des chansons à quiconque possédait une voix. Au cours d'un chat sur Internet en 1998, Bowie expliqua :

« Sparky King était en fait Mickey King, un membre de notre petite bande au début des années 70. On formait un groupe hétéroclite ; il y avait Freddie Barratt (Burretti, styliste des premiers costumes "orange mécanique" et "épaulettes spatiales" de Ziggy) et Daniella, une Anglo-indienne superbe, une amie de Freddie qui servait de mannequin à toutes ses créations. C'est aussi la première femme de couleur que je voyais avec des cheveux courts blanchis au peroxyde dans lesquels elle avait découpé différentes formes comme des cornets de glace et des drapeaux qu'elle teignait en rouge, en pistache. Elle faisait incroyablement avant-garde ! Souvenez-vous que c'était en 1969. Je vais essayer de trouver de bonnes photos d'elle parce que je crois que son style était sans doute assez important dans la création du glam. Il nous semblait qu'on attirait tout le monde, depuis les trans-quelque chose comme Amanda Lear jusqu'aux gangsters. Johnny Binden, un ami des Krays[1], est venu régulièrement avant de devenir garde du corps pour Zeppelin. Bref, Mickey était un "club boy" que j'ai encouragé à chanter. J'encourageais tous ceux qui voulaient ouvrir la bouche à chanter mes chansons. Il a enregistré un hommage à ma voiture intitulé *Rupert The Riley*. Mickey a malheureusement été poignardé à mort en 1974 par un de ses nombreux amants. »

Bowie eut l'idée d'associer Freddie à Arnold Corns, et, avec l'aide de Ronson, de Woodmansey et de Trevor Bolder, un de leurs amis, une version révisée d'Arnold Corns vit le jour au printemps 1971. Bowie écrivit des textes qui deviendraient plus tard *Hunky Dory,* et des chansons destinées à Freddie, mais, comme Sparky King, ce dernier n'avait pas une voix de soprano et, en studio, la voix de Bowie était mixée par-dessus la sienne.

Freddie était l'une des starlettes warholiennes de Bowie, qui testait par personne interposée la réception qu'aurait un personnage du type de Ziggy. En fait, le premier disque du groupe, *Moonage Daydream-/Hang On To Yourself*, sorti chez B&C Records le 7 mai 1971, contiendrait non pas un mais deux futurs classiques de Ziggy, sabordant totalement la théorie selon laquelle Bowie avait écrit l'album

---

1. Frères jumeaux, les Krays sont de célèbres gangsters londoniens des années 50 et 60. (*N.d.T.*)

comme un tout cohérent (point de vue qui a jusqu'à présent prévalu dans la presse). Malgré ce flop sanglant, un second single, *Looking For A Friend/ Man In The Middle*, fut projeté mais abandonné (il sortit sous le label KrazyKat en 1984, une fois Bowie bien entré dans la célébrité mainstream, et fit lui aussi un flop monumental). Burretti créa et cousit tous les costumes utilisés pour la tournée de Ziggy en 1972, ce qui était un exploit assez remarquable, et joua donc un rôle mineur – mais non négligeable – dans la saga du glam.

Pour son projet d'enregistrement suivant, Bowie garda Ronson et Woody Woodmansey. Trevor Bolder remplaça Visconti à la basse. Quoiqu'ils n'aient pas été connus sous ce nom à l'époque, les Spiders étaient nés. Bowie avait à présent un groupe d'accompagnement stable, qu'il compléta avec le pianiste de Yes, Rick Wakeman, pour la session sur *Hunky Dory*. Il introduisit également Ken Scott comme producteur.

Scott, de quelques mois plus jeune que Bowie, avait été ingénieur du son sur *Magical Mystery Tour* et *The Beatles* au studio d'Abbey Road et sur les deux précédents albums de Bowie. Il venait de travailler sur *All Things Must Pass* de George Harrison, et une partie de ce son acoustique agressif fut ensuite importé dans les sessions de *Hunky Dory*. Scott fit partie de la première vague d'ingénieurs du son du rock à évoluer vers la production. Cette décision reflète l'évolution de la division du travail au sein du monde du rock à l'époque, comme il le décrit :

« On était arrivé à un point dans l'histoire de la musique où les ingénieurs du son ne se bornaient plus à être assis là et à tourner des boutons. On commençait à avoir des idées à nous, même si les producteurs les faisaient souvent passer pour les leurs. Des types comme Roy Thomas Baker et moi voulions entrer dans la production. J'ai été le premier à percer parce que j'ai eu la chance d'être ingénieur du son pour Bowie, qui m'a dit, plutôt nerveux : "J'allais faire mon prochain album tout seul, mais je ne suis pas sûr d'en être capable. Tu veux coproduire avec moi ?" Alors j'ai formé une société, Nereus Productions, avec les propriétaires des studios Trident, et *Hunky Dory* a été mon premier album en tant que producteur. »

Bowie fit écouter plusieurs démos à Scott, et les deux se mirent à sélectionner des titres pour ce qui deviendrait aux yeux de beaucoup leur album favori de David Bowie. Scott fut immédiatement impressionné par le talent de Bowie en studio. Les prises vocales étaient presque toujours bonnes du premier coup, ce qui est exceptionnel dans le rock, et les intuitions de Bowie étaient presque magiques. Scott se souvient que, souvent, Ronno et lui-même pensaient qu'une certaine section de guitare ou de voix devait être refaite, mais Bowie disait : « Non, attendez, écoutez », et quand toutes les pistes étaient jouées ensemble, à la stupéfaction de Scott, il était évident que Bowie avait eu raison.

Quoique Bowie ait eu une excellente oreille, et ait été capable de travailler très rapidement (l'enregistrement de l'album de *Hunky Dory* n'a pris que deux semaines et le mixage deux semaines supplémentaires en avril 1971), il n'était pas, comme le souligne Scott, particulièrement calé sur le plan technique. Au saxophone, « il laissait beaucoup à désirer », et en tant que guitariste, il était tout juste acceptable. A dire vrai, Woodmansey et Bolder étaient eux-mêmes des musiciens honnêtes, sans plus, tandis que Ronno appartenait à une autre catégorie. Excellent guitariste, Ronson était aussi un arrangeur original et efficace pour les instruments à cordes. « Mais je ne suis pas d'accord avec ceux qui ont dit que, sans Ronno, Bowie n'était rien, poursuit Scott. Ronno était un guitariste incroyable et un arrangeur hors-pair, pour les cordes. Pour les arrangements d'un groupe rock, il était très normal, très moyen. Mais en tant que guitariste et arrangeur d'orchestre – brillant. »

D'après Scott, pour *Hunky Dory,* le nouveau Bowie, plus mûr, avait les bases d'une équipe stable : « Sur *The Man Who Sold The World,* il était encore un suiveur de tendances plutôt qu'un leader, et c'est seulement pour *Hunky Dory,* quand il a dit "Au diable tout le monde. Je vais faire ce que j'ai envie de faire", qu'il a vraiment trouvé son rythme. »

Hunky Dory fut enregistré alors que Bowie n'avait pas de contrat, mais dès qu'ils eurent écouté l'album, les représentants de RCA, qui distribuait aussi Elvis Presley, se hâtèrent de lui en offrir un. A vrai dire, Dennis Katz chez RCA engagea Bowie, et, plus tard, Lou Reed, en partie pour changer l'image de musique country hétérosexuelle et pépère de RCA. Le contrat, signé le 9 septembre à New York, promettait trente-sept mille cinq cents dollars pour les trois albums suivants. Bowie avait également signé un contrat séparé avec Tony DeFries le 1er août de la même année. Bowie allait enfin toucher un revenu régulier.

Hunky Dory, sorti en décembre 1971, est, malgré son excellente qualité d'ensemble, un disque assez conservateur sur le plan musical, et il apparaît maintenant comme étant en recul par rapport à *The Man Who Sold The World.* C'est presque comme si Bowie avait jugé nécessaire d'apaiser un nouveau label potentiel avec une œuvre un peu plus conventionnelle, tout comme *Let's Dance,* enregistré lui aussi hors contrat, serait beaucoup plus commercial que *Scary Monsters* en 1983. C'est un beau disque poétique, cohérent sur le plan musical et atypiquement accessible.

Dans un univers pop dans lequel « l'originalité » vous valait les plus grandes louanges, la face B comporte trois chansons hommage : à Warhol (*Andy Warhol*), Dylan (*A Song For Bob Dylan*) et au Velvet Underground, ou peut-être plus spécifiquement à Lou Reed (*Queen Bitch*). Jusque-là, les hommages tendaient à être l'apanage exclusif des joueurs de blues, dont la prestation à la guitare était jugée selon sa fidélité à l'original. Bowie, cependant, fut le premier à citer directement des sources autres que le blues, et encouragea l'idée d'une pop dans laquelle les influences ne seraient pas dissimulées au public, mais exposées au regard de tous. Dès 1973, cette pratique s'était développée au point que des artistes comme Bryan Ferry pouvaient enregistrer toute une collection de disques sous forme d'hommages. C'était différent de la pratique ancestrale des chanteurs consistant à reprendre de vieux classiques ou à chanter des chansons écrites spécialement pour eux. A un moment où, dans la pop, de plus en plus d'artistes écrivaient leurs propres textes, la volonté d'un auteur-interprète de faire des *cover versions* indiquait une sensibilité postmoderne dans laquelle les pop stars devenaient des fans, attirant ainsi l'attention sur l'histoire de la pop elle-même. Ce fut ce qui donna à Bowie les armes nécessaires pour créer Ziggy Stardust plus tard la même année.

Des trois hommages, c'est *Queen Bitch* qui fonctionne le mieux. Sans doute la chanson la plus pop de Bowie du début des années 70 à n'être jamais sortie en face A d'un single, elle est rendue d'autant plus intéressante par l'accentuation vocale curieuse et plutôt géniale de Bowie. Sa tentative d'imitation de l'argot branché de New York à la fin (« *Uh ha ?*, « *You Betcha* », « *Umm* ») paraît si loufoque qu'elle fait de la chanson une sorte de mélodrame efféminé, et le vers audacieux « *There's a taste in my mouth / And it's no taste at all* (Il y a un goût dans ma bouche / Et ce n'est pas un goût du tout) », est un autre des splendides distiques homo-érotiques de Bowie.

Dans *The Bewlay Brothers*, Bowie se tourne vers lui-même. La chanson, le récit fictif de la relation entre deux frères, approfondit le thème du disfonctionnement familial, central dans *The Man Who Sold The World*. Bowie chante par saccades (sa voix, comme dans tout l'album, est très aiguë dans le mix), laissant de longues pauses remplies par la guitare acoustique de Ronson, ce qui donne une impression globale de nostalgie. Une série d'images vues sous un angle étrange traitent clairement du concept d'identité, de sa mutabilité, et de sa désintégration finale :

I was Stone and he was Wax
So he could scream, and still relax, unbelievable

« J'étais Pierre et il était Cire
Il pouvait crier et se détendre quand même, incroyable »
The Bewlay Brothers, 1971.

Plus loin dans la chanson, Bowie fait directement référence à l'étiquette qui allait devenir son sobriquet (utilisé jusqu'à devenir un cliché) – le « caméléon » :

Now my brother lays upon the Rocks
He could be dead. He could not
He could be You
He's Camelian (sic), comedian,
Corinthian and
Caricature

« Maintenant mon frère est étendu sur les rochers
Il est peut-être mort. Peut-être pas.
Il est peut-être toi.
C'est un Caméléon, un comédien,
un Corinthien,
Et une caricature »

Il fait aussi allusion à une relation homosexuelle :

In The Crutch-Hungry Dark
Was where we flayed our Mark

« Dans le noir assoiffé de sexe
Nous avons dévoilé notre différence »

The Bewlay Brothers demeure un des enregistrements les plus troublants de Bowie, il manifeste comme une indéfinissable terreur quasi expressionniste. Cependant, d'après Ken Scott, loin d'être une chanson profondément intime ou chargée de sens, elle n'était qu'un stratagème pour susciter l'indignation des critiques. « Ç'a presque été une chanson de dernière minute. Juste à côté de Trident Studios, il y avait un marchand de tabac qui, apparemment, a inspiré les paroles. Disons qu'il a donné à Bowie l'idée du titre. Il niera probablement jusqu'à la mort ! Pour autant que je m'en souvienne, il est entré et il a dit : "On va faire une chanson spécifiquement pour le marché américain." J'ai dit : "Ok, qu'est-ce que tu veux dire ?" et il a répondu : "Eh bien, les paroles n'ont aucun sens, mais les Américains aiment bien donner un sens à tout, alors ils n'auront qu'à y lire ce qu'ils veulent."

Oh You Pretty Things, sorte d'adaptation 70 de *Martha My Dear* de McCartney, cache aussi des thèmes sombres derrière son apparente légèreté. Voir « *cracks in the sky* (des fissures dans le ciel) » suggère certainement que le jeune Bowie était prêt à suivre une psychanalyse, et le « *homo superior* » et les « *golden ones* (les enfants chéris) » sont des références directes aux enseignements de l'occultiste Aleister Crowley. Le tout emballé dans la plus douce des mélodies de Bowie.

Un autre titre resté populaire est le mièvre *Kooks*, écrit pour le nouveau-né Zowie. Le producteur Ken Scott le trouvait génial : « Je l'adorais. Peut-être qu'il me touchait personnellement. J'avais une petite fille à l'époque. Je crois avoir entendu Bowie dire qu'un jour il aimerait faire un album pour enfants. Il aurait pu avoir un succès fou avec des chansons pareilles. Je ne sais pas s'il en est capable à présent, après tout ce qu'il a vécu. »

Quicksand est d'un spiritualisme presque bouddhiste. (« *Knowledge comes with death's release* (La connaissance vient avec la libération qu'apporte la mort) »). Si *Oh You Pretty Things* était la version de Bowie de *Martha My dear*, *Quicksand* est celle de *My Sweet Lord*. Scott venait d'être ingénieur du son pour l'interminable *All Things Must Pass,* et il s'efforçait de recréer l'audacieux mur de guitares acoustiques agressives de cet album sur *Quicksand*, avec jusqu'à sept pistes de guitare acoustique déployées dans les sections les plus virulentes.

Sur le reste de l'album, Bowie se donne du mal pour se faire une place dans le panthéon des dieux du rock. *Song For Bob Dylan*, sans doute la chanson la plus faible de l'album, évoque l'absence d'une figure héroïque dans le rock. Bowie avait beaucoup aimé Dylan. Tout l'album *Space Oddity* avait des accents dylanesques avec son mélange d'harmonica, de folk rock et d'acoustique. Mais en 1971, il semblait aux jeunes loups comme Bowie que Dylan était un hasbeen. Bowie devait déclarer au magazine *Melody Maker* en 1976 que cette chanson « exposait ce que je voulais faire dans le rock. C'était à cette période que j'ai dit "Bon, si tu ne veux pas le faire, moi, je le ferai. J'ai vu le vide au sommet." »

La première chanson de l'album, *Changes*, annonçait le programme Bowie des années 70. Il chante :

So I turned myself to face me
But I've never caught a glimpse
Of how the others must see the faker
I'm much too fast to take that test

Alors je me suis tourné pour me faire face
Mais je n'ai jamais vu
L'imposteur que doivent voir les autres
Je suis beaucoup trop rapide pour faire ce test
Changes, 1971.

Ces quatre lignes éclairent trois des éléments les plus importants dans la quête de la gloire par Bowie. Les paroles mettent l'accent sur l'identité, et la mutabilité de la personnalité, et il y a une sorte de jeu entre la première et la troisième personne qui préfigure la création de Ziggy Stardust. Bowie monte en épingle le mythe qu'il a lui-même créé de sa nature papillonnante, de son ambivalence innée, de son infinie vacillation musicale, sexuelle et politique. Au cours des années 70, il avait une peur presque pathologique de se répéter, non seulement musicalement mais aussi sur le plan visuel. Plus important, Bowie se décrit comme un imposteur. Il s'annonce comme l'escroc de la pop, le dissimulateur par excellence.

Dans le *middle-eight*, Bowie chante :

Strange fascination, fascinating me
Changes are taking the pace I'm going thru
Ch-ch-ch-ch-Changes

Étrange fascination, qui me fascine
Les changements prennent le rythme que j'adopte
Les ch-ch-ch-ch-changements »

Strange fascination évoque non seulement une quête incessante du nouveau et du bizarre, mais suggère aussi une sorte d'obligation de « devoir » changer pour se maintenir à flot sur le plan artistique.

Life On Mars, une ballade dramatique qui va crescendo, était une parodie voulue du classique par excellence *My Way*. En fait, dans *Life on Mars*, Bowie règle un compte musical peu connu. Des années auparavant, en 1966, on avait demandé au tout jeune Bowie de soumettre une version anglaise de la chanson française *Comme d'habitude*. La proposition de Bowie, *Even A Fool Learns to Love*, fut rejetée (même si elle fut gardée pour figurer dans le spectacle de cabaret de Bowie qui ne vit jamais le jour) et des paroles de Paul Anka furent choisies – le résultat étant la carte de visite de Sinatra, *My Way*. En 1993, Bowie observe : « Il y avait un peu de revanche là-dedans parce que j'étais si fâché que Paul Anka ait fait *My Way* que je voulais faire ma propre version. Il y a des morceaux de mélodie là-dedans qui sont vraiment de la parodie. »

Le thème en quatre mesures de Bowie réécrit le principal motif musical de la chanson, et sa prière mélo, hystérique « *Is there life on Mars* ? (Y a-t-il de la vie sur Mars ?) » (avec le mot « Mars » allongé jusqu'à produire un effet presque grotesque), était une pique délibérée du dénouement à se faire péter les cordes vocales de Sinatra « *I did it mmmmmmeyeyeyeyeyewaaaaayyyy – thank you, London !* »).

A l'inverse de *My Way*, *Changes* était non pas un adieu, mais un salut prophétique (« *Turn and face the strange* (Tourne-toi et fais face à l'étrange) »). La partition parfaitement conçue de Mick Ronson au piano est à la fois un écho des Beatles et une appropriation musicale du style d'accompagnement typique des bars américains, que Bowie et le groupe exagéraient en live. Avec un joli soupçon d'ironie, Bowie bégaie (et donc répète) le « ch » au début du mot « changes » et donne au groupe canadien Bachman-Turner Overdrive un tuyau pour leur bégaiement franchement plus marqué dans « *you ain't seen n-n-n-n-nothin' yet* » en 1974.

Look out you rock'n'rollers, dans la dernière strophe, est un vers crucial. Non seulement Bowie jette un défi aux rockers existants, mais il établit une distance entre la fraternité du rock et lui. Quand il parle du rock, il insiste sur le fait qu'il l'« utilisait » comme moyen d'expression, mais n'avait pas de lien fort avec lui. En 1971, il dit : « Je pense que [la musique] devrait être maquillée, qu'il faut en faire une prostituée, une parodie d'elle-même. Elle devrait être le clown, le Pierrot. La musique est le masque que porte le message – la musique est le Pierrot, et moi, l'interprète, je suis le message. » Vingt ans plus tard, il réaffirme son point de vue : « Je crois avoir dit à l'époque que le rock devait se prostituer. Je n'ai pas changé d'avis. Si on veut travailler dans un bordel, mieux vaut être la meilleure pute. »

Avec du recul, on peut dire que c'est en 1971 que Bowie, motivé avant tout par le désir d'être différent, *radicalement* différent, de défier et de bouleverser les conventions musicales, morales et sexuelles dominantes, est devenu une sorte *d'agent provocateur* du pop art. Il a eu l'idée de devenir un poseur de la pop à une époque où les musiciens de rock recherchaient dans le classique ou le blues une stimulation culturelle supérieure, avec tout ce que cela impliquait sur la fidélité à une tradition et l'obligation de « payer son écot » sur scène. Il ne s'agit pas de dire que Bowie était réellement un poseur. Plutôt, il *posait* à être un poseur, ce qui est tout à fait différent.

Bowie, influencé par des personnages tels que Lindsay Kemp et Warhol, a effectivement maquillé son art d'une manière radicale et choquante. Lors d'une visite promotionnelle aux États-Unis en janvier 1971, alors qu'il arborait une robe d'homme créée par M. Fish, de Londres, il fut menacé par un péquenaud armé d'un pistolet à qui son allure avait déplu. A l'époque, Bowie était surtout un jeune dégingandé à cheveux longs, qui portait souvent un grand chapeau mou et chantait de la pop acoustique. En février de cette année-là, il rencontra le flamboyant Rodney Bingenheimer, qui travaillait dans les relations publiques chez Mercury Records, et allait lui servir de guide à Hollywood. En août, Bowie assista à la représentation de *Pork,* d'Andy Warhol, à la Roundhouse, et se lia d'amitié avec la troupe de comédiens et un certain nombre de gens qui deviendraient par la suite des apparatchiks de MainMan, la société de gestion de Tony DeFries : Tony Zanetta (qui incarnait Warhol dans la pièce et deviendrait l'assistant personnel de Bowie), Wayne County, Cherry Vanilla (future attachée de presse de Bowie), Lee Black Childers (son photographe en tournée) et le futur président de MainMan, Jamie Andrews.

Au début, Bowie déçut les gens de *Pork.* Jayne County se souvient de sa première impression de Bowie au début 1971 : « On avait entendu dire que David Bowie était androgyne et tout ça, et puis il est arrivé avec ses cheveux longs, ses fringues de folkeux, il s'est assis sur un tabouret et a joué des chansons folk. Ça nous a vraiment déçus. On l'a regardé en se disant : "Regarde-moi ce vieux hippie !" » « David était décevant, confirme Lee Childers, mais on a adoré sa femme, Angela Bowie. Elle parlait fort, elle était enceinte, dingue, elle nous mettait la main aux couilles, elle riait, elle s'amusait. »

Cependant, en Angleterre, les performances de Bowie sur scène suscitaient de plus en plus d'émoi. Le son de Bowie devenait de plus en plus dur. Le 20 janvier, il était apparu vêtu d'une robe à l'émission « Holy Holy » sur Granada TV, et, pendant tout 1971, il continuerait à en porter fréquemment. Contacté par l'agent de Bowie durant l'été 1971, David Stopps, le futur manager de la pop star Howard Jones contribua à faire émerger Bowie en Angleterre en 1971 et 1972. Stopps connaissait ce dernier, non seulement à cause de *Space Oddity*, mais aussi parce que Bowie avait écrit pour un groupe appelé Chameleon qui venait de Princes Risborough. Le chanteur de Chameleon, Les Payne, se targue d'être l'interprète le plus dépourvu de succès dans l'histoire de la musique pop et en tire une certaine popularité auprès des médias. « Quoique très talentueux, il a fini par faire une carrière sur son insuccès », se souvient Stopps.

A la fin des années 60 et au début des années 70, Bowie était surtout connu comme auteur plutôt qu'interprète. Il rencontra Chameleon dans un studio près de Victoria Station et leur joua *Oh You Pretty Thing* et *Star*. Payne préféra la première, mais Bowie lui apprit qu'elle était déjà réservée pour Peter Noone. Payne voulait que

Bowie produise « Star » pour eux, mais le label du groupe, Chrysalis, insista pour utiliser un « vrai » producteur à sa place, John Schroder. La chanson ne fut jamais chantée par Chameleon, mais elle apparut, bien sûr, sur *Ziggy,* l'album de Bowie, deux ans plus tard.

Stopps raconte que c'est à Friars Aylesbury, une étape petite mais importante du circuit des tournées, que le groupe s'est véritablement constitué (on le surnommerait plus tard The Spiders From Mars). Incroyablement impressionné par Bowie, il était aussi quelque peu choqué par lui : « Bowie était fantastique. Je crois que c'était un de ses premiers concerts avec le groupe, et que c'est ce soir-là qu'il a décidé d'en faire un groupe. C'était le 25 septembre 1971. Ça leur a plu à tous, et ils ont dit "D'accord, on le fait." Il était habillé en femme, comme sur la pochette originale de *The Man Who Sold The World.* Je ne m'attendais pas vraiment à ça. Je me rappelle qu'il est venu me voir dans l'après-midi et qu'il a dit : "Oh, il fait vraiment froid dans la loge, est-ce que tu peux nous trouver un radiateur ?" Et il est arrivé sur scène en robe. Ma femme, Budget, (qui avait été mariée avant à Les Payne, le chanteur de Chameleon) lui a parlé de *Star.* Il semblait avoir oublié cette chanson et il a dit : "Ooh, il faut que je la sorte de mes archives." Il était très sympathique, charmant, content de donner le concert, et très excité après. »

Stopps brosse aussi un portrait révélateur de Tony DeFries :

« On avait une clientèle régulière, et j'avais pensé qu'on aurait un public correct. Je me souviens qu'on l'avait payé cent cinquante livres, sûrement plus qu'on n'aurait dû. DeFries était un peu arnaqueur, disons. Il a été agréable avec moi, mais quand on a payé David, je ne sais plus trop comment ça se fait, on était à court de liquide, et il a fallu que j'en paye la dernière partie avec des pièces de cinquante pence. DeFries est retourné dans la loge pour tout compter, et puis il est revenu en disant qu'il manquait cinquante pence. J'ai aboulé une autre pièce et ça a été réglé ! »

Avec l'inclusion d'*hommages* à Lou Reed et à Bob Dylan, d'un disque écrit pour le marché américain (*The Bewlay Brothers*) et d'une version d'une chanson de Biff Rose, *Fill Your Heart,* qui faisait partie du répertoire live de Bowie depuis plus d'un an à l'époque de l'enregistrement, l'album *Hunky Dory* était censé inciter les Américains à dépenser leur argent en quantité beaucoup plus importante que jusque-là. L'Amérique demeurait un pays mythique pour les adolescents et les jeunes entre vingt et trente ans ayant grandi avec le rock'n'roll, et le souvenir de l'énorme succès des Beatles outre-Atlantique était encore présent à tous les esprits. Pour des musiciens de rock comme Bowie, percer sur le marché américain était aussi important que percer en Angleterre (qui ne générait qu'un quart environ des recettes potentielles des États-Unis).

Bowie, cependant, était naturellement attiré par les artistes un peu en marge de la culture américaine, tels qu'Iggy Pop, Lou Reed et Andy Warhol. En automne 71, il se rendit à The Factory, à New York. Bowie se souvient du teint plutôt étrange de Warhol, d'un jaune cireux surnaturel. Sur le plan personnel, la rencontre fut loin d'être un succès. Apparemment, Warhol détestait l'hommage que Bowie lui avait rendu sur *Hunky Dory,* et porta plus d'intérêt aux chaussures de Bowie.

Malgré l'atmosphère pesante qui régnait entre l'aspirant pop star et le doyen new-yorkais du pop art, blasé et récemment victime d'une tentative d'assassinat, Bowie développa une approche de la pop qui était très similaire à celle de Warhol dans le cinéma et l'art. A la Factory, Warhol bâtissait les célébrités, pouvant faire de gens « dénués de talent » des stars de cinéma. Il remettait ainsi en question la notion d'accès à la célébrité, en montrant combien il était facile de la fabriquer. L'aura mythique, magique, qui enveloppait certaines superstars de Hollywood était dénoncée pour ce qu'elle était – fabriquée et artificielle. N'importe qui pouvait être une star (ne fût-ce qu'un quart d'heure durant).

Bowie était fasciné par l'idée qu'on pouvait fabriquer la célébrité. En fait, on peut dire que Warhol et lui ont partagé divers états psychologiques. Tous les deux avaient une peur morbide de mourir prématurément. Bowie craignait d'être victime d'un attentat sur scène, et les derniers spectacles de Ziggy Stardust évoquaient des références à sa propre mortalité (*Time*, *My Death* et *Rock And Roll Suicide*). Warhol avait échappé de justesse à la mort en 1968 quand Valerie Solanas, féministe radicale, avait tiré sur lui. Tous les deux souffrirent longtemps d'une phobie des voyages en avion. Enfin, ils nourrissaient l'un comme l'autre une passion dévorante pour la notoriété et la gloire. Leur carrière elle-même a connu une trajectoire similaire.

Warhol avait réuni autour de lui un groupe de gens susceptibles de lui faire vivre ses fantasmes psychosexuels par personne interposée, que ce soit au cinéma ou dans la vraie vie. Bowie, à une échelle plus réduite, eut son propre entourage, à Haddon Hall, au Sombrero, et plus tard à MainMan, quand DeFries créa pour lui une petite cour de rescapés de la production de *Pork*. Warhol se réinventa également, arborant une perruque pour dissimuler sa calvitie, changeant sa façon de parler, et de se tenir, ainsi que son entourage de manière à raviver son propre intérêt et celui des autres pour l'art et le battage médiatique. Plus important peut-être, Warhol et Bowie adoptèrent tous les deux une approche ouvertement « commerciale » de leur art. En dépit de leurs liens avec les mouvements d'avant-garde, ils acceptaient l'aspect mercantile de l'art populaire et finirent par devenir eux-mêmes des hommes d'affaires.

Une autre influence majeure sur Bowie (et sur Warhol) à l'époque venait de l'esthétique du maniérisme. Le personnage du héros maniéré – spirituel, ironique, sardonique, observateur distant, méprisant et narquois – qu'on trouve partout dans l'art, la littérature, le théâtre du dix-neuvième et du vingtième siècles ainsi qu'au cinéma et à la télévision, a également marqué la musique populaire (Morrissey et Neil Tennant en sont de bons exemples). Il est intéressant de noter combien des sensibilités décrites par Susan Sontag dans son article *Notes On Camp* s'appliquent à Bowie. « Le maniérisme est une vision du monde à travers le style – mais un style particulier. C'est l'amour de l'exagération, du "décalé", des choses qui ne sont pas ce qu'elles prétendent être. » Sontag poursuit : « Le maniéré voit tout entre guillemets. Ceci n'est pas une lampe, mais une "lampe". Percevoir le maniérisme dans les objets et les gens signifie comprendre l'existence comme l'incarnation d'un rôle. C'est pousser à l'extrême, en sensibilité, la métaphore de la vie en tant que théâtre. »

Ce sens du jeu, marié à une conception warholienne de la pop en tant qu'art, était une attitude relativement nouvelle au début des années 70, et l'antithèse absolue de l'idéologie rock dominante à l'époque. Cette idéologie rock avait une position hégémonique : presque tout le monde acceptait inconsciemment ses principes de base sans jamais vraiment s'apercevoir qu'on avait affaire à une idéologie. Ainsi les chanteurs et musiciens se conformaient, parfois sans s'en rendre compte, à des exigences et des conventions, qui, jusqu'à Bowie, n'avaient jamais fondamentalement été remises en question.

Pour certains observateurs des années 70, qui n'avaient rien compris, Bowie était tout en clinquant et en apparence, et n'avait aucune profondeur. Le journaliste Dave Laing écrivait en 1973 : « Toute la bonne musique a un point commun : elle se tient à l'écart de la mentalité dominante de la pop traditionnelle, de la mentalité du showbiz... D'accord, Bowie n'est pas Humperdinck. Il a parfois la force poétique de Dylan, la présence démoniaque de Jagger. Mais il s'est compromis avec le showbiz, avec tout le processus de manipulation qui va de pair avec l'image et la célébrité. »

En réalité, Bowie n'essayait pas simplement d'être une entité commerciale lui-même, mais de démontrer que tout l'univers du rock était une industrie. Il n'est absolument pas étonnant qu'il soit devenu un homme d'affaires si avisé plus tard, exploitant au maximum sa position de rock star pour négocier une série de contrats lucratifs dans les années 80 et 90 (de RCA à BMG en passant par EMI-

America), culminant bien sûr avec le projet *Bowie Bond* en 1997. Dans les années 70, les hippies fumeurs de joints avaient beau débiter des âneries sur le lien avec les jeunes, chanter des chansons du fond du cœur et éprouver une sensation de communauté, ils étaient aussi impliqués dans les machinations du capital que n'importe quelle autre pop star, aussi prêts à accepter des récompenses financières que les membres de The Partridge Family ou The Wombles. Pour le jeune David Bowie, la pop signifiait pop art, une nouvelle forme d'art avec laquelle expérimenter, à associer à d'autres qui y étaient liées – et pas seulement un code qu'il s'agissait de révéler.

Jusqu'en janvier 1972, la carrière de Bowie présentait encore tous les signes de la stagnation qu'elle connaissait depuis le succès de *Space Oddity* plus de deux ans auparavant. *Hunky Dory,* sorti juste avant Noël, n'avait même pas atteint les plus basses positions des charts, et le single *Changes*, quoiqu'il ait eu le douteux honneur d'être le single de la semaine de Tony Blackburn sur Radio 1 (preuve s'il en faut de la sensibilité mélodique de *Hunky Dory*), non plus. Cependant, Bowie avait un autre tour dans sa manche. Un autre album était déjà en route, et il savait que ce serait son meilleur jusqu'à présent. Et son plus grand acte de prestidigitation fut une remarque apparemment anodine, mais totalement préméditée qui allait mettre le feu aux poudres dans le monde du rock.

Le 22 janvier 1972, Bowie fit la couverture de *Melody Maker*, vêtu d'une combinaison du début de la période Ziggy, les cheveux courts et coiffés en brosse. Au cours de l'interview avec Michael Watts, Bowie annonça fièrement qu'il était gay, ou plutôt ce qu'on appelait bisexuel, puisqu'à ce moment-là, il était marié depuis peu et père d'un enfant. Étant donné le rôle légendaire que joua cette interview pour déstabiliser la pop anglaise, le plus frappant est qu'elle n'est absolument pas entachée de sensationnalisme. Pas de gros titre du style « Une pop star révèle son homosexualité » sur la couverture. Au contraire, il y a une photo de Bowie fumant une clope en vis-à-vis de l'article principal « Séparation de Crimson ». Pourtant il est sans doute juste de dire que cette interview a « révélé » David Bowie. En un sens, Michael Watts, journaliste, blanc hétéro de classe moyenne, a fait davantage pour lancer le phénomène Bowie que n'importe qui ou quoi d'autre. Bien sûr, la grande qualité de la musique a compté aussi, mais jusqu'à ce moment-là, personne ne l'avait vraiment remarquée. Watts vit en Bowie un personnage dont l'œuvre pourrait un jour se mesurer à celle de Dylan. Conscient du contenu intellectuel du travail de Bowie tout au long des années 70, il sut voir en ce dernier non seulement un artiste de poids, mais aussi le musicien qui avait le plus de chances de devenir le nouveau dieu du rock. Il ne se trompait pas.

Quiconque suivait la carrière de Bowie à cette époque-là (et ils n'étaient pas si nombreux) se souvient peut-être d'une interview que Bowie avait donnée, à la suggestion de Ken Pitt, au magazine gay *Jeremy*, en janvier 1970. Cette interview n'avait strictement rien à voir avec l'orientation sexuelle de Bowie, et ce dernier ne s'en servit pas pour en parler, mais le simple fait qu'il avait donné une interview à un magazine gay indique qu'il avait tout au moins une certaine sympathie pour la cause. En fait, Bowie avait utilisé l'interview de *Melody Maker* pour prendre ses distances avec le mouvement gay, ce qui, pour beaucoup, équivalait à une trahison. Comme toujours, Bowie ne voulait pas s'engager dans « la cause ». Certains critiques gays, notamment John Gill dans son livre provocateur, *Queer Noises*, sont même allés jusqu'à traiter Bowie d'homophobe secret, qui aurait cyniquement manipulé sa propre sexualité dans le but d'impressionner un critique de rock hétéro comme Michael Watts. Mais le « mythe » de « *Queer David*/ David homo » fut, selon Gill, assez fort pour permettre à de « vrais homos » (comme lui-même) de sortir du placard.

La position ambivalente de Bowie, en tant que gay marié et père d'un enfant, et sa remarque ultérieure selon laquelle, pendant les années 70, sa bisexualité s'apparentait davantage à une forme d'expérimentation sexuelle, une envie irrésistible de bafouer les conventions, qu'à un véritable état biologique et psychologique, étaient, me semble-t-il, une diversion. Il est difficile de croire que tout cela n'était qu'un jeu et que Bowie était en réalité un hétérosexuel qui avait envie d'expérimenter. Certes, la libération gay ne manquait pas d'un certain chic, et certains hétéros allaient jusqu'à se prétendre gay, mais le fait est que Bowie était, dans une certaine mesure, bisexuel.

A mesure qu'il vieillissait, son attirance pour le même sexe diminuait. D'après Ken Scott, Bowie avait des liaisons avec des hommes et avec des femmes : « Je suis sûr qu'il a eu des aventures (quoique je n'en aie eu aucune connaissance personnellement), mais je suis sûr aussi qu'il y en a eu beaucoup moins qu'on l'a suggéré. » « Il n'a jamais été efféminé, affirme Tony Visconti. Je n'étais pas proche de lui pendant la période Ziggy, mais je pense qu'il montrait son côté théâtral et excentrique plutôt que sa vraie sexualité. Il n'a jamais été un travesti. Je crois qu'il a compris tout d'un coup qu'il pouvait faire quelque chose de choquant pour se faire remarquer – il a été ignoré pendant des années jusqu'au jour où il est apparu en première page des tabloïds, portant une robe et poussant une poussette. C'était une démarche intelligente – et il y en a eu beaucoup d'autres ensuite. »

En tant que coup publicitaire, le gros titre « Bowie est gay » était idéal. Ken Scott est persuadé que l'idée venait de DeFries : « DeFries savait que ce serait vendeur. Le truc de la bisexualité était parfait. Ça a été fait assez tôt dans sa carrière pour la favoriser, à la différence d'Elton, dont la carrière était déjà bien établie quand il a révélé son homosexualité, et qui a perdu une partie de son public à cause de ça. » Au début 1972, en effet, Bowie, relativement inconnu, n'avait pas de public mainstream à apaiser. Quand Elton a fait son coming-out en 1976, il avait six ans de tubes à son actif et un énorme public de l'autre côté de l'Atlantique pour qui il était un chanteur excentrique mais inoffensif. Sans véritable profil médiatique à ternir, et au contraire un à fabriquer, le choc de la bisexualité était parfait pour Bowie et son nouvel alter ego.

La « bisexualité de célébrité » de Bowie ne liait pas tant son étoile montante au monde de la pop qu'à la tradition hollywoodienne d'ouverture sexuelle, dont les exemples ne manquent pas. Garbo, Garland, Dietrich, Brando, Olivier, James Dean, Montgomery Clift et Danny Kaye étaient tous bisexuels ou gay, pour la plupart ouvertement. Mais les stars de la musique populaire bisexuelles telles qu'Edith Piaf, Janis Joplin et Little Richard, les producteurs et managers gays comme Joe Meek et Brian Epstein, avaient souvent été contraints de cacher leur sexualité aux médias. Après Stonewall, et la légalisation de l'acte homosexuel, une certaine tolérance du public signifiait que Bowie avait une marge de manœuvre un peu plus grande. Il fut le premier à faire son coming-out, incitant ainsi des dizaines d'autres qui travaillaient dans les médias à l'imiter.

L'aveu de Bowie n'était pas qu'un coup publicitaire. Malgré le sang-froid relatif avec lequel Watts rapporta le premier coming-out d'une pop star britannique, et malgré l'attitude plutôt désinvolte et agressive de Bowie dans l'interview, celle-ci eut, sur le plan culturel, un effet révolutionnaire. Après une décennie d'expérimentation sexuelle pour les hétéros, la position ouvertement bisexuelle de Bowie unissait tous ceux qui, dépossédés sur le plan psychique et sexuel, recherchaient un symbole de leur solitude et de leur insécurité. En tant que pop star mainstream et bisexuelle, Bowie représentait l'effondrement des tabous et des règles, la liberté d'expérimenter. Malgré le conservatisme de sa musique à l'époque (peu de choses séparaient la pop gentillette de *Starman* du *Rocket Man* d'Elton John »), Bowie était à présent l'incarnation de quelque chose *d'autre*. Plus important encore, son nom devint synonyme d'un personnage : celui de Ziggy Stardust, le rocker fabriqué par excellence. C'est l'histoire de Ziggy qui doit maintenant être racontée.

3

CHIRURGIE COSMIQUE, 1971-1972

*J'essaie de distraire, merde, pas seulement de monter sur scène et
sortir quelques chansons. Je ne pourrais pas faire ça. Je suis la
dernière personne à prétendre être une radio.
Je préfère essayer d'être une télé couleur.*
Bowie en 1972.

*On ne pouvait pas baiser un tas de filles
à moins de porter du mascara.*
Mick Rock, photographe et vidéaste de Bowie en 1998.

Il a eu son propre album. Il a eu sa propre coiffure, une coiffure
très particulière, copiée par les hommes comme par les femmes. Il a
apporté le transvestisme, les paillettes et le maquillage au commun
des mortels. Il est la rock star fictive la plus célèbre de tous les
temps : des sites Internet lui sont consacrés ; des livres ont été écrits
à son sujet ; de nombreux groupes-hommage ont jailli dans son sillage ; le film *Velvet Goldmine* a été en partie inspiré par lui.

Sa dernière apparition sur scène a fait l'objet d'un film, un documentaire au sujet d'une totale fiction. Il existe même en Thaïlande
un hôtel appelé le Ziggy Stardust Resort. Son créateur, David Bowie,
né Jones, a été inondé d'offres pour le ressusciter dans une comédie
musicale.

Ziggy Stardust restera aux yeux de l'histoire la création la plus
réussie la plus brillante de Bowie. C'est un truisme que de dire qu'en
pop, on se rappelle toujours quelqu'un pour ce qu'il a fait en premier,

et le nom de Bowie est à jamais associé à celui de son plus célèbre double. C'est regrettable, car son meilleur travail se trouve sur d'autres albums. Même sur scène, Ziggy a sans doute été surpassé au cours de tournées ultérieures. Mais à aucun autre moment les disques de Bowie n'ont été aussi fredonnés qu'au début des années 70, et les médias continuent à se focaliser obstinément sur la période de pop mélodique de Bowie.

Il y eut, bien sûr, un certain nombre de « coups d'essai » pour Ziggy. Aidé par le superbe styliste Freddie Burretti, un homme infiniment plus féminin que Bowie lui-même n'aurait jamais pu l'être, l'apprenti star expérimenta plusieurs looks efféminés dans le cadre du projet Arnold Corns, dont l'artifice reflétait parfaitement le point de vue de Bowie sur le rock à l'époque. L'intérêt de Bowie pour le mime au milieu des années 60 avait également été capturé sur la pellicule de Ken Pitt, sous forme d'une étrange série d'études en noir et blanc. En 1969, Bowie fut photographié par Brian Ward en superbe sphinx androgyne, arborant du rouge à lèvres. Il envisagea même de créer une scène égyptienne basée sur Toutankhamon au début des années 70, mais l'idée ne dépassa jamais le stade de projet.

D'après le producteur Ken Scott, Bowie trouva le nom « Ziggy » en voyant une boutique de vêtements ainsi baptisée alors qu'il se rendait à Londres. Le lien sémantique avec Iggy (Pop) et le mannequin féminin glamour Twiggy rendait le nom encore plus approprié. Ziggy était un rocker composite, fondé sur deux artistes cultes en particulier. L'un était The Legendary Stardust Cowboy (de son vrai nom Carl Odom), une sorte de star du country-and-western thrash, de quatre mois plus jeune que Bowie. Que Bowie ait entendu parler de lui était plutôt touchant, puisque Mr Cowboy ou « The Ledge », comme l'appelaient ses amis, n'était pas vraiment un régulier des hit-parades anglais, ni des hit-parades tout court. Il atteignit néanmoins le *Billboard* Top 200 avec un single remarquable, *Paralysed*, un de ces morceaux presque surréalistes de l'histoire du rock. Essentiellement un vacarme assourdissant mêlant cris, hurlements, paroles inintelligibles et diverses percussions sauvagement brutalisées, *Paralysed* fut inclus dans la compilation désopilante de Kenny Everett en 1978, *The Worst Records Of All Time*[1]. Le single avait un charme pervers – il était tellement mauvais qu'il en devenait bon – et est à la pop ce que *Plan Nine From Outer Space* de Ed Wood est au cinéma : le meilleur du pire. Personnage écervelé et marginal, The Legendary Stardust Cowboy était parfait pour Bowie : un type hors normes, un pionnier, extrêmement drôle et légèrement dérangé.

---

1. En français « Les plus mauvais disques de tous les temps ». (*N.d.T.*)

Comme Bowie, The Ledge était donc sujet à des délires de nature cosmique, plaisait bien aux garçons, et était obsédé par l'idée de devenir une star. Les deux hommes admiraient la pop de music-hall australienne de Tiny Tim, au point que Bowie alla jusqu'à enregistrer une des faces B de Tim, *Fill Your Heart*, écrite par Biff Rose, autre marginal farfelu.

Bowie l'historien du rock'n'roll était aussi attiré par l'histoire de Vince Taylor (de son vrai nom Brian Holden, né dans les quartiers ouest de Londres en 1939), le « French Presley » tout de cuir vêtu, ainsi surnommé parce qu'il remporta un succès foudroyant en France avec *Brand New Cadillac*, chanson reprise plus tard par les Clash. Taylor était donc à la fois une figure exotique et un artiste culte, lui aussi parfait pour Bowie. Il pouvait passer des semaines entières à boire et à se droguer, se livrant à des excès à côté desquels ceux de Keith Richard dans les années 70 paraissent parfaitement anodins. Bowie rencontra Taylor à Londres à la fin des années 60, alors que sa carrière battait de l'aile. « Je l'ai vu plusieurs fois au milieu des années 60 et je suis allé à quelques soirées avec lui. Il était à côté de ses pompes. Complètement. Il lui manquait une case. »

Sa réputation de dingue fut définitivement confirmée quand, lors de ce qui s'avéra être sa dernière apparition en public, il fit ses rappels enveloppé d'un drap et de sandales blancs, proclamant qu'il était le nouveau Messie. Taylor ne se produisit plus jamais et passa le reste de sa vie dans une succession d'hôpitaux psychiatriques et de prisons avant de mourir en 1991 à Lausanne, où il venait d'être employé comme manutentionnaire, à l'âge de 52 ans. A la fois génial et fou, Taylor était un personnage culte, et son destin tragique fait de lui l'incarnation idéale du martyr rock.

Le Ziggy de Bowie, création composite du rocker maudit, aurait peut-être été impensable sans la série de décès qui avaient récemment endeuillé le monde du rock (Brian Jones, Hendrix, Joplin, Morrison). Comme en témoigne la référence aux « droogies » dans *Suffragette City*, chanson écrite quelques mois après la sortie *d'Orange mécanique* en 1971, Bowie fut aussi influencé par le film à la fois cruel et surréaliste de Stanley Kubrick tiré du roman d'Anthony Burgess. Bowie « normalisa » le look *Orange mécanique* pour les premiers costumes des Spiders, et les encarts photographiques qui figurent sur la pochette de l'album, les portraits de quatre gosses des rues grotesquement artificiels, étaient censés être un hommage direct au film. A vrai dire, Bowie avait un temps envisagé d'entrer sur scène un chapeau melon sur la tête comme le personnage principal du film, interprété par Malcolm McDowell. Finalement, il emprunta la bande-son originale du film, une interprétation obsédante et synthétisée de Beethoven (surtout le cinquième morceau,

March From A Clockwork Orange) par Walter Carlos. En 1973, pour les spectacles de Ziggy, puis à nouveau lors de la tournée *Sound&Vision* en 90, c'est ce morceau qui annonçait l'arrivée sur scène de Bowie.

Néanmoins, la plus grande influence sur Ziggy venait non pas d'Iggy, ni de Vince Taylor, ni de la musique rock, mais de la culture japonaise. D'abord, Bowie a dit que le styliste japonais Kansai Yamamoto était « à cent pour cent responsable de la coiffure et de la couleur de Ziggy ». Deuxièmement, l'influence du théâtre japonais, particulièrement stylisé, se retrouva dans Ziggy. Bowie, fasciné par le kabuki et le nô, se les appropria pour les spectacles de Ziggy et d'Aladdin Sane, transformant l'une des formes théâtrales les plus formelles qui soient en un rite abâtardi et laïcisé.

En Occident, la culture japonaise était tradionnellement caricaturée dans les tabloïds, qui décrivaient une société incompréhensible, très rigide, dans laquelle l'humiliation rituelle était le lot de tous les citoyens. Ziggy donna à la culture japonaise une dignité et montra que Bowie était ouvert à d'autres influences que celle du rock anglo-américain. Bowie contribua à internationaliser la pop, et fut à l'origine d'une fascination durable pour l'Orient. Il devint plus tard une des plus grandes idoles au Japon, et conserva un intérêt pour l'Extrême-Orient, y effectuant de nombreux voyages, particulièrement en Indonésie. Le résultat, sur le plan vestimentaire, de cette appropriation du kabuki, fut un violent clash entre la logique du concert rock (contact et camaraderie) et celle du théâtre kabuki (à la fois solennel et tape-à-l'œil).

Le recours au style kabuki dans les concerts de rock était une innovation. Certains costumes des concerts de Ziggy Stardust et d'Aladdin Sane avaient effectivement été utilisés pour des représentations de kabuki, d'autres furent conçus pour Bowie par Kansai Yamamoto, à partir de modèles traditionnels. L'effet visuel d'ensemble brouillait les distinctions entre les symboles trouvés dans la science-fiction – hauts talons de l'ère spatiale, combinaisons à paillettes, etc. – et les vêtements de style kabuki, qui signalaient les codes d'une autre culture, étrangère à la société occidentale. Dans le contexte de l'époque, l'appropriation du théâtre kabuki par Bowie était, pour un public occidental, aussi troublante que fascinante. Le kabuki était novateur : par exemple la *Mawari-butai* – scène tournante qui est aujourd'hui un élément de base de certains concerts rock – a été inventée au Japon il y a près de trois cents ans.

Le kabuki, forme de théâtre où le transvestisme joue un rôle essentiel, était idéal pour le spectacle de Ziggy. Tous les rôles, masculins ou féminins, y sont incarnés par des hommes, et Bowie donna une importance fondamentale au caractère androgyne du kabuki. Ce fut la débauche visuelle de l'esthétique kabuki, sa juxtaposition à la fois formelle et criarde des couleurs, qui attirèrent Bowie alors qu'il construisait le personnage de Ziggy – « *Some cat from Japan.. well-hung and snow-white tan* (un type du Japon... bien monté, et le teint blanc comme la neige) ». Le style « siamois » de la coupe de Ziggy et le contraste entre la pâleur de son teint et l'éclat rouge ou or de ses lèvres lourdement peintes, du fard à joues et du khôl, faisaient écho au maquillage du théâtre kabuki. Les constants changements de costume, si évidents dans *Ziggy* et dans *Aladdin Sane*, trouvent aussi leurs origines dans le kabuki. Bowie a expliqué que les divers costumes lui permettaient d'exprimer différentes facettes d'une même personnalité, particulièrement nécessaires dans son portrait du schizoïde Aladdin Sane.

Comme toutes les meilleures créations pop, Ziggy était superbement photogénique. Son visage aux traits angulaires et vulpins, aux pommettes saillantes, est l'un des plus connus du monde du rock. Vers la fin 1971, après avoir vu dans *Honey* la photo d'une fille aux cheveux roux coupés en brosse, Bowie changea de coiffure à son tour, et se fit faire l'équivalent en blond. La photo avait été prise par Kansai Yamamoto, et c'est cela qui attira l'attention de Bowie sur les costumes de ce dernier (Kansai serait plus tard chargé de produire certains des costumes de scène de Bowie pendant la période Ziggy). Sur le plan vestimentaire, c'était la fin de son flirt avec le genre auteur-interprète qu'il arborait sur *Hunky Dory*, (même si ses mèches blondes avaient toujours paru plus féminines et plus belles que la raie au milieu de l'ère hippie). La coupe Ziggy, courte pour l'époque, était gentiment punk, mais pas extraordinairement originale. Cependant, elle contribua à faire des cheveux courts la coupe gay par excellence (à une période où beaucoup de jeunes hétéros avaient les cheveux longs). Au cours de 1972, les cheveux de Bowie devinrent de plus en plus roux, plus longs et prirent le look demeuré célèbre (celui d'Aladdin Sane). Mais le look original de Ziggy ne fut pas l'explosion orange immédiatement reconnaissable qu'on associe à présent avec lui. Bowie ressemblait plutôt à une version lutine et féminisée de Peter Pan, jeune homme sans âge dont le rôle est traditionnellement incarné par une femme.

La pochette de l'album *To Be Played At Maximum Volume* fait désormais partie de la légende du rock. Le pied sur une poubelle, les détritus de la ville empilés devant lui, Bowie nous fixe d'un air faussement modeste, en route vers la gloire. Adoucie par les reflets étranges d'une nuit pluvieuse, Londres possède un réalisme flou, légèrement déformé. Plus frappant encore, le dos de la pochette montre Bowie enfermé dans une cabine téléphonique rouge, dans une posture affectée, le poignet recourbé, une main à hauteur des yeux (comme sur le point de frapper légèrement contre la vitre ?), la main droite sur la hanche. Les yeux de Bowie, mi-clos, évitent notre regard. La silhouette fait penser à un mannequin, un simulacre de créature efféminée, presque inerte. L'effet produit est celui d'une mystification délibérée. La cabine est devenue une sorte de laboratoire du style, une couverture de *Vogue*.

Étant donné le caractère artificiel, non réaliste du Londres suggéré par la pochette, il est assez ironique que 23 Heddon Street, le lieu choisi pour la photographie de Bowie par Brian Ward (qui, plus tard travailla avec Gary Numan), soit devenu une sorte de lieu de pèlerinage pour les Bowiephiles. Bowie a reçu des centaines de polaroïds envoyés par de jeunes Ziggy, le pied sur la poubelle devant le numéro 23, copiant la pochette de l'album. Le panneau K.West a disparu depuis longtemps – en fait, le bâtiment qui domine Ziggy de toute sa hauteur a été rénové – mais chaque année des centaines, voire des milliers de fans de Bowie effectuent un pèlerinage sur ces lieux tout près de Regent Street. Une cabine téléphonique rouge a été replacée dans la rue en 1996 afin de restituer au centre-ville son aspect historique, et a rendu un peu d'authenticité *seventies* au quartier. Le conseil municipal repeint consciencieusement les graffitis « Ziggy » une fois par mois environ. « C'est tellement dommage que ce panneau ait disparu. Les gens lisaient tant de choses là-dedans », a déclaré Bowie en 1993. « Ils pensaient que K.West voulait dire *Quest*/Quête, qu'il y avait quelque chose à chercher. Ça a pris toutes sortes de connotations mystiques. Les photos ont été faites en extérieur une nuit qu'il pleuvait, et puis au studio, on a fait les portraits à la *Orange mécanique* qui sont devenus la pochette intérieure. »

Il est plutôt étrange qu'historiquement Ziggy ait été pris pour un vrai rocker sur la base d'une pochette d'album qui fait tout pour s'annoncer comme un travestissement de la réalité. Là était l'essence de l'attraction de Bowie. Comme toutes les meilleures œuvres de pop, le travail de Bowie a transformé l'ordinaire, l'a dénaturé et a brouillé les distinctions entre l'expérience vécue et ses versions fictives. Ce fut cet événement, cette expérimentation extrêmement intelligente sur le réel et le faux qui propulsa Bowie vers des entreprises artistiques encore plus audacieuses.

Le travail sur l'album *Ziggy Stardust* en 1971/1972 se déroula aussi aux Trident Studios, à peine plus d'un mois après l'enregistrement de son prédécesseur, *Hunky Dory*. Bowie informa Ken Scott, de nouveau sollicité pour coproduire, qu'il voulait un son différent. « David est venu me voir avant de faire l'album et il m'a dit : " Tu ne vas pas aimer cet album. Ça va être beaucoup plus dur." Je ne sais plus à qui il l'a comparé ; peut-être à Iggy. Il a cru que je le détesterais, mais j'ai adoré ! »

Le premier élément qui changea fut le son de la batterie. Woody avait détesté celui de *Hunky Dory*, trop sourd à son goût. « En ce qui me concerne, on dirait qu'on tape sur des cartons », avait-il dit à Scott qui lui avait assuré que les choses seraient différentes cette fois. « Mais, le premier jour, j'ai envoyé le jeune qui faisait le thé acheter une sélection de boîtes de corn flakes de tailles différentes, et le *roadie* et moi on en a fait une batterie, rien qu'avec les boîtes. Je regrette de ne pas avoir pris de photo – c'était génial ! Quand Woody est entré, il était mort de rire. Il n'en croyait pas ses yeux ! »

Pendant l'enregistrement, ni RCA ni MainMan ne cherchèrent à intervenir, ou très peu. « C'était extraordinaire, se souvient Scott, personne n'est jamais venu de la maison de disques, ce qui était inhabituel à l'époque, et impensable aujourd'hui. Ils nous laissaient tranquilles, on donnait le produit et après ils commentaient. Et c'était plus ou moins pareil avec DeFries. Il arrivait en manteau de fourrure, un cigare à la bouche, par n'importe quelle température ; c'est devenu son uniforme une fois qu'il a commencé à faire du fric. On était livrés à nous-mêmes, ce qui était génial. Je ne l'ai jamais entendu faire de commentaire sur la musique. Je le connaissais sous le surnom Deep Freeze [1] ! Il gérait le succès mieux que Bowie ! Tout lui était dû, toujours. »

Le choix des titres ne fut arrêté qu'assez tardivement. Sur une liste datée du 15 décembre 1971 figuraient *Velvet Goldmine*, *Holy Holy*, *Port Of Amsterdam*, et une reprise peu convaincante de *Round And Round*, de Chuck Berry. *Suffragette City*, *Rock'n'roll Suicide* et *Starman* n'avaient pas encore été enregistrés. *It Ain't Easy* en revanche avait déjà été enregistré, mais n'était pas mentionné. Le 2 février apparaissait enfin la liste définitive, à l'exception de *Round And Round*, qui serait bientôt remplacé par *Starman*, le premier single, ajouté à la dernière minute sur l'insistance de RCA/MainMan.

Selon Ken Scott et contrairement à certaines rumeurs ultérieures, aucun album n'avait jamais été prévu entre *Hunky Dory* et *Ziggy*. Cependant, certains collectionneurs de Bowie possèdent des enregistrements qui datent des sessions chez Trident en 1971, dont *How Lucky You Are* (connue également sous le titre de *Miss Peculiar* et déjà enregistrée à Haddon Hall en mai 1970 avec Sparky King comme chanteur). La version de Bowie ne figura ni sur *Hunky Dory* ni sur *Ziggy Stardust*. C'est un morceau imposant où domine le piano, avec une mélodie cadencée qui serait très adaptée à un film, et mériterait de sortir sous une forme ou sous une autre à l'avenir.

---

1. « Congélateur. » (*N.d.T.*)

111

Il y a également la comique *Rupert The Riley*, enregistrée le 23 avril 1971 sous le nom de *The Nick King All Stars*. Deux versions connues existent, dont l'une avec Bowie à la guitare.

The Man (connu également sous le titre *Shadowman*) est une ballade acoustique dans le style de *Hunky Dory,* avec une mélodie qui rappelle vaguement le tube des Bee Gees de 1967, *To Love Somebody*. Une première version fut d'abord enregistrée à Haddon Hall en mai 1970, puis une deuxième à Trident le 23 avril, et une dernière le 14 septembre 1971. Les paroles, avec le vers « *But the shadowman is really you* (Mais en réalité l'ombre c'est toi) », rappellent l'attraction/répulsion de Bowie envers l'idée du double, qui hante et menace son individualité. C'est comme si Bowie jouait toujours dans la pantomime de son enfance, tandis que les cris d'avertissement du public « Il est derrière toi ! » résonnent dans son cerveau. Et ce qui est derrière lui, c'est un clone de lui-même. Son écriture à cette époque est remplie des craintes qu'éprouve l'enfant pour l'inconnu, l'enfant qui se retourne nerveusement pour faire face à un imaginaire visiteur indésirable. Bowie était terrifié à l'idée de voir une autre version de lui-même regarder par-dessus son épaule.

En ce qui concerne *Don't Be Afraid*, *He's A Goldmine* (plus tard Velvet Goldmine, bien sûr) et *Something Happens*, au son beaucoup plus rock que les chansons de *Hunky Dory*, elles dateraient des sessions pré-*Ziggy* conduites en 1971, tout comme *Only One Paper Left* et *It's Gonna Rain Again*. Ken Scott se souvient des premières, mais, fait intéressant, pas du tout de *Sweet Head*, le titre un peu osé sorti en 1990 pour Ryko.

Plus tard, en 1972 et 1973, Bowie travailla également à une mise en scène de Ziggy. Deux chansons, *Rebel Rebel* et *Rock'n'roll With Me* qu'on trouvera finalement sur *Diamond Dogs* en 1974, faisaient initialement partie de ce projet, et il est vraisemblable que Bowie a conservé de cet épisode d'écriture des textes non enregistrés.

Ce qui est clair, cependant, c'est que Bowie n'avait pas l'intention de faire un album-concept. En 1971, il passa une bonne partie de son temps à écrire, faire des démos et enregistrer, et après avoir terminé *Hunky Dory* au printemps, accumula des dizaines de chansons pour lesquelles il n'avait pas de disque. La plupart auraient dû figurer sur l'album suivant, mais furent abandonnées au dernier moment quand l'idée de Ziggy apporta une meilleure toile de fond à des réflexions et des chansons existantes. Une fois le concept en place, Bowie le perfectionna, écrivit quelques chansons supplémentaires à la dernière minute et un héros du rock était né – un peu par hasard, n'en déplaise à la légende.

The Rise And Fall Of Ziggy Stardust And The Spiders From Mars, sorti en juin 1972, et le premier album de Roxy Music, qui le suivit quelques semaines plus tard, signalaient tous les deux, pour des raisons différentes, la fin de la culture rock des années 60. A réécouter l'album de Bowie aujourd'hui, on est inévitablement frappé par le côté plutôt sage de la musique, conventionnel des mélodies, et traditionnel de l'instrumentation. Bien qu'il contienne certaines des meilleures chansons rock de Bowie sous la forme de *Moonage Daydream*, *Star*, et *Hang On To Yourself*, *Ziggy Stardust* n'est jamais réellement un disque de rock, et même *Suffragette City* ne décollait vraiment que lorsque les Spiders la jouaient live.

Cela dénote sans doute un certain malaise vis-vis de la musique rock elle-même. L'album a pour thème la vie d'une rock star, mais Bowie semble gêné par les traditions qu'il essaie de commenter. Il n'est donc pas étonnant que beaucoup des meilleurs moments, tels que le premier morceau, *Five Years*, et le dernier, *Rock'n'Roll Suicide* – tous les deux parmi les meilleurs de Bowie – soient au fond des chansons d'avant-garde plutôt que des chansons rock. A bien des égards, *Ziggy*, malgré sa grande envolée mélodique et son charme indéniable, s'inscrit dans la succession de *Hunky Dory*. Il y a peu de preuves du pas de géant évoqué par certains critiques. On a pratiquement le même groupe, le même producteur, le même format pop-rock, la même instrumentation, le même son précis, léger, pas très rock. *Queen Bitch* aurait pu s'intégrer parfaitement au son Ziggy, et le piano de *Lady Stardust* (dont le titre original était, dit-on, *He Was Alright (The Band Was Altogether)* aurait facilement pu côtoyer *Life on Mars*. Musicalement, l'album s'appuie encore fortement sur la guitare acoustique et le piano, panoplie de base de l'auteur-interprète des années 60.

Le mix lui aussi est étonnamment léger, et manque de dynamisme. Il est bien produit pour l'époque, mais ne possède pas l'étrangeté des disques de glam, tels que *Aladdin Sane* et *Diamond Dogs*. Les chansons ont une élégance mesurée, qui n'est pas étonnante puisque la plupart avaient fait l'objet de démos avant d'être enregistrées, une méthode que Bowie abandonnerait plus tard pour adopter une approche plus expérimentale en studio.

Ces démos, dont certaines furent incluses dans la réédition par Ryko du catalogue de Bowie à la fin des années 90, ne furent pas jouées aux Spiders ni à Ken Scott. Bowie présentait chaque chanson à la guitare acoustique et la structure était ensuite travaillée en studio à partir de cette base. Le résultat est une série de chansons excellentes, très bien construites.

Plus tard dans les années 70, à mesure que Bowie se tournait vers ce qu'on pourrait appeler la pop d'avant-garde, ses chansons devinrent plus fracturées. D'un attrait moins conventionnel, elles paraissaient peut-être moins agréables à la première écoute, mais étaient souvent plus audacieuses.

Si Bowie était toujours pour l'essentiel un excellent artisan de la pop, Roxy Music fut en revanche le pionnier du changement. Roxy Music témoignait sans doute de plus de virtuosité que le *Ziggy* de Bowie et sa musique reposait en partie sur le tempo « difficile » de la musique rock progressive (en particulier le travail de King Crimson dirigé par Robert Fripp) ; elle était plus en rupture avec le passé. La production de Pete Sinfield (le parolier original de King Crimson) était stérile et la musique souvent hésitante, mais le résultat était tout à fait extraordinaire, pour 1972. Guidé par Bryan Ferry et Brian Eno, le groupe esquivait presque complètement les structures traditionnelles du rock, sans pour autant tomber dans les manifestations oiseuses du rock progressif. Leurs chansons étaient des édifices synthétisés : le vibrato affecté de Ferry dominait un arrière-plan électronique, pendant que le hautbois d'Andy MacKay usurpait le rôle de soliste d'ordinaire associé à la guitare électrique.

Sur le plan thématique, sinon musical, il y avait des similarités entre Bowie et Roxy. Les premières chansons de Roxy Music, telles que *For Your Pleasure* (1973), *The Bogus Man* (1973) et *In Every Dream Home a Heartache* (1973), traitaient de la faiblesse de l'âme et de l'aliénation de l'esprit. La dernière est peut-être l'une des chansons les plus effrayantes de l'histoire de la pop, où Ferry est prisonnier dans une « *penthouse perfection* (perfection d'un appartement de luxe) » avec une poupée gonflable pour sauveur, sur un fond de musique d'orgue presque religieuse interprétée par Brian Eno. L'appartement suggère l'antre de quelque secte perverse. C'est une analyse parfaite de la fascination des années 70 pour la superficialité, le déracinement et le vide créés par la société de consommation. La même année, les amants de Bowie dans *Drive In Saturday* devraient réapprendre à faire l'amour en regardant des cassettes vidéo, tant ils sont devenus détachés des « vraies » émotions. Cette explosion de froideur glaciale trouverait ses disciples (tels que Gary Numan) plus tard dans la décennie, et le psycho-porno cruel et graphique de Marylin Manson et de Nine Inch Nail a ses origines dans l'artifice Ferry-Bowie.

Roxy Music avait un lien plus évident avec la tradition *art-school*. Alors qu'au début de sa carrrière Bowie avait souvent prétendu avoir fréquenté une *art-school*, ou parlait comme s'il l'avait fait, Ferry avait effectivement connu cette culture. Dans les années 60, il avait étudié sous la houlette du gourou du pop art, Richard Hamilton, à l'université de Newcastle, tandis que Brian Eno avait fréquenté les *art-schools* de Ipswich et de Winchester. « J'ai rencontré pour la première fois d'autres créateurs qui étaient, disons, bohèmes et originaux. C'était un peu comme si on avait réuni là les excentriques qu'on trouve dans chaque école ! Richard Hamilton enseignait encore, et il y avait un lien extraordinaire entre lui et des personnages comme Duchamp, qui était un ami à lui », raconte Ferry. Une chanson comme *Viginia Plain*, leur premier tube et un des singles-phares de la première moitié des années 70, parlait d'un monde où les images et les sons de l'art et de la publicité, de la musique expérimentale et des Beach Boys se heurtaient en un ensemble superbement stérile. « *Virginia Plain* était un collage d'images, déclare Ferry. Je ne crois pas que j'aurais écrit ça si je n'avais pas été au contact de Richard Hamilton. Et plus tard, le titre *In Every Dream Home A Heartache* a été inspiré par lui aussi. »

Bowie et Roxy étaient à la fois sérieux et maniérés, pop et rock, graves et pleins d'humour. Bowie et Ferry usaient sans vergogne de la théâtralité. Ferry tenait absolument à ce que son groupe ait l'air soigné. « Dans le temps, quand j'étais passionné de jazz, j'allais voir le Modern Jazz Quartet. Les musiciens étaient tous en cravate noire, impeccablement habillés, et j'aimais cette tradition. Quand je suis allé voir Otis Redding et le Stax Roadshow, la présentation était excellente. Et j'ai décidé que Roxy devrait être comme ça aussi. Il a fallu guider les gens. Pas Brian ni Andy, mais les autres, il fallait les aider un peu. »

Comme Bowie, Ferry et Roxy Music adoraient l'artifice. Il n'y avait rien de naturel chez Roxy Music, depuis les lunettes à paillettes de Phil Manzanera jusqu'au maquillage d'Eno et à sa combinaison en faux léopard. La voix de Ferry était aussi incroyablement forcée, avec un vibrato maniéré qui redéfinissait les frontières de l'absurde. « Mais on a commencé à nuancer tout ça presque tout de suite après la première année, se souvient Ferry, après avoir vu Sweet et Slade dans le circuit. Je suppose qu'on était un peu snobs, mais on pensait que notre musique était beaucoup plus profonde. Notre musique n'était pas conçue pour les charts mais pour un public qui réfléchissait. On ne se voyait pas du tout comme faisant partie du mouvement glam, ajoute Ferry. C'est toujours énervant de se voir mis dans le même sac que d'autres alors qu'on n'a pas du tout l'impression d'être comme eux. Quand on a commencé à jouer, je ne sais pas dans quelle mesure on était conscients des autres. On savait qu'il y avait Bowie et Marc Bolan, mais on pensait faire notre propre truc. On avait l'impression de fournir un thème musical différent de tous les autres, et moins commercial. J'ai été stupéfait quand on a eu un tube avec *Virginia Plain*, et que l'album a fait un tabac aussi. »

En discernant la beauté dans les objets ordinaires, stériles, venus d'Amérique et de la production de masse, en les élevant au statut d'objets d'art, Roxy Music était le premier groupe pop à exprimer ce qui était en fait une idée assez ancienne, répandue d'abord dans les années 50 par le Independent Group, une petite coterie d'intellectuels bohèmes britanniques qui s'étaient installés au ICA (Institut d'art contemporain) dans Dover Street, à Londres. George Melly écrit qu'ils éprouvaient « une fascination exclusive pour le rêve américain. Comme on peut s'y attendre, les adolescents de milieu modeste qui "singeaient" Presley étaient naïfs et dépourvus d'esprit critique, tandis que l'enthousiasme des intellectuels pour la sous-culture des panneaux publicitaires et des pin-ups impliquait une certaine ironie, et le rejet total du "bon goût" dans leur appréciation de l'imagerie pop n'était rien d'autre qu'une attitude de dandy au sens baudelairien. »

Roxy Music et Eno avaient l'approche inverse de celle de Bowie. Ce dernier puisait dans l'art « intellectuel » (un vers de Baudelaire, une référence à Jean Genet) pour l'intégrer dans la culture pop ; Ferry et Eno puisaient dans la culture pop « non-artistique » pour la transformer en art. Quel que soit l'angle, l'expérience musicale qui en découlait était excitante.

Comme le remarque le DJ John Peel, Roxy Music semblait ne venir de nulle part. « Ils étaient fantastiques parce qu'ils étaient un vrai groupe, se souvient-il. Je suis allé les voir dans un endroit qui avait un nom incroyable, le *Hobbit's Garden* (le Jardin du hobbit), à Wimbledon, avec Genesis. Ça devait être le seul jeune groupe dont aucun des membres ne venait d'un groupe qui avait déjà eu du succès. C'était comme ça que l'industrie du disque fonctionnait à ce moment-là. Le groupe A se séparait, et ses membres allaient former les groupes B, C, D et E avec différents degrés de réussite. C'était la seule façon de se faire signer par un label. Roxy Music a été plus ou moins le seul groupe complètement neuf à apparaître dans la première moitié des années 70. »

Beaucoup de critiques furent initialement très sceptiques et leur firent les mêmes reproches qu'à Bowie. Ils n'étaient pas de vrais rockers ; leur musique et leur attitude étaient trop apprêtées, et par conséquent manquaient de sincérité. Et puis Roxy n'avait pas fait ses classes en s'échinant des années durant sur le circuit. Pour eux, Roxy Music était une escroquerie, un pur produit du marketing, et leur succès irritait d'autant plus les défenseurs de la contre-culture.

Roxy Music eut le dernier mot, bien entendu, se plaçant à la fin 1973 n° 1 au hit-parade anglais des albums avec *Stranded*.

Roxy fut le seul rival sérieux de Bowie de 1972 à 1975, son seul concurrent direct, même si l'attention des médias était concentrée sur la rivalité entre Bowie et Bolan. Un nombre énorme de fans de Roxy étaient aussi des fans de Bowie. Il n'est pas étonnant qu'en 1975 et

1976, au moment de l'apparition du punk, la plupart d'entre eux aient pris parti pour Bowie et Ferry et descendu Rod et Elton en flammes.

En la personne de Brian Eno, avec ses boas en plumes, son maquillage excessif et ses cheveux longs malgré un début de calvitie, Roxy Music possédait le nec plus ultra du travesti hétéro. Sa frappante androgynie rendait jaloux Bowie lui-même, et Ferry aussi. Le bruit a couru qu'Eno aurait quitté le groupe parce que Ferry lui enviait son étonnant succès auprès des femmes. Ce dernier avait des allures de star de cinéma décadente des années 30, et ses clips étaient peuplés de femmes aux jambes les plus longues de l'histoire de la pop. Chaque nouvel album était recouvert d'une pochette plus osée que la précédente. C'était un défilé sans fin de femmes glamour. En même temps, les mannequins Roxy semblaient si artificiels qu'on aurait pu les prendre pour des androïdes. Ils devinrent l'équivalent féminin des robots de Kraftwerk. Roxy, un des groupes les plus intelligents du circuit, en prit conscience et, en 1979, ce furent des mannequins en cire qui figurèrent sur la pochette de *Manifesto*.

Bowie et Roxy gardèrent délibérément leurs distances pendant l'époque du glam, encore qu'ils aient partagé l'affiche au Croydon Greyhound en juin 1972. « Ça marchait bien pour lui à ce moment-là, et on commençait juste à émerger. Je crois qu'il a demandé qu'on vienne. Les deux groupes ont été très bien accueillis », se souvient Ferry.

Si le premier disque de Roxy amorce une rupture définitive avec le passé, sur le plan conceptuel, en revanche, *Ziggy Stardust* est plus important. Il est facile de comprendre pourquoi l'auteur Jon Savage a qualifié *Ziggy Stardust* de « premier disque post-moderne ». Bowie a saupoudré les chansons d'allusions au monde réel de la pop. Dans *Ziggy Stardust*, la référence à Jim Hendrix est évidente – « *He played it left-hand, but made it too far* (Il jouait de la main gauche, mais il a trop bien réussi) », l'hommage à Bolan dans *Lady Stardust*, un peu plus opaque mais, d'après Bowie, tout à fait intentionnel – « *People stared at the make-up on his face / Laughed at his long black hair, his animal grace* (Les gens regardaient son visage maquillé / Riaient de ses longs cheveux noirs, de sa grâce animale) ». *Star* – comme *Changes* avant elle – est une audacieuse déclaration d'intention :

So inviting – so enticing to play the part
I could play the wild mutation as a rock and roll star
I could do with the money
I'm so wiped out with things as they are
I'd send my photograph to my honey –
And I'd come on like a regular superstar.

117

« Jouer le rôle est si séduisant – si tentant
Je pourrais jouer la folle transformation en star de rock'n'roll
J'aurais bien besoin de l'argent
Je suis las de tout
J'enverrais ma photo à mon amie
Et j'arriverais comme une vraie superstar
Star, 1972.

Bowie attirait notre attention sur le fait qu'on pouvait *jouer* le rôle d'une star de rock avant d'en devenir vraiment une. L'idée fut reprise par de nombreux artistes dans les années 80, depuis Kajagoogoo (*Ooh To Be Ah*), les Sigue Sigue Sputnik (qui ont menti de façon éhontée quant au montant de leur avance chez EMI pour susciter l'intérêt des médias) et Bros (dont le premier single était intitulé *When Will I Be Famous*) jusqu'à Oasis, qui s'imaginait sous les feux de la rampe dès les premières paroles de leur premier album *Tonight I'm a rock'n'roll star*). C'était une stratégie efficace, et c'est Bowie qui l'a lancée. Il l'appliqua aussi dans la vie réelle.

Entre l'été 1972, où il perça enfin pour de bon dans le Top 10 avec *Starman*, et février 1974, où il ferma la parenthèse glam avec *Rebel Rebel*, David Bowie fut, en termes commerciaux, le groupe le plus important du Royaume-Uni, avec huit singles dans le Top 10 et quatre albums dans le Top 5 (dont trois arrivés n° 1) en l'espace de dix-huit mois. Il vendait des disques à un rythme inégalé depuis la grande époque des Beatles. En 1973, Bowie passa un total de cent quatre-vingt-deux semaines au hit-parade des albums, un record. Bowie et Elvis Presley à eux seuls suffirent pratiquement à maintenir RCA à flot au Royaume-Uni dans la première moitié de la décennie. En ce qui concerne le marché des singles, Bowie, avec Sweet, fut là encore crucial pour RCA. Entre le 1er septembre 1972 et le 31 août 1973, RCA sortit cent cinquante-trois singles. Quatorze seulement entrèrent dans le Top 20, et la moitié d'entre eux étaient des « deux grands ».

Pour certains experts, l'énorme succès auquel Bowie s'était préparé au Royaume-Uni était inévitable. Bowie avait été visible pendant tout 1972, faisant des tournées et enregistrant non moins de cinq sessions pour BBC Radio et une pour *The Old Grey Whistle Test* en février, au cours de laquelle il interpréta *Five Years*, inédite à l'époque, ainsi que *Queen Bitch* et *Oh You Pretty Things* de *Hunky Dory* (bien qu'à l'époque seules les deux premières chansons aient été diffusées). Ken Scott, cependant, est d'un avis tout à fait différent : « Je ne me souviens pas qu'il y ait eu une base de soutien pour Bowie avant le soudain succès de *Ziggy*. J'étais assis dans le hall

118

d'accueil des studios Trident quand Gus Dudgeon est entré en disant "Félicitations !" J'ai dit : "Pourquoi ?" Et il a répondu : "*Ziggy Stardust* vient d'entrer au hit-parade au n° 7." C'était la semaine de la sortie. J'ai toujours eu des doutes sur la façon dont David est passé de ce que je considérais comme l'obscurité au n° 7 en une semaine. Je n'ai pu trouver qu'une explication : on avait envoyé des jeunes acheter des disques qui n'étaient pas nécessairement pour eux. J'ai toujours soupçonné que c'était exactement la façon dont DeFries pourrait opérer. »

Starman, le second single chez RCA, sortit le 28 avril 1972, mais n'atteignit le Top 40 que le 8 juillet. Le groupe le chanta dans *Lift Off* sur ITV sur fond d'énormes étoiles dorées, et dans *Top of The Pops* le 5 juillet 1972.

Beaucoup de fans affirment que leur conversion à Bowie remonte à cette performance dans *Top of the Pops*. Couvert de maquillage, les cheveux d'un poil de carotte resplendissant, et le bras mollement et tendrement passé autour des larges épaules de Mick Ronson, Bowie entra dans l'histoire de la pop. Un événement avait changé la vie des gens. Personne n'avait jamais vu rien de pareil auparavant.

Pour *l'establishment,* et tous les parents qui s'inquiétaient de voir leurs fils et filles vouer un culte passionné à un homme maquillé, Bowie était un personnage subversif, comme s'en souvient le journaliste Chris Roberts : « Bowie et Bolan étaient les deux qui me donnaient l'impression qu'il y avait un univers imaginaire étrange au-delà de la salle de classe. Ils m'ont donné un sens de la magie, du mystère. J'ai dû harceler mon père pour qu'il me laisse acheter *Ziggy Stardust* et il a insisté pour venir au magasin avec moi. Il se méfiait un peu de l'imagerie sexuelle et il ne voulait pas que je disparaisse dans la secte Moon ou un truc comme ça ! » Ce n'est pas une exagération. Il fallait avoir du courage pour être un fan de Bowie : Ziggy Stardust terrifiait les parents. De plus, être un fan (masculin) de Bowie signifiait qu'on se faisait traiter de « pédale » à l'école. A une époque qui n'était pas encore saturée d'excès, l'arrivée de Bowie fut un véritable tremblement de terre.

Starman elle-même était une excellente chanson pop. Tout comme *Life On Mars* empruntait à *My Way*, l'amplitude de *Starman* rappelait une autre mélodie célèbre : *Over The Rainbow*. (Elton John observa un jour non sans mesquinerie que Bowie avait toujours rêvé d'être Judy Garland, et que c'en était la preuve, s'il en fallait une.)

Bowie était doué pour introduire dans ses chansons des passages réussis empruntés à d'autres. L'instrumental de saxo et de flûte au milieu de *Moonage Daydream*, qui paraissait presque élisabéthain, était en fait une imitation délibérée d'une mélodie des Coasters datant des années 50. Bowie, cependant, affirma l'avoir trouvé dans la chanson d'Hollywood Argyle *Sure Know A Lot About Love* (1960).

Le personnage de Ziggy, l'enfant-étoile venu d'ailleurs, était un succès garanti. Il répondait à la fascination du public pour la science-fiction et la *fantasy*. Des films tels que *2001 : L'Odyssée de l'espace*, (1968), *Orange mécanique* (1971), et même *Barbarella* (1968) et des feuilletons télé comme *Au-dela du réel, The Twilight Zone, Star Trek, The Tomorrow People* (directement inspiré de Ziggy après que le créateur du feuilleton, Roger Price, eut rencontré Bowie sur le plateau de l'émission *Lift Off With Ayshea*) et *Doctor Who*, avaient mis les deux genres au cœur de la culture populaire. Ziggy ressemblait donc à un personnage de bande dessinée, de dessin animé. Mike Jones, du groupe Latin Quarter, fan de Bowie et aujourd'hui universitaire, était fasciné par le personnage de Ziggy et le jeu de Bowie : « Ce que Bowie a inventé était un nouveau personnage de dessin animé, un commentateur à demi sérieux, presque humain, du monde contemporain, venu d'un univers inventé (mêlant des événements, des gens, des endroits, "réels", à d'autres, "imaginaires") exactement comme les bandes dessinées de Superman, Batman ou Marvel. »

Les chansons de Ziggy constituaient aussi une sorte de récit moderne, à la fois moral et laïque, l'avènement d'un Christ de l'ère des médias et sa destruction par ses acolytes (avec *Rock'n'Roll Suicide* comme scène de crucifixion). L'entraînante et impudente *Starman* comparait délibérément le culte d'une pop star et la ferveur religieuse. Les vers suivants

Let the children use it
Let the children lose it
Let all the children boogie

« Laissez les enfants s'en servir
Laissez les enfants le perdre
Laissez tous les enfants s'amuser »

se font intentionnellement l'écho de Marc 10 : 14 (« Laissez les petits enfants venir à moi »). Une lecture littérale de *Starman* – « *There's a Starman waiting in the sky / He'd like to come and meet us but he thinks he'll blow our minds* (Il y a un homme-étoile qui attend au ciel / Il aimerait venir nous rencontrer mais il pense que nous croirons à une hallucination) » – suggère simplement que Bowie évoque sans malice (et avec son habituelle naïveté d'enfant) le retour du Christ. Cependant, en rapprochant le christianisme classique et la culture populaire, les paroles de Bowie prennent un second sens, plus subversif. En 1966, John Lennon avait fait sensation en déclarant (à raison) que les Beatles étaient plus populaires que Dieu. Dans *Tommy*, Pete Townshend avait évoqué les « disciples » de Tommy. A présent, Bowie complétait le tableau, soulignant le fait que les nouveaux dieux étaient des personnages fictifs créés par les médias plutôt que les « légendes » des évangiles.

Bien que *Ziggy Stardust* ait été considéré comme un album conceptuel, il n'y a, en fait, aucun développement cohérent, en dehors d'une introduction, qui situe les événements cinq ans avant l'Apocalypse, et d'une conclusion par un suicide. En vérité, d'après Ken Scott, il ne fut jamais question d'une narration dans le studio d'enregistrement et les chansons s'articulèrent d'elles-mêmes en un ensemble logique au bout d'un certain temps. Bowie n'avait pas l'intention d'écrire un album sur Ziggy Stardust, pop star fictive. Il semble plutôt à présent que le concept de Ziggy Stardust a été rajouté aux sessions à mi-chemin de l'enregistrement.

Néanmoins, si on le lit comme une critique ou un exposé de la célébrité pop, l'album est parfaitement clair. *Star*, par exemple, devient une entreprise audacieuse de destruction du mythe de l'art pour l'art, et dénonce l'ambition avide qui régit l'univers de la musique pop. *Starman* cesse d'apparaître comme une bande dessinée de science-fiction et révèle la nature messianique de nos idoles de rock. Bowie a très intelligemment utilisé *Ziggy Stardust* pour lancer l'attaque anti-idéologie rock commencée sur *Hunky Dory*. Son but principal était de faire éclater le mythe de la célébrité pop et de dénoncer à travers le personnage de Ziggy l'hypocrisie fondamentale de l'attitude rock.

L'ère post-*Sgt Pepper* avait vu le fossé se creuser entre le rock (basé sur l'album, conceptuel et pesant, jouable live avec une « grande » virtuosité) et la pop (basée sur le single, frivole et banale, fabriquée en studio à l'aide de techniques de production l'emportant sur le talent musical). *Ziggy Stardust* formait une sorte de lien entre les deux mondes. L'album présentait une collection de chansons pop organisées autour d'un thème, mais dont l'effet d'ensemble ne reposait pas sur de subtiles allusions littéraires (mis à part, peut-être, l'emprunt à Baudelaire pour *Rock'n'Roll Suicide*. « C'était une sorte de plagiat d'un vers de Baudelaire qui disait en gros que la vie est une cigarette, qu'il faut la fumer vite ou la savourer », dit Bowie au magazine *The Big Issue*[1] en décembre 1997.)

C'était donc un album intelligent et important, tout en étant pop. Bien sûr, Bowie plaisait aux intellectuels et aux ex-hippies, mais ses disques, comme d'autres disques glam, étaient aussi achetés par une

---

1. Magazine vendu par les sans-abri pour les sans-abri. (*N.d.T.*)

tranche plus vaste de consommateurs, qui avaient auparavant aimé les Tamla Motown ou la pop des Beatles et des Stones.

Étonnamment, bien que l'approche de Bowie ait été très anglaise, il avait créé un monde pop totalement dominé par l'argot branché américain, comme le remarque le journaliste Chris Brazier en 1976 :

« Le langage sur *Ziggy* était différent parce que c'était de l'argot rock mêlé à des mots comme *cat, jive, blow our minds, hey man, wiped out* et *chick*. Dans *Five Years*, Bowie adopte un registre délibérément instable, décrivant un monde à cinq ans d'Armageddon en se référant à des stéréotypes – le prêtre, le soldat, le policier, etc. Bowie utilise *Cadillac* au lieu de *car* (voiture), *cop* (flic) au lieu de *policeman, bobby* ou *copper, news guy* plutôt que *newsreader* et donne ainsi aux paroles un caractère très américain. »

En 1972, Bowie travailla sans relâche à de nombreux textes, et fut aussi beaucoup sollicité comme producteur. Au début de l'année, il vint en aide à Mott The Hoople, le groupe de rock fêtard de Ian Hunter, alors sur le point de se séparer après une série de disques dépourvus de succès.

Bowie commença par leur donner une cassette de *Suffragette City*, laquelle fut rejetée par le groupe. Bowie n'avait pas produit de tubes en tant qu'auteur, et Hunter et les autres avaient des doutes quant au potentiel de la chanson. Sans se décourager, Bowie écrivit *All The Young Dudes*, assis en tailleur par terre dans une pièce de Regent Street, à Londres, sous les yeux de Hunter. Un arrangement et un accompagnement doté d'un guide vocal (conçu par Bowie pour la voix de Hunter) furent enregistrés en hâte, et Hunter et les autres membres du groupe surent aussitôt qu'ils tenaient un tube. Pour sa part, quand il comprit ce qu'il avait fait, Bowie eut du mal à y croire. Lui qui n'avait pas eu de tube depuis presque trois ans (une éternité dans le monde de la pop) venait de donner la chanson qui aurait sans doute constitué sa meilleure chance de devenir une star lui-même.

Parfait résumé du narcissisme exacerbé de l'époque, *All The Young Dudes* fut à l'ère glam ce que *All You Need Is Love* avait été à l'ère hippie. Sur le plan des paroles, tout y est : suicide d'un jeune d'une vingtaine d'années, aliénation dans la ville – « *Is that concrete all around or is it in my head* (Est-ce du béton tout autour ou est-ce dans ma tête ?) » – et une pique méfiante à la génération précédente – « *We've never got off on that revolution stuff / What a drag, too many snags* (On n'a jamais cru à cette histoire de révolution/ Dommage, trop compliqué...) ». C'était un tube sur un plateau et un geste d'une étonnante générosité. La chanson fut n° 3 au Royaume-Uni. Bowie la chanta live avec le groupe deux fois cette année-là : une fois en Angleterre, à Guildford, puis, au Tower Theatre de Philadelphie. Bowie fit aussi entrer Mott chez MainMan, et produisit l'album de leur come-back, *All The Young Dudes.*

Cependant, vers la fin de 1972, Bowie et DeFries commencèrent à se désintéresser du groupe. Bowie proposa à Mott la chanson *Drive-In Saturday*, qu'il enregistra ultérieurement lui-même pour l'album *Aladdin Sane.* Hunter en changea les arrangements, ce qui déplut à Bowie. En fin de compte, le single ne sortit jamais sous le nom de Mott, et peu de temps après, le groupe se sentit écarté de l'entourage de Bowie. Hunter demeure reconnaissant de l'aide de Bowie, même s'il a toujours soupçonné que celui-ci voudrait quelque chose en retour plus tard. Quoi qu'il en soit, Hunter dut se débrouiller tout seul pour écrire des singles de qualité, ce qu'il fit d'ailleurs, notamment avec le superbe *Roll Away The Stone*, gros tube en Angleterre à la fin de 1973, à l'apogée du glam, alors que Roxy Music, Gary Glitter, Bowie, Wizzard, Slade, Elton John, Suzi Quatro et T. Rex étaient tous dans le Top 40.

Bowie trouva aussi le temps d'aider ses héros : Lou Reed et Iggy Pop. Tous les deux exerçaient sur lui une immense fascination, pour des raisons presque identiques. Ils étaient plus « réels » que Bowie ne pourrait jamais l'être. Sur scène, Lou Reed avait une présence inimaginable tandis qu'Iggy Pop faisait preuve d'une violence musicale et physique inouïe. Bowie ne pouvait être ni Reed ni Pop : il était trop distancié, trop détaché, trop étudié pour être un « vrai » rocker.

Bowie se lia d'amitié avec Iggy et Reed. Lou Reed fut « invité spécial » quand The Spiders jouèrent au Royal Festival Hall en juillet 1972 en soutien à Friends Of The Earth (tous les bénéfices furent versés au fonds « *Save The Whale*[1] »). C'était la première apparition de Lou Reed sur scène au Royaume-Uni. Ce soir-là, Reed et Bowie chantèrent ensemble des vieux classiques du Velvet Underground. Reed, presque inconnu du public anglais à l'époque, était flatté par l'évident enthousiasme de Bowie pour son travail. Il admirait aussi sincèrement le talent d'auteur de Bowie, son sens de la mélodie, et de la théâtralité.

Un lien plus étroit se forma entre Bowie et Iggy. A première vue, cela peut apparaître comme un des partenariats les plus bizarres de l'histoire du rock, mais on a beaucoup exagéré le contact qu'Iggy et Bowie avaient au début des années 70. De fait, ils n'ont ni enregistré ni joué ensemble pendant cette période (d'ailleurs, Iggy And The Stooges n'ont joué au Royaume-Uni qu'une seule fois, en juillet 1972 à Londres). Iggy, plus marginal que Lou Reed, et dans un état d'instabilité mentale permanente, avait désespérément besoin de

---

1. « Sauvez la baleine. » (*N.d.T.*)

123

l'attention et de l'argent de MainMan. Cependant, considérer Iggy comme L'homme sauvage de Bornéo et Bowie comme le dandy anglais cultivé serait une grossière simplification. Iggy était extrêmement intelligent, même s'il se tailladait les poignets et avait une tendance marquée à l'autodestruction.

Bowie et Iggy sont demeurés amis, d'une manière hautement compétitive, depuis lors. En 1975, quand Iggy se fit volontairement interner dans un hôpital psychiatrique, Bowie fut son seul visiteur, apportant une grande quantité de drogue pour remonter le moral d'Iggy, alors qu'il aurait peut-être été mieux avisé de s'en tenir aux traditionnelles boîtes de chocolats. En 1976, ils s'enfuirent tous les deux à Berlin dans l'espoir de se sevrer de la drogue (sans succès, apparemment – Bowie raconta en 1993 dans le magazine *Q* que la consommation de drogues pendant la tournée d'Iggy en 1977 avait été phénoménale), et dans les années 80, quand Bowie devint une superstar du rock, il reprit régulièrement des chansons d'Iggy pour maintenir ce dernier à flot financièrement. Dans sa période Franz Klammer, il apprit même à Iggy à skier.

Iggy était une constante source de fascination pour Bowie l'esthète, le cérébral. Il entrait sur scène comme un tigre en folie, nu jusqu'à la taille, se mutilant avec des fragments de verre, tombant la tête la première au milieu du public, et montrant son pénis quand l'envie lui en prenait (c'est-à-dire assez souvent). Dans le rôle de Ziggy, il se dégageait de Bowie une certaine hauteur artistique. Iggy, lui, était animal, d'une souplesse démoniaque, comme s'il essayait de sortir de son corps. Ses mutilations faisaient aussi partie de la tradition chamaniste, et rappelle la tendance de certains schizophrènes à se taillader les poignets, parce qu'ils se sentent « impurs ».

Ainsi Bowie se faisait une réputation de sœur de la miséricorde, finançant Pop et Reed par le biais de MainMan et les aidant avec leurs albums come-back, même s'il critiqua fortement la pauvreté d'un mix de *Raw Power* d'Iggy And The Stooges (non signé) ; Iggy le remixa dans les années 90. Bowie produisit aussi ce qu'on peut considérer comme le meilleur album de la longue et illustre carrière de Lou Reed, *Transformer,* et écrivit même un des titres mineurs de l'album, *Wagon Wheel,* non crédité. D'après Ken Scott, qui travailla sur l'album avec Bowie, ce dernier resta complètement sobre au studio pendant toutes leurs collaborations alors que Reed était « défoncé » en permanence. Il arrivait et on voyait tout de suite qu'il était complètement parti, et qu'il serait comme ça pendant toute la session. Une fois qu'il avait compris ce dont on parlait, il pouvait quand même faire ce qu'on lui demandait. Seulement, ce n'était pas facile de le lui faire comprendre ! Il était tellement dans son monde à lui qu'on ne savait pas ce qui se passait dans sa tête. Ce qui est sûr, c'est qu'il n'était pas un drogué heureux. »

Presque chaque titre de l'album fut un tube. *Walk On The Wild Side*, la seule chanson de Reed à entrer dans le Top 20 en Angleterre, un cliché sordide de l'entourage de Warhol, est célèbre à juste titre, avec son rythme insolent et son solo de saxophone merveilleusement inattendu à la fin. Pendant les répétitions, la partie batterie avait été jouée avec des baguettes, mais le résultat obtenu était beaucoup trop rock pour la chanson, alors Scott a suggéré d'utiliser des pinceaux à la place pour suggérer l'ambiance louche et enfumée des clubs de Manhattan. La partie basse, jouée à la guitare basse et à la contrebasse, était l'idée de Herbie Flowers, et la partie saxo celle de Bowie. Pensant qu'un saxophoniste de jazz serait le choix idéal, il a téléphoné à son ancien prof de saxo, Ronnie Ross, et lui a simplement demandé de faire un solo sur la dernière minute de la chanson. Résultat : un classique pop.

Vicious est sans doute tout aussi bon, avec sa critique pleine d'humour des enfants du *flower-power*. Le brillant *Satellite Of Love*, le second single tiré de l'album en Angleterre, se termine par un fantastique crescendo vocal (*Drive-In Saturday* de Bowie se termine d'une façon très similaire – orgiaque, orgasmique). Duran Duran chanta *Perfect Day* en 1995 sur l'album de reprises intitulé *Thank You*, produit par Ken Scott lui-même, et par la suite la chanson devint finalement n° 1 en Angleterre en 1997, quand elle fut chantée par un chœur de stars réunies par la BBC pour *Children In Need*. Après Mott, Iggy et Reed, un groupe nouvellement créé, Queen, fit appel à Bowie pour produire leur deuxième album, mais son agenda était déjà plein à craquer. En 1972 et 1973, il passa presque dix-huit mois en tournée, avec le spectacle véritablement révolutionnaire qu'était *Ziggy Stardust*.

Ziggy fit sa première apparition le 28 juin 1972 à un concert d'essai à Friars Aylesbury, qui fut suivi d'un second au Lancaster Arts Festival le 3 février. La tournée commença officiellement le 10 février au Toby Jug à Tolworth. David Stopps, le propriétaire de Friars, qui avait accueilli le dernier concert de Bowie en septembre précédent, vit le nouveau Bowie à cheveux courts inaugurer une des chansons les plus émouvantes de toute sa carrière : « Je me souviens qu'il a chanté *Rock'n'Roll Suicide*, peut-être pour la première fois. Il a crié au public : "*Gimme your hands, 'cos you're wonderful* (Donnez-moi vos mains, vous êtes fantastiques)" et personne ne s'est levé. A cette époque-là, on s'asseyait par terre, et la scène était assez haute, au moins un mètre trente. Quelqu'un s'est levé pour lui tendre les mains, mais sans conviction. Il a regardé le public, et tout son langage corporel disait : "Oh, vous êtes complètement nuls." J'ai pensé que c'était une chanson poignante, mais personne ne l'avait compris. »

Pourtant, six mois plus tard, à l'été 1972, Bowie était devenu une des plus célèbres chanteurs de la décennie. Un groupe de journalistes américains furent envoyés à Aylesbury à grands frais pour voir le Bowie de l'ère Ziggy. Stopps déclare :

« Le concert du 15 juillet a été utilisé comme une vitrine pour les représentants des maisons de disques du monde entier. J'avais fait un petit historique de la ville et je l'avais distribué à tous ces cadres de haut vol ! C'était un concert incroyable, il y avait une véritable hystérie. On avait des problèmes avec la sécurité, aussi. C'était vraiment aussi intense que ça. C'était clair aussi à ce moment-là que le succès allait être au rendez-vous. J'avais organisé un concert à Dunstable le mois précédent, et Bowie avait été extrêmement bon. Je me rappelle la fellation avec Ronson à ce concert et tout le monde était plutôt choqué. Ça montait de jour en jour, et quand on est arrivé au 15 juillet, il y avait une excitation dingue dans l'air. Inutile de dire que tous les billets s'étaient vendus en un clin d'œil.

L'été 1972 était une période géniale. On avait vendu les billets pour Bowie au concert des Caravan, la semaine d'avant, et il y avait une file d'attente jusqu'à l'autre bout de la salle. Tous les billets ont été vendus ce soir-là. C'est pour la file que Caravan a joué, pour ainsi dire ! La semaine d'après il y avait David, le samedi suivant Lou Reed, et le samedi d'après Roxy Music. Les trois concerts ont été absolument extraordinaires. Lou est venu couvert de maquillage et complètement défoncé. Dans les années 80, je lui ai reparlé de ces concerts et il m'a dit : "Écoute, je suis vraiment désolé, je ne me rappelle rien des années 70, man, tout est flou. Je suis sûr que j'ai fait ces concerts dont tu parles, mais je n'en ai aucun souvenir." »

Dix-huit mois plus tard, Bowie remplissait l'immense salle de Earls Court à Londres, mais de tels concerts demeurèrent une exception. Le Ziggy show était un spectacle intime, qui se jouait dans de petites ou moyennes salles, presque toujours bondées, et où la réaction du public frôlait le plus souvent une hystérie inédite depuis la Beatlemania des années 60.

L'époque des blancs gênants dans les concerts de rock, où le bassiste allume une clope, le chanteur avale un Jack Daniels et l'équipe répare la pédale de la batterie, était bel et bien finie. Le rock devenait du théâtre, chaque geste était chorégraphié, exécuté avec précision, et savamment éclairé, avec une succession de changements de costume ultra-rapides, allant de la robe kabuki à la combinaison spatiale argentée, en passant par le justaucorps à rayures.

De la fin janvier 1972 au début juillet 1973, Bowie et les Spiders furent presque constamment sur les routes. Ils jouèrent en Grande-Bretagne, en Amérique et au Japon devant des publics de plus en plus fanatiques. Il y eut plusieurs spectacles mémorables durant cette période. Les deux concerts à guichets fermés de Bowie au Rainbow Theatre à Londres les 19 et 20 août 1972 figurent certainement parmi eux. Bowie, toujours aussi actif, répétait avec la troupe de mime de Lindsay Kemp la nuit, et produisait Lou Reed le jour. Bowie et les Spiders donnèrent des concerts d'enfer, tandis que la troupe de Lindsay Kemp ajoutait un élément de bizarrerie supplémentaire en se produisant sur des échafaudages érigés sur la scène, très haut au-dessus du chanteur.

Bowie, qui semblait savourer chaque minute, fit un pied de nez aux critiques en gémissant *Somewhere, over the rainbow* au beau milieu de *Starman*. C'était un clin d'œil au lieu du concert, mais aussi un symbole de l'inauthenticité et du plagiat.

Elton John et Bernie Taupin assistèrent à l'un de ces concerts. Elton se donnait beaucoup de mal à l'époque pour cacher son homosexualité à ses fans et aux médias. Ken Scott se souvient de les avoir vus partir écœurés à la moitié du concert. « Il est foutu maintenant. Il ne signifie plus rien ! » avait commenté Elton, furieux, avant de disparaître. A ses yeux, le style outrageusement efféminé de Bowie sur scène était une insulte.

En 1972, Bowie détrôna Dylan, au Royaume-Uni tout au moins, et gagna le titre d'« artiste le plus important du rock », qu'il conserva jusqu'à ce qu'il lui soit dérobé par Prince au milieu des années 80. Un article de Ray Coleman intitulé « Une star est née » et publié en été 1972 dans *Melody Maker*, bastion de la critique, joua un rôle crucial, alors que l'emprise de Bowie sur les médias commençait à s'affirmer :

« Lorsqu'une étoile naissante est destinée à atteindre le sommet, il y a généralement un concert auquel il est possible d'affirmer : "Ça y est. Il a réussi." Pour David Bowie, cela s'est produit samedi dernier au Royal Festival Hall de Londres, où il a quitté la scène en véritable géant de la pop, tenant un bouquet de fleurs donné par une fille montée sur la scène pour l'embrasser pendant qu'une foule de fans se pressaient tout autour. C'était un spectacle grisant. »

Ce fut lors des concerts Ziggy que Bowie, inspiré peut-être par sa peur des voyages en avion (en rentrant de Chypre en 1971, son avion fut pris dans un orage, et, jusqu'en 1977, Bowie, traumatisé par l'incident, se déplaça exclusivement en train, bateau, car, et aéroglisseur) et son extraordinaire fascination pour les hauteurs, commença à construire des spectacles de rock « à la verticale », où l'action se produisait à différents niveaux. Sur la scène proprement dite, il y avait Bowie, et, tournoyant au-dessus de lui, on voyait un gigantesque écran vidéo interactif, une silhouette humaine aux allures de cadavre, ou encore un travesti aux cheveux de jais cramponné à une corde.

En incarnant des rôles, Bowie cachait sa personnalité au regard critique du public, éliminant ainsi dans une certaine mesure la peur de l'échec. La tournée de 1969, entreprise dans la foulée de son premier single, semble l'avoir convaincu de la nécessité de ne pas laisser transparaître sa propre personnalité dans le spectacle pop. Cette tournée, qui présentait Bowie en tant qu'artiste solo, fut véritablement une expérience terrifiante pour le chanteur, alors âgé de vingt-deux ans. « Avec *Space Oddity*, c'était très dur. On était en 1969 et je me produisais devant des skinheads mâcheurs de chewing-gum. Dès que j'arrivais – j'avais un peu l'allure de Bob Dylan avec mon jean et mes cheveux bouclés – je me faisais siffler et huer. Une fois on m'a lancé des cigarettes... Ça m'a dégoûté. J'étais complètement parano et j'ai arrêté. » Ziggy était un mécanisme de défense. Il était moins effrayant de jouer son rôle que d'être David Bowie.

Au départ, Ziggy était un défi artistique pour Bowie en tant qu'auteur et interprète. Il avait l'intention d'incarner Ziggy, pas de devenir le personnage. « Je joue mon rôle à fond, expliqua Bowie à l'émission *Nationwide* de la BBC en 1973. C'est ça, "Bowie". » Fait révélateur, Bowie parlait de « Bowie » comme s'il s'agissait d'une création des médias, et non pas comme une vraie personne parlant d'elle-même. « Bowie » n'était qu'une abstraction, une idée. Comme Ziggy, il était un autre personnage incarné par David Jones.

Bowie jouait avec le désir du public de s'identifier à lui. Sur scène, il incarnait un rocker factice, un monstre de Frankenstein. Cependant, ce qui avait débuté comme un exercice artistique pour Bowie, sombra bientôt dans la confusion. Le public de Bowie commença à confondre le vrai Bowie avec son alter ego et à le prendre pour Ziggy *en réalité*. Bowie lui-même encouragea cette tendance. Il se mit à incarner Ziggy dans la vie quotidienne, comme il l'observera plus tard : « J'étais un personnage quand j'interprétais ces albums... et je jouais le personnage dans les interviews, dans les journaux, sur la scène, dans la vie de tous les jours – à chaque fois qu'il y avait des médias autour de moi, il fallait que je fasse exister mes personnages. Mon œuvre consiste à utiliser mon corps et ma personnalité autant que mes chansons et mes performances sur scène... un peu comme une toile. »

Épuisé par le rythme forcené de la tournée planifiée par MainMan, et véritablement perturbé par son ascension vertigineuse vers le statut de superstar après presque une décennie d'obscurité, Bowie, lui aussi, commença à confondre la personnalité de Ziggy avec la sienne. David Jones avait à présent non pas un, mais deux *alter ego*, et en 1973, il en acquit même un troisième : Aladdin Sane. Bowie atteignait le statut de mythe du rock en devenant un énorme agrégat de personnalités réelles et imaginaires.

Pendant les dix années suivantes, Bowie éprouva le désir presque pathologique de changer et d'être changé. En 1974, il observa : « Je ne sais pas si c'est moi qui écris les personnages ou si ce sont eux qui m'écrivent. » Vers le milieu des années 70, il était consumé par ses créations, et sa propre personnalité était fragmentée, confuse. Ziggy était bel et bien un *monstre* : « Je suis tombé amoureux de Ziggy, moi aussi. Il était facile d'être obsédé nuit et jour par le personnage. Je suis devenu Ziggy Stardust. David Bowie a complètement disparu. »

Bowie raconta à Paul Gambaccini en 1993 : « Là, on a commencé à avoir de vrais problèmes parce que j'aimais trop le personnage, et c'était tellement plus facile pour moi de vivre à l'intérieur de lui, avec l'aide de quelques substances chimiques en plus, à l'époque. C'est devenu de plus en plus facile de brouiller les limites entre la réalité et la créature que j'avais créée – mon double. Je ne me débarrassais pas de lui du tout, en fait je m'unissais à lui. Le double et moi, on était en train de devenir une seule et même personne. Et puis c'est le début d'un processus de destruction psychologique et on finit par devenir une victime de la drogue. »

Dans les années 72/73, son manager Tony DeFries et sa femme Angie l'encourageaient à porter des vêtements excentriques à la ville comme sur la scène. Les personnages de Bowie/Ziggy/Aladdin Sane ne tardèrent pas à détruire tout vestige du « vrai » David Jones. Malgré tout, Bowie n'était pas encore dépendant de la cocaïne, et il ne s'affamait pas comme il le ferait à Hollywood en 74/75. La pression constante imposée par le cycle tournée/album/tournée/album était certainement énorme, mais la santé mentale de Bowie était encore intacte.

En 1987, Bowie déclara : « Il est très difficile de convaincre les gens qu'on peut être différent sur scène de ce qu'on est en réalité. Le rocker est sensé exprimer ses émotions réelles – c'est vrai pour beaucoup d'artistes. Mais pas pour moi. Jamais ; j'ai toujours considéré la scène comme une expérimentation théâtrale. »

Quand Ziggy chantait « *Give me your hands, 'cos you're wonderful* » dans *Rock'n'Roll Suicide*, les paroles contenaient non seulement le désespoir et la solitude de la star de rock au point le plus bas de sa carrière, mais aussi une critique de toutes les platitudes débitées dans les concerts (« Vous avez été un public fantastique ce soir »).

129

Bowie se mouvait sur scène avec une grâce languide et certains segments du spectacle étaient chorégraphiés comme des séquences de mime. *Width Of A Circle* montrait Bowie sur la pointe des pieds, scrutant intensément le public avec l'air d'un possédé, les bras arqués comme un oiseau en vol (une pose adoptée plus tard par une autre disciple de Lindsay Kemp, Kate Bush, pour le clip de *Wuthering Heights*). Pendant le long solo de Ronson, Bowie exécuta un numéro associé dans l'imaginaire collectif au mime Marcel Marceau, qui consistait à se heurter à un mur de briques imaginaire et à en palper les contours afin de trouver une brèche par où se faufiler. Le moment où Ziggy se glissait dans la brèche, cherchant à tâtons la liberté, était parfaitement chorégraphié.

Le personnage de Ziggy Stardust effémina la pop, remit en question le machisme des *cock rockers*[1] tels que les Stones ou Led Zeppelin, et contribua à déconstruire tout l'édifice rock. Jusqu'alors, le talent musical des *cock rockers* était mis en équation avec leurs prouesses sexuelles. L'érection de Hendrix est immortalisée sous forme d'un moule en plâtre. On a déjà évoqué la tendance d'Iggy Pop à exhiber son pénis devant le public. Jim Morrison des Doors fut arrêté pour exhibitionnisme à Miami. Même quand les stars de rock n'exhibaient pas leurs attributs, la musique s'en chargeait à leur place. Le *cock rocker* va très loin, et assouvit ses appétits bestiaux. Les femmes sont des objets de désir, faites pour être dominées, manipulées, et humiliées. Bowie, lui, se démarquait de cette vision de la virilité. Son personnage public n'était ni dominateur, ni agressif au sens « masculin » traditionnel.

Ziggy était peut-être « bien monté » dans la tradition de machisme du rock, mais s'apparentait moins à un étalon qu'à une sorte de travesti oriental déguisé en grand prêtre/grande prêtresse (Bowie était conscient du fait que beaucoup d'anciennes religions orientales contenaient des éléments de transvestisme). Il se décrit lui-même non pas comme un être bestial ou brut, mais comme un esthète, un penseur solitaire et détaché. Son corps – mince et anguleux – était l'antithèse du machisme cock rock. Bowie jouait avec les clichés associés à la masculinité. Il utilisait la guitare comme symbole phallique, mais homosexuel. Une des photos les plus étonnantes de l'histoire du rock, prise en 1972, montre Bowie, les mains sur les fesses de Mick Ronson, en train de faire une fellation à sa guitare.

L'interaction entre chanteur et guitariste, un des éléments clé dans un concert rock, franchit un cap supplémentaire dans les spectacles de Ziggy. Les deux hommes paradaient de long en large sur la scène, Ronson faisait le beau, maquillé et en combinaison à paillettes ;

---

1. Vient de *cock rock* (littéralement : « rock à bite »). (*N.d.T.*)

Bowie levait la jambe et montrait ses fesses (une tenue d'Aladdin Sane possédait en fait une petite queue qui faisait office de rabat). Comme en témoigne Alan Edwards, qui deviendrait dans les années 90 conseiller de David Bowie : « Je me souviens de les avoir vus en concert à l'hôtel de ville de Worthing en 1972. Bowie est descendu de la scène et a fendu la foule (il faut dire que c'était une petite salle) sur les épaules de Mick Ronson, sans cesser de chanter. Ronson continuait à jouer. Très suggestif, en fait. »

Les médias ont insisté sur la rivalité amicale entre Bowie, Lou Reed et Iggy Pop. Mais sur le plan de la théâtralité, c'est un rockeur progressif, Peter Gabriel, qui avait le plus de points communs avec Bowie. Comme Bowie, Gabriel concevait, au début des années 70, des tenues de scène surréalistes pour ses spectacles avec Genesis. Si Bryan Ferry était l'égal de Bowie en tant qu'agent provocateur du art rock, alors Gabriel était, aux yeux de beaucoup, son égal sur la scène.

Gabriel introduisit dans les premiers concerts de Genesis une théâtralité aussi manifeste que celle de Roxy Music ou de Bowie. Il cherchait à donner une interprétation visuelle *littérale* de la chanson. Ainsi dans *Willow Farm* (1972), Gabriel apparaît déguisé en jonquille ; pour *Watcher Of The Skies* (1972), il arbore une cape noire et des ailes de chauve-souris ; pour *Dancing With The Moonlight Knight* (1973), il est Britannia, avec trident et bouclier ; et, plus frappant encore, pour *The Musical Box* (1971), il incarne le vieil homme effondré de la chanson, cherchant ses mots au micro.

Cependant, les plus grandes similarités avec l'esprit des concerts de Bowie pendant l'ère Ziggy ne se trouvent pas dans la pop britannique, mais dans le funk américain, et notamment chez le groupe de George Clinton, Funkadelic and Parliament. Dans son livre, *Extended Play*, John Corbett attire l'attention sur le fait que trois artistes, Lee « Scratch » Perry, Sun Ra et Clinton, ont une fascination pour l'espace en tant que métaphore dans leur musique et dans leurs concerts.

Il écrit : « Dans leurs domaines respectifs du reggae, du jazz et du funk, Lee Perry, Sun Ra et George Clinton ont construit des mondes à eux, des environnements futuristes qui possèdent un sens subtil pour certaines franges de la culture noire. Ces nouvelles formes de discours utilisent figures de style et métaphores de l'espace et de l'aliénation, liant l'histoire de la diaspora africaine au concept de l'existence d'extraterrestres. Ra travaillait avec son grand orchestre de free jazz, the Intergalactic Jet-Set Orchestra, et demandait : « *Have you heard the news from Neptune ?* (Avez-vous entendu parler de qui se passe sur Neptune ?) » Perry a contribué à inventer le « dub » dans ses propres studios (Black Ark) et nous rappelle que

« *Not all aliens come from outer space* (Les extraterrestres ne viennent pas tous de l'espace. » Dans ses concerts spectaculaires du milieu des années 70, Clinton, le parrain du funk, élabora une mise en scène compliquée de « connexion au vaisseau-mère » et déclara : « *Starchild here ! Citizens of the universe : it ain't nothing but a party y'all* ! (Ici l'enfant des étoiles ! Citoyens de l'univers : tout n'est qu'une grande fête !) »

Ainsi Bowie n'était en aucun cas le seul à chercher son inspiration dans les étoiles. Jusqu'à sa mort en 1993, Sun Ra (un bisexuel, comme Bowie), prétendit être né sur Saturne. Tous les trois, comme Bowie, eurent recours à des pseudonymes et à des personnages de scène. Perry fut tour à tour The Upsetter (le Fauteur de troubles), Inspector Gadget, Pipecock Jackxon ; Sun Ra, lui, devint l'ambassadeur de l'ambassadeur de l'Omnivers ou encore tout simplement Herman Blount ; George Clinton et les membres de son orchestre furent Dr Funkenstein, M. Wiggles, Starchild et Bumpnoxious Rumpofsteelskin.

Mais c'était Clinton qui était lié de la façon la plus évidente à Bowie et au glam rock, dont il s'est peut-être inspiré. Son groupe portait combinaisons spatiales, chaussures à semelles épaisses et coiffures multicolores d'un kitsch élaboré, pendant que des vaisseaux spatiaux atterrissaient dans un vacarme assourdissant de réacteurs. Mais Clinton cherchait à inclure le public dans le spectacle. Sa musique était basée sur un état de conscience extrême et une réciprocité avec le public. Bowie, en revanche, se comportait pour l'essentiel comme si le public était là pour être manipulé, choqué. Sa *différence* le liait au public d'une tout autre façon que dans la communion d'un concert de rock. Pour Bowie, un concert de rock n'était pas une soirée entre amis.

A l'été 1972, Bowie avait enfin trouvé le succès en Grande-Bretagne. L'album *Ziggy Stardust* grimpa en flèche dans les charts et devait y rester deux ans durant.

A cette époque, Bowie avait la chance de pouvoir compter sur les services de son propre photographe et vidéaste, Mick Rock. Après avoir étudié les langues vivantes à Cambridge, Rock avait appris son métier à la London Film School. Le premier clip qu'il fit avec Bowie était pour *Moonage Daydream*, un collage de séquences de concert tournées avec une caméra 16 mm en avril 1972. Par la suite, Rock filma le concert de Bowie à Aylesbury, le 15 juillet 1972, et fut chargé du clip de John, *I'm Only Dancing*, une chanson où le protagoniste tente de rassurer son amant mâle, affirmant qu'il ne fait que flirter avec une fille sur la piste de danse :

132

John I'm only dancing
She turns me on
But I'm only dancing.

« John je ne fais que danser
Elle m'excite
Mais je ne fais que danser »

Le clip mêlait des images d'un Ziggy provocant et boudeur à des plans de la troupe de Lindsay Kemp tirés des concerts au Rainbow. Ce fut le premier d'une longue série de clips qui valurent à Bowie la réprobation des autorités. *Top of the Pops,* devenu à l'époque la seule émission pop à heure de grande écoute à la télé, refusa de le diffuser, sans doute à cause des images osées du clip plus que pour la chanson elle-même. En conséquence, le single ne dépassa pas le n° 12, atteint en octobre 1972.

A la fin 1972, Bowie avait déjà rassemblé un répertoire de chansons aux paroles provocantes. *Width Of A Circle*, qui décrivait Dieu et le diable en proie au désir sexuel, était presque un sacrilège. Sur *Hunky Dory*, la chanson *The Bewlay Brothers* faisait allusion à la nature intime de la relation entre le chanteur et son frère imaginaire. *Ziggy Stardust* regorgeait de références à la bisexualité (« *I'm a mama papa comin' for you / I'm a space invader* (Je suis un papa maman qui vient vous chercher / Je suis un envahisseur venu de l'espace) », tandis que *Queen Bitch* et *Suffragette City* contenaient des connotations ouvertement bisexuelles. *John, I'm Only Dancing* n'était que l'expression la plus flagrante de cette tendance.

Les États-Unis et le marché lucratif qu'ils représentaient devenaient rapidement le facteur le plus important dans la promotion de David Bowie, tout au moins aux yeux de Tony DeFries. Bowie n'était pas vraiment inconnu aux États-Unis, mais il n'y était pas non plus une star, et l'album *Ziggy* flottait dans les profondeurs du *Billboard*. Bowie lui-même était sans doute perplexe, puisque Scott et lui avaient tous les deux pensé que l'album, avec son côté ouvertement rock, ferait un triomphe aux États-Unis, mais un flop au Royaume-Uni. Ils avaient eu tort. En conséquence, de la fin 1972 à la fin 1974, MainMan allait se lancer à l'assaut du marché américain. Ziggy allait en Amérique.

4

LA MORT DU MONSTRE SACRÉ, 1972-1974

*J'ai vu la façon dont Bowie s'est présenté pendant toute la période
72-73, et j'ai pensé – et je le pense toujours – qu'il avait créé la
meilleure image de star du rock'n'roll de tous les temps.*
Gary Numan, 1998.

L'Elvis des années 70.
Lillian Roxon, *New York News*, 1972, sur Bowie en concert.

*J'ai eu plus de questions au cours des vingt-six dernières années
au sujet de ce seul solo que sur les onze albums que j'ai faits tout
seul, les six que j'ai faits avec un autre groupe dont je suis le coleader, et les 3 000 morceaux de musique que j'ai écrits à ce jour.
Je pense qu'il ne s'est pas écoulé une seule semaine
en vingt-six ans sans que quelqu'un, quelque part,
me pose une question à son sujet !*
Mike Garson, parlant de son solo de piano sur *Aladdin Sane.*

A l'automne 1972, Bowie part pour les États-Unis. Déjà considéré
comme la star de l'année au Royaume-Uni, il était vital qu'il
obtienne un succès outre-Atlantique pour justifier le battage publicitaire, les budgets promotionnels, l'intérêt intense des médias, sans
oublier le soutien de RCA, basée aux États-Unis. Chez MainMan,
on savait que la bataille était loin d'être gagnée : certes, les membres
de l'entourage de Bowie étaient presque exclusivement américains,

134

et nombre d'entre eux avaient délibérément été choisis parmi les rangs des avant-gardistes de Warhol, mais aucun personnage aussi controversé que Bowie n'avait jusqu'alors conquis les États-Unis.

En effet, si la vie d'un homosexuel en Grande-Bretagne n'est pas nécessairement facile, dans certaines régions d'Amérique, à l'époque, on court encore le risque de se voir tirer dessus si on s'affiche en tant qu'homos. L'élément androgyne de la pop britannique avait complètement échappé à l'attention des Américains. La Grande-Bretagne possédait depuis les années 70 une frange intello de rockers porteurs de rouge à lèvres, tandis qu'en Amérique, malgré l'intervention précoce de Little Richard, la même tendance ne s'est développée que bien plus tard. Les Smashing Pumpkins, Nine Inch Nails et, bien sûr, les photos de Kurt Cobain de Nirvana en robe sont des exemples comparativement récents. La préciosité de Brett Anderson et de son groupe Suede leur a valu d'être trois fois n° 1 au hit-parade et des légions d'admirateurs en Grande-Bretagne, mais leurs albums ont été boudés par le public américain.

En général, seul un certain type de musique peut générer un succès financier aux États-Unis. Dans les années 70, les ballades d'Elton John firent de lui l'artiste le plus vendu là-bas, suivi de près par Rod Stewart. Le relativement anonyme Mick Jones (de Foreigner, pas de Clash) ainsi que Fleetwood Mac parvinrent eux aussi à faire fortune. En revanche, les groupes de art rock tels que Roxy Music furent pour l'essentiel mal aimés. Bolan eut un succès limité, mais ne devint pas à proprement parler une star. Bowie était déterminé à faire mieux.

Bien que n'étant que le quatrième marché en termes de vente, (représentant un tiers du marché américain, et derrière le Japon et l'Allemagne), la Grande Bretagne était quand même assez grande pour assurer la fortune d'une star du rock. A vrai dire, c'était un territoire relativement aisé à conquérir, à condition d'appliquer une stratégie promotionnelle appropriée : une diffusion sur Radio 1 ou Radio 2, plusieurs passages à *Top of the Pops,* et une vaste couverture dans la presse. Néanmoins, pour pouvoir s'offrir « cinq maisons et vingt-cinq limousines », il était vital de séduire l'Amérique.

Aux États-Unis, ce triple assaut promotionnel (radio-télé-presse) devait être répété dans chaque État, comme le démontra l'irrégularité du succès obtenu par les concerts de Bowie en 1972 et 1973. Bowie découvrit qu'il était en vogue à Philadelphie et à New York, mais que presque personne n'avait entendu parler de lui ailleurs. Plusieurs concerts durent donc être annulés au dernier moment pour cause de manque de public, et très souvent, les Spiders se produisirent dans des salles qui étaient aux trois quarts vides. La stratégie ambitieuse de MainMan se retournait contre eux.

Avec du recul, il est indéniable que l'équipe de management de

Bowie a tout mis en œuvre pour assurer son succès. La campagne conçue par DeFries, extrêmement coûteuse, fut exécutée avec un aplomb éhonté. Sa stratégie, aujourd'hui éculée, était quelque peu révolutionnaire à l'époque, et basée sur un postulat très simple. Bowie serait présenté aux Américains comme une superstar. Il séjournerait, avec tout le groupe, l'équipe de MainMan, et divers parasites, dans les meilleurs hôtels, et disposerait d'un énorme budget. Comme Ziggy, Bowie jouerait la star, même si, en réalité, ses ventes manifestaient le peu d'intérêt du public.

Bowie, son groupe et l'entourage de MainMan se retrouvèrent donc dans une situation incongrue. S'ils dînaient dans les meilleurs restaurants, buvaient du champagne à gogo, étaient couverts de fleurs et ne consommaient que les meilleures drogues, ils vivaient en fait à crédit. Dans chacun des hôtels où ils séjournaient, tous leurs frais étaient mis sur le compte de MainMan ou de RCA, mais ils ne touchaient qu'un salaire de misère, tout au moins dans les premiers temps. Ils étaient obligés de dîner à l'hôtel parce qu'ils n'avaient pas assez d'argent de poche pour prendre un taxi et se rendre au MacDonald du quartier, et encore moins pour s'acheter un hamburger. Tout cela faisait partie du plan de DeFries. C'était Bowie qui finançait à son insu toutes ces extravagances. DeFries, lui, prélevait ses cinquante pour cent de commission avant les dépenses. Tony Zanetta, de MainMan, observe :

« RCA avait donné son accord pour certaines dépenses qui ont dégénéré. Ils étaient prêts à payer les hôtels avec l'argent des droits d'auteur sans compter le service. Puisqu'on n'avait pas de liquide, on mettait les repas sur la note. Et tout le reste d'ailleurs. On a passé deux semaines au Beverly Hills Hotel et on a eu une note de 20 000 dollars rien que pour le service. On n'avait pas d'argent pour prendre un taxi, alors on prenait une limousine. C'était complètement dingue. »

Quant à Angie, elle fut une source de problèmes pendant la tournée. Après avoir causé un « incident » en pleine nuit dans la piscine d'un hôtel avec une de ses liaisons, elle fut renvoyée à ses foyers. A partir de ce moment-là, Angie ne fit plus jamais partie de l'équipe de tournée de Bowie. Elle venait à l'occasion, à la demande de Bowie, ou quand elle s'ennuyait, mais elle n'était pas la bienvenue en tant que membre à temps complet de l'équipe. Les fissures commençaient déjà à apparaître dans le mariage des Bowie. Tous les deux étaient extrêmement volages et quand ils se mirent à parader ouvertement avec leurs liaisons (et à coucher avec les amis de l'autre), la jalousie commença à pourrir leur relation « libre ». Angie, qui avait d'abord cru que Bowie et MainMan feraient d'elle une star, devint de plus en plus désabusée quand elle s'aperçut que seul son mari intéressait DeFries.

De la fin 1972 à 1976, Bowie était en route pour la déchéance. Les drogues étaient facilement accessibles, et quoi qu'il n'ait pas été dépendant à l'époque Ziggy, à la fin de l'année 1973, il l'était devenu.

En dépit de l'adulation dont il était l'objet, Bowie avait de nombreuses raisons d'être malheureux : sa relation avec Angie était compromise ; son frère avait été admis dans un hôpital psychiatrique ; il voyait à peine son fils ; il se méfiait de plus en plus de son manager et de son équipe ; et il était de plus en plus las d'être une rockstar. De plus, même s'il générait une fortune pour son manager et sa maison de disques, lui-même vivait d'avances, de dons et de prêts dans un appartement de location en Angleterre, et dans des hôtels à l'étranger. Il vivait le mythe de David Bowie, poussé, presque jusqu'à l'obsession, d'album en tournée et de tournée en album par une froide et indomptable volonté.

Bowie n'éprouvait plus de plaisir à être une star. Ses amis et collaborateurs le virent devenir plus distant, plus paranoïaque, moins amical. Toujours obsédé par l'étape suivante, la scène, la tournée, plutôt que par la musique, il n'éprouvait plus aucun plaisir à enregistrer. En 1975, il enregistra un album (*Station to Station*) dans un tel état d'abrutissement causé par la drogue qu'il ne se souvient absolument plus de la production. Le processus d'enregistrement lui était désormais si pénible qu'il devait s'anesthésier pour y faire face.

A mesure que Bowie devenait plus malheureux, son succès allait croissant. Ses concerts en Amérique à la fin 1972 et au début 1973 prouvent que ses qualités de chanteur et d'artiste de scène commençaient vraiment à s'affirmer. Le concert du Santa Monica Civic Auditorium (diffusé à la radio en octobre 1972), souvent piraté et aujourd'hui officiellement distribué, témoignait d'une assurance nouvelle. *The Jean Genie*, écrite dans le car de la tournée, et *Drive-In Saturday*, chantée pour la première fois par Bowie au Celebrity Theatre de Phoenix, Arizona, confirmaient sa sensibilité d'auteur pop. Bowie interprétait aussi un certain nombre de titres empruntés à ses héros, y compris *Waiting For The Man* et *White Light White Heat* de Lou Reed, *Round And Round* de Chuck Berry et une version audacieuse de *La Mort*, de Jacques Brel.

Lors de certains concerts américains, le pianiste Mike Garson fut à la fois musicien et fan, à l'insu du reste du groupe. « Je ne jouais pas toutes les chansons du concert. Il y avait environ dix-huit titres, et je n'en faisais qu'une dizaine. Alors, quand je ne jouais pas, je descendais dans le public et je le regardais ! C'était génial. Et c'était aussi la seule façon de voir comment il était vraiment. »

L'architecte de la campagne américaine, Tony DeFries, n'a jamais coopéré à une biographie de la star, et peu d'interviews et de photographies subsistent de l'époque où il dirigeait le vaisseau Bowie.

L'entourage de Bowie se souvient aujourd'hui de DeFries comme d'un personnage terrifiant, fumeur de cigares, les cheveux crêpés à l'afro, absolument imbattable en affaires, mais à leur peur se mêle aussi une admiration équivoque pour ses stratégies et sa sagacité. Quelle sorte d'homme était-il vraiment ? « Je pense que la plupart des gens ont trop peur pour le dire, répondait Ken Scott en 1998. A mon avis, il était brillant. Il ferait un manager idéal s'il pouvait travailler pour quelqu'un d'autre que lui-même, s'il ne pensait pas toujours à son propre intérêt d'abord. Il sait exactement jusqu'à quel point il peut contourner la loi. Il y a beaucoup de gens qu'il a écartés et abandonnés. Moi, entre autres. »

Dai Davies, un jeune Gallois plein d'enthousiasme qui deviendrait plus tard le manager des Stranglers, bien connu dans le monde de la new wave, fut sollicité pour organiser la campagne de promotion précédant la tournée de Bowie aux États-Unis :

« C'était vraiment un bon négociateur. Il est arrivé dans le monde de la musique sans idées préconçues, et il n'avait pas les mêmes principes que ceux qui étaient traditionnellement dans le milieu. Le seul problème, c'est que sa méthode était tellement extravagante qu'elle a mis Bowie sur la paille. Il n'y a qu'une seule façon de gagner de l'argent, c'est de le prendre aux maisons de disques sous forme d'avance. Plus les campagnes coûtent cher, plus il faut attendre pour toucher de vrais droits d'auteur.

« Sa méthode était tellement tape-à-l'œil qu'elle engloutissait tout l'argent. Par exemple, à LA en 1972, on a tous logé au Beverly Hills Hotel, y compris l'équipe. C'était pour créer une aura immédiate autour de Bowie, mais RCA a fini par demander des comptes. Il n'empêche que c'était une campagne fantastique. J'ai vraiment trouvé sa méthode géniale, même si je me doutais que c'était trop coûteux. Avec de telles dépenses, on met l'artiste dans une position très vulnérable. »

Les mensonges, les inexactitudes et les mythes qui entourent Bowie font partie intégrante de la biographie qu'il a transmise aux médias, et la campagne visant à les répandre commença aux alentours de 1972. Bowie signa un accord avec MainMan, la société de production et de management de DeFries, daté du 31 septembre (date qui, ironiquement, n'existe pas !). Cet accord donnait un sens nouveau au mot « exploitation ». La clause 19 prévoyait une sorte de mystification légale de Bowie : « L'Employé accorde à la compagnie le droit exclusif d'utilisation ou de simulation de son nom, de sa

138

photographie, de son apparence et de sa voix, et d'utilisation de sa biographie (la compagnie se réservant le droit de l'adapter selon ses besoins) pour toutes utilisations ayant trait à la publicité ou à la promotion des services de l'Employé. »). Ainsi MainMan s'accordait le droit de raconter toutes sortes de mensonges concernant Bowie, voire même de le remplacer par un imposteur, sans que Bowie ait le moindre recours.

Le journal intime intitulé *Mirabelle,* censé avoir été écrit par Bowie entre 1973 et 1975, est une invention parmi d'autres de l'équipe de faiseurs de mythes que Bowie avait constituée. Ce journal était en réalité l'œuvre de Vanilla, actrice excentrique et sexy, qui était l'attachée de presse de Bowie chez MainMan. Elle fut priée d'inventer des choses sur Bowie/Ziggy, et Bowie se prêta au jeu, confirmant la véracité de ses rapports mensongers. Vanilla écrivait tantôt sur le « vrai » Bowie, et tantôt sur elle-même comme si elle était Ziggy. Ainsi les médias étaient abreuvés de nouvelles inédites, fausses pour la plupart, tandis que Bowie devenait une sorte de personnage de bande dessinée, un imposteur. Bowie se créait une existence mythique, mais l'entreprise n'était pas dénuée de risques. Très vite, la drogue aidant, le vrai David Jones s'avéra incapable de distinguer son « vrai » personnage de son extension médiatique.

A ce moment-là, se souvient Ken Scott, l'influence de DeFries sur Bowie était aussi totale qu'insidieuse. « Il était difficile de savoir ce qui venait de David et ce qui venait DeFries. Par exemple, Gus Dudgeon m'avait recommandé un livre qui s'appelait *Stranger In A Strange Land* de Robert Heinemann. Un après-midi, David et Angie sont venus chez moi. Le livre traînait dans un coin et David l'a vu. Il a commencé à le lire et il m'a dit : "Tu lis ça ? C'est dingue, je vais tourner dans un film adapté de ce roman !" J'ai dit qu'il serait très bien dedans et on a commencé à en parler. Quelques semaines plus tard, je lui demande : "Qu'est-ce qui se passe pour ce film ?" Bowie me dit : "Ah, en fait, je ne le fais pas." Je dis : "Comment ?" et il me répond : "Tony et moi on a pensé à un petit stratagème. Tony n'avait pas envie de se fatiguer à demander des rôles pour moi, alors on a juste annoncé à la presse que j'allais jouer dans ce film, et les scripts se sont mis à pleuvoir." »

L'anecdote démontre l'emprise que DeFries avait sur Bowie. Scott est certain que Bowie avait sincèrement cru qu'il allait jouer dans le film, et feignait d'avoir été au courant depuis le début pour ne pas donner l'impression d'avoir été dupé.

En réalité, toutes ces rumeurs selon lesquelles il devait jouer dans tel ou tel film, enregistrer un disque avec tel ou tel chanteur, se produire dans tel ou tel pays, faisaient partie d'une vaste campagne de désinformation orchestrée par MainMan, dans le but de maintenir le nom de Bowie dans les journaux pendant les périodes creuses ou de stimuler l'intérêt d'investisseurs potentiels pour de réels projets.

Les conditions du contrat entre MainMan Artistes Limited et David Robert Jones (« connu professionnellement sous le nom de David Bowie ») étaient une escroquerie monstrueuse. Bowie percevait une allocation garantie de trois cents livres. En échange, il avait vendu sa vie. Le contrat accordait à DeFries un poste « à durée illimitée » en tant que manager de Bowie. De plus, la quatrième clause stipulait que « L'employé cède à la Compagnie le droit exclusif et définitif d'exploitation de son œuvre actuelle et future et la jouissance de tous les bénéfices résultant de cette exploitation... » En bref, Bowie se soumettait totalement à DeFries et à MainMan. Sa seule erreur avait été de croire DeFries. C'était avant que la plupart des musiciens de rock s'intéressent aux questions légales, connaissent leurs droits et obligations, ou même s'en soucient.

L'époque MainMan est peut-être la plus controversée de la carrière de Bowie. Sans le sou, ce dernier multipliait les aventures sexuelles tandis qu'Angie accumulait des dettes colossales dans les boutiques de mode en essayant désespérément de percer comme actrice (elle fut notamment rejetée pour le rôle de *Wonder Woman*). Au-delà des magouilles, dont il fut beaucoup question dans *Stardust*, le livre publié par Tony Zanetta et Harry Edwards en 1986, il est intéressant de voir la façon dont Bowie fut, selon ses propres mots, « survendu » ; comment il fut transformé en énorme monstre du rock aux États-Unis sans y avoir eu un seul album à succès.

Toute l'opération MainMan était un peu bizarre. L'équipe américaine était composée d'excentriques qui se droguaient volontiers, couchaient à droite et à gauche et s'intéressaient à l'art, alors que les musiciens et certains membres de l'équipe anglaise étaient beaucoup plus enclins à boire une bière qu'à discuter maquillage. Dai Davies raconte :

« Zee [Tony Zanetta] était un type génial, très efficace. Lee (Black Childers) était un vrai personnage, et je l'aimais beaucoup, mais il n'était ni rigoureux, ni efficace, ce qu'il faut être en plus du reste. C'était bizarre, vraiment, parce qu'il y avait deux groupes distincts qui travaillaient sur la tournée ; d'un côté, les gays américains à la Warhol comme Lee, Zee et Cherry Vanilla, et de l'autre, le groupe britannique, plutôt terre-à-terre, genre provincial, comme Mick Ronson, le garde du corps, Stew et moi. On était à peu près aussi différents du groupe Warhol qu'il était possible de l'être. Après les concerts, on voulait trouver un bar avec un billard et s'enfiler des bières, pendant que les autres cherchaient d'autres sortes de plaisirs !

Bowie s'entendait bien avec les deux. Il était un peu comme un caméléon, comme vous savez, pas exactement Zelig, il est trop dominateur pour ça, mais c'est un type sympathique qui pouvait s'adapter et s'entendre avec tout le monde. En fait, c'était vraiment agréable de travailler avec lui. »

Début 1973, Bowie commençait à être rompu à l'impitoyable stratégie de MainMan. « DeFries a fait fortune. Je l'ai maudit pendant une éternité parce que ça m'affectait personnellement, mais ça n'empêche qu'il était brillant », dit Ken Scott. Bowie s'est fait complètement rouler par DeFries et il s'est vengé sur les autres. Il a fallu que Bowie devienne radin pour survivre et il a continué après, mais il n'était certainement pas radin au début. Il était fauché ! Il organisait des tournées démentes et il les finançait entièrement de sa poche, avec les cinquante pour cent qu'il touchait. C'était du jamais vu. C'est pour ça qu'il y a eu une crise avec les Spiders, parce qu'ils touchaient si peu d'argent. Deux ou trois semaines avant d'aller en tournée au Japon, je crois, ils ont dit : "Bon, à moins d'être augmentés, on ne va pas faire cette tournée." Ça menaçait David, et surtout DeFries. C'est là qu'ils ont commencé à envisager de se débarrasser du groupe. Le seul dont ils n'ont pas pu se débarrasser était Ronno, et DeFries a promis de faire de lui une star comme il avait fait avec David. Alors Ronno est resté. Et ç'a été un désastre. »

La situation était des plus moroses en effet. Bowie fut hors de lui quand il s'aperçut que, grâce au partage moitié-moitié, DeFries amassait des profits considérables alors que lui dépendait des aumônes occasionnelles de RCA pour se remettre à flot. Ken Scott, quant à lui, était mécontent parce que MainMan payait toujours les droits d'auteur avec du retard – quand ils les payaient – et le groupe en avait assez de toucher le tarif minimal imposé par le syndicat des musiciens alors que Bowie avait un tel succès commercial au Royaume-Uni.

Le groupe de Bowie était en train de changer. Le nouveau pianiste, le jazzman Mike Garson, était membre de l'Église de scientologie, et son prosélytisme avait déjà abouti à la conversion de Trevor Bolder et de Woody Woodmansey. Résultat : d'après Ken Scott, « Personne ne voulait s'asseoir à côté de Garson dans le car de la tournée, pas même les autres adeptes de la scientologie ; il ne parlait que de ça. » Woody et Trevor changèrent du tout au tout en studio, tandis qu'apparemment l'entourage de Bowie devenait considérablement plus bizarre que Bowie lui-même. Un Mike Garson contrit déclare : « Je ne suis plus membre de l'Église de scientologie depuis le début des années 80. Je crois qu'il y a beaucoup de bonnes choses là-dedans, mais j'étais à fond dans ce truc et sûrement un peu trop fanatique. Je dois sans doute des excuses aux gens de ce point de vue : j'insistais trop. Ça partait d'une bonne intention. Je voulais partager ce que je savais et aider les gens. Mais je n'en suis pas fier. » A la suite des conversions, une bonne partie du salaire durement gagné des adeptes était à présent reversé à l'« Église ». En conséquence, Woody et Trevor demandèrent tous deux une augmentation à MainMan. Bref, ils devenaient encombrants, et n'allaient pas tarder à être écartés.

Le malaise général qui régnait dans les rangs venait à un moment où Bowie se devait de relever un nouveau défi : sortir son premier album en tant que star. Il façonna la paranoïa de la superstar pour en faire un disque extraordinairement novateur.

L'album *Aladdin Sane* a toujours été considéré comme le compagnon vaguement inférieur de Ziggy. Écrit pour l'essentiel en tournée aux États-Unis pendant la deuxième moitié de 1972, et sorti en avril de l'année suivante, il apparaissait un peu comme « Ziggy va en Amérique », une stylisation à l'anglaise d'images, d'idées et de sons américains.

Dans une interview qui date du milieu des années 90, Iggy Pop affirme que quoique le Bowie de l'ère Ziggy ait eu une grande sensibilité pop, sa musique manquait d'un son propre :

« La vraie différence entre nous est qu'il ne possède pas le *groove* d'un groupe comme les Stooges. Il prenait toujours des musiciens occasionnels, ce qui ne favorise pas le développement d'un *groove*. Ce qu'il avait, c'était un très grand sens de la structure. Comparez *Raw Power* et *Ziggy Stardust*. La structure de l'album de Bowie est fantastique. Le *groove* est nul, mais la structure est là. Les Stooges avaient beaucoup de *groove*, mais pas de refrains "la-la-la" que les gens pouvaient chantonner avec la radio. On avait notre propre structure de *groove*, une logique interne, si vous voulez, mais ce n'était pas commercial. »

Aladdin Sane représentait une indéniable avancée vers un son plus dur, plus percutant. Bowie lui-même préfère cet album à son prédécesseur, le trouvant « plus au fait de l'évolution du rock'n'roll. » C'est l'audace du son qui le rend supérieur à *Ziggy Stardust*, tout au moins sur le plan purement musical.

« Il se dépassait, se souvient Ken Scott, et, en même temps, il essayait d'encourager le public à faire pareil, à se dépasser. C'est comme la transition de *Please Please Me* à *I Am The Walrus*. Les gens qui sont fidèles à un artiste sont ceux qui évoluent avec la musique et l'artiste doit s'assurer qu'il ne va pas trop vite pour son public. Bowie était très bon pour ça. Après, il a fini par prendre une direction que le public n'a pas comprise avec son travail à Berlin, et

142

il a fallu un certain temps pour qu'il le rattrape. Ça montre qu'on peut aller trop loin. Même avec *Aladdin Sane*, il était allé trop loin pour certains. »

Aladdin Sane était un amalgame schizoïde, et la musique reflétait la fracture de sa personnalité. D'après Ken Scott, Bowie lui-même est passé à l'époque par une série de rapides changements :

« Bowie était tel que, quand il changeait, c'était bien pour lui si tout le monde autour de lui changeait aussi. Il devenait une personne différente, et s'il avait les mêmes gens autour de lui, ils pensaient toujours à lui comme avant et se comportaient avec lui comme si rien n'avait changé. Mais il n'était plus cette personne-là, alors il ne pouvait pas supporter qu'on lui rappelle qui il avait été. La seule constante à l'époque, à part moi, était Ronno. Ils avaient commencé par être en bons termes, sans être vraiment amis ; ils sont devenus beaucoup plus proches au fil du temps. »

Aladdin Sane fut enregistré à New York et à Londres en janvier 1973. *The Jean Genie*, enregistré en single en novembre 72, fut remixé par Ken Scott pour l'album. Jugé par ce dernier comme une des chansons les moins réussies de l'album, le single devint néanmoins le plus gros bestseller de Bowie jusque-là, se plaçant n° 2 juste après Noël.

Drive-In Saturday, le second single de l'album, était largement supérieur, et, avec *Rebel Rebel*, fut le meilleur single de l'ère glam de Bowie. C'est une chanson de « nostalgie futuriste », dans laquelle le narrateur d'un futur imaginaire se souvient d'événements qui ne se sont pas encore produits.

> *Perhaps the strange ones in the dome*
> *Can lend us a book we can read up alone*
> *And try to get it on like once before*
> *When people stared in Jagger's eyes and scored*
> *Like the video films we saw*

> « Peut-être que les drôles de gens du dôme
> Peuvent nous prêter un livre à lire tout seuls
> Pour essayer de s'exciter comme avant
> Quand les gens regardaient dans les yeux de Jagger et baisaient
> Comme dans les vidéos qu'on a vues »
> *Drive-In Saturday*, 1973.

Dans le futur de Bowie, on doit réapprendre ce qu'est le sexe en regardant de vieux films. La musique, une séquence d'accords majeurs qui montent et descendent progressivement (caractéristiques de Bowie), se termine par un morceau de saxophone cacophonique, orgiaque.

Time est une des chansons les plus populaires de Bowie – cinq minutes de perfection. Sa respiration haletante au milieu de la chanson, mise en évidence par le mix de Ken Scott, crée une atmosphère de tension propice au mélodrame. Des bribes de la *Neuvième Symphonie* de Beethoven (un morceau qui venait d'être arrangé par Walter Carlos pour la musique de *Orange mécanique*), jouées par Ronno, sont brillamment incorporées alors que la musique progresse vers une des fins en « la-la » typiques de Bowie, telle une symphonie glam rock à la Phil Spector. Dans les années 90, on retrouve de tels moments sur des morceaux comme *The Power* et *The Beautiful Ones* de Suede.

Sur le plan des paroles, *Time* est poétique et léger :

Time – he's waiting in the wings
He speaks of senseless things
His scripts is you and me, boy

« Le temps – il attend en coulisses
Il parle de choses qui n'ont pas de sens
Son script, c'est toi et moi, petit »
Time, 1973.

La superbe ballade *Lady Grinning Soul* (selon certaines sources un remplacement de dernière minute pour un morceau intitulé *Zion*) est, pour Bowie, étonnamment sensuelle. Son attrait immédiat, intime, et le riche mélange d'une guitare douze cordes et d'un piano presque latino créent une ambiance pleine d'émotion et de sensualité. Elle fut enregistrée aux studios Trident, à Londres. Fait rare, Bowie participa au mixage avec Ken Scott. Il était évident que la chanson avait beaucoup d'importance pour Bowie à l'époque, mais, pour l'essentiel, c'est un joyau oublié.

La chanson fondamentale de l'album, cependant, est celle qui lui donne son titre. Elle indique clairement que Bowie essayait de se libérer des entraves du rock. Une grande partie de sa puissance émotionnelle provient d'un solo de deux minutes du pianiste Mick Garson, recommandé à Bowie par la chanteuse d'avant-garde Annette Peacock. Garson allait rester avec Bowie pendant trois ans. Bowie commençait à se lasser du pop rock, et il voyait en Garson un musicien original et talentueux dont il pouvait beaucoup apprendre. Il n'est pas étonnant que la phase d'expérimentation de Bowie ait commencé avec *Aladdin Sane*. Né en 1945, Garson avait connu les marges du mouvement jazz d'avant-garde à New York ainsi que le mouvement rock. Dans la pop des années 1972/1973, un pianiste de jazz sur un album pop était tout bonnement révolutionnaire.

Garson fascinait Bowie. Il représentait un monde aux antipodes de la musique pop, un monde d'abstraction, d'improvisation et d'originalité extrême. Certains des meilleurs moments des albums de Bowie viennent de Garson. « Je me considère comme une fenêtre dans la carrière de cet homme ; petite, mais importante, déclare Garson. Quand je ne joue pas avec Bowie, je me retrouve dans le jazz ou le classique ou un mélange des deux. Je sais qu'un grand artiste comme David – sans doute un génie, et ce n'est pas un mot que j'utilise à la légère – est capable d'absorber par télépathie une partie de nous. Quand on a travaillé ensemble, il a absorbé une partie de moi. C'est presque comme du vampirisme spirituel, mais en bien ! Il a pu s'en servir durant vingt-cinq ans. Bowie a vu mes capacités, mes talents, et il a su les faire passer dans sa musique. »

Sur *Aladdin Sane*, Garson est véritablement inspiré, et son solo improvisé dans la chanson éponyme reste une référence. « Je suis arrivé au studio, et Mick Ronson et Ken Scott étaient là aussi, se souvient Garson. Quand ç'a été le tour de ce morceau, j'ai essayé un peu de blues, David a dit non ; et puis j'ai essayé un truc latino, et il a dit non. Il m'a fait des compliments sur les deux, et il a dit : "Je cherche autre chose. Tu te souviens, dans la limousine aux États-Unis, il y a quelques mois ?" Je lui avais fait un résumé du mouvement jazz d'avant-garde des années 60 auquel j'avais un peu participé. J'avais joué pas mal de trucs un peu dingues qui étaient en avance sur leur temps, et David était fasciné. A l'époque où je les jouais, il y avait peut-être trois personnes dans la salle, mais il a vu comment ça pourrait devenir commercial. Et il m'a dit : "Joue le genre de musique que tu m'as décrite quand tu m'as parlé du mouvement jazz." Alors j'ai joué ce solo sur le piano Beckstein fantastique qu'ils avaient chez Trident, rien qu'une fois, et ç'a été bon. On n'a pas changé une seule note, on n'a rien coupé. »

Garson était aussi la star de trois autres morceaux sur *Aladdin Sane*. « Pour *Time*, j'ai utilisé le vieux style de *stride piano*[1] des années 20, raconte-t-il, et je l'ai mélangé à du jazz d'avant-garde, et en plus il y avait un élément de musique de variété, qui était très européen. Dans *Lady Grinning Soul*, mon jeu est aussi romantique que possible, et aussi beau que j'en étais capable dans ce style. C'est français avec une pincée de Franz Liszt. Et pour *Let's Spend The*

---

1. « Style caractérisé par l'accompagnement ininterrompu de la main gauche qui, donnant deux fois par mesure une basse suivie d'un accord, joue avec elle seule le rôle d'une section rythmique complète », Henri Renaud, pianiste et producteur, *Le Dico des musiques*, J.-M. Leduc, éditions du Seuil. (*N.d.T.*)

Night Together, j'étais plutôt en marge, à taper sur les touches comme un dingue ! »

La première chanson de l'album, *Watch That Man* laisse les fans perplexes depuis près de trois décennies. La question sur les lèvres de la plupart des gens est simple : « Où diable est passé David Bowie ? » Enfouies sous un délire de glam rock, les paroles sont presque inaudibles. Ken Scott explique :

« *Watch That Man* était une chanson dans le genre des Stones, où la partie vocale était utilisée comme un instrument. Quand on a mixé le morceau pour obtenir le genre de puissance qu'on voulait, j'ai tout mis à fond, ce qui voulait dire perdre la partie vocale. J'ai donc fait le mix à mon idée. Quand on a livré les enregistrements de l'album, MainMan m'a dit : "Très bien, mais est-ce qu'on peut faire un autre mix de *Watch That Man* pour entendre un peu mieux la voix de David ?" J'ai dit oui, et je l'ai fait. Mais le problème, c'est que si la partie vocale est plus audible, les autres instruments doivent l'être moins. Quelques semaines après, j'ai eu un coup de fil de RCA, et ils m'ont dit : "Vous aviez raison au départ. On va garder l'original." »

Comme pour *Ziggy Stardust*, la pochette de l'album était à la fois troublante et remarquable. C'est un cliché saisissant de la tête et des épaules de David Bowie, cheveux teints en rouge orangé, et le visage déchiré en deux par un éclair. La foudre divine rappelle la fascination de Bowie pour la déification des stars de la pop. Elle divise le visage et l'âme en deux. Bowie ne semble pas humain. La photo transforme sa physionomie en une sorte de masque tribal funèbre, celui d'un chaman des années 70.

Aladdin Sane établit Bowie comme une star majeure de la pop, au Royaume-Uni tout au moins. Quand l'album sort en mai 1973, il caracole en tête des hit-parades. D'après RCA, plus de cent mille exemplaires avaient été commandés à l'avance – un chiffre jamais atteint depuis l'apogée des Beatles plus de cinq ans auparavant. L'album fut n° 1 pendant cinq semaines. Bowie avait aussi une série de tubes à son actif, avec *Starman, John, I'm Only Dancing, Jean Genie, Drive-In Saturday* et *Life on Mars* vieux de deux ans et sorti en single pour coïncider avec la tournée d'été du Royaume-Uni (avec une perversité caractéristique, Bowie l'exclut du programme de la tournée dès qu'il atteignit la troisième place du hit-parade). Pour la photo de promotion réalisée à Earls Court en juin, Bowie eut de nouveau recours à Mick Rock. « Je voulais faire quelque chose qui ressemble un peu à un tableau », dit Rock en 1998. Troublante, tape-à-l'œil et étrangement belle, la photo montrait un monstre kabuki enveloppé d'un costume incongru, qui se découpait sur un arrière-plan entièrement blanc.

146

A voir le Bowie de cette époque-là – un arlequin androgyne dont les chansons parlaient d'apocalypses galactiques, de suicides et d'une approche expérimentale de la sexualité – on peut raisonnablement se demander comment diable il a pu devenir le plus gros succès commercial de 1973. En fait, cela s'explique relativement facilement. Sur le plan musical, Bowie avait quantité de mélodies entraînantes et assez conventionnelles pour plaire aux parents. Plus important, peut-être, son œuvre se situait aussi au cœur même de la sensibilité populaire britannique. C'était une réincarnation pop de l'affection toute britannique pour la théâtralité et le maquillage.

A mesure que la tournée *Ziggy* se transformait en tournée d'*Aladdin Sane* au début 1973, les spectacles devenaient de plus en plus ambitieux. Cet extrait d'une critique du journaliste Stephen Davies, de *Rolling Stone*, du concert de la Saint-Valentin au Radio City Music Hall en 1973 donne une idée de leur structure :

« L'immense auditorium s'est rempli de la musique cybernétique enregistrée par Walter Carlos pour *Orange mécanique*. Plusieurs épaisseurs de rideaux se sont ouvertes pour révéler un écran géant, sur lequel était projeté un dessin animé du cosmos fonçant à la vitesse de la lumière sur le spectateur. Un seul projecteur s'est allumé, braqué sur une série de grosses sphères concentriques soudées à une cage et suspendues à quinze mètres au-dessus de la scène. Au milieu se trouvait Bowie, le regard fixe et sévère, vêtu de lamé noir et argent, le premier des cinq costumes de la soirée. C'était vraiment un spectacle incroyable... »

A certains moments, Bowie jouait son rôle de chanteur pop normal ; à d'autres, il se changeait, adoptant une tenue de plus en plus légère et se trémoussait à droite et à gauche. Les chansons qui traitaient des thèmes sévèrement paranoïaques de Bowie comme la mort de la star, la menace imminente de destruction de la planète et le suicide, étaient mises en scène comme de petites pièces de théâtre, récitées et jouées plutôt que chantées.

Fin 1973, Bowie était sur la route depuis dix-huit mois, presque non-stop, suivant un planning féroce qui comprenait six tournées en Grande-Bretagne, deux en Amérique et une au Japon – plus de cent soixante-dix concerts au total. La tournée japonaise, en particulier, fut un énorme succès. Au début de celle-ci, Bowie était quasiment un inconnu, avec des ventes négligeables, et, à la fin, les concerts généraient une hystérie collective. Ce fut une des dernières fois que la famille Bowie se trouva réunie lors d'une tournée. Il y avait eu un rapprochement, qui s'avéra éphémère, entre Bowie et Angie ; Zowie aussi était présent. Il avait presque deux ans, de longues boucles dorées, et ressemblait à sa mère. Il jouait dans les coulisses

147

avec la fille de Kansai Yamamoto, le créateur des costumes de Bowie.

Un intervalle assez long avait été prévu entre la fin de la tournée japonaise et le concert suivant, à Earls Court, à Londres. Par peur de l'avion, Bowie décida de rentrer en Europe par le Transsibérien Express.

A l'approche de l'été, Bowie était au bord de l'épuisement, en dépit de ce que les tabloïds qualifiaient de « Bowiemania », un niveau d'hystérie inconnu depuis les Beatles. Bowie avait fait une entrée fracassante dans le mainstream, avait été l'objet d'une émission de *Nationwide*, à la BBC, d'un matraquage massif sur Radio 1, et d'un intérêt avide des tabloïds et de la presse rock. Cependant, The Spiders donnèrent un concert totalement dépourvu d'enthousiasme à Earls Court. L'ambiance était nulle, l'acoustique abominable, et il était presque impossible de distinguer la scène. Une mini-émeute s'ensuivit, et, écœuré, Bowie fit sortir le groupe de scène à mi-concert. Mais personne n'aurait pu imaginer la suite.

Non seulement ceci est le dernier concert de la tournée, mais c'est aussi le dernier que nous donnerons... Au revoir. Nous vous aimons.

L'annonce de la retraite de Bowie depuis la scène du Hammersmith Odeon, immortalisée dans le film de DA Pennebaker, laissa ses fans pantois. Tous pensèrent que Bowie lui-même prenait sa retraite. Personne ne comprit la véritable signification de l'événement, à savoir que Bowie tuait l'un de ses personnages. Il s'était à peine créé un public fidèle qu'il paraissait décidé à le détruire.

Le concert servit aussi de cadre à un excès de débauche post-hippie. Un fan « écœuré » écrivit au journal *The Sun* pour se plaindre que certains copulaient au fond de la salle. Le film de Pennebaker montre des rangées entières d'adolescents en délire, surtout des filles, mains levées, extasiées, se tortillant au rythme de la musique. Le concert de Hammersmith a pris une dimension mythique. De même que presque chaque journaliste branché, chaque rock star en herbe prétend avoir vu les Sex Pistols pendant leur tournée Anarchy In the UK, le nombre de ceux qui affirment avoir assisté au concert dépasse de loin les deux mille cinq cents places que contenait la salle... Ce ne fut pas le meilleur concert des Spiders, mais ce fut leur dernier, et il marquait la fin d'une époque. Contrairement aux Spiders, qui ne furent mis au courant de l'annonce de Bowie que le soir du concert, la presse avait été informée par une fuite soigneusement préparée. Charles Shaar Murray, du magazine *NME*, obtint le tuyau plusieurs jours avant l'événement, et *NME* avait un article prêt à sortir, *Bowie Quits*, « Bowie s'en va », dans les heures qui suivraient l'abdication au trône du glam.

« J'ai entendu toutes les rumeurs à propos de ce qui se passait dans la salle, dit Mike Garson, et j'ai tendance à les croire, parce que je me rappelle avoir vu des trucs dingues au Carnegie Hall plus tôt dans la tournée. Il y avait des rangs entiers de David Bowie, filles et garçons. Je ne saivais plus lequel était le vrai, c'était comme un spectacle de cirque. Le concert de Hammersmith était phénoménal. Mais j'étais énervé parce que Tony DeFries m'avait fait signer un papier avant le spectacle. Je crois que j'ai gagné cinquante-deux dollars pour ce concert, l'album-son et les droits du film, et ça ne me paraissait pas juste ! Ce que les gens ne savent pas à propos de ce concert, c'est que c'est moi qui l'ai commencé avec un solo au piano. David m'a demandé de faire sa première partie. Alors, pendant quinze minutes, j'ai pris certains de ses tubes, *Changes*, *Life On Mars*, et *Ziggy* et j'ai fait un medley pour le concert. Quand je suis entré sur scène, j'étais terrifié. Bowie aussi. Il m'a dit en coulisses qu'il avait eu plus peur pour moi ce soir-là que pour lui-même. »

Le concert est aussi célèbre pour l'apparition du célèbre guitariste Jeff Beck lors d'un rappel, et, bien sûr, pour la chanson finale de Bowie, *Rock'n'Roll suicide*, précédée de la déclaration sur scène que le concert serait le dernier qu'ils feraient jamais. Après le concert, Bowie donna une énorme fête de « retraite » à laquelle assistèrent Mick Jagger, Lou Reed, Ringo Starr, Barbra Streisand et Lulu. Ce qu'il tuait était assez flou, (Ziggy ? Sa carrière ? Le glam rock ? The Spiders ? Les années Angie ?) mais ce qui est certain, c'est que le concert fut indéniablement un tournant pour Bowie. Il changea de peau ce soir-là à Hammersmith, rejetant le glam rock et ouvrant la voie à une époque nouvelle, plus audacieuse, consacrée à l'expérimentation. C'était un rite de passage.

Mais pourquoi partir au sommet de sa gloire ? La réponse tient à un mélange d'ennui et de fatigue chez Bowie, et au plan froid et calculé qu'avait élaboré DeFries pour faire de lui une star à l'échelle mondiale. Bowie était réellement épuisé après dix-huit mois de tournée. Exactement comme Ziggy mord la poussière à la fin de l'album, Bowie se sert du Hammersmith Odeon pour alimenter le mythe en « prenant sa retraite ». Puisque ni lui ni ses fans ne savaient qui, de David Bowie ou de Ziggy Stardust, montait sur la scène, les fans de Bowie supposèrent que la retraite de Bowie était celle de la fin de sa carrière, et pas simplement celle de son alter ego. Angie Bowie, pour sa part, n'en crut pas un mot, et ne pensa jamais que la carrière musicale de son mari était finie.

Par ailleurs, le mythe de Ziggy a fait l'objet d'une certaine dose de révisionnisme, provenant dans une certaine mesure des interviews données par Bowie lui-même. Bowie, *après* son retrait, a beaucoup parlé de Ziggy et du fait qu'il avait joué un rôle, alors qu'il en avait

149

très peu été question au cours de la période glam. Toutes les histoires de masques, de personnages et d'alter ego sont venues plus tard, surtout fin 1974 et début 1975, quand Bowie était aux États-Unis et qu'il se penchait sur ce qu'il avait fait et comment il l'avait fait.

Il y avait également des raisons de nature strictement commerciale à son retrait, à commencer par la vieille (et souvent juste) maxime du showbiz qui dit qu'il faut laisser le public sur sa faim. Frank Sinatra faisait sans arrêt ses adieux, et le battage qui accompagnait ces concerts lui garantissait toujours un succès fou. Dans le cas de Bowie, cependant, la considération majeure était le manque de succès commercial aux États-Unis, et MainMan voulait désormais concentrer tous leurs efforts à percer sur ce marché-là. Ziggy s'était avéré trop radical pour le public américain, un homme considéré par certains comme un « pédé ». Par conséquent, pour beaucoup de gens dans le milieu musical, le retrait de Bowie portait tous les signes d'un coup monté par DeFries.

Un autre facteur était la rébellion qui commençait à germer dans les rangs. Malgré les tournées triomphales, les tubes et l'attention des médias, les Spiders recevaient toujours le même salaire médiocre qu'à l'époque où Ziggy était un inconnu, et Bowie s'était senti menacé par la révolte du groupe avant la tournée japonaise. Se débarrasser des Spiders au concert d'Hammersmith était l'occasion de régler le problème du mécontentement, à la satisfaction de DeFries.

La seule personne dont Bowie et DeFries ne pouvaient se passer, étant donné son rôle fondamental dans la musique de Bowie, était, bien entendu, Ronno. DeFries agita donc sous le nez de ce dernier la carotte d'une carrière solo, s'assurant ses services pour quelque temps encore. Dans l'ensemble, il s'agit d'une affaire tout à fait méprisable, Bolder et Woodmansey – des rockers ordinaires, c'est certain, mais néanmoins d'honnêtes serviteurs – étant écartés pour avoir osé réclamer quelques miettes du gâteau.

Aucun des Spiders ne s'était très bien adapté à la folie du mode de vie du rock'n'roll, contrairement à Bowie, qui adorait être au centre de l'attention. A vrai dire, les membres du groupe, et surtout Ronno, étaient déroutés par l'adulation dont ils étaient l'objet et le chaos sexuel qui les entourait. Issus de la classe ouvrière de Hull, ils préféraient une pinte de bière et un paquet de chips à une partie de jambes en l'air à trois suivie d'une discussion sur Genet et Isherwood accompagnée d'un joint. Ronson était néanmoins content d'attirer les filles, et prenait aussi un certain plaisir au courrier des fans qui lui était personnellement destiné et commençait à arriver à flots. Un jour, cependant, son enthousiasme fut quelque peu refroidi. « Ronno nous lisait une lettre, à David et à moi, raconte Ken Scott. La lettre décrivait ce que cette personne voulait faire avec Ronno au lit.

150

Ronno adorait ça, il prenait complètement son pied, mais quand il est arrivé au bout de la lettre, il s'est rendu compte que c'était un mec. Il a pété les plombs, il disait que c'était dégueulasse ! David et moi on était morts de rire parce qu'on s'était douté que la lettre avait été écrite par un mec. Tout d'un coup c'était très sale pour Ronno, alors qu'avant, ça l'excitait. Mais c'était le genre de chose à laquelle on devait s'attendre dans le camp Bowie, parce qu'on provoquait ce type de situation. »

Enfin, et de façon révélatrice, Bowie était las du style de musique qu'il faisait avec les Spiders. Bien que les journalistes l'accusent souvent d'être calculateur, il semble que Bowie soit motivé avant tout par un appétit sincère pour l'expérimentation musicale plutôt que par le désir de conquérir des marchés. Sur *Aladdin Sane*, Bowie avait déjà commencé, avec le piano jazzy de Garson, à se libérer du format pop rock standard. Des chansons telles que *Panic In Detroit* laissaient présager un avenir plus nettement R&B/soul. Bowie s'intéressait, et s'intéresse toujours, à toutes sortes de musique, et, vers le milieu de 1973, le temps était tout simplement venu de changer. *Aladdin Sane* l'avait vu s'éloigner de la pop conventionnelle, et son projet suivant, une adaptation de *1984*, de George Orwell, devait lui permettre d'élargir encore les bases de sa musique. Bowie était désireux de sortir du format du groupe pour s'aventurer sur un territoire intellectuel plus sérieux.

Mais il fallait d'abord apaiser la maison de disques. Bowie avait atteint des sommets sur le plan commercial. Dans la semaine du 23 juillet, cinq de ses six albums étaient dans le Top 40, dont trois dans le Top 15, un triomphe inédit pour un artiste solo. Son disque suivant, *Pin-Ups*, une collection de reprises de l'époque du *Eel pie*[1] entre 1964 et 1967, était clairement un bouche-trou, un exercice destiné à plaire au marché.

Bowie s'était fait une règle d'inclure une reprise sur chacun de ses albums, et, inversement, décida de faire figurer une de ses propres chansons sur son album de reprises. Il avait dit à Ken Scott qu'il s'agirait d'une vieille chanson, *The London Boys*, mais le morceau ne fut jamais réenregistré, tout au moins pas pendant ces sessions-là.

Des studios avaient été réservés au château d'Hérouville, près de Paris, longtemps avant le concert d'Hammersmith, preuve supplémentaire que le « retrait » n'était qu'un artifice de plus. L'ambiance était tendue. La société de gestion de Ken Scott, formée avec les gérants de Trident, à Londres, l'avait prévenu qu'il ferait mieux de ne pas collaborer à l'album car DeFries avait une fois de plus failli

---

1. Club londonien. (*N.d.T.*)

à payer des droits d'auteur. On lui avait aussi interdit de participer à un à-côté que Bowie avait prévu en parallèle aux sessions de *Pin-Ups*. Montrant son talent pour les alliances incongrues, Bowie avait décidé d'enregistrer avec la chanteuse écossaise Lulu. Celle-ci n'avait pas produit de tube depuis un certain temps (en fait, depuis *Boom Bang-A-Bang* en 1969), et sa carrière se limitait à présent à être invitée de temps à autre dans des émissions telles que *Morecambe and Wise*. Il faut reconnaître que Bowie et Ronson réussirent brillamment. Le single obtenu, une version retravaillée de *The Man Who Sold The World* dans un style cabaret berlinois, avec Bowie à l'accompagnement vocal et au saxo, vaut l'original. Pour la promotion du disque au début 1974, Lulu se déguisa en homme, arborant feutre et complet comme une chanteuse des années 30, dix ans avant l'hommage d'Annie Lennox à Bowie sur *Sweet Dreams Are Made Of This*.

Ken Scott se retrouva donc dans la situation étrange où il devait quitter le studio à chaque fois que Lulu y entrait. Et ce n'était pas tout. Pour Ken Scott, Bowie avait toujours été d'un professionnalisme exemplaire en studio, se montrant à la fois travailleur et agréable. Cependant, à l'époque de *Pin-Ups*, des fissures commençèrent à apparaître. Bowie devenait agressif avec ceux qui l'entouraient. « Le succès le changeait. Bowie commençait à voir les signes extérieurs du succès que DeFries lui fournissait, les limousines et le reste, comme une nécessité. Il ne pouvait plus s'en passer. »

Sorti en octobre 1973, *Pin-Ups* fut n° 1 pendant cinq semaines au Royaume-Uni, comme *Aladdin Sane* l'avait été, profitant de la popularité dont jouissait Bowie à l'époque. 150 000 exemplaires avaient été commandés à l'avance, 50 000 de plus que pour *Aladdin Sane*. Mais le nouvel album était inégal, et par moments tout à fait quelconque. La voix encore frêle de Bowie était inadaptée à l'attaque rock de *Anyway, Anyhow, Anywhere* des Who, et il était encore moins à l'aise avec le R&B branché des Mojos et de Pretty Things. Pour beaucoup de fans, ces chansons balourdes faisaient figure d'histoire ancienne comparées à la sophistication des propres compositions de Bowie. Quand il se tourne vers la pop plus fantaisiste, comme dans la reprise de *Where Have All The Good Times Gone ?* des Kinks, ou la puissante version néoclassique de l'hymne psychédélique de Pink Floyd, *See Emily Play*, il est sur un terrain plus sûr. Le meilleur moment de l'album est, bien sûr, sa reprise de *Sorrow* des Mersey, la seule où il ait largement surpassé l'original. De nouveau, Bowie copiait ceux qui l'entouraient, Bryan Ferry cette fois. Quoiqu'il n'ait jamais avoué avoir imité la voix plus riche, plus maniérée de Ferry, il était évident pour Scott et Ronson que telle était son intention, et ni l'un ni l'autre ne virent la chose d'un très bon œil. Le seul single de l'album, *Sorrow*, devint à juste titre un des plus grands tubes de Bowie, atteignant la troisième place au hit-parade britannique, où il resta quinze semaines durant, jusqu'en 1974.

Plus inspirée que la musique, la pochette était remarquable. La photo avait été prise pendant une séance de photos pour *Vogue*, et pressentie pour la couverture du magazine, mais ne fut jamais utilisée parce que *Vogue* craignait qu'avoir un homme en couverture ne fasse baisser les ventes. Torse nu, les cheveux teints en brun foncé coupés en brosse, Bowie présente un visage fixe, impassible, aux contours soulignés de crayon noir. Twiggy, l'incarnation du chic cosmopolite des années 60, appuie la tête sur l'épaule de Bowie. Tous les deux ressemblent davantage à des poupées mécaniques qu'à des êtres de chair et de sang.

L'important à propos de *Pin-Ups* n'est pas la musique elle-même, mais l'existence même du disque. En 1973, la pop était entrée dans sa phase « postmoderne ». Elle avait une histoire et les groupes les plus avertis savaient exploiter le passé pour enrichir le présent. D'un côté, il y avait Roxy Music et leur évocation du cinéma *glamour* des années 50. De l'autre, il y avait des groupes tels que Gary Glitter, Mud et Showaddywaddy, qui transformaient le rock'n'roll des années 50 en pop ou en cabaret. Il n'était pas étonnant qu'en avril 1974, Bill Haley soit réapparu dans le Top 20 au Royaume-Uni, avec *Rock around the clock*. L'époque était à l'incertitude et à la nostalgie, et, avec *Pin-Ups* et *These Foolish Things* de Bryan Ferry, tous les deux entrés au hit-parade le 3 novembre 1973, la pop entrait dans sa première phase de retour sur elle-même.

Le fait que *Pin-Ups* soit resté en tête du hit-parade au Royaume-Uni pendant cinq semaines témoignait de la popularité de Bowie et de sa capacité à produire de la pop mainstream, tout en projetant une image frappante qui attirait immédiatement ceux qui se situaient en marge. Dès 1973, un culte de Bowie s'était développé au Royaume-Uni, et les banlieues anglaises regorgeaient de Bowie boys et de Bowie girls qui imitaient leur idole.

Les disques de Bowie étaient achetés par tout le monde, adolescents et parents confondus, mais le noyau dur de ses fidèles, celui qui arborait maquillage et paillettes dans la rue, semblait se composer de deux types distincts. D'abord, Bowie avait un nombre énorme de fans parmi les adolescentes. Pendant dix-huit mois, des centaines de milliers de ses disques furent achetés par celles qui avaient acheté T. Rex ou même The Sweet ou Slade l'année précédente, et qui achèteraient les Bay City Rollers l'année suivante. Bowie était un chanteur pop. Sur le plan mélodique, ses singles étaient presque aussi conventionnels que ceux de n'importe quelle autre idole des jeunes. Ensuite, il y avait les artistes suburbains, les aventuriers sexuels, les déprimés solitaires, attirés par l'intelligence de Bowie et sa prédilection pour le mélange des références artistiques. Ce sont peut-être ces fans-là, les stylistes de la pop, qui suivirent Bowie jusqu'à l'époque de *Let's Dance*. Ces fans-là constituaient une élite jalouse. D'après le sociologue et écrivain Simon Frith : « Le bowisme était un mode de vie et aucune autre idole n'a eu une influence aussi intense sur ses fans que David Bowie. Il se recréait sans cesse ; son art et son style ne faisaient qu'un. Bowie incarnait la culture jeune, non pas dans son hédonisme grégaire mais dans sa grâce individualiste. Il reléguait tous les autres au rang de balourds. » En fait, comme le souligne Frith, le glam rock de Bowie effaçait la division star/fan, non pas en ravalant la star au rang de personne ordinaire, mais en aidant les gens ordinaires à devenir eux-mêmes des stars. »

Pour Bowie, l'industrie de la musique devait être dépréciée et radicalisée, ne fût-ce que pour refléter les attitudes et le mode de vie des fans eux-mêmes. En 1974, il expliqua à *Rolling Stone* : « Vous comprenez, rendre le rock excessif, c'est se rapprocher des jeunes. Dans le rock, tout dépend du sensationnalisme, et les jeunes sont plus sensationnels que les stars elles-mêmes. Le rock est un pâle reflet de ce que sont les jeunes en général... les gens ne sont pas comme James Taylor. En apparence, ils sont peut-être sur le même moule, mais dans leur tête, ils sont complètement différents. »

Pour certains fans de Bowie, le style devint l'essentiel. Dans un extrait du documentaire de BBC 1 *Nationwide*, remarquable autant pour ses observations légèrement sournoises, incrédules sur le « cirque » Bowie que pour les images des fans elles-mêmes, on voyait un groupe de fans devant les Winter Gardens de Bournemouth, guettant l'arrivée de leur messie pour le toucher au moment où il descendrait de sa limousine. L'émission montrait des scènes d'hystérie collective, des adolescents hurlants, des filles et des garçons aux cheveux teints, au visage couvert de paillettes, sur lequel ils avaient tracé au feutre l'éclair d'Aladdin Sane. Bowie devenait immortel grâce à un style qui fascinait ses fans. Pour certains, la soudaine apparition d'un contingent de clones de Bowie était extrêmement bizarre. Ken Scott : « C'était dingue d'arriver aux concerts et de voir dans la rue tous ces gens aux cheveux très courts et teints en orange. La première fois, je n'en croyais pas mes yeux. Voir des hommes et des femmes habillés presque exactement pareil était très étrange. »

Bowie était exceptionnel et *différent*, et il offrait un modèle à tous les jeunes des banlieues. Le critique Paul Willis écrivit en 1990 : « Les vêtements signifient plus que les goûts musicaux... En partie, les jeunes apprennent à se connaître en développant l'image qu'ils donnent d'eux-mêmes à travers leurs vêtements. Pour certains, et surtout les jeunes femmes, ce qu'ils portent un jour donné va influencer leur façon de marcher, de se conduire et de se présenter. » L'adoption des cheveux courts par les Bowie boys et les Bowie girls avait une résonance politique et sociale. A travers leur coiffure et leurs vêtements, les fans de Bowie indiquaient un désir de prendre leurs distances avec l'uniformité de l'image hippie, en puisant dans le narcissisme de Bowie et son rejet des symboles de la contre-culture. Les cheveux courts devenaient un symbole de différence, une façon d'affirmer son individualité, de se faire remarquer.

Bowie agissait comme un code. Il était au moins autant créé par ses fans que par lui-même. Il a commencé Ziggy et laissé ses fans terminer. Bientôt, il y eut des milliers d'autres Ziggy Stardust, simulacres du vrai, aux quatre coins du pays – un véritable culte. Le seul fait de se faire couper et teindre les cheveux vous rendait différent. Une teinture rouge et du maquillage vous transformaient en votre propre version suburbaine de Ziggy. Au cœur du showbiz, il y a un noyau extatique. Selon l'écrivain Roger Taylor, Bowie, comme les meilleurs artistes populaires, possédait tous les outils nécessaires pour libérer les forces dionysiaques de l'excès : « Ce qu'il faut pour laisser s'exprimer tout cela, c'est un public capable de comprendre. En un sens, c'est toujours présent dans le spectacle. Le public contrôle le spectacle par ce qu'il est capable d'y lire. »

Dès le début des années 70, les jeunes Britanniques exigeaient un style plus rebelle pour exprimer leur sentiment de vide émotionnel. Au milieu des années 60, les Stones avaient incarné la destruction des tabous, mais leur credo misogyne et anti-establishment semblait bien timide au début des années 70, au moment où éclataient les premières vraies crises de confiance depuis 1945. La société de consommation inondait la vie quotidienne de produits artificiels, allant de la bière pression aux objets en plastique, en passant par la morne uniformité des lotissements modernes. Un nouveau nihilisme apparut, alimenté par cette artificialité de surface ; Bowie, avec son égocentrisme, son opposition à la contre-culture et son affection pour le clinquant et l'artificiel, était l'expression suprême de cette nouvelle ère d'interrogation post-hippie et pré-punk.

A la fin de 1973, Bowie, débarrassé des Spiders, s'apprêtait à mettre fin à sa relation professionnelle avec Mick Ronson et Ken Scott. Cependant, Bowie garda Ronno pour un dernier hourra.

Le concert, intitulé pour rire *The 1980 Floor Show*, un spécial minuit pour NBC, fut filmé au Marquee à Londres. L'intention de MainMan d'entrer sur le marché américain était claire, puisqu'il ne fut pas diffusé au Royaume-Uni, au grand dam des fans de Bowie. Bowie chanta des chansons de *Pin-Ups* et d'*Aladdin Sane*, accompagnées de numéros de mime et de danse chorégraphiées avec soin. Il interpréta une nouvelle chanson, un medley de *Dodo* et de *1984*, qui fut la dernière enregistrée avec le producteur Ken Scott. Pour renforcer la réputation de Bowie en tant que corrupteur du mainstream, on aida Marianne Faithfull, droguée et déguisée en nonne à monter sur scène pour faire un duo avec lui sur le classique de Sony et Cher : *I got you Babe*. Ken Scott se souvient :

« Le Marquee était un club sur Wardour Street, et derrière, il y avait un studio d'enregistrement et une salle de contrôle. Le spécial devait être filmé au club. Le studio faisait office de loge et on enregistrait dans la salle de contrôle. La MC qu'il utilisait à ce moment-là, Dooshenka (qui deviendrait Amanda Lear), s'est changée dans le studio et elle s'est déshabillée juste devant la salle de contrôle. David était assis à côté de moi, et je regardais ce corps incroyable. Il s'est penché vers moi et il a dit : "Elle est pas mal, hein ? – Tu peux le dire elle est superbe !", et il a ajouté : "Tu me croirais si je te disais qu'il y a deux mois, c'était un homme ?" Franchement, j'ai failli m'étaler sur la console.

« Je me souviens aussi que la chaine était très inquiète au sujet des costumes de Bowie. L'un d'entre eux était ouvert devant, et je crois que sur une prise on voyait les poils de son pubis tellement il était coupé bas. Sur le plan musical, cette séquence-là était bonne, mais NBC voulait recommencer. Ils ont forcé David à faire retoucher le vêtement. David a fait tout son possible pour garder la première prise et gâcher la suivante. Je crois qu'à la fin, ils ont intercalé les deux, mais ç'a été très mal fait et ça se voit sur la version définitive. »

Ce fut la dernière fois que Ronson et Bowie partagèrent une scène. DeFries lança ensuite la carrière solo de Ronno avec l'album intitulé *Slaughter On Tenth Avenue*. Ce fut un désastre. Bowie, furieux que Ronno prétende accéder à la célébrité en solo, cessa de travailler avec lui. Woodmansey et Bolder gardèrent le nom des *Spiders*, et s'associèrent au guitariste Dave Black et au chanteur Pete Mac-Donald pour enregistrer un album, astucieusement intitulé *Spiders from Mars*, en 1976. Il vaut le détour, ne serait-ce que pour les remarques de Chris Welch, de *Melody Maker*, dans la pochette intérieure. En voici un extrait : « Nés de la côte du dieu du rock Bowie, le nom des Spiders figure en bonne place sur les tablettes du rock...

« Mais un mystère martien demeure. Qui sont ces hommes qui ont bombardé notre planète d'un rythme intergalactique ? A l'heure où sonne leur téléphone cosmique, devrions-nous répondre ? Il serait dommage que le monde choisisse d'ignorer les Spiders, car ils possèdent un pouvoir immense, une vaste gamme d'idées, et nous autres Terriens pourrions bénéficier de leur connaissance supérieure. »

Malheureusement, le téléphone eut beau sonner, la mission inter-galactique des Spiders ne décolla jamais. Cependant, la plupart des fans chérissent le temps où Woodmansey, Bolder et Ronson offraient aux idées de Bowie un solide cadre pop-rock et punk. Pour beau-coup, leur départ marque la fin de l'âge d'or de Bowie.

Contrairement à la rupture acrimonieuse d'avec Ronson, Bowie et Ken Scott semblent s'être quittés sans rancœur. Ils avaient toujours été en bons termes, mais leur relation était plus professionnelle que personnelle. Quand Scott quitta les studios Trident après avoir mixé *Dodo / 1984* avec Bowie, il ne se doutait pas que leur association professionnelle venait de prendre fin. Avec du recul, cependant, il admet que le filon créatif qui avait duré si longtemps était désormais épuisé : « On avait fait quatre albums ensemble et on avait probable-ment atteint le stade où on avait besoin de collaborer avec d'autres gens pour apprendre. » Scott commença immédiatement à travailler sur l'album qu'il considère comme sa plus grande réussite – *Crime Of The Century*, de Supertramp.

Bowie a appelé Ken Scott son « George Martin ». A ses yeux, sa fonction première était de collaborer à l'enregistrement, et non de confirmer ses choix. Quand Scott et Bowie travaillaient ensemble, c'était pratiquement du moitié-moitié, et Scott faisait ressortir le talent naturel de Bowie pour la mélodie. Tout comme Martin, Scott était droit, fiable et travailleur, et ne touchait pas à la drogue. D'après Scott, Bowie ne prenait jamais de drogues non plus, tout au moins pas en studio. Mais tout cela était sur le point de changer.

Personne ne peut forcer quelqu'un d'autre à se droguer, ni être tenu entièrement responsable d'avoir fait d'un autre un drogué. Mais certaines sources proches de Bowie à l'époque imputent son usage de la cocaïne à un des musiciens de *Diamond Dogs*. Pour David Bowie, ce serait le début d'une tragédie personnelle.

Indéniablement, 1973 restera dans les annales du rock comme l'année Bowie. La veille du jour de l'an, RCA présenta à Bowie une plaque célébrant l'exploit d'avoir eu simultanément cinq albums au hit-parade pendant dix-neuf semaines. Ses ventes au Royaume-Uni totalisaient 1 056 000 albums et 1 024 068 singles. Sur le plan per-sonnel, Bowie, harcelé par des fans trop zélés, avait quitté Haddon Hall et louait à présent la maison de l'actrice Diana Rigg sur Oakley Street, à Chelsea. Il y vivait avec Angie, Zowie, et une nourrice appelée Marion. Il avait également engagé une assistante pour Angie, Danielle. Au départ, DeFries s'y était opposé, trouvant de tels frais « trop extravagants ». D'après lui, les ventes des disques de Bowie n'avaient pas encore remboursé le montant des avances consenties par RCA. Bowie était célèbre, mais certainement pas riche.

La maîtresse de Bowie, Ava Cherry, à l'origine une amie d'Angie, habitait elle aussi chez Rigg. Ava était une superbe Noire aux boucles blond platine, plus grande que Bowie, et qui pesait presque deux fois son poids. Ils s'étaient rencontrés lors de l'enregistrement de *Pin-Ups* en France, durant l'été. Bowie avait promis de faire d'Ava une star, affirmant qu'elle pouvait être « la prochaine Josephine Baker ». Il usa de son influence pour lui décrocher un contrat d'enregistrement avec MainMan. Cherry serait désormais une chanteuse d'accompagnement de Bowie. Pour faire bonne mesure, l'ami d'Angie, Scott Richardson, était présent lui aussi. De plus, Mick Jagger vivait au bout de la rue, tout comme Amanda Lear, la maîtresse de cérémonies du *The 1980 Floor Show*, star de la pochette du premier album de Roxy Music. Bowie aurait également eu une liaison avec elle. Haddon Hall, malheureusement, n'existe plus. La maison a été démolie en 1981.

En automne 1973, Bowie essaya de lancer Ava Cherry par le biais du projet des Astronettes, qui fut plus tard abandonné. Les Astronettes étaient Ava elle-même, Jason Guess et Geoff MacCormack. La plupart des chansons prévues pour ces sessions furent par la suite récupérées par Bowie pour son propre travail solo. *I Am Divine* devint *Somebody Up There Likes Me* sur *Young Americans*, et fut enregistré en France en même temps que *Pin-Up*. *I Am A Laser* devint *Scream Like a Baby* sur *Scary Monsters*. Bowie enregistra, semble-t-il, deux versions de *Laser* – une en 1974, et une en 1980. Le titre d'une chanson sur l'album des Astronettes, *People From Bad Homes*, fut plus tard utilisé pour *Fashion*. Parmi les titres enregistrés à Olympic Studios en novembre 1973 on trouve aussi une version de *God Only Knows* avec Bowie au saxophone et *I'm In The Mood For Love* de McHugh et Fields, qui serait jouée en 1974 par le Mike Garson Band en première partie de la tournée de *Young Americans*. La qualité des morceaux est inégale, mais le son, une sorte de mélange de glam et de soul qui annonçait la direction que poursuivrait Bowie en 1974, est fascinant. L'album des Astronettes sortit finalement en 1995, plus de vingt ans après son enregistrement.

Bowie travaillait également à un tout nouveau projet solo : *Diamond Dogs*, enregistré fin 73 et début 74. Il écrivit certaines des chansons de l'album pendant qu'il était en vacances à Rome, et enregistra aux studios Olympic à Londres.

Quoiqu'il n'ait jamais vraiment séduit la critique, l'album demeure l'un des plus admirés des vrais fans de Bowie. Il se rapproche de l'idéal que se faisait Bowie d'une musique pop théâtrale, avec des structures de chansons et des performances vocales extrêmement ambitieuses, dont l'audace ajoute une dimension nouvelle à son œuvre. C'est sur cet album que Bowie parvient le mieux à créer un environnement sonore complet qui dépasse et captive l'auditeur. La séquence de chant finale, sur laquelle il enchaîne à la fin de *Big Brother*, est un véritable mantra. Martin Kirkup, qui fit une critique de l'album pour *Sounds* en 1974, fit le commentaire suivant : « Alors qu'*Aladdin Sane* s'apparentait à une série d'instantanés pris sous des angles différents, *Diamond Dogs* a la qualité provocante d'un tableau réfléchi aux couleurs vibrantes. Bowie était au début de sa phase de peintre, utilisant le studio comme instrument, appliquant le son comme autant de couches de peinture, par vagues, bourdonnements, jets d'écume pointillistes multi-rythmiques, échos et autres collages bizarres. »

L'album avait été produit par Bowie avec l'ingénieur du son Keith Harwood (malheureusement décédé dans un accident de voiture, après avoir heurté exactement le même arbre que Marc Bolan). Bowie était à la guitare solo, et le pianiste Mike Garson apportait une touche d'excentricité. Par ailleurs, *Diamond Dogs* était l'occasion des retrouvailles de Bowie et de son ex-ami Tony Visconti, qui venait de conclure sa longue et fructueuse relation professionnelle avec Bolan.

Visconti prétend ne jamais avoir eu pour Bolan l'amitié profonde qu'il partageait avec Bowie : ils travaillaient ensemble avec une efficacité qui tenait de la télépathie, mais leur relation n'était que professionnelle. Mais, en 1973, il était clair pour Visconti que Bolan était fini : « Marc et moi avions élaboré une formule, cristallisée par l'album *The Slider*. A ce moment-là, c'était encore excitant de produire un album de T. Rex. Avec *Tanx*, on avait amélioré la formule, mais il n'y avait rien de nouveau. Quand on a fait *Zinc Alloy*, le suivant, la formule était fatiguée, et Marc n'a pas voulu suivre ma suggestion et faire une pause, pour trouver de nouvelles influences musicales. »

Tout en se concentrant sur Bolan, Visconti regardait se poursuivre la carrière de Bowie : « *Hunky Dory* m'a rendu jaloux. Je n'avais rien à y voir, mais je me suis demandé : Où étaient ces chansons quand c'était moi qui le produisais ? J'ai trouvé l'album génial, mais on ne s'était pas contacté depuis notre rupture. Après l'énorme succès de Ziggy, Marc avait commencé à observer Bowie de près, même si en général il parlait de Ziggy avec condescendance. Il était évident aussi que, quoique Marc ait été la première star majeure du glam, David avait fait faire au concept un gigantesque pas en avant avec l'invention de Ziggy. Je me demandais même si c'était bien David sous tout ce maquillage. Les albums qu'il a faits avec Ken Scott m'ont beaucoup plu. Ken était un de mes principaux ingénieurs du son à l'époque, un homme très talentueux et très sympathique. Mais je trouvais les albums un peu minces sur le plan du son et j'aurais adoré mettre la main aux arrangements. Il n'empêche que ce sont des classiques et je les admire pour leur côté novateur. »

C'était le bon moment pour s'associer de nouveau à Bowie. Visconti fut néanmoins surpris de recevoir un coup de téléphone de sa part pendant l'été 1973 :

« David m'a appelé en pleine nuit quelques mois avant le mixage de *Diamond Dogs*. Je savais qu'il avait pris quelque chose, sûrement de la cocaïne, parce qu'il parlait vite, il délirait, en fait. Il a dit qu'il avait passé la nuit à appeler des amis à qui il n'avait pas parlé depuis des années. Qu'il savait qu'il était très tard, mais est-ce qu'on pourrait se rencontrer un de ces jours ? J'ai marmonné que oui, et je n'ai plus eu de ses nouvelles pendant plusieurs mois, jusqu'à ce qu'il me rappelle à une heure plus normale, au sujet du mixage de *Diamond Dogs*. Il a dit qu'il l'avait produit lui-même et il n'arrivait à obtenir un bon mixage nulle part. Il me demandait seulement des conseils pour le choix d'un studio, il ne suggérait pas de travailler ensemble. Je lui ai proposé de venir chez moi. J'étais en train d'installer un studio seize pistes dernier cri dans une maison que je venais d'acheter mais que je n'avais pas encore meublée. J'avais acheté tous les appareils numériques modernes en plus de l'équipement « classique ». Il ne me manquait que le mobilier du studio, mais David a dit qu'il voulait l'essayer tout de suite. Il est venu le lendemain, tôt dans l'après-midi, et on a fait des essais avec la chanson-titre. Comme je n'avais pas de mobilier, on a mixé assis sur des tréteaux. Il a emporté une copie et m'a rappelé le soir même pour me dire que le son était génial partout où il le jouait, et il a retenu mon studio pour deux semaines. Avant qu'il arrive le lendemain, un énorme camion est venu de chez Habitat. David m'avait acheté des chaises de studio, une table et des chaises de salle à manger, de la vaisselle et des couverts. On a mixé tout l'album là, bien qu'il ait préféré son mix original de *Rebel Rebel*. Avec ça, on a repris notre relation professionnelle et notre amitié.

« David prenait un peu de coke et ce n'était pas exceptionnel ; à l'époque, tout le monde dans la musique et les médias se promenait avec son petit sac de coke. J'en prenais aussi, on avait ça aussi en commun. Il y en avait pendant les sessions de mixage, mais on en a pris très peu. »

Visconti mixa l'album et ajouta « quelques effets et quelques idées qui étaient sous-entendues dans les paroles, le ton et le concept. » « Je fais toujours comme ça, déclara-t-il en 1999. Je ne fais pas des sons bizarres juste pour m'amuser. Il faut qu'ils soulignent quelque chose dans la chanson. David apprécie beaucoup ça. »

A l'origine, Bowie avait eu l'intention de produire une comédie musicale basée sur le roman de George Orwell, *1984*, mais quand la veuve d'Orwell refusa de lui céder les droits, il se retrouva avec une collection de chansons qui traitaient des thèmes totalitaires du roman et dont il ne savait que faire. Collectionneurs et aficionados de Bowie affirment que le spectacle de *1984* était censé inclure les titres *Cyclops*, *Wilderness*, *Shilling The Rubes*, *Big Brother*, *Are You coming Are You Coming ?*, *The Ballad Of Ira Hayes* et *You Didn't Hear It From me*. Seuls *Big Brother* et *You Didn't Hear It From Me* (alias *Dodo*) ne sont jamais sortis. Bowie remplaça l'Eurasie d'Orwell par sa propre vision d'un futur cauchemar urbain, Hunger City, sorte d'enfer post-nucléaire et technologiquement primitif peuplé de tribus de proto-punks pillards. Comme dans *Ziggy*, le récit demeure incomplet, et, comme dans le meilleur de Bowie, il y a quantité de questions sans réponses, de zones d'ombre et de contradictions pour permettre à l'auditeur d'élaborer sa propre compréhension des événements.

Aux thèmes principaux de l'album que sont le délabrement urbain, la décadence et l'apocalypse, s'ajoute un angle psychosexuel. C'était l'opéra rock de Bowie qui ne verrait jamais le jour (un dessin animé a été réalisé, mais demeure inédit). Il imaginait une ville investie par des vauriens aux dents acérées, vêtus de fourrures et de diamants volés (d'où Diamond Dogs). Le personnage principal, Halloween Jack, et son gang vivent au sommet de gratte-ciel déserts et traversent la ville en rollers (il n'y a ni essence ni électricité). Avec du recul, Bowie observa qu'« Ils étaient tous de petits Johnny Rotten et Sid Vicious... En un sens, c'étaient des précurseurs du mouvement punk. »

D'après Bowie, les personnages de *Hunger City* sont inspirés d'une anecdote que lui avait racontée son père. A la fin du dix-neuvième siècle, Lord Shaftesbury avait inspecté les quartiers les plus misérables de Londres et avait trouvé des centaines d'enfants vivant sur les toits des taudis. C'était l'image que Bowie avait en tête quand il a écrit *Diamond Dogs*.

L'album commence avec *Future Legend*, l'évocation parlée d'une apocalypse future :

And... in the Death – as the last few corpses
Lay rotting on the slimy thoroughfare – The shutters
Lifted in inches in Temperance Building – high
On Poachers Hill and red mutant eyes gazed
Down on Hunger City – no more big wheels
Fleas the size of rats sucked on rats the
Size of cats and ten thousand people split into
Small tribes coveting the highest of the sterile

161

Skyscrapers – like packs of dogs assaulting the glass fronts of Love Me Avenue...

« Et... dans la mort – alors que les derniers corps
Pourrissaient sur la route suintante – Les volets
Se relevèrent de quelques centimètres dans l'Immeuble de la
Tempérance – en haut de la colline des Braconniers et les yeux
    rouges des mutants regardèrent
Hunger City – plus de grosses voitures –
Des puces grosses comme des rats suçaient des rats
Gros comme des chats et dix mille personnes divisées en
Petites tribus convoitaient les plus hauts des gratte-ciel stériles –
    comme des hordes de chiens à l'assaut des
Vitrines de l'avenue des Amours... »

Ce procédé a deux principales sources artistiques. D'abord, il y avait déjà une tradition de récitation dans la musique pop, qui avait souvent son origine dans l'univers des contes de fées, comme dans le cas d'*Atlantis*, de Donovan (1969). Peu après la sortie de *Diamond Dogs*, l'acteur Telly Savalas fut n° 1 en Angleterre avec la chanson parlée de David Gates, *If*, (1975), ouvrant la voie à plusieurs tentatives du même genre par des acteurs célèbres. La narration possède un aspect poétique et dramatique, et il est intéressant de noter ses liens avec le kitsch et l'efféminé. Quand Bowie fit une introduction parlée à *Glass Spider* (1987), la technique avait déjà été utilisée de manière très efficace par Neil Tennant des Pet Shop Boys pour des chansons telles que *Rent, West End Girls*, and *What Have I Done To deserve This*. Les Pet Shop Boys avaient ressuscité le style d'élocution efféminé typique de Neil Coward dans les années 30 et 40.

Bowie s'inspirait aussi de l'écriture de l'auteur américain William Burroughs, dont les *cut-up* (technique de découpage) lui fourniraient un modèle de travail à partir de 1973. Les livres de Burroughs étaient des visions cauchemardesques d'une société peuplée d'infirmes physiques et mentaux dépourvus de toute sensibilité – c'était un univers plein de drogués, de criminels et de « déviants » sexuels. Très souvent, le récit passait de discussions complexes et sincères portant sur les états mentaux provoqués par la drogue à des envolées démoniaques de l'imagination. Burroughs essayait d'incorporer dans le fonds culturels commun un monde d'expérience différent, celui de la culture des bas-fonds. Il était également fasciné par la science-fiction et l'idée que des extraterrestres puissent exercer un contrôle sur les humains par le biais d'une relation parasitique devint un de ses thèmes dominants. Ses romans étaient donc centrés sur beaucoup des thèmes que Bowie s'approprierait plus tard.

Future Legend, portrait d'une ville en train de s'effondrer et d'une société déshumanisée, est une sorte d'hommage à William Burroughs. Sur le plan stylistique, elle emprunte aussi à l'écriture de celui-ci. Bowie décrit un paysage urbain en décomposition à travers une série de clichés impressionnistes, une liste interminable d'images et de sons sordides. Dans *Le Festin nu*, Burroughs avait abordé des thèmes similaires. Les drogués lui apparaissaient comme « *a baying pack of people* (une horde hurlante) », et on retrouve dans ses descriptions la vision apocalyptique de Bowie sur *Diamond Dogs* :

« Chicago : hiérarchie invisible de Ritals décortiqués, remugle de gangsters atrophiés, revenants qui s'abattent sur toi au carrefour de North et Halstead ou à Lincoln Park, mendiants de rêves, le passé qui envahit le présent, sortilèges suris de machines à sous et des restaurants routiers... l'Amérique n'est pas jeune : le pays était déjà vieux et sale et maudit avant l'arrivée des pionniers, avant même les Indiens. La malédiction est là qui guette de tout temps[1]. »

Cependant, Bowie n'était pas le premier à évoquer ces thèmes dans la musique pop. Le Velvet Underground les explorait déjà dans les années 60. Jusque-là, les chansons parlaient d'amour, pas de sexe, et encore moins d'homosexualité. Le monde du proxénétisme et de la prostitution, de la dégradation, de l'expérimentation sexuelle et de l'abus des drogues n'apparaissait jamais dans la pop. Lou Reed changea tout cela. Des chansons comme *Heroin*, *Waiting for The Man* et *Venus In Furs* défiaient les conventions et amenaient les chansons pop au même niveau de véracité que l'expression littéraire. Cela permit à Bowie d'incorporer à ses chansons des thèmes qui dix ans plus tôt auraient été considérés comme tabous. Dans *Candidate*, les paroles de Bowie sont nettement inspirées par Burroughs dans leur construction et leur ton :

If you want it boys
Get it here thing
On the street where you live
I could not hold up my head
I gave all I had in another bed
On another floor
In the back of a car
In a cellar like a church
With the door ajar

---

1. Traduction d'Eric Kahane, Gallimard, 1964.

« Si vous en voulez, les gars
Servez-vous
Dans la rue où vous vivez
Je ne pourrais pas marcher la tête haute
J'ai tout donné dans un autre lit
Sur un autre plancher
A l'arrière d'une voiture
Dans une cave comme une église
Avec la porte entrouverte »

Bowie conclut ensuite le récit avec une violence terrible chantée dans une sorte d'américain froid et déconnecté :

We'll buy some drugs and watch a band
And jump in a river holding hands

« On achètera des drogues et on ira à un concert
Et on se jettera dans la rivière en se tenant par la main »
Candidate, 1974, transcription de l'auteur.

Deux ans plus tôt, Bowie avait dit à la presse : « Les gens comme Lou Reed et moi sommes sans doute en train de prédire la fin d'une époque... je veux dire, par une catastrophe. Une société qui permet à des gens comme Lou et moi de devenir endémiques est vraiment plus ou moins perdue. »

Sur *Diamond Dogs*, Bowie donna à sa musique une autre dimension. Il mélangea la ballade et le jazz de *Sweet Thing*, le pop-rock style Stones de *Diamond Dogs* et *Rebel Rebel*, le riff inspiré de Isaac Hayes sur *1984*, les influences par la soul de *Rock and Roll With Me* et l'expérimentation de *Big Brother*, autant de preuves de son ouverture à de possibles avenirs musicaux. A vrai dire, la transition entre *Big Brother*, hymne audacieux, insistant, effrayant, au Super Dieu, et *Chant Of The Ever Skeletal Family* (un chant en cinq/quatre véritablement hypnotique), est l'un des meilleurs moments enregistrés par Bowie.

La musique est particulièrement riche : piano, cordes, saxo, synthés et guitares se mêlent superbement, surtout sur le tristement méconnu *Sweet Thing*. Chris Charlesworth, de *Melody Maker*, note que « Pour la plupart des morceaux, il a adopté une technique de "mur du son" largement empruntée à Phil Spector. »

« Ils [l'entourage de Bowie] n'étaient pas sympathiques. En fait, ils se comportaient comme un tas de petits Hitlers. La plupart étaient ouvertement gay. Je n'ai rien contre les gays, mais il y a des gays sympas et des gays méchants, et ceux-là étaient des méchants. Ils étaient excessivement protecteurs envers David quand on m'a demandé de faire la critique de *Diamond Dogs* pour *Melody Maker*. Je me rappelle être allé au bureau de MainMan à New York pour écouter l'album, et je n'avais le droit ni de prendre des notes, ni d'enregistrer l'album, ni de l'emporter pour l'écouter chez moi. Il fallait que je l'écoute dans le bureau, pendant que les gens entraient et sortaient, passaient des coups de fil, faisaient du bruit. Je ne pouvais pas entendre les paroles clairement. Et je me suis dit que c'était une blague. Je me suis dépêché de rentrer et j'ai essayé de noter ce dont je me souvenais pour écrire cette énorme critique. Ce qui m'a agacé, c'était que tout ça était tellement injustifié. Pourquoi est-ce qu'ils se conduisaient comme ça ? Parce qu'ils se prenaient pour des gens importants et parce que c'était un tas de petits Hitlers, voilà pourquoi. Et ils ne m'aimaient pas parce que je n'étais pas gay – ils n'aimaient pas ma coiffure, sans doute. »

Avec l'album prêt à sortir, Bowie se mit à la recherche d'une pochette appropriée. Une des pochettes refusées représentait Bowie en sombrero à côté d'un énorme molosse à bajoues montrant les dents, dressé sur ses pattes de derrière, prêt à mordre. En fin de compte, il décida de faire mieux que son copain Jagger, qui venait de demander à l'artiste belge Guy Peelaert de créer la pochette de son album *It's Only Rock'n'Roll*. Bowie se hâta de confier au même artiste la pochette de *Diamond Dogs*, qui fut mis en vente trois mois avant l'album des Stones. L'œuvre d'art dut être retouchée – retardant légèrement la sortie de l'album – quand on s'aperçut que le Bowie mi-homme, mi-chien qui occupait toute la pochette exhibait au vu de tous son membre viril. Cela n'ôta rien à l'effet final de l'une des pochettes les plus dramatiques, et certainement les plus vulgaires de Bowie, qui montrait Ziggy terminant sa carrière sous les traits d'un mutant à demi canin.

Diamond Dogs mettait fin à la première phase de la carrière de Bowie. *Rebel Rebel*, le dernier de ses singles vraiment glam, plafonna à une cinquième place étonnamment décevante après être entré dans le Top 40 au n° 6 dans la semaine de sa sortie. Bowie contribua à cet échec relatif en refusant d'apparaître à la télévision pour soutenir le single. Pour l'essentiel, *Rebel Rebel* était une nouvelle version de *Jean Genie* infiniment supérieure à l'original, l'un des rares exemples de chanson faite à partir d'une formule dans l'œuvre de Bowie. C'était visiblement un autre mini-manifeste pour les Bowie boys et les Bowie girls : et la strophe « *You got your mother in a whirl/She's not sure if you're a boy or a girl* (Ta mère est toute retournée/Elle se demande si tu es un garçon ou une fille) » évoque parfaitement la confusion sexuelle du début des années 70.

Sorti en avril 1974, *Diamond Dogs* devint l'épitaphe du glam rock. Le groupe américain Sparks tenta de le faire renaître à l'été 74, avec leur single *This Town Ain't Big Enough For both Of Us*, qui fut n° 2 à *Top of the Pops*. Cependant, à la fin de l'année, Bolan avait fait naufrage, Roxy Music était en léger déclin, et même Gary Glitter, Slade et Wizzard se faisaient supplanter par les pastiches des années 50 de Showaddywaddy et Mud, et par le glam prog-rock éxagéré de Queen. Et l'un des derniers actes (ou non-actes) de Bowie fut d'être responsable du succès de Freddie et de son groupe au Royaume-Uni. Bowie devait interpréter *Rebel Rebel* à *Top of the Pops*, mais se retira au dernier moment, donnant à Queen, qui venait d'entrer dans le hit-parade, l'occasion de le remplacer et d'interpréter le joliment excentrique *Seven Seas Of Rhye*. Au début de 1974, l'ère des Bay City Rollers et des Wombles était arrivée, et le glam rock commença à s'effacer.

Le printemps 1974 fut un tournant dans la vie artistique de Bowie. Avec l'instinct qui finirait par définir sa carrière, Bowie quitta le glam, juste avant qu'il ne devienne une parodie insipide de lui-même. Dix-huit mois plus tôt, Bowie-Ziggy avait sillonné les États-Unis, avec un succès inégal. Quand il quitta l'Angleterre pour les États-Unis en avril 1974, il semblait avoir adopté un look plus classique. L'époque du mascara, des paillettes et des plate-formes était bel et bien terminée. L'homme entrait dans la période la plus paranoïaque et la plus dangereuse de sa vie, trois ans de créativité intense, brutale. Il transforma sa coupe Ziggy, remballa son costume de kabuki, et se réinventa en élégant chanteur de soul en complet veston. Le « jeune homme cool » était né.

DEUXIÈME PARTIE

1974-1982

TROMPER LES PLOUCS, 1974-1975

J'ai dit : « Merde, tu as une tête de déterré ! » Écoute, il pesait
cinquante kilos et il était pâle comme la mort.
Il ressemblait à un putain de vampire !
Carlos Alomar relatant sa première rencontre avec Bowie en 1973.

Avec Young Americans, Bowie a tellement bien réussi à faire
connaître la musique noire au public blanc que j'ai reçu un coup
de fil du manager de Hall and Oates, Tommy Mottola,
qui m'a demandé de faire la même chose pour eux.
J'ai refusé. Une fois suffisait.
Tony Visconti, 1999.

Bowie n'en était pas à sa première tentative de conquête des États-Unis. Cette fois, MainMan avait mis tout son poids derrière l'ex-star du glam rock pour la vendre au grand public américain. La tâche n'était pas aisée. Certes, certains concerts de Ziggy avaient été des succès spectaculaires ; *Space Oddity*, réédité et accompagné d'un clip récent, était parvenu au n° 15 ; et *Aladdin Sane* et *Pin-Ups* avaient aussi atteint le Top 30, mais Bowie était encore loin d'être une célébrité.

Bowie adorait la musique noire de l'époque. Son enthousiasme était sincère, même s'il qualifierait plus tard sa propre version de « plastic soul ». Visiblement las du monde du rock, et ne s'étant jamais vraiment considéré comme un rocker au départ, il s'immergea dans la culture populaire américaine, soucieux de la comprendre et de voir ce qu'il pouvait apprendre de sa musique.

Fin 73, Bowie rencontra Carlos Alomar, un New-Yorkais d'origine portoricaine qui lui allait lui servir de guide dans la musique noire, et être le leader de son groupe quatorze ans durant. Alomar était un guitariste funk autodidacte, le fils d'un révérend de l'Église pentecôtiste – « Ceux qu'on appelle en Amérique les "holy rollers[1]", explique Alomar. Des gens qui ont vu l'Esprit saint et se roulent par terre pour se purger, en quelque sorte. » Après avoir passé quelque temps au sein du programme Upward Bound, conçu pour aider les jeunes défavorisés (où il rencontra Luther Vandross), Alomar travailla comme musicien de studio, et finit par devenir le plus jeune guitariste de l'orchestre de l'Apollo Theatre. Son remplaçant s'appelait Nile Rodgers, plus tard cofondateur de Chic. Alomar jouait avec des gens comme James Brown, Chuck Berry et Wilson Pickett, qui venaient à l'occasion donner un concert en ville et engageaient des musiciens locaux pour la soirée. Il reçut donc la meilleure formation possible, raffinant son style auprès des plus grands de la soul et du R&B. « C'était en 1971/1972, se souvient-il. J'avais environ seize ans. » Un de ses petits boulots fut d'être musicien pour un des premiers épisodes de l'émission pour enfants *Sesame Street*, avec Luther Vandross, la chanteuse Robin Clarke (sa future épouse) et Fonzi Thornton, futur membre de Chic. Alomar fut aussi musicien de studio (non accrédité) pour de nombreux enregistrements, y compris des albums de Martha Reeves. En plus de l'Apollo, il travaillait aussi en journée et jouait souvent dans des bars après avoir fini au théâtre.

En 1973, Alomar faisait partie du groupe The Main Ingredient. « Un des membres du groupe, Tony Silvester, m'avait déjà fait entrer au studio d'enregistrement de RCA sur la 6e Avenue, se souvient Alomar, et il m'a demandé de faire une session pour un type appelé Bowie, qui produisait Lulu. Je me souvenais de Lulu parce qu'elle avait joué dans *To Sir With Love*, et j'ai accepté avec enthousiasme. J'étais jeune et je voulais absolument être associé à un maximum de gens pour avoir des références qui me permettraient de justifier le salaire que je demanderais un jour. J'ai fait la session chez RCA, à New York, au studio A. Je crois que c'était *The Man Who Sold The World*, à moins que ça n'ait été une ancienne version de *Can You Hear Me ?* » Alomar n'avait jamais entendu parler de Bowie, mais les deux hommes se plurent immédiatement. Jovial, calme, Alomar avait un bon sens de l'humour. Il eut une énorme influence sur la musique de Bowie en tant que guitariste, mais aussi en tant qu'ami,

---

1. Littéralement « saints rouleurs ». (*N.d.T.*)

et leur partenariat resterait solide pendant quinze ans. Il serait le « pont » entre la phase pop rock glam de Bowie et le « plastic soul » du milieu des années 70.

Cependant, en 73/74, Alomar était quelque peu alarmé par le physique de Bowie : « Mettez-vous à ma place, je suis un Portoricain qui vit à Harlem et fait de la musique noire. Voir un type aussi pâle avec des cheveux rouges, c'est bizarre, non ? Il débarquait dans un cercle complètement différent du glam rock qui l'avait fait connaître. Alors, quand il est arrivé en Amérique, il parlait beaucoup de choses qu'il avait lues mais pas vues : le milieu de la musique latine, du R&B. C'était ma vie. Il s'intéressait à tout ce qui avait à voir avec la vie à New York. Il me fascinait. Très gentil, extrêmement modeste, très sympa. Je lui ai dit : "Viens chez moi, ma femme te fera du poulet, du riz et des haricots, ça te mettra un peu de viande sur les os !" Et, étonnamment, il a dit oui. Il a fait garer sa limousine juste devant mon appartement dans le Queens et c'est comme ça qu'on a commencé à traîner ensemble. J'avais quelques disques d'or au mur, même à l'époque. Ça faisait bien ; j'avais eu mes disques d'or avant lui ! »

Alomar et Bowie s'entendaient à merveille, fréquentant bars et clubs locaux pour initier Bowie à la musique noire sous toutes ses formes. Bowie demanda bientôt à Alomar, qui travaillait encore avec The Main Ingredient à ce moment-là, de l'accompagner avec un nouveau groupe dans son ambitieuse tournée américaine. Alomar ne tarda pas à se rendre compte que fréquenter Bowie signifiait aussi fréquenter ses hommes d'affaires, et qu'il avait besoin d'un poids lourd pour le représenter dans un univers rock dominé par les Blancs. « C'est à ce moment-là que j'ai été présenté à Tony DeFries. Je me suis dégoté un manager blanc, parce que je voyais bien que j'entrais dans un monde un peu plus blanc que celui auquel j'étais habitué, pour ainsi dire. Parce que pour moi, c'était du rock'n'roll, pas du R&B. Évidemment, dans le R&B, j'avais l'habitude de travailler avec des nègres. Je ne parle pas de Noirs, ni d'Afro-Américains, je parle de nègres, c'est-à-dire d'un homme, noir ou blanc, qui te pique du fric, porte un revolver, te force à réagir. Donc, j'ai demandé à mon manager de parler à Tony DeFries de mon salaire. DeFries m'offrait 250 dollars par semaine, alors que j'en gagnais déjà 800 ! J'ai dit : "Si vous ne pouvez pas m'en donner autant, je laisse tomber." Ils ont répondu : "Non, on ne peut pas." J'ai dit : "Très bien. Ciao !", et je suis parti. Ils ont trouvé quelqu'un d'autre pour faire la tournée, et c'était Earl Slick. »

Le moins que l'on puisse dire est qu'Alomar ne pensait pas que du bien de Tony DeFries. « C'était un obèse avec un énorme manteau de fourrure. Il était très impressionnant. Chez MainMan j'aimais bien Tony Zanetta. C'était un type excentrique, et ça me plaisait. Il était drôle. DeFries non. Dans mon boulot, on rencontre beaucoup de types comme lui. DeFries était un type qui pouvait t'en faire baver s'il en avait envie, et, quand il voulait ton fric, il savait te mettre de la poudre aux yeux. Le nègre classique, si je peux m'exprimer ainsi. Il était aussi complètement inflexible. Il ne cédait jamais dans une négociation. Je ne l'aimais pas du tout. C'est mauvais signe quand on a cette impression-là dès la première rencontre. C'était une ordure, il n'y a aucun doute. Aucun doute. »

Pourtant, selon le guitariste Earl Slick, « A ce moment-là, DeFries était le manager classique dans le milieu. Il n'avait rien d'extraordinaire, il était dans la norme. »

Alomar allait jouer un rôle fondamental dans le son de Bowie pour les quinze années à venir. Bowie avait aussi engagé Corinne Schwab (connue sous le nom de Coco), une Américaine brillante, dynamique et sûre d'elle, qui devint son amie, puis, brièvement, sa maîtresse. Après avoir travaillé chez MainMan à Londres, elle partit avec Bowie pour les États-Unis au printemps 1974. Coco, qui apparemment détestait le rock et n'avait jamais entendu parler de David Bowie auparavant, allait finir par compter parmi ses plus fidèles amis. Un quart de siècle plus tard, elle est toujours sa collaboratrice.

Avec Angie de retour à Londres, occupée à fréquenter les célébrités de Chelsea et à prendre du PMA (une nouvelle drogue synthétisée appelée Pamela, très proche de l'ecstasy), Bowie se tourna vers Coco. Il consommait de plus en plus de cocaïne. Il avait commencé à en prendre pendant l'enregistrement de *Diamond Dogs* à Amsterdam, et six mois plus tard, il était accro. Dans sa seconde autobiographie, Angie prétend qu'il s'était rendu à New York pour être près de son dealer et avoir un accès régulier à la drogue plutôt que pour des raisons professionnelles. Quoi qu'il en soit, Coco fut l'infirmière de Bowie.

When I needed soul revival
I called your name
When I was falling to pieces
I screamed in pain

« Quand j'avais besoin de réconfort
Je t'appelais
Quand je m'effondrais
Je hurlais de douleur »

chanta Bowie beaucoup plus tard dans *Never Let Me Down*, une chanson dédiée à Coco, en 1987. Elle s'avéra une chargée d'affaires extrêmement compétente, et le maintint en vie pendant les jours de paranoïa provoquée par la coke – jours qui deviendraient des semaines, puis des mois, puis des années. Tony Visconti :

« Coco a été une assistante efficace et très loyale. Elle était très bien éduquée, parlait plusieurs langues, et elle faisait très bien son travail. Elle est devenue son assistante pendant le mixage de *Diamond Dogs*. Je ne me souviens pas du nom de son assistante précédente, c'était une Anglaise noire qui arrivait toujours en retard ou ne venait pas du tout, et qui comprenait de travers ce que David lui demandait. Il l'a renvoyée et Coco, qui faisait partie de l'équipe des dactylos, l'a remplacée temporairement, mais elle a été si efficace que David lui a donné un poste permanent. »

Lentement, mais sûrement, Coco endossa de plus en plus de responsabilités, écartant peu à peu Angie et DeFries de la vie émotionnelle et professionnelle de Bowie. Elle devint sa gardienne, restreignant parfois impitoyablement l'accès à la superstar, commença à engager et renvoyer les membres de l'entourage de Bowie et à organiser son planning. Elle le protégeait de manière si agressive qu'elle ne tarda pas à faire certains mécontents. « Vous savez ce qu'est un rémora ? dit l'un d'eux. C'est un poisson qui s'attache à un autre, plus gros, comme un requin, grâce à une sorte de ventouse. Quand le requin mange, il laisse de la nourriture et le rémora la mange. C'est le genre de relation qu'ils ont. Toute la vie de Coco tourne autour des affaires de David Bowie, et c'est un emploi à plein temps. Elle n'a jamais l'air de faire grand-chose d'autre. De temps en temps, l'entourage de David se demande pourquoi il emploie quelqu'un d'aussi mordant, qui met des bâtons dans les roues à ceux qui travaillent avec lui. En fait c'est le duo classique du gentil et du méchant qu'on trouve parfois dans le business. La plupart des gens qui ont entouré David ont forcément des critiques contre Coco parce qu'au fond, c'est son rôle. »

Quant à Tony DeFries, il était peut-être intimidant et arnaqueur, mais cette réincarnation seventies du Colonel Tom Parker[1] était aussi un stratège brillant et un homme de loi avisé. Il avait foi en son artiste. Il était déterminé à faire de Bowie une superstar aux États-Unis, et, en l'espace de six mois, il y parvint. La première étape de l'opération fut le lancement de *Diamond Dogs* au printemps 1974.

Une lettre de DeFries à Geoff Hanington de RCA expose l'ingénieuse stratégie promotionnelle de MainMan. Tout d'abord, une photo de la couverture et du dos de la pochette de *Diamond Dogs*, portant la légende « *The year of the Diamond Dogs*/L'année des

---

1. Manager d'Elvis Presley. (*N.d.T.*)

Chiens de Diamant », fut placée en double page dans la plupart des revues les plus importantes. DeFries publia aussi deux lettres d'information, qui furent envoyées à plus de cinq mille personnes. L'idée d'inclure une photo noir et blanc de la pochette, au lieu de la photo habituelle de l'artiste, s'avéra payante. En l'espace de quelques jours, le cliché était reproduit dans la presse du monde entier, donnant à l'album une publicité gratuite.

Une vaste campagne d'affiches fut également organisée dans les bus, les stations de métro, etc. DeFries écrivit : « Il vous faudra fournir des albums, des kits presse sous forme de livret..., des autocollants, des posters, des pochettes, des plaques d'identité et autres gadgets aux écoles et aux stations de radio locales et commerciales. A cela s'ajouteront des équipes... qui feront campagne ensemble dans toutes les villes principales, les banlieues, etc., et distribueront le reste du matériel promotionnel lié à l'album durant les semaines suivant la sortie. La campagne doit ressembler à une campagne politique pour un sosie de Bowie : haut-parleurs sur des camionnettes, concours, événements dans les magasins de disques, informations aux radios et aux télévisions locales... »

Des placards publicitaires furent érigés sur Times Square et sur Sunset Boulevard, et une édition limitée de plaques d'identité *Diamond Dogs* en métal fut produite en guise de souvenirs. Afin de promouvoir la tournée et l'album, diffusé dans chaque ville avant la date du concert, Bowie fit des publicités à la télévision et à la radio. Même des boîtes d'allumettes *Diamond Dogs* avaient été prévues.

La deuxième phase de l'« Opération Bowie » de MainMan était, bien entendu, la tournée elle-même. Le spectacle de *Diamond Dogs* était le plus théâtral jamais monté. En fait, sur le plan de l'audace visuelle, il n'a sans doute jamais été égalé depuis. Les décors de la tournée, conçus par Bowie, furent réalisés par Michael Bennett et John Dexter, avec Jules Fisher à l'éclairage. Devant les façades délabrées des immeubles en ruine de *Hunger City*, Bowie prédisait l'apocalypse en exécutant une série de scènes théâtrales : il embrassait sur la bouche un crâne dans *Cracked Actor*, et était capturé au lasso par des danseurs pour *Diamond Dogs*. Pour *Space Oddity*, une nacelle le soulevait au-dessus du public, et il chantait muni d'un micro déguisé en téléphone. Plus tard, Bowie qualifia le spectacle de « croisement entre Métropolis et le docteur Caligari, mais sur scène, en couleur, avec une bande-son rock. »

C'était le spectacle le plus éprouvant que Bowie ait donné jusque-là. En tant que soliste, avec un groupe qui jouait le rôle d'orchestre, il n'avait pas la possibilité de se reposer sur une structure de groupe rock et de s'y fondre lors d'éventuels passages à vide. Il était plus que jamais important de projeter une voix à la fois agréable à l'oreille et satisfaisante sur le plan technique, et c'est à cette époque que Bowie acquit un vibrato nouveau, plus riche, plus profond.

Le groupe, composé de dix membres, était le plus professionnel, le plus fluide et le plus subtil que Bowie ait réuni jusque-là. Peut-être la tâche la plus ardue incombait-elle au successeur de Mick Ronson, le guitariste Earl Slick, né en 1951 à New York. Devenu musicien de studio dès les années 70, il avait à présent son propre groupe et écrivait ses propres chansons. « Je faisais partie du groupe d'accompagnement d'une compagnie théâtrale qui jouait *Hair* à côté de Broadway, alors j'avais l'habitude du milieu des artistes new-yorkais. Je rencontrais des tas de gens bizarres : Andy Warhol, Lou Reed, et les autres du mouvement glitter rock. » Slick fut présenté à Bowie par Michael Kamen, le directeur musical de la tournée, qui avait travaillé avec lui auparavant. Kamen lui-même était un musicien de formation classique issu de la Julliard Music School de New York, et, à l'époque, jouait dans un groupe hybride de rock et de classique.

Slick auditionna pour Bowie aux studios RCA à New York. « Il était en train de mixer *Diamond Dogs*, explique Slick. C'était une audition, mais une drôle d'audition, parce qu'il n'y avait pas de groupe. Je suis arrivé avec une guitare, j'ai rencontré David, qui était à la console, et je me souviens qu'il portait des vêtements sombres, des lunettes noires et un feutre. Je suis entré dans le studio principal (ils avaient déjà installé un ampli que j'avais demandé) et j'ai mis mon casque. Ils m'ont joué deux ou trois morceaux de *Diamond Dogs*, ont enlevé les guitares du mix, m'ont donné le ton et m'ont dit de jouer ! Mais je ne me suis pas démonté. Je me souviens que j'étais seul et que je regardais vers la console qui était presque dans le noir. Je me disais : drôle de situation. Et puis il m'a rejoint avec une guitare, on a commencé à parler, il a branché la guitare dans l'ampli, on a improvisé pendant un moment, et ç'a été tout. Coco a dit qu'ils m'appelleraient la semaine d'après, parce qu'ils avaient d'autres gens à auditionner. J'ai eu un coup de fil le lendemain matin. J'ai foncé à l'hôtel, on a discuté, et voilà. »

Quoique Slick ait été ravi de faire partie du groupe, il était loin d'être satisfait de la rémunération qu'on lui proposait. Ou plutôt, qu'on lui imposait. « J'ai accepté un salaire minable – 300 dollars par semaine. J'étais là, j'avais 21 ans, je travaillais comme une bête, je faisais partie de plusieurs groupes. Et tout d'un coup, on me propose de participer à une tournée comme ça ! Le fric était décevant. A l'époque, j'en gagnais plus dans les bars. Mais ce n'était pas négociable. Et je ne le faisais pas pour l'argent. Je le faisais parce que ça me permettait de jouer dans un groupe célèbre. Je suis musicien, et, une tournée pareille, je savais instinctivement qu'il en sortirait quelque chose. Ça m'a fait beaucoup progresser. »

« C'était un des meilleurs spectacles rock que j'ai jamais vus, observe Tony Visconti. Le décor était superbe, techniquement parfait, avec le pont-levis, la main diamantée qui s'ouvre, et la nacelle qui s'élève au-dessus des rangs de spectateurs. Le groupe était bien préparé. C'est un des meilleurs spectacles de David. Je ne faisais pas partie de l'équipe, alors je ne peux pas dire comment s'est passée la tournée elle-même. Michael Kamen, le célèbre compositeur de musique de films, était second clavier (le premier était Mike Garson) et jouait aussi du hautbois. »

Non seulement les mises en scène étaient audacieuses et démesurées, mais Bowie se mettait aussi en avant en tant que soliste. Le matériau de l'ère glam fut sauvagement restructuré. *Aladdin Sane* devint une rumba jazz-latino, *Rebel Rebel* et *Jean Genie* furent réinventés en blues de cabaret, et *All The Young Dudes* et *Rock'n'Roll Suicide* devinrent encore plus étranges, transformées en ballades sirupeuses. *Cracked Actor*, complètement refait, devint un morceau grandiose et empreint de mystère, emmené par le saxo. La nouvelle version de *A Width Of A Circle*, avec hautbois, saxo et l'assourdissante guitare de Slick, décadente et désespérée, dégageait encore plus d'intensité que l'originale.

Le groupe était positionné un peu comme un orchestre. Bowie exigea que les membres adoptent une certaine tenue de scène, mais il y eut quelques révoltes. Earl Slick : « J'avais les cheveux très longs quand j'ai rencontré David et il me les a fait couper pour le spectacle. On portait des tenues qu'il avait fait faire pour tout le monde. La mienne était un costume des années 40 – plutôt cool. Tony [Newman] détestait la sienne, alors un jour il est venu couvert de sparadrap des pieds à la tête, du sparadrap blanc, on aurait dit une momie, et il s'est mis à la batterie comme ça. Une autre fois, il avait déchiré tous ses vêtements, sa chemise, tout. Tony se foutait de tout ; il disait ce qu'il avait à dire à sa façon. »

La tournée débuta le 14 juin au Forum de Montréal, au Canada. S'ensuivirent 37 spectacles en 37 jours (du 14 juin au 20 juillet), avec une journée de repos et un spectacle en matinée à Toronto. Les décors avaient coûté quatre cent mille dollars et il fallait à trente hommes une journée entière pour les monter. Autant dire que les transporter de ville en ville sur de vastes distances était une entreprise gigantesque. A la suite d'un accident après le concert d'Atlanta, la tournée se poursuivit avec la moitié de *Hunger City*, le reste ayant été endommagé (ironique pour un spectacle à propos d'une ville en ruine).

L'apogée de cette première partie de la tournée eut lieu au Tower

Theatre, à Philadelphie, du 8 au 15 juillet. RCA et MainMan enregistrèrent les chansons qui devaient figurer sur un album live de Bowie, le premier. MainMan filma les deux concerts au Madison Square Gardens de New York. Ces trésors ne sont encore jamais sortis, et, s'ils se trouvent dans le coffre-fort de DeFries (Bowie et lui auraient partagé toutes les archives moitié-moitié, et on dit qu'il y en avait assez pour remplir un hangar dans chaque tas !), il est presque certain que cet épisode essentiel de l'histoire du rock ne verra jamais le jour. Après le second soir au Madison Square Garden, MainMan donna une réception au Plaza Hotel, mémorable surtout parce que Bowie, Jagger et Bette Midler disparurent ensemble dans un dressing, sans doute pour « se détendre ».

Ces concerts ne furent pas exempts d'anicroches. *Space Oddity* était une entreprise particulièrement hasardeuse. Parfois, le mécanisme de la nacelle se bloquait, laissant Bowie suspendu au-dessus du public, contraint d'interpréter les chansons suivantes assis sur sa chaise de bureau en se demandant s'il finirait jamais par redescendre sur la scène. En outre, les membres du groupe furent plutôt mécontents d'apprendre qu'ils seraient payés au même tarif pour ces spectacles que pour le reste de la tournée, en dépit du fait que leurs performances allaient être enregistrées pour un album live. Bowie se retrouva pris entre deux feux.

« Ils ne nous ont pas prévenus à l'avance qu'ils enregistraient les concerts, dit Earl Slick. Herbie Flowers a deviné quand on est arrivés sur les lieux. Il a mis les pieds dans le plat ; on nous a fait une offre dérisoire. Alors Herbie nous a tous réunis et il a dit, en gros, qu'on ne devrait plus faire de concerts à moins qu'on ne nous propose une somme plus raisonnable. Finalement, ils ont négocié un chiffre et on a continué, mais ça n'avait pas été très joli... En plus de ça, on n'a pas été payés. A la fin, il a fallu qu'on fasse un procès à David, alors qu'on était toujours en tournée avec lui. »

« Herbie Flowers est une grosse légume dans le syndicat des musiciens anglais à présent, dit Garson. Il se battait pour ses droits, et c'est sans doute vrai que le groupe se faisait arnaquer. Mais on aurait pu procéder un peu plus délicatement. »

Bowie lui-même avait d'énormes problèmes financiers. Il découvrit en juillet, à sa profonde horreur, qu'il ne possédait pas la moitié de MainMan, comme il l'avait cru, mais seulement quelques miettes de l'empire de DeFries. Bowie finançait la tournée sur ses propres revenus, et avec un décor si ambitieux et une immense armée de musiciens et de techniciens qu'il fallait nourrir, abreuver et maintenir satisfaits, il y avait une énorme pression sur lui. « J'ignore comment fonctionnait MainMan, déclare Visconti. Je n'en faisais pas partie, mais je sais qu'ils avaient beaucoup plus d'employés qu'il ne leur

177

en fallait, et une grande partie des frais incombait à David, pas à DeFries. C'est cela qui a mis fin à leur collaboration. »

Ce fut pendant l'été et l'automne 1974 que Bowie sombra dans la dépendance à la cocaïne. Il commençait à vivre à contretemps, dormant le jour et travaillant la nuit, mais la coke le gardait souvent éveillé plusieurs jours d'affilée. Seule sa remarquable endurance physique lui permettait de continuer. Il avait perdu l'appétit, et maigrissait à vue d'œil ; il pesait à peine plus de quarante kilos. Ses veines saillaient sous la peau. Quand il souriait, son visage décharné se couvrait de rides. D'une certaine façon, Bowie eut « de la chance » de devenir accro à la cocaïne, une drogue qui, contrairement à l'héroïne, par exemple, mène rarement à la mort si elle est prise seule. Au début, la cocaïne donna à Bowie une énergie extraordinaire, mais très vite l'abus du stimulant le mit dans un état de semi-narcolepsie et de paranoïa ; l'euphorie initiale fut remplacée par une horrible sensation de vide émotionnel. Incapable d'éprouver des sentiments et d'avoir des relations « normales » avec les autres, Bowie vivait dans une douleur permanente. Certain que la drogue était un merveilleux outil créatif, il était convaincu de ne pouvoir écrire ou enregistrer sans en avoir absorbé. Il continua donc à en prendre, en quantité de plus en plus grande. Contrairement à l'héroïne, la coke jouissait d'une réputation glamour et d'une certaine mystique. C'était la drogue du monde de la musique et du cinéma. Au milieu des années 70, on estimait que quatre-vingt-dix pour cent de la cocaïne consommée aux États-Unis l'était dans les milieux du cinéma et de la pop. Bowie n'était qu'une star supplémentaire à ajouter aux statistiques.

David Bowie commençait à vivre dans un univers de plus en plus abstrait. Il informa MainMan et RCA qu'il supprimait la partie « David » de son nom pour la tournée de *Diamond Dogs*, et les disques qu'il fit en 1974 ont tous un côté froid, impersonnel. Dans les interviews, il parlait parfois de lui-même à la troisième personne, et observait combien il se sentait divorcé du « vrai » David Jones.

Pour sa part, DeFries était de plus en plus perplexe face au comportement du chanteur. Bowie commençait à chercher dans le ciel des manifestations d'une vie extraterrestre, voyant en chaque objet mobile et clignotant un ovni potentiel. A ses yeux, chaque jour qui passait rendait plus probable une invasion des extraterrestres. Son intérêt pour les ovnis, apparu comme une lubie d'adolescent au début des années 60, devenait à présent une passion dévorante. Le nouveau Bowie, quoique « normalisé » en *soul boy*, n'avait jamais en réalité été si peu « normal » – mais le pire restait à venir.

Bowie n'était pas le seul à succomber à la dépendance. « J'aurais bien voulu devenir l'ami de David, affirme Earl Slick, mais ça ne s'est pas produit. Tout le monde était tellement drogué et occupé tout le temps qu'on ne savait pas qui étaient ses amis. »

Une paranoïa ambiante régna pendant deux ans. « C'est vraiment là que les excès ont commencé, et je crois que David n'a pas de très bons souvenirs de cette période. A cause de la quantité de coke qu'il prenait, ç'a été un mauvais moment pour lui. Moi, j'étais une épave, mais ça marchait pour moi, et je vivais la vie qu'un guitariste de rock était censée vivre. Je faisais n'importe quoi. On avait perdu tout contrôle. »

Durant l'été 1974, Alan Yentob et une équipe de la BBC rejoignirent David en Amérique. Ils tournèrent un documentaire qui fut diffusé en janvier suivant et intitulé *Cracked Actor*, un chef-d'œuvre qui marque un moment clé du journalisme. Il contient des scènes aussi troublantes, aussi fascinantes que n'importe quelle performance ou clip de Bowie. Les images de Bowie, pitoyablement maigre, buvant à même une brique de lait, les pommettes saillantes, sont parmi les plus frappantes de l'histoire du rock. La séquence où on le voyait renifler nerveusement une ligne de coke à l'arrière d'une limousine qui traverse LA, terrifié par le hurlement d'une sirène de police qu'il soupçonne d'être à la poursuite de sa voiture, est tout aussi poignante. C'est à ce moment-là que ses fans comprirent que Bowie était devenu une vraie victime de la drogue.

Il n'est pas difficile de comprendre ce que Bowie veut dire quand il explique qu'« il ne pouvait pas s'empêcher de tout absorber ». Bowie américanisait son côté anglais, mais comme toujours, il n'arrivait pas vraiment à l'effet recherché, ne pouvait pas vraiment se faire passer pour un vrai *soulster*. C'est bien sûr là que se trouve son charme – dans la synthèse plutôt que dans une vision authentique.

Bowie, ou plutôt l'industrie Bowie, devait continuer à produire. Dans l'intervalle de six semaines entre les deux volets de la tournée de *Diamond Dogs*, Bowie décida de faire un nouvel album, son cinquième en un peu plus de trois ans (un rythme qu'aucun artiste de sa stature ne pourrait même rêver d'égaler dans les années 90). Quatre mois tout juste après la sortie de *Diamond Dogs*, et alors que la tournée promotionnelle de l'album devait reprendre le 2 septembre au Los Angeles Universal Amphitheatre, Bowie se rendit aux studios Sigma Sound à Philadelphie. Pris d'une frénésie d'écriture, il se brancha sur les radios qui diffusaient des tubes de musique noire américaine. L'album qui en résulta devint l'un des disques les plus importants de la décennie – *Young Americans*.

Quoiqu'il n'ait pas participé à la tournée de Bowie, Alomar participa à la session de Sigma, après que MainMan eut accepté de payer le cachet qu'il demandait. A vrai dire, Alomar joua un rôle capital dans la formation du reste de l'équipe musicale : « Il m'a appelé, m'a dit qu'il allait à Philadelphie et qu'il avait *beaucoup* étudié la musique de *The sound of Philadelphia* et Gamble et Huff. J'ai amené mon bassiste, Omir Kassam, mon batteur, Andy Newmark, et Willy Weeks. J'ai suggéré à ma femme de venir avec moi et d'amener Luther Vandross. Vous savez ce que c'est quand on est en studio ; Luther et Robin, dans la salle de mixage chantaient, riaient et ajoutaient leur grain de sel. Bowie les a entendus et il a dit : « Ouah ! Allez en studio et faites exactement ça ! » Ils n'avaient pas été engagés au départ, ils étaient juste venus pour m'accompagner. »

Le rôle de Tony Visconti, qui s'assurait que tout le travail accompli était enregistré correctement, ne fut pas moins essentiel. Visconti était-il sceptique quant aux motivations de Bowie ? S'agissait-il d'un calcul, d'une tentative cynique, visant à s'imposer sur le marché américain ? Visconti ne le pense pas : « Il était tombé amoureux de la musique noire de cette époque et il voulait "s'y mettre". Curieusement, alors qu'on était censés enregistrer à Sigma pour l'ambiance et les musiciens, en fin de compte on n'a jamais utilisé un seul musicien de Philadelphie. David avait amméné les siens. Dans la section rythmique, il y avait des gens remarquables. J'étais ravi de travailler avec Willy Weeks, un de mes bassistes préférés, et Andy Newmark de Sly And The Family Stone, un batteur légendaire. Le groupe était un mélange parfait de musiciens noirs et blancs, qui pouvaient jouer de la soul aussi bien que n'importe qui. David s'est très bien débrouillé, mais forcément il était le moins authentique des artistes qui participaient au projet. Enfin, avec ce critère, on pourrait aussi dire qu'Eric Clapton joue du "plastic blues". »

Les sessions se déroulèrent à un rythme effréné. Visconti, à peine arrivé et souffrant du décalage horaire, comprit vite que l'équipement d'enregistrement primitif de Sigma Sound allait mettre ses compétences techniques à rude épreuve. Néanmoins, Bowie était lancé et voulait mettre en boîte immédiatement la première chanson de l'album, intitulée *Young Americans*. Visconti : « Ç'a été un vrai plaisir. J'ai arrangé la salle de façon à ce que tout le monde puisse se voir, et on a mis de petites cloisons amovibles pour placer les micros de façon satisfaisante. Mais David m'a perturbé quand il a annoncé qu'il voulait chanter *live*, dans la même salle que le groupe, et qu'il voulait que je garde la partie vocale. Il a chanté tellement bien et avec tant d'émotion qu'on n'a pratiquement rien dû remplacer. Je dirais que quatre-vingts pour cent des paroles sont des prises live, avec le groupe qui joue en même temps, dans la grande tradition des disques soul. »

Pour Alomar, Bowie était un chanteur brillant : « Que je vous dise tout de suite, David Bowie est doué, aucun doute là-dessus. Ce type sait tout faire. Il sait gémir – c'est le plus beau compliment que je puisse lui faire. Il prenait toutes les inflexions qu'il fallait... Il pouvait être en train d'imiter la voix grave de Newley, et puis tout d'un coup il prenait une voix de fausset, hyper aiguë. Les enregistrements étaient tellement bons ! Dans *John I'm Only Dancing*, quand il monte dans l'aigu, c'est fou ! Enfin, vous entendez à quel point il chante bien ? »

L'enregistrement de l'album fit sensation. Philadelphie avait toujours été un fief de Bowie. L'arrivée de David et de son entourage pour enregistrer sur place suscita l'enthousiasme parmi ses fans purs et durs. S'ensuivit un véritable marathon de dévotion, quand une tribu de supporters de Bowie décida de le suivre partout. Une sorte de nivellement de la relation star/fan se produisit. Bientôt les fans devinrent des amis. Ils obtenaient des avant-premières du travail en cours, et discutaient avec Bowie. En échange, ils rendaient de menus services à l'équipe du projet. Bowie et ses musiciens ne tardèrent pas à éprouver un sentiment de responsabilité à l'égard de ces fans, que Bowie avait surnommés ses « Sigma Kids ». Patti Brett, l'une d'entre eux, raconte jusqu'où ses amis et elles étaient prêts à aller pour être avec leur idole :

« On avait commencé à monter la garde chacun à son tour. A intervalles réguliers, quelqu'un passait voir s'il y avait une voiture, et un soir, quelqu'un a vu une limousine Cadillac bleue. On a découvert qu'il séjournait au Berkeley Hotel, et on a pris l'habitude d'attendre qu'il sorte. Entre quatre et six heures de l'après-midi, il allait au studio et il nous parlait au passage. On doublait des voitures, on brûlait tous les feux rouges pour arriver au studio avant lui, et quand il s'arrêtait devant, on était déjà là. Il descendait de voiture, nous parlait de nouveau, entrait au studio, faisait ce qu'il avait à y faire, et on l'attendait tous les soirs pour refaire la même chose – lui parler, foncer à l'hôtel, et lui parler encore. Ils sont restés à peu près deux semaines. C'était en août 1974. On est devenus un peu les copains de tout le monde. On a donné à Carlos un appareil photo pour qu'il l'apporte dans les studios. On a aussi persuadé l'ingénieur du son, Carl, d'ouvrir sa fenêtre, qui était située juste derrière l'abat-voix, pour qu'on puisse entendre. On traînait dans la chambre de Carlos. Il nous jouait des trucs qu'ils avaient faits ce jour-là. On emmenait les membres du groupe en ville s'ils avaient besoin d'aller faire des courses. J'emmenais même Tony Visconti au studio quand il ne trouvait pas de taxi. »

Bowie travaillait à une vitesse folle. *Young Americans* était déjà bouclé. Plusieurs chansons furent retravaillées pour l'album : une version funky complètement réécrite de *John I'm Only Dancing*, chanson qui n'était encore apparue sur aucun des albums de Bowie, deux grandes ballades luxuriantes tout à fait différentes de tout ce que Bowie avait jamais écrit, *Where Can I Be Now ?* et *It's Gonna Be Me*, une nouvelle version d'une démo faite par Lulu, *Can You Hear Me ?* et *Somewhere Up There Likes Me*, basé sur *I Am Divine*, qui datait de sa session de l'automne précédent avec les Astronettes.

Bowie voyait toujours Ava Cherry, qui chantait pendant les sessions, mais Visconti se souvient « qu'il n'y avait aucun lien romantique entre eux. Je suppose qu'ils couchaient ensemble, mais je n'en sais rien. Je pense qu'Ava était quelqu'un de très inhabituel et David voulait l'aider à promouvoir ses talents et son look. Elle chantait très bien, elle avait un style très personnel. » Angie n'était guère présente. « On m'a dit qu'elle est venue un soir. Elle a saccagé la chambre de David, et puis elle est partie, raconte Visconti. Je crois que tout cela affectait beaucoup la manière de travailler de Bowie, mais dans un sens *positif*. Il était très accaparé par l'élaboration de *Young Americans* et de *Low*, deux albums qui ont été faits pendant sa lente séparation d'avec Angie. Il ne parlait pas beaucoup d'elle, ni de leurs problèmes. » En fait, Angie était arrivée juste après une nuit de passion entre Bowie et une chanteuse des Three Degrees. Néanmoins, Ava représentait la menace principale, et, quand Angie découvrit l'étendue des rapports entre Bowie et Cherry, elle fit une crise de nerfs. Tony Zanetta écrivit dans sa biographie de Bowie, *Stardust*, qu'il avait dû « lutter avec elle et la plaquer au sol » pour l'empêcher de se précipiter par la fenêtre ouverte.

En dépit de cette atmosphère agitée, les fans étaient contents. « A vrai dire, tout le monde était incroyablement gentil avec nous, explique Patti Brett. Vous savez, je trouve vraiment difficile d'entendre critiquer Angie, parce qu'elle a été tellement gentille quand elle est venue. De temps en temps, David nous demandait si on avait assez d'argent pour rentrer à la maison, ou si on n'avait pas faim. Il s'inquiétait toujours de nous voir assis sur le trottoir, tard le soir. »

Avec la tournée qui devait reprendre début septembre, les sessions chez Sigma durent s'achever. Le dernier soir, Bowie avait réservé une surprise aux Sigma Kids.

« Alors, quand il est arrivé au studio un soir, raconte Patti Brett, il a dit : "Vous avez été fantastiques pendant notre séjour ici, alors on va finir d'enregistrer certains morceaux, et puis on veut que vous veniez les écouter." C'était un jeudi soir, et il nous a dit de ne pas le répéter à ceux qui n'étaient pas là. Il a envoyé quelqu'un pour nous faire entrer dans le hall, parce qu'il avait commencé à pleuvoir. Il nous a invités à monter. Il était derrière l'abat-voix et il a dit : "Voici ce qu'on a fait. Écoutez et dites-moi ce que vous en pensez." Et puis il s'est assis au fond du studio, l'air nerveux. La première fois qu'on l'a écouté, je crois que tout le monde s'est demandé : "Qu'est-ce que c'est que ça ?" On était plutôt curieux. L'album a été joué en entier et à la fin quelqu'un a dit "Encore !" et puis tout le monde s'est levé et a commencé à danser, et c'était merveilleux. »

A ce moment-là, le titre était *Shilling The Rube*, se souvient Brett. C'était censé être une sorte de blague, un commentaire ironique sur la quête de Bowie pour un album qui fasse un tube aux États-Unis avec un ersatz de musique soul. *Shilling The Rubes* est une expression américaine qui s'utilise pour évoquer un charlatan qui utilise un complice dans une foule, complice dont le rôle est d'inciter les badauds à acheter un produit douteux. *Shilling* signifie « tromper », « escroquer » et *rube* signifie « plouc ». « Tromper les ploucs » était donc le titre original du nouvel album de Bowie.

Malheureusement, on lui expliqua que le public ne comprendrait pas la plaisanterie et il revint sur son choix. Quand Visconti rapporta les bandes à Londres, cet automne-là, les boîtes portaient un nouveau titre : *The Gouster*, terme désignant un jeune Américain bon teint, beau parleur, débrouillard, habillé cool. Le titre convenait parfaitement à la nouvelle image soul de Bowie, mi-jeune homme dans le vent, mi-gentleman anglais. L'album fut mixé, et Visconti élabora une section entière de cordes pour *It's Gonna Be Me*. Parmi les photos prises pour l'album, on trouve un cliché noir et blanc de Bowie en gilet noir et chemise blanche qui préfigure le personnage du Thin White Duke.

La liste des morceaux de *The Gouster* était : *John I'm Only Dancing (Again)*, *Somebody Up There Likes Me*, *It's Gonna Be Me*, *Who Can I Be Now ?*, *Can You Hear Me ?*, *Young Americans* et *Right*. C'était un disque très différent de celui qui sortit finalement sous le titre *Young Americans* en mars 1975. Pas de *Win*, pas de *Fascination* (peut-être étaient-elles censées être des faces B ?), et évidemment pas de *Fame*, ni de *Across The Universe*, qui n'avaient pas encore été enregistrées. Des enregistrements de trois chansons, *Right, Can You Hear Me ?* et *Somebody Up There likes Me* circulent depuis des années parmi les fans de Bowie, et on a toujours pensé qu'ils provenaient de *The Gouster*. Ils possèdent un son beaucoup plus primitif, plus « noir », et Bowie y chante des paroles différentes. Tony Visconti affirme que ces enregistrements ne sont que des chutes. Quoi qu'il en soit, l'album original était beaucoup plus soul que le second.

L'album en boîte, Bowie reprit la tournée. *Diamond Dogs* avait enfin atteint les sommets du hit-parade américain, s'arrêtant à la 5ᵉ place. Le spectacle lui-même changeait de semaine en semaine. Pour ajouter des chœurs plus soul, Bowie sollicita sa maîtresse, Ava Cherry, et la future star Luther Vandross. Il pria aussi Carlos Alomar de donner à sa guitare un rythme sérieusement funky. *Young Americans, It's Gonna Be Me, John, I'm Only Dancing, Can You Hear Me ?* et *Somebody Up There Likes Me*, ainsi que quelques reprises de vieux classiques du R&B, comme *Footstompin* et *Knock On Wood*, contribuèrent à donner au spectacle des airs de revue soul.

Quand octobre arriva, Mike Garson était devenu directeur artistique, et son groupe fit la première partie du concert, jouant de bons vieux morceaux de soul agrémentés de fioritures jazz. Leur dernière chanson était une version retravaillée de *Memory Of A Free Festival* (1969), et au moment où le public entonnait « *The sun machine is coming down, and we're gonna have a party, wohoho yeah* », Bowie surgissait sur la scène comme une sauterelle costumée, le teint terreux, les cheveux teints en blond-roux, une contradiction vivante, à mi-chemin entre la décadence post-glam et la sophistication d'un soul boy.

Quand *David Live* sortit en octobre 1974, il était déjà largement dépassé. Enregistré juste avant la grande vague d'inspiration soul, c'est un disque vide, décadent, peut-être le plus perturbé de la carrière de Bowie. Les morceaux sentent la paranoïa et le désespoir. Certaines interprétations comptent parmi les plus puissantes de Bowie. Le son de Slick à la guitare, perçant, sauvage, dominant le mix, est superbe, et la musique complexe et fluide, avec d'étonnantes et magnifiques fioritures – un trémolo dément au piano, des castagnettes insistantes, une phrase de hautbois – tout est clinquant, et pourtant curieusement construit et fascinant. Et, avec tous ses défauts, il donne l'impression d'être un enregistrement live, même si certaines parties durent être refaites en studio. Presque tout l'accompagnement vocal dut être rechanté. Par nécessité, le spectacle visuel passait avant le chant.

Comme le montre la pochette de *David Live*, David était pâle comme la mort et d'une maigreur effrayante : un squelette en costume et bretelles. Quand Bowie observa que l'album aurait dû s'intituler « *David Bowie is Alive And Well And Living Only In Theory* (David Bowie est vivant et en bonne santé, mais ne vit qu'en théorie) » (appropriation comique du titre de la comédie musicale *Jacques Brel Is Alive And Well And Living In Paris* qui célébrait un de ses héros), il n'était pas loin de la vérité.

L'apparition de David Bowie au *Dick Cavett Show* le 29 octobre fut un monument de bizarrerie télévisuelle. La star, presque incohérente, renifla tout au long de l'interview, tandis que les claquements secs de sa canne, accessoire essentiel de toute star du rock, ponctuaient ses phrases sans suite. Puis Bowie chanta *1984, Young Americans* et une version de *Footstompin*, pendant qu'Ava Cherry dansait sur le piano ! Alomar avait informé les Sigma Kids que

184

Bowie passerait dans l'émission. « Je savais qu'il se droguait, se souvient Patti Brett, mais je ne l'avais jamais vraiment remarqué avant *The Dick Cavett Show*. C'est là que j'ai compris qu'il en prenait beaucoup trop, parce qu'il pouvait à peine parler, il était dans un état lamentable. Il y avait beaucoup de reniflements et de frottements de nez, mais je n'avais pas voulu les voir ! »

A la fin octobre 1974, la présentation de Bowie sur scène était devenue plus sobre, plus sévère. Hunger City et ses accessoires avaient disparu, remplacés par un spectacle soul tout simple, où Bowie était éclairé de dos, son ombre dominant les musiciens sur un écran placé à l'arrière de la scène. Pour Carlos Alomar, c'était une expérience fantastique : « J'étais enfin sur la route avec ma femme et mes copains, et en plus, je gagnais de l'argent ! » Cependant, certains membres du groupe ne s'appréciaient guère, comme l'explique Alomar : « Je me souviens qu'un jour, Pablo Rossario, le joueur de conga pour la tournée, m'a dit : "Hé, mon vieux, ce type Earl Slick ne peut pas t'encadrer. Il pense que tu veux lui piquer sa place." J'ai dit : "Je ne suis pas là pour prendre la place de personne, je veux jouer, c'est tout." Le problème, c'est qu'on était à moitié une tournée rock'n'roll et à moitié une revue R&B. C'était intimidant parce qu'on savait que, tôt ou tard, l'un d'entre nous allait perdre sa place. J'aime bien Earl Slick. Il jouait sur la moitié basse de sa guitare, et moi sur la moitié haute, alors il n'y avait jamais eu de conflit. J'ai l'habitude de jouer dans des groupes de R&B où il y a trois ou même quatre guitaristes en même temps, et où il faut savoir jouer avec les autres. Partager la scène avec Earl Slick ne me gênait pas du tout, mais pour lui, c'était grave, parce qu'il ne jouait pas comme ça. »

Le problème majeur pour Slick était qu'à ses yeux, il était l'objet d'une campagne visant à le chasser de la tournée : « Quand il [Bowie] est allé finir les sessions chez Sigma, j'ai reçu un coup de fil insultant d'un type qui s'appelait Pat Gibbons, le coordinateur de la tournée. Il m'a dit que je ne ferais sûrement pas la tournée parce qu'ils avaient trouvé Carlos. En fin de compte, ils m'ont appelé parce qu'ils avaient besoin de moi pour les chansons rock. Personne n'avait songé que Bowie ne pouvait pas se borner à chanter les huit nouvelles chansons de *Young Americans*. Mais quand je suis revenu, après le coup de fil de Pat Gibbons, je me suis toujours méfié, j'avais peur qu'ils me virent. En 73, quand j'ai fait la tournée avec Carlos, tout allait bien. En 74, il y avait un peu de tension. Pourtant pour moi Carlos était un membre idéal de l'équipe, parce qu'en concert, nos styles étaient différents. A nous deux, on couvrait toutes les bases ; on formait une très bonne équipe de guitaristes. »

La tournée de Young Americans était audacieuse, mais certains journalistes se montrèrent cyniques face à la nouvelle image de

Bowie. Lester Bangs écrivit : « Bowie a simplement changé d'accessoires : la dernière fois, c'étaient des gants de boxe, des crânes et des mains géantes, cette fois c'est du folk noir. »

Quoi qu'il en soit, le cycle épuisant studio-tournée-studio-tournée commençait à porter ses fruits pour Bowie. Cet automne-là, *David Live* entra dans le Top 10 américain. En revanche, le séjour prolongé de Bowie aux États-Unis affectait sa popularité en Angleterre. Certes, *Diamond Dogs* était resté un mois durant en tête du hit-parade, mais *David Live* plafonna à la deuxième place, et fut le premier album de Bowie depuis deux ans et demi à rater la première place. Dans l'espoir d'amasser un maximum de bénéfices, RCA avait fait suivre le single *Rebel Rebel* de *Rock'n Roll Suicide*, un titre qui n'était pas du tout pop et que, de plus, la plupart des fans de Bowie possédaient déjà. Il resta à la porte du Top 20, tout comme *Diamond Dogs*, qui avait été sorti pendant l'été, mauvais choix de single. *Knock On Wood*, une version live du classique de Floyd/Cropper Stax, ramena Bowie dans le Top 10 plus tard dans l'année, mais vers la fin 1974, il devint évident qu'après l'énorme succès de ses disques glam, Bowie n'était plus à son apogée commerciale en Angleterre. La Diamond Dogs Revue prévue pour mai 1975 à Wembley fut annulée, le prix de sept livres annoncé ayant été jugé trop élevé pour attirer le public. L'Angleterre fut donc privée du spectacle le plus théâtral que Bowie ait monté jusque-là.

Bowie lui-même travaillait sans relâche, non sans s'accorder maintes distractions. Il venait notamment d'avoir une brève et étrange liaison avec Elizabeth Taylor, de vingt ans son aînée, qui n'avait pas eu de rôle notable depuis des années, mais était encore célèbre et fascinait Bowie. Ils furent photographiés par le magazine *People* se regardant tendrement les yeux dans les yeux. Ainsi commença une époque de fréquentation des célébrités. Cher et Bing Crosby suivraient. Paradoxalement, à mesure que Bowie devenait plus perturbé, ses apparitions en public visaient de plus en plus un public familial. Pendant les deux ans à venir, Bowie serait présenté aux États-Unis comme une pop star excentrique mais sympathique. Son personnage public était aux antipodes de son personnage privé.

En novembre 1974, Bowie retourna à Philadelphie, où il enregistra, dit-on, une version de *It's Hard to Be a Saint In The City* de Springsteen. Un DJ du nom de Ed Sharkey les avait présentés en août, et l'intérêt de Bowie pour Springsteen figure sans doute parmi les aspects les plus curieux de sa carrière – Springsteen, avec ses chansons simples, éloquentes et bien américaines sur la sagesse de la classe ouvrière est tout le contraire d'un Bowie original, efféminé, qui flirte avec tous les genres de musique. Comme Iggy Pop et Lou

Reed, Springsteen fascina Bowie par son style affirmé. Lui aussi était la star pop « authentique » que Bowie ne pourrait jamais être.

Après le concert qui eut lieu au Convention Center de Philadelphie, Bowie donna une soirée dans un bar. Les Sigma Kids, mineurs pour certains, étaient là en nombre. La soirée finit par être interrompue par l'intervention de la police, qui faillit arrêter Bowie. Patti Brett se souvient du côté comique de l'intervention policière : « Les bars ferment à deux heures, et, à trois heures et quart, on était toujours là. C'était une soirée privée, mais la police a fait un raid et a voulu embarquer David ! Il y a même une photo de tous les flics en uniforme qui l'entraînent dans l'escalier. Il portait un grand manteau vert en mohair, un petit béret rouge, et des lunettes de soleil – il ressemblait à un petit sapin de Noël ! Il était très calme. Tous les autres étaient affolés. Ils arrêtaient tout le monde au bar, et les employés faisaient sortir des gens par derrière en douce. Mais finalement il ne s'est rien passé. Il n'a pas été accusé, et je crois qu'ils avaient fait ça pour la forme. C'était tellement drôle de voir ces tonnes de flics, et je pèse mes mots, surgir comme si on était des gens horribles qu'il fallait à tout prix maîtriser, et puis de les voir l'escorter vers l'escalier. »

Vers la fin 1974, Bowie eut aussi la chance inattendue de s'associer à l'ex-Beatle John Lennon. A 34 ans, celui-ci était séparé de sa femme Yoko Ono, et en plein « *lost week-end* » – à vrai dire une période de quinze mois passés à boire du cognac – pendant laquelle Lennon régressa en une sorte de voyou grossier, faisant les quatre cents coups, buvant jusqu'à sombrer dans l'inconscience avec le chanteur Harry Nilsson, l'ex-beatle Ringo Starr, et le batteur fou Keith Moon. Selon les rumeurs, l'assistante de Lennon, May Pang, avait reçu de Yoko Ono l'instruction de ne pas repousser les avances sexuelles de celui-ci, et ils ne tardèrent pas être amants.

Bowie et Lennon se plurent aussitôt (comme Tony Visconti et May Pang, qui finirent par se marier) et se retrouvèrent bientôt dans un studio de New York avec Carlos Alomar. Ce dernier raconte comment Bowie, Lennon et lui firent une chanson qu'ils rejetèrent, puis, en procédant par étapes, fabriquèrent un futur n° 1 à partir des décombres :

« En tournée, Bowie chantait un morceau qu'on aimait beaucoup : *Footstompin*. J'ai tout de suite commencé à jouer ça (le riff de *Fame*). Alors on est allés l'enregistrer au studio Electric Ladyland à New York. Mais le résultat était mauvais : un vieux rock'n'roll complètement ordinaire. David ne l'aimait pas du tout. Alors il a découpé la chanson à la manière d'un blues, c'est-à-dire en un quatre-cinq-quatre. Il s'est arrangé pour n'avoir que la batterie, la basse et une seule mélodie à la guitare. Dans l'intervalle, il a appris que Lennon était en ville, alors il l'a invité à passer. Ils ont discuté, et j'ai attendu qu'ils finissent de parler pour qu'on puisse continuer. Là Lennon prend une de mes guitares, et va dans la cabine d'enregistrement pour y jouer un peu d'acoustique. Bref, tout se passe bien, on finit l'enregistrement et on réécoute. Tout le monde entend ce truc sur la bande. « Qu'est-ce que c'est que ça ? a demandé David. Lennon avait dû appuyer le menton sur la guitare en jouant, et c'est son souffle qui avait produit ce drôle de bruit. David avait cru qu'il disait : "*Fame*". Et puis John et lui sont partis et je suis resté avec l'ingénieur, Harry Maslin. J'ai repensé à l'époque de James Brown, où il y avait quatre ou cinq guitaristes qui jouaient en même temps, et j'ai commencé à rajouter d'autres guitares. David est revenu un peu plus tard et je lui ai dit : "Écoute ça, c'est cool." Il l'a écouté et il a dit : "C'est bon, c'est fini." Il l'a emporté chez lui, il a écrit les paroles, et le lendemain il a enregistré la partie vocale. »

Fame était le fruit d'un heureux hasard et d'une improvisation inspirée. N'en déplaise à la plupart des historiens du rock, Alomar nie que la chanson ait été basée sur *Shame Shame Shame* de Shirley and Company. « Absolument pas, on n'a jamais parlé de cette chanson. A moins que David l'ait entendue et qu'il l'ait eue à l'esprit quand il a enregistré la partie vocale. En ce qui concerne les paroles, ce sont celles de David, si quelque chose l'a inspiré, je l'ignore. Mais on n'a jamais fait référence à cette chanson. Quand il est revenu avec les paroles, elles tombaient pile au bon endroit. Je pense que c'était plus une coïncidence qu'autre chose. »

Il y a une certaine aigreur dans les paroles, qui dissèquent les périls de la vie de superstar. Quand Bowie chante :

Fame, puts you where things are hollow
Fame – what you need you have to borrow

« La célébrité te fait vivre dans un monde superficiel
La célébrité – ce dont tu as besoin, il te faut l'emprunter »

il s'agit d'une attaque plus ou moins directe contre la comédie créée par MainMan. Bowie est décrit comme vivant d'aumônes dans un univers dénué de toute sincérité. Sur le plan des paroles, *Fame*, est l'antithèse de *Star*, dans laquelle Bowie rêvait d'une vie luxueuse et se voyait « *like a regular superstar* (comme une vraie superstar) ». A présent, il est désabusé, et veut quitter cet univers. Musicalement, *Fame* est plein de résonance et d'écho, avec la guitare d'Alomar qui rappelle la sonnerie d'un téléphone (et la demande constante les engagements à prendre, les sollicitations incessantes des gens qui veulent avoir leur petit morceau de star) à chaque silence. Une section à l'envers au début et des jeux sur la vitesse à la fin, où les voix de Bowie et de Lennon dégringolent les octaves depuis des aigus impossibles jusqu'à des graves inchantables, créent un des moments les plus funky et les plus schizoïdes de Bowie. Soit dit en passant, il existe une version sans doute supérieure de *Fame* où figure une flûte qui donne plus de légèreté à la chanson, mais elle n'est jamais sortie.

Visconti fut amèrement déçu d'avoir manqué cette session : « Je regrette vraiment de ne pas avoir été là avec John Lennon. J'avais passé deux ou trois nuits blanches avec eux avant de retourner à Londres pour mixer l'album. J'aurais sauté dans le Concorde à mes propres frais pour être là quand ils ont fait *Fame*. David dit que c'est arrivé de façon trop spontanée pour me rappeler, et que ce n'était qu'une expérimentation. »

La déception de Visconti tourna à la mortification quand il s'aperçut, à l'écoute de l'album, finalement sorti en mars suivant, qu'il avait été complètement revu, restructuré et rebaptisé. Soudain, certains de ses titres préférés, comme *It's Gonna Be Me*, avaient disparu, alors que figuraient deux chansons qui n'avaient pas été produites par Visconti, *Fame* et *Across The Universe*. L'inclusion de cette dernière, une reprise terne d'une chanson des Beatles datant de 1970, laisse perplexe, étant donné la qualité du matériau retiré à la dernière minute.

Fin 1974, Bowie vivait à Manhattan, dans une petite maison dans le quartier de Chelsea dont le loyer était payé par MainMan. Il travaillait avec le vidéaste John Dove le scénario d'un film basé sur *Diamond Dogs*. Dove avait demandé à un universitaire de donner à Bowie des cours d'histoire du cinéma, et celui-ci passa des journées entières à regarder des films cultes des années 1920, comme *Métropolis*, de Fritz Lang. Bowie, en parfait autodidacte, prenait ses recherches très au sérieux.

Bowie voyait toujours Ava Cherry, et le bruit courait qu'il avait l'intention de divorcer d'avec Angie pour l'épouser. D'autre part, il avait fini par perdre patience avec DeFries, et avait entamé une procédure visant à se séparer de lui. Aidé par l'avocat Michael Lippman, Bowie passa les premiers mois de 1975 à essayer de s'extraire des griffes de l'empire MainMan.

Le 29 janvier, Bowie se rendit chez RCA à New York, demanda une avance pour *Young Americans*, et leur annonça qu'il se séparait de MainMan. DeFries fut informé de la décision de Bowie par courrier le lendemain, et la sortie de *Young Americans* aux États-Unis fut retardée pendant que MainMan et RCA se disputaient la propriété du nouvel album. Le 1er avril, après quarante-huit heures d'âpres discussions entre Bowie, MainMan et RCA, un compromis fut trouvé, dont les termes étaient si sévères pour le camp Bowie que le chanteur, dit-on, s'effondra à la table des négociations et resta sous le choc pendant une semaine. MainMan conserverait un intérêt dans les affaires de Bowie jusqu'en 1982. Non seulement DeFries avait droit à la moitié des revenus de Bowie sur tous ses disques depuis *Hunky Dory* jusqu'à *David Live*, mais il aurait également droit à seize pour cent de tous les revenus bruts de Bowie jusqu'en 1982. Le contrat MainMan signé ce jour (non existant) fatidique du 31 septembre 1972, qui accordait à DeFries un pouvoir « illimité dans le temps » sur Bowie en tant que manager, avait donc été rompu, mais les résultats en étaient immensément dommageables pour Bowie.

Quant à la raison principale de la rupture, ce n'était pas essentiellement DeFries, ni même le cirque qu'était MainMan, mais le mépris, nourri par l'abus de cocaïne, que Bowie éprouvait pour lui-même. Certes, les conditions du contrat signifiaient en gros que Bowie se tuait à la tâche pour rien de plus que des avances et des crédits, alors que DeFries amassait une immense fortune, mais l'exploitation était la norme dans les relations star/manager.

Juste au moment où il rompait avec MainMan, Bowie devenait enfin aux États-Unis la superstar dont DeFries avait rêvé. C'était bien sûr en grande partie grâce au talent de Bowie, mais DeFries avait contribué à faire de lui l'une des plus grandes stars de la planète. Ce qu'il avait accompli, avec MainMan, était considérable, et *Young Americans* renforça encore le succès obtenu.

L'album sortit finalement en avril 1975 aux États-Unis, atteignit la 9e place dans les charts et y resta pendant presque un an. En Angleterre, il n'obtint qu'un succès limité, atteignant la 2e place, loin d'égaler les ventes de *Diamond Dogs*. Ce printemps-là, le premier single, *Young Americans* resta en dehors du Top 20, confirmant la baisse de popularité de Bowie.

Dans l'ensemble, le Royaume-Uni résistait à l'américanisation de Bowie. Des chansons comme *Panic In Detroit* sur *Aladdin Sane* et *1984* sur *Diamond Dogs* avaient pu laisser présager un avenir plutôt *groovy* pour Bowie, et *Young Americans* fut un choc énorme pour les fans qui étaient encore sous le charme des mélodies pop rock de ses disques glam, dont certains ne dataient que d'un an ou deux.

Néanmoins, *Young Americans*, dans l'ensemble, ne dérouta pas ses fans les plus solides. Il y avait toujours eu un contact entre certains groupes intellos de rockers glam et les jeunes adeptes de la soul (même fétichisme du style, même haine de l'orthodoxie rock) et l'album ne faisait que proclamer ces similitudes.

Young Americans parut juste après l'entrée dans les charts de la disco avec le n° 1, *Rock Your Baby* de George McCrae et *Rock The Boat* de The Hues Corporation. Dès la fin 1974, le genre donnait déjà dans l'autodérision avec Disco Tex And The Sex-O-Lettes et *Get Dancin'* sur lequel on entendait la voix de Joseph Montanez Junior, propriétaire d'une chaîne de salons de coiffure. Le groupe écossais Average White Band faisait un tabac avec son tube funk *Pick Up The Pieces*, et juste au moment où paraissait l'album de Bowie, *Shame Shame Shame* de Shirley And Company entra au hit-parade.

Avec du recul, *Young Americans* apparaît comme un album curieux. Ce n'est certainement pas un disque de soul authentique. *Somebody Up There Likes Me* utilise des dialogues chœurs-soliste mais son cheminement de pensée et son délire proche de la litanie sont plus proches de *Cygnet Committee* ou d'une sorte de version blanche et ralentie du proto-rap développé par Bob Dylan sur *Subterranean Sick Blues* que d'une vraie chanson soul. Le son de *Young Americans* est aussi très différent de celui des autres albums de Bowie. La chanson qui donne son titre à l'album est peut-être un reportage, un déferlement expressionniste de mots décrivant avec un certain cynisme l'amour vécu par les jeunes Américains, mais *Win, Can You Hear Me ?* et *Fascination*, écrites à la première personne, sont directes et pleines d'émotion. En particulier, *Can You hear me ?*, écrite en 1973, sans doute à propos d'Ava Cherry, est une chanson d'amour franche et émouvante, tout à fait différente de n'importe quelle autre chanson récente de Bowie, à l'exception, peut-être, de *Lady Grinning Soul*.

There's been many others
So many times

« Il y en a eu tant d'autres
Tant de fois »

avoue un Bowie étrangement (faussement ?) contrit avant de dire son amour :

I need love so badly
I want you most of all

« J'ai tellement besoin d'amour
Je te veux, toi, plus que tout »

Il est presque impossible de savoir si Bowie se contentait d'imiter le genre de paroles qu'il entendait sur les stations de radio noires américaines ou s'il livrait ses « vraies » émotions, ses désirs, ses espoirs, comme il l'avait rarement fait depuis *A Letter To Hermione*.

Bowie n'écrivait jamais de chansons d'amour, jugeant le thème plutôt artificiel et moins attirant que des récits évoquant des troubles mentaux ou une catastrophe apocalyptique.

Qualifiant l'album de *plastic soul*, Bowie dira plus tard cette année-là : « C'est le R&B le plus faux que j'aie jamais entendu... Adolescent, si j'avais eu ce disque, je l'aurais cassé en mille morceaux. » Au cours d'une interview avec Paul Gambaccini sur Radio 1 en 1993, il ajouta : « Ce n'était pas la peine de faire de la soul américaine ordinaire parce que ç'avait déjà été fait... Ces chansons sont très différentes de ce qu'aurait fait un artiste de soul américain. Mais elles rendent hommage au son soul... Dans *Win* par exemple, les accords sont beaucoup plus européens qu'américains... J'ai fait travailler de très bons musiciens de soul américains dessus, et ils lui ont donné une sorte de fausse authenticité. C'était vraiment un album de *plastic soul*.

Win est la chanson qui se détache du lot : luxuriante, sensuelle, avec une des mélodies les plus belles que Bowie ait jamais composées. Bowie chante merveilleusement bien, sans affectation, sans forcer le ton, et le moment où la musique monte d'un ton vers la fin est superbe. Dans *Young Americans*, le rythme latino cadencé est presque noyé sous le délire quasi démoniaque d'un Bowie à bout de souffle, qui parle comme un prêcheur possédé. Néanmoins, même quand Bowie prêche, il *simule,* au lieu de ressentir vraiment, la passion. Il n'y a rien d'autre en lui que le vide causé par l'absence d'émotion : « *Ain't there one damn song that can make me break down and cry ?* (N'y-a-t-il pas une seule foutue chanson qui puisse me faire fondre en larmes ?) »

Ensuite vient *Fascination*, écrite avec Luther Vandross, alors inconnu. Non seulement elle contient les meilleurs riffs de l'album, mais elle ravive le motif apparu sur *Changes*. Là où *Fame* est l'expression d'une lassitude désabusée face au monde du rock, *Fascination* réaffirme le besoin viscéral déjà exposé dans *Changes*, de continuer, de remettre en question, de jouer. En dépit de la drogue, des désastres financiers, de la dépression, la volonté artistique de Bowie était encore entière. *Somebody Up There Likes Me*, avec sa longue et languide introduction au saxo, était une autre chanson traitant de la capacité des médias de réduire les êtres humains à des images vides de réalité :

There was a time when we judged a man by what he'd seen
Now we judge them from the screen, what they look like, where
    they've been.

192

« Il fut un temps où on jugeait un homme sur ce qu'il avait vu
A présent, on juge les gens sur leur apparence, les endroits où ils
   sont allés »

Comme dans *Fame*, Bowie songe au manque d'humanité de la position de star. Là encore, il donne la preuve qu'il est l'une des rares stars capables de considérer sa situation avec détachement. De même que sur *Ziggy Stardust*, quoiqu'avec plus d'ironie et des paroles plus complexes, Bowie livre une analyse frappante de la célébrité tout en la vivant réellement.

L'influence de *Young Americans* sur la pop contemporaine fut majeure. Bowie avait lancé, sur le plan vocal, une sorte d'« hystérie blanche » ; la musique noire vue par un Européen blanc. Il permit aux musiciens blancs des années 70 et 80 d'apprécier les sons noirs contemporains. Au sein de la musique pop anglaise, Bowie était pris très au sérieux en tant que musicien et considéré comme un indicateur du bon goût. S'il faisait quelque chose, et le faisait bien, les autres suivaient son exemple. Il peut sembler étonnant que la vision d'un seul homme ait pu avoir autant d'importance, mais tel est pourtant le cas.
Le style d'écriture et de chant de Bowie en fut changé à jamais. A partir de ce moment-là, Bowie eut toujours une bonne dose de groove dans ses solos. De plus, il perdit son intonation hautaine et acquit un puissant vibrato de baryton, riche et profond, presque une voix de chanteur d'opéra. D'après ses biographes, Zanetta et Edwards, Bowie essaya délibérément de « prendre une voix plus grave, qui paraîtrait plus sourde, rauque et noire ». Jusqu'en 1974, sa voix était grêle et manquait d'un véritable dynamisme, et, lorsqu'il cessa d'imiter Anthony Newley, il adopta un style plutôt crié que chanté, qui n'avait guère de portée. En revanche, le style vocal de l'ère Ziggy était incontestablement anglais, dépourvu de tous les américanismes de Rod Stewart, Elton John ou Mick Jagger. Il était aussi légèrement espiègle, et l'élocution affectée de Bowie, qui contrastait avec le style hard rock des Spiders from Mars, influencerait les Smiths dans les années 80 et Suede dix ans plus tard. Sur *Diamond Dogs*, Bowie avait perfectionné la technique du doublement d'octave sur des morceaux tels que *Big Brother*. En enregistrant deux lignes vocales à une octave d'intervalle, il put donner à une grande partie de l'œuvre qui allait suivre un caractère mystérieux, désincarné. L'approche vocale de Bowie défiait les conventions du rock. Sur scène, il passe d'un style à l'autre, et il y a chez lui une sorte de vide émotionnel, une distance, une sensation d'artifice, comme s'il ne croyait pas du tout à ce qu'il chante.

Bowie pouvait être ironique, à la différence de certains autres chanteurs – Elvis Presley, par exemple. Presley ne parvint jamais à se distancier de la pose qu'il avait adoptée, et, par conséquent, dans les années 60 et 70, il sombra dans la parodie de lui-même. John Shepherd, auteur, le décrit ainsi : « Quand Elvis faisait une imitation, c'était une imitation de lui-même. Bowie ne s'imite pas parce qu'on n'est pas sûr de savoir qui est Bowie, et c'est la grande différence. » Bowie ne pouvait se moquer de lui-même ou tomber dans la parodie, parce qu'il n'y avait jamais eu d'original authentique au départ.

La véritable portée de *Young Americans* n'apparut que lentement, alors que les années 70 s'achevaient, laissant la place aux années 80. Premier artiste blanc passé à la musique disco/soul, Bowie ouvrit la voie au genre de succès commercial que rencontreraient plus tard les Bee Gees. Quelques mois seulement après le travail de Bowie à Sigma Sound, Elton John, qui avait déjà imité le *Space Oddity* de Bowie avec son propre *Rocket Man*, enregistra *Philadelphia Freedom*. Dès la mi-1975, le funk et la disco attirèrent beaucoup de groupes rock. Roxy Music composa sa propre basse funky pour *Love Is The Drug* et *Both Ends Burning*. Plus tard dans la décennie, les Talking Heads s'inscriront dans la même tradition. Au fil des années 80, le modèle Bowie de soul blanche aux yeux bleus fut réchauffé par des groupes comme ABC, Spandau Ballet et Simply Red, avec un succès croissant.

D'après un article du journaliste Robert Elms dans *The Face*, Bowie donna en 1975 le ton de la culture populaire britannique pour la décennie à venir : « A présent, dix ans plus tard, écrivait-il en 1985, tout s'est réalisé. La nation entière vit dans une discothèque, tout le monde est soul, tout le monde est branché. Il y a de la musique noire dans les hit-parades et dans les clubs fréquentés par tous, les mineurs en grève comme les footballeurs de Luton portent la coiffure *wedge*. Quand Bowie a chanté *Golden Years* sur *Soul Train*, il y a si longtemps, il était le premier artiste anglais à maquiller la musique noire et à la revendre aux Américains, depuis les Beatles en 1964. Dans les années 80, cette pratique est devenu un pilier de notre économie. »

Si David Bowie s'était contenté de maquiller la soul et de la revendre à des Blancs, il n'en avait pas moins gagné le respect de certains artistes noirs, notamment celui du parrain de la soul en personne, James Brown. Dans les années 1980 et 1990, Brown fut piraté plus souvent qu'aucun autre artiste, mais dans les années 70, il fut pris lui-même en flagrant délit. « On a découvert que James Brown avait décidé de reprendre *Fame* et qu'il l'avait rebaptisée [*Hot*, un single sorti en janvier 1976], raconte Carlos Alomar, et le pire, c'est que je connaissais certains des musiciens. [David] m'a dit : "Carlos, attendons de voir." D'abord, il était extrêmement flatté que James Brown ait pris une de ses chansons. "Attendons de voir s'il entre dans les charts. Si oui, on lui fera un procès." Mais le disque n'a rien fait, alors on a laissé tomber. »

Le rôle de *gouster* avait fait de David Bowie une star sur le plus vaste marché de la planète, et pendant les dix-huit mois à venir, il fut plus célèbre aux États-Unis que partout ailleurs. Il résidait désormais à Los Angeles, mais il était malade et désespérément malheureux. L'esprit déjà brouillé par la cocaïne, Bowie était sur le point de devenir son personnage le plus dément et le plus sinistre de tous. Le Thin White Duke allait faire son entrée dans le monde.

6

THIN WHITE DUKE, 1975-1976

Je suis allé aux Academy Awards en 1975. Bowie était là et John Lennon aussi. Bowie portait un immense chapeau espagnol noir, une cape – comme dans The House Of Wax. *Il ressemblait à une version bien habillée de Vincent Price. L'air dramatique, sexy, le gigolo par excellence ! C'était tout lui. Incroyablement charismatique, tout le monde le regardait. Je ne l'avais pas vu depuis six ans, j'étais en train de boire un verre et je me disais, non, mais c'est fou. Il est venu de notre côté, il nous a vus, et il a dit : « Bon Dieu, putain, comment ça va ? » Le Thin White Duke a disparu et un type complètement différent est apparu à sa place. Il nous a embrassés et a discuté avec nous pendant un bon quart d'heure. Et puis, il s'est levé pour partir, il a mis son chapeau, et il est immédiatement redevenu le Thin White Duke. C'était comme dans ce film, vous savez,* The Mask. *Quelle star !*
Gus Dudgeon, 1998.

Le Thin White Duke, pendant la deuxième partie de son séjour aux États-Unis, fut la façade la plus effrayante de Bowie – un personnage de zombi amoral, dépourvu de cœur et d'émotion. Bowie lui-même voyait dans sa création l'expression d'un désir de rentrer en Europe. Il incarnait ce que les Allemands appellent *kalte Pracht* (« splendeur froide ») tout en rappelant les grands acteurs des films muets des années vingt comme Keaton. « Il y a beaucoup de Buster Keaton dans tout ce que je fais », concéda Bowie quelques années plus tard dans une interview à *Rolling Stone*. Bowie donnait à ses fans une image tellement dénuée d'émotion qu'ils pouvaient y lire

196

ce qu'ils voulaient. Quant à savoir où finissait le Thin White Duke et où commençait Bowie, c'est difficile à dire. Si on veut croire le mythe propagé par Bowie, ces personnages inventés régissaient la vie du vrai David Jones et le forçaient à se conduire conformément à leur caractère. Mais jusqu'à quel point s'agit-il là d'une diversion, d'un prétexte pour excuser les énormes fautes de goût, les théories pseudo-intellectuelles et la folie induite par la coke que manifesta Bowie au cours des dix-huit mois qui suivirent ?

Bowie eut son premier rôle majeur au cinéma dans le classique de science-fiction de Nic Roeg, *L'homme qui venait d'ailleurs,* dans lequel il incarnait Thomas Newton ; sur le tournage, la dépression dont il souffrait à la ville fusionna avec la morphologie extraterrestre du personnage. Il devint un accro figé – mi-création, mi-être humain. Pendant toute la période Thin White Duke, il vécut dans un état de terreur.

A la mi-1975, Bowie consommait de la cocaïne en quantité astronomique. Il était encore marié à Angie, mais elle passait le plus clair de son temps en Angleterre, pendant que Bowie restait aux États-Unis, allant d'aventure en aventure sans cesser de fréquenter Ava Cherry. Divorcé de Tony DeFries, il promut l'avocat Michael Lippman au poste de manager, que convoitaient à la fois Angie et Tony Zanetta de MainMan. Bowie quitta New York pour Los Angeles, et loua sur Doheney Drive une maison relativement petite, en forme de cube, pleine d'objets d'art occultes égyptiens et dotée d'une piscine intérieure. Bowie passait des heures cloîtré dans sa chambre, les rideaux tirés pour se protéger du soleil. Des bougies noires brûlaient pendant que la star dessinait des pentacles sur d'immenses feuilles de papier ou sur les murs. La paranoïa de Bowie entrait dans une phase nouvelle, encore plus sombre. Dans cet état d'absence, il était incapable d'enregistrer des disques : sa dernière visite au studio s'était produite six mois plus tôt, lorsqu'il avait enregistré *Fame* avec John Lennon, et six autres mois devaient s'écouler avant qu'il y retourne. Étonnamment, pourtant, Bowie parvint à se secouer suffisamment pour faire son grand début d'acteur.

La colonisation du cinéma par Bowie était une étape logique et tout à fait prévisible pour lui – après tout, ses spectacles et chansons possédaient une indéniable qualité cinématographique. Il était aussi extrêmement séduisant, et, au début des années 60, avait tenté quelques incursions dans le cinéma sous la houlette de Ken Pitt, qui voulait faire de lui un artiste complet. En outre, Bowie s'intéressait énormément au cinéma en tant que moyen d'expression, possédait une vaste quantité de films, en particulier expressionnistes, et voulait apprendre les techniques de réalisation et de production. Il avait également commencé, puis abandonné deux projets de films : une comédie musicale basée sur Ziggy Stardust, et une adaptation de *Diamond Dogs*. Au début 1975, d'après Tony Visconti, « Bowie était occupé à faire un film, dont l'action devait se dérouler dans Hunger City. Je me souviens l'avoir aidé à construire un décor miniature de *Diamond Dogs* dans la suite d'un hôtel, et l'avoir filmé en train de marcher dans le décor. Le script était en réalité la cassette vidéo elle-même. Je n'ai jamais rien vu d'écrit noir sur blanc, mais je suis sûr qu'il existe sous cette forme à présent. »

Le rôle tenu par Bowie dans *L'homme qui venait d'ailleurs* était initialement destiné à Peter O'Toole, bien que l'acteur et écrivain Michael Critchton ait également été suggéré. Dans le roman de William Trevis, l'extraterrestre est un simulacre d'être humain, mais de très grande taille, et Nic Roeg avait besoin d'un acteur comme Robert Wadlow. Bowie, qui affirme mesurer 1,76 m, était un peu courtaud pour le rôle. Néanmoins, il possédait un atout qui faisait défaut à O'Toole comme à Critchton – une authentique étrangeté. Roeg avait été captivé par *Cracked Actor*, le documentaire d'Alan Yentob sur Bowie. Il semblait donc que Bowie n'aurait pas vraiment à jouer la comédie, son attitude étant naturellement extraterrestre. Roeg était également attiré par « le sens du mime et du mouvement » que Bowie avait démontré sur scène. Roeg avait déjà utilisé Mick Jagger pour son film *Performance*, en 1970, et ferait tourner Art Garfunkel plus tard, dans *Bad Timing*. Son film le plus récent à l'époque, *Ne vous retournez pas*, une adaptation d'une nouvelle de Daphné du Maurier dont l'action se déroule en Italie, demeure un monument de terreur psychologique. En un mot, Roeg était exactement le genre de réalisateur qui convenait à Bowie : non-conformiste et audacieux sur le plan visuel.

Roeg alla rendre visite à Bowie à New York. Ils avaient rendez-vous à sept heures du soir, mais Bowie ne s'en souvint que vers huit heures, et pensant que Roeg ne l'aurait pas attendu, s'occupa à d'autres choses. Roeg patienta vaillamment pendant huit heures, assis dans la cuisine de Bowie. Au retour de ce dernier, ils bavardèrent et Roeg eut la certitude d'avoir trouvé son extraterrestre. Il confia plus tard au journaliste Tony Parsons : « En général, un acteur vient à un rôle, mais d'autres fois, c'est le rôle qui semble aller vers un acteur. Ç'a été le cas avec David et *L'homme qui venait d'ailleurs*. »

Contrairement au film de science-fiction moyen, léger et sans prétention, le projet traitait des thèmes favoris de Roeg, le sexe, l'aliénation et la fission de l'espace-temps. L'extraterrestre de Roeg devait être Bowie tel qu'il était, sans costume terrifiant ni tonnes de boue verte. Thomas Jerome Newton arrive sur Terre à la recherche de

198

ressources pour sa planète mourante et est corrompu par l'humanité. Le film fonctionne à deux niveaux. En tant que film de science-fiction, il contient des scènes vraiment choquantes. Mais le film est aussi une sorte de parabole. Newton est la figure de l'Homme ou du Christ, qui descend des cieux pour être « sacrifié » dans la scène finale. Sa chute (à la fin du film, Newton, corrompu par les médias, les affaires et l'alcool, est incapable de retourner sauver sa planète) est censée être lue comme une allégorie moderne. Comme l'écrivit le journaliste Neil Spencer : « L'approche kaléidoscopique de Roeg vis-à-vis du cinéma est bien résumée par l'image de Bowie, télécommande en main, assis devant une série d'écrans de télé, absorbant un barrage simultané de vieux films, chansons pop, documentaires et flashs d'information. On pressent que l'époque postmoderne a commencé à ce moment-là. »

Bowie niait avoir des qualités d'acteur : « Je ne suis pas un bon acteur ; mon jeu est trop exagéré. » Néanmoins, pendant le tournage, il se comporta en professionnel modèle. Il arriva sur les lieux avec deux jours d'avance, et se mit à observer Roeg d'un œil d'aigle, recueillant toutes sortes de conseils. Il était travailleur et consciencieux. « Il a une capacité de concentration fantastique, dit Roeg à *Creem* en 1975, et une incroyable autodiscipline. »

Bowie conditionna sa participation au film au choix de sa propre garde-robe, et son look de 1975 – cheveux écarlates et blonds avec une raie au milieu, veste et feutre – devint pour l'essentiel celui de Newton. Sur le tournage, il passa son temps à écrire des nouvelles, des chansons, et la musique qu'on lui avait demandé d'écrire pour la bande-son du film. Plus tard dans les années 70, Bowie raconta aux journalistes qu'après une journée de tournage, son visage lui faisait mal à force de ne pas sourire.

Nic Roeg affirma à la star qu'il était probable que le rôle lui colle à la peau longtemps après que le tournage aurait pris fin. Ce fut effectivement ce qui arriva. Non seulement Bowie partit avec la démarche figée de Newton et son étrange sévérité, mais il emporta aussi les vêtements et la coiffure qu'il avait conçus pour le rôle. Le Thin White Duke, le dernier et le plus insensible de ses alter ego, était né. Newton était un étranger, corrompu par les mœurs contemporaines et totalement déraciné, ayant perdu tout respect de lui-même ; Bowie, sorte de coquille vidée de son contenu spirituel, exploita ces émotions fictives pour son projet d'enregistrement suivant, avec des résultats remarquables. Car c'est contre toute attente que la suite de *Young Americans*, intitulée à l'origine *The Return Of The Thin White Duke* a été le chef-d'œuvre d'invention que l'on sait.

A l'automne 1975, Bowie n'avait rien enregistré de nouveau

depuis presque un an. Il avait eu une certaine activité, mais aucune des chansons produites alors n'est jamais sortie officiellement. Un morceau semi-instrumental, portant le titre provisoire de *Both Guns Are Out There*, fut enregistré, dit-on, avec Keith Christmas, vers la fin de 1974. C'est un morceau étonnant, qui ressemble à un mantra, assez proche de, par exemple, *Looking For Lester* dans *Black Tie White Noise*. Deux chansons furent enregistrées avec Iggy Pop, *Drink To Me* et *Moving On*, mais elles n'ont jamais été entendues, même par les collectionneurs fanatiques de Bowie. *Walking Through That Door*, sorte de version disco de *Sugar Baby Love* des Rubettes, avec voix de fausset et basse disco, est censée avoir été écrite par Bowie et Marc Bolan, et dater de la même période. Mais Bowie ne s'intéressait plus du tout au rock. De plus, à en croire certaines sources, il s'était aussi largement lassé de la musique soul/disco pour laquelle on le connaissait depuis quelques années. En 1995, dans un moment visionnaire, longtemps avant que les observateurs culturels fassent leurs choux gras de tels gros titres, Bowie affirma que le rock était mort. « C'est une vieille femme édentée », s'écria-t-il. Bien qu'il ait connu tous les privilèges d'une superstar du rock, Bowie ne s'était jamais vraiment considéré comme un rocker. Il avait désormais laissé le rock derrière lui, d'abord au profit de son approche particulière des styles noirs américains, et, plus tard, pour les riches avenues de l'expérimentation européenne.

La raison majeure du ralentissement temporaire de la production musicale de Bowie était sans doute son état, proche de la paranoïa. RCA faisait constamment pression sur lui pour qu'il ait des succès commerciaux. Entouré de gardes du corps et de protecteurs, il vivait dans un cocon, coupé du monde. « Ce qui m'a posé des problèmes, expliqua Roeg à Tony Parsons en 1993, c'était qu'il était si difficile à atteindre – pas sur le plan émotionnel, simplement physiquement. Il y a des barrières, un système de filtrage, autour de toutes les stars, naturellement, mais ils étaient particulièrement prononcés autour de Bowie. »

Bowie voulait s'en sortir, mais n'en avait pas encore trouvé le moyen. Pire, il y avait le fardeau des attentes du public, qui le considérait comme un symbole du choc, de l'outrage. Comment Bowie pouvait-il se retirer quand sa raison d'être était de repousser constamment les frontières de l'anormal ? Les troubles mentaux qui avaient affligé sa famille, ajoutés à son attirance pour les personnalités excentriques, instables, voire psychotiques (Iggy Pop en étant un exemple parfait à l'époque), faisaient que Bowie voyait la folie, réelle ou imaginaire, tout autour de lui.

Écrasé par cette pression émotionnelle, Bowie commençait à perdre pied. Il pesait moins de quarante kilos, et survivait avec un régime de poivrons rouges et verts accompagnés de lait qu'il buvait à même le carton. « J'en avais un plein frigo, expliqua Bowie en 1998, et quand je n'avais pas d'hallucinations, je m'asseyais par terre dans le noir, éclairé par la petite veilleuse dans la porte, je coupais des poivrons et je me les fourrais dans la bouche... Je mangeais vers quatre ou cinq heures du matin... Les rideaux étaient toujours tirés. Je ne voulais pas que le soleil de LA gâche le sens de l'éternel présent. » Coco, terrifiée, essayait de le persuader de s'alimenter convenablement, et l'aidait quand il prenait de la coke, mais personne ne pouvait grand-chose pour lui. C'était une situation sordide. « Je me souviens d'une chose que Coco m'a dite », raconte le producteur Hugh Padgham, qui travailla plus tard avec un Bowie redevenu beaucoup plus sain d'esprit. « Quand elle se levait le matin et qu'elle trouvait David effondré quelque part, elle prenait le miroir sur lequel il y avait la coke et le lui mettait sous le nez pour voir si sa respiration embuait la surface ou s'il était mort. »

Bowie, obsédé par l'occultisme (et la numérologie), entreprit même, paraît-il, de stocker son urine dans le réfrigérateur pour qu'aucun sorcier ne puisse utiliser ses fluides corporels afin de l'ensorceler. Il s'intéressait aussi à la photographie de Kirlian, une technique soviétique qui prétend mesurer le flux de magnétisme animal dans le corps humain. En 1993, un numéro d'*Arena* spécial Bowie reproduisit une photo de Kirlian du champ magnétique qui entourait le bout de son doigt et son crucifix avant et après qu'il avait consommé de la coke. La photo, ou une autre très similaire, datée d'avril 1975, serait utilisée plus de deux décennies plus tard pour la pochette intérieure de *Earthling*.

« A l'époque, je pouvais rester éveillé indéfiniment. Mon organisme devait être surhumain. Je passais sept ou huit jours d'affilée sans dormir, raconta Bowie dans les années 90. Évidemment, avec l'inévitable fatigue mentale et physique qui en découle, on commence tout naturellement à se trouver dans un état hallucinogène... enfin, *à moitié* naturellement. Vers la fin de la semaine, je vivais dans un monde imaginaire nihiliste et bizarre, peuplé de personnages mythologiques, menacé par le totalitarisme et l'approche de l'Apocalypse. Pire que tout. » Il ajouta : « J'étais à LA dans un décor égyptien. C'était une maison de location, mais elle me plaisait parce que j'avais une espèce de fascination pour le mysticisme égyptien, la kabbale, tout ce qui est par nature trompeur dans la vie ; un méli-mélo dont j'ai oublié l'essentiel. Mais, en même temps, la réponse à la vie semblait d'une évidence limpide. La maison occupait une place rituelle dans ma vie. »

Bowie était entouré d'occultisme post-hippie. Au milieu des années 1970, Sunset Boulevard était inondé de magasins occultes. A la recherche d'une union spirituelle, il commença à porter un crucifix comme une sorte de talisman contre les forces du mal. Bowie embrassa toutes ces croyances sans discrimination.

Un jour, il téléphona même à Angie qui se trouvait à Londres, affirmant être détenu quelque part à LA contre son gré par des sorcières qui voulaient son sperme pour s'inséminer le 30 avril, à l'occasion du Sabbat. Les « sorcières » n'étaient que quelques groupies, mais il prenait tellement de cocaïne qu'il commençait à souffrir de crises d'angoisse paranoïaques et d'hallucinations. Il fit même exorciser la maison de Doheney Drive par un professionnel. Bowie avait besoin d'aide. De toute évidence, il avait souffert d'une dépression à la fin de l'affaire MainMan. Il avait besoin de soutien pour surmonter sa dépendance et ce qui était sans doute un état voisin de l'anorexie. Mais aucune aide ne lui fut offerte, et sans doute Bowie aurait-il refusé de suivre un traitement de son plein gré, tant il était soucieux de mener à bien ses divers projets.

Le plus alarmant pendant cette période profondément malheureuse pour Bowie fut l'affirmation publique et à peine voilée de son admiration pour la théâtralité de Hitler et des nazis. Au cours d'une interview avec Tony Parsons en 1993, Bowie parla longuement de la manière dont sa fascination pour le nazisme et le mysticisme avait peu à peu échappé à son contrôle :

« Goebbels m'intriguait plus que tous les autres à cause de la façon dont il avait utilisé les médias. C'était un type extraordinaire... Ce qui me fascinait aussi chez les nazis, c'était leur quête du Graal, ce besoin arthurien, cette recherche d'un lien mythologique avec Dieu. Apparemment, ils étaient même venus en Angleterre avant la guerre, à Glastonbury Tor, pour essayer de trouver le Graal.

« Mais, quelque part, j'ai été corrompu par ce que je lisais et ce qui m'attirait. C'était ma faute, et celle de personne d'autre. Il y avait quelque chose dans l'air à LA à cette époque-là. L'horreur des crimes de Manson, le meurtre de Sharon Tate... et je m'intéressais aux symboles nazis. Je pense qu'ils possédaient le système symbolique le plus fort qui ait jamais été utilisé en politique. La swastika. Ils ont pris un symbole bouddhiste, le symbole oriental du soleil, et ils en ont fait un symbole de la nuit. Et voilà ce qui m'intriguait : Qui était le mage ? Qui était le sorcier ? »

La fascination de Bowie pour l'occulte se manifestait de manière étrange. Apparemment, il considérait Jimmy Page, qui s'intéressait à Crowley, comme une force malfaisante qui voulait sa peau (d'après certains, il était tout simplement jaloux de l'énorme succès américain de Led Zeppelin).

Avec du recul, il est évident que Bowie s'était toujours intéressé à l'occultisme et aux surhommes. Une chanson telle que *Supermen* en 1970 en est l'illustration évidente. En 1976, Bowie raconta à Stuart Grundy de Radio 1 : « J'en étais encore à prétendre que je comprenais Nietzsche... En fait, j'essayais de simplifier les livres que j'avais lus... J'avais essayé de le traduire avec mes propres mots pour le comprendre, et *Supermen* venait de là... C'était pré-fasciste. »

Ainsi, *Pretty Things* contenait le message :

Let me make it plain
You gotta make way for the Homo Superior

« Je vais parler clairement
Vous devez céder la place à l' Homo Superior »

Et :

We're a part of the Coming Race
The Earth is a bitch
We've finished our news,
Homo Sapiens have out-grown their use

« Nous sommes membres de la Race à venir
La Terre est une salope
Nous en avons fini avec nos informations
Les Homo Sapiens ne servent plus à rien »

L'expression « race à venir » fait référence au titre d'un roman du dix-neuvième siècle de Bulwer Lytton. D'après J.H. Brennan, l'auteur de *Occult Reich*, Lytton croyait en l'existence du *vril*, « un gigantesque réservoir de pouvoir universel, dont une partie pouvait être concentrée dans le corps humain ». Dans *La Race à venir*, Lytton décrit une nation souterraine de surhommes qui ont acquis le contrôle du *vril* et l'ont utilisé pour accomplir des miracles.
Dans *Quicksand*, Bowie chante :

« *I'm closer to the Golden Dawn*
Immersed in Crowley's uniform of imagery »

« Je suis plus proche de la Golden Dawn
Immergé dans l'uniforme de l'imagerie de Crowley »

The Hermetic Order Of The Golden Dawn[1] fut institué en 1888. Bram Stoker et WB Yeats comptaient parmi ses premiers membres. J.H. Brennan décrit la Golden Dawn comme une structure hiérarchique dont les leaders étaient guidés par des chefs mystérieux, des hommes au sommet de la chaîne de l'évolution : des surhommes. Brennan ajoute : « Les candidats à chaque initiation apprenaient les saluts et gestes appropriés au niveau où ils entraient. Quand ils accédaient au rang de "gélateur", les membres de la Golden Dawn apprenaient ce qui deviendrait plus tard le salut nazi. »

Avec une section rythmique constituée de Carlos Alomar, Dennis Davis et George Murray, Roy Bittan, de E-Street Band, au piano, et Earl Slick l'enfant prodige à la guitare, Bowie commença à travailler aux Cherokee Studios en automne 1975 sur ce que certains critiques considèrent, peut-être à contre-courant, comme son meilleur disque. Bowie lui-même avoue ne pas se rappeler grand-chose de l'enregistrement de l'album. Un de ses seuls souvenirs est d'avoir été debout à côté de Earl Slick au studio et de lui avoir demandé de jouer un riff de Chuck Berry pendant toute l'ouverture de *Station To Station*. Sinon, c'est le blanc total.

Sur le plan commercial, Bowie était à son apogée – surpassant même les beaux jours de ses disques glam. *Fame*, le second single de *Young Americans*, fut n° 1 aux États-Unis, avant d'être détrôné par *I'm Sorry* de John Denver, puis de reprendre la première place la semaine suivante. Devant le succès modéré de *Fame* en Angleterre, où il n'atteignit que la dix-septième place des charts, RCA fouilla dans ses archives. En automne 1975, *Space Oddity* sortit en maxi-single avec au verso *Changes* et une chanson des sessions Ziggy, *Velvet Goldmine*. Bowie fut très en colère quand il découvrit que *Velvet Goldmine* avait été sortie sans sa permission. Cependant, six ans et soixante-trois jours après être entré dans les charts en 1969, *Space Oddity* donna finalement à Bowie son premier n° 1 en single au Royaume-Uni après une succession d'échecs sur le poteau, détrônant le catatonique *I Only Have Eyes For You* d'Art Garfunkel. C'était le vingt-septième single de Bowie à sortir au Royaume-Uni.

Étonnamment, Tony Visconti ne fut pas sollicité pour enregistrer le nouvel album de Bowie. Visconti affirme qu'ils ne s'étaient pas disputés après que Bowie avait retouché *The Gouster*, mais reconnaît qu'il fut déçu. « David m'a expliqué plus tard qu'il devait caser les sessions de *Station To Station* entre les scènes de tournage de *L'homme qui venait d'ailleurs*, et qu'il n'avait ni calendrier ni méthode précise. Comme avec la plupart de ses albums, il a commencé par une série de démos en studio, et, à un certain moment,

_____

1. Littéralement : Ordre hermétique de l'Aube dorée. (*N.d.T.*)

c'est devenu un album officiel. Il composait et enregistrait aussi de la musique pour éventuellement l'utiliser dans le film. J'étais à dix mille kilomètres de là, en train d'enregistrer autre chose. Ça s'est passé comme ça, c'est tout. Pour ce qui est de *Young Americans*, évidemment, n'importe qui à ma place aurait été déçu après un travail si méticuleux, mais tout a été dit entre nous et on ne s'est pas disputés. »

Alomar se souvient des sessions de *Station To Station* avec un plaisir évident : « C'était le summum de notre période d'expérimentation. Ç'a été un des plus beaux albums que j'aie faits, et un des plus longs. Il a dû prendre deux mois, à peu près. On a tellement expérimenté dessus. » D'après Alomar, il y avait toujours une certaine tension entre Earl Slick et lui : « Earl Slick était revenu. J'ai dû le calmer un peu et lui dire : "Écoute, mon vieux, on est musiciens tous deux. Je suis là, c'est tout. Ne pense même pas à moi. Je ne vais pas m'en aller et si tu ne veux pas perdre ta place, détends-toi." »

Mais les sessions se passèrent bien, selon une routine qui continuerait jusqu'à *Scary Monsters* quatre ans plus tard. Alomar, Davis et Murray créaient une base rythmique solide, et Alomar faisait souvent une partie de la guitare solo en même temps. Puis les *overdubs* étaient faits : celui de la guitare solo, qui suivait quelquefois le modèle d'Alomar, puis un saxo, des synthés, un piano ou des cordes. Tout à la fin, Bowie ajoutait la partie vocale. Puis c'était le moment d'introduire une dose d'étrangeté à la structure musicale tout entière. Bowie était le producteur et l'éditeur du script des chansons, prenant les décisions, sélectionnant les meilleures prises parmi celles que lui proposait Alomar. Ce système produisit une des meilleures musiques des années 1970.

Sur *Station To Station*, le mix musical est très inhabituel. La guitare funky d'Alomar et le son puissant de Slick rivalisent avec le piano de Bittan (cet album a plus *d'overdubs* de piano que tous les autres depuis *Ziggy Stardust*). Le résultat est un mélange d'instrumentation plutôt conventionnelle et d'expérimentation, surtout sur le titre qui a donné son nom à l'album.

« Mes souvenirs de l'album sont un peu flous – pour des raisons évidentes ! dit Slick. On était en studio et on faisait des heures dingues, beaucoup de nuits blanches. Souvent on ne commençait que vers une ou deux heures du matin. J'aime beaucoup l'album, mais je ne me souviens pas de grand-chose. »

Alomar explique le rôle de la cocaïne dans le processus de création :

« Quand on essaie de faire quelque chose, le pire qui puisse arriver en studio est d'avoir envie d'aller se coucher alors qu'on est en pleine inspiration. Disons qu'on est en train de faire une chanson et qu'on a la mélodie de base. Après ça, on ajoute des extras. Pour ces sessions-là, il faut vraiment entendre les choses un peu différemment. On veut changer sa perception. C'est le genre de truc que la drogue t'aide à faire. Si je voulais ajouter un angle un peu bizarre, je fumais un joint. Je me mettais à penser à des trucs idiots, et tout d'un coup je commençais à jouer quelque chose qui ne me serait pas venu naturellement. Quand j'avais un riff à trouver par exemple. David travaillait sur autre chose, et je devais attendre qu'il ait fini. Sur *Young Americans*, David écrivait au studio – il pouvait passer trois heures sur une ligne. Qu'est-ce qu'on allait faire ? Dormir dans un fauteuil ? A trois heures du matin, il dit : "Bon, à toi de faire la guitare." Maintenant, si une ligne de coke peut t'aider à tenir jusqu'à huit heures du matin pour que tu puisses finir la partie de la guitare, tu fais ta ligne de coke, parce que ça te garde éveillé. Il en prenait beaucoup trop sur *Station To Station*, mais la coke va de pair avec l'inspiration. On ne va pas arrêter d'en prendre à mi-chemin de l'album alors que tout ce qu'on a fait jusque-là est fabuleux ! Ça n'a pas de sens ! »

Le premier morceau mis en boîte fut, selon la légende, offert par la suite à Elvis Presley pour qu'il l'enregistre, mais le King déclina l'offre. *Golden Years*, le premier single de l'album, s'avéra être une des meilleures chansons de Bowie. Tour à tour larmoyant et plein d'ironie, Bowie passe d'un vibrato grave, presque un murmure, à une voix de fausset puis à un staccato de rappeur. Les paroles, écrites selon certaines sources pour Angie, sont très filmiques et empreintes de nostalgie. L'auditeur tombe sous le charme du fantastique riff d'introduction conçu par Alomar avant même que Bowie commence à chanter. Même la section sifflée à la fin est plutôt belle. Alomar se souvient que l'idée de la chanson est venue alors que Bowie s'amusait à plaquer quelques accords au piano, essayant de recréer l'ambiance fastueuse de *On Broadway* : « David se met au piano et chante : *"They say the neon lights are bright on Broadway... Come de dum ma baby... "* C'est le genre de style qu'il cherchait. J'ai dit : "Que penses-tu de ça ?" et j'ai joué le riff d'intro à la guitare, et il a dit : "Oui, oui, parfait, très bien." Une fois qu'on a trouvé le style qu'on veut, le groupe s'y met et on s'amuse. »

Pendant la longue période qu'Alomar a passée avec Bowie, il a créé des introductions inoubliables, des classiques : « C'est un des trucs dans lesquels je me suis spécialisé et David l'a toujours su. Il faut avoir un morceau classique de guitare au début d'une chanson. L'avantage de la guitare, c'est qu'on on peut jouer quelque chose, et avant même que le chanteur n'arrive, tout le monde est déjà

206

emballé. J'ai découvert ça tout jeune, quand j'ai entendu *Satisfaction*. Quand on entend ça, ça y est, on est fou. La guitare a le pouvoir de donner à une chanson une intro fabuleuse, et, à la belle époque du rock'n'roll, rien ne comptait autant sur un disque que d'avoir une partie de guitare distinctive. Je voulais toujours qu'il y en ait une sur toutes les chansons que je faisais pour qu'on sache que Carlos Alomar était là ! *DJ*, *Scary Monsters*, *Stay* – c'était ma spécialité. »

Dans *Stay*, Bowie révèle à la fois une terrible fragilité et un sentiment d'aliénation. Traitant ostensiblement de l'incertitude sous-jacente à la conquête sexuelle – « *Cos you can never really tell, when somebody wants something you want too* (Parce qu'on ne peut jamais être sûr que quelqu'un désire la même chose que soi) » – Bowie apparaît plus anxieux, plus vulnérable que dans aucune autre chanson à ce jour.

Word On a Wing est peut-être plus proche encore du précipice émotionnel. Là, Bowie semble aspirer à une catharsis sous la forme d'une expérience spirituelle, car la chanson est avant tout un hymne. Elle commence par une mélodie toute simple au piano sur fond de synthés paisibles, puis un riff de guitare en crescendo nous amène à la voix parlée de Bowie. La chanson s'amplifie au fur et à mesure, et explose à mi-chemin, alors que Bowie, prostré sur les marches de l'autel, s'offre au Christ.

Lord I kneel and offer you
My word on a wing
And I'm trying hard to fit among
Your scheme of things

« Seigneur, je vous offre à genoux
Ma parole qui s'envole
Et je m'efforce de trouver ma place
Dans votre plan »

La chanson s'achève, comme il se doit, par un orgue et un chœur, au moment où on quitte l'église. Est-ce l'exorcisme de Bowie par le biais du vinyle, ou bien pratique-t-il l'absurde comme dans *Please Mr Gravedigger* ? Sans doute un peu des deux, comme dans toutes ses meilleures chansons. Bowie était si instable sur le plan émotionnel qu'il cherchait vaguement une sorte de renaissance. « J'ai écrit toute la chanson comme un cantique, dit Bowie à *Melody Maker* en février de l'année suivante. Eh oui, en un sens, j'ai l'impression de repartir de zéro. »

TVC15, pourtant volontairement légère et drôle, est le point faible de l'album. Alors que *Word On A Wing* n'a pas été chantée depuis

1976, *TVC15* a figuré au programme de quatre tournées et de *Live Aid*. Le single fit un flop total, classé trente-troisième au hit-parade anglais en 1976. Les paroles, qui s'inspirent de la scène où Thomas Newton ouvre des yeux ronds devant les tubes cathodiques, évoquent une sorte d'interface transhumaine entre une femme et un téléviseur. Mais la chanson, avec son groove et son rythme timides, reste toujours vaguement décevante. Alomar : « Eh bien, il ne voulait rien qui soit structuré, il voulait vraiment que la chanson soit bordélique, bête et molle comme quand on a fait *Boys Keep Swinging*. Mais il voulait vraiment que la fin fasse de l'effet. A ce moment-là, la musique commence à être vraiment monotone, elle se répéte mais n'avance pas. Et, vers la fin, c'est exactement ce qu'il voulait – *« Oh my TVC15, oh, oh, TVC15*. » En fait, on jouait le reste de la chanson juste pour arriver à la fin ! »

Bowie aimait avoir une reprise sur la plupart de ses albums, pour mettre à l'épreuve ses talents de chanteur et d'interprète. *Wild Is the Wind*, de Dimitri Tomkin, est une belle ballade puissante. Bowie affirme que cette chanson, plus que toute autre de la même période, montrait ses véritables capacités vocales. C'est en effet une fantastique performance, avec un vibrato riche et grave. La chanson va en s'amplifiant, emmenée par des vagues fracassantes de guitare acoustique, comme un arrangement plus soul de l'*overdub* de Ken Scott sur *Quicksand*. Dans la section finale, la voix de Bowie est délibérément exagérée, il étire chaque syllabe au maximum – plus Bassey que Bolan. Carlos Alomar : « Il voulait que *Wild Is The Wind* reste un classique, il ne voulait pas la manipuler au point de la rendre méconnaissable. Il aimait la richesse de sa voix à l'époque, et moi aussi, je lui découvrais de nouveaux tons tout le temps. »

Station To Station montre que Bowie était entré dans une nouvelle phase d'expérimentation. C'est indéniablement la chanson la plus ambitieuse qu'il ait tentée jusqu'alors, et sans doute son plus bel enregistrement. Sur le plan musical, Bowie intègre dans son style de dance-rock funky des éléments de Krautrock[1] et de Kraftwerk, alors sur le point de devenir populaires et qui allaient enfanter la techno. Alomar a conçu l'ouverture à partir d'idées de Bowie, ajoutant guitare après guitare, et, sur une suggestion de Bowie, arpèges à la guitare à mesure que le morceau progressait. « L'ouverture est toute en mélodie et contrepoint. La section rythmique avait déjà fait sa partie et on le regardait, Earl Slick et moi, en essayant de lui dire ce qui se passait : "Je sais que c'est long – mais continue à jouer !" Il fallait qu'il tienne la même note pendant environ deux minutes dans cette introduction. Et on disait : "Bon Dieu, mais comment est-ce

---

1. Littéralement « rock choucroute ». Appellation fréquente du rock allemand. (*N.d.T.*)

qu'il peut tenir cette note plus longtemps ? — Branchez un autre ampli ! Ajoutez des amplis à la chaîne, le son continuera tout seul." »

La première partie de la chanson est une lente incantation. C'est la réponse de Bowie à *Sympathy For The Devil*. Sa voix, rendue mystérieuse par l'enregistrement sur double piste, décrit un présent lourd d'imagerie occultiste :

> *The Return Of The Thin White Duke*
> *Throwing darts in lovers' eyes*
> *Here are we, one magical moment*
> *Such is the stuff from where dreams are woven*
> *Bending sound ; dredging the ocean*
> *Lost in my circle*
> *Here I am, flashing no colour*
> *Tall in this room overlooking the ocean*
> *Here are we, one magical movement*
> *From kether to malkulth*
> *Station to Station*, 1976.

> « Le retour du Thin White Duke
> Lançant des flèches dans les yeux des amants
> Nous sommes ici, moment magique
> C'est ainsi que se tissent les rêves
> Son déformé ; fouillant l'océan
> Perdu dans mon cercle
> Je suis ici, sans couleur éclatante
> Immense dans cette chambre qui surplombe l'océan
> Nous sommes ici, mouvement magique
> De Kether à Malkulth »

Kether (Couronne) et *Malkulth* (Royaume) sont des termes hébreux, qui comptent parmi les dix étapes regroupées sous le nom de *Sephiroth* qu'on trouve dans « L'Arbre de Vie », la base du tarot. Selon Peter Koenig, auteur de *The Laughing Gnostic : David Bowie And The Occult*, aller *De Kether à Malkulth* (comme le chante Bowie), équivaut à descendre de Dieu vers le niveau physique qui unit les hommes au Divin. »

Les vers suivants évoquent quant à eux une obsession de la magie noire :

> *The return of the Thin White Duke*
> *Making sure white stains*

« Le retour du Thin White Duke
S'assurant que le blanc tache »
Station To Station, 1976.

L'expression « white stains » a trois sens. Tout d'abord, elle a d'évidentes connotations sexuelles. Deuxièmement, elle souligne la « pureté raciale » du personnage. Enfin, elle fait allusion à un recueil de poèmes d'Aleister Crowley, qui se qualifiait lui-même d'« homme le plus malfaisant au monde ». Crowley fournit un étrange modèle à Bowie, qui était attiré par sa doctrine de violation des conventions morales et d'expérimentation. En 1971, le biographe de Crowley, John Symond, écrivit : « De façon inattendue, le vent a tourné en faveur de Crowley. La doctrine du *"Do what Thou Wilt* (Fais ce que voudras)"*, avec son encouragement à fouler au pied les dieux et à s'enivrer d'amour, de vin et de "drogues étranges", a capturé l'imagination de ce monde insatisfait. »

Ensuite, *Station To Station* change de vitesse. Bowie chante *« got to keep searching and searching* (il faut que je continue sans cesse à chercher) » – preuve de son irrésistible enthousiasme pour les idées nouvelles. Il réaffirme aussi, comme dans *Word On A Wing* sa vaste quête d'une spiritualité absolue qui puisse soutenir une vie dénuée de sens. Le cri de Bowie : *« It's not the side effects of the cocaine, I'm thinking that it must be love* (Ce ne sont pas les effets secondaires de la cocaïne, je pense que ça doit être l'amour) », est une admission franche de sa dépendance envers la drogue. La musique se lance alors dans une improvisation – *« It's too late, to be hateful, the European canon is here* ! (Il est trop tard pour haïr. Le canon européen est là !) » La chanson, qui commence comme un rite de magie noire, se termine par une supplique pour un retour en Europe. Ce morceau incroyablement fort et audacieux renferme le meilleur de l'excentricité musicale et théâtrale de Bowie.

Bowie était satisfait de l'album, quoiqu'il ait dit plus tard qu'il avait été lâche pour le mix, et lui avait donné un vernis plus commercial alors qu'il aurait dû ne pas faire de compromis. L'année suivante, il dit à *Creem* que là où *Young Americans* possédait une sorte de « dignité pathétique », le nouvel album était, lui, « dépourvu d'âme, très froid. Même les chansons d'amour sont détachées, mais je pense que c'est fascinant. Ça me ressemble beaucoup, ou plutôt ça ressemble beaucoup à ce que je veux être. » Bowie se délectait toujours de l'artifice, de la projection des émotions dans l'abstrait. Enregistrer une « vraie » émotion non seulement le terrifiait, mais n'avait absolument rien à voir avec ce qu'était « Bowie », ce personnage fictif créé pour les médias.

A la fin de l'automne 1975, Bowie travailla aussi beaucoup sur la bande sonore de *L'homme qui venait d'ailleurs*. Bowie choisit de collaborer avec Paul Buckmaster, qui avait joué sur *Space Oddity* et en avait fait les arrangements six ans plus tôt. Les deux hommes s'installèrent dans la maison louée par Bowie à Bel Air. Ils enregistrèrent à l'aide d'un magnétophone TEAC à quatre pistes, et ils disposaient aussi des premières batteries électroniques non programmables. Bowie utilisa une guitare Rhodes Fender et Buckmaster avait apporté son violoncelle. Ils s'intéressaient l'un et l'autre à la musique de Kraftwerk, surtout *Autobahn* et *Radioactivity*. « J'étais amusé, titillé, fasciné par tout ça, se souvient Buckmaster. On aimait beaucoup leurs disques tous les deux. On les prenait au sérieux, mais ça nous faisait rire aussi. Pas la musique elle-même, mais son côté naïf qui était très séduisant, et son humour très pince-sans-rire aussi. »

Seul un des morceaux enregistrés pour la bande sonore a jamais été entendu sous forme de disque : *Subterraneans,* sorti sur l'album *Low* l'année suivante. Le problème majeur pendant les cinq semaines de travail fut que les deux musiciens étaient de sérieux accros à la coke. « Je déteste en parler, parce que c'est très personnel, déclara Buckmaster en 1998. A l'époque, il y avait beaucoup de gens qui prenaient de la coke dans l'industrie du disque. C'était relativement bon marché et on en trouvait facilement. On a tous été piégés par ce chant de sirène. C'est une drogue affreuse, et je la hais totalement. Dieu merci, je m'en suis sorti et David aussi. Au début, ça donnait tellement d'énergie ! C'est un stimulant très puissant ; ça décuple l'énergie, l'enthousiasme. Mais c'est un faux enthousiasme. Bientôt, on est détaché de soi-même, de sa vie, de son cœur, de son âme, de sa vie spirituelle. »

En fin de compte, pour des raisons qui demeurent mystérieuses, la musique créée par Bowie et Buckmaster ne fut pas retenue pour le film. A la fin 1975, parti passer le nouvel an en Jamaïque pour préparer sa tournée mondiale, Bowie découvrit en arrivant que rien n'avait été réservé pour son séjour et dut aller s'installer chez Keith Richards. Il téléphona aussitôt à Michael Lippman, son manager, et l'informa qu'il était renvoyé, mais cette affaire n'était qu'un prétexte. Bowie n'avait pas apprécié l'échec de Lippman à faire accepter la bande qu'il avait faite avec Buckmaster (alors qu'en réalité, elle était sans doute inutilisable).

De l'avis de Buckmaster, Roeg n'avait tout simplement pas aimé la musique produite et ne l'avait pas jugée assez bonne. « Je crois que Roeg a eu la trouille. Je considérais la musique comme une sorte de démo plutôt qu'une version définitive, mais on était censés rendre une version définitive. Et puis, on n'avait pas de producteur, et on a essayé de bricoler ça ensemble. Le résultat n'était pas au niveau, et c'est pour ça que Nic Roeg l'a refusé. C'est mon opinion. Il faut se souvenir de notre état respectif, et ça s'est détérioré au fil du temps. En fait, pendant une des sessions – peut-être une des sessions pour *Station To Station* – il a fallu aider Bowie parce qu'il était allé trop loin. Il avait frôlé l'overdose. Je dois dire que je n'étais pas d'un grand secours, vu que j'étais dans le même état. On s'encourageait mutuellement. »

Le 27 janvier 1976, Bowie intenta un procès à Lippman, qu'il accusait d'avoir perçu une commission de quinze pour cent au lieu des dix pour cent habituels, et d'avoir gardé un montant de 475 000 dollars après son renvoi. Il réclamait des dommages et intérêts de deux millions de dollars. Lippman, à son tour, poursuivit Bowie en justice, réclamant lui aussi deux millions. A la fin, Lippman eut gain de cause après une réunion à Paris en été 1976, mais accepta une somme inférieure. De nouveau, Bowie perdait de l'argent à tire-larigot. A ce stade, il était sans doute devenu impossible d'être son manager. Quant à Lippman, il finirait par devenir le manager d'un des plus grands noms de l'industrie : George Michael.

Entre divers enregistrements à la fin 1975, Bowie fit une dernière tentative de conquête du grand public américain. Cet automne-là, il apparut dans deux émissions de télévision à des heures de grande écoute. Il enregistra un passage dans la populaire *Soul Train*, se trompant au passage dans les paroles de son dernier single *Golden Years*. La légende veut qu'il ait trop bu, tant il était nerveux à l'idée de se produire dans une émission qui restait pour l'essentiel réservée à la musique noire authentique. Au cours du même mois, il chanta live sur l'accompagnement de *Fame* dans *The Cher Show*, et chanta même en duo avec l'hôtesse de l'émission *Can You Hear Me ?* Puis, en janvier, il fit une apparition avec Henry *Fonzie* Winkler dans *The Dinah Shore Show*, et y interpréta *Stay*, une nouvelle chanson de l'album à sortir, ainsi qu'une version émouvante de la remarquable *Five Years* de *Ziggy Stardust*, qu'il répétait alors pour la tournée.

En novembre précédent, Bowie avait choisi d'annoncer cette tournée au cours d'une interview avec Russell Harty, retransmise par satellite sur la London Weekend Television. L'annonce de la mort de Franco arriva quelques instants avant l'enregistrement de l'émission, et on demanda à Bowie de renoncer au créneau prévu pour diffuser la nouvelle. Il refusa. S'ensuivit un échange surprenant entre Harty et Bowie. Que ce soit en raison du léger décalage causé par le lien satellite, ou de l'énorme consommation de cocaïne de Bowie, le chanteur fut presque incohérent pendant toute la durée de l'interview. Les cheveux plaqués en arrière dans le style du Thin White

Duke, Bowie semblait totalement déconnecté, incapable d'articuler une phrase complète. Il était nerveux et visiblement malheureux, avec un regard de messie presque vitreux – « Je rentrerai en mai pour donner des concerts, vous revoir et être anglais à nouveau. »

Golden Years, le premier single du nouvel album, entra dans le Top 10 outre-Atlantique, et, au début 1976, *Station To Station* devint le plus grand succès américain de Bowie jusque-là, devenant n° 3. La sortie de l'album fut légèrement retardée quand Bowie rejeta la pochette couleur en faveur d'une version noir et blanc de la même photo, plus appropriée au spectacle expressionniste qu'il était en train de préparer.

Le 2 février, à Vancouver, Bowie monta sur scène pour la première date de la tournée de *Station To Station*, plus connue à présent sous le nom de White Light Tour. Pour la tournée, il conserva la section rythmique formée par Alomar, Davis et Murray. Tony Kaye, qui avait travaillé avec Yes, fut le maestro au clavier de cette année-là, et un Canadien inventif de 21 ans, Stacy Haydon, remplaça Earl Slick à la guitare solo après un malentendu entre le guitariste au sang chaud et les représentants du lunatique Bowie, juste avant le début de la tournée.

« On prenait tellement de drogue qu'on n'arrivait plus à communiquer, raconte Earl Slick. David et moi, on a fini par se disputer. J'ai quitté le groupe au début 1976, après une conversation avec Pat Gibbons. David était parti en Jamaïque, et on était censés répéter là-bas, mais je n'ai jamais pu contacter David. La dernière fois que je l'avais vu, il n'était pas au mieux de sa forme, et j'essayais d'obtenir des renseignements quant aux finances ; vous savez, ce qu'on allait toucher. Pat a été très vague avec moi et je lui ai dit : "Écoute, il faut que je parle à David – David est occupé. Je ne peux pas le contacter. Il ne prend pas les appels." Je faisais une carrière en solo à l'époque, avec la bénédiction de David, et, quand j'ai décidé de ne pas faire la tournée, David a interprété ça comme un signe que je faisais passer ma carrière solo avant la tournée, ce qui n'était pas le cas. La raison principale, c'était ce type, Pat Gibbons, qui manipulait tout le monde. C'est lui qui s'occupait des salaires. Bizarrement, dès que Lippman et David se sont séparés, Pat a pu s'occuper des affaires de David. C'est ce qu'il voulait, j'en suis sûr, depuis le début. Je suis persuadé aussi qu'il est peut-être pour quelque chose dans toute l'histoire Lippman. Je l'ai toujours pensé. Évidemment, je ne vais accuser personne, mais c'est quand même curieux qu'il ait été si vite prêt à prendre la relève.

« Ma relation avec David s'est complètement désintégrée. Je n'étais pas au mieux, moi non plus, alors je ne pouvais pas prendre de décisions rationnelles. Je pense seulement que c'était un peu la faute de tout le monde. Je ne veux accuser personne en particulier. On était tous coupables d'être une bande de trous du cul à l'époque, moi y compris. »

En dépit de toute cette agitation, la tournée elle-même fut un énorme triomphe pour Bowie sur le plan artistique. Quoique la scène ait été pour l'essentiel dépourvue d'accessoires, de gadgets et de pitreries visuelles, la tournée était tout aussi théâtrale que toutes les autres de Bowie. Nimbé d'une éblouissante lumière blanche, les cheveux coiffés en arrière dans le style qui serait imité par les jeunes jusque dans les années 80, Bowie, en chemise blanche, gants blancs et gilet noir, comme un garçon de café sorti des enfers, incarna le Thin White Duke à travers les États-Unis devant des publics au bord de l'hystérie. Si 1973 vit l'apogée de Bowie en Angleterre, la tournée de 1976 fut son équivalent aux États-Unis. Le journaliste Paul Gambaccini déclara après l'un des concerts : « C'était la meilleure performance d'un artiste blanc que j'aie jamais vue. »

Bowie révéla une nouvelle chanson, *Sister Midnight*, qu'il donna plus tard à Iggy Pop. Entraînée par un riff génial d'Alomar, elle possédait une mélodie lente, un rythme presque mécanique. Michael Watts, de *Melody Maker*, assista au concert de Bowie à Wembley en mai, et fit le commentaire suivant sur la musique : « Elle est indéniablement funky, mais reste curieusement mécanique, féroce par son volume et par son intensité, et tout à fait différente de la soul, qu'elle soit noire ou blanche. »

Bowie ne trahissait pas ses fans pour autant, et les plus purs traditionalistes ne furent pas déçus. Le programme d'une heure vingt minutes comprenait *Queen Bitch* et *Life On Mars ?*, une version impressionnante de *Five Years* et une plutôt bizarre de *Suffragette City*, *Panic In Detroit* (avec un solo de batterie assez long pour qu'on ait le temps de boire un verre ou d'aller aux toilettes), *Rebel Rebel* et *Diamond Dogs*. *Fame* était la seule chanson de *Young Americans*, alors que l'album datait de moins d'un an. Quant à *Golden Years*, le single qui était dans les hit-parades du moment et que Bowie avait du mal à chanter dans la tonalité enregistrée, il n'apparaissait pas du tout. Une très belle version, très funky, de *Waiting For The Man*, du Velvet Underground, figurait aussi au programme tout comme la plus grande partie de *Station To Station*, l'héroïque chanson-titre qui servit d'ouverture aux concerts.

La tournée marquait aussi la fin de la fascination de Bowie pour l'Amérique. Ses passions musicales du moment incluaient *No Pussy Footing*, de Fripp et Eno, *Metal Machine Music*, de Lou Reed, et Kraftwerk. D'ailleurs, Bowie envisagea de faire jouer le quartet de Düsseldorf en première partie avant de réaliser qu'ils avaient besoin de toute une série de synthés et de claviers – bref, trop d'équipement pour une série de concerts. Faute de quoi, avant d'entrer sur scène, Bowie fit jouer leur dernier morceau, *Radioactivity*. Il servait de fond sonore à un extrait du classique surréaliste de Salvador Dali et Luis Buñuel, *Un chien andalou* (1928). L'image d'un globe oculaire tranché en deux, rendue d'autant plus bizarre par l'accompagnement musical et son utilisation comme ouverture d'un concert de rock, avait pour mission de choquer et de troubler le public. Une ambiance faite d'un mélange de futurisme et de nostalgie envahissait la salle avant même l'apparition du Thin White Duke.

Dans cette tournée de 1976 prédominèrent un souci d'austérité et l'idée que la théâtralité se trouvait dans la sobriété plutôt que dans l'abondance d'accessoires. Comme le décrit la journaliste Lisa Robinson : « Le groupe se tient derrière Bowie, mais il est si peu important qu'il pourrait aussi bien être derrière un rideau... J'adore quand Bowie se met sur le côté de la scène pour regarder les solos de Carlos Alomar, Dennis Davis et Tony Kaye, et hoche la tête comme s'il adorait ça. On admire son talent d'acteur, et on a envie qu'il recommence à chanter. »

Bowie utilisait la lumière comme de la peinture, inondant la scène de différentes intensités de lumière blanche, créant un équivalent du clair-obscur, une répartition artistique de masses claires ou sombres. Par choix délibéré, l'éclat aveuglant des projecteurs était presque douloureux pour les yeux. L'intention était de dérouter le public. « La mise en scène était inspirée, ajoute Michael Watts. Avec une série de néons, il illuminait la scène d'un noir et blanc expressionniste qui accentuait la dureté de la musique et se reflétait dans sa propre image de créature en costume noir et chemise blanche sortie tout droit d'un cabaret. C'était, je crois, l'éclairage le plus imaginatif que j'aie jamais vu dans un concert de rock. »

Les origines de cette technique dans la pop remontent à la première tournée du Velvet Underground mise en scène par Andy Warhol. Plus tard, au Hammersmith Odeon en 1979, Lou Reed laissa délibérément les lumières allumées dans la salle pendant toute la durée du concert, afin de provoquer une tension dans le public et d'éliminer le déséquilibre habituel entre le public invisible et la star illuminée. Bowie lui-même déclare que l'influence la plus directe qu'il ait subie en ce domaine venait d'une production de *Cabaret* avec Judi Dench dans les années 60. Dans le théâtre de Brecht, l'intention était de rendre les éclairages visibles et extrêmement aveuglants afin de détruire l'illusion de lumière « naturelle » dans une pièce. Encore une fois, Bowie utilisait une tradition d'artifice pour dérouter un public accoutumé aux rituels d'un concert rock.

En 1976, Bowie sur scène donna les performances les plus déconnectées, les plus *différentes* de sa carrière, envoyant des coups de pied de karaté raides, brusques, chorégraphiés, avant de farfouiller intentionnellement dans ses poches à la recherche de son paquet de Gitanes pendant *Waiting For The Man*. A 29 ans, il avait atteint un nouveau sommet en tant qu'interprète. Malheureusement, aucun film officiel de la tournée n'a jamais été montré, et, par conséquent, c'est toujours l'ère de *Ziggy Stardust* qui est présente dans le souvenir des gens et dans les médias quand on évoque la grandeur de Bowie dans les années 70. Certains collectionneurs possèdent bien quelques bribes d'images, et il y a aussi un film des répétitions, qui montre un Bowie d'humeur joviale, oubliant les paroles et faisant le pitre.

La tournée traversa les États-Unis en février. Le 6 février, Bowie triompha au San Francisco Cow Palace, où, trois ans plus tôt, il n'avait attiré qu'une poignée de spectateurs. Pour les concerts au Los Angeles Inglewood Forum du 8, 9, et 11 février, la liste d'invités incluait David Hockney, Christopher Isherwood, Patti Smith, Elton John, Rod Stewart et Britt Ekland, Herbie Hancock, Ray Bradbury, Carly Simon, Henry Winkler, Alice Cooper, Ringo Starr et Linda Ronstadt. L'étoile de Bowie n'avait jamais été aussi brillante, en dépit de son état mental alarmant. Il était une star du mainstream, fêtée par les célébrités du cinéma et de la télévision. Pourtant, il était aussi indéniablement considéré comme un artiste sérieux, et s'intéressait à des auteurs comme Isherwood et Bradbury. Il était tout à fait remarquable, et sans précédent, qu'un musicien de rock éprouve une fascination égale pour les représentants des cultures populaire et intellectuelle. Bowie continuait d'abattre les frontières culturelles. En 1976, il se trouvait dans une position unique, à la fois pop star et symbole culturel respecté. Jamais par la suite, il ne jouirait d'un prestige aussi grand dans les deux domaines en même temps.

Le concert le plus célèbre de la tournée du point de vue des fans de Bowie eut lieu le 23 mars à New York, au Nassau Coliseum. Le concert fut diffusé à la radio, et plus tard, d'excellents enregistrements pirates circulèrent parmi les fans purs et durs. Comparés au concert de Nassau, *David Live*, et, à plus forte raison, *Stage*, paraissent bien mous.

Au bout de quelques concerts, Iggy Pop devint le compagnon constant de Bowie. Ils resteraient ensemble pendant un an et demi avant que la tension causée par une trop longue proximité réduise leur amitié à un échange de piques hargneuses. A l'époque, Iggy était encore fragile après un séjour volontaire en hôpital psychiatrique, et quand on lui offrit la chance de mettre sa santé à l'épreuve en faisant partie des chœurs de David, il n'hésita pas à la saisir.

En 1976, l'équipe de management de Bowie avait été sévèrement resserrée. Pat Gibbons jouait le rôle de manager ; Coco prenait de plus en plus d'importance. « Mon bureau est une valise qui reste dans ma chambre, déclara Bowie en mars. C'est beaucoup mieux qu'avant, quand je n'avais aucune idée de ce qui se passait. » Par nécessité, Bowie était encore extrêmement isolé. Une autre constante, cependant, était son chauffeur et garde du corps, Tony Mascia, un Italien entre deux âges, originaire du Bronx, qui avait été le *sparring partner* du grand Rocky Marciano. Jusqu'à sa mort, en 1991, Mascia fit partie de l'entourage de Bowie. Il était comme un grand frère pour Bowie, qu'il régalait d'anecdotes sur le monde de la boxe.

De l'extérieur, Bowie commençait à donner l'impression d'être l'objet d'une protection excessive. Le DJ John Peel, dont la série *In Concert* avait maintenu Bowie en vue lors de sa traversée du désert entre *Space Oddity* et *Starman*, se souvient de sa dernière « rencontre » avec Bowie au milieu des années 70 : « J'ai été touché qu'il vienne à mon *This is Your Life*[1]. Il était parfaitement jovial. Comme c'était filmé, je ne pouvais pas lui dire : "C'est bien beau, David, mais la dernière fois que je t'ai vu, tu étais entouré de Noirs américains experts en karaté." Je m'étais approché, et j'avais dit un truc du genre : "Salut David, comment ça va ?", et tout d'un coup un type s'interpose et me lance : "Hé, toi, connard, tu vas où comme ça ?" Je lui dis : "Je voulais juste bavarder avec David", et il me répond : "Mon cul, oui !" Je crois quand même qu'il est possible d'être célèbre, de faire du bon boulot et de garder quand même un peu d'humanité. J'ai vu le contraire arriver à tant de gens. Ils perdent tout contact avec la réalité. Franchement, on n'a pas besoin d'aller partout avec des experts en karaté. Je sais bien que la vie est compliquée parfois, mais c'est seulement parce qu'on essaie de maintenir son prestige et de montrer aux autres qu'on est important. On devient comme ça parce qu'on veut le devenir. Il est possible de vivre de manière très satisfaisante en continuant à prendre le bus et à aller au pub. »

De plus Bowie était sans le sou, MainMan ayant raflé l'argent de cinq ans de tubes et de tournées à guichets fermés. Chris Charlesworth l'interviewa en exclusivité pour *Melody Maker* en 1976 : « Contrairement à beaucoup de rock stars, il avait très bien compris la méthode pour donner une bonne interview. Il savait qu'il était à son avantage de faire des déclarations controversées. Il suivait une longue tradition, parce que je crois qu'il a appris ça de John Lennon. Lennon était pareil – il donnait d'excellentes interviews, tout comme Pete Townshend. La chose la plus médiatique qu'il ait dite était qu'il

---

1. Émission de télévision qui « surprend » les célébrités en racontant leur vie à l'aide d'invités issus de leur passé. (*N.d.T.*)

n'avait plus un rond, qu'il avait perdu tout son argent parce qu'il avait été escroqué par son management. C'est ce qu'il a laissé entendre. Il savait très bien que "Bowie fauché" faisait un super gros titre. Il ne s'est pas contenté de parler des difficultés qu'il avait eues à enregistrer *TVC15* et du fait qu'il avait dû faire une double piste pour la guitare parce que la première ne fonctionnait pas correctement. C'est peut-être intéressant pour les fans qui aiment sa musique, mais du point de vue médiatique "Double piste de guitare sur TVC15" ne donne pas grand-chose, hein ? Si on le mettait de bonne humeur, il pouvait parler pendant des heures. La coke a cet effet-là ; elle vous rend bavard. »

Cependant, avant que Bowie puisse retourner en Grande-Bretagne en mai, la nouvelle équipe de management fut secouée par deux énormes catastrophes publicitaires. La première fut une rafle anti-drogue largement médiatisée le 21 mars, après le concert donné au Springfield Civic Centre dans le Massachusetts. Bowie, Iggy Pop et deux amis, furent accusés de possession de 250 grammes de mari-juana. Bowie fut libéré sous caution pour 2 000 dollars, sans poursuites. Il avait eu beaucoup de chance, étant donné sa consommation de drogue dure. Puis, en avril 1976, alors qu'il revenait de Moscou avec Iggy Pop, Bowie fut arrêté par des douaniers à la frontière polonaise en possession de souvenirs nazis. Deux semaines plus tard, après un concert donné à Stockholm le 26 avril, Bowie aurait déclaré : « A mon avis, je suis la seule alternative au Premier ministre anglais. Je crois que la Grande-Bretagne pourrait bénéficier d'un leader fasciste. Au fond, le fascisme n'est que du nationalisme. »

Au cours d'une interview en 1975, Bowie avait commenté : « Je pense qu'il faudrait mettre de l'ordre dans les mœurs. Elles sont lamentables. » Il ajouta : « Il y aura une figure politique dans un avenir pas trop lointain qui balaiera cette partie du monde comme le rock'n'roll l'a fait. Vous espérez sûrement que je me trompe, mais j'ai raison... Il faut qu'il y ait une extrême droite qui arrive et qui emporte tout sur son passage et qui nettoie tout. Après, on pourra avoir une nouvelle forme de libéralisme. »

Bowie voyait en Hitler toutes les caractéristiques d'une star. Interviewé par Cameron Crowe pour *Playboy* en 1974, Bowie déclara : « Adolf Hitler était une des premières stars de rock. Regardez certains films, voyez la façon dont il bougeait. Je crois qu'il était aussi bon que Jagger... [Hitler] n'était pas un politicien. C'était un artiste des médias. Il a utilisé la politique et le théâtre, et il a créé ce truc qui a tout régi, tout commandé pendant douze ans. Le monde ne verra plus jamais quelqu'un comme lui. Il a mis en scène un pays tout entier. » Cet article refit surface dans les médias après les commentaires mal avisés de Bowie en 1976.

Tout cela prouvait nettement que Bowie était en train de perdre les pédales, particulièrement quand il déclara à un journaliste qu'il ferait un excellent Premier ministre puisqu'il était dictatorial et tout à fait fou. Selon la légende, Bowie aurait aussi visité le bunker de Hitler, et se serait fait photographier par Andy Kent en train de faire le salut nazi. Kent dut jurer de ne jamais donner la photographie à la presse, une promesse qu'il a dûment, et sagement, respectée.

Cependant, la date gravée dans les mémoires du folklore Bowie est celle du 2 mai 1976. Bowie arriva à Victoria Station, où il devait prendre une limousine décapotable, voiture qui, d'ailleurs, avait appartenu à un dictateur sud-américain assassiné. Des images d'archives un peu floues montrent Bowie souriant, faisant signe à une énorme foule de fans rassemblés pour l'accueillir après son « exil » de deux ans, certains lui adressant le V de la victoire et hurlant leur adoration. Ensuite, le film montre Bowie debout à l'arrière de la limousine, et l'espace d'une seconde, il lève la main d'une manière furtive, mais raide. C'était peut-être un salut nazi ; cela ressemblait davantage à un petit signe de la main, ou même un coup de poing en l'air à la John Lennon, symbole de solidarité entre « frères ».

Bowie était certainement assez perturbé pour avoir adressé un salut nazi à la foule ce jour-là, mais les témoignages ne sont en aucun cas probants. D'après un article du fan David Burbidge dans le fanzine *Zi Duang Provence*, aucun des tabloïds qui rapportèrent l'arrivée de Bowie ne firent allusion à ce tristement célèbre geste (encore que le *Daily Mail* dise qu'il a levé un poing serré en l'air pour saluer les fans). De fait, c'est *NME* qui déclencha tout. Le magazine publia une photo de Bowie (sous le titre *Heil and Farewell* « Heil et adieu ») qui le montrait, d'après Burbidge, « le bras en l'air, dans une position qui ressemblait vaguement à celle d'un salut fasciste » – sauf que les doigts étaient courbés et détendus, au lieu d'être droits et raides. *NME* ne fit aucun commentaire sur le salut dans le texte accompagnant le cliché.

Dans la foule ce jour-là se trouvait un jeune de dix-sept ans appelé Gary Webb, qui ne tarderait pas à devenir la star Gary Numan. « En fait, je ne l'ai pas vu, parce qu'il y avait trop de gens. Mais Bowie arrivait d'Allemagne, et je suis sûr que la presse cherchait quelque chose. Il est debout dans sa voiture et il fait signe à cette immense foule qui est assez loin de lui. Réfléchissez. Si un photographe prend une série de clichés automatiques de quelqu'un qui fait signe, il y aura un salut nazi à la fin de chaque mouvement du bras. Il suffit qu'il y ait un con dans un magazine pour essayer d'en faire une montagne, et ça a l'air grave. Mais je serais *sidéré* s'il l'avait fait.

J'étais là et je n'ai pas vu une seule personne, sur les milliers de gens qui étaient là, se trimbaler en disant : "Quel branleur, il a fait le salut nazi." Pas une seule. Les gens ont pensé qu'il leur faisait signe, et je suis sûr que c'était exactement ça. »

L'auteur dramatique, parolier et chroniqueur du *Times*, Alan Franks, qui interviewa Bowie en été 1995, commente : « A l'époque, il était effectivement dérangé. Il avait eu de très mauvaises expériences avec les drogues dures et l'alcool, et je pense qu'il y avait sûrement un fond de vérité quand certains disaient qu'il avait des tendances suicidaires. J'imagine qu'il était complètement déprimé. Je pense qu'il a vraiment su ce qu'était la dépendance. Cette conduite, l'histoire du salut nazi, venait sûrement de là. On dit et on fait tous des choses stupides. Cet incident était le résultat d'un facteur extérieur, et je fais référence à des produits chimiques qui ont un effet sur l'humeur, et c'est cela qui a fait de Bowie quelqu'un qu'il n'était pas. C'est un point crucial, parce qu'en revanche, je ne pense pas que tous ses changements de personnage aient été induits par la drogue, mais sont plutôt dus à l'évolution naturelle d'un type qui était à fond dans son art et son mode d'expression. »

En 1993, Bowie lui-même attirerait l'attention sur sa propre naïveté (et, diraient certains, sa propre stupidité) : « Politiquement, pour moi, le fascisme était l'équivalent du communisme, ou plutôt du stalinisme. Pendant mes voyages en Russie, je pensais "Eh bien, c'est à ça que devait ressembler le fascisme. Ils défilaient de la même façon, saluaient de la même façon. Tous les deux avaient des gouvernements centralisés. Il est difficile de comprendre qu'on puisse se laisser entraîner par tout ça sans se rendre compte où ça mène." »

Certaines stars ont exploité l'imagerie et l'iconographie d'extrême droite pour faire des déclarations visuellement choquantes, et Bowie s'est inscrit dans cette tradition. Les nazis avaient une aura visuelle très puissante, très autoritaire, qui a été déployée dans les cercles les plus inattendus. En 1999, l'éditeur du magazine masculin *GQ*, James Brown, dut démissionner après que le magazine eut fait figurer Goebbels parmi la liste des deux cents hommes les plus élégants des deux derniers millénaires. De nombreux journalistes ayant assisté à la tournée de 1976 de Bowie se souvinrent d'anciennes images des rassemblements de Nüremberg, et de l'utilisation dramatiquement novatrice de la lumière blanche pour illuminer le Führer, établissant d'évidents parallèles. L'intérêt alors très largement médiatisé de Bowie pour l'occultisme ne fit qu'attiser les flammes, en particulier parce qu'il y avait un lien plus ou moins direct entre Hitler et les pratiques occultes.

Dès 1977, Bowie avait compris qu'en tant que pop star capable d'influencer des millions de gens, il avait commis une grave erreur.

« Je suis totalement apolitique... Adopter un point de vue politique n'est pas compatible avec le genre d'artiste que je suis, qui essaie de capturer le rythme du changement, parce que mon rôle est d'observer ce qui se passe. Les déclarations que j'ai pu faire en ce sens [vis-à-vis du fascisme] étaient une réaction générale et, du point de vue théâtral, ce que j'imaginais pouvoir se produire en Angleterre. »

Il n'y a aucun doute que Bowie a flirté dangereusement avec les symboles du nazisme. Cependant, en réalité, il ne faisait que remplir un rôle qu'il remplit si souvent. Bowie est unique dans sa capacité à distiller l'essentiel du moment, à nous livrer la quintessence d'une époque. Cela a toujours conféré à son œuvre non pas tant un caractère prophétique qu'une sorte de point de vue surréaliste sur la vie. Il n'est pas question d'excuser certains des propos qu'il a pu tenir ; et expliquer ses commentaires par le seul abus de drogue ne suffit pas non plus. Plutôt, Bowie avait saisi l'air du temps et le théâtralisait dans son art. Trois ans après sa proclamation, l'Angleterre élirait le gouvernement le plus à droite de son histoire, tandis qu'aux États-Unis, les républicains les plus à droite auraient le vent en poupe.

Au milieu des années 70, la Grande-Bretagne vit croître la popularité d'organisations d'extrême droite telles que le British Movement et le National Front, des organisations qui tiraient parti du contexte socio-économique, chômage de masse et malaise des jeunes. Bowie fut complimenté dans le journal néo-nazi *Spearhead* pour avoir rejeté la musique hippie tant haïe par l'extrême droite, et pour avoir défendu Nietzsche.

Bulldog, le journal du Young National Front, surnomma Bowie le « Big Daddy du Futurisme », qui, sur *Hunky Dory*, « fut le précurseur de la tradition musicale anticommuniste que nous voyons maintenant s'épanouir dans la nouvelle vague de groupes futuristes. »

D'après Carlos Alomar, Bowie n'a jamais été un fasciste ni un nazi. Ce n'était que du verbiage, selon lui. « Ce n'étaient que des mots. Il ne faut pas oublier que c'est un pseudo-intellectuel. Il est ce qu'il lit, et à cette époque-là, il lisait des tas de conneries. On est tous les deux du genre à prêcher. Moi, c'est surtout pour la religion, lui, c'est un donneur d'informations. Il va choisir un sujet dont personne ne sait rien et le développer pendant une heure sans s'interrompre. Ces conversations-là – le nazisme, le baroque, l'architecture du début du siècle – c'est David qui s'écoute parler. Je n'y attache pas grande importance. Quant à être un intellectuel... Il est indéniablement cultivé, mais choisir un sujet dont personne ne sait rien, pour moi, ce n'est pas de la conversation. »

Pour en revenir à la musique, les six concerts donnés entre le 3 et le 8 mai à Wembley, les premiers de Bowie en Angleterre en près

221

de trois ans, furent un triomphe. Paul Woods, fidèle fan de Bowie, se souvient que « le public était aussi tape-à-l'œil que le spectacle (ou presque !), avec des Ziggy çà et là, et de multiples versions du Bowie du moment. Ce sont les cheveux noirs gominés et les costumes blancs qui m'ont le plus frappé. C'est vraiment l'éclairage qui a rendu ce concert différent de tous les autres que j'avais vus. C'était plus sévère qu'aveuglant. On aurait dit un vieux film noir et blanc ou une pièce des années 30, et la musique était parmi les plus fortes et les plus futuristes que j'aie jamais entendues. Le début de *Station To Station*, par exemple, ressemblait au grondement d'un train qui traversait la salle. J'étais à la fois stupéfait, sidéré et excité. » L'EXILÉ ACCUEILLI COMME LE MESSIE, titra *Melody Maker* pour sa critique du concert. Dans un rare moment d'émotion, Bowie quitta la scène en larmes le premier soir, tant il était bouleversé par l'accueil enthousiaste du public.

Gary Numan était lui aussi présent à l'un des concerts de Wembley, dont il se souvient comme de l'un des moments les plus excitants de sa vie. « Tout était déchaîné, c'était génial. J'étais sur le balcon à droite quand on regarde depuis la scène, à mi-hauteur, à peu près. » Numan mena une charge de fans, renversant un gardien vieillissant pour sauter du haut de l'auditorium. Après avoir escaladé les fauteuils les plus proches de la scène, Numan conduisit son petit groupe devant celle-ci. « Je lui ai lancé mon petit bâton vert phosphorescent, et il l'a touché pendant *The Jean Genie*. Il s'est penché et l'a ramassé, raconte Numan. J'ai cru que j'allais faire pipi dans ma culotte ! C'était le meilleur moment de ma vie. Ça m'a complètement renversé, et j'ai failli me faire tabasser à la fin parce qu'un des types de son équipe l'a rendu à quelqu'un d'autre. J'ai pété les plombs, et j'ai commencé à lui hurler dessus. Je n'en croyais pas mes yeux. Bowie l'avait touché et ils l'ont donné à quelqu'un d'autre ! »

La tournée se termina à Paris le 18 mai. Contre toute attente, Bowie avait non seulement survécu, mais donné certaines des meilleures performances de sa carrière. Néanmoins, il était profondément mal à l'aise en tant que musicien rock.

Bowie, dont la compilation *ChangesoneBowie* faisait un tube outre-Atlantique, était un rocker atypique. Il n'était pas macho, ne faisait pas de rock'n'roll, et se moquait totalement des conventions du grand spectacle rock. Il savait aussi qu'il devait rompre avec les États-Unis, et avec l'accès facile et régulier à la cocaïne qui était sans doute en train de le tuer. Déterminé à se débarrasser de sa dépendance à la drogue, et peu enclin à solliciter une assistance médicale, Bowie décida de regagner l'Europe en compagnie d'Iggy Pop, et de construire une autre relation avec l'industrie du rock. Les années Berlin l'attendaient.

LA NOUVELLE ÉCOLE DE PRÉTENTION, 1976-1977

L'art est le seul endroit où on peut s'écraser en avion et en sortir.
Brian Eno.

David était tellement frustré par la maison de disques – « On veut ci, on veut ça. » Il se demandait « Mais qu'est ce qu'ils veulent de moi ? » Ils n'acceptent pas ci, ils refusent ça. Je veux dire, ce sont eux qui ont poussé David vers la musique New Age avec leurs simagrées. C'était par frustration, parce que la compagnie voulait constamment qu'il produise des tubes et encore des tubes. David a dit : « Pour vous, il n'y a pas de tube sur cet album, et pourtant la musique est totalement viable et commerciale. Vous allez voir si ça marche ou pas. » Il s'est avéré qu'il avait raison.
Carlos Alomar parlant en 1998 de la création de l'album *Low*.

Quand Ziggy est tombé en disgrâce et qu'il a perdu tout son argent, il a eu un fils avant de mourir... Johnny Rotten !
David Bowie parlant au journaliste Philippe Manœuvre,
juillet 1977.

La folie de ces deux ans et demi passés entre New York et LA avaient réduit Bowie à l'état d'épave émotionnelle. Il admettrait plus tard que la tournée de 76 avait été entreprise sous la contrainte et que son cerveau avait craqué sous la pression de la drogue. Après avoir rêvé d'un avenir européen dans *Station To Station*, il résolut de faire de la fiction une réalité. Quand arriva l'été 1976, Bowie déménagea officiellement au Clos des Mésanges, une villa située près de Blonay, sur la rive nord du lac de Genève, qu'il partageait avec Angie, Zowie et des domestiques. Angie avait choisi cette retraite bucolique après la folie de LA. Les voisins étaient Charlie et Oona Chaplin, et le peintre non-conformiste Balthus. Il y avait, bien sûr, de solides raisons financières au choix d'une résidence en Suisse : après cinq années passés à se faire exploiter, Bowie avait décidé de se fixer dans un pays offrant des lois fiscales avantageuses. Ses principales motivations pour le déménagement, cependant, étaient à la fois personnelles et professionnelles : il savait qu'il devait se débarrasser du cercle de trafiquants, de revendeurs et de parasites qui s'étaient accrochés à lui aux États-Unis. A l'approche de la trentaine, avec un fils de cinq ans, il commençait à voir ses responsabilités de parent comme un devoir moral plutôt que comme une option.

Sur le plan professionnel, Bowie était préoccupé par son succès auprès du grand public et les énormes attentes qui en découlaient. Il était moins un artiste qu'un produit, et, par conséquent, pour son projet suivant, il résolut de retrouver son état d'esprit rebelle du début des années 70. Le résultat fut un des meilleurs disques de sa carrière.

Après une brève pause suivant le White Light Tour, Bowie et Iggy s'installèrent au château d'Hérouville où *Pin-Ups* et certains disques d'Elton John avaient été enregistrés – pour passer des vacances ensemble, et non pas pour enregistrer. Cependant, une bonne partie de *The Idiot* fut enregistrée cet été-là. Bowie et Iggy travaillèrent sur l'album en France pendant le mois de juillet, puis se rendirent d'abord aux Musicland Studios à Munich, et finalement, aux Hansa Studios à Berlin, pour achever les enregistrements.

Bowie nourrissait également le projet d'un changement artistique radical dans son propre travail. Immédiatement après la tournée de *Station To Station*, il appela Tony Visconti et son futur collaborateur, Brian Eno, qu'il avait rencontré à un des concerts de Wembley en mai. « Je pense qu'il essayait d'échapper à l'élan d'une carrière triomphale, expliqua Eno au journaliste Paul Gambaccini. Le problème principal avec le succès, c'est que ça vous emporte. C'est comme si on avait un immense train derrière soi, qui veut vous maintenir dans la même direction. Personne ne veut que vous descendiez sur les voies et que vous commenciez à farfouiller dans les buissons, parce que personne n'y voit rien de prometteur. »

Le travail d'Eno après son départ de Roxy Music l'avait déjà fait connaître comme un brillant expérimentateur. Sa principale contribution avait été l'« invention » de la musique d'ambiance. au milieu des années 70. Eno représentait un avenir dont Bowie voulait faire partie.

Another Green World, sorti par Eno en 1975, eut clairement une influence sur l'évolution de Bowie. Cet album de rock progressif, aux morceaux instrumentaux courts et pastoraux, annonce les évolutions musicales à venir : le funk à la basse slappée de Japan et de Talking Heads, et le style moderniste de *Low* et « *Heroes* ». Toute cette « new musick » (jargon journalistique de l'époque) donne à l'auditeur l'impression de baigner dans la musique, parce que son espace sonique extérieur dépasse le dialogue traditionnel entre le chanteur et l'accompagnement guitare.

Bowie, prouvant une fois de plus son talent pour choisir ses collaborateurs, engagea Eno. Né Brian Peter George St Baptiste de la Salle Eno, le 15 mai 1948, à Woodbridge en Angleterre. Celui-ci avait fréquenté les *art-schools* d'Ipswich puis de Winchester, s'était beaucoup intéressé à la musique mécanique et aux méthodes aléatoires de John Cage, et était célèbre pour avoir été le coleader de Roxy Music avec Bryan Ferry jusqu'à ce qu'une lutte pour le pouvoir le force à quitter le groupe en 1973. Dans les débuts de Roxy Music, Eno était aussi narcissique que Bowie. Les cheveux longs en dépit d'un début de calvitie, portant plumes et maquillage, il rivalisait avec Ferry pour attirer l'attention, tordant et déformant la musique à l'aide de divers gadgets électroniques. Eno est entré dans le folklore du rock pour, dit-on, avoir souffert d'un collapsus pulmonaire après avoir passé trente heures au lit avec six femmes...

Après son départ de Roxy en 1973, Eno lança le culte de la non-célébrité. Sa logique consistait à détruire la figure de l'auteur dans la pop. Alors que Bowie était une idole photogénique, son œuvre traitant de personnages et de masques : « ... le but d'Eno était de s'éliminer de son travail, de minimiser son "niveau de participation", de purger son art de la notion d'individu », comme l'écrivirent Simon Frith et Howard Horne dans leur livre *Art Into Pop*. Eno s'intéressait à la musique mécanique, une musique qui se jouait pour ainsi dire toute seule, et se répétait. Bowie s'intéressait aux gestes dramatiques et aux envolées mélodiques. Ils étaient curieusement mal assortis.

Ce qui rend les trois albums (appelés avec une prétention voulue « Le triptyque » par Bowie) que Bowie a faits avec Eno si intéressants, c'est précisément cette tension entre Bowie, star impulsive qui apprend un nouveau langage musical (et l'apprend très vite), et Eno, naturellement minimaliste, intensément inventif, volontaire, grincheux, et soucieux de créer un environnement correct pour la musique.

Comme le dit Visconti, Eno était le « maître zen » de Bowie. Il

225

arrivait au studio débordant d'idées et de stratagèmes, avec un calepin bourré à craquer de solutions possibles au cas où l'enregistrement serait dans une impasse. Un des aspects les plus inhabituels de l'enregistrement fut l'utilisation de ses cartes de *Stratégies obliques*. Eno en avait eu l'idée avec Peter Schmidt en 1975. Elles formaient une sorte de tarot musical (« plus de cent dilemmes musicaux », d'après leur auteur), chaque carte contenant un petit aphorisme suggérant une progression possible vers la phase créative suivante. Laisser une telle part au hasard plaisait énormément à Bowie, qui avait déjà pris connaissance des *cut-up* de Burroughs. Les cartes d'Eno contenaient des instructions telles que « Écoute la voix silencieuse », « Souligne les défauts », « Mets la sourdine et continue », et « Utilise une couleur inacceptable ». Une des maximes les plus pertinentes d'Eno était « Honore ton erreur comme une intention secrète ». Pendant l'enregistrement du triptyque (*Low*, « *Heroes* », et *Lodger*), les erreurs et les coups du hasard furent intégrés dans le processus de composition comme s'ils avaient été prévus. Bowie et Eno utilisèrent le processus d'enregistrement pour planifier des accidents et y réagir.

Eno poussa Bowie à réfléchir de façon non-linéaire, à expérimenter avec la structure et la texture. En 1978, Bowie déclara : « [Eno] m'a tiré de la narration qui m'ennuyait à mourir... raconter des histoires, faire de petites vignettes de ce qui se passait en Amérique à ce moment-là et les mettre dans mes albums d'une manière alambiquée... Brian m'a vraiment ouvert les yeux sur le traitement des idées, la communication abstraite. »

Ainsi donc débuta la grande époque des « découpages » de Bowie. Le hasard et la juxtaposition seraient les principes directeurs de son œuvre dans la seconde moitié des années 70. Il avait commencé à utiliser la technique de découpage inventée par William Burroughs et Brion Gysin[1] et Brion Gysin en écrivant les chansons de *Diamond Dogs*, et découvert que la même méthode, appliquée à des textes littéraires, tels que des journaux intimes, lui apprenait souvent quelque chose sur le passé ou prédisait l'avenir. Le hasard fascinait Bowie. Il écrivait une chanson à la première et à la troisième personne, puis mélangeait ces deux perspectives au hasard pour créer une « nouvelle subjectivité ».

Bowie dit en 1993 : « On avait conçu des systèmes où, par exemple... je jouais un morceau au piano, disons, et puis je baissais les

---

1. Burroughs décrit la technique ainsi : « Coupez les pages de n'importe quel livre ou magazine dans le sens de la longueur, par exemple, et mélangez les colonnes du texte. Rassemblez-les au hasard et lisez. » l'idée était de libérer les mots de leur sens contextuel et de trouver un nouveau sens au-delà du littéral – le son des mots et les allusions abstraites devenait plus important que le récit ou la fluidité de la narration. (*N.d.A*)

atténuateurs de façon à ce qu'on n'entende plus que la batterie, et il savait seulement dans quelle tonalité c'était ; il arrivait et proposait un autre morceau, sans avoir entendu le mien. Puis on intercalait les deux, sans que ni l'un ni l'autre n'écoutent le morceau de l'autre, et à la fin de la journée, on montait le son et on voyait ce que ça donnait. » Bowie et Eno choisissaient alors les parties qu'ils voulaient pour former la base d'une certaine chanson – « vraiment du découpage musical ». Le résultat, bien entendu, est parfois d'une écoute difficile. Steve Lowe, ingénieur du son et fan de Bowie, commente : « Pour moi, les albums en studio de *Hunky Dory* à *Young Americans* sont les meilleurs sur le plan musical. Quand j'écoute les albums de *Low* à *Scary Monsters*, mon oreille est distraite, et je m'aperçois que j'écoute la *manière* dont la chanson a été enregistrée. »

Néanmoins, ces albums firent prendre une nouvelle direction à la pop. Bowie se décrivait comme un « généraliste », pas un musicien, tandis qu'Eno essaya de faire inscrire comme profession sur son passeport : non-musicien (une requête refusée par les autorités). Leur travail formait « une nouvelle école de prétention », une idée mentionnée aussi souvent que possible dans les conversations de Bowie avec les médias vers la fin des années 70. Leur musique pop avait la prétention d'être de l'art ; il s'agissait d'une appropriation consciente par la culture populaire de formes culturelles supérieures. Les ventes de Bowie en souffrirent. Cependant, cette position finirait par lui attirer un énorme respect.

L'enregistrement du tryptique commença au studio du château d'Hérouville le 1er septembre 1976. Quand l'équipe se réunit, il n'était même pas certain que les résultats de cette expérimentation sortent jamais. « Je pense que David voulait juste avoir un peu de temps pour essayer de nouveaux concepts avant de décider de faire un nouvel album "officiel", explique Visconti. Je me rappelle le soir où, à peu près aux deux tiers des sessions, on avait fait un mix de tout ce qu'on avait enregistré, et on avait donné une copie sur cassette à David. Il la brandissait en l'air en répétant joyeusement "On a un album !" C'est là qu'on est passés de l'expérimentation à un vrai album. »

Le château était magnifique, isolé et baigné de silence tranquille la journée ; le soir, en revanche, c'était une autre affaire. « C'était un environnement très sympa dans la campagne française », raconte Alomar. A la différence des deux précédents albums enregistrés aux États-Unis, « il n'y avait pas de stimulants, pas d'influence extérieure, rien que le château ».

« C'était un endroit bizarre et magnifique, dit Visconti. Il avait été choisi parce que c'était un décor idyllique pour faire de la musique.

David avait fait *Pin-Ups* là-bas, j'y avais enregistré *The Slider* avec Marc Bolan, et, bien sûr, Elton était venu là aussi. On a fait *Low* pendant les vacances d'été. C'était incroyable, mais il n'y avait que deux personnes pour tout gérer. On a eu une intoxication alimentaire, et une journaliste s'est infiltrée parmi nous, et a révélé notre vie quotidienne, rapporté nos conversations. J'avais la chambre principale, parce que David n'en avait pas voulu. On avait entendu dire que les fantômes de Frédéric Chopin et de George Sand la hantaient. Je dois dire que c'était une pièce étrange. Il y avait un coin qui donnait l'impression d'absorber toute la lumière. Il était tout froid, toujours sombre. Mais Brian Eno couchait dans une autre aile du château, et affirmait que, chaque nuit, il était réveillé par une tape ferme sur l'épaule. Quand il se réveillait, il n'y avait personne. »

Après *The Man Who Sold The World*, *Hunky Dory* et *Ziggy Stardust*, qui avaient tous été écrits, en partie, dans une maison hantée (Haddon Hall) et *Station To Station*, imprégné de la magie noire de LA, *Low* était un album de plus conçu dans un endroit où les fantômes erraient dans les couloirs. Il n'est guère étonnant que de tels disques renferment un univers magique, presque surnaturel. L'arrivée de Eno signifiait l'éclipse (temporaire) de Carlos Alomar. Alors que, dans *Station To Station*, Alomar avait tenu le rôle principal, traduisant en pratique les idées musicales de Bowie, il voyait maintenant son rôle minimisé par le minimaliste. Alomar aimait beaucoup Eno sur le plan personnel, mais il avait des réserves quant à son approche en studio : « Brian Eno était venu avec ses cartes censées éliminer les blocages. Il y a une chose qu'il faut bien comprendre. Je suis musicien. J'ai étudié la théorie, le contrepoint, et j'ai l'habitude de travailler avec des musiciens qui savent lire la musique. Brian Eno arrive, va au tableau et commence à noter des accords. Il dit : "Voilà la mesure, et quand je montre un accord, vous le jouez." Alors on a des accords au hasard. Au bout d'un moment, il a fallu que je dise : "C'est de la connerie, c'est nul." J'ai résisté à fond. David et Brian étaient deux intellectuels et ils avaient une camaraderie très différente, des conversations plus sérieuses, un côté "européen". C'était trop pour moi. Brian et lui commençaient à parler de l'histoire de la musique, et je pensais : "C'est con, ça – ce n'est pas l'histoire qui va te donner un truc accrocheur pour cette chanson !" Ce qui m'intéresse, c'est ce qui marche, ce qui est rythmé, funky, ce qui va faire danser les gens ! Quand Brian est là, c'est Brian qui commande, aucun doute là-dessus, parce qu'il contrôle l'esprit de David autant que sa direction. Je n'avais pas mon mot à dire... et j'aimais autant. »

Cependant, sur le plan du son, c'est peut-être Tony Visconti qui apporta la plus grande contribution. D'après Alomar, il était devenu

« une sorte de cinquième membre du groupe. Les sons qu'il produisait à l'époque étaient ceux qui deviendraient plus tard caractéristiques des caisses claires. Des caisses claires avec des atténuateurs et des effets d'écho, ce n'était pas normal à l'époque. »

De fait, le son de la batterie était extraordinaire, brutal et mécanique. « Je me suis toujours intéressé aux derniers gadgets de studio, raconte Visconti, et je me suis précipité pour acheter le deuxième Harmonizer, fabriqué par une compagnie qui s'appelait Eventide. J'avais entendu dire qu'il pouvait changer la hauteur d'un son sans en changer la vitesse. Mon cerveau a failli exploser quand j'ai vu ce que je pouvais faire avec la batterie. Les effets obtenus sur *Speed Of Life*, *Breaking Glass* et, surtout, *Sound And Vision* sont stupéfiants, révolutionnaires.

Cependant, Eno n'allait pas se laisser surpasser. Les bruits étranges étaient sa carte de visite. « Il a apporté son superbe synthétiseur EMS dans une serviette, explique Visconti. Il n'avait pas de clavier, rien qu'une manette, et il produisait des sons géniaux qu'on entend dans tout l'album. »

Alomar et la section rythmique avaient aussi quelques atouts en réserve, surtout sur *Breaking Glass*. « Le mérite en revient surtout à Dennis Davis se souvient Alomar. David voulait une chanson légère et sotte, ce qu'est certainement *Breaking Glass*. Il y avait un blanc dans la musique, donc j'ai pu jouer ma phrase de guitare pour l'introduction. Pour le reste de la chanson, je voulais copier une guimbarde, avoir une sorte de bourdonnement. On rigolait, c'est tout. Écoutez toutes les petites excentricités de la musique – le dialogue entre la basse, la guitare et la batterie – tout ça a été fait avec trois membres du groupe. » *Breaking Glass* fait penser à un fragment de chanson, un élément appartenant à un tout incomplet (et caché). « L'idée générale, c'était qu'on l'éditerait ensemble pour lui donner une structure plus normale, raconte Eno, et j'ai dit : "Non, laissons-la anormale, étrange, ne la normalisez pas... Si elle est comme ça, et qu'elle vous plaît, il faut la garder. Pourquoi la réparer ? Elle n'est pas cassée." »

Les chansons qui seraient en fin de compte regroupées ensemble sur la première face de l'album mirent du temps à émerger sous leur forme définitive. Visconti : « Quand Carlos était là pour les accompagnements, on n'avait encore presque pas de paroles, et les chansons étaient très, très vagues. Les paroles et les mélodies ont été écrites à la toute dernière minute. Le groupe ne jouait que des changements d'accords et des rythmes assez lâches. Au bout de cinq jours, on avait assez de pistes de rythmes et on n'a gardé que Carlos et Ricky Gardener à la guitare solo pour rajouter des *overdubs* de guitare. Toutes les chansons avaient un titre provisoire, on n'en a gardé aucun. Les morceaux numéro un et sept sur la face A étaient censés avoir des paroles, mais ils ont fini par être des instrumentaux, et on ne les a pas changés parce que ça marchait. Finalement, Brian a ajouté son synthé et David a écrit ses mélodies et les paroles après le départ de tout le monde. Même les doo-doo-doo de *Sound And Vision* ont été enregistrés avant qu'il y ait les paroles, le titre ou la mélodie. »

Ces doo-doo-doo, chantés par la femme de Visconti à l'époque, Mary Hopkins, étaient le seul clin d'œil à la pop conventionnelle sur tout l'album. *Sound And Vision*, cependant, n'est pas conventionnelle. Non seulement l'introduction de une minute quarante-cinq secondes avant la première phrase était une nouveauté radicale pour une chanson pop, mais la musique était stupéfiante – une mélodie jouée au synthé digne de Montovani, avec un passage génial de guitare, et cette énorme caisse claire atténuée. Bowie donne l'âme de ses performances les plus sombres et les plus détachées, décrivant froidement une scène de débâcle émotionnelle. C'est l'enfer de la drogue de LA réduit à une expression primitive, monosyllabique :

Pale blinds drawn all day
Nothing to do, nothing to say
I'm gonna sit right down
Waiting for the gift of sound and vision

« Des stores pâles baissés toute la journée
Rien à faire, rien à dire
Je vais m'asseoir par terre
Et attendre le don du son et de la vue »

Visconti se souvient aussi qu'« il y avait d'autres couplets, mais on l'a améliorée pendant le mixage pour ne garder que ce que vous avez entendu. »

Les deux passages instrumentaux sur la face Un, la brillante introduction, *Speed of Life*, et le dernier morceau, *New Career In A New Town*, sont également troublants. Le héros méconnu de la face A de l'album est le guitariste solo Ricky Gardener. « J'avais rencontré Ricky Gardener et sa femme Virginia, une auteur-interprète très talentueuse, juste avant de faire l'album, et j'ai enregistré des démos de leurs chansons, raconte Visconti. J'étais épaté par le jeu de Rick et je l'ai dit à David. »

Si les chansons de la première face représentaient un changement radical de direction depuis *Station To Station*, celles de la seconde appartenaient à un autre monde. La face B, qui consistait en quatre plus longs passages instrumentaux, aurait, dit-on, failli provoquer une crise cardiaque collective chez RCA en automne 1976. N'en déplaise à certains critiques, Bowie n'imitait pas servilement le style d'Eno. Les instrumentaux de *Low* méritent d'être écoutés. D'après Eno, « La musique d'ambiance doit pouvoir tolérer plusieurs niveaux d'attention sans en imposer un en particulier ; on doit pouvoir l'ignorer ou la trouver intéressante. » La musique de Bowie sur *Low* et « *Heroes* », étrange et dérangeante, échoue indéniablement à tolérer ces niveaux d'attention.

Mais Eno ne tint pas qu'un petit rôle. « C'est sur la face B que Brian s'est vraiment lâché, dit Visconti. Pour tous les morceaux sur la face B (à part *Subterraneans*), on a commencé avec une piste où on n'entendait que le tic-tac d'un métronome. C'était le "pouls" auquel on a ensuite accroché la musique. On a enregistré à peu près sept minutes de tic-tac, et ensuite l'un d'entre nous a dû les compter. C'est tombé sur moi. Ma voix a été enregistrée sur une autre piste, à côté du tic-tac, disant "un, deux, trois... deux cent trois, deux cent quatre, deux cent cinq", etc. Et puis David et Brian ont commencé à improviser sur le tic-tac. Une fois qu'on avait une couche de « musique d'ambiance », ils commençaient une autre section, disons au tic-tac cinquante-neuf. C'est comme ça que les morceaux de Bowie/Eno sur la face B ont été créés. On avait plusieurs claviers au studio : des Roland, Yamaha, plus le Chamberlain unique de David. C'était un Mellotron amélioré. On a aussi du piano et de la guitare conventionnelle, mais traités électroniquement par mes soins. »

Warzawa est le morceau le plus étonnant de l'album. Si les fans de Bowie avaient trouvé la face A quelque peu bizarre, ils ont sans doute complètement perdu les pédales au bout de quatre minutes de cette introduction à la face B, au moment où Bowie commence à chanter dans une langue totalement inventée ! D'après Tony Visconti, ce passage, chanté avec une telle conviction qu'on pouvait le croire authentique, était en fait basé sur une langue existante. David avait un vieil enregistrement d'une chorale de garçons d'un pays dans les Balkans, qu'il m'avait passé plus tôt. *Warszawa* lui rappelait cet enregistrement, et il est allé au micro pour essayer de le recréer. Pour que sa voix ressemble à celle d'un garçon, j'ai ralenti la bande d'environ trois demi-tons, et il a chanté très lentement. Quand on a remis la vitesse normale, on croyait entendre un gamin de onze ans ! C'est fou ce qu'on s'est amusés à enregistrer la face B, tous les trois – c'était beaucoup plus drôle que la face A. »

Pour *Warszawa*, Bowie voulait que la musique recrée un endroit, à savoir la campagne polonaise et la ville de Varsovie. Les trois autres longs instrumentaux évoquaient eux aussi un environnement spécifique. Le déroutant *Art Decade* essaie de capturer l'atmosphère de Berlin-Ouest, « coupée du monde, de l'art et de la culture, mourant sans espoir de vengeance ». *Weeping Wall* (le mur qui pleure) est redevable au travail néoclassique de Philip Glass. Bowie joue de tous les instruments et oppose aux synthés les timbres perçants mais « réels » du xylophone et du vibraphone.

Le dernier morceau de la face B, *Subterraneans*, dont une version antérieure avait servi de démo pour la bande-son de *L'homme qui venait d'ailleurs*, complète la trilogie d'instrumentaux berlinois, se concentrant cette fois sur l'Est. Bowie déclara plus tard qu'il parlait « des gens qui s'étaient retrouvés prisonniers à Berlin-Est après la séparation – les saxophones de jazz en sourdine évoque le souvenir de la vie d'avant. »

Low était une entreprise de purification. L'album représente une véritable catharsis musicale, car Bowie était dans un état de confusion mentale pendant l'enregistrement du disque. Il dut s'absenter plusieurs jours pour faire une déposition à Paris dans le cadre du procès intenté contre Michael Lippman. Visconti l'accompagna pour le soutenir moralement.

C'est à cette époque-là que Bowie décida de prendre en main ses affaires de famille. « Zowie était au château avec lui, raconte Alomar. Il aimait beaucoup avoir son fils avec lui. Quand je suis parti, Zowie regardait par la fenêtre et je me souviens qu'il m'a dit : "Carlos, tu ne vas pas m'oublier, hein ?" Et j'ai dit : "Bien sûr que non." Un peu plus tard, Bowie m'a expliqué qu'il voulait arrêter de faire des tournées pendant quelque temps pour s'occuper de sa famille, et qu'il ne me contacterait pas à cause de ça. J'avais aussi un bébé à l'époque, et je comprenais. On a eu cette conversation au château. Il est sérieux au sujet de son fils : il est prêt à tout sacrifier pour Zowie. »

Un an plus tard, Bowie confia à *Melody Maker* : « Je crois qu'avoir un fils a fait une énorme différence pour moi. D'abord, ça m'a effrayé, et j'ai essayé de ne pas penser aux conséquences. Maintenant, c'est *son* avenir qui m'inquiète. Le mien est accessoire. »

D'après Angie, Bowie n'aimait pas sa nouvelle maison en Suisse. Il passa le plus clair des dix-huit mois suivants à Berlin avec Iggy Pop. Contrairement à la légende, il ne vivait pas à la dure, mais dans un appartement modeste au-dessus d'un garage situé au n° 155, Hauptstrasse, une quatre voies bordée d'arbres dans le quartier de Schönberg. Bowie prenait son petit déjeuner au bar gay Anderes Ufer, tout à côté. Puis il surchargeait son imagination fébrile des signes macabres de la décadence grandiose qui l'entourait. Il explorait Berlin-Ouest et Est à vélo, visitait le Brücke Museum, et se promenait dans Kreuzberg, le quartier gay qui abritait aussi beaucoup de déshérités – immigrants turcs, sans-abri, artistes, punks. D'après Steve Turner, de l'*Independent*, qui écrivit en 1991 un excellent article sur le Berlin de Bowie, « Ses amis se souviennent qu'il s'intéressait particulièrement à tout ce qui avait trait à Hitler. » Bowie et Iggy mangeaient dans les petits restaurants turcs de la ville. Berlin était une ville de contrastes : ni à l'est, ni à l'ouest, abritant les minorités ethniques, culturelles, et sexuelles. Elle plaisait énormément à Bowie, lui qui s'était toujours senti « différent ».

Il n'était toujours pas en bonne santé. En automne 1976, il s'effondra dans son appartement de Berlin après une dispute avec Angie, au sujet, dit-on, de Coco. Il s'agissait peut-être d'une overdose, ou d'une crise d'angoisse, ou d'un mélange des deux – la cause de son malaise n'a jamais été révélée. Ce n'était pas un infarctus, comme la presse le supposa à l'époque : les médecins conclurent simplement que Bowie était surmené et qu'il avait trop bu.

Iggy et Bowie avaient entrepris seuls un programme de désintoxication, mais tout ne se passait pas sans difficulté. De son propre aveu, Bowie buvait beaucoup au cours de ces premiers mois à Berlin. Avec ses cheveux coupés court, sa moustache, sa chemise à carreaux et sa casquette, il se promenait dans les rues de la ville avec Iggy et Coco, presque méconnaissable tant il était différent de la pin-up de l'époque glam. Berlin était aussi, comme ils ne tardèrent pas à s'en apercevoir, la capitale européenne de l'héroïne. Bowie admet lui-même qu'il eut des « rechutes » pendant une bonne dizaine d'années après le milieu des années 70. Iggy Pop déclara en 1999 qu'ils pouvaient être sages pendant presque toute la semaine, pour replonger deux jours durant. Alomar : « Ç'a duré le temps de plusieurs albums, je suppose, jusqu'après Berlin et *"Heroes"*. La période la plus tendue a été entre *Young Americans* et *Station To Station*, et après ça s'est calmé. Il en prenait un peu à droite à gauche. Il n'en avait plus besoin pour travailler. Évidemment, il avait des rechutes, mais, bon, aller dans la salle de bains et se faire quelques rails, ce n'est pas s'envoyer un plein sac de coke. Ce n'est pas pareil. Vous croyez vraiment qu'il aurait fait toute cette musique de synthé sans planer ? Quand on vit dans des milieux comme Paris et Berlin, on ne peut pas se procurer ces trucs-là aussi facilement qu'en Amérique ; c'est plus dangereux. Et puis Eno avait l'esprit très clair. Il était sobre comme tout, et ça a fait réfléchir David. »

Angie Bowie n'aimait pas Berlin et y venait rarement, préférant rester en Suisse. Bowie et Ava Cherry avaient rompu (elle devait accompagner Bowie comme chanteuse pour The White Light Tour, mais fut remplacée au dernier moment), et Bowie fréquentait la transsexuelle Romy Haag, propriétaire de la revue des travestis à la *Lüttzower Lampe*, et une célébrité à Berlin. La relation prit fin quand

Haag vendit la mèche à un journal local. Dans sa nouvelle vie loin des médias, Bowie voulait qu'on respecte son intimité.

Par ailleurs, il éprouvait des difficultés à convaincre RCA de sortir son nouvel album, alors intitulé *New Music Night And Day*. C'était la première vraie crise entre l'artiste et sa maison de disques, et à partir de ce moment-là, les rapports entre Bowie et RCA connaîtraient un lent mais inexorable déclin. « Je ne suis pas sûr des détails, explique Visconti. Quoique DeFries et David se soient séparés, DeFries devait quand même continuer à toucher seize pour cent de l'argent gagné par Bowie jusqu'en 1982. Il avait entendu *Low* à l'avance (on ne lui avait pas envoyé d'exemplaire), et il pensait que ça ne ressemblait pas à un album de Bowie. Il avait peur qu'il ne marche pas, alors il a supplié RCA de le bloquer. Il avait des sympathisants chez RCA, et un des cadres là-bas a dit qu'il était prêt à acheter à Bowie une maison à Philadelphie pour qu'il puisse enregistrer *Young Americans II*. »

Bowie, qui venait d'avoir trente ans, faisait figure de vieillard comparé aux artistes punks. En fait, il était une des stars les plus âgées à avoir sa place dans les hit-parades. La plupart des trentenaires (Clapton, Jagger, Richards, Townshend, McCartney – pas Lennon, en revanche, ce qui est significatif), étaient considérés comme des « vieux chiants » tandis que tous ceux qui avaient, disons, plus de quarante ans, étaient des rock'n'rollers de la première heure (Presley, Berry, Little Richard), ou bien issus des traditions du jazz, de la country ou du blues. Bowie pénétrait en territoire inconnu. Une pop star de plus de trente ans pouvait-elle encore s'adresser à « la culture jeune » ? Il était évident que *Low*, d'une manière inconsciente, s'était déjà confronté à la question. Bowie quittait le domaine de la pop générationnelle et se cherchait un nouveau public « adulte ». De plus, le charisme, la classe et les qualités de danseur de Bowie signifiaient qu'il pouvait conserver une partie de son public d'adolescents et de jeunes, ce qui était impossible à d'autres artistes.

Sorti au moment où le punk commençait à prendre de l'importance (les Sex Pistols venaient d'obtenir leur premier tube au Top 40 avec *Anarchy In The UK*), *Low* en est pourtant en apparence l'antithèse même. Bowie abandonnait presque entièrement l'instrumentation rock traditionnelle et s'embarquait dans une sorte de thérapie musicale introvertie. Le parallèle le plus évident est l'album-thérapie de Lennon, *Plastic Ono Band*, sorti en 1970. Si *Station To Station* est désespéré, les chansons de *Low* décrivent un individu au-delà de l'espoir, Bowie étant réduit à la plus simple des suppliques dans sa quête pour un contact humain dans *Be my wife*. Il chante comme un homme qui souffre vraiment :

Please be mine
Share my life
Stay with me
Be my wife

« S'il te plaît sois mienne
Partage ma vie
Reste avec moi
Sois ma femme »

Cette très belle chanson fut choisie pour être le second single de l'album en 1977, mais échoua à entrer aux hit-parades. Le clip promotionnel, tourné à Paris ce printemps-là, était un monument d'absurdité. Comme pour le clip de *Life On Mars ?*, Bowie est filmé sur un arrière-plan tout blanc. Mais alors que dans le précédent, il paraissait au moins mi-humain sous les couches de mascara, dans le clip de *Be My Wife*, il est totalement monstrueux devant la caméra, les traits tordus dans des expressions maniérées. L'effet produit est plutôt choquant, d'autant plus qu'il projette cet artifice de façon très brutale (peu de maquillage, pas de costume, pas d'effets spéciaux).

Low montre un nouvel aspect du style vocal de Bowie. Sur *Station To Station*, il avait provoqué une hystérie blanche avec *Wild Is the Wind* et *Word On A Wing*. Mais dans des chansons comme *Sound And Vision*, *Always Crashing In The Same Car*, et *What In The World*, il présentait une façade nouvelle, glaciale, impassible, exprimant un insaisissable cheminement de conscience, comme un individu lobotomisé. Des phrases courtes, dépourvues de verbes, étaient prononcées par monosyllabes sur une section rythmique robotique, renforçant l'impression d'isolation totale que produisaient les paroles. Cette technique a été empruntée notamment par Gary Numan à la fin des années 70, et plus récemment, sous la houlette de Brian Eno, par U2 dans *Numb* en 1993. Ne pas montrer ses sentiments est devenu normal. « Les émotions qu'on trouve sur l'album sont celles que les auteurs évoquent rarement, je crois », conclut Bowie, affirmant que son travail ne se préoccupait pas des « termes généraux, émotionnels : amour, colère, ou autres ».

Cependant, à bien des égards, *Low* était aussi incroyablement punk. Après une décennie de brouet de rock progressif, où le synthétiseur avait la terrible réputation d'être joué seulement par des experts exhibant leur talent dans des séquences de dix-sept minutes au moins, *Low* a contribué à redorer l'image du synthé. Très peu de chansons pop avaient utilisé cet instrument à bon escient. *Low* sortit juste au moment où les synthés devenaient abordables, et, surtout, programmables. En l'espace de deux ans, des groupes tels que Ultravox, The Human League et Orchestral Manœuvres In The Dark les utilisaient dans leur musique. Le synthé avait remplacé la guitare comme instrument par excellence pour ceux qui ont de grandes idées et de bonnes mélodies, mais très peu de connaissances musicales conventionnelles.

RCA finit par céder et sortit l'album le 14 janvier 1977. « Quand j'ai eu l'album, je me suis rué à la maison et je l'ai traité comme un disque classique, raconte Alomar. J'ai mis la face B, celle où il y avait toutes les subtilités, j'ai éteint toutes les lampes, et j'étais au paradis ! »

Contre toute attente, et sans la moindre promotion de Bowie, *Low* atteignit la seconde place au hit-parade. Le premier single de l'album, *Sound And Vision*, grimpa péniblement mais inexorablement, et finit par atteindre l'impressionnante 3e place, ce fut le plus gros tube de Bowie depuis *Sorrow* en 1973. Quoique la chanson n'ait fait l'objet d'aucune promotion, elle fut fréquemment jouée à la radio, et la BBC alla jusqu'à s'en servir comme musique de fond. Étonnamment, c'était le premier single résultant d'une coopération entre Bowie et Visconti à entrer dans le Top 10 en Angleterre.

Bowie décida de partir en tournée au printemps. Cependant, avec une perversité caractéristique (et sans doute avec l'intention de provoquer la colère d'une maison de disques qui, à ses yeux, ne soutenait pas assez sa carrière), la tournée ne serait pas dans le but de promouvoir son nouvel album, mais celui d'un autre.

Cet autre était bien sûr Iggy Pop. Un single, *Sister Midnight*, était déjà en vente, et un second, *China Girl*, devait suivre pour soutenir la tournée de mars 1977. Ni l'une ni l'autre n'entrèrent dans le hit-parade, mais ce printemps-là, l'album, *The Idiot*, devint le premier album d'Iggy à entrer dans le Top 30 en Angleterre. La photo utilisée pour la pochette avait été prise par Bowie lui-même, et il fit la tournée en tant que pianiste d'Iggy.

Le tempérament d'Iggy Pop est imprévisible. Selon le témoignage d'un fan de Bowie, il pouvait hurler « Brûlez-moi ! Brûlez-moi ! » en voyant quelqu'un fumer à la réception d'un hôtel, et redevenir l'instant d'après un type bizarre mais aimable.

« Personnellement, j'aimais beaucoup Iggy, affirme Tony Visconti. Il n'était plus le membre des Stooges à la réputation louche. J'ai été stupéfait de voir combien il allait mieux, et à quel point David et lui s'entendaient bien. »

Ce qui est certain, c'est qu'il possède une des voix les plus reconnaissables de l'histoire de la pop. Grave, rocailleuse, torturée, cassée, elle atteint d'insondables abîmes d'angoisse en l'espace d'une seule syllabe. Avec un quart de siècle de recul, *The Idiot* possède un son plus proche de celui auquel Bowie travaillait dans son propre White Light Tour que *Low* lui-même. C'est un album d'enfer, funky, robotique, plein d'étranges traits d'esprit (comme la chanson au titre le moins approprié de l'album, *Funtime*) et de mélodies superbes (le meilleur exemple en est *China Girl*, dont la version originale est certes plus instable, mais aussi plus attachante que le célèbre remake de Bowie). Dans *Nightclubbing*, nous sommes plongés dans Berlin avec Bowie et Iggy remontant le Kurfürstendamm sous la pluie, passant devant les bouges miteux, avançant au rythme de la mélodie merveilleuse du piano. *Sister Midnight* n'est pas tout à fait ce que Bowie en aurait fait si elle était restée une de ses chansons, mais le riff d'Alomar est toujours aussi funky et la chanson sublime. L'enregistrement n'est cependant pas de la meilleure qualité, et il avait très peu de relief en FM. Visconti fut sollicité à la fin pour mixer l'album : « Je me souviens que les mixes étaient très durs, parce que les bandes mères n'étaient pas très bien enregistrées. Mon travail consistait surtout à limiter les dégâts. »

Mais Iggy disposait dans l'ensemble d'un bel album, et il avait aussi un beau groupe, comprenant un section rythmique jeune et dynamique, avec Ricky Gardener à la guitare solo, Alomar à la guitare rythmique, et Hunt et Tony Sales, les fils du comique américain Soupy Sales, à la batterie et à la basse. Bowie jouait du piano. Le premier concert de la tournée eut lieu à Friars Aylesbury, là où Bowie avait décidé en 1971 de former les Spiders From Mars, et où il avait incarné Ziggy en 1972. David Stopps accueillit Bowie à bras ouverts : « Je savais que David allait jouer du piano, mais personne d'autre n'était au courant. Le groupe est arrivé avec beaucoup de retard, et quand David a vu la queue dehors, il a dit : "Faites-les entrer. On ne fera pas la balance." Je n'oublierai jamais ça. C'était incroyablement sympa de sa part. Il a dit que c'était plus important de faire entrer le public plutôt que de le laisser dehors sous la pluie pour faire la balance. Je me souviens que quand les gens ont réalisé que David était le pianiste, tout le public s'est déplacé de son côté ! C'était la première fois que je voyais une foule asymétrique. C'était assez extraordinaire. Bowie n'avait pas changé. Il a toujours été très agréable, très sympa, très sociable. Il vous parlait, il ne jouait jamais à la superstar. Il était très aimable, plutôt familier, très abordable. Iggy était beaucoup plus lunatique ; plus difficile à gérer pour un organisateur. Mais je ne pourrais pas dire que je ne l'aimais pas. »

La tournée Iggy Pop eut un effet profond sur Carlos Alomar. Propulsé sur le devant de la scène, il devint plus sûr de lui, plus dominant : « On m'a fait venir pour la tournée, et c'était la première fois que je rencontrais vraiment Iggy. Il m'a plu – il était dingue ! Maintenant, quand j'étais avec Bowie, j'étais à l'arrière, au micro.

237

Tout allait bien, j'étais bien payé. Avec Iggy Pop, on est au front. S'il se fait cracher dessus, on se fait cracher dessus. Si on lui lance des canettes de bière à la tête, il y en a pour toi aussi. C'est le genre de tournée très agressive où tout le monde est la star et où tout le monde en bave. Ça m'a fait devenir plus agressif : quand je suis revenu à la tournée Bowie, je voulais faire pareil. A ce moment-là, j'en voulais un peu aux autres guitaristes quand il fallait que je leur montre quoi jouer. Ils jouaient ma partie ! Je voulais être à la guitare solo. Ça m'énervait d'être en retrait par rapport aux autres guitaristes qui travaillaient avec Bowie. C'était un peu du style : "Moi, je suis le guitariste de Bowie, et toi, tu es qui ?" Mais tout ça n'a pas duré bien longtemps ! »

Iggy et le groupe donnèrent six concerts en Angleterre avant une tournée de dix-neuf dates en Amérique du Nord. Un nouvel album d'Iggy Pop, *Lust For Life*, sortit en septembre 1977. C'était une autre collaboration avec Bowie, dont la production avait été supervisée par Colin Thurston, un protégé de Visconti qui enregistrerait le prochain album solo de Bowie. L'étonnante pochette montrant Iggy, un sourire dément aux lèvres, renfermait un album beaucoup plus tapageur, et beaucoup plus axé sur la guitare que *The Idiot*.

La chanson-titre, au son caverneux traversé d'un écho de batterie, a connu un renouveau après avoir figuré sur la bande originale du film *Trainspotting*. « Celle-là, David l'a écrite à Berlin, devant la télé, sur un ukulélé... raconte Iggy Pop. Pour le rythme, il s'est inspiré du générique de la chaîne de l'armée, où un type passait un message en morse. David a pris le premier instrument qu'il a eu sous la main et a commencé à jouer. »

Lust For life fournirait non seulement à Bowie le titre d'un futur album, mais aussi la base de son premier vrai groupe depuis les King Bees, car ce furent le batteur Hunt Sales et le bassiste Tony Sales qui formeraient la section rythmique de Tin Machine une décennie plus tard. La carte de visite d'Iggy, *The Passenger*, coécrit par Pop et Ricky Gardener, et doté d'un des meilleurs riffs de tous les temps, se trouvait aussi sur l'album. Alors que *The Idiot*, comme le *Blah-Blah-Blah* produit par Bowie dix ans plus tard, possède un son proche des albums de Bowie, *Lust For Life* est du Iggy Pop à l'état pur, plus relâché, plus rock.

Quoiqu'Iggy ait sorti là les deux meilleurs albums de sa carrière, son passage dans le camp Bowie lui fit perdre une certaine crédibilité en tant qu'artiste, particulièrement parmi une frange intransigeante de la critique musicale. A leurs yeux, Pop s'était laissé dominer par le vampirique Bowie, qui se nourrissait de la vision plus pure du rock qu'avait Iggy. Il n'était plus à présent qu'une petite partie de l'empire Bowie. De nouveau, ce dernier était le bouc émissaire, son intention sincère de faire de la bonne musique avec Iggy décriée comme un nouvel exemple de colonisation indésirable.

Pendant cette période à Berlin, Bowie commença lentement mais sûrement à se sentir moins comme un monstre paranoïaque et plus comme un être humain. D'après Tony Visconti, Bowie devenait un individu plus stable, plus heureux : « Il était très positif. En dehors des sessions d'enregistrement, il avait une vie ! Il avait de nouveaux amis, Iggy était là, et il était soutenu par Coco, qui vivait dans un autre appartement du même immeuble. Je me souviens d'être allé dans des clubs géniaux, et d'avoir passé de très bonnes soirées à boire quelques bières. Personne ne se soûlait. On a rencontré des peintres et des musiciens, dont Edgar Froese de Tangerine Dream. On a fait quelques sorties dans Berlin-Est, visité, on est allés au théâtre Bertold Brecht. On allait souvent dans des restaurants aussi. Iggy se maintenait en forme en faisant au moins quinze kilomètres à pied par jour et David peignait et enregistrait. »

Cependant, la vie n'était sans pas sans réserver de petites surprises à l'ex-Thin White Duke. « Il y avait des jours où les objets bougeaient dans la pièce – alors que j'avais complètement arrêté de me droguer, déclara Bowie dans les années 80. Il a fallu deux ans à Berlin pour vraiment purger le système. »

Bowie vivait à présent une existence moins protégée, mais sa « normalité » était surtout un nouvel angle à donner en pâture aux journalistes, un stratagème destiné à vendre son image. A la fin des années 70, les journalistes croyaient fermement au nouveau Bowie normalisé. L'idée qu'il s'était trouvé, avait cessé de jouer des rôles et apprenait en général à faire partie de l'humanité commença à dominer. Il dit à Jean Rook : « Chaque jour je me sens plus sûr de moi, et j'essaie d'être plus normal, et moins isolé », et il ajouta : « Quand j'ai cru arriver au bout du rouleau, j'ai tout envisagé pour m'en sortir. »

L'installation de Bowie à Berlin fut cruciale. Il se libéra de la dépendance, et retrouva son enthousiasme pour la musique. Plus que la plupart des autres auteurs de pop, Bowie apprécie d'être dans un nouvel environnement. Londres, New York et LA avaient cessé de l'inspirer car elles lui étaient trop familières. Bowie parla de Berlin à la fin des années 70 en ces termes : « J'aime la friction. C'est ce que je recherche dans une ville. Berlin-Ouest me donne la stimulation qu'il me faut. Je ne peux pas écrire dans une atmosphère paisible, je n'ai pas de point de départ. J'ai besoin de la terreur, quelle qu'elle soit. »

Bowie n'était pas un reclus, pas plus que son ami John Lennon dans la seconde moitié des années 70, même s'il ne courtisait pas les médias et ne faisait pas de disques. Berlin, une ville sombre, schizoïde, pleine d'énergie négative, donna à Bowie et à sa musique une nouvelle direction. Pour son disque suivant, Bowie allait capturer le son du Mur lui-même.

Bowie rassembla presque exactement la même équipe pour sa seconde collaboration avec Eno, *« Heroes »,* enregistré pendant l'été 1977 aux studios Hansa à Berlin. Le ton de l'album, d'après Visconti, était plus optimiste, plus positif. « On avait supposé que ce serait dans le même genre, mais avec une progression, parce que Bowie et Eno s'ennuyaient vite. En tout cas, on était plus sûrs de nous avec celui-là, après le succès de *Low* (on ne lisait que les bonnes critiques). Le studio était meilleur que le précédent, et la ville était fantastique ! On était tous d'humeur créative. Même la section rythmique, qui avait douté des mérites de *Low* quand on l'enregistrait, savait que ce disque allait faire un malheur. »

Malgré ces paroles positives, il y a une certaine tristesse autour de *« Heroes ».* La musique est tourmentée, encombrée, et le chant maniéré, instable. *Joe The Lion*, par exemple, est un mélange fiévreux, dissonant avec des guitares déformées et la voix de Bowie qui hésite entre ton parlé, hurlements, et grands effets vocaux. Visconti affirme que « la mélodie, les paroles et la version définitive du chant ont pris moins d'une heure ». Une partie des paroles traite d'un artiste de body art, un Australien nommé Chris Burden, qui s'était fait crucifier sur sa Volkswagen en 1974. L'événement n'avait pas échappé à Bowie, qui reparlerait plus en détail de l'art vivant de Burden dans les années 90. Dans *Blackout*, une chanson sur les oiseaux de nuit à Berlin, Bowie est hargneux, sa voix déformée, discordante, l'accompagnement quasi industriel. *Sons Of The Silent Age* est une autre chanson nostalgique et futuriste, avec des couplets apocalyptiques dominés par le saxo qui tranchent avec un refrain sentimental et incongru.

Le lieu de production, le Studio 2 chez Hansa, non loin de Checkpoint Charlie, a imprégné les sessions d'une grandeur décadente que ne possède aucun autre disque de Bowie.

« David croit qu'il faut faire sortir les gens de leur environnement pour qu'ils puissent se concentrer uniquement sur les chansons, explique Carlos Alomar. Le studio lui-même était un vestige du passé. En entrant, j'ai été frappé par les rideaux, et par l'obscurité qui y régnait. Ce n'était pas menaçant, mais il y avait comme une atmosphère plus sombre. Il faut se souvenir qu'on peignait un tableau de notre état émotionnel, et on pensait : Allemands, nazis, le Mur, oppression. Berlin était un endroit plutôt industriel et triste. Il y a eu un moment où on a voulu voir un peu plus clair et on a demandé d'ouvrir les rideaux. C'étaient des rideaux énormes, très lourds, et quand ç'a été fait, on a vu la passerelle où était l'artilleur, et ça nous a donné un drôle de choc. C'était comme si on avait pris une gifle, mais ça nous a aussi aidés à saisir l'intensité du moment.

« Et pas seulement au studio. On sortait le soir dans les endroits sinistres de la ville, dans les couloirs du métro, les quartiers chauds, juste pour faire un tour et voir la décadence. Je dirais que la stimulation mentale de David était à son apogée à ce moment-là. C'était une excellente période, en fait ; il avait les idées très claires, en ce sens qu'il était redevenu un homme de lettres, il s'intéressait à la politique du moment, il était au courant de ce qui se passait, ce qui m'épatait parce qu'il ne s'en était jamais soucié avant. De toute évidence, il avait d'autres choses que ce disque en tête. »

C'était également une époque aventureuse pour le producteur Tony Visconti. Il adorait travailler à Hansa. Le Studio 2 était une ancienne salle de concert reconvertie, qui, pendant la guerre, avait été utilisée comme salle de bal par les officiers de la Gestapo. C'était un espace énorme, et Visconti utilisa l'atmosphère de la pièce pour les sessions d'enregistrement.

« Ç'a été une de mes dernières grandes aventures dans la production d'albums, déclare Visconti. Le studio était à environ cinq cents mètres du Mur. Les "gardes rouges" surveillaient notre salle de contrôle à la jumelle. Berlin était une ville gothique moderne, pleine de surprises et de gens adorables. Dans les boîtes de travestis, comme celle de Romy Haag et la Lüttzower Lampe, il y avait une très bonne ambiance. Ce n'étaient pas des clubs gays à proprement parler. Il y avait des familles entières – père, mère, adolescents – dans le public. Les boîtes de travestis étaient considérées comme très drôles à l'époque. Le spectacle était fabuleux. Romy Haag entassait quinze personnes sur une scène qui mesurait trois mètres de large, et ils mimaient le playback d'une chanson populaire qui passait à deux fois sa vitesse normale. Le lendemain au studio, on se rappelait l'ambiance des cabarets. »

Robert Fripp, qui s'était fait connaître avec le groupe de art rock King Crimson, et avait récemment travaillé avec Brian Eno sur deux collaborations, fut sollicité pour son approche particulière de la guitare. C'était un choix inspiré. Les solos de Robert Fripp étaient souvent des composites, c'est-à-dire qu'une partie de guitare était formée à partir de plusieurs « prises » éditées. Visconti : « Fripp est venu deux jours, à la fin de la section rythmique. Il jouait facilement et vite, et le reste du temps il nous amusait avec son humour paillard. Je n'ai jamais travaillé avec un guitariste plus compétent. »

Eno était sidéré par la virtuosité de Fripp : « On a mis les chansons. Il ne les avait jamais entendues, il ne connaissait pas les accords, ne savait pas où on allait en changer... Il se lançait tête baissée, et d'une manière ou d'une autre, il s'y retrouvait. »

La chanson-titre est considérée comme l'une des meilleures de Bowie. Visconti raconte comment ce classique du rock a été produit à partir d'une folle improvisation et d'une brillante technique de studio :

« David était toujours prêt à essayer de nouvelles techniques d'enregistrement. Dans un studio où il y avait une telle résonance, il est courant d'enfermer le chanteur entre quatre cloisons amovibles. Au contraire, j'ai voulu utiliser l'écho. Alors j'ai installé trois micros avec des "portes" électroniques dessus. Elles ne s'ouvraient que si David chantait au-dessus d'un certain volume. Il a fallu à peu près une demi-heure d'essais pendant lesquels David passait du murmure au cri, mais tout a marché super bien quand j'ai trouvé le bon niveau. La réverb qu'on entend sur *"Heroes"* est naturelle mais filtrée par les "portes". On a fait les paroles en même temps que la voix. Il a écrit ou modifié un couplet précédemment écrit en le chantant, me demandant d'arrêter la machine le temps qu'il change une phrase ou deux. Au bout de deux heures, on avait des paroles et un enregistrement vocal définitifs, qui s'étaient faits presque simultanément.

« Après, David et moi on a chanté les chœurs, en améliorant certains vers et en y répondant. On peut entendre mon charmant accent de Brooklyn dans des passages comme *I remember* et *By The Wall*. Il a été écrit par erreur que Brian Eno et David avaient chanté l'accompagnement de *"Heroes"*, mais il est clairement dit sur l'album qu'ils ont été faits par David, moi-même, et quelquefois Antonia Maass, une chanteuse qu'on avait rencontrée dans un club à Berlin. Antonia et moi on se plaisait, et cet après-midi-là, on a laissé David seul, afin qu'il soit tranquille pour écrire les paroles. On s'est arrêtés près du Mur et on s'est embrassés. David nous a vus depuis la fenêtre de la salle de mixage et ça lui a inspiré un couplet. »

« *Heroes* » est le *River Deep Mountain High* de Bowie. C'est un énorme mur de son ; un bloc de son monotone, répétitif, menaçant, mécanique, invincible. On imagine Bowie debout dans la décadence froide des studios Hansa, faisant voler en éclats les « portes » des micros de Visconti pour produire l'un de ses meilleurs moments. Les bribes de répétition dramatique – « *I, I will be king* (Moi, moi je serai roi) » – s'inscrivent non pas dans la tradition pop mais de celle des grandes ballades de variétés (rappelant le « *I, I who have nothing* (Moi, moi qui n'ai rien) », de Shirley Bassey).

Les passages instrumentaux sur la face B de « *Heroes* » sont empreints d'une morosité sombre, inquiétante, les sons clairs et nets de *Low* remplacés par le saxo, la batterie et la guitare solo sur *V-2 Schneider*. Dans ce morceau, Bowie, qui avait commencé sa partition de saxo au mauvais endroit, décida finalement qu'il préférait la chanson ainsi et termina la prise. Le morceau est imprégné de l'histoire de Berlin. On voit presque les nazis défiler devant la salle de mixage des studios Hansa tandis que la musique – insistante, militaire – jaillit des haut-parleurs. *Sense Of Doubt* est glaciale et effrayante, une phrase de piano de quatre notes sur fond de synthé étrange, comme une miette de son provenant de la musique d'un film muet de l'ère expressionniste. *Moss Garden* est tranquille et passive, évoluant si lentement qu'elle semble presque immobile. Là, Bowie et Eno adoptent une approche de peintre, se tournent vers l'abstrait. Comme un collage presque statique de formes et de séries de motifs qui évoluent lentement, le patchwork de sons constitué par *Moss Garden* submerge l'auditeur. L'intrusion d'un cyber-chien aboyant au fond du mix, et de Bowie jouant du koto, sont autant de surprises. Puis vient *Neuköln*. De nouveau, l'auditeur est enveloppé par le son. La musique crée une atmosphère inquiétante, encore que moins menaçante, plus subtile que dans *Sense Of Doubt*, grâce aux accents impressionnistes du saxo mélodique de Bowie. L'impression de trouble et de malaise reflète le sentiment de non-appartenance et d'aliénation des immigrants turcs récemment arrivés dans le quartier de Neuköln à Berlin. Dans la section finale, le saxo tonitruant de Bowie retentit sur un océan de solitude, comme perdu dans le brouillard ; l'agonie de l'instrument s'achève sur une note qui résonne à l'infini.

La dernière note de *Neuköln* aurait dû être le dernier son sur l'album, mais Bowie gâche l'effet dramatique en terminant la face A par une chanson pop conventionnelle *The Secret Life Of Arabia*. Le rythme s'amplifie tout au long de la chanson, et Bowie, une fois de plus, est le héros d'un film sonore. Les vers « *You must see the movie, the sand in my eyes / I walk through a desert song as the heroine dies* (Regardez le film, le sable dans mes yeux / Je traverse une chanson déserte alors que l'héroïne meurt) » renvoie à l'idée selon laquelle la vie réelle ne serait au fond qu'un film de série B.

L'imagerie du mur de Berlin domine « *Heroes* » (et la seconde face de *Low*). Pour Bowie, le Mur n'était pas seulement un symbole d'isolation, ni même de tyrannie ou de division politique. Il représentait aussi sa vie passée en tant qu'idole du rock. De l'autre côté se trouvait un mode de vie nouveau, moins affecté par la dépendance, moins obsessionnel. Quand il chantait « *We can be heroes, just for one day* (Nous pouvons être des héros, juste pour un jour) », il reconnaissait que l'avenir ne lui appartenait plus. Il appartenait à tous. Exactement comme Warhol avait prédit un quart d'heure de gloire à tous dans les années 60, Bowie, comme le punk rock lui-même, annonçait un avenir d'héroïsme pour tous, pas seulement pour une élite. Le même mois, Bowie chantait « *Heroes* » à *Top of The Pops* (seulement sa deuxième apparition live à l'émission), et le groupe The Stranglers nous rappelait qu'il n'y avait plus de héros. L'héroïsme était pour tout le monde, disait Bowie. Soyez votre propre héros, l'ère de l'idolâtrie de masse était terminée.

Avec « *Heroes* », Bowie s'éloignait encore plus du rôle d'idole du rock : « Je me sens incroyablement divorcé du rock, et ça me demande de réels efforts, » confia-t-il à *Melody Maker* peu après la sortie de l'album. D'après son ami Carlos Alomar : « La politique interne des maisons de disque avait ruiné sa carrière et laissé des traces, et par conséquent, il se moquait d'obtenir un succès commercial. Au lieu de cela, il essayait de dire où il en était, comment il en était arrivé là, et ce que cela lui apportait, c'est-à-dire une partie de lui-même. »

Bowie avait refusé tout contact avec la presse pour *Low*, mais « *Heroes* » le vit au contraire au centre d'une série de rencontres avec les médias. La chanson-titre de l'album fut choisie pour en être le tube, mais sous une forme sévèrement tronquée, dans l'espoir de la faire diffuser à la radio, elle perdit une partie de son intérêt dramatique. En dépit de son statut à présent légendaire, elle connut à l'époque un échec relatif, n'atteignant que la 24e place, mais restant néanmoins un total de huit semaines dans le Top 40. Le clip montrait Bowie vêtu d'un blouson de cuir, éclairé de dos, se tordant et se contorsionnant comme si on lui administrait des électrochocs.

Bowie réaffirma également son européanisme en enregistrant une version allemande (encore plus pesante que la version anglaise) et une version française de la chanson. Il accepta aussi de l'interpréter pour la dernière émission d'une série montrée par Granada Television et intitulée *Marc* – une vitrine pour la musique de Marc Bolan, l'ex-roi du glam. Mais c'était l'été du punk, de *God Save The Queen* faisant un doigt d'honneur à la monarchie, l'été des Clash, des Stranglers et de Damned. La nouvelle vague admirait peut-être Bolan, mais sa musique était largement dépassée.

Bowie avait accepté d'apparaître dans l'émission mais, en arrivant aux studios de Manchester, il ne fut guère content d'apprendre que le bassiste de Marc n'était autre qu'Herbie Flowers, celui-là même qui avait organisé (à juste titre) une rébellion du groupe de Bowie au Tower Philadephia en 1974.

Ce qui est assez drôle concernant les apparitions de Bowie à la fin 77, y compris celle-ci, c'est le fossé entre l'homme – yeux levés au ciel, traits figés, élitisme triste – et ses vêtements – chemise à carreaux, jeans, costumes sobres. C'est comme si Bowie essayait de se conjurer un avenir plus sain. Peut-être aussi que, dans le sillage

Davy Jones
à seize ans
dans son premier
groupe professionnel,
en1963.

Bowie en 1967,
à l'époque
de la sortie
de son premier
album.

Bowie en 1969,
au moment
de la sortie
de *Space Oddity*.

David Bowie
en 1969.

1972,
le look punk
des débuts
de Ziggy.
La Bowiemania
commence...

Bowie avec
sa première
femme Angie
et leur fils Zowie,
âgé de presque
trois ans,
début 1974,
à Londres.

Le monstre Kabuki
en plein vol ;
concert d'*Aladdin Sane,*
1973.

David Bowie
en 1972.

David Bowie
et Marc Bolan
jouent ensemble
à la télévision
pour la première
et dernière fois.
Bolan mourra
quelques jours
après le tournage
de cette séquence
pour l'émission *Marc*,
en septembre 1977.

Bowie arrive
à Victoria Station,
à Londres,
en mai 1976.
Scène du prétendu
salut nazi.

*Arrivée triomphale
de David Bowie
à Victoria Station.
Tout juste descendu
du train, il est accueilli
par des fans hurlant
et des caméras
de télévision.*

©Ph. Auliac, 1976

*Philippe Auliac
prend sa première
photo de David Bowie.*

« *Le photographe m'a pris alors que mon geste n'était
pas terminé. Je ne faisais pas un salut nazi.* »
David Bowie.

Iggy Pop à Berlin,
où il accompagna
Bowie en 1977.

David Bowie
à l'époque
de *Heroes*,
en 1977.

David Bowie
dans le film
Just a gigolo
de David Hemmings,
en 1978.

Dàvid Bowie
dans *Furyo*,
de Nagisa Oshima,
en 1983.

Bowie
en Andy Wahrol
pour les besoins
du film *Basquiat*,
de Julian Schnabel,
en1995.

Bowie à Broadway
dans le rôle de John Merrick,
dans *Elephant Man*,
en 1980.

Catherine Deneuve
et David Bowie
dans *Les Prédateurs*
de Tony Scott,
en1983.

Les jeunes Américains retrouvent le culte de Bowie, qui savoure les applaudissements lors de la tournée *Earthling*, en 1997.

du punk, Bowie était soucieux de ne pas avoir l'air d'une superstar « normale. »

Après avoir chanté « *Heroes* », Bowie acompagna Bolan sur une nouvelle chanson, *Standing Next To You.* Sur ces entrefaites, Bolan tomba de la scène pendant que les caméras tournaient toujours (selon les rumeurs, les deux stars avaient consommé quelque chose d'un peu fort dans leur hôtel à Manchester). Comme l'émission était arrivée à son terme et que l'équipe de production refusait impitoyablement de faire des heures supplémentaires, la chanson ne fut pas refilmée, et la première (et dernière) apparition de Bowie et de Bolan côte à côte se termina piteusement. Ensuite, les deux protagonistes travaillèrent ensemble à l'écriture et à la production d'une démo d'une nouvelle chanson, *Madman*, qui serait en fait enregistrée par le groupe new wave The Cuddly Toys en 1980, après que Bolan eut donné des copies de la chanson sur cassette à des fans.

Deux jours plus tard, Bowie conduisit sa carrière à un niveau de bizarrerie encore inédit : il arriva aux studios Elstree à Londres pour apparaître à l'émission de télévision *Bing Crosby's Merrie Olde Christmas.* Au cours de cet événement, sans doute l'un des plus inimaginables de l'histoire de la pop, Bowie avait accepté d'interpréter un duo sur un enchaînement de *Peace On Earth* et *Little Drummer Boy.* Voir un dieu du rock de trente ans, ancien bisexuel, ancien amateur de cocaïne, et ex-travesti chanter en contrepoint avec le cardigan radoteur qu'était Bing, de quarante-quatre ans son aîné, était si bizarre qu'il fallait se pincer plusieurs fois pour être sûr qu'on n'avait pas été transporté dans un univers parallèle. Bowie chanta également « *Heroes* », mais après un épisode pareil avec Bing, quelle importance ? De nouveau, Bowie s'appliquait à normaliser sa carrière, à laisser derrière lui la dangereuse « différence » de ses années à LA ; à espérer un avenir plus raisonnable. Il avait chanté avec Cher et produit Lulu, et le monde de la variété ne lui était pas inconnu. Néanmoins, le duo avec Bing apparut simplement comme une autre dose d'artifice.

Six semaines plus tard, Bing et Bolan étaient morts tous les deux. Par une coïncidence plutôt macabre, Bowie avait symboliquement administré l'extrême-onction aux deux artistes et aux périodes qu'ils représentaient. Crosby, déjà assez âgé, mourut d'une crise cardiaque alors qu'il jouait au golf, un sport qu'il adorait. Bolan, 29 ans, fut tué dans un accident de voiture à Barnes, au sud-ouest de Londres, une semaine tout juste après avoir enregistré *Marc* avec Bowie. Ce dernier assista aux obsèques de Bolan, le 20 septembre, avec Tony Visconti, qui avait produit les meilleurs disques de Bolan.

Le mois d'octobre 1977 fut consacré à la promotion sans relâche de « *Heroes* ». C'était déjà le douzième album studio de Bowie et le neuvième en moins de six ans, un rythme qu'aucune star des années 90 ne pourrait rêver d'imiter. De plus, à l'exception de *Pin-Ups*, tous ses albums à partir de *Hunky Dory* sont maintenant considérés comme des classiques de la pop.

Cependant, l'impact de Bowie ne fut pas seulement confiné à la musique. Sur le plan du style, de la mode, il y avait de petits Ziggy partout. Bien sûr, c'étaient de faux clones de Ziggy, qui avaient remplacé les superbes costumes de kabuki par des T-shirts déchirés, des épingles à nourrice, des gadgets sado-maso et des bouilloires en guise de sac à main. Mais la coupe de cheveux punk classique, les cheveux hérissés et teints en orange auraient été inconcevables sans Ziggy. Les punks ont simplement pris à contre-pied le modèle de Bowie, ruinant la beauté de l'original. Le penchant punk pour les pseudonymes idiots et provocateurs (Rat Scabies, Jet Black, Johnny Rotten, Poly Styrene, Sid Vicious, Ed Banger, Ari Up) s'inscrivait dans une longue tradition du show business. Mais l'ère du glam avait fourni les exemples les plus récents, avec Alvin Stardust, Gary Glitter et Ziggy Stardust.

Le passage du culte de Bowie à celui du punk fut rapide. Le « Bromley Contingent » (qui comprenait plusieurs futures stars telles que Siouxsie Sioux, Billy Idol et Steve Severin), un groupe de jeunes issus de la classe moyenne qui injecteraient par la suite une bonne dose de fétichisme subversif dans le punk, étaient d'abord des fans de Bowie et de Roxy Music, et ensuite des punks. La « révolution punk » de la deuxième moitié des années 70 exploitait aussi le nihilisme du glam rock ; leur univers était celui de Hunger City, de *Diamond Dogs*.

Pendant toutes les années 70, Bowie et ses fans eurent une influence énorme sur la mode des jeunes. Le développement des « vêtements décontractés » était un autre legs de cette redéfinition stylistique, un legs plus proche de la culture des jeunes de la classe ouvrière et du style « macho ». Le Bowie en duffle-coat du film de 1976, *l'homme qui venait d'ailleurs* (qu'on trouve aussi sur la pochette de *Low* en 1977), combiné avec les éléments de l'iconographie déjà en place de la star (ambiguïté sexuelle, références à la science-fiction), fournissait un modèle qui fut « prolétarisé », et qui se retrouva, par exemple, dans le style de vêtements portés par les supporters de football.

Bien qu'il ait essayé d'instaurer une « nouvelle école de la prétention » avec Eno, Bowie était charitable envers ses petits successeurs punk. « Je sympathise totalement avec l'indignation de la new wave », déclara-t-il à *Melody Maker* en octobre 1977. Cependant, si le culte de Bowie parlait le langage de l'individualisme et de la différence, le punk symbolisait la collectivité méprisée par le chanteur : « Le plus triste, c'est qu'on appelle cela un mouvement. Je préfèrerais que les gens soient considérés comme des individus. Je suis inquiet pour eux. Ils me déçoivent parce que je ne peux pas tolérer les gens qui veulent former des mouvements ou en faire partie. »

Cela n'empêcha pas Bowie de s'intéresser à un groupe de new wave américain appelé Devo. Il faillit coproduire le groupe avec Eno, mais dut se retirer du projet quand il fut décidé qu'il devait faire une autre tournée mondiale en 1978. Quoique en meilleure forme physique et mentale, Bowie était encore loin d'être un homme heureux. La perspective de passer le plus clair de l'année suivante en camp volant ne l'enthousiasmait guère.

Si 1977 fut l'année du punk, ce fut aussi celle de Bowie. *Low* et « *Heroes* » s'avèreraient au moins aussi importants que n'importe quel disque punk produit cette année-là. « *Heroes* » obtint un modeste succès commercial à l'échelle de Bowie, atteignant la 3e place en Angleterre et la 35e aux États-Unis, mais sa place dans la légende du rock était déjà assurée. La promotion de l'album dans la presse se fit en ces termes : « Il y a la Old Wave, il y a la New Wave, et puis il y a David Bowie. » Membre de la culture pop, mais avec un regard bien particulier sur elle, David Bowie, à la fin des années 70 et au début des années 80, allait lentement mais sûrement être récupéré par un mainstream qu'il avait contribué à créer.

8

UNE HACHE POUR BRISER LA GLACE, 1978-1982

> *Il m'est difficile d'expliquer comment c'est d'être avec lui,*
> *mais il y a une sorte de halo autour de David Bowie. J'ai adoré*
> *l'expérience. Ça m'a donné envie de faire mon maximum pour lui.*
> Le guitariste Adrian Belew, au sujet de sa tournée avec Bowie.

> *J'ai écrit mes premières chansons à la fin de l'adolescence.*
> *Je vivais à la maison, j'avais peut-être couché avec une ou deux*
> *femmes au maximum, et j'essayais désespérément de me rendre*
> *plus intéressant. Je voulais avoir l'air bizarre et fascinant, et je*
> *n'étais ni l'un ni l'autre. J'étais tout le temps dans ma chambre,*
> *à faire semblant de chanter les disques de David Bowie*
> *devant la glace ; il me semble que c'est à ça que j'ai occupé*
> *la plus grande partie de mon adolescence.*
> Gary Numan.

Cinq ans s'étaient écoulés depuis l'assassinat de Ziggy Stardust et presque une décennie depuis le premier tube de Bowie, *Space Oddity*. Bowie était devenu une institution. Avec à son actif douze albums en studio, un succès des deux côtés de l'Atlantique et une aura artistique pour son rôle dans *L'homme qui venait d'ailleurs*, sa place au panthéon des légendes du rock était d'ores et déjà assurée. Néanmoins, seize pour cent des profits générés par chacun de ses nouveaux disques étaient écrémés par la société Fleur Music, que DeFries, avait créé pour gérer sa part des profits de Bowie. Après quatorze ans dans l'industrie et malgré sa réputation internationale,

Bowie était encore loin d'avoir les moyens de prendre sa retraite et de vivre dans le luxe qu'on associe aux stars de rock. Il est probable que la tournée de 1976 fut la première qui lui permit de gagner de l'argent pour lui-même. La tournée de 1978 fut une étape de plus vers la sécurité financière, en même temps qu'une occasion de porter devant son public les disques expérimentaux qu'étaient *Low* et « *Heroes* ».

Noël 1977 vit la rupture définitive avec Angie. Une désastreuse tentative de rapprochement en Suisse se termina par le départ de Bowie, qui alla passer les fêtes et les premières semaines de la nouvelle année avec Zowie et sa nourrice à Berlin, où il tournait *Gigolo* avec David Hemmings. Angie s'envola pour New York où elle retrouva des amis. Consciente de l'échec de son mariage, elle passa une partie du mois de janvier dans un état semi-comateux provoqué par la drogue (peut-être une tentative d'overdose ratée), et, désespérément à court d'argent, vendit son histoire au *Sunday Mirror*. Elle prétendit que Bowie avait emmené illégalement leur fils. S'ensuivit l'histoire classique de la rupture entre la rock star et sa femme, une longue affaire qui s'acheva finalement en mars 1980 par un divorce.

En 1978, Angie, qui n'avait pas encore trente ans, avait de nouveau tenté de se suicider. Alors que les secouristes la transportaient sans connaissance de sa baignoire à l'ambulance, ils laissèrent la civière tomber dans l'escalier, et Angie s'en sortit avec le nez cassé. Une conclusion tragi-comique pour cette femme excentrique, sympathique, ambitieuse, qui était allée trop loin, trop tôt, grâce au succès d'un autre.

Angie Bowie n'avait pas créé Ziggy Stardust, ni fait de David Bowie une star. Cependant, elle avait eu une influence importante à l'époque du glam en communiquant en partie son excentricité à son mari. Mais elle n'avait jamais dépassé le stade des paillettes ; comme Ken Pitt, Ronno ou Tony DeFries, elle n'avait pas su évoluer aussi vite que Bowie. Leur mariage, qui n'avait jamais été basé sur la fidélité, s'effondrait depuis une dizaine d'années.

En vertu des termes du divorce (incroyablement indulgents pour Bowie), Angela se vit imposer l'interdiction de parler aux médias pendant dix ans ; Bowie obtint la garde de son fils, et dut verser à Angie une pension alimentaire d'un montant de 750 000 dollars seulement, sur une période de dix ans. Le camp Bowie assena un coup dur à Angie en produisant comme élément à charge une photo compromettante d'elle avec une autre femme. C'était plus qu'un tantinet hypocrite de la part de Bowie, qui était loin d'avoir vécu comme un moine au cours de la décennie écoulée, mais cela s'avéra efficace.

Angie obtint un droit d'accès limité à Zowie, qui se faisait maintenant appeler Joe. Vers la fin des années 80, il décida de ne plus voir sa mère. A cette époque-là, son père et lui étaient devenus inséparables, et, en dépit de la carrière de Bowie, ils passaient de plus en plus de temps ensemble. Dans les années 80, Joe fréquenta une école privée, Gordonstoun, en Écosse. Bowie alla même jusqu'à supporter de bonne grâce la brève fascination de son fils pour le Electric Light Orchestra. Quant à Angie, elle n'accomplit rien de remarquable dans les années 80 et 90 et ne fit les gros titres des journaux qu'en dénigrant son mari. Ce rôle d'assassin médiatique était indigne d'une femme au demeurant cultivée, drôle, qui avait été une personnalité séduisante du milieu glam.

Bowie commença l'année 1978 à Berlin, caressant un porcelet dans l'infortuné film de David Hemmings, *Just A Gigolo*. Plus important, il repartait en tournée. Ce serait sa dernière tournée mondiale au cours des années 70, et ses fans ne le reverraient en concert que cinq ans plus tard. Un nouveau guitariste avait été engagé pour la tournée, de façon peu orthodoxe.

Une fois encore, Bowie s'était tourné vers un talent particulier, celui d'Adrian Belew, vingt-huit ans, originaire du Kentucky. « J'étais en tournée avec Frank Zappa au début 1978, raconte ce dernier. Brian Eno est venu à notre concert à Cologne. Il savait que David Bowie cherchait un nouveau guitariste et, une semaine plus tard, David est venu au concert qu'on donnait à Berlin. Il est resté debout à côté de la scène avec Iggy Pop. Il y avait un moment dans le concert où Frank faisait un long solo de guitare qui durait quinze ou vingt minutes, et certains membres du groupe, dont moi, quittaient la scène à ce moment-là. Je suis allé vers eux en me disant que c'était mon occasion de dire bonjours à David Bowie ! J'ai dit : "Salut, David. J'aime vraiment ta musique et je voulais juste te remercier." Et il a dit : "Eh bien, ça te dirait de faire partie de mon groupe ?" »

Curieuse situation : Zappa en pleine démonstration d'excellence, pendant que, sous son nez, son guitariste se fait racoler par une autre légende de rock. Le problème principal, évidemment, consistait à régler l'affaire avec finesse. Bowie suggéra un dîner et une conversation après le concert, suivis d'une virée à Berlin. Belew nageait dans le bonheur :

« Évidemment, j'ai sauté sur l'occasion parce que je connaissais très bien la musique de David, et j'étais un fan. J'avais chanté plusieurs chansons de lui dans des groupes-hommage où j'avais joué. Bowie était très discret parce qu'il ne voulait pas qu'on sache qu'il me courtisait. On s'est retrouvés en secret après le concert et on a décidé d'aller au restaurant. C'est incroyable, vu le nombre de restaurants à Berlin, mais on a trouvé le moyen de tomber sur Frank Zappa et plusieurs membres de son groupe ! On était foutus. Il était évident que quelque chose se mijotait. On s'est assis avec Frank, qui a tout de suite compris que David essayait de me persuader de jouer avec lui, alors c'était très gênant. David essayait d'être aimable avec Frank, mais Frank était très désagréable avec lui. Il lui a plus ou moins dit qu'il ne voulait rien avoir à faire avec lui. J'ai réussi à apaiser Frank plus tard. Il a dit : "Oui, je comprends. Tu veux aller jouer avec David Bowie." J'en avais vraiment envie. C'était un grand personnage à mes yeux, presque aussi grand que les Beatles. »

Belew termina la tournée de Zappa, puis commença immédiatement les répétitions pour celle de Bowie, qui devait débuter à San Diego deux semaines plus tard. « C'était comme deux mondes différents, raconte-t-il. La musique de Frank était complètement créée par lui, et il fallait la jouer exactement telle qu'elle était. Il n'était pas question d'y ajouter quelque chose. Il fallait bien la jouer, ou bien la chanter, c'était tout. Avec Bowie, c'était entièrement différent. Il me laissait libre d'ajouter toutes sortes de couleurs et de sons ; de jouer des solos, d'être mêlé à la création de la musique elle-même. Des chansons comme *Stay* me restent en mémoire. C'était un grand solo de guitare avec quelques paroles ici et là ! Pour être franc, à l'époque où j'étais avec Frank Zappa, j'avais besoin du genre de discipline et d'éducation qu'il offrait. Alors, les deux ont été bons pour moi. C'était un peu comme aller au lycée avec Frank Zappa, et puis faire ma licence avec le groupe de David Bowie. »

Belew possédait une certaine étrangeté, un sens du naïf. Il ne jouait pas comme le guitariste de rock standard. Bowie confia un peu plus tard au pianiste Sean Mayes : « Je me méfie beaucoup de la virtuosité. J'aime les gens qui jouent avec un style original. »

Alomar, Davis et Murray étaient toujours là. Bowie ajouta Simon House au violon électrique, Sean Mayes (dont le groupe, Fumble, avait joué en première partie de Bowie au début des années 70) au clavier et Roger Powell au synthé. Les répétitions eurent lieu à Dallas, Alomar menant les troupes de dix heures du matin à neuf heures du soir pendant deux semaines entières avec une seule matinée de repos. Bowie arriva à mi-course, après avoir passé des vacances au Kenya. Avec son bronzage et ses soixante-cinq kilos, il avait meilleure mine que depuis des années.

Alomar dirigea les répétitions, arrangea la musique et fit le lien entre Bowie et le groupe. Il produisit également toutes les partitions destinées à la publication. Il avait un certain contrôle sur la musique de Bowie à cette époque : « N'importe quel observateur aurait cru que c'était Carlos qui commandait, dit Sean Mayes. David est un peu comme un gosse à qui on aurait permis de jouer avec le groupe,

mais qui ne pense pas que les musiciens le prennent très au sérieux...
Je crois qu'il est naturellement timide et qu'il n'aime sans doute pas
diriger un groupe de gens... Il est rare qu'il nous dise quoi faire,
mais il suggère des choses différentes : "pourquoi pas ça ?...
Essayons comme ça." Il nous donne beaucoup de liberté et nous
encourage à être créatifs, mais c'est quand même sa musique. »
Bowie dansa le pogo sur l'improvisation à la fin de *Hang On To
Yourself* durant les répétitions : peut-être était-il soulagé qu'une
danse ait enfin été inventée pour la chanson qu'il avait écrite des
années plus tôt, en 1971.

Lors de la tournée mondiale de 1978, Bowie porta des costumes
conçus par Natasha Korniloff (qui avait travaillé avec Bowie et Lindsay Kemp dix ans plus tôt). Parmi ses créations figuraient un large
pantalon blanc bouffant, un T-shirt et une casquette de marin pour
un des concerts ; une veste en faux-serpent pour un autre, et un long
smoking en plastique pour un dernier. Les cheveux coupés court,
une raie sur le côté, Bowie avait meilleure mine, même s'il avait
visiblement vieilli ; il était aussi moins distant. Sa voix, désormais
riche et puissante, n'avait jamais été aussi belle.

Cette fois, Bowie était censé rester lui-même. Il n'y avait pas de
personnages, merci bien. Malgré tout, Bowie constella les concerts
de poses spectaculaires : acrobaties, flexions et contorsions de mime,
regards fixes, balancements et déhanchements. A la fin de *Hang On
To Yourself*, il tendait les deux mains comme pour atteindre les
cieux, les yeux à demi-clos, les traits déformés en une moue hautaine. C'était à n'en pas douter une performance impressionnante,
très théâtrale.

C'était aussi la première fois depuis cinq ans que Bowie ne se
bourrait pas de copieuses quantités de cocaïne avant de monter sur
scène. En conséquence, peut-être, la tournée lui apparut davantage
comme une corvée.

« David était distant, raconte Belew. Je voulais apprendre à le
connaître, et j'y suis parvenu jusqu'à un certain point, mais, en même
temps, il y avait toujours des gens qui faisaient tampon autour de
lui, et qui le surprotégeaient. Je suis parti un peu déçu de n'être pas
devenu plus ami avec lui. Il n'avait pas bonne mine pendant la tournée de 1978. J'ignore s'il se droguait. Tout ce que je sais, c'est que
les crises qui avaient lieu en coulisses parfois avaient peut-être
quelque chose à voir avec ça. J'avais l'impression qu'il passait par
des moments difficiles. C'est peut-être une des raisons qui me donnaient naturellement envie de lui tendre la main, de devenir son
ami. »

C'était le problème principal de David Bowie à la fin des
années 70. Il avait besoin d'un ami. Plus que jamais, il était devenu

le genre d'individu à qui sa musique s'était toujours adressée : les gens seuls, déconnectés, dépressifs. Sans l'oubli procuré par la drogue, il était maintenant dans un état mental suffisamment sain pour vouloir se faire des amis. Mais il y avait si longtemps qu'il n'en avait plus l'habitude et il se montrait timide, réticent, mal à l'aise avec les autres, à l'exception de Coco et de son fils. Il faudrait à Bowie une décennie pour reconstruire sa vie personnelle en lambeaux.

Il devenait également moins accessible à ses fans. Patti Brett, une des Sigma Kids, se souvient : « Pendant la tournée *Stage*, on était à la réception de son hôtel et il est venu nous parler. Il était un peu effrayé, et puis, il est devenu très distant. Il venait nous parler pendant quelques minutes, et il s'en allait. »

Les concerts eux-mêmes furent souvent superbes. « C'était un groupe fantastique, raconte Alomar. On ne trouve pas souvent un groupe avec un violoniste, un guitariste, un pianiste et un joueur de synthé – ce sont tous des instruments de soliste. »

Le violon de Simon House et la guitare de Belew se mêlaient magnifiquement sur les morceaux ressuscités de l'ère Ziggy, regroupés dans la deuxième moitié du set : *Hang On To Yourself, Soul Love, Five Years, Suffragette City,* et *Ziggy Stardust*. La décision de jouer tant de morceaux issus de l'album le plus connu de Bowie à l'époque, était peut-être une réaction défensive, voire un palliatif destiné à amadouer le public, étant donné que le reste du programme était tiré pour l'essentiel des récentes collaborations avec Eno. *Warszawa*, le long et solennel morceau de la deuxième face de *Low* servait d'ouverture aux concerts. Bowie entrait sur scène comme un membre du groupe et se plaçait derrière son synthé, tandis qu'Alomar jouait les chefs d'orchestre pendant tout le morceau. Alomar prétend que le groupe devait être dirigé parce que le morceau n'avait pas de structure définie en mesures, même si certains considéraient cela comme le comble de l'artifice – un artiste pop essayant de créer une atmosphère sérieuse en singeant le patriarcat des salles de concert. Cependant, dès le deuxième morceau, *« Heroes »*, joué dans sa version entière, le public baignait dans la grandeur romantique de Bowie, et on était revenu à un concert pop.

Le reste du programme comprenait des chansons récentes telles que *Blackout, Beauty And The Beast,* une version plus longue (et par conséquent moins excentrique) de *Breaking Glass,* une version reggae de *What In The World, Be My Wife* (mais *Sound And Vision,* en revanche, ne fut joué qu'une seule fois au cours de la tournée), et les instrumentaux *Sense Of Doubt, Speed Of Life* et *Art Decade. Fame, Rebel Rebel* et *The Jean Genie* étaient les seuls tubes à être joués lors de la tournée. *Station To Station, Stay,* et *TVC15,* déjà au programme du White Light Tour, perduraient, tandis que l'interprétation de Bowie de la chanson *Alabama Song* écrite par Kurt Weill s'adaptait parfaitement au vibrato affecté de Bowie.

Le décor était simple, mais réussi. Les néons aveuglants de la tournée de 1976 avaient été conservés, et étaient empilés à l'arrière de la scène, formant des cages de lumière qui clignotaient frénétiquement à la fin de *Hang On To Yourself*. Mais cette fois l'utilisation de lumières vertes, bleues et rouges créait une ambiance plus chaude, moins intimidante.

En revanche, les musiciens n'étaient pas particulièrement satisfaits. « Je ne m'entendais pas très bien avec ce groupe, et j'avais parfois l'impression qu'on ne faisait pas de notre mieux, déclare Adrian Belew. Je crois que j'ai eu quelques désaccords avec Carlos parce qu'il me semblait qu'il n'était pas aussi bon que j'aurais voulu qu'il soit. Je me faisais engueuler parce que je faisais des suggestions. » Alomar avoue qu'après avoir été le guitariste d'Iggy Pop, il voulait sa part de gloire : « Ç'avait beaucoup à voir avec le fait que j'entendais constamment mes parties de guitare jouées par d'autres, et que je trouvais que ma propre partie était nulle comparée au son fabuleux de l'autre guitariste. Ça me tuait. » De plus, comme en 1973 et en 1974, les salaires étaient un problème. « Le pire qui puisse arriver dans un groupe, dit Belew, c'est de s'apercevoir qu'on touche tous des salaires différents. Si ça se sait, et ç'a été le cas, ça crée beaucoup de rancœur. »

Belew, en particulier, était l'objet de pressions de la part de Coco, qui pensait que sa conduite sur scène attirait trop l'attention sur lui au détriment de David. « Coco s'imaginait que j'essayais de voler la vedette à David ! Elle me disait constamment : "Ne fais pas ci", "Ne fais pas ça", "Ne bouge pas tant sur scène", "Tu essaies de faire de l'ombre à David." C'était ridicule, je savais qu'il était impossible de faire ça. En même temps, il y avait David qui disait : "Allez, bouge un peu plus, joue avec moi, qu'on leur donne un peu de spectacle !" Alors, chaque soir, David m'encourageait sur scène et Coco me lançait des regards noirs ! C'est devenu un peu stressant pour moi, et je me suis senti mis à l'écart à cause d'elle. J'avais l'impression de n'être qu'un remplaçant. »

En dépit des conflits, la tournée fut un succès. La partie nord-américaine se termina par deux concerts triomphants au Madison Square Garden, à New York. Adrian Belew se souvient : « Dans le public, il y avait Dustin Hoffman, Talking Heads, et de l'autre côté de la scène, avec son propre petit entourage, Andy Warhol. C'était comme ça autour de David Bowie. Il y avait un cirque incroyable de gens intéressants, importants. »

Après un repos de cinq jours seulement, Bowie commença la partie européenne de *Stage* par la Festhalle de Francfort. Le 16 mai, Alan Yentob, le producteur de la BBC qui, quatre ans auparavant, avait filmé le squelettique Bowie dans une Cadillac à Hollywood, l'interviewa à Berlin. Bowie était assis, sa silhouette se détachant sur le ciel, vêtu d'une tenue presque militaire – chemise à manches courtes et cravate – et ses cheveux avaient retrouvé leur teinte châtain naturelle. Il paraissait nerveux, tendu. Sa voix était maniérée, snob, cassante, et la paranoïa de la période *Cracked Actor* perçait encore bien qu'il ait affirmé traverser une période beaucoup plus calme. Plus tard au cours du même mois, pendant le séjour du groupe en Allemagne, une émission de télévision spéciale Bowie fut réalisée pour la série *Musikladen*.

Quand Bowie arriva en Angleterre, il avait été l'objet de critiques délirantes dans les revues de rock. La folie de la Ziggymania s'était certes apaisée, mais Ziggy jouait encore un rôle clé dans le culte de Bowie.

« Pendant la tournée de 1978, explique Adrian Belew, Il y avait un groupe de jeunes qui se maquillaient et s'habillaient comme David, et qui nous suivaient partout où on allait. On est allés à Oslo, en Norvège, et c'était un voyage exaspérant, parce qu'il fallait changer d'avion plusieurs fois. Quand on est arrivés à l'hôtel, ils étaient là, arrivés avant nous, et ils nous attendaient devant l'hôtel. On était complètement abasourdis. Souvent, ces gens suivaient David de concert en concert, et petit à petit, on s'est rendu compte qu'ils n'en avaient pas vraiment les moyens. Carlos les invitait souvent à utiliser sa chambre pour se doucher. Au bout d'un moment, on a eu l'impression d'être assez proches d'eux. »

David Hemmings filma un des concerts à Earls Court dans l'intention de le distribuer plus tard, mais le projet ne vit jamais le jour. D'après certaines rumeurs, Bowie fut si affecté par la débâcle de *Just A Gigolo* qu'il refusa d'adresser la parole à Hemmings pendant plusieurs années. Janet Street-Porter interviewa Bowie au second concert d'Earls Court, où, cinq ans plus tôt, les problèmes d'acoustique avaient provoqué une quasi-émeute. Mais la tournée en Grande-Bretagne ne contribua guère à stimuler les ventes de *Low*, pas plus que celles de « *Heroes* ».

Bowie eut ensuite l'idée de profiter d'un créneau dans le programme de la tournée pour préparer un nouvel album. Il était prêt à commencer l'enregistrement de la dernière étape de sa collaboration avec Eno, qui serait finalement intitulée *Lodger*. Alors que « *Heroes* » avait été enregistré à Berlin, ville débordante de vie artistique et de tensions sociales et politiques, l'album suivant serait créé dans le cadre magnifique et austère de la Suisse.

La retraite alpine de Mountain Studios ne fut guère du goût de Carlos Alomar. « C'était un très joli studio, mais très suisse, très calme. Je préfère les studios Hansa. On s'en fout que tout soit joli ! Moi, je préfère une vie excitante. » Cependant, l'album ébauché là, et terminé plus tard à New York, est sans doute l'œuvre la plus sous-estimée de Bowie.

Le studio était construit sur le site d'un autre, qui avait brûlé pendant une séance d'enregistrement de Frank Zappa (événement consigné dans les annales du rock par *Smoke On The Water* de Deep Purple). Le nouveau bâtiment abritait un centre multimédia en béton, avec de longs couloirs et des escaliers à spirale. Dans l'ensemble, il ressemblait à un bunker, et contrastait avec les studios Hansa à Berlin et leur décadence caverneuse. La salle de mixage était au premier étage, et l'enregistrement se faisait au second. Les musiciens ne pouvaient pas la salle de mixage quand ils jouaient, mais pouvaient être filmés sur un circuit de télévision interne. Cela créait une ambiance légèrement voyeuriste, quelque peu déconcertante.

« Le titre prévu pour l'album à ce moment-là était *Planned Accidents*, une idée de Eno, je crois, raconte Belew. Ils voulaient des réactions instinctives de ma part. Ils m'ont dit : "Dans un premier temps, on ne va pas te laisser écouter les chansons. Tu n'auras aucune idée des accords, ni du tempo, ni de rien. Tu vas juste entendre le compte à rebours dans tes écouteurs et puis tu commences à jouer quelque chose." Ils me laissaient faire ça deux ou trois fois peut-être. Au bout de la troisième fois, je commençais à savoir ce que je faisais. J'avais peut-être même une idée des changements d'accords. Après, ils prenaient mes trois pistes de guitare, ils en faisaient un morceau composite, c'est-à-dire qu'ils prenaient les meilleurs passages de chacun et les éditaient pour en faire un seul. Donc, en fait, la majorité de ce qui est sur ce disque n'a pas été joué comme on l'entend. Sur *Red Sails*, par exemple, les accords de guitare s'enchaînent d'une manière impossible. C'est parce que les pistes ont été éditées. C'était une façon très intéressante de faire un disque, surtout parce qu'ils ont surtout procédé comme cela avec les instruments principaux, les solos de violon et de guitare. »

L'album *Lodger* serait terminé après la tournée. Ce fut lors d'un séjour d'une semaine chez Bowie pour travailler sur le projet, abandonné par la suite, de documentaire live de Hemmings, que Bowie donna à Belew un cours accéléré sur ses passions culturelles. « Il m'a fait écouter *Mars* de Holst et *Plastic Ono Band* de Lennon. En bref, il a essayé de me donner une courte introduction aux choses de la musique, de l'art, de la mode et du cinéma, pour que je comprenne d'où il venait, raconte Belew. Bowie m'a aussi dit qu'il n'était pas satisfait de sa carrière à plusieurs niveaux. On sentait qu'il voulait changer de direction. Il était très malheureux chez RCA. Il projetait de développer sa carrière de tas de façons différentes. Je crois que sa relation avec Eno tirait à sa fin. Ils ne sont pas disputés ; c'est juste qu'il ne semblait plus y avoir l'étincelle qui existait, j'imagine, pendant « *Heroes* ».

En septembre 1978, Bowie fit une déclaration défendant RCA et niant les rumeurs selon lesquelles il cherchait un nouveau label. Malgré tout, il était clair que quelque chose se préparait. La sortie d'un nouvel album live, *Stage*, fut retardée de plusieurs semaines, officiellement pour un problème de pochette. En fait, Bowie voulait que ce double album compte pour deux dans le cadre de ses obligations contractuelles tandis que RCA s'y opposait.

Stage sortit finalement le 25 septembre, dans l'indifférence quasi générale des critiques. Il obtint un succès raisonnable en Angleterre, atteignant la 5e place, mais plus mitigé aux États-Unis où il ne dépassa pas la 35e place. Tony Visconti avait décidé de mixer la piste sur laquelle on entendait le public très bas, notamment sur les instrumentaux (d'après lui, on entendait distinctement des huées sur *Sense Of Doubt*). Les chansons furent arrangées dans l'ordre chronologique, commençant par le matériau de *Ziggy* et se terminant par celui de *Low* et de « *Heroes* ». Cette décision, approuvée par Bowie, tuait le rythme et la progression dramatique du concert. Comme de plus le public est presque inaudible dans le mix, le résultat est décevant. D'après Sean Mayes, on demanda même au groupe de jouer les chansons de *Ziggy* un peu plus lentement, d'où l'impression de lourdeur qui se dégage de la face A. La pochette elle-même, montrant une photo peu flatteuse de Bowie, répliquée à l'intérieur et au dos, était de piètre qualité.

« J'ai détesté ce disque, déclare sans ambages Adrian Belew. C'est peut-être parce que les morceaux n'ont pas pu être enregistrés correctement, mais le son est faible, affreux. »

A présent, la tournée avait repris en Extrême-Orient et en Asie australe. Pour la première fois de sa carrière, Bowie se produisait en plein air, devant des publics plus nombreux. Un des grands moments de ce troisième volet de la tournée eut lieu au Cricket Ground de Melbourne le 18 novembre, sous une pluie torrentielle. « Oh, c'était un concert extraordinaire, s'enthousiasme Belew, Les gens attendaient tellement de nous, et finalement on est montés sur scène en se demandant si on allait tous se faire électrocuter ! » En dépit du danger qu'ils couraient, les musiciens donnèrent un concert superbe, les joues dégoulinantes de maquillage et de mascara.

Ensuite vint le tour du Japon, fief de Bowie. Afin de faire danser les fans traditionnellement dignes et réservés, Alomar décida de leur donner un choc en optant pour un programme revu et corrigé, plein d'énergie : « Les Japonais ont tendance à rester assis sur leurs sièges – c'est un public très calme, plein de retenue. La première fois que nous sommes allés au Japon, tous les spectateurs avaient des jumelles ! On regardait le public et on ne voyait que des reflets. C'était un peu déconcertant. » Il ajoute : « Normalement un concert de rock est construit de façon à progresser par vagues. Il ne faut pas attaquer avec quelque chose de trop intense, parce que les gens seront grillés au bout d'une demi-heure. D'habitude, on alterne chansons fortes et moins fortes pour ménager la progression. On voulait déranger les Japonais, les forcer à se lever, créer un certain degré de chaos pour voir la police japonaise essayer de contrôler le public, ce qui est impossible une fois qu'il est lâché. On voulait perturber leur façon d'être dans un concert. On a tout fait à cent à l'heure. »

Bowie se sentait tout à fait chez lui en Extrême-Orient, plus que n'importe où ailleurs. Le mélange de tranquillité zen et de formalité tape-à-l'œil lui avaient tout de suite plu.

Vêtu comme il se doit d'un kimono et accompagné d'une Japonaise), il assista au Japon à la première de son film, *Just a Gigolo*, passa Noël 1978 à Tokyo et prit ensuite des vacances à Kyoto avec son fils. En mars 1980, il tourna même une publicité pour la télévision japonaise, vantant une marque de saké appelée Crystal Jun Rock.

L'un des concerts donnés au Japon en décembre 1978, l'avant-dernier au NKH Hall, à Tokyo, fut filmé pour être édité en une émission spéciale d'une heure. Le dernier concert de la tournée eut lieu dans la même salle le 12 décembre. Il n'y en aurait pas d'autre avant quatre ans et demi.

Le nouvel album de Bowie sortit enfin le 18 mai 1979. Ç'avait été l'intervalle le plus long entre deux albums en studio depuis celui qui avait séparé son début chez Deram de *Space Oddity* à la fin des années 60. A présent, il était évident que, même sans la pression des tournées, le rythme de travail effréné de Bowie commençait à se ralentir. Dans l'ensemble, *Lodger* n'est pas considéré comme un album important. Bowie lui-même a avoué avoir été assez déprimé après avoir remis les bandes à RCA, et Eno a admis dans de nombreuses interviews depuis les années 70 qu'il pensait que le riche filon exploité au cours de leurs deux premières collaborations s'était pour l'essentiel épuisé. Lassé par l'industrie du rock, et son éternel manège album/clip/tournée promotionnelle, Eno venait de sortir *Music For Airports*, un album très influent. Il faisait des disques, puis cherchait des maisons pour les distribuer, et se contentait de récompenses financières relativement modestes. Tout était différent sur la planète Bowie. D'après Eno, la nécessité de sortir le produit primait sur la curiosité artistique. Quant à la déception suscitée par l'album, Alomar commente : « Je pense qu'à ce moment-là les gens avaient compris qu'il s'agissait d'une trilogie. Quand on ne sait pas ce qu'on attend, c'est différent de quand on sait que le dernier versement est dû. Je crois que ça rend les gens blasés. »

Le problème principal de *Lodger* est qu'on a l'impression que les instruments ont été enregistrés à travers une sorte de soupe. Visconti dit qu'il a eu des « problèmes de son » pendant le mix à New York, où la technique n'était pas à la hauteur de celle des studios européens. Par ailleurs, le studio suisse ne possédait pas l'acoustique fantastique de Hansa.

Néanmoins, *Lodger* est un bel album. La face A évoque les voyages de Bowie, c'est une sorte de tour du monde musical d'une rock star internationale. Si Fripp était la star de « *Heroes* », ce sont les contributions de Belew qui donnent à *Lodger* sa cohérence. Alors que tout oscille entre des styles techno, ambiance, ethnique et ballade, le jeu de Belew est constant et toujours novateur. La plainte, légèrement décalée, et les explosions de fausses notes de *Red Sails, African Night Flight, DJ* et *Repetition* sont devenus des traits caractéristiques de la guitare de Bowie.

Après la musique heurtée, menaçante de « *Heroes* », *Lodger* commence par une chanson étonnamment délicate, *Fantastic Voyage*. Elle traite de la « crise » que connaissent les leaders de la Guerre froide des dangers qui en découlent, témoignant d'une amorce de conscience politique chez Bowie. Bowie a dit que la chanson avait exactement la même succession d'accords que *Boys Keep Swinging*, montrant que même alors il se plagiait lui-même. « Tony Visconti avait écrit un arrangement pour mandolines sur *Fantastic Voyage*, dit Belew. « Les trois joueurs de mandoline avaient la même partition. On a fait trois pistes de chaque, pour obtenir neuf mandolines qui jouaient la même chose. »

Repetition se concentre sur l'espace privé plutôt que public. Ce récit de violence domestique raconté, au moyen de vers courts, prosaïques, factuels, est minimaliste et délibérément dépourvu d'émotion. La musique, avec son riff insistant, très bas, se fait l'écho des coups portés par l'homme à sa femme, avec un détachement qui fait de *Repetition* l'une des chansons les plus effrayantes de Bowie.

Sur *African Night Flights*, les paroles sont chantées à une vitesse vertigineuse. Avec du recul, on pourrait presque affirmer que c'est du rap, quoique du rap très blanc et très classe moyenne. Bowie avait toujours affectionné les avalanches de mots. *Young Americans*, enregistrée en 1974, est d'un style très voisin. Le collage d'un chant swahili avec la « menace du piano et du grillon » d'Eno amorce ce qu'on appellera dans les années 80 la « world music ».

259

Deux autres chansons continuent le motif du journal de voyage. Dans le single inédit *Yassassin* (« longue vie » en turc), Bowie prend un riff de reggae, une parodie de celui de Carlos Alomar sur *Fame,* et y ajoute un violon qui aurait pu venir tout droit d'une chanson folklorique d'Europe de l'Est. L'interprétation de Bowie est superbe et mélodique.

La musique de *Move On* fut trouvée par hasard : « David a passé la bande de *All The Young Dudes* à l'envers, raconte Tony Visconti, et il a aimé les changements d'accords inversés. Carlos a écrit les accords, le groupe les a appris et on a enregistré la chanson. Pour les chœurs, on a retourné la cassette multipiste du groupe, et David et moi avons chanté la mélodie. On l'a remise à l'envers, et voilà le résultat. »

Red Sails est l'une des chansons les plus excentriques de Bowie, toutes périodes confondues : une tentative délibérée de singer le rock d'ambiance de groupes comme Neu ! « On a pris le style de la nouvelle musique allemande et on l'a mise en parallèle avec l'idée d'un Errol Flynn anglais contemporain mi-bravache, mi-mercenaire, en mer de Chine. On adore mélanger les références culturelles, dit Bowie. Franchement, je ne sais pas de quoi ça parle. »

DJ est pessimiste. Le DJ paraît déshumanisé, réduit à la logique de sa propre performance. Dans *Look Back In Anger*, Bowie rencontre un ange de la mort venu prendre possession de son âme. La chanson possède un des meilleurs solos de guitare qu'on puisse trouver sur un disque de Bowie : « Il voulait que je joue quelque chose au milieu, et que ça ressemble au solo de *Young Americans*, se souvient Alomar. Mais je voulais éviter de jouer un solo de *lead guitar* – c'est beaucoup trop commun. A l'époque, c'était la mode des guitaristes sur la colline, les cheveux ébouriffés par la machine à vent. Ridicule ! non, je voulais essayer avec une guitare rythmique. C'est John Lennon qui m'a influencé pour ça. »

Boys Keep Swinging était la dernière chanson en date de Bowie destinée à son vieux public. « David a terminé les paroles et la partie vocale de l'album à New York, en à peu près une semaine, dit Belew. Je suis allé au studio voir ce qu'il faisait et il m'a dit *"Boys Keep Swinging* est pour toi, Adrian, parce que tu es encore jeune et naïf, et que tu crois que le monde t'appartient." J'ai trouvé que c'était un beau compliment. » Alomar se souvient très bien de l'enregistrement : « On a commencé à jouer *Boys Keep Swinging*. David a dit : "Ça va, c'est pas mal, mais on n'a pas l'impression d'entendre des jeunes dans un sous-sol qui découvrent leurs instruments. Vous êtres trop professionnels !" Alors on a tous échangé nos instruments pour voir si on pouvait créer cette impression, et bon, je ne sais pas jouer de la batterie. Je suis nul, cette chanson le prouve. Dennis

Davis s'est mis à la basse. On a fini par obtenir le son le plus affreux qu'un jeune group de punk puisse produire, et ça nous a vraiment plu. » La motivation derrière l'échange d'instruments était peut-être venue d'une source plus intellectuelle. Deux des cartes de Stratégie Oblique d'Eno disent : « Changez d'instrument » et « Utilisez des gens non qualifiés ».

Lodger s'améliore à mesure qu'on l'écoute. Sa stature croît avec chaque année qui passe ; chaque nouvelle écoute révèle une nuance insoupçonnée. Adrian Belew, comme beaucoup d'autres, trouva l'album très difficile au premier abord : « J'ai eu le disque l'année suivante. J'étais chez moi et je n'avais pas vu David depuis long-temps. Je l'ai écouté et j'ai été vraiment déçu. En fait, je l'ai détesté. Je l'ai écouté et réécouté, et la cinquième fois, j'ai compris. C'est de la musique pop d'avant-garde. Personnellement, je pense que c'est la plus grande chose que David Bowie ait donnée au monde. »

En avril et mai 1979, Bowie sortit de son hibernation pour une brève série de rencontres avec les médias. Il affectait à présent un charme facétieux. En veste élégante et cravate fine, il ressemblait à un membre d'un groupe new wave. Il était aussi armé d'un sens de l'humour récemment retrouvé. Bizarrement, Bowie enregistra un passage pour le *Kenny Everett Video Show*, une série de gags visuels d'Everett entrecoupés de chansons pop et d'apparitions de Hot Gossip, une troupe de danse féminine et « osée ». Bowie interpréta son nouveau single, *Boys Keep Swinging*. Bowie avait besoin de promouvoir son disque, et David Mallet, son directeur vidéo, produi-sait l'émission, d'où cette association inattendue.

Bowie fut aussi invité à jouer les disc-jockey dans *Star Special*, où chaque semaine une célébrité diffusait deux heures de sa musique préférée. Bowie était de loin la plus grande star à passer dans l'émis-sion. A cheval donné on ne regarde pas les dents, et Bowie décida de faire figurer deux chansons de *Lodger,* et son propre instrumental *Speed Of Life* comme générique de fin. Parmi les autres titres choisis (dont certains n'avaient aucun lien avec Bowie), se trouvaient *Love Street* des Doors, *TV Eye* d'Iggy Pop, *Remember* de John Lennon, *Trial Prison* de Philip Glass (c'était sans doute la première fois que les fans de Bowie entendaient parler de lui), *20th Century Boy* de T.Rex et *21st Schizoid Man* de King Crimson. Il passa aussi deux titres de Roxy Music et de Talking Heads, et un morceau de musique classique composé par Elgar (et qualifié de « punk » par Bowie), ainsi que *Inchworm* de Danny Kaye. Ce furent deux heures éton-nantes, et un fascinant aperçu de la collection de disques de Bowie. Des millions de fans de Bowie l'écoutèrent. Après des années pas-sées à garder ses distances, Bowie commençait enfin à s'ouvrir à son public.

Ces deux émissions constituaient les premières tentatives de présentation d'une nouvelle image. Dans les années 80, les personnages de Bowie deviendraient moins effrayants, plus réfléchis ; ses influences et ses obsessions seraient évoquées et analysées par l'homme lui-même. Il devenait, lentement mais sûrement, une star de rock plus conventionnelle. Le mystère et le charisme qui l'entouraient étaient en train d'être démystifiés. C'est aussi à cette époque que les tabloïds commencèrent à dresser des comparaisons entre le vieux Bowie « choquant » et « l'homme charmant » en costume trois pièces, qui leur plaisait. L'article de Jean Rook pour le *Daily Express*, intitulé « Bowie ressuscité », est typique : « Bowie a tout vu, et presque tout fait. Quand je l'ai interviewé il y a trois ans, il avait une mine à faire peur. Pâle comme un linge, exsangue, l'air d'un mourant, sinon d'un vampire. Aujourd'hui on dirait qu'il a dix-sept ans. Ses cheveux châtain clair ont repris leur teinte naturelle, et sont coupés court sur la nuque et les côtés. Son visage n'est pas maquillé, il a la peau lisse et claire. En pantalon de coton gris, chemise assortie et cravate de bon goût, il paraît sorti tout droit d'une école privée. »

Bowie était encore loin d'être complètement irréprochable. Son producteur affirme qu'après le travail fait sur *Lodger*, « de la coke fut consommée ». Mais il voulait présenter l'image d'un individu stable et responsable. Il est indéniable que Bowie était en partie un homme changé, cependant il exploitait encore dans sa musique les thèmes de l'aliénation et de l'isolement qu'il avait traités pendant toute la décennie.

En avril 1979, Allan Jones de *Melody Maker* rapporta le récit d'une dispute et d'une bagarre entre notre homme et le roi du sexe, de la drogue et du rock'n'roll, Lou Reed : « Tout à coup, Lou empoigne Bowie par sa chemise, le tire par-dessus la table et lui flanque deux ou trois bonnes gifles... "Je t'ai dit de ne JAMAIS dire ça" hurle Lou en collant à Bowie impuissant un autre revers de main... Il l'a encore tapé deux ou trois fois avant que le garde du corps l'éloigne de Bowie. »

Toute cette exposition médiatique aida *Boys Keep Swinging*, qui pataugeait au milieu du hit-parade (il avait en fait commencé à dégringoler une semaine avant les émissions de télé et de radio de Bowie), et il finit par être classé n° 7, le premier tube de Bowie depuis *Sound And Vision*, mais loin d'être aussi populaire qu'il le méritait.

Bowie tourna trois clips pour l'album. *Look Back In Anger* est un pastiche du roman d'Oscar Wilde, *Le portrait de Dorian Gray*. Bowie y incarne l'ange de la mort qui contemple son autoportrait dans un atelier d'artiste avant que sa peau commence à s'écailler comme de la peinture. Dans *DJ*, Bowie, dans le rôle principal, chantait gaiement les premiers vers de la chanson :

I'm home, lost my job
And I'm incurably ill

« Je suis chez moi, j'ai perdu mon emploi
Et je souffre d'une maladie incurable »

Des images de Bowie détruisant une platine et du matériel d'enregistrement alternent avec un film où on le voit assailli par des fans dans la rue. Un homme l'embrasse sur les lèvres.

Le plus réussi des trois clips est indéniablement celui de *Boys Keep Swinging*. Bowie utilise comme base le décor de sa récente apparition au *Kenny Everett Video Show*. Les paroles parodient le *YMCA* des Village People (récemment nº 1 en Angleterre et nº 2 aux États-Unis). Bowie ré-hétérosexualisa les paroles, mais renversa la logique dans le clip.

Se tortillant au son de la musique, Bowie chante le premier vers vêtu de ce qui ressemble à un uniforme scolaire. Ensuite le clip passe aux trois chanteuses du chœur – sauf que ce ne sont pas des chanteuses, mais trois Bowie travesti. Pour la première il voulait une « fille genre années 50, une allumeuse de la classe ouvrière, mâchonnant du chewing-gum ». La deuxième est un clone de Lauren Bacall – formes anguleuses et rouge à lèvres écarlate – enveloppée dans la bannière étoilée, et la troisième un croisement entre Dietrich et Garbo, à l'heure de la vieillesse. A la fin de la chanson, les deux premières chanteuses défilent sur le podium, font face à la caméra, puis arrachent leur perruque et se barbouillent le visage de rouge à lèvres dans un geste violemment stylisé, qui allait devenir récurrent dans les clips de Bowie. En fait, l'idée avait été empruntée à l'artiste Romy Haag, que Bowie avait connue et brièvement fréquentée en 1976. Quand le clip fut diffusé à *Top of the Pops*, il créa un choc comparable à celui de *Ziggy* (apparemment le standard fut bloqué par les appels de téléspectateurs outrés). C'était le premier clip génial de Bowie. Il y en aurait beaucoup d'autres.

Après le déclin commercial amorcé par *Low*, *Lodger* obtint un succès respectable, il fut nº 4 en Angleterre et nº 20 aux États-Unis. Contrairement à *Stage*, cette fois l'emballage était réussi. La pochette de carte postale de *Lodger* montrait un Bowie flou étendu sur le sol d'une salle de bains/chambre mortuaire, le nez brisé à angle droit, le corps fracassé et contorsionné comme celui d'une araignée écrasée.

Pendant ce temps, et pour la première fois de sa carrière, Bowie se faisait dépasser. Avec une ironie appropriée, un de ses « héritiers » était sur le point de se lancer dans une carrière en lui coupant l'herbe sous le pied.

Le retrait de Bowie de la pop avait laissé le champ libre à toutes sortes de concurrents de tout poil. Dans l'intervalle entre la sortie de « *Heroes* » en octobre 1977, et *Lodger* en mai 1979, la musique pop avait connu une transformation radicale. Le punk rock, qui n'était rien d'autre qu'un crachat au visage de l'establishment, avait été remplacé par une pop plus soucieuse de son image et une nouvelle vague de stars photogéniques. En 1978, Debborah Harry, du groupe Blondie, avait presque à elle seule ramené le glamour dans la pop. Elle fut la première star féminine de l'ère du clip, revendiquant le look peroxydé de Marylin Monroe cinq ans avant Madonna.

La véritable ère du clip ne commença pas, comme l'affirment les manuels, avec *Bohemian Rhapsody* de Queen, mais environ deux ans plus tard, quand la new wave se mit à regorger de stars. En mars 1978, l'ex-étudiante de Lindsay Kemp, Kate Bush, atteignit à dix-huit ans la première place au hit-parade avec *Wuthering Heights*, qui est toujours un disque remarquable. Le clip la montrait en train de tomber dans une séquence de mime hautement stylisée, une allusion discrète à Ziggy.

Mais déjà en 1978, un nouveau type de musique se développait, dont le son rappelait étrangement celui d'Eno et du Bowie de *Low*. Cette année-là vit la sortie d'une série de délires de trois minutes par Devo, dont les « *Are we not men ? No : We are Devo !* (Ne sommes-nous pas des hommes ? Non : nous sommes Devo !) » était une reprise mi-parodique, mi-sérieuse de l'avenir androïde prédit par Bowie dans *The Man Who Sold The World*. A la fin de la même année, en Angleterre, une nouvelle école de groupes électroniques orientés vers la pop avoueraient des desseins grandioses en dépit d'un niveau minimal de compétence technique conventionnelle. Bowie lui-même fut à juste titre très impressionné par un groupe de Sheffield appelé The Human League, dont la pop expérimentale céda plus tard le pas aux joies de *Dare* en 1981. Bowie alla les voir en concert au Nashville en février 1979. Dans le public ce soir-là se trouvait aussi un certain Gary Numan : « J'ai vu Bowie là-bas. Je lui ai ébouriffé les cheveux quand il est passé à côté ! Quand j'avais dix-neuf, vingt ans, je me comportais encore comme un gosse quand il s'agissait de David Bowie. »

Il est difficile de se l'imaginer à présent, mais cette année-là, 1979, vit la première vraie tentative de conquête du public de Bowie. A la fin des années 70, Bowie ne ressemblait plus à la pop star extra-terrestre qu'il avait été jusqu'en 1976, mais il était encore trop « différent » pour imposer sa musique sur le marché pop (à l'exception de *Sound And Vision*). Pour la première fois depuis *Ziggy Stardust*, il y avait un vide dans le marché anglais, un besoin qui n'était pas satisfait. En 1979, Gary Numan émergea comme héritier au trône de ce royaume de futurisme et de « différence » que Bowie avait toujours considéré comme le sien.

Numan était un grand fan de Bowie : « On a persuadé les propriétaires d'un club de Londres appelé Crackers de lancer des soirées David Bowie. Je crois qu'elles avaient lieu le vendredi et le samedi, et étaient vraiment populaires. C'était autour de 1975, 1976. Pendant à peu près un an, j'ai essayé de ressembler à Bowie, mais ça n'a jamais marché pour moi, malheureusement. Pendant un très court moment, j'ai eu le look du Thin White Duke. Je portais le gilet et j'avais les mèches blondes. »

En mai 1979, Gary Numan était n° 1 au hit-parade anglais avec *Are Friends Electric*. Numan avait emprunté à Bowie, bien sûr. Dans *Telekon*, sorti en 1980, Numan tenta de copier le piano de Bowie. « Je ne peux pas jouer comme Mike Garson, alors je me suis contenté de fermer les yeux et de toucher les notes sur lesquelles je tombais. Dans *Sleep By Windows*, il y a un bout de synthé à la fin et je vous jure que j'étais assis devant les yeux fermés. » Il imita aussi l'attitude de Bowie face à son accent : « Je trouvais vraiment agaçant d'entendre des Anglais chanter avec l'accent américain. Ça me foutait en rogne. J'ai remarqué que David Bowie avait un accent de Londres très prononcé et j'ai trouvé que c'était honnête. C'était de là qu'il venait, et c'était comme ça qu'il devait chanter. »

Sur scène, Numan était un enfant de Bowie. Lors de ses premières apparitions à la télévision, il était figé, nerveux. Il avait le regard fixe de Bowie, son balancement, sa moue. « Bien sûr, l'utilisation de l'image pour renforcer les paroles et l'atmosphère des chansons vient entièrement de Bowie », déclare Numan. Plus tard en 1979, il moderniserait l'éclairage de *Station To Station*, et créerait sur scène un décor somptueux avec des tubes de néon d'un blanc aveuglant. Ce fond empreint de l'esprit Bowie lui valut de nombreux admirateurs. Billy Corgan, Trent Reznor et Marylin Manson, trop jeunes pour être marqués par la tournée de Bowie en 1976, apprécièrent la splendeur des concerts de Numan à la fin des années 70 et au début des années 80.

En 1979, Numan vendit plus de disques qu'aucun autre artiste solo en Angleterre. La musique, désormais totalement dépourvue de guitare, était sévère et filmique, emmenée par des rythmes de batterie en cascade et d'émouvantes figures au synthé (*Cars, Metal*). A l'automne 1979, Numan faisait un triomphe, tandis que le deuxième single de *Lodger*, *DJ*, languissait dans le peloton de queue du Top 30.

265

L'ascension de Numan à la célébrité lui mit à dos les fans de Bowie, qui le considéraient comme un vulgaire imitateur. Bowie lui-même était loin d'être flatté, et se sentait certainement menacé par Numan. Au cours d'une interview donnée à Paula Yates pour *Record Mirror*, il déclara : « J'ai vu certains de ses clips. Pour être franc, je n'avais jamais pensé qu'il y aurait des clones dans les années 80. Il ne m'a pas seulement copié : il est malin, il a aussi pris toutes mes références. Je suppose que c'est tant mieux pour lui. »

Numan fut furieux et bouleversé.

« J'ai perdu toute mon affection pour Bowie dans les cinq secondes qui ont suivi ma lecture de ce qu'il avait dit. En dehors de ma famille, ce type avait été la personne la plus importante de ma vie. Je m'étais battu pour lui, j'avais été tabassé à cause de lui. S'il y avait une influence de Bowie dans mes chansons, ce n'était pas délibéré, même si je serais stupide de le nier, parce qu'il a joué un rôle si important dans ma vie. Entendre quelqu'un qu'on estime tant prononcer des paroles si méprisantes et si mesquines m'a paru pitoyable, franchement. Je le comprends mieux maintenant parce que j'ai quarante ans et que j'ai eu des hauts et des bas, et je vois mieux ce qui lui passait par la tête. Il était célèbre depuis déjà sept ou huit ans. J'aurais peut-être eu le même problème si quelqu'un avait fait un gros tube électronique au milieu des années 80, alors que j'étais connu depuis sept ou huit ans. Ça ne s'est pas produit, mais si ç'avait été le cas, j'aurais peut-être été un peu amer, et j'aurais pu dire quelque chose de cruel dans une interview. »

Vers la même époque, Numan fut invité à se produire pendant le *Kenny Everett New Year's Eve special*, dont le producteur était David Mallet.

« J'avais fini d'enregister, quand Mallet m'a dit : "Bowie sera ici la semaine prochaine. Vous voulez venir le voir ?" Vous vous rendez compte ? Je commence juste à être célèbre, et puis on m'annonce que je vais rencontrer David Bowie ! A part aller sur la lune, rien ne m'aurait fait plus plaisir. Alors j'y vais, il y a plusieurs autres célébrités comme Bob Geldof et Paula Yates. Il y a une petite salle à côté d'où on peut voir le studio, et je suis tout au fond, mais Bowie me voit ! Je suis complètement impressionné, j'essaie de me faire tout petit. L'enregistrement s'arrête, il y a un moment de gêne, personne ne comprend ce qui se passe. De toute évidence, il y a un problème, parce que Bowie n'est pas content. Mallet vient vers moi : "Je peux vous parler ?" Il m'emmène dehors et me dit : "David Bowie vous a vu. Il n'est pas très content et il ne veut pas de vous ici." Et voilà. On me vire ! Si Bowie disait : "Mallet, je veux que ce type sorte", on était viré parce que Mallet avait un énorme intérêt financier à produire les clips de Bowie. Et puis trois ou quatre jours plus tard, je reçois un appel me disant que malheureusement, il ne va pas être possible d'inclure ma chanson dans le Kenny Everett Show, ça ne marche pas dans le programme. Et voilà ! J'avais été viré du studio, et maintenant j'étais viré de l'émission ! »

De toute évidence, Bowie n'appréciait guère de devoir partager la vedette avec un homme qu'il considérait comme un clone de lui-même. C'est un peu comme si Bowie avait été vidé d'un studio par Anthony Newley en 1967. Cette réaction révélait la fragilité émotionnelle et la vanité de Bowie. C'était bien entendu terriblement humiliant pour Numan.

En 1981, Numan renonça à se produire en public. Mais, loin d'être un simple amateur, il a eu sa propre influence et continue, vingt ans plus tard, à faire de la musique.

Le succès de Numan poussa Bowie à l'action. Son projet suivant était à la fois plus accessible et doté d'une image visiblement retravaillée, plus télégénique. Avant de retourner à New York en février 1980 pour enregistrer le nouvel album, le premier sans Eno depuis *Station To Station*, Bowie enregistra deux sessions importantes. Pour le Kenny Everett New Year's Eve Show, il enregistra une version acoustique de son tube de 1969, *Space Oddity*. C'était une interprétation austère, avec guitare acoustique, batterie et basse. Il fit aussi une série de trois chansons remarquables pour *Saturday Night Live*. Bowie et son groupe (qui comprenait Jimmy Destri au clavier, en congé sabbatique de Blondie) étaient accompagnés d'artistes comme Klaus Naomi et Joey Arias. Bowie, conscient qu'il était entré dans le règne du clip, conçut un look différent pour chacune des chansons. Pour une version de *The Man Who Sold The World* musicalement assez fidèle à l'original, Bowie fut porté au micro emballé dans une sorte de manteau en carton. Il s'inspirait des numéros exécutés par Hugo Ball autour de 1910 au cabaret Voltaire de Zurich (on le transportait sur la scène à l'intérieur d'un tube). « J'ai combiné le tube à un autre costume dadaïste : un smoking excessivement stylisé, avec de larges épaules et un nœud papillon », écrivit Bowie en 1999. Pour *Boys Keep Swinging*, un truquage permit de greffer la tête de Bowie sur un corps de marionnette, ce qui lui permettait d'accomplir d'impossibles sauts acrobatiques. Bowie avait trouvé l'idée dans des fêtes foraines en Allemagne. Pour *TVC15*, Bowie était habillé en femme pour la première fois depuis huit ans ; il portait un uniforme censé « suggérer l'hôtesse de l'air d'une compagnie aérienne chinoise ». Un caniche rose avec un écran de télé dans la gueule retransmettait la chanson live : une interface mi-machine, mi-animale plutôt réussie.

A Noël 1979, Bowie était aussi de retour dans le hit-parade anglais avec *John, I'm Only Dancing (Again),* suivi au début des années 80 par son interprétation de *The Alabama Song*, enregistrée en 1978. La version acoustique de *Space Oddity* se trouvait sur la face B. Sur le vinyle, près du dernier sillon étaient gravés les mots : *Sorry Gus* (« Désolé, Gus »).

Bowie fut plus méthodique sur son projet suivant. Loin de l'influence d'Eno, il se concentra davantage sur la virtuosité et les mélodies. En février 1980, il se rendit aux Power Station Studios à New York pour enregistrer l'œuvre qui est devenue la référence de tous ses albums suivants. Ce fut aussi, d'après Tony Visconti, sa première tentative d'enregistrement d'un album plus commercial.

Bowie disposait à présent d'une équipe solide et stable avec Alomar, Davis et Murray au cœur du groupe. « La section rythmique était la meilleure qu'il ait jamais eue, observe Alomar. Dennis Davis est gai, plein d'humour, c'est un blagueur. On ne s'ennuyait jamais, et on rigolait tout le temps. George Murray était lunatique et plutôt timide et calme, mais gentil. » Quant à Alomar, c'était désormais le voisin de Bowie, puisqu'il s'était acheté une maison à Lausanne et louait un appartement à Londres en plus de son loft à New York.

« Même alors, je ne téléphonais pas à David comme ça, c'était lui qui m'appelait. Au bout d'un moment, on s'habitue à ce genre de choses, mais au début, ça m'ennuyait, parce que mes autres amis ne sont pas comme ça. C'est la star qui décide comment va évoluer la relation. C'est comme ça qu'il fonctionne, alors on fait avec. Moi, ça ne m'embête pas. Une des raisons pour lesquelles j'ai duré si longtemps, c'est que les autres le harcelaient, disant qu'il avait une dette envers eux, du genre "J'ai fait la dernière tournée, pourquoi est-ce que tu ne m'as pas rappelé ? Qui est ce type qui joue de la guitare ?" David a toujours eu ces problèmes-là. Moi, si on m'appelle pour l'enregistrement ou la tournée d'après, je suis toujours stupéfait. Et s'il m'appelait demain et disait : "Carlos, tu veux venir en tournée avec moi ?", j'irais sans doute. On a une relation très proche et elle est peut-être inhabituelle, mais pas étrange, ni compliquée. »

Tout le monde ne partageait pas le point de vue d'Alomar. Certains considéraient Bowie comme un homme intéressé, qui abusait de la bonne volonté des autres et distribuait ses largesses de façon arbitraire. Même Alomar, qui était à la fois la pierre angulaire du son de Bowie depuis six ans, son ami proche et son voisin, ne savait jamais s'il serait rappelé d'une tournée ou d'un enregistrement à l'autre. Bowie ne semblait pas faire de distinction entre ses obsessions artistiques et ceux qui les mettaient en pratique autour de lui, dont beaucoup voyaient en lui un ami. Il entrait et sortait de la vie des gens, tout comme il passait d'un style musical à un autre.

« Après la tournée de 1978 et l'enregistrement de *Lodger*, je pensais que j'avais une place dans l'avenir de Bowie, raconte Adrian Belew. On m'a donné une avance pour le disque suivant. Mais les mois ont passé, et David ne m'a jamais rappelé. Et puis j'ai appris que *Scary Monsters* allait sortir et que Robert Fripp et Tom Verlaine jouaient dessus, et ça m'a sidéré parce que j'avais été payé pour faire ce disque ! J'étais en tournée avec Talking Heads et peut-être qu'il voulait quelqu'un pour plus longtemps. Finalement, j'ai entendu dire qu'il avait travaillé un bon moment avec Tom Verlaine et que ça n'avait pas marché, et qu'au dernier moment, il avait fait venir Robert Fripp qui avait joué tous ses morceaux dans la même journée. Ce n'est pas étonnant que des artistes comme David procèdent comme ça ; il change, va toujours de l'avant. Je respecte cela, bien sûr, mais à l'époque, ç'a été une grosse déception. »

De fait, Verlaine n'était qu'un des quatre guitaristes solo sur l'album, avec Fripp (qui joue superbement), Chuck Hammer et Pete Townshend. Les chansons de *Scary Monsters* ont évolué sur une période de plusieurs mois. Des cassettes datées du 11 mars 1980 dans les archives de Visconti incluent des chansons telles que *People Are Turning To Gold* (devenu *Ashes To Ashes*), *It Happens Everyday* (*Teenage Wildlife*) et *Jamaica* (qui faillit rester inachevée jusqu'à ce que Bowie en fasse *Fashion*). D'autres furent aussi enregistrées sans être utilisées sur l'album : une version de *I Feel Free*, de Cream, *Fuje Moto San* (un instrumental écrit pour une publicité japonaise pour le saké et plus tard intitulé *Crystal Japan*), et *There Is Life After Marriage*. Contrairement à ses habitudes, Bowie demanda du temps pour travailler les mélodies et les paroles au lieu de les inventer sur-le-champ ; quand il revint, c'était avec certaines des mélodies les plus novatrices de sa carrière.

Scary Monsters fut fini au printemps 1980, et un single (avec *Move On* de *Lodger* en face B) apparut dans les bacs au début août. Rien qu'à voir la pochette multi-format conçue par Duffy – le single arriva en trois versions similaires mais différentes représentant Bowie en Pierrot – il était évident que le nouveau David Bowie était beaucoup plus glamour que tout ce qu'il avait fait depuis l'époque Ziggy. Bowie ciblait son public. Le nouveau single, le sublime *Ashes To Ashes*, était une suite de *Space Oddity*, et le clip d'accompagnement (qui avait coûté 250 000 livres sterling et était le plus cher de l'histoire de la pop) montrait Bowie plus maquillé que jamais. L'ensemble clip-chanson était insurpassable : le meilleur clip de Bowie et son meilleur single de tous les temps réunis. Au bout d'une semaine dans les magasins, il était n° 4 dans les hit-parades anglais. Après la diffusion du clip à *Top of the Pops*, la chanson atteignit la première place, délogeant *The Winner Takes It All* de Abba, et devenant du même coup le succès le plus rapide de Bowie jusqu'alors.

En un sens, c'était le premier « vrai » n° 1 de Bowie en Angleterre, parce qu'il s'agissait d'une nouvelle chanson, et non pas d'un vieux classique ressuscité comme son précédent n° 1 *Space Oddity*.

Poursuivant l'histoire de Major Tom, la chanson fait ouvertement référence à la consommation de drogue, qui n'était que suggérée dans *Space Oddity* :

Ashes to Ashes
Funk to funky
We know Major Tom's a junky
Strung out in heavens' high
Hitting an all-time low

« Les cendres retournent aux cendres
Le funk au funky
Nous savons que Major Tom est un drogué
Au plus haut des cieux
Éternellement en manque »

Le couplet suivant est aussi un commentaire sur sa carrière, et annonce son désir de s'éloigner du domaine expérimental pour une approche plus « normalisée » :

I want an axe to break the ice
I wanna come down right now [1]

« Je veux un pic pour briser la glace
Je veux descendre tout de suite »

Le clip fut tourné en mai 1980, en partie en extérieur à Hastings. Et non, la femme âgée qui incarne la mère de Bowie *n'est pas* sa vraie mère ! Dans les quatre minutes du clip, Bowie joue trois personnages, tous des variations sur le thème de l'étranger. Le premier est une figure de Pierrot en costume de la *commedia dell'arte*, le second un astronaute et le troisième un patient dans un hôpital psychiatrique. Bowie rassemble ces archétypes, qui avaient imprégné son écriture tout au long de la dernière décennie, dans le but de les tuer et d'enterrer une fois pour toutes ses différents personnages.

Le clip est en quelque sorte une psychanalyse de la chanson. Michael Shore décrit « l'élégance frappante de la mise en abyme : chaque nouvelle séquence est introduite par Bowie, qui tient un écran

---

1. Hannah-Aki souligna au cours d'un chat Internet que ce vers était influencé par Kafka qui a déclaré : « Un livre doit être la hache qui brise la glace en nous. » (*N.d.A*)

vidéo de la taille d'une carte postale où on voit la première image de la scène suivante. » *Ashes to Ashes*, comme la plupart des clips de Bowie, ne raconte pas vraiment d'histoire. Il est plein d'images incongrues, comme si on nous donnait un accès direct à un état mental voisin du rêve. Dans un cliché récurrent et violent, quatre silhouettes slaves marchent devant un bulldozer. Bowie, en Pierrot, coule dans un lac, comme s'il se noyait dans son propre subconscient, une image réutilisée par Peter Gabriel dans son clip pour *Shock The Monkey* deux ans plus tard. A la fin du clip, Bowie, sous un ciel noir, marche sur une plage tandis que sa mère lui fait la leçon. Il chante :

My mother said
To get things done
You'd better not mess with Major Tom

« Ma mère m'a dit
Si tu veux réussir
Mieux vaut rester à l'écart de Major Tom »

Il s'agit d'une référence directe à la comptine anglaise :

My mother said
That I never should
Play with the gypsies in the wood

« Ma mère m'a dit
Que je ne devrais jamais
Jouer avec les gitans dans les bois »

Bowie donne à la chanson et au clip un parfum nostalgique, évoquant un monde révolu et de lointains souvenirs d'enfance. Le clip était le fruit d'une collaboration entre Bowie et David Mallet, dont la contribution, affirme Shore, a été très importante : « la mise en scène de Mallet, délibérément exagérée, est très impressionnante – angles de caméra incroyables, dignes d'un film d'horreur ; solarisations lourdes, transitions brutales de couleurs vives au noir et blanc. »

C'était la première fois qu'un clip confrontait le public pop au nouveau romantisme. Bowie nous présentait le mouvement néo-glam au moment même où il apparaissait dans les clubs de Londres. Steve Strange, chanteur de Visage et une des vedettes de la nouvelle scène romantique, figurait dans le clip. Bowie était allé dans les clubs à la recherche de figurants et l'avait remarqué, ainsi que la chanteuse travestie Marilyn (qui s'assit aussitôt sur les genoux de Bowie) et Boy George (que Bowie compara à Klaus Nomi mais qui, à son grand dam, ne fut pas choisi pour le clip).

Le nouveau mouvement romantique portait l'empreinte de Bowie. Alors que le punk avait pillé, déformé et recraché tous les looks importants après celui du Teddy-Boy, le nouveau romantisme se tournait vers le glam rock et reproduisait son narcissisme affecté. C'était à l'origine un phénomène londonien. Des « Soirées Bowie » furent lancées par Rusty Egan et Steve Strange dans des clubs comme le Blitz à Londres, et tout le mouvement romantique était essentiellement une reconstruction de Bowie et de Roxy Music sur un rythme disco. Les « Soirées Bowie » ne tardèrent pas à être organisées dans tout le pays. Un fan de Bowie évoque le style des clubs de la fin des années 70 et du début des années 80 dans le nord de l'Angleterre :

« A Manchester, il y avait un énorme club appelé le *Pips* qui avait trois étages – un pour la disco habituelle, un pour la *northern soul* et le dernier pour les fans de Bowie. C'était toujours bourré de gens bizarres qui venaient de tout le nord de l'Angleterre, avec sandales en plastique, franges tombantes, feutres et pantalons serrés à la cheville. Certains étaient vraiment extrêmes et portaient du maquillage – pas très raisonnable à Manchester un samedi soir ! La musique était toujours la même – n'importe quel Bowie (mais surtout *Young Americans* et *Station To Station*), avec du Roxy Music, Iggy Pop, Lou Reed et aussi les New York Dolls. Il y avait aussi un endroit qui s'appelait le Ranch Bar dont je me souviens toujours parce que les deux videurs portaient des uniformes SS ! »

L'artiste David Gough décrivit le Planet X, un club de Liverpool au début des années 80, dans un court article où il parlait de sa vie en tant que fan de Bowie. Les « Soirées Bowie » étaient pour « les dingues et les blasés » et pour « les nécro-punkettes en bas résille et yeux au khôl ; tout ce que je savais d'eux, c'était qu'on partageait la même attitude iconoclaste et le même sentiment d'être différent. Des gosses couverts de paillettes, qui se procuraient un alter ego pour la soirée, avant de redevenir d'ennuyeuses petites créatures pleines d'acné le lendemain. Il n'y avait pas que Bowie, bien sûr. Le vent avait déjà commencé à tourner, on écoutait Numan et les Duran, et on achetait leurs disques même si on savait qu'ils faisaient seulement mine de rendre hommage au parrain. »

Par conséquent, *Ashes To Ashes* reste une référence non seulement parce qu'il était brillant sur le plan technique, mais aussi parce qu'il résumait parfaitement son époque. En créant un clip où apparaissaient le clinquant et la fausse grandeur du nouveau mouvement romantique, Bowie popularisait le culte underground qui s'était approprié son héritage visuel et celui du glam. En un sens, il contribuait à relancer une partie de son passé artistique. Un critique observa plus tard que dans *Scary Monsters*, Bowie « avait dévoré ses petits ». En sautant dans un train plein de clones de lui, Bowie copiait une copie (le nouveau romantisme) d'une de ses fabrications (Ziggy).

Bowie était absolument parfait pour l'ère du clip : il n'avait jamais considéré la pop comme une expérience purement sonique. Il essaya de rendre ses clips indépendants des paroles d'une chanson particulière en leur donnant un poids équivalent à la chanson elle-même ; il voulait que le clip soit une source d'information parallèle. Rien ne lui plaisait davantage que d'empiler autant de couches d'information visuelle que possible sur l'écran. Les clips devaient pouvoir résister au test de la répétition, et c'était un défi que Bowie releva avec panache. Pour lui, le clip était simplement un format supplémentaire pour exprimer le dialogue entre la musique et les images. Au cours d'une interview avec Angus McKinnon de *NME* en septembre de cette année-là, il déclara : « Les attitudes sectaires entre les différentes formes d'art – théâtre, cinéma et musique – sont stupides parce que c'est la même force créatrice qui inspire toutes ces choses. Je ne renonce jamais complètement à l'un en faveur de l'autre – il n'y a pas de frontière. »

Pour certains, le clip était un facteur contraignant, et les artistes les moins photogéniques en souffrirent. On attendait de chaque nouveau groupe que ses membres possèdent des talents d'acteur, et les clips, bientôt inondés de clichés, commencèrent pour la plupart à être d'un ennui mortel. Mais Bowie produisit certains des meilleurs de l'époque. Prenons l'exemple du deuxième single de *Scary Monsters*, *Fashion*. La chanson satirisait la banalité des pistes de danse et les fascistes de la mode, tout en emballant la critique dans une mélodie dansante de style new-yorkais. Le clip, de nouveau en collaboration avec David Mallet, condamne les « fascismes du style » et le consumérisme imbécile des paroles, avec une attaque directe sur la banalité des publicités. Bowie joue aussi le double rôle d'idole du rock et de fan de rock pendant la séquence la plus révélatrice de la chanson :

Listen to me – don't listen to me
Talk to me – don't talk to me
Dance with me – don't dance with me
No...

« Écoute-moi – ne m'écoute pas
Parle-moi – ne me parle pas
Danse avec moi – ne danse pas avec moi
Non... »

Bowie l'artiste, debout sur la scène, adresse une moue méprisante à Bowie le fan, qui l'observe, résumant leur relation, avec son côté impersonnel, son détachement, et exprime la quintessence des spectacles de Bowie dans les années 70. Comme dans *Ashes To Ashes*, la performance de Bowie tient plus du mime que du jeu théâtral. Dans *Ashes To Ashes*, une procession funèbre marche solennellement devant un bulldozer. Les personnages touchent du doigt le sol devant eux, leur main droite tendue en un lent arc menaçant, créant un geste nouveau mais vide de sens que Bowie a utilisé dans plusieurs clips, dont *Fashion*.

« Souvent copié, jamais égalé », fut le slogan de la campagne de promotion du nouvel album dans le sillage de Numan and co. Bowie avait en fait atteint un nouveau sommet. Il avait produit un album expérimental qui était aussi un disque de pop et qui se vendait comme des petits pains – le parfait équilibre. *Scary Monsters (and Supercreeps)* fut n° 1 en Angleterre dès la semaine de sa sortie. Simon Ludgate, de *Record Mirror*, lui accorda l'impossible score de sept sur un maximum de cinq étoiles, donnant le ton pour l'accueil de l'album. La pochette montrait Bowie dans le costume de Pierrot de *Ashes To Ashes*. Il n'était pas apparu en satin et dentelle (et maquillé) depuis *Aladdin Sane*, sept ans et demi auparavant. Le même photographe, Duffy, avait d'ailleurs été sollicité. Le travail d'art sur la pochette fut exécuté par Edward Bell, qui produisit une série de peintures s'inspirant des clichés originaux (ces derniers furent également utilisés pour un calendrier Bowie appelé « Glamour » quelque temps plus tard, que s'arrachent aujourd'hui les collectionneurs). Au verso figuraient des images de précédents albums, recouvertes d'un film de peinture blanche. A vrai dire, le disque fait de nombreuses références au passé. *It's No Game* est une réécriture d'une chanson de 1970, *Tired Of My Life* ; la section « beep-beep » de *Fashion* vient de la chanson inédite *Rupert The Riley* ; *Scream Like A Baby* est un morceau des Astronettes retravaillé, (*I Am A Laser*) ; et *Ashes To Ashes* est la suite de *Space Oddity*. Soit Bowie était à court de nouvelles idées musicales, soit il se montrait délibérément post-moderne en recyclant son passé. Sans doute un peu les deux.

Le deuxième single, *Fashion* juge les fascistes du style qu'il a pu observer dans le mouvement romantique, et est injustement impitoyable envers ces esclaves de la mode. Bowie confia à Angus MacKinnon, de *NME* : « J'essayais de m'éloigner un peu du concept de la mode de Ray Davies ; de suggérer qu'il y a dans cette attitude un mélange d'angoisse et de détermination, un peu comme quand on va chez le dentiste et qu'on passe sous la roulette. »

Teenage Wildlife, qui n'est pas sans rappeler « *Heroes* », est la première chanson de Bowie qui évoque sa différence d'âge avec le monde actuel de la pop.

Same old thing in brand new drag
Comes sweeping into view
As ugly as a teenage millinaire
Pretending it's a whiz-kid world

« Même vieux truc en fripes toutes neuves
Arrive en grande pompe
Aussi laid qu'un adolescent millionnaire
Qui fait semblant de croire qu'on vit dans un monde de jeunes
  prodiges »

Gary Numan était presque certainement visé par ces lignes. « J'en étais plutôt fier, à l'époque, pour parler franchement, dit Numan. Même si je m'étais fâché avec lui, je me suis quand même dit : "Ouah, je suis dans une chanson de Bowie. C'est cool." »

It's No Game Part 1 est emmenée par les riffs fulgurants de Fripp à la guitare, et par la batterie aux échos retentissants de Davis. La clé de cette chanson est la juxtaposition d'informations disparates, comme l'explique le biographe Jerry Hopkins : « Quand il a enregistré le premier morceau de l'album, *It's No Game*, il a demandé à une amie japonaise, Michi Hirota, de chanter les paroles en japonais (comme contrepoint à l'anglais) parce qu'il voulait "détruire un certain type de sexisme". La Japonaise en était l'exemple parfait, parce que tout le monde imagine une geisha – douce, discrète, soumise. Alors elle a chanté les paroles d'une voix de macho, une voix de samouraï. »

Comme *Drive In Saturday*, *Scream Like A Baby* se place dans un futur imaginaire pour mieux critiquer le présent, une technique classique en science-fiction, mais jusqu'alors rarement utilisée dans la pop. Les paroles traitent de la relation entre le narrateur de la chanson et un personnage appelé Sammy. Ils sont tous les deux torturés, bourrés d'« étranges drogues » et persécutés à cause de leur « déviance sexuelle ». Dans *Scream Like A Baby*, Bowie chante : « *And now I'm learning to be part of society* (Et maintenant, j'apprends à faire partie de la société) » mais est incapable de terminer le dernier mot, bégaie et s'interrompt, signalant l'impression d'aliénation qu'éprouve le narrateur fictif. Le *middle-eight* décrit l'exécution de Sammy :

No athletic program, no discipline, no book
He just sat in the back seat

Swearing he'd seek revenge
But he jumped into the furnace
Singing old songs we loved

« Pas de programme d'athlétisme, pas de discipline, pas de livre
Il est resté assis à l'arrière
Jurant qu'il prendrait sa revanche
Mais il s'est jeté dans les flammes
En chantant de vieilles chansons qu'on aimait »

Bowie détacha les syllabes et enregistra au moyen d'une technique permettant d'accélérer et de ralentir la voix, et de décaler les deux voix obtenues. Le résultat suggère une personnalité éclatée, schizophrène : la « vraie » personnalité parle au masque. C'est un moment clé dans l'œuvre de Bowie.

Un vers de *Scary Monsters* était presque prémonitoire. Dans *It's No Game*, Bowie chantait « *Put a bullet in my brain, and it makes all the papers* (Tire-moi une balle dans la tête, et ça sera dans tous les journaux) ». Comme si la musique de Bowie anticipait sur l'assassinat de son ami John Lennon, le 8 décembre, au Dakota Building à New York.

Tony Visconti dit au fanzine de Bowie, *Starzone*, en 1984 : « Il est certain que la mort de John Lennon a dissuadé tout le monde d'être ouvert avec le public. » En effet, Bowie et son entourage ont dû être terrifiés à l'annonce de la nouvelle. Bowie était lui aussi à New York et se produisait dans un théâtre situé à quelques centaines de mètres du lieu de l'assassinat. Il avait été interviewé par le DJ de Radio 1, Andy Peebles, quelques jours plus tôt. Peebles, qui était allé à New York pour parler à Bowie, avait aussi saisi l'occasion de faire une interview de John Lennon, quelques heures seulement avant la mort de l'ex-Beatles des mains d'un fan dément. Lors de l'interview, Lennon avait complimenté Bowie, et évoqué des souvenirs communs. L'assassinat de Lennon était le cauchemar devenu réalité : le solitaire obsédé, psychotique qui s'identifie si totalement à une idole du rock qu'il finit par se prendre pour lui.

A l'époque, Bowie travaillait à Broadway. Plutôt que de faire une tournée avec son nouvel album, il avait accepté le rôle principal dans l'adaptation de *Elephant Man* de Jack Hofsiss. La pièce racontait l'histoire tragique de John Merrick, né avec des malformations si monstrueuses qu'on l'exhibait dans des cirques. Bowie fit des recherches approfondies pour le rôle, et visita le London Hospital pour voir les vêtements de Merrick et un moule de son corps réalisé après sa mort. Au cours d'un interview pour *Friday Night, Saturday*

Morning, Bowie confia à Tim Rice qu'il cherchait toujours des personnages qui étaient « boiteux physiquement ou sur le plan émotionnel ».

La pièce commença à Denver en juillet 1980, avant d'être montée à Broadway à l'automne. Apparemment, Bowie était magnifique dans le rôle, donnant une performance artistique et mesurée. Alors que John Hurt avait fait du personnage un portrait brillamment grotesque, Bowie, au moyen du mime, et non du maquillage, *suggérait* les difformités de John Merrick par l'illusion et l'allusion. Il se tordait, se contorsionnait, et prenait une voix affectée et brillamment suggestive, aux syllabes accentuées d'étrange manière (il avait fait des recherches sur la diction des handicapés). La qualité de l'interprétation de Bowie prouve sa détermination de professionnel. Pendant une partie de la pièce, il prononçait son texte assis dans une baignoire, nu, (il arriva plusieurs fois que l'équipe la remplisse de magazines pornos et de godemichés, et Bowie dut faire de son mieux pour rester impassible).

Bowie abandonna le rôle le 3 janvier 1981. L'assassinat de Lennon (combiné à la nature papillonnante de Bowie) explique sans doute qu'il ait décliné l'invitation de continuer. Mark Chapman était allé voir *Elephant Man* quelques jours avant la mort de Lennon, et, à en croire certaines rumeurs, Bowie était le suivant sur sa liste de célébrités, au cas où Lennon n'aurait pas été disponible ce soir-là. Patti Brett, qui connaissait Bowie de longue date, remarqua qu'un changement s'était produit en lui : « Je pense qu'il a vraiment eu peur après l'histoire de John Lennon. Il est devenu de moins en moins accessible. Nous sommes allés à New York pour Elephant Man, et après la pièce, il nous parlait rarement. Il sautait dans sa voiture et s'en allait. »

Début janvier, un nouveau single, *Scary Monsters,* commençait déjà son ascension dans le hit-parade anglais, et une compilation un peu niaise de K-Tel, *The Best Of Bowie*, capitalisait sur l'accroissement de son succès auprès du public et des critiques. Quoi qu'il ait promis de faire une brève tournée en 1981 (les écrans de cinéma devaient retransmettre l'événement en province), l'idée fut abandonnée, et ce fut la première année depuis 1968 au cours de laquelle il n'enregistra ni ne sortit aucun nouvel album. Jamais il n'avait aussi peu travaillé. En février, il apparut aux Rock and Pop Awards à Londres, où il reçut la récompense attribuée au Meilleur Chanteur, qui lui fut remise par Lulu. En juillet 1981, une rencontre fortuite avec Queen mena à l'enregistrement d'un morceau intitulé *Under Pressure*. Bowie prêta aussi sa voix à une chanson de Queen, *Cool Cat*. Apparemment, il interrogea aussi Mercury sur les joies d'avoir un contrat avec EMI, et Mercury promit de lui trouver une entrée dans la maison. L'arrangement conclu avec DeFries arrivait à expiration un an plus tard, et il paraît certain que Bowie avait d'ores et déjà décidé de quitter RCA.

En août, il incarna le rôle principal dans *Baal*, une pièce mineure de Brecht adaptée par la BBC, mais sa charge de travail demeura légère pendant la seconde partie de l'année. La collaboration Queen/Bowie sortit le 2 novembre 1981. Deux semaines plus tard, elle était n° 1, mais son succès commercial ne put dissimuler le fait qu'il s'agissait d'un nouveau genre de Bowie, et qu'il n'était pas particulièrement bon. Bien que cette association ait atterré de nombreux fans à l'époque, elle ne faisait qu'annoncer l'avenir. Alors que dans les années 70 Bowie avait souvent eu des associations bizarres (on pense notamment au fameux duo avec Bing Crosby), cette collaboration-là ne semblait plus être une blague au détriment d'une chanteuse naïve comme Cher ou Lulu, mais plutôt un premier pas vers la conquête du mainstream.

Si Gary Numan avait tiré parti de la situation de Bowie au milieu des années 70, une autre star, Boy George, retourna au satin et à la dentelle de Ziggy. George avait fait partie des fans de Bowie qui traînaient autour de Haddon Hall pendant la période glam rock, espérant apercevoir leur idole. « Angie a ouvert la fenêtre et elle a dit : "Pourquoi est-ce que n'allez pas tous vous faire foutre ?" On était ravis ! », raconte-t-il. Son groupe, Culture Club, jouait un mélange entraînant et sans prétention, quoique parfois excellent, de reggae, disco et pop Motown, et pendant dix-huit mois, ils dominèrent le hit-parade anglais. Comme Adam Ant avant lui, Boy George devint un héros des tabloïds ; il avait l'étoffe d'un héros de feuilleton.

Avec Boy George, le travestisme cessait d'être menaçant et devenait drôle. Il prétendit même un jour qu'il préférait boire une tasse de thé à faire l'amour. Tout cela était bien loin du genre d'apocalypse psychosexuelle déclenchée par Bowie dans les années 70. L'héritage laissé par Bowie semblait non pas se diluer, mais se transformer en quelque chose de moins menaçant.

Annie Lennox, folle de Bowie depuis des années, se recréa aussi habilement en androgyne de la pop. Comme Grace Jones, elle était l'équivalent féminin de Bowie. Quand Eurythmics sortit *Love Is A Stranger* fin 1982, Lennox était une fille en costume avec des cheveux roux coupés court. Quoique indéniablement femme, elle emprunte à Bowie le détachement impassible de sa pose de Thin White Duke sur les clips de *Love Is A Stranger*, et le tube d'Eurythmics, au début 1983, *Sweet Dreams Are Made Of This*. Plus tard cette année-là, Lennox devint même un mécano moustachu pour le clip de *Who's That Girl ?,* un hommage léger aux joies du travestisme.

278

A l'automne 1982, Bauhaus entra dans le Top 20 anglais avec le single que Bowie n'avait jamais sorti, *Ziggy Stardust*. Bauhaus, dont la version était si proche de l'original qu'elle en devenait sans intérêt, passa à *Top of the Pops*, où ils donnèrent l'impression d'être un groupe-hommage. L'ersatz de Bowie était à la mode, et le climat était propice au retour de la « vraie » version.

Mais où était Bowie lui-même ? Après des années passées à être l'objet d'attention constante de la part des médias, il semblait avoir disparu presque totalement de l'histoire de la pop. Hormis l'enregistrement de la musique de *Baal* pour la BBC, et celui d'une chanson avec Giorgio Moroder pour le remake de *Cat People*, il n'avait rien fait. A la vérité, il avait choisi de ne pas enregistrer de nouveau disque avant septembre 1982 et l'expiration du marché passé avec DeFries. Il avait aussi résolu de ne plus enregistrer avec RCA. Après la réception de *Low* à RCA, et la pression constante exercée sur Bowie pour qu'il continue à faire des tubes, il se sentait las, et préférait se consacrer à relancer sa carrière d'acteur.

Au printemps 1982, le bruit courut qu'il tiendrait le rôle principal dans un film de vampires intitulé *Les Prédateurs*, qui devait être tourné par Tony Scott, le frère du célèbre Ridley. A mesure que le tournage progressait, des photos alarmantes furent données à la presse, sur lesquelles Bowie paraissait très malade, le visage à vif. Pour le rôle, il avait dû se faire vieillir radicalement. A peine ces photos avaient-elle été digérées par ses fans qu'on apprit que Bowie se trouvait en mer de Chine avec le réalisateur culte Nagisa Oshima. Le précédent film d'Oshima, *L'Empire des sens*, décrivait un voyage dans la douleur, le plaisir, et l'érotisme brutal. Dans le nouveau, une adaptation du récit de Laurens Van der Post, *The Seed And the Sower*, Bowie campait un prisonnier dans un camp de guerre japonais, rôle plus approprié pour lui et peut-être sa meilleure chance de succès au box-office depuis *L'homme qui venait d'ailleurs*, sept ans plus tôt. Les deux nouveaux films de Bowie devaient sortir en 1983.

Mais il fallut attendre la fin de l'année pour que se profile un nouvel album. Bowie réserva un studio en décembre. Il y avait presque trois ans qu'il n'avait pas enregistré d'album, et Tony Visconti fut prié de se libérer pour tout le mois. Bowie était sur le point de relancer sa carrière pop après une longue pause, qui avait vu la planète se remplir de petits David Bowie. En décembre 1982, sa société de management à New York annonça que Bowie ferait sa première tournée depuis cinq ans en 1983. Personne ne se doutait de ce qui allait arriver – Bowie moins que tout autre.

TROISIÈME PARTIE

1982-2000

LA MARQUE BOWIE, 1982-1987

*Si on accepte les formes existantes, on se condamne
fondamentalement à sa propre platitude.*
John Lydon.

*Il n'était guère étonnant que Bowie ait si peu à offrir
dans les années 80 – il les avait déjà vécues.*
Le journaliste Ben Thompson dans *The Independent*, 1996.

*Le moment le plus stressant de toute ma carrière a été quand j'ai pris
ma guitare pour jouer le riff d'introduction de China Girl. Je pensais
que j'étais en train de mettre un truc à l'eau de rose sur un disque
génial, hyper-artistique. J'étais terrifié. Je croyais qu'il allait me
dire que j'avais blasphémé, que je n'avais rien compris au disque ni
à lui, et que j'étais viré. Mais ç'a été exactement le contraire. Il a dit
que c'était génial ! Ça m'a donné la liberté de faire ce disque
fantastique. Le fait que quelqu'un que je considérais comme
un des génies de notre temps m'engage pour travailler
à son plus grand disque, était un incroyable honneur pour moi.*
Nile Rodgers, parlant de *Let's Dance*, 1999.

*Je me disais : « Oh, mon Dieu ! Qu'est-ce que je fais là à
travailler avec Bowie avec tous les disques fantastiques
qu'il a faits dans le passé ? »*
Hugh Padgham, à propos de l'album de 1984, *Tonight*.

Dans les années 80, être une star de la pop n'était plus suffisant. Les superstars devaient coloniser les domaines du film et du clip, exploiter leurs catalogues et leur image vendue dans toute une gamme de médias différents. Pour la première fois peut-être, il leur était aussi possible de devenir immensément riches. L'ère des tournées dans les stades était arrivée. La musique ne s'adressait plus seulement aux adolescents, mais au public de vingt, trente, quarante ans, qui avait de l'argent. Bowie devint la superstar qu'il avait prétendu être dans les années 70. Il accepta l'industrie du rock et s'y intégra.

Enfin, la société commençait à faire ce que Bowie faisait depuis 68, c'est-à-dire combiner les médias. Cependant, au lieu de le faire avec panache et talent artistique, beaucoup des superstars des années 80 montraient un manque d'originalité navrant. Ils chantaient une vieille rengaine, un air que Bowie sifflait haut et clair depuis une décennie. Avec une horrible ironie, Bowie se laissa présenter comme une star ordinaire par l'industrie du rock. Au lieu de faire son propre *packaging*, il adopta un rôle passif, et devint un produit : star d'un clip, d'un film, machine à faire des tubes, à vendre les marques Pepsi ou Levi's. Avec la perspective de devenir multimillionnaire, Bowie décida qu'il était temps que son standing commercial soit à la hauteur de son succès auprès des critiques. Bref, Bowie devint une marque.

Ses clips se firent plus superficiels et plus conventionnels, son look plus convenable aux yeux des parents, ses films plus populaires, et sa musique instantanément accessible. En 1986, pour accompagner la sortie d'*Absolute Beginners*, il y avait une chanson interprétée par Bowie, un clip avec des images du film, une gamme de produits officiels (y compris l'inévitable T-shirt), un documentaire sur le tournage et enfin, au cas où quelqu'un serait encore intéressé, le film lui-même.

« L'expérience du vide » de Bowie entre 1981 et 1982, était une manœuvre très habile, et plutôt neuve dans le monde du rock de l'époque. Il était rare que les stars de rock, y compris les plus célèbres, restent si longtemps loin des projecteurs, mais cette méthode serait imitée par la suite pour stimuler la demande. Bowie s'était retiré en 1980, alors que sa valeur commerciale en Angleterre était à son apogée. L'énorme succès des disques sortis pour une occasion spéciale (comme la collaboration avec Queen) et la popularité des nombreuses stars qui exploitaient son héritage prouvait qu'il bénéficiait d'un soutien solide. Les Soirées Bowie se poursuivaient, étaient extrêmement populaires, et certains magasins de disques étaient devenus des spécialistes de vieux vinyles de Bowie. Avec deux décennies d'enregistrements à vendre ou à échanger, le commerce de copies pirates n'avait jamais été aussi prospère, et *Star-zone*, un fanzine très classe édité par David Currie et auquel contribuait l'auteur Kevin Cann, connaissait un succès fou. Les livres sur Bowie représentaient eux aussi un marché considérable. Autrement dit, le terrain était prêt pour un retour en fanfare.

En janvier 1983, Bowie conclut un contrat lucratif avec EMI-America, qui avait coiffé au poteau Columbia, Geffen et RCA : D'après les rumeurs, la star aurait touché dix-sept millions de dollars (un biographe avance même le chiffre de vingt millions). En 1983, Bowie, qui avait sans doute déjà réglé ses dettes envers Mainman à la fin des années 1970, était déjà un homme riche, certainement plusieurs fois millionnaire, même s'il restait loin derrière les Beatles, loin des stars des années 70 comme les Stones, Fleetwood Mac, Rod Stewart, Elton John, Queen ou Pink Floyd. Bowie ne donnait aucun signe d'essoufflement sur le plan créatif ; *Scary Monsters* était un renouveau dans une carrière déjà exceptionnelle. EMI-America était prêt à payer cher parce qu'ils acquéraient non seulement une star à son apogée, mais aussi *Let's Dance*, un album branché, mélodique, dansant, bref, un succès garanti.

On a accusé *Let's Dance* d'avoir amorcé l'entrée de Bowie dans la pop commerciale, mais les coupables sont en réalité les deux albums suivants, *Tonight* et *Never Let Me Down*. Sorti en avril 1983, *Let's Dance*, avec son orientation vers la musique noire, fut simplement considéré comme un nouveau *Young Americans* – une tactique de plus et le dernier produit de l'éternelle fascination de Bowie pour la musique. Il ne fut certainement pas jugé comme une concession aux attentes du grand public. Il possédait un son unique. Quel autre disque mêlait disco, rock et guitare blues, le tout enveloppé d'un rythme new-yorkais contemporain ?

Bowie enregistra *Let's Dance* pendant les trois premières semaines de décembre 1982 aux Power Station Studios à New York. Visconti ne fut pas informé par son ami que sa collaboration n'était pas requise et fut blessé par la manière dont Bowie avait agi et la date tardive à laquelle il apprit la décision : « J'aurais préféré être prévenu plus tôt. Ça a provoqué un gros vide dans mon programme – je n'avais pas réservé de studio, mais j'étais en train de me renseigner pour mes billets d'avion quand j'ai appris qu'on n'avait pas besoin de moi. »

Après avoir changé de label, et ayant en tête le nouveau son commercial qu'il désirait, Bowie voulait repartir de zéro avec un nouveau producteur. Ce fut le signe le plus visible qu'il souhaitait rompre avec le passé. Ironiquement, Visconti serait remplacé par un producteur qui était son voisin : Nile Rodgers, qui venait de Chic, le célèbre groupe de disco. En 1982, Nile Rodgers avait plus de succès que Bowie sur le plan commercial. Son groupe, Chic, était l'un des plus vendeurs de la fin des années 70. Ce dont il manquait, cependant, c'était de crédibilité auprès des critiques blancs, une denrée que Bowie, lui, possédait en abondance.

Avec Chic, Rodgers avait créé des *grooves* fantastiques. L'approche que Chic avait de la disco était somptueuse ; une mélodie séduisante où se mêlaient la guitare funk caractéristique de Nile Rodgers et les lignes de basse rythmées de Bernard Edwards. *I Want Your Love, Le Freak,* et surtout, *Good Times* (la chanson qui a lancé le rap quand sa ligne de basse a été samplée par le Sugar Hill Gang sur *Rapper's Delight,* fin 1979) comptent parmi les meilleurs singles de la fin des années 70. Cependant, en tant que producteur, Nile Rodgers avait eu des hauts et des bas. Son travail sur *Upside Down* de Diana Ross était excellent, mais son traitement de *Koo-Koo,* de Debbie Harry, l'était nettement moins. Bowie prenait un gros risque, et son pari fut un énorme succès.

Rodgers et Bowie se rencontrèrent pour la première fois en automne 1982 dans un bar de New York appelé The Continental. « C'était un pur hasard, raconte Rodgers. Je venais juste de finir de discuter avec Billy Idol, qui avait failli me vomir dessus. Je crois qu'il avait bu un verre de trop, il s'est mis à vomir et je me suis écarté juste à temps. J'ai remarqué David dans un coin. On a bavardé tranquillement. Il gelait là-dedans, on était dans un coin à part – pour les VIP, j'imagine. On est passés d'un sujet de conversation à l'autre. Je suis un vrai fan d'histoire musicale et ça m'étonne toujours de voir l'étendue des connaissances des stars anglaises en matière de musique, de culture et d'histoire. Ce sont de *vrais* fans de musique, alors que certaines stars américaines ont une culture plutôt limitée. David et moi on était lancés ; on a parlé de tout le monde, depuis Louis Jordan jusqu'à Henry Mancini. Ça m'a fait rire quand David a commencé à parler d'Iggy Pop, parce que je le connaissais depuis une éternité. On a joué en première partie des Stooges. Et je me souviens de l'époque où Alice Cooper jouait en première partie pour *nous*. David est un vrai fan, il me racontait des tas d'anecdotes et je lui disais : « Je suis au courant, j'y étais ! » Il faut vous dire que j'ai toujours été un grand fan de David Bowie. Autrement dit, c'était vraiment l'artiste avec qui je rêvais de jouer. »

Rodgers fut sollicité pour produire un album à succès, ce qui l'étonna. Bowie lui expliqua qu'il voulait un tube. Il n'avait pas de contrat et avait besoin d'un disque commercial pour obtenir la meilleure avance possible de son prochain label. Pour sa part, Rodgers s'était attendu à produire un chef-d'œuvre pop d'avant-garde : *Scary Monsters 2,* en quelque sorte. « J'ai séjourné chez lui, et il m'a passé des démos et chanté des chansons. Il a joué un peu sur sa douzecordes aussi, se souvient Rodgers. Il a joué *Let's Dance* sur une guitare folk ! Ce qu'il avait écrit m'a pris par surprise, en fait. On critique beaucoup les artistes noirs pour leurs paroles superficielles, qui ne parlent que de sexe. Ce n'est pas qu'ils ne trouvent pas de sujets intéressants, mais voilà, ils risquent de ne pas passer à la radio. Il y a des artistes de hip-hop qui viennent me voir pour s'excuser. Ils disent : "Mr Rodgers, croyez-moi, si on écrit ce genre de trucs, c'est seulement parce que si on ne jure pas, si on ne dit pas 'salopes' et 'nègres', personne ne passera nos disques !" On n'exige pas des artistes noirs le même niveau artistique. Avec Chic, j'écrivais mes chansons en m'inspirant d'une interview de Paul Simon que j'avais lue des années plus tôt. Il disait que quand on écrit une chanson, il faut essayer d'imaginer sur quelle station de radio elle pourrait passer. En tant qu'artiste, bien sûr, on voudrait pouvoir écrire avec son cœur et être accepté par le public, mais rien ne pourrait être plus loin de la vérité pour un artiste noir en Amérique. Il faut avoir l'esprit très commercial et penser à ce que demande le marché. »

Initialement, Rodgers fut déçu. Ayant l'occasion de travailler avec Bowie, il avait pensé qu'il pourrait enfin acquérir un certain respect et se libérer de ce qu'on attendait d'habitude de lui en tant qu'artiste noir. Mais dès qu'il eut une idée claire de sa mission, qui consistait à faire ce qu'il faisait de mieux et produire des tubes, la tâche devint plus facile : « Il avait une démo de *China Girl*, et ma première réaction a été "Bon Dieu, c'est bien d'être un Blanc !" On peut écrire une chanson ésotérique avec des sens cachés, alors que dans la musique noire, si une chanson s'appelle *China Girl*, il y a intérêt à ce qu'elle parle d'une fille qu'on a rencontrée en Chine ou un truc comme ça. Il faut que ça soit beaucoup plus littéral. David m'avait donné des instructions très spécifiques : il voulait que je *fasse des tubes*. Pour ça, il fallait que j'utilise la formule que je connaissais. A savoir, si une chanson s'appelle *China Girl*, il faut que le son soit asiatique. Si elle s'appelle *Let's Dance*, mieux vaut s'assurer que les gens vont danser dessus. »

Après plusieurs démos produites en Suisse en automne 1982, il parut évident que Bowie écrivait différemment, employait une forme musicale plus simple, plus directe. Il recherchait un style chaleureux, optimiste, pour parachever l'humanisme nouveau de ses paroles. Il devait pour cela se débarrasser du synthé, et, à vrai dire, du son de *Scary Monsters* dans son intégralité. Comme l'observa Bowie, *Scary Monsters* avait été « le symbole du son new wave de son époque ; depuis les synthés exubérants jusqu'à la guitare désordonnée, non-conformiste, il possédait tous les éléments qui sont, par définition, la façon jeune de faire de la musique ».

Il ne fallut que dix-neuf jours pour terminer l'album. Rodgers fut stupéfié par le talent de Bowie en studio. « David ne passe pas un temps fou sur la partie vocale, au contraire. Il s'intéresse beaucoup plus au concept, à la transmission des messages. Il y est très attaché, et c'est fascinant de voir à quel point c'est un artiste passionné. J'adore l'observer. Pour moi qui venais du milieu de la musique noire, travailler sur des disques pareils est un grand privilège. C'est un honneur ; c'est vraiment libérateur. »

La première chanson à être enregistrée fut *Let's Dance* elle-même :

« Si on prend *Let's Dance*, c'est l'interprétation de David qui donne à la chanson sa profondeur et sa perspective. C'est la juxtaposition de la basse du synthé avec la basse Fender et d'autres trucs comme ça que David a introduits, qui ont donné à la chanson ce côté excitant, alors que je n'y aurais sans doute pas pensé. Sur une chanson comme *Good Times* de Chic, le plus important, c'est la séparation, quand les instruments se retirent et qu'on laisse juste la basse, et puis le piano, la Fender Rhodes, la guitare, le solo, les chœurs, et finalement on revient à la chanson. A chaque fois qu'on commençait à faire ça, le public hurlait de plaisir. On a utilisé la même tactique pour la version 33 tours de *Let's Dance*. »

Le disque produit par Rodgers et Bowie était court – huit morceaux seulement. Ils voulaient que le son soit fantastique, et se rendaient compte que la quantité risquait d'affecter la qualité. Une bonne partie du charme de l'album venait du choix du studio d'enregistrement : « Les studios de Power Station sont célèbres pour leur son de batterie, explique Rodgers. De plus, on avait aussi d'excellents musiciens, comme Tony Thompson. »

Carlos Alomar se réjouissait à l'idée de jouer avec Nile Rodgers, qui était son ami, et qui avait été son remplaçant à l'Apollo Theatre à l'époque où ils étaient de simples musiciens de studio. Cependant, Alomar n'allait pas tarder à se trouver en butte à la nouvelle stratégie d'économie adoptée par Bowie :

« Je suis allé au bureau de Bowie pour négocier mon contrat, et il y avait de nouveaux employés qu'il venait d'engager. Ils ont dit : "Vous ne serez pas le leader du groupe pour l'album. Nous voulons vous engager comme guitariste seulement, nous avons déjà un producteur. Nous essayons de réduire les frais de David." J'ai répondu : "Écoutez, avec tout le respect que j'ai pour votre nouvelle situation, je joue avec Bowie depuis 1973, et mon augmentation a été la même chaque année. A chaque fois qu'il me rappelle, je demande une petite augmentation. Et ça m'a amené là où je suis aujourd'hui. Si vous n'avez pas assez de respect pour moi pour faire votre travail et vérifier combien j'étais payé avant, ça ne m'intéresse pas de travailler pour vous." Vous comprenez, ils m'offraient le salaire de base. Je n'ai pas travaillé à ce tarif-là depuis 1968. C'était cent dollars de l'heure, c'est-à-dire le taux qu'on donne à n'importe quel musicien membre du syndicat. J'ai dit : "Que je joue une seule note sur ce disque ou toutes, mon prix reste le même. Si mon nom apparaît sur ce disque, il faut que je sois payé." Ils n'ont pas voulu. Alors j'ai dit : "Très bien. Je n'ai pas besoin de cet album." »

Offrir à Alomar un cachet aussi bas était certainement une ruse pour se débarrasser de lui sans le lui dire franchement. L'épisode indiquait clairement que la « nouvelle équipe » défendrait bec et ongles les « intérêts » de Bowie.

Visconti et Alomar ne faisaient donc pas partie de la nouvelle vision du monde musical de Bowie, tout au moins pour cet album. La section rythmique de George Murray et Dennis Davis avait elle aussi disparu. Bowie faisait le ménage. Aux côtés de Tony Thompson, il engagea Omar Hakim à la batterie, et le musicien portoricain Carmine Rojas à la basse.

Le guitariste solo du projet, Stevie Ray Vaughan, était un choix des plus étranges. Bowie l'avait vu se produire au festival de jazz de Montreux au printemps précédent et avait été très impressionné. Ray Vaughan était un Texan de 28 ans qui ne mâchait pas ses mots, et qui était quasiment inconnu. Le premier album de son groupe, Double Trouble, n'était pas encore sorti. Le son blues, authentique, chaleureux de Ray Vaughan était aux antipodes de celui de Robert Fripp ou d'Adrian Belew. Pourtant, ce fut un choix inspiré.

Let's Dance regorge de morceaux de guitare fantastiques (certains par Rodgers lui-même) – agressifs dans *Cat People*, troublants dans *Criminal World*, primitifs dans *Let's Dance*. Enfin, le changement le plus remarquable est l'ajout d'une section de cors stridents, puissants. Des morceaux comme *Let's Dance* étaient une sorte de rencontre entre le funk de Chic et le big band des années 30 et 40.

Cette chanson changea le cours de la carrière de Bowie. Sorti le 18 mars 1983, trois semaines avant l'album, le single fut un immense tube dans le monde entier. C'était un morceau superbement entraînant, dont Bowie ne pourrait plus jamais reproduire l'attrait immédiat.

Modern Love, le premier morceau de l'album, est une chanson pop classique, construite sur une splendide structure chœur-soliste ; *China Girl* est une lecture splendide du morceau écrit par Iggy Pop en 1977, emmenée par une ligne de basse et une guitare au son faussement oriental. Bowie inclut aussi deux autres reprises : *Criminal World*, une excellente interprétation d'une chanson des Metros, et une version retravaillée de *Cat People* (*Putting Out Fire*), enregistré à l'origine par Giorgio Moroder pour le film *Cat People* l'année précédente. Des cinq compositions entièrement nouvelles de l'album, seule *Ricochet*, par son rythme à rebonds et ses obscures paroles quasi religieuses, contenait des traces du sérieux qui caractérisait les enregistrements de Bowie à la fin des années 70.

L'album fut terminé avant Noël 1982, et, début 1983, Bowie se rendit en Australie pour y tourner les clips des deux premiers singles, *Let's Dance* et *China Girl*. Le clip de *Let's Dance* est un monde en soi, qui n'a absolument rien à voir avec la chanson. Bowie, pour la première fois de sa carrière, s'y pose en narrateur paternel plutôt qu'en protagoniste. On y voit un jeune couple d'Aborigènes visiter un musée, dîner, travailler dans une usine, faire le ménage pour une famille blanche et marcher pieds nus dans l'*outback* (la brousse australienne) avec des amis. Cependant, ces scènes de tous les jours se teintent d'un surréalisme inquiétant : le jeune homme est forcé de traîner une énorme machine le long d'une grande route fréquentée, tandis que la fille doit nettoyer le macadam avec un balai-brosse et un seau d'eau. Pendant tout le clip, Bowie paraît incroyablement indifférent, la mâchoire crispée, donnant l'impression de mimer plutôt que de chanter. Bowie était loin de dégager une image sympathique.

Le clip était aussi une allégorie politique – l'expression du conflit d'intérêts entre le capitalisme blanc et les traditions aborigènes qu'il a supplantées. La seule référence dans le clip aux paroles de la chanson – les chaussures rouges – devient un symbole troublant. Bowie explique que « D'abord, elles représentent le caractère immoral de la société capitaliste – les produits de luxe. Elles symbolisent aussi les efforts de la musique noire pour atteindre le succès. Les chaussures sont trouvées par les Aborigènes dans la vitrine d'une boutique, symbole de consommation ostentatoire. Elles sont ensuite portées par une femme chef à l'usine, indiquant la domination du capitalisme et l'exploitation de la main-d'œuvre. Puis elles sont trouvées par la jeune fille aborigène dans la brousse. Elle les met, et s'ensuit une explosion nucléaire (résultat d'un capitalisme effréné) qui transforme les chaussures rouges, talisman de pouvoir, de richesse, d'opulence, en un symbole de malheur et de corruption. Les chaussures sont piétinées par les Aborigènes, et abandonnées, déchirées et souillées, dans la brousse. *Let's Dance* défend la cause des Aborigènes, et est le précurseur visuel de la critique de l'Australie blanche par Midnight Oil.

China Girl possède un thème presque identique, juxtaposant le Sydney opulent à celui des quartiers de l'importante minorité chinoise. La scène la plus frappante du clip, qui montre Bowie, en smoking et haut de forme, mimant l'assassinat de sa China Girl (qui nous rappelle délibérément une des images les plus atroces de la guerre du Vietnam, la photographie du général Loan de l'armée du Sud-Vietnam tuant une prisonnière de sang-froid en 1968), est évidemment politique. Bowie essaie d'introduire dans le mainstream des thèmes inattendus et accusateurs. De la même façon, les paroles de la chanson, son chœur entraînant et ses clichés de l'Orient, comptent parmi les plus controversées de Bowie et d'Iggy. Il est difficile de dire si les vers

Visions of swastikas in my head
Plans for everyone
It's in the white of my eyes

« Visions de swastikas dans ma tête
Des projets pour tous
C'est dans le blanc de mes yeux »

constituent un récit détaché de l'impérialisme blanc ou les décombres émotionnels laissés par le flirt de Bowie avec le nazisme au milieu des années 70.

Quoi qu'il en soit, les deux clips étaient fascinants et faisaient appel à des archétypes clés du monde de la pop. *Let's Dance* et son petit récit autour du couple aborigène visait les jeunes ; *China Girl*, avec sa scène d'amour sur la plage (hommage au film *Tant qu'il y aura des hommes* qui serait plus tard partiellement censuré), était suffisamment provocante pour garantir sa diffusion régulière sur MTV. Bowie émergeait comme un des artistes vidéo les plus importants de l'époque, et dans un monde où la concurrence n'était pas encore féroce, ses clips furent diffusés constamment pendant tout le début des années 80.

Le 17 mars, Bowie tint la conférence de presse la plus célèbre de sa carrière, au Claridge, à Londres, où il présenta son nouveau label, EMI-America, l'album *Let's Dance*, ainsi que sa nouvelle tournée, Serious Moonlight. Bowie fit son entrée vêtu d'un costume impeccable, les cheveux blondis par les six mois qu'il venait de passer au soleil, sa pâleur surnaturelle des années 70 remplacée par un léger hâle. Applaudi par les journalistes, il trouva la chaise qui lui était destinée trop éloignée du micro, et s'assit sur la table. Loin de paraître normal, ce geste, aussi simple soit-il en apparence, donna l'impression d'une mise en scène. Sa nouvelle image d'homme d'affaires lui donnait l'air froid et dur. Pour la première fois, il paraissait aristocratique, ressemblait à un membre de la jet set. C'était une image que ses fans avaient du mal à trouver *sympathique*, et encore moins envie d'imiter.

Bowie entrait sans doute dans la période la plus férocement affectée de sa carrière. Il incarnait à présent un activiste de gauche blanc ; un père attentionné ; une superstar désuète et joliment manucurée ; un chanteur-danseur, svelte héritier de Sinatra. 1983 fut le cadre d'une réinterprétation soigneusement orchestrée de ce que signifiait le nom de David Bowie. A présent, il ressemblait presque à une copie, comme s'il s'était laissé convaincre de ce que devait être un David Bowie mûr et raisonnable. Derrière le bronzage et les sourires, il paraissait aussi figé, aussi artificiel qu'avant. Ce nouveau masque de normalité était le suprême artifice de sa carrière.

Cependant, au cours des journées qui suivirent, sa popularité atteignit de nouveaux sommets. Le vendredi suivant, le clip de *Let's Dance* fut diffusé pour la première fois en Angleterre pendant l'émission de rock intitulée *The Tube*, accompagné d'une interview avec Jools Holland. Avant même que les dates des concerts prévus à la Wembley Arena et au NEC de Birmingham aient été annoncées, toutes les places avaient été vendues. Pour les milliers de fans déçus, trois concerts en plein air furent rajoutés à des dates ultérieures au Milton Keynes Bowl, d'une capacité de 65 000 places, mais même ceux-là ne purent satisfaire la demande. Le mardi d'après, *Let's Dance* était déjà n° 5 au hit-parade, et quinze jours plus tard, il devenait n° 1. Deux semaines plus tard sortait le nouvel album, montrant l'ombre de Bowie en position de boxeur avec, à l'arrière-plan, l'horizon de New York. Ce fut aussi le premier album de Bowie à être distribué en CD. Le single *Let's Dance* passa en boucle à la radio anglaise, et le mois suivant, il avait atteint la première place aux États-Unis.

En même temps, *Ziggy Stardust*, *Hunky Dory*, *Aladdin Sane*, *Low*, *« Heroes »*, *Diamond Dogs*, *The Man Who Sold The World*, *Space Oddity* et *Pin-Ups* réapparurent tous au hit-parade (à vrai dire, les deux premiers sur la liste traînaient déjà dans les profondeurs des charts à l'époque). A un moment donné, en juillet 1983, Bowie avait dix albums dans le Top 100 en Angleterre, un chiffre que seul avait surpassé Elvis Presley. Au total, les albums de Bowie passèrent 198 semaines dans le hit-parade en 1983. Ses fans n'avaient jamais rien vu de pareil. Bowie devenait une superstar internationale. Un fan me confia que : « Pour beaucoup de fans, le succès commercial de Bowie en 1983 et *Let's Dance* ont marqué le début de la fin. Mais pour moi, c'était un pur bonheur – j'étais si fier d'avoir aimé David Bowie avant cet album, et le voir live à Milton Keynes a été le plus beau jour de ma vie. »

Mais tout le monde n'était pas du même avis, et certains étaient déçus : « Je trouve toujours stupéfiant que beaucoup de fans aient commencé à s'intéresser à David en 1983. Personnellement, après avoir entendu *Let's Dance*, j'ai boycotté Bowie pendant un certain temps (y compris durant la tournée Serious Moonlight). J'étais vraiment choquée par ce David commercial... plus que par n'importe lequel de ses autres personnages. Aujourd'hui, je peux comprendre qu'un artiste ait besoin de produire un album qui plaise aux foules pour pouvoir se consacrer ensuite à des œuvres moins populaires, mais en 1983, je ne pouvais pas croire que David ait vendu son âme pour de telles âneries. » L'écrivain et journaliste Jon Savage évoque sa propre déception : « Le problème avec le nouveau Bowie raisonnable, c'est que tout le monde aimait le vieux Bowie strident et défoncé à la coke. Une fois le masque tombé et sa normalité révélée, il ne restait pas grand-chose. »

Dans une série d'interviews données par Bowie pendant la première moitié de 1983, Bowie donna plusieurs raisons à cette normalité. Il entrait dans une période responsable, où il prenait sa vie plus au sérieux. Son mariage avec Angie s'était terminé par un divorce trois ans plus tôt. C'était désormais son fils de douze ans, et non plus sa musique, qui était son souci premier dans la vie. A trente-six ans, il n'était plus dans sa prime jeunesse. Il avait beau prétendre qu'il se sentait bien dans sa peau, il était clairement inquiet, encore poursuivi par une sorte d'angoisse vis-à-vis de son avenir. Au cours des interviews, il semblait indécis, démotivé, incertain de sa place dans un monde du rock qui pour l'essentiel appartenait toujours aux jeunes. « Je n'ai plus vraiment le désir d'expérimenter en tant qu'auteur-interprète – pour l'instant en tout cas, confia-t-il à Chris Bohn de *NME*. Je pense que je suis arrivé à un âge où je commence juste à aimer vieillir. J'aime avoir trente-six ans, et je ne pense pas que je voudrais continuer à me produire si je ne croyais pas faire quelque chose d'optimiste et d'utile avec ma musique, à la fois pour moi et pour mon public. »

Bowie prêchait l'évangile de l'humanisme. Les critiques ont prétendu qu'il essayait de transmettre à son public ses complexes de Blanc de classe moyenne, qu'il se servait de ses disques comme d'une forme de thérapie par les médias. Le seul moment faible de *Let's Dance* se trouve sur *Without you*, dans lequel Bowie, mal à l'aise, aborde cet élément incontournable de la pop qu'est l'amour hétérosexuel. Malheureusement, le disque était assez révélateur de la direction qu'il allait prendre à l'avenir. D'après le journaliste Michael Watts, « Son nouvel album me fait l'effet d'une digression. Il ne fait rien de particulièrement nouveau, et je soupçonne que pour la première fois, ses fans sont là avec lui, et qu'il n'est pas en avance sur eux. Il semble cette chose démodée, une superstar. »

Au début des années 80, Bowie tenta, consciemment ou non, d'abreuver ses fans d'informations erronées via la presse. Il redevint hétérosexuel. Il déclara à Kurt Loder de *Rolling Stone* en mai 1983, que « dire que j'étais bisexuel a été la plus grande erreur que j'aie jamais faite ». En juillet de la même année, il avoua à Jay Cocks de *Time* que la divulgation de sa bisexualité avait été un « très mauvais calcul ». A la même époque, comme le signale Marjorie Garber dans son étude *Vice Versa : Bisexuality and the Eroticism of Everyday Life* (« Vice-versa : la bisexualité et l'érotisme de la vie quotidienne »), Jagger essayait lui aussi de se normaliser, affirmant aux journalistes qu'il n'avait jamais vraiment pris de drogue et que les rumeurs concernant son passé bisexuel étaient infondées. Elton John, Boy George et David Geffen, le propriétaire de la maison de disques, faisaient la démarche inverse, répudiant la bisexualité en faveur de l'homosexualité. Bowie apparut comme un personnage cynique et manipulateur, qui n'avait pas répugné à user « de pratiques sexuelles perverses » pour faire son chemin, et rejetait cette étiquette à présent qu'elle ne lui convenait plus. Bowie n'a sans doute jamais été gay, ni même activement bisexuel de manière constante, mais il est clair qu'il a, de temps à autre, expérimenté, ne serait-ce que par curiosité et par attrait sincère pour la transgression.

Bowie affirmait maintenant dans les interviews que cette période d'excès était bel et bien derrière lui et qu'il ne se droguait plus. C'était faux, bien sûr. D'après Alomar, Bowie prenait encore de la cocaïne au début des années 80, même si sa consommation n'était plus qu'occasionnelle. Bowie utilisait sa nouvelle image pour vendre des disques et, en même temps, avertir le public des conséquences désastreuses de l'usage de drogues dures. Entre 1983 et 1993, il évoqua dans presque chacune de ses interviews la paranoïa dont il avait souffert à LA, et le malheur dans lequel les drogues l'avaient plongé, disant combien tout avait changé pour lui. Il s'en était tiré. Étant donné qu'il prenait encore de la coke, tout au moins au début de cette période, ses remarques tiennent de l'élaboration délibérée d'un mythe. Mais c'était vendeur. Pour la première fois de sa carrière, certains de ses fans jugèrent que Bowie s'était discrédité, déshonoré, *normalisé*, en portant un jugement sévère sur son propre passé.

La même année vit aussi la naissance d'un nouveau mythe : celui selon lequel Bowie n'aurait été qu'un artiste culte dans les années 1970. Ce n'était pas le cas. Nick Drake, Gram Parsons, Lou Reed ou Iggy Pop étaient des artistes cultes. Iggy n'eut pas un seul tube aux États-Unis ou en Angleterre dans les années 60 et 70 ; et Lou Reed n'en eut qu'un. Ils jouaient dans des salles petites ou moyennes. Il fallait persister pour les apprécier, être un aficionado.

Bowie, c'était autre chose. Il avait toujours eu ses fidèles, bien sûr, et ses fans étaient incroyablement partisans. Il est vrai aussi qu'à divers moments de sa carrière, dans les années 70 et au début des années 80, ses disques n'étaient achetés que par une poignée de fans purs et durs, mais des albums comme *Low et « Heroes »* avaient tout de même atteint la 3e place en Angleterre. En 1983, il avait eu trois premières places, huit autres disques dans le Top 5, et quatre albums n° 1. Néanmoins, Bowie essaya de justifier les sommes considérables que lui rapportaient *Let's Dance* et la tournée mondiale en se construisant un passé imaginaire de maigres récompenses financières. En privé, Bowie appelait le Serious Moonlight Tour son « fonds de retraite », mais en réalité, la tournée fit de lui une des pop stars les plus riches du monde. En prétendant qu'il n'avait pas eu un sou dans le passé, il laissait aussi entendre qu'en 1983 il méritait bien de ramasser ses billes. Qui plus est, les médias le crurent.

Un autre mythe propagé par Bowie était que, de manière tout à fait inattendue, il avait à présent un public plus large auquel il se devait d'apporter des chansons plus accessibles. Mais n'avait-il pas joué au Madison Square Garden en 1974, à Wembley en 1976, et donné d'énormes concerts en plein air lors de la tournée de 1978 ? La tournée Serious Moonlight contribua évidemment à renforcer la popularité de Bowie, mais elle ne fut pas le saut de géant évoqué par Bowie plus tard. Le problème principal n'était pas seulement que Bowie avait maintenant un groupe plus large de fans, mais que, tout simplement, il voulait faire de la pop.

Bowie savoura l'adulation dont il fut l'objet et le respect qu'il obtint en 1983. Il se laissa volontiers prendre en photo avec Dylan, Jagger et Tina Turner pendant les années 80. Sa « conversion » en star populaire est un mythe, parce qu'il en avait toujours été une. Pendant la plus grande partie des années 80, Bowie fut tout simplement incapable de renouveler la pop en empruntant aux cultures marginales. Cela ne l'intéressait même pas. Il semblait ne désirer qu'une chose, être une star, alors que dans les années 70, il avait créé pour lui-même et non pour plaire aux autres.

Les répétitions pour la tournée Serious Moonlight commencèrent au printemps 1983. Carlos Alomar, de retour comme leader du groupe, était content : « Non seulement j'ai été payé comme je devais l'être pour la tournée, mais je les ai aussi fait payer pour l'album que je n'avais pas fait, et ils m'ont payé pour ça aussi ! Je lui ai dit moi-même : "Tu as deux guitaristes qui jouent dans le même style – tu ne perds rien à avoir Nile Rodgers sur l'album." J'ai adoré l'album et la façon dont Nile l'a traité. Il avait promis à David un tube et, comme toujours, il a tenu ses promesses. Bien sûr

David détestait le fait d'avoir à faire un tube, et toute cette période de sa vie d'ailleurs, mais ça c'est une autre histoire. »

Le reste du personnel était pour l'essentiel celui des sessions de *Let's Dance*. Cependant Stevie Ray Vaughan et Bowie, tous les deux de fortes personnalités, n'allaient pas tarder à être à couteaux tirés.

« Bowie n'avait pas mauvais caractère. Il a même été assez coulant jusqu'au moment où on a commencé les sessions de *Let's Dance*. Il a fait venir Stevie Ray Vaughan, qui avait une copine ou une femme très culottée et, disons, très dévouée. A un moment, on était en répétition, et elle essayait constamment d'attirer l'attention de Vaughan pour lui parler de je ne sais quelle sottise. David a interrompu la répétition et l'a vraiment engueulée. Il faut comprendre qu'il avait été très, très patient jusque-là. Et puis, tout d'un coup, en 1983, David a emporté un sac de sable en tournée et il a commencé à fréquenter les gardes du corps et à faire des exercices le matin pour améliorer sa forme. Je suppose qu'il en avait assez de se faire traiter de gringalet, et c'est vrai que je l'appelais comme ça tout le temps à cause de sa petite carrure. Bref, il est devenu vraiment agressif, ce que j'ai trouvé fantastique. Il avait plus de contrôle sur tout ce qu'il faisait et ça se sentait dans ses affaires personnelles. »

Ray Vaughan fut finalement renvoyé, quelques jours seulement avant le début de la tournée européenne, prévu à Bruxelles le 29 mai. Il semble qu'il y ait eu plusieurs raisons à cela. Premièrement, Ray Vaughan, qui avait un problème de dépendance, trouvait le diktat « ni drogues ni boissons » imposé par Bowie hypocrite et le lui fit savoir. Mais Bowie était déterminé à changer d'image, et la présence de Ray Vaughan était une menace. Il y avait aussi, dit-on, un conflit quant au cachet de ce dernier. Pour sa part, Bowie refusait de confier la première partie au groupe de Vaughan, Double Trouble. Cependant, Bowie nie que la question d'argent ait été le fond du problème : « Il a répété avec moi pendant environ deux mois avant qu'on parte en tournée. Malheureusement, son manager de l'époque était une vraie ordure, et j'ai compris que ça n'allait pas marcher. Par chance, on a réappris à se connaître juste avant qu'il meure. C'était un type fantastique, et un musicien fantastique. » Earl Slick, qui lui-même avait été remplacé au dernier moment par Stacy Haydon pour une tournée de Bowie sept ans plus tôt, prit sa place au pied levé. « J'étais peut-être le seul à pouvoir le faire. C'est ce que je pense, en toute franchise. Je connaissais les chansons, il savait que je pouvais m'adapter. Et il savait aussi qu'une fois que j'étais là, je faisais toujours mon travail consciencieusement, » observe Slick.

Slick apprit le programme entier en l'espace de soixante-douze heures et était prêt à l'action quand la tournée démarra par Bruxelles, puis Francfort, Munich, Lyon et Fréjus. Annoncé au haut-parleur par les mots : « Mesdames et messieurs, sur scène pour la première fois depuis cinq ans – David Bowie et son groupe ! », Bowie revenait en rocker pour ce qui était, au fond, une tournée de ses vieux tubes. Il y avait *Jean Genie*, *« Heroes »*, (préfacé par une mignonne intro : *« lavender blue, dilly-dilly, lavender green, I will be king, dilly-dilly, you will be queen* [1] *»*), *Golden Years*, *Fashion* (qui enchaînait sur le tube du moment *Let's Dance*), *Life On Mars ?*, *Sorrow*, *China Girl*, *Rebel, Rebel*, *Ashes To Ashes*, *Space Oddity*, *Fame* et le futur tube *Modern Love*. Le groupe était chaleureux, amical, emmené par le vrai guitariste de rock qu'était Earl Slick. Le son était pop-rock, accessible, professionnel et efficace, mais dépouillé des excentricités des concerts de la deuxième moitié des années 70, et pourvu d'une section de cors qui donnait aux chansons expressionnistes telles que *Station To Station* un swing vaguement incongru.

« La tournée Serious Moonlight a été ma favorite sur le plan musical, affirme Alomar, parce que c'était la première tournée où on chantait tous les tubes. Et j'ai pu mettre à jour toutes les chansons avec les cors et travailler avec Lenny Pickett. On a fait tous ces fabuleux arrangements avec les cors, on aurait dit que toutes les chansons venaient d'être enregistrées. Bowie avait trouvé les frères Simms, d'excellents chanteurs. Il avait un groupe super – et cent pour cent Bowie. »

Bowie arrivait sur scène déguisé en chanteur de cabaret, chantant ses tubes passés avec l'aisance d'un Sinatra de trente ans. Vêtu d'un costume flottant, il dégageait un flegme clinquant, légèrement efféminé, le visage hâlé, les cheveux peroxydés et plaqués en arrière par une abondance de laque. C'était une parodie de Las Vegas ; une appropriation de la mièvrerie où Presley s'était vautré sans en avoir conscience dix ans plus tôt. Bowie s'était réinventé, devenant le chanteur-danseur dont avait rêvé son manager des années 60, Ken Pitt. Loin d'être retourné à la normalité, Bowie jouait à être réel. Son look était aussi artificiel que dans les années 70. Sur scène, il parodiait le showbiz traditionnel, comme le remarque Patricia Mac-Kay : « Pendant toute la tournée de Serious Moonlight, il a recours à tous les trucs possibles... Il retire sa veste à un moment précis. Choisit le moment exact pour relever nonchalamment ses manches de chemise, desserrer le nœud de sa cravate. Dans les précédentes ères du rock, ces gestes auraient pu être faits sur une impulsion. Pas avec Bowie. Il contrôle tout. »

Une énorme main souple, parodie du motif de *ET*, était fixée d'un côté de la scène, désignant la lune « sérieuse », qui se brisait lors du

---

1. Comptine anglaise : « Lavande bleue, dilly-dilly, lavande verte, je serai roi, dilly-dilly, tu seras reine ». (*N.d.T.*)

dénouement du concert, éclaboussant le public de minuscules étoiles remplies d'hélium. Pour *Cracked Actor*, Bowie réutilisa le numéro de cape et squelette du *Diamond Dogs Tour* de 1974, que seuls les Américains avaient vu. Bowie embrassant un crâne à pleine bouche devant 60 000 fans avait un parfum de transgression. Le spectacle tout entier était un mélange d'exotisme, de cabaret, de surréalisme, de modernisme et de fête foraine. Théâtral, audacieux, il était aussi filmé et diffusé en direct par Diamond Vision des deux côtés de la scène.

Le 30 mai, Bowie se produisit aux États-Unis devant 250 000 personnes au festival de San Bernardino, à Glen Helen Park, en Caroline du Nord. Il reçut un cachet d'un million et demi de dollars, le plus élevé jamais touché jusqu'alors par un chanteur pop. Par contraste, le concert comparativement intime donné pour l'association de soutien à son ancien quartier de Brixton, presque dix ans jour pour jour après la retraite de Ziggy, ne recueillit que quatre-vingt-dix mille livres. Ensuite, il y eut les trois concerts géants donnés en plein air au Milton Keynes Bowl sous la chaleur écrasante d'un été anglais étonnamment torride. Partout dans le stade on voyait des fans en jean et en T-shirt portant l'effigie de Bowie – des gris avec le nouveau logo Bowie tracé en rose, ou des noirs avec l'emblème de l'album *Let's Dance*. C'était un public relativement normalisé, où les clones de Bowie se faisaient rares. A la fin des années 90, Bowie raconta qu'en regardant les visages de ses nouveaux fans, il se demandait souvent combien d'entre eux possédaient un disque du Velvet Underground dans leur collection.

Une bonne atmosphère régnait au sein du groupe. Non sans humour, les membres avaient surnommé David « His Ladyship[1] » (Plus tard, dans les années 80, la presse musicale anglaise s'en inspirerait et le surnommerait « La Dame ».) Alomar et le bassiste Carmine Rojas devinrent inséparables. C'étaient dans leurs quartiers qu'avaient lieu les soirées d'après spectacle, où Bowie les rejoignait souvent pour se détendre. Cela ne plaisait guère à l'assistante de Bowie, Coco, et conduisit à une confrontation entre Alomar et elle, les deux rouages les plus importants de la machine qu'était la tournée. « Moi, j'ai toujours aimé Coco, dit Alomar, mais Coco ne m'a jamais aimé ! D'abord, j'aime tout le monde et j'accepte les gens tels qu'ils sont, ça fait partie de mes croyances bouddhistes. Evidemment, Coco était une forte personnalité. Elle était considérée comme une vraie chieuse, et à juste titre. Mais apparemment, elle aimait beaucoup David et elle lui était très dévouée, et je respectais ça. Elle sacrifiait ses propres besoins à ceux de David, et je me demandais

---

1. Forme de politesse adressée à une dame de l'aristocratie. (*N.d.T.*)

ce qu'elle deviendrait le jour où elle ne travaillerait plus pour lui. Où était la vraie Coco ? Quand elle a passé du temps chez moi avec ma famille, elle a été parmi les personnes les plus affectueuses, les plus gentilles que j'aie jamais rencontrées. Et pourtant, quand on a repris la tournée, elle a remis son masque. On adorait tous les deux David, et ça ne pouvait pas aller, il allait falloir que David choisisse entre elle et moi à un moment ou à un autre. Un jour, elle m'a giflé, et tout le monde a dit : "Tu aurais dû l'assommer. David ne t'aurait rien dit si tu l'avais frappée." Quand j'ai vu à quel point les autres la détestaient, je me suis dit que je n'allais rien faire parce que c'était mal. J'étais le seul à pouvoir tenir tête à Coco : elle pouvait faire virer n'importe qui d'autre, mais pas moi, et c'était très frustrant pour elle.

« Carmine Rojas et moi on était les frères Latino. J'étais le grand frère ; il était le petit. On faisait toutes les fêtes dans notre suite, où on avait des chambres contiguës. On ouvrait la porte, et voilà. Je suis marié et je ne me suis jamais permis d'être en tête à tête avec une fille, parce que ça pouvait être dangereux, mais on pouvait faire des soirées. Plus il y avait de gens, mieux c'était, comme ça il ne pouvait rien se passer. David frappait, on le faisait entrer, et il faisait la fête avec nous. Quelquefois, il prenait un peu de coke, et ça ne plaisait pas à Coco. Elle disait : "Vous avez une mauvaise influence sur lui, je sais qu'il prend de la cocaïne avec vous." C'était vrai. Il en prenait un peu, par-ci, par-là. Mais moi je répondais : "Écoute, ce n'est pas à moi qu'il faut dire ça – va voir *David* et dis-lui ! S'il frappe à ma porte, je ne vais tout de même pas lui dire : 'Non, Coco a dit qu'on ne devait pas te laisser entrer.' Tu es dingue ou quoi ? C'est à lui que tu dois parler." Alors, en fait, on avait une bonne raison de se disputer. Je respecte le fait qu'elle avait les intérêts de David à cœur. Mais après cette dispute, quand elle m'a giflé, j'ai cru que ça allait être la fin de ma relation avec Bowie. Étonnamment, on m'a rappelé, et elle était toute gentille, donc David avait dû lui dire : "Il va revenir, et tu n'auras qu'à bien te tenir !" »

En dépit de ce conflit, la tournée se passa bien. Pour Slick, rappelé après sept ans d'absence, c'était une expérience fantastique. Comme Bowie, il avait mûri et s'était beaucoup assagi. « Pendant cette tournée-là, David était beaucoup mieux dans sa peau, commente-t-il. Bien sûr, on a eu quelques accrochages au cours des huit ou neuf mois qu'a duré la tournée, mais il allait très bien. On a passé d'excellents moments. On s'est vus au début de la tournée et on a discuté de ce qui s'était passé en 1978. On se rendait tous les deux compte que c'était une époque très confuse, et on en a parlé franchement parce qu'il fallait que tout soit clair entre nous. On est allés boire un café ensemble pendant la première semaine, en Allemagne. On s'est assis sur une terrasse, on en a parlé, et ça m'a fait du bien. J'ai vraiment apprécié la tournée de 1983. On s'occupait de nous pour les hôtels et les voyages. Bowie était beaucoup plus accessible, beaucoup plus sympa. C'était un plaisir d'être là. J'étais passé par les mêmes étapes que Bowie lui-même. C'était une tournée super – j'en ai des souvenirs très heureux. » Slick, qui se décrivait comme un guitariste de « rock de rue », était un choix parfait pour la tournée.

En 1983, Bowie semblait aussi être en passe de devenir une star de cinéma. Dans *Les Prédateurs*, le film réalisé par Tony Scott, il incarne, de façon appropriée, un vampire, aux côtés de Susan Sarandon. A la fin, Bowie, la boule à zéro, a une mine terrifiante, et des lambeaux de peau pendent sur ses chaussures. Le film n'eut qu'un succès modéré au box-office.

Dans la deuxième moitié de 1982, Bowie s'était rendu aux îles Cook, à Auckland et à Tokyo pour y tourner *Furyo* de Nagisa Oshima. Le film s'inspirait d'une nouvelle du recueil de Laurens Van der Post, *The Seed And The Sower*, et traitait de la relation entre un prisonnier de guerre anglais, Jack Celliers, alias Bowie, et un garde, joué par la star Ryuichi Sakamoto, le fondateur du groupe pionnier de la musique électronique The Yellow Magic Orchestra. Ce dernier conçut aussi l'excellente bande-son (la chanson *Forbidden Colours* de Sakamoto et David Sylvian entra dans le Top 20 au Royaume-Uni en 1983). Le film soulignait la cruauté des codes martiaux japonais, et l'impuissance des notions occidentales de fair-play et d'honneur en période de guerre.

La violence contenue dans le film (qui menace parfois d'étouffer la narration) est particulièrement stylisée, tout comme le jeu des acteurs. Après avoir été torturé par les Japonais, Bowie boite de manière affectée, comme s'il mimait la douleur au lieu d'essayer de créer l'illusion. L'attirance homosexuelle entre garde et prisonnier est suggérée tout au long du film, culminant au moment où Bowie embrasse Sakamoto sur les deux joues alors que l'un de ses co-prisonniers attend son exécution. La scène, jouée à la perfection, et superbement tournée au ralenti, demeure à ce jour le meilleur moment cinématique de Bowie.

Pourquoi Bowie se tournait-il vers le cinéma au début des années 80 ? A 36 ans, ayant produit autant d'albums que les Beatles, Bowie savait instinctivement que sa carrière dans la musique était, sinon sur le déclin, tout au moins en voie de vieillissement. Il n'y avait absolument aucune raison de penser qu'une carrière dans la pop pouvait être maintenue à l'âge mûr. Le cinéma, en revanche, représentait un medium lucratif pour un homme d'âge moyen. C'était une étape logique pour Bowie. Toutefois son enthousiasme pour le métier d'acteur avait toujours été limité. L'attente, les interminables séances de maquillage, les bavardages entre les différentes scènes l'ennuyaient à mourir. A la fin des années 80, il aurait pratiquement cessé de tourner, et se consacrerait de nouveau à la musique.

Bowie obtint d'excellentes critiques pour la tournée comme pour l'album. Le journaliste de rock Mat Snow doute que l'ère de Serious Moonlight ait vraiment nui de manière significative à Bowie : « Les fans n'étaient pas dégoûtés à ce point. Ils s'étaient plaints que l'album soit un peu commercial, mais en fin de compte, ils étaient contents pour lui parce que c'était une bonne sélection de chansons. Même la coiffure et les costumes – on aurait dit David Byrne, c'était un peu bizarre de le voir imiter un de ses imitateurs, mais on n'avait pas l'impression d'un pourrissement. Des années de journalisme de rock m'ont appris qu'à l'origine des événements les plus commerciaux, telle la tournée Serious Moonlight, il y a généralement une note d'impôts ou une pension alimentaire. »

Sur le plan de la future carrière de Bowie, l'événement le plus important de 1983 fut la détérioration de ses relations avec son ami de longue date, le producteur Tony Visconti. Quoi qu'il n'ait pas produit l'album, Visconti fut sollicité par Bowie pour s'occuper du son sur certains concerts en Angleterre. Très satisfait des résultats, Bowie lui demanda de faire toute la tournée. Visconti déclina son offre. Bowie, qui n'avait fait preuve d'aucune loyauté envers ses collègues et amis, s'attendait néanmoins à ce que ces derniers accourent sur un simple signe de lui. Avec Visconti, qui était devenu un des producteurs les plus respectés au monde, cette tactique échoua. C'était un clash de personnalités qui, en fin de compte, nuit sans doute moins à Visconti qu'à Bowie. « J'étais sur le point de partir en vacances et il voulait que je laisse tout tomber et que je mixe ses concerts pour le reste de la tournée, explique Visconti. Comme j'étais séparé de ma femme, ces vacances avec mes enfants étaient trop importantes à mes yeux pour que j'accepte ! »

A la suite de cet incident, Bowie n'adressa pas la parole à Visconti pendant quinze ans. Plus tard, il expliqua que le producteur avait trop parlé à la presse de la relation de Bowie avec son fils Joe. Toujours protecteur et conscient des dangers qui guettent les enfants des célébrités (le kidnapping étant un risque improbable, mais pas impossible), Bowie s'efforça de minimiser le contact de Joe avec les médias pendant son adolescence. Le vrai fond du problème semble être un entretien cordial que Visconti avait donné au début 1984 à David Currie, éditeur du fanzine de Bowie, *Starzone*. Visconti parla surtout des enregistrements qu'il avait faits avec Bowie et très peu

301

de la vie personnelle de celui-ci, mais fit néanmoins quelques commentaires au sujet de la relation père-fils des Bowie. Il accepta aussi d'être interviewé pour un livre publié en 1986, *Alias David Bowie*, la première biographie de Bowie à révéler l'ampleur des antécédents psychiatriques du côté maternel.

L'album live de la tournée de 1983 aurait logiquement dû accompagner la sortie des deux cassettes vidéo de *Serious Moonlight Live* au printemps et en automne 1984. Cependant il ne dépassa pas le stade du mix, avec Bob Clearmountain à la console, et quoique disponible dans certains cercles de collectionneurs, il n'est jamais sorti officiellement. C'est un document assez fidèle de la plus grande tournée jamais entreprise par Bowie. Contrairement à *Stage*, il possède le son d'un album live, avec une version rock grandiose de *Life On Mars ?*, un *Sorrow* gai et chaleureux, et un « *Heroes* » puissant, dominé par les cors. La sortie, prévue pour 1984, aurait donné le temps à Bowie de prendre du recul et de préparer son nouvel album. Les tournées laissaient toujours Bowie épuisé, à court d'inspiration, et il avoue avoir toujours eu du mal à écrire sur la route. Sans doute sous la pression de son label, Bowie, pourtant très mal préparé, fut contraint de retourner en studio au printemps suivant. Pour la première fois de sa carrière, le résultat – l'album qui devait devenir *Tonight* – fut proche du désastre.

Pour une raison mystérieuse, Nile Rodgers, qui avait pourtant fait preuve d'une grande classe pour *Let's Dance*, ne fut pas rappelé pour produire l'album suivant, ce qui le laissa perplexe :

« Dans l'industrie de la musique, rien n'est gardé plus jalousement que l'image d'un artiste. David Bowie a fait la couverture de *Time* pour *Let's Dance*. Soit on fait la couverture de *Time* parce qu'on est tristement célèbre, soit parce qu'on a vraiment réussi. Et là, il avait obtenu plus de succès que jamais par le passé. Avant, il avait la notoriété, il avait le nom, mais il n'avait pas le succès gigantesque qui va avec.

« Voilà mon impression : au début des années 80, j'étais un producteur connu, et je venais d'un groupe qui était populaire. Non seulement j'avais fait un tube avec David Bowie, mais j'avais eu ma propre carrière avant de le rencontrer, et mes disques avaient plus de succès que les siens. Personne chez Warner Bros, Atlantic, ou Elektra n'avait eu de plus gros tube que Chic. Les journalistes allaient commencer à lui poser des questions comme : "Dans quelle mesure Nile a-t-il contribué à ce succès ?", et c'est très difficile pour n'importe quel artiste, surtout quelqu'un de son envergure. J'ai lu les interviews, comme celui de *Rolling Stone*. Je ne sais pas si mon nom est mentionné, mais s'il y est, il n'y est qu'une seule fois. Tous les compliments vont à Iggy, ou à Robert Fripp, et je me disais "dis donc, si tu as fait la couverture de *Time*, c'est grâce à *Let's Dance*, pas à toutes ces conneries." J'ai eu l'impression qu'il cherchait délibérément à prendre ses distances avec moi. Maintenant, dans les années 90, quand on l'entend parler, c'est tout juste s'il ne dit pas : "Je n'aurais pas dû faire *Let's Dance*. Au fond, c'était un album de Nile Rodgers auquel j'ai participé." Mais rien ne pourrait être plus faux. J'aurais été totalement incapable de faire un disque comme ça sans David. Je n'aurais même pas voulu essayer. Mais, à l'époque, s'il avait reconnu mon rôle, ça m'aurait ouvert des portes. J'aurais adoré produire d'autres groupes rock, comme U2 ou Sting, par exemple. »

Par contraste avec ses méthodes expérimentales des années 70, Bowie faisait à présent des démos chez lui et terminait les chansons en studio. C'était une façon plus classique de procéder, qui était relativement nouvelle pour lui (il avait rarement eu recours à cette méthode depuis *Ziggy Stardust*). Bob Clearfountain, ingénieur du son sur *Let's Dance*, fut sollicité pour travailler sur l'album, mais il n'était pas disponible, et recommanda le producteur britannique Hugh Padgham, qui avait déjà participé à des albums réussis de Genesis, Peter Gabriel, XTC et Police. Padgham suggéra un studio qu'il avait utilisé avec Police – Le Studio, à Morin Heights, au Canada, à environ 150 kilomètres au nord de Montréal.

Les enregistrements commencèrent en mai 1984, moins de cinq mois après la fin de la tournée. Bowie, dont les cheveux avaient repris leur teinte châtain naturelle, arborait à présent une petite moustache légèrement comique. Sur les conseils de son attaché de presse à Londres, Bernard Doherty, Bowie avait engagé à la production le relativement inconnu Derek Bramble, qui avait été bassiste dans le groupe disco britannique Heatwave et, plus récemment, dans Lynx avec le chanteur David Grant. Deux titres reggae, une reprise de la chanson d'Iggy Pop *Don't Look Down* et *Tonight,* suggéraient une cohérence qui faisait défaut au reste de l'album. Bramble « a rendu possibles les morceaux reggae, affirma Bowie. Derek excelle à laisser des espaces. Il n'a pas peur de ne *pas* jouer une note. »

C'était l'occasion pour Bowie de créer un album de « plastic reggae ». Alomar était également présent aux sessions, de même que Omar Hakim, qui avait joué avec Weather Report. Leurs qualités musicales et techniques étaient remarquables. Mais voilà, c'était un groupe de virtuoses, dont l'approche était très différente des autres groupes de Bowie.

Dès le début, bien que les sessions se soient passées sans anicroche particulière, il fut évident que quelque chose manquait. Hugh Padgham raconte : « A l'époque, j'avais produit ou coproduit, j'avais fait des disques qui avaient bien marché pour Police, et je n'étais pas très chaud pour faire l'album comme simple ingénieur du son. Mais parce que c'était Bowie, je me suis dit que je ne pouvais pas manquer une occasion pareille. Carlos a vraiment été le héros inconnu de cet album – son travail n'a jamais été reconnu comme il aurait dû l'être. Il avait été absent pour *Let's Dance* et tout d'un coup, il était de retour. Je crois qu'il y avait un peu de rancune dans l'air, même si ça ne se voyait pas, je crois que c'était inévitable.

« Je me souviens d'occasions où il a fallu que j'intervienne. Je crois que ça a commencé quand David chantait et que Bramble disait : "Il faut que tu la refasses", pour telle ou telle raison. J'essayais de me taire et je voyais que David avait l'air perplexe. J'ai fini par dire : "Écoute, Derek, il n'y pas de problème avec cette prise. Il n'y pas de fausse note. Qu'est-ce que tu fabriques ?" Je pense que Derek n'était pas habitué à ce qu'un chanteur n'ait besoin que d'une prise ou deux. Il a fini par y avoir deux camps, avec David et moi d'un côté, et Bramble, le producteur, de l'autre. »

Alomar ne mâche pas ses mots pour résumer sa propre perception de la situation : « Derek Bramble était un type très gentil, mais il n'y connaissait rien. Hugh Padgham était excellent, mais il n'était qu'ingénieur du son, et même s'il a fait de son mieux, il n'empêche que c'était Derek le producteur. »

Padgham était impressionné par les compétences techniques de Bowie. « Il arrivait l'air hagard, mais c'était parce qu'il avait passé toute la nuit avec une fille ! glousse Padgham. Je ne crois pas avoir travaillé avec un chanteur aussi professionnel que lui. Il y a des chanteurs pour qui les prises vocales sont vraiment pénibles, que ce soit à cause de leur attitude ou des réglages, mais lui, il arrivait au studio, répétait une fois, et puis on mettait la cassette et la plupart du temps, c'était bon. »

Padgham adorait aussi avoir Iggy Pop présent aux sessions – là, on pouvait toujours s'attendre à un feu d'artifice créatif. Bowie et Iggy avaient passé des vacances ensemble à Bali et à Java après le Serious Moonlight Tour, et Bowie était enthousiaste pour collaborer de nouveau avec Iggy sur son projet solo. En guise d'avant-goût de ce que pourrait être une collaboration plus formelle, il invita Iggy aux sessions de son nouvel album. Le résultat fut *Tumble And Twirl*, un collage maladroit de cors, de rythmes funky et de world music qui ne décolla jamais vraiment, et *Dancing With The Big Boys*, avec sa caisse claire atténuée, son riff distinctif et le son strident des cors, un autre quasi-ratage qui faillit réussir. D'après Padgham, Iggy et Bowie écrivirent d'autres chansons qui n'apparurent pas sur l'album final. « Iggy en a fait pas mal. Il y avait aussi une série de chansons que David avait écrites, et peut-être une ou deux avec Iggy qui étaient plus marginales. C'était peut-être parce que David s'ennuyait au studio, qui était en pleine cambrousse, mais j'avais l'impression qu'il ne voulait pas se donner la peine d'écrire des chansons et de les finir. En écoutant les bandes, on trouverait sûrement un lot de chutes qui, à mon avis, avaient vraiment du potentiel. »

A mesure que les sessions se déroulaient, il devint évident que le matériau n'était pas à la hauteur. « Je détestais *Blue Jean* », avoue Padgham.

« Le comble, pour moi, ç'a été la chanson *Tonight* avec Tina Turner. Elle était vraiment bonne, mais je trouvais le disque beaucoup trop pop. Quant ils ont décidé d'appeler l'album *Tonight*, j'étais atterré. Mais j'avais vingt-sept ou vingt-huit ans, j'étais un peu intimidé et j'hésitais à dire à quelqu'un comme lui ce qu'il avait à faire. J'étais très contrarié, et je suppose, avec du recul, que je n'ai pas eu le courage de lui dire de finir les autres chansons. Il entrait en studio avec Iggy et ils écrivaient des paroles ensemble plus ou moins au moment de les chanter. Ça me plaisait quand il était là et que ça marchait bien. Ils ont commencé deux ou trois chansons, mais ils n'avaient pas les paroles. Si on avait enlevé *Tonight*, *Blue Jean* et *God Only Knows* et si on les avait remplacées par deux ou trois morceaux plus rock ou plus alternatifs, le parfum de l'album aurait été différent.

« En y réfléchissant, on sent qu'il a sans doute été forcé de retourner en studio avant d'être prêt, ou alors il pensait qu'il ne pouvait pas échouer, même en n'étant pas préparé. Je pense qu'il a toujours été assez vaniteux. Le fait d'avoir eu un succès mondial et d'être devenu une grande star était sûrement plus présent à son esprit que tout autre chose. Il adorait être avec Tina Turner quand elle est venue. Si on pense à cette période-là, je parie qu'on revoit David en complet blanc Anthony White, entouré de célébrités, et, pour moi, ça se sentait. C'était illustré par le fait qu'il ne voulait pas se donner le mal de finir de belles chansons parce qu'il voulait se dépêcher de sortir le disque. »

Au bout de quelques semaines, Bramble s'en alla et Bowie demanda à Padgham de le remplacer comme producteur. Padgham n'a jamais su si Bramble avait été renvoyé ou prié de s'effacer, mais il accepta volontiers. « David m'a pris à part un jour et il a dit : "Je veux que tu mixes ce disque et que tu le finisses." Je me retrouvais avec un album que je considérais par certains côtés médiocre. J'ai eu exactement le même problème avec Mc Cartney peu de temps après, quand j'ai produit son album *Press To Play*. Et la seule fois où j'ai fait une remarque à Mc Cartney à propos d'une de ses chansons, il m'a dit : "Hugh, combien de tubes as-tu écrit ?" C'était la chose la plus méchante qu'on m'avait jamais dite, et j'aurais voulu disparaître dans un trou de souris, mais j'étais aussi très en colère et je ne l'ai jamais pardonné, pour être franc. Depuis, j'ai toujours eu le courage de mes convictions. Si je travaillais avec David mainte- nant, je lui dirais sans doute : "Tu essaies de faire un album pop ou quoi ?" Mais c'est difficile. Qui suis-je pour dire au grand David Bowie que ses chansons sont nulles ? ! »

Carlos Alomar était plutôt satisfait du disque – « Il y avait pas mal de bons morceaux qui me plaisaient. *Loving The Alien*, par exemple Celle-là, on y a beaucoup réfléchi, parce qu'elle parlait de Major Tom. » Malgré tout, c'était le premier album de Bowie qui contenait plus de ratages que de succès. Les points faibles de l'album étaient une interprétation d'amateur de *God Only Knows* sur la face A et un remake de *I Keep Forgetting* sur la face B. Pour le classique des Beach Boys, il était évident que Bowie ne serait pas à la hauteur. Il est techniquement compétent, mais sa version est posée et lourde. Pour *I Keep Forgetting*, enregistré à l'origine dans un R&B solide par Chuck Jackson, Bowie était confronté au problème inverse : faire d'une chanson relativement obscure un tube destiné au grand public. Son interprétation est si maniérée et polie qu'elle en devient indigne d'intérêt.

En revanche, les autres reprises d'Iggy, *Don't Look Down* et *Neighbourhood Threat*, décollent vraiment. Les deux nouvelles chansons écrites avec Iggy font pâle figure comparées aux gloires du passé, ce qui ne laisse que les deux chansons de Bowie. *Blue Jean*, décrite plus tard par Bowie comme du « rock'n'roll sexiste », et inspirée en partie par l'atmosphère de *Something Else*, d'Eddie Cochran, est une bonne chanson pop – un tantinet ordinaire pour Bowie, mais largement supérieure aux autres à l'exception du bijou de l'album, *Loving The Alien*. Bowie la chante superbement, la musique est grandiose, et la section des cordes qui conclut le disque, créée par Arif Mardin, est véritablement splendide. Les paroles commentent les mensonges et les tromperies sur lesquels repose le pouvoir de la religion organisée et l'intolérance générée par tout le système idéologique. Bowie y ajoute une réitération du mythe du Christ extraterrestre qu'il avait déjà exploré avec le Major Tom et Ziggy. Le refrain vocal de l'introduction, qui se répète dans la chan- son, emprunte à *O Superman* de Laurie Anderson. Beaucoup trop audacieuse pour un album pop comme *Tonight*, la chanson domine de loin toutes les autres.

Au fond, Bowie était extrêmement mécontent de l'album, comme en témoignent les commentaires vaguement honteux qu'il livra à Charles Shaar Murray dans une interview de 1984, la seule qu'il ait donnée pour promouvoir *Tonight*. « Je crois que je commençais à me sentir plus sûr de moi pour ma vie, mon état de santé... J'ai des rechutes comme tout le monde, mais dans l'ensemble, je me sens plutôt heureux de mon état mental et physique. Je suppose que je voulais que ma musique entre aussi dans une ère plus calme, plus saine, mais je ne suis pas sûr que ç'ait été très sage de ma part. » Cauchemar pour son équipe de relations publiques ! A peine l'album était-il sorti que l'artiste le désavouait... Les critiques, et une partie du public, en conclurent tout simplement que Bowie avait cédé à la pression de la maison de disques et qu'il était devenu une « pute de la pop ».

Le single *Blue Jean* fut classé n° 6 au Royaume-Uni. « C'est le clip qui a vendu cette putain de chanson ! », est le commentaire sans appel d'Alomar sur le seul tube de issu de *Tonight*. Dans sa version longue, le clip produit par Julien Temple est une comédie légère. Bowie y joue deux personnages : un fan débile, Vic, et son double, Screaming Lord Byron – parodiant sans prétention ses alter ego des années 70. *Jazzin' For Blue Jean* était plus un court métrage qu'un long clip, et figura en tant que tel lors de sa première à Londres le 21 septembre, en introduction à *La Compagnie des loups*.

La présentation et la promotion de l'album (lequel, en dépit de ses faiblesses manifestes, fut brièvement n° 1 au hit-parade anglais), furent aussi de second ordre. La pochette, une sorte d'hommage à l'œuvre des Britanniques Gilbert et George, dandies de l'art vivant, était insignifiante, et l'image de Bowie à l'époque – chemises tape-à-l'œil et cheveux ras teints en brun foncé – correspondait certainement à l'idée que quelqu'un d'autre se faisait de la classe, pas à celle de Bowie. Pour la première fois de sa carrière, sur le plan vestimentaire, Bowie était ordinaire.

Les derniers mois de 1984 et les premiers de 1985 furent consacrés à divers projets, tous plus risqués les uns que les autres. On demanda à Bowie de chanter les deux premières strophes d'un nouveau cantique de Noël, *Do They Know It's Christmas ?* écrit pour la bonne cause, mais à la hâte, par Bob Geldolf des Boomtown Rats et Midge Ure de Ultravox. Bowie brilla par son absence lors de l'enregistrement de la chanson le 25 novembre 1984. Il était difficile de l'imaginer, même pendant la période la plus hollywoodienne de sa carrière, à l'aise avec les Bananarama ou Marilyn. Il contribua néanmoins à un message solennel de circonstance pour la face B du disque (« *It's Christmas, 1984, and there are more children starving than ever before* (C'est Noël, 1984, et jamais autant d'enfants n'ont eu faim) »). Le single se vendit bien sûr à plus de deux millions d'exemplaires en Angleterre et tombait à point nommé pour rappeler au monde que, dans la curée capitaliste qu'était l'industrie du rock, quelques-uns au moins se souciaient du reste de l'humanité. Band Aid donna naissance à d'innombrables imitations et sous-produits.

Bowie, toujours réticent à s'associer à une cause politique (étant d'une part extrêmement riche et privilégié, et d'autre part incroyablement ambivalent sur le plan politique), garda ses distances. Tout au moins pendant un temps.

Son propre pseudo-chant de Noël, *Tonight*, ayant fait un flop total, avec ou sans Tina Turner, Bowie enregistra une nouvelle chanson intitulée *This Is Not America*, avec le guitariste de jazz new-age Pat Metheny et son groupe, pour la bande son du film *Le Jeu du faucon*. Pour Bowie, c'était une incursion en territoire inconnu. Nostalgique, rythmée, la chanson hésitait entre jazz et musique new-age méditative. Sur le plan stylistique, elle s'avéra être un cul-de-sac (Bowie n'enregistrerait plus jamais rien de ce genre à l'avenir), mais il est intéressant, quoique tout à fait bizarre, de l'écouter. Cela dit, elle obtint un succès fou en Allemagne, et plus modéré au Royaume-Uni, où elle atteignit la 14e place au hit-parade, redorant le blason commercial de Bowie après *Tonight*.

Cependant, 1984 avait été la première mauvaise année de Bowie depuis les frustrations et les mauvais calculs des années 1960. Avec un album qui manquait de tubes, il perdait le soutien du public qu'il s'était acquis en 1983, et perdait aussi des fans parmi ses fidèles, qui commençaient à le déserter pour les nouveaux marchands de cafard qu'étaient les Smiths ou Cure, ou encore Prince, que la plupart des critiques considéraient comme le successeur naturel de Bowie, et qui venait de percer pour de bon avec *Purple Rain*. Pour la première fois de sa carrière, Bowie était un homme du passé.

Le triomphe de Bowie à Wembley le 13 juillet 1985 était celui du style et du professionnalisme. Queen, des habitués du stadium rock, et U2, qui avaient en fait quitté la scène déçus par leur propre prestation, obtinrent les meilleures critiques, mais ce fut Bowie qui donna le meilleur spectacle. Il commença, plutôt faiblement, par *TVC15*, une chanson qui lui était évidemment plus chère qu'à nous autres, puis embraya sur un superbe *Rebel Rebel* et *Modern Love*, avant d'offrir au public la meilleure version de « *Heroes* » qu'il ait jamais chantée et qu'il préfaça d'un moment particulièrement touchant : « J'aimerais dédier cette chanson à mon fils, à tous nos enfants... et aux enfants du monde entier. » Le moment où Bowie tend la main vers celle de Clare Hirst, la saxophoniste, alors qu'il prononce les vers « *And we kissed, as though nothing could fall* (Et on s'est embrassés, comme si rien ne pouvait s'effondrer) », fut sincèrement poignant, dans ce spectacle de grands gestes et de stadium rock.

Bowie revint sur scène après les dix-huit minutes de son programme pour présenter ce qui était indéniablement la séquence la plus émouvante de cette journée riche en émotions. Une équipe de télévision de CBC avait suivi Geldof au cours des semaines précédant Live Aid, et avait recueilli des images atroces d'enfants mourant de faim à Addis-Abeba. Ayant vu le film, Bowie, ému, décida aussitôt de supprimer *Five Years* pour que le film puisse être montré à sa place, (le programme de la journée était très dense, et des dizaines de groupes se partageaient un temps limité sur scène). Le documentaire, accompagné de la chanson d'amour des Cars, *Drive*, figure parmi les montages visuels et musicaux les plus bouleversants jamais réalisés. Les promesses de dons s'accrurent de manière spectaculaire après sa diffusion.

Bowie avait également prévu de chanter un duo avec Mick Jagger. Au départ, ils devaient interpréter une chanson ensemble par l'intermédiaire d'un lien satellite, Bowie étant à Londres et Jagger à Philadelphie. Ils firent un essai par téléphone, avec *One Love* de Bob Marley, mais la technologie n'était pas au point. Un décalage infime rendait impossible la synchronisation des deux voix pour un concert en direct. Par conséquent, quelques jours seulement avant le concert, Bowie invita Jagger à venir le rejoindre dans un studio de Londres où il était en train d'enregistrer *Absolute Beginners,* la chanson qui avait donné son nom à son dernier projet de film avec les producteurs Clive Langer et Alan Winstanley. Ils décidèrent d'enregistrer une version du vieux tube de Martha Reeves and the Vandellas, *Dancing In The Street*. Alan Winstanley raconte :

« On était samedi et je me souviens que Bowie est entré en disant : "Est-ce qu'on peut finir à six heures ce soir ? J'ai Mick qui doit venir." Bref, vers cinq heures, on a décidé de préparer la chanson. On a sorti la version de Martha Reeves and the Vandellas, que je trouve géniale, et le groupe a appris les accords. Ils ont commencé à jouer, et c'était épouvantable ! On aurait dit un orchestre de cabaret. J'étais aux contrôles, et je me tenais la tête dans les mains, en me disant "Qu'est-ce que c'est que ce merdier ?" »

« Dans l'intervalle, Jagger était arrivé – il n'est pas passé aux contrôles, il est entré directement dans le studio – et je regarde par la vitre, et il prend sa "posture Mick Jagger", la main gauche sur la hanche et l'autre qui pointe en l'air. Neil Conti, le batteur, est à l'autre bout du studio. Il lève les yeux, voit Jagger qui se pavane dans la salle, et tout d'un coup, il passe la cinquième ! En un éclair, tout le groupe s'était réveillé. On avait déjà installé un micro dans une cabine à côté de celle de Bowie. A ce moment-là, Bowie chantait tout seul. Jagger est entré dans la cabine, il a commencé à chanter avec Bowie, et la première prise a été la bonne. »

Dancing In The Street, un classique repris par deux légendes du rock, ne pouvait manquer d'impressionner les médias, et la pression ne tarda pas à se faire sentir pour que la chanson sorte en single. Le clip, quoique populaire sur MTV, était, à vrai dire, un brin gênant, et le disque assez ordinaire. « C'est vrai, avoue Winstanley. Ce n'était pas une version géniale, mais elle était meilleure que ce qu'on avait cinq minutes plus tôt, avant l'arrivée de Jagger ! A ce moment-là, ça ne devait pas être un disque – c'était seulement la bande-son du clip de Live Aid. A dix heures, on avait un brouillon de mix, ils l'ont emporté à l'équipe de tournage à l'autre bout de Londres, et ils ont fait le clip. »

Bien que *Dancing In The Street* ait été son cinquième, et jusqu'à ce jour, dernier n° 1 en Angleterre, la chanson sur laquelle Bowie avait travaillé pendant les sessions avec Langer et Winstanley, *Absolute Beginners* était, elle, un véritable bijou. Winstanley se souvient d'avoir rencontré Bowie dans sa suite au St James Club, où celui-ci leur passa la démo. « Je suis sorti de là avec Clive, raconte Winstanley. On est montés dans l'ascenseur et on a dit : "Merde alors, cette chanson-là, c'est du tout cuit !" La démo était super. Je crois qu'il l'avait faite à Abbey Road. Mais il fallait quand même retravailler la démo. Je veux dire, il appelait ça une démo, mais c'était aussi bon qu'un truc fini. C'est un producteur fantastique, de toute façon. »

Bowie a souvent parlé des années 80 comme d'une « expérience du vide », pendant laquelle sa créativité lui aurait été ravie par les forces du mercantilisme. Pourtant, Winstanley ne remarqua chez lui aucun signe d'un manque de motivation. Et Winstanley avait bel et bien un classique de Bowie en poche. « C'était ce qu'il avait fait de mieux depuis *"Heroes"*. Avec les chœurs d'accompagnement, c'était presque une parodie de lui-même, mais affectueuse, bien sûr ! Je ne sais pas s'ils étaient sur la démo, mais on les a ajoutés délibérément. »

Bowie prit lui aussi un grand plaisir à l'enregistrement. « Pendant qu'on faisait la partie vocale de *Absolute Beginners*, il se mettait de temps en temps à faire des imitations, raconte Winstanley en riant. Lou Reed, Bruce Springsteen, Iggy Pop... et on aurait cru que c'étaient eux ! On a tout enregistré, mais à la fin il s'est assuré qu'on lui avait rendu les cassettes. Mais on a passé de bons moments ! »

Absolute Beginners sortit finalement en mars 1986, et entra dans le hit-parade anglais à la 8ᵉ place. La semaine suivante, il était n° 2 et paraissait destiné à devenir le sixième n° 1 de Bowie, son cinquième des années 80. Cependant, une semaine plus tard, il était retombé à la 3ᵉ place, derrière le n° 1 de la semaine précédente, *Chain Reaction* de Diana Ross, et un autre disque à but caritatif, cette fois pour Comic Relief. Winstanley trouva la chose plutôt ironique. « Pendant qu'on faisait *Absolute Beginners*, Clive et moi avons été sollicités pour un disque à but caritatif avec Cliff Richard et les Young Ones. Bowie en a eu vent et il nous a dit : "Vous ne pouvez pas faire ça. Ne travaillez pas avec Cliff Richard et les Young Ones. Ça va être un désastre !" Bref, on a refusé la proposition, et c'est ce disque-là, *Living Doll* qui nous a empêchés d'être n° 1 ! »

1985 débuta par une tragédie personnelle pour Bowie. Son demi-frère Terry Burns avait fait une tentative de suicide pendant les fêtes de Noël. Après s'être échappé de Cane Hill, l'hôpital psychiatrique où il vivait depuis près de deux décennies, il s'était rendu à la gare de Coulston South et s'était allongé sur les rails juste avant le passage du rapide de Londres. Au dernier moment, il s'était écarté de la trajectoire du train. Plus déprimé que jamais, il prit aussitôt une overdose de tranquillisants, et dut subir un lavage d'estomac à l'hôpital. Trois semaines plus tard, Terry s'échappa de nouveau. Cette fois, cependant, il ne bougea pas, et quand le conducteur aperçut la silhouette étendue sur la voie, il était trop tard. Il n'avait que 47 ans. Onze personnes assistèrent à ses obsèques. Bowie n'en faisait pas partie. « Tu as vu plus de choses qu'on ne saurait l'imaginer, mais tous ces moments seront perdus, comme des larmes emportées par la pluie. Dieu te bénisse – David » étaient les mots qui figuraient sur la carte de Bowie, envoyée avec un bouquet de roses rouges.

Les médias s'emparèrent de l'événement, voyant dans l'absence de Bowie, qui avait décidé de ne pas se rendre aux obsèques par crainte d'un « cirque médiatique », une preuve de son indifférence à l'égard de Terry pendant les années 70 et 80. Trois ans plus tôt, Terry avait déjà tenté de se suicider en se jetant par la fenêtre de sa chambre à Cane Hill, et s'était fracturé un bras et une jambe. Inquiet, Bowie lui avait rendu visite, faisant sans doute naître en Terry l'espoir que son jeune frère reviendrait plus souvent. Cependant, être une superstar apporte son lot d'aliénation et de dureté : en 1983, Bowie niait systématiquement son passé, le réécrivait. Pendant la tournée Serious Moonlight, Bowie et/ou Coco prirent soin d'écarter les figures du passé de Bowie, y compris des amis fidèles qui lui avaient rendu de grands services. Ava Cherry, Paul Rivens qui avait joué avec Bowie adolescent, Michael Lippman et Angie Bowie se virent refuser tout accès, rayer des listes d'invités, ou, dans le cas d'Angie, délivrer une injonction judiciaire lui interdisant de s'approcher de la tournée. Le filtre était si efficace que le frère de Bowie lui-même en fut victime. Bien sûr, Bowie n'a jamais rendu publique sa propre version des faits, et il faut espérer qu'il saisira l'occasion de le faire avant d'être jugé par la postérité. Mais il semble qu'au début des années 80, Bowie ait été résolu à rejeter son passé, ou tout au moins à l'arranger, et il en avait certainement les moyens.

En 1985 furent publiés les premiers articles de révélations des journalistes Peter et Leni Gillman. Les Gillman n'étaient pas des fans de Bowie ni de sa musique – tout au moins au départ. Pendant qu'ils faisaient des recherches pour leur livre, *Alias David Bowie*, ils découvrirent des preuves qui leur parurent convaincantes et irréfutables des antécédents de maladie mentale dans la famille de ce dernier. Bowie s'était montré assez franc quand on l'avait interrogé à ce sujet dans des interviews remontant jusqu'aux années 70 (il déclara en 1976 à Stuart Grundy : « La plupart des gens disent : "Oh, ma famille est complètement folle, vous savez." Eh bien, la mienne l'est vraiment. »), mais les Gillman ne prirent pas de gants, et reconstituèrent un arbre généalogique plein de tantes cinglées et de parents malades mentaux. Bowie dut être humilié de voir sa famille disséquée avec tant de soin.

L'analyse des Gillman est séduisante ; à leurs yeux, toute l'œuvre de Bowie, jusqu'à la chanson la plus innocente, est une tentative d'exorcisme de la « malédiction familiale ». Ils venaient de toucher un nerf très sensible. Après 1983, Bowie avait été présenté dans les médias comme un homme responsable, un individu sincère, un bon père, qui avait laissé loin derrière lui son passé de drogues et de liaisons avec les femmes (et les hommes). Le livre des Gillman livrait en pâture au public certains de ses moments les plus intimes. Bowie se sentit également trahi en voyant les noms de certains de ses plus fidèles ex-amis et alliés dans les remerciements (Lindsay Kemp, Ken Pitt, Ken Scott... et Tony Visconti.).

Renforçant ce sentiment de trahison, un autre ouvrage publié en 1986, *Stardust*, écrit par Tony Zanetta et Harry Edwards, révélait en détail la folie des années MainMan et la décision, prise par Bowie après la tournée Serious Moonlight, d'« effacer » son passé. Une fois de plus, Bowie n'apparaissait pas sous un jour très flatteur. Devenu une star internationale, Bowie payait le prix de sa colossale célébrité. Alors que dans les années 70, il avait été l'idole des journalistes, à présent, son plan de normalisation et le déclin de son inspiration lui valaient des attaques personnelles plutôt que professionnelles.

Après un intervalle de trois ans, sa carrière musicale sombrant dans la confusion, Bowie prit en 1985 la décision de renouer avec sa carrière d'acteur. Ayant refusé d'incarner le personnage du méchant dans le nouveau Bond, *Dangereusement vôtre* (rôle que tint finalement Grace Jones), il accepta un petit rôle de tueur dans le film d'espionnage de John Landis, *Série noire pour une nuit blanche*, et enchaîna avec deux autres films.

Le premier fut la comédie musicale de Colin McInnes, *Absolute Beginners,* réalisée par Julien Temple, qui avait déjà tourné en 1979 le film punk-rock controversé *La Grande Escroquerie du rock'n'-roll*, et avait collaboré avec Bowie l'année précédente sur *Jazzin' For Blue Jean*. Temple avait impressionné ce dernier par sa forte détermination et son approche iconoclaste de la culture populaire. Tous deux se retrouvaient au bar Italia à Londres pour boire un café, et Temple régalait Bowie d'anecdotes sur les guerres du punk qui avaient lieu six ans plus tôt, à une époque où il était à l'avant-garde des nouveaux réalisateurs et où Bowie se trouvait isolé à Berlin. L'idée de Temple de faire un film intitulé *Goldcrest* et financé par la société de production du même nom plaisait à Bowie, qui s'intéressait à l'histoire de la pop. Goldcrest avait été à l'origine de films tels que l'infortuné *Revolution*, où Annie Lennox incarnait son premier et seul rôle au cinéma, et *Absolute Beginners* était le film de la dernière chance pour la compagnie. Il plongerait dans l'aube de la culture pop britannique, retournerait aux années 50. Il exposerait aussi l'histoire secrète de l'intolérance raciale et les émeutes de Notting Hill.

Bowie accepta d'écrire la musique du film et de jouer le rôle de Vendice Partners, publicitaire aussi véreux qu'obséquieux, et exécuta même – pour la première fois, et, espérons-le, la dernière – un numéro de claquettes devant la caméra. Au fond, le rôle de Bowie était assez mineur, et le film – un amalgame discordant de comédie musicale et de clips – ne fut ni le flop prédit par certains, ni le succès commercial et critique dont Goldcrest avait désespérément besoin. Il sortit à grand renfort de publicité au printemps 1986, et reçut un accueil plutôt tiède. En fin de compte, *Absolute Beginners* en disait plus long sur la vacuité des années 80 que sur l'esprit d'aventure et de nouveauté des années 50.

Bowie enfila ensuite une perruque de kabuki blonde et des collants fort serrés pour jouer dans le dernier film de Jim Henson, *Labyrinthe*. Le film, un pastiche d'œuvres fantastiques destinées aux enfants, depuis *De l'autre côté du miroir* jusqu'au *Magicien d'Oz*, était assez agréable, en dépit de chansons assez faibles de Bowie. Bowie dans le rôle de Jareth, roi des Gobelins, n'est ni assez méchant, ni assez cruel pour donner le genre de frisson que les grands enfants auraient aimé, et juste un peu trop effrayant pour les moins de cinq ans. Le film est loin d'être aussi terrifiant, enchanteur et moralisateur que *Le Magicien d'Oz*. Il contient une intrigue secondaire plus sérieuse, celle de l'éveil de la sexualité de Sarah, l'héroïne du film, incarnée par Jennifer Conolly, qui est à la fois attirée et repoussée par l'efféminé roi des Goblins alors qu'elle tente de sauver son jeune frère, mais cela reste superficiel, et le film aurait pu s'en dispenser. Curieusement, la bande-son, où figuraient cinq nouvelles chansons de Bowie, sortit six mois avant le film, garantissant du même coup son échec commercial. Elle est presque entièrement sans intérêt, si l'on excepte une nouvelle version de *Let's Dance* intitulée *Magic Dance*, et *Underground*, influencé par le gospel, qui fut un succès mineur

313

en Angleterre en 1986 (et inspira trois ans plus tard le bien meilleur *Like A Prayer* de Madonna). Bowie, toujours à la recherche d'un son blues authentique, avait fait appel au grand guitariste Albert Collins et au vétéran Arif Mardin (qui venait de produire pour Scritti Politti l'album fondamental de fusion *dance*/pop *Cupid And Psyche '85*). Mais les chansons manquaient de substance, et ce qui aurait pu être un projet intéressant échoua à cause d'une absence criante de qualité.

Pour la plupart des fans, la carrière d'acteur de Bowie était avant tout une diversion, et une des raisons principales pour lesquelles Bowie a produit une musique si fade pendant les années 80. Pour obtenir des rôles importants, le soutien des sociétés de production, et des succès au box-office, il fallait impérativement que sa carrière de pop star se cantonne au mainstream, sans s'autoriser de dangereuses incursions dans l'avant-gardisme ou l'inquiétant. Dans l'ensemble, le public ne voulait pas de Bowie comme acteur ; il voulait que Bowie fasse ce qu'il faisait de mieux, autrement dit, de la musique. Ses divagations cinématographiques irritaient d'autant plus qu'il acceptait, dans une large mesure, des rôles d'une inquiétante médiocrité.

Sa métamorphose de star d'avant-garde des années 70 en artiste touche-à-tout était désormais complète. Au cours d'une série d'interviews, Bowie insista presque désespérément sur le fait que non seulement il acceptait son nouveau rôle d'« artiste populaire », mais qu'il le désirait. Une interview avec Dave Thomas en mars de cette année-là donne une indication de son moral moribond. A propos de musique, il déclare : « La musique est tellement nulle en ce moment... je n'écoute plus la radio. J'écoute ma vieille collection de disques » ; à propos de son art : « la musique commence à mûrir... je n'ai plus le désir intense de persuader les autres que j'ai raison » ; et enfin à propos de son public : « Pourquoi devrais-je écrire pour des adolescents ? Je ne pourrais que devenir une figure paternelle. » Les biographes de Bowie sont prompts à affirmer que Bowie « s'est trouvé » dans les années 80, au terme d'années de travail psychique. En fait, c'est tout le contraire : plus qu'aucun de ses précédents personnages, le Bowie « normal » de cette période était un rôle de composition.

Cependant, 1986 se termina sur une note beaucoup plus encourageante, avec la sortie de l'album *Blah Blah Blah* d'Iggy Pop, produit par Bowie. Depuis, Iggy l'a pratiquement renié, affirmant qu'il a tous les attributs d'un album de Bowie hormis son nom, mais c'est se montrer injuste envers ce qui est, en réalité, un très bel album d'Iggy Pop, même s'il est étrangement pop. Cinq chansons avaient été écrites en collaboration avec Bowie, y compris la superbe *Shades*, une ballade brûlante, légèrement psychotique, aux paroles enfantines (Iggy dut changer le vers : « *It makes me come in the night* (Ça me fait jouir dans la nuit) », pour la sortie du single). La chanson-titre de l'album était elle aussi une innovation : pour le riff, Bowie et Iggy avaient samplé des bribes d'informations télévisées. Avec la chanson éponyme du film antinucléaire de Raymond Briggs, *When The Wind Blows*, dans laquelle Bowie chante magnifiquement sur un autre sublime morceau de percussion (cette fois dû au multi-instrumentiste turc Erdal Kizilcay, qui travailla avec Bowie sur ses démos en Suisse), *Blah Blah Blah* semblait annoncer un retour en forme à l'occasion du nouvel album et de la tournée promis pour l'année suivante. Néanmoins, 1987 s'avéra être une année de crise pour Bowie.

Enregistré immédiatement après les sessions de *Blah Blah Blah* aux Mountain Studios en Suisse, en automne 1986, *Never Let Me Down*, coproduit avec David Richards, et auquel participaient Erdal Kizilcay et l'ancien camarade de collège de Bowie, Peter Frampton, à la lead guitar, est l'un des albums les moins convaincants de Bowie. Une seule chanson soutient la comparaison avec son travail des années 70 – la troublante *Time Will Crawl*. Alors que *Tonight* était confus et chaotique, son successeur plus cohérent est terriblement surproduit : le mix est embrouillé par une foule d'instruments superflus.

Day In Day Out, le single de lancement (qui entra d'ailleurs dans le Top 20), en est la parfaite démonstration. Une cacophonie surchargée de guitares et de cors accompagne des paroles traitant des souffrances des sans-abri aux États-Unis. *Day In Day Out* était un avant-goût du didactisme du projet de Tin Machine. Le reste de l'album semble sans conviction, forcé, en dépit de quelques signes prometteurs. *Glass Spider*, vilipendée à l'époque pour son introduction parlée, est très bien construite. *Never Let Me Down*, coécrite avec Carlos Alomar – un hommage à Coco et aux ballades de Lennon comme *Jealous Guy* – est relativement entraînante. *Shining Star (Makin' My Love)*, quoique ridiculement grêle, est aussi assez rythmée, et feint de rendre hommage à la mode musicale de l'époque avec une section rap où figure l'acteur Mickey Rourke. Les autres chansons varient en qualité. Certaines possèdent un potentiel non exploité (*Beat Of Your Drum*, *Zeroes*) mais d'autres sont superflues, comme *Bang Bang* et l'horrible *Too Dizzy* (que Bowie tenta à juste titre de supprimer de son catalogue en l'effaçant de l'album lorsqu'il ressortit en 1995). Curieusement, la chanson la plus entraînante du lot, *Julie*, fut reléguée à la face B, mais survécut au remaniement de l'album dans les années 90.

Carlos Alomar estime que l'album tout entier « manquait d'inspiration ». La « nouvelle » méthode de travail de Bowie – venir en studio avec les démos – contrastait totalement avec ses expérimentations des années 70, et contribuait à donner à sa musique un côté raide et rabâché. De plus, Alomar est convaincu que les pressions de la maison de disques détruisaient l'art de Bowie :

« Jusqu'à l'époque de *Let's Dance*, il n'était jamais venu avec une démo. La première fois qu'il l'a fait quand je travaillais avec lui, c'était pour *Loving The Alien*, et on est tous tombés sur le cul. Pour *Never Let Me Down*, David arrivait en studio avec des démos qu'il avait faites avec son autre groupe en Suisse, où jouait Erdal Kizilcay. Je les trouvais dingues et elles me faisaient rire. Il me disait : "Joue ça", et je répondais "Pourquoi veux-tu que je joue un truc joué par ce type qui essaie de m'imiter, *moi*, et qui produit un son épouvantable ?"

David était complètement perdu pendant tout l'album. Il a baissé les bras. On ne peut pas constamment avoir une maison de disques qui vous dit : "Écoutez, ça ne va pas, donnez-nous un truc de ce genre. Travaillez avec Untel ou Unetelle, on ne veut plus que vous travaillez avec Untel." C'est des conneries. Au bout d'un moment, la maison lui a dit : "Allez en studio et sortez un autre album d'ici la fin de l'année, sinon vous aurez des problèmes de non-respect du contrat." Il n'avait pas envie de le faire. Et quand la politique d'une maison de disques finit par jouer sur votre humeur, ça n'est pas propice à l'inspiration.

« Si Bowie avait quitté RCA, c'était pour accomplir de grandes choses avec EMI. Quand on a des attentes qui sont déçues, c'est une blessure personnelle. Bowie se sentait trahi. Il parlait constamment de EMI, et disait combien ils étaient horribles. Ils faisaient toujours pression pour qu'il produise des disques commerciaux. »

A présent, Bowie était extrêmement riche. Il vivait dans diverses résidences luxueuses aux quatre coins du globe. Il avait déjà contribué à la pop plus que tout autre musicien après les Beatles. La dépendance et la paranoïa des années 70 étaient, sinon de lointains souvenirs (Bowie affirme qu'il a perdu presque tout souvenir de cette période, et ce n'est que récemment que la mémoire semble lui être en partie revenue), du moins assez distantes pour ne pas troubler son présent. Malgré sa bonne santé, le soutien et l'amour de son fils, il n'était pas un homme heureux. Il n'avait pas de relation stable, la solitude lui pesait, et son désir de faire de la musique novatrice avait été étouffé par un mélange de lassitude liée à l'âge et de pressions de sa maison de disques. Il était devenu la star fade qu'il n'avait jamais voulu être, et il commençait à haïr sa situation et à se haïr lui-même pour avoir eu la faiblesse de céder à l'attraction des dollars en 1983. Prenant conscience que sa vie professionnelle et personnelle devait changer, Bowie entama le processus de destruction de sa carrière de superstar. Il entrait dans la fin des années 80 en saint David Bowie, martyr du rock'n'roll.

10

DAVID BOWIE EST MORT, 1987-1990

Je détestais toute cette danse et toutes ces conneries.
Carlos Alomar à propos du Glass Spider Tour.

EMI voulait un second Let's Dance,
ils ont eu la Troisième Guerre mondiale !
Tim Palmer, producteur de Tin Machine.

Je suis maintenant tout à fait sûr que l'ère du rock est terminée.
Les gens vont continuer à faire du rock et à l'apprécier, bien sûr,
mais l'industrie de la musique ne s'organise plus autour du rock,
autour de la vente de disques d'un genre particulier à des jeunes.
Le sociologue Simon Frith, en 1988.

*Rock is deader than dead/*Le rock est plus mort que mort.
Marilyn Manson, chanson de 1998.

Le but initial du rock'n'roll était de faire entendre la voix de ceux
qui n'avaient ni la possibilité ni l'envie d'accéder aux médias.
C'est un cliché, mais les gens avaient besoin du rock'n'roll... Or il
est devenu un dieu de plus, n'est-ce pas ? Qui tourne en rond,
dans un cercle qui ne rétrécit jamais. Et le rock'n'roll est mort.
C'est une vieille femme édentée. C'est vraiment gênant.
David Bowie en 1975.

318

La tournée Glass Spider de 1987 fut une vaste tragi-comédie qui frôla de grandes choses avant de dégénérer en camelote de troisième ordre. Ce fut un tournant dans la carrière de Bowie, un moment qui eut plus d'impact sur lui en tant qu'artiste que la richesse que lui avait apportée Serious Moonlight, le génie de son œuvre de la fin des années 70, ou même Ziggy Stardust. Bowie ne serait plus jamais le même. Alourdi par une décennie et demie de théâtralisation, et, pour la première fois, assez riche pour jeter l'argent par les fenêtres (à la fin de la tournée, l'araignée en fibre de verre haute d'une vingtaine de mètres qui avait été conçue pour servir de décor fut brûlée en un acte symbolique de catharsis), Bowie était comme une étoile en fin de course.

Avec Glass Spider, Bowie avait vu grand, mais apparut tout petit. Quand il entra sur scène au stade de Feyenoord, à Rotterdam, pour le premier concert de cette tournée de six mois, il était affublé d'un costume d'un rouge tape-à-l'œil, essentiellement pour qu'on puisse le reconnaître parmi les onze autres musiciens et danseurs sur la scène en même temps que lui. Le public, dont certains membres auraient eu besoin d'un radiotélescope pour voir ce qui se passait, se sentit floué. Ayant perdu confiance en lui après trois années passées à sortir des disques relativement médiocres, Bowie avait décidé de se camoufler sur scène, de s'abriter derrière quantité de gens et d'accessoires.

Ses intentions étaient louables. Bowie, désireux d'injecter un élément de danger dans ses concerts, s'était inspiré du travail d'avant-garde de Pina Bausch en Allemagne et de La La La Human Steps au Canada (que Bowie sollicita initialement pour la tournée). Il avait envisagé une sorte de cirque du rock'n'roll, mais l'exécution ne fut pas à la hauteur de ses attentes. Bowie devenait littéral. Il y avait une chanson *Glass Spider*, une tournée Glass Spider, et, comme si cela ne suffisait pas, une énorme araignée sur scène aussi. Le tout était incroyablement proche de *Spinal Tap*, et, douze ans après, il est difficile de ne pas trouver l'entreprise tragiquement drôle.

Bowie n'avait jamais été aussi actif pendant un spectacle. Il courait à droite et à gauche, descendant sur la scène le long d'une corde pour *87 And Cry*, chantant *All The Madmen* à pleins poumons du sommet d'un échafaudage, et, du haut de l'araignée, un magnifique *Time* pour le rappel. Pour la première fois, les prévisions météo déterminaient le contenu d'un concert de rock. Par grand vent, Bowie ne pouvait interpréter cette chanson de peur de tomber de l'échafaudage. Pour cette tournée, Bowie s'était recréé comme athlète plutôt qu'esthète. A une époque où Madonna faisait du jogging sur scène, transformant son spectacle en séance de gymnase, et où les numéros de danse de Paula Abdul et Michael Jackson faisaient passer l'aérobic pour de l'art, il s'était emparé de la tendance dominante et avait remplacé le talent par la sueur.

A sa propre suggestion, Alomar ouvrait le concert par un solo. Vaguement agacé que le vieil ami d'école de Bowie, Peter Frampton, ait été sollicité pour plusieurs longs solos alors qu'il était de nouveau l'éminence grise de la tournée, Alomar voulait sa part de gloire. Alors que s'éteignaient les notes de l'introduction, une version classique de *Purple Haze* de Hendrix par le Kronos Quartet, Alomar faisait irruption sur la scène, l'air d'avoir été électrocuté en coulisses, les cheveux dressés droit sur la tête : « J'en avais assez d'être l'acolyte. Je voulais ma place. Donne-moi un os à ronger, merde ! Voilà pourquoi il m'a laissé faire l'introduction. Peter Frampton n'est pas Carlos Alomar ! Je voulais montrer ce que je savais faire. Montrer que je n'étais pas qu'un guitariste rythmique. » Ensuite, descendant du sommet de l'araignée le long de cordes, venait une collection hétéroclite de danseurs en costumes étranges, y compris un travesti aux cheveux noirs de jais et un homme qui portait la même coiffure qu'Alomar et une béquille (pourquoi ?).

Pour l'essentiel, le public n'avait pas la moindre idée de ce qui se passait. Un dialogue, en partie enregistré, en partie live, avait lieu entre les danseurs et Bowie, et, lors des concerts en plein air comme à Wembley, avec l'écho énorme qui rebondissait des haut-parleurs par un jour d'été venteux, tout ce que les fans pouvaient entendre était : « il est dans le tas (ssshhhhh, craquements, sifflements), on ne vous éduque pas (bruits divers), pas comme il faut ! pas comme il faut ! », le tout prononcé avec un accent de New York horriblement faux. Ensuite le public regardait Bowie tirer de la foule la danseuse Melissa Hurley pour le soporifique *Bang Bang*. En théorie, l'idée était astucieuse. Bowie parodiait l'épouvantable moment du clip de Bruce Springsteen, *Dancing In The Dark*, où le Boss, en jean et T-shirt, illustre le « lien sincère » qui unit les adeptes du rock en tirant de la foule une fille aussi « ordinaire » que lui pour danser avec elle (la scène fut rejouée par Bono pendant le passage de U2 au concert de *Live Aid*, avec des résultats bizarres et assez horribles). L'artifice de Bowie a dû être assez amusant le premier soir, mais, dès le troisième concert, tous les spectateurs en avaient entendu parler dans la presse, et au bout d'une semaine, il avait cessé d'être drôle et sentait le réchauffé.

Alomar détestait la théâtralité. « C'était la première fois que je faisais une expérience comme celle-là, avec tous ces danseurs. Ils repoussaient constamment les musiciens vers le fond parce qu'il se passait trop de choses sur la scène. Une partie du dialogue était enregistrée et l'autre live, et c'était très difficile. Quand on court

320

partout à toute vitesse, il n'est pas facile de reprendre son souffle et de dire son texte. Il y avait *beaucoup* trop de danse. »

Un autre problème majeur était le temps qui, cet été-là, était à la fois humide et venteux en Angleterre. Non seulement il pleuvait, mais, pour la plupart des concerts européens, il faisait jour jusqu'à 22 heures. Par conséquent, l'araignée en néon clignotant n'apparaissait qu'aux trois quarts du spectacle et les projections sur le mur du fond étaient quasiment invisibles. Et puisqu'un couvre-feu était imposé dans beaucoup des endroits où Bowie se produisait (lieux de plein air – pas de nuisances sonores, SVP), les concerts devaient commencer tôt et se terminer avant 22 h 30. Il n'était pas rare de voir Bowie se ruer hors de la scène une minute après le couvre-feu, ayant bâclé les rappels.

Il y eut de bons moments. L'introduction, par exemple, ne manquait pas de style. Sur une idée empruntée à la tournée Diamond Dogs, Bowie surgissait de la bouche de l'araignée, perché comme une marionnette sur une chaise de bureau, créant un moment impressionnant de pur stadium rock. Bowie était lentement déposé sur le sol alors qu'il entonnait le début de *Glass Spider*, mais il s'emmêla si fréquemment dans les paroles au cours des premiers concerts qu'il fut forcé de faire du play-back pendant l'essentiel de la tournée. Le programme initial suggérait un Bowie sûr de lui et peu enclin à chanter des tubes. *Because You're Young* et *Scream like a Baby* furent répétées, mais malheureusement pas chantées. La récente *Loving The Alien* était géniale. *All The Madmen, Sons Of The Silent Age* et *Big Brother* furent retravaillées. A mesure que la tournée se déroulait, cependant, avec des critiques médiocres et un public souvent tiède, il introduisit des chansons populaires, comme *Young Americans* et *Jean Genie*. A la fin de celle-ci, Bowie quittait la scène pour aller se changer, et Alomar et Frampton se lançaient dans une âpre bataille de solos.

Au départ, la plupart des chansons de *Never Let me Down* figuraient au programme, en dépit de leur faiblesse. L'album était non seulement un relatif échec commercial (il fut n° 6 seulement en Angleterre, la plus mauvaise place pour un nouvel album de Bowie depuis quinze ans, et n° 34 aux États-Unis), mais c'était une faillite artistique. La présentation était mauvaise, depuis le nouveau logo jusqu'à la pochette et aux affreux cheveux rouges de la star. Pour la première fois de sa carrière, les clips eux-mêmes étaient sans grand intérêt. Celui du premier single, *Day In Day Out*, un mélange d'affectation et de violence urbaine, dut être censuré pour passer à la télévision car il contenait une scène de viol. Même le ton amical et jovial des conférences de presse sonnait faux. Au début de la tournée, juste au moment où les places des concerts européens étaient mises en vente, le *Mirror* et *Radio 1* évoquèrent « la dernière tournée de Bowie », sans doute une rumeur émanant d'un des attachés de presse de Bowie dans le but d'effrayer les fans et de les inciter à acheter des places. Cette manœuvre n'était pas nécessaire. Les ventes étaient bonnes dans toute l'Europe, même si elles n'atteignaient pas les sommets de Serious Moonlight.

Le concert crucial de Bowie à Wembley, le 19 juin 1987, fut complètement stérile. Le rapport entre public et chanteur resta presque inexistant, l'acoustique était lamentable, Bowie paraissait déprimé, et, à cause du vent, il n'y eut pas de rappels. Le concert du lendemain fut meilleur, et Bowie évita de justesse un désastre pour sa réputation, mais il était évident qu'il avait des problèmes. Le nouveau single *Time Will Crawl*, n'entra pas dans le Top 30, et une invitation prévue à *Top of the Pops* fut annulée.

La tournée était l'illustration extrême du rock en tant qu'industrie. Bowie avait même demandé à Pepsi d'être son sponsor et était apparu dans une publicité avec Tina Turner. Voir Bowie faire ce genre de courbettes en choqua plus d'un. « C'est un produit meilleur que d'autres », fut la piètre excuse de Bowie. Pendant qu'il déplorait l'ouverture d'un McDonald's à Bali et critiquait le gouvernement américain par le biais d'un clip et d'interviews, il faisait sponsoriser sa tournée par un des piliers de l'impérialisme américain.

Carlos Alomar s'était aperçu que son ami était malheureux et soumis à un stress considérable. Bowie portait la tournée comme il n'avait jamais eu à le faire auparavant. Avec un personnel aussi nombreux, la pression était incroyable. A un moment donné, Bowie tomba amoureux de la superbe danseuse brune Melissa Hurley, son amour de scène dans *Glass Spider*. La fiction poursuivait Bowie dans la vie réelle. Il semblait victime du démon de midi, cédant au charme d'une femme à peine plus âgée que son fils. « Il a eu des hauts et des bas pendant cette tournée. Il y avait bien son ami Peter Frampton, et, au début, ils parlaient beaucoup ensemble. Il sortait aussi avec Melissa, qui était très gentille. Mais c'est un individu très complexe, et ce ne sont pas toujours les problèmes de la tournée qui l'ennuient. Mais les problèmes avec la maison de disques lui pesaient beaucoup. Il a toujours dû gérer une partie de ses affaires. »

« Comme toujours, il y avait des tensions entre Alomar et l'assistante de Bowie. « J'avais toutes sortes de conflits avec Coco. Carmine et moi, on aimait faire la fête, et on ne s'en privait pas. David voulait toujours venir avec nous. C'était vraiment un gros sujet de dispute avec Coco. "David ne doit pas traîner avec Carlos ou Carmine, parce que s'il risque d'avoir des ennuis, ce sera avec eux." On n'était pas comme ça. On ne prenait pas de drogues dures, ni rien – seulement du vin après le concert. Comme ça on n'avait pas à s'inquiéter que les musiciens traînent n'importe où. En tant que leader du groupe, j'aime bien garder les musiciens ensemble, comme une grande famille. Plus la famille est heureuse, moins David en fait partie, parce que la famille de David, c'est Coco et les affaires de la tournée. Alors il fallait bien qu'il s'échappe de temps en temps, qu'il vienne avec nous ; ce n'est pas une vie, autrement. Ils n'étaient pas amants. C'était du passé, tout ça. Mais Coco était toujours amoureuse de Bowie, ça ne fait aucun doute. »

Les choses allaient encore empirer pour Bowie. Wanda Nichols, une femme d'une trentaine d'années originaire de Dallas, qui connaissait le batteur du groupe, Alan Childs, accusa Bowie de l'avoir violée dans un hôtel de Dallas le 9 octobre, et se fit photographier couverte de morsures. La nouvelle du prétendu viol fit la première page des tabloïds anglais. Six semaines plus tard, un grand jury rejeta les accusations de la jeune femme au bout de deux heures d'audience. Bowie admit avoir eu des relation sexuelles avec elle et accepta de se soumettre à un test pour le sida après que Nichols eut affirmé qu'il lui avait dit être contaminé. A peine quelques mois plus tôt, lors d'une conférence de presse donnée à Londres pour la promotion de la tournée, Bowie s'était senti obligé de mettre le public en garde contre les risques de relations sexuelles non protégées. Toute l'affaire se déroulait alors que la psychose du sida était à son comble au Royaume-Uni, et la violente campagne anti-Bowie qui s'ensuivit dans les tabloïds eut des effets catastrophiques sur sa crédibilité.

En plus d'une tournée insatisfaisante sur le plan artistique et malheureuse sur le plan personnel, Bowie fut aussi étrillé par les critiques, surtout au Royaume-Uni : « d'un ennui mortel » (*NME*), « d'une sidérante pauvreté d'idées » (*Melody Maker*), « désespérément démodé, du toc frénétique et des facéties bancales » (*Sounds*). « Le moment était venu pour lui d'être mal-aimé des médias, se souvient Chris Roberts, alors journaliste à *Melody Maker*. Sa crédibilité avait perduré plus longtemps que celle de n'importe qui d'autre dans la pop (à l'exception possible de Dylan). En théorie, il aurait dû être démodé des années avant. Tôt ou tard, tout le monde se démode. Il avait eu quatre carrières et le moment d'un échec était venu. Glass Spider était trop ambitieux. Bowie est toujours ambitieux et c'est méritoire, mais le spectacle était trop élaboré, trop recherché, à une époque où les gens attendaient une approche plus détendue. Je n'ai rien contre voir des gens descendre d'une énorme araignée éclairée par des néons, ça ne me gêne pas. Je pense que la version de *Time* qu'il a faite pour le concert était superbe. On l'a ridiculisé pour l'avoir chantée, et on m'a ridiculisé pour l'avoir aimée. Il y avait une immense pression de la part des autres pour ne pas l'aimer. Elle était ambitieuse, audacieuse, étrange, bizarre, folle, insensée, et ça, c'est forcément bon. »

La voix de Bowie fut magnifique pendant toute la tournée, mais il avait l'air incroyablement mal à l'aise sur scène, affectant un mélange maladroit de sourires et de comédie. Alors que dans les années 70, il lui suffisait presque d'entrer sur scène pour faire impression, à présent, il encombrait la scène d'accessoires, d'assistants et de futilités. Bowie passa le reste des années 80 à tenter de détruire pour de bon son statut de superstar.

Il termina 1987 en tenant, avec un certain succès, le rôle inattendu de Ponce Pilate dans le film de Martin Scorcese, *La Dernière Tentation du Christ*. Le rôle de Bowie, comme celui qu'il avait eu dans *Série noire pour une nuit blanche*, le film de John Landis en 1985, était mineur, mais sa performance était néanmoins convaincante. L'allure impériale, il arrivait à cheval et donnait à Willem Defoe, qui tenait le rôle du Christ, une brève introduction à la politique romaine, avant de le condamner au Golgotha.

Dès 1988, il apparut évident qu'une partie de Bowie avait été détruite par la tournée de Glass Spider. Le personnage du stadium rocker ne lui allait plus, et la musique qu'il faisait l'ennuyait. Le problème était de maintenir la dynamique d'une carrière de superstar du rock. De manière typiquement ambivalente, Bowie décida de suivre deux plans d'action en apparence diamétralement opposés. Premièrement, au début 1988, il résolut de faire une tournée de ses meilleurs tubes en 1990. Ensuite, il décida de reprendre le contrôle de sa musique. En un sens, le seul obstacle était Carlos Alomar.

« D'abord, il n'y a jamais eu de doute quant à savoir à qui appartenait la musique, explique Alomar. Le problème venait de ce qu'il perdait la capacité de diriger la musique, pas les paroles – ç'a toujours été son domaine. Je savais qu'il voulait avoir plus de contrôle sur les différentes directions que sa musique pouvait prendre. Après que j'avais fini ma section rythmique, il entrait, faisait le difficile, et mettait des guitares partout. Il aurait voulu tout créer depuis le début. C'est pour ça qu'à mes yeux, la fin de notre relation a été une lutte pour le pouvoir. Il avait envie de faire un autre genre de musique, mais il ne savait pas comment s'y prendre. J'ai toujours pensé que si je lui redonnais la musique, il finirait par retourner aux Spiders From Mars, et c'est exactement ce qui s'est passé. »

L'adieu à Alomar signalait la fin de la phase commerciale de Bowie, la fin des tubes. David Bowie, star de la pop, était mort. En 1988, pour la première fois depuis 1971, il n'y avait pas une seule de ses chansons dans le Top 40. Pour son projet suivant, il tenterait de devenir l'incarnation du mythe du compagnon rocker qu'il avait passé toute une carrière à essayer de détruire. Bowie avait accordé beaucoup trop d'attention aux journalistes qui prétendaient qu'il était en chute libre sur le plan artistique. Au cours des cinq années écoulées, il avait tout de même produit *Shades*, *Loving The Alien*, et *Absolute Beginners*, ce qui était loin d'être négligeable. Mais il allait mettre en pièces sa musique, réduire le son à une unité minimaliste, dominée par la guitare. A l'origine de cette évolution se trouvait un homme qui avait su clairement analyser la situation délicate de Bowie – un guitariste inconnu du nom de Reeves Gabrels.

Les nouvelles démos conçues par Bowie et Gabrels étaient aux antipodes de la musique de ses trois précédents disques chez EMI. Il était temps de prendre une décision. « On était assis à la terrasse d'un petit restaurant turc en mai 1988 quand je lui ai dit : "Tu as le contrôle de ta musique, non ?", raconte Gabrels. Il a dit : "Oui. Au fond, ils sont obligés de prendre ce que je leur donne." Alors j'ai répondu : "Le pire qui puisse arriver, c'est qu'on te critique et que le disque ne se vende pas. Si tu penses que faire exactement ce que tu veux va t'aliéner les gens qui ne sont pas de vrais fans, c'est à toi de voir. Moi, j'aime bien ce qu'on fait, mais je n'ai rien à perdre. Je n'ai jamais connu le succès commercial. Le seul obstacle qui t'empêche de faire ce que tu veux plutôt que ce que tu penses que tu devrais faire, c'est *toi*." On discutait tranquillement. J'étais assez naïf pour dire ce qui me paraissait évident. Je n'avais pas idée de l'impact qu'aurait cette conversation. »

A partir de ce moment-là, et quoi qu'il y ait eu des tournées, des compilations de tubes, des farces médiatiques, etc., Bowie allait délibérément limiter ses propres attentes et celles de son public concernant sa carrière musicale. A partir de 1988, il écrirait, enregistrerait et se produirait, pour l'essentiel, selon ses propres conditions. « Il était à un carrefour, commente Gabrels. Soit il devenait Rod Stewart et se produisait à Las Vegas, soit il suivait son cœur. Moi, j'avais 31 ans, je jouais quatre fois par soir dans des bars de province, je faisais des mariages et je donnais des cours. Je n'avais rien à perdre. A ma place, n'importe qui un tant soit peu sensé aurait laissé tomber et trouvé un vrai boulot. La seule chose qui me portait était mon intégrité musicale. J'étais aussi un fan de sa musique, et je voulais qu'elle redevienne ce qu'elle devait être à mes yeux. J'essayais de faire un disque de David Bowie que j'aie envie d'écouter du début à la fin. »

Gabrels considérait Bowie comme un rocker sérieux, et *Let's Dance* comme une aberration. Il se voyait aussi comme un musicien authentique, motivé par l'enthousiasme et l'envie de créer, et non par l'argent. « Je me méfie beaucoup des musiciens professionnels – que je considérais et considère toujours comme des "musiciens de carnet de chèques". Le problème de Bowie dans les années 80, d'après Gabrels, était que trop de ces "musiciens de carnet de chèques" avaient modelé sa musique. Il était temps de se la réapproprier.

De même que Bowie avait toujours été fasciné par l'authenticité du rock d'Iggy Pop ou de Lou Reed, Gabrels parlait le langage de la sincérité par opposition à l'artifice de Bowie. L'âme musicale de Gabrels était imprégnée de racines américaines, de country et de blues. Il voyait en Bowie un rocker, alors que celui-ci n'avait produit que très peu de vrais albums rock. Dans sa phase suivante, il prendrait le rôle du rocker authentique, mais cela demeurait un rôle, comme celui de Ziggy ou du Thin White Duke. De la même façon que Bowie avait joué à être un stadium rocker, il jouerait maintenant à être un petit musicien de rock sans prétention.

Reeves Gabrels est né à Staten Island le 4 juin 1956. Contrairement à Bowie, il a fréquenté une école d'art et de musique. Il est le seul dans la liste des collaborateurs et acolytes de Bowie à avoir été un ami d'abord, et un collaborateur ensuite. « C'est la clé de la longévité de notre relation », affirme Gabrels.

Pendant le volet américain de la tournée de Glass Spider, Gabrels traînait souvent dans les coulisses avec Bowie. La femme de Gabrels, Sarah, était attachée de presse de la tournée. « David et moi on ne discutait pas que de musique, raconte Gabrels. Je m'intéressais au même genre d'art que lui, et je ne lui ai jamais dit que je jouais de la guitare. J'avais deux héros : David et Miles Davis. A l'école, j'étais dans un groupe, et on jouait des titres de *Diamond Dogs*, *Ziggy Stardust*, et *Aladdin Sane*. Je savais, par le biais du travail de Sarah, que les gens essayaient tout le temps d'obtenir des trucs de David. Alors j'étais simplement content de traîner un peu avec lui. Je me rappelle avoir dit à Sarah : "J'adorerais travailler avec David et le ramener au rock." Ce qui me plaisait surtout dans *Aladdin Sane* et *Scary Monsters*, c'était qu'ils étaient plus rock et plus tordus que les autres. »

A la fin de la tournée, Bowie demanda à Sarah Gabrels s'il pouvait faire quoi que ce soit pour elle. Sarah donna à David une cassette du travail de son mari.

L'appel téléphonique de Bowie faillit tourner à la farce. « J'avais vraiment passé une mauvaise journée, raconte Gabrels, à marcher dans tout Londres pour mettre des annonces de cours de guitare. J'avais dépensé plus d'argent que je n'en avais pour faire des photocopies des affichettes, et il avait fallu que je rentre d'Oxford Circus à South Kensington à pied.

Je suis arrivé à la maison, et, comme on n'avait pas de répondeur à l'époque, c'était moi qui répondais au téléphone parce que Sarah travaillait. C'était au moins le quatrième appel, et j'essayais d'écrire de la musique. J'ai fini par décrocher, vraiment agacé, et j'entends : "Salut, c'est David". J'ai dit : "Oui ? David qui ?" "David Bowie." J'avais parlé à un ami américain de David Bowie, et comme il imitait très bien l'accent anglais, j'ai cru que c'était lui. La voix à l'autre bout du fil a dit : "J'ai écouté la cassette que Sarah m'a donnée. Pourquoi est-ce que tu ne m'as rien dit ? Tu as l'air d'être exactement le genre de guitariste que je cherche." Je me rappelle avoir pensé que si c'était lui, ce serait vraiment génial qu'il dise ça. Mais sa voix ne me paraissait pas assez anglaise. J'ai dit : "Bon, ça va ! C'est qui, merde ?" Il a éclaté de rire : "Souviens-toi, on traînait en coulisses, on regardait la télé sans le son et on s'amusait à faire des dialogues pour les personnages ?" J'ai dit : "Oh, mon vieux, je suis désolé !" Il a dit qu'il rappellerait un peu plus tard et qu'on essaierait de se voir. J'ai pensé qu'il voulait dire quelques semaines, mais il a rappelé deux heures plus tard : "Qu'est-ce que tu fais ce week-end ?" »

Gabrels prit l'avion pour aller retrouver Bowie en Suisse en mai 1988. « Je suis parti pour le week-end et j'ai fini par rester presque un mois. » Leur première collaboration fut sur une vieille chanson de *Lodger*, *Look Back In Anger*, que Bowie envisageait de moderniser pour un concert à l'Institut des arts comtemporains de Londres en juillet suivant. La nouvelle version, brutale, était réussie. Ils parlaient le même langage : « On pensait aux parties guitare en termes d'architecture – des spirales gothiques de son. C'est là qu'avoir fait une *art-school* généraliste m'a été utile, parce qu'on parle rarement en termes musicaux. Lui et moi on écrivait les chansons qui sont devenues celles de *Tin Machine* : *Heaven's In Here*, *Baby Universal* (dont on avait un brouillon sans la voix), *Baby Can Dance* et *Bus Stop*.

Le concert de l'Institut des arts contemporains en été 1988 fut un retour réussi pour Bowie. Des vidéos pirates du concert se vendirent à des prix exorbitants au Café München, lieu de rendez-vous des fans de Bowie ravis après la soirée. Quoi qu'il n'ait chanté qu'une chanson – une version trash, radicalement remaniée de *Look Back In Anger* – Bowie avait repris l'initiative sur le plan expérimental. La musique elle-même était violente, minimaliste, et entraînée par un motif programmé à la batterie et un mur de guitares. Visuellement, Bowie était dangereusement théâtral et intello. Il exécutait un numéro de danse avec la troupe canadienne *La La La Human Steps* pendant qu'un écran vidéo montrait des images préenregistrées de Bowie et de la danseuse Louise Le Cavalier. C'était la première incursion de Bowie dans le domaine du multimédia.

Dûment stimulé, Bowie commença vraiment à travailler sur son prochain album solo, et décida de faire appel à un nouveau producteur, Tim Palmer, qui lui avait été recommandé par Billy Duffy, de Cult. Palmer s'était fait un nom en produisant des groupes de guitare alternatifs tels que The Mission, The Mighty Lemon Drops, et Gene Loves Jezebel. « J'étais un grand fan de Bowie, évidemment, et, pour être franc, j'étais un peu intimidé avant notre première rencontre, se souvient Palmer. J'avais beaucoup aimé les albums classiques, moins les albums les plus récents. Le dernier album à m'avoir vraiment plu était *Lodger*. Ma première impression en travaillant avec lui a été qu'il est très ouvert, qu'il laisse les gens qui l'entourent (musiciens, producteurs, techniciens...) exprimer librement leurs opinions. Il n'est pas précieux au sujet de son travail. Quand j'ai commencé à collaborer avec lui, je croyais qu'on allait faire un album de David Bowie, pas un album de Tin Machine. »

Cependant, les enregistrements allaient prendre un caractère différent avec l'arrivée d'une section rythmique qui incarnait parfaitement l'ego des vrais rockers. Place aux frères Sales !

Le batteur Hunt Sales et le bassiste Tony Sales sont la tempête qui soufflait sur l'album *Lust For Life* d'Iggy Pop en 1977. Ils avaient grandi à la périphérie du célèbre « Rat Pack » de Sinatra. « On a choisi les frères Sales parce qu'on ne voulait pas de "musiciens de carnet de chèques", explique Gabrels. On voulait des gens qui avaient l'habitude de faire partie d'un groupe. Je crois que David a rencontré Tony par hasard à LA. J'ai eu un message sur mon répondeur à Londres : "Je viens d'avoir une idée ! Écoute *Lust For Life*. J'ai trouvé la section rythmique !" Avant, on avait seulement parlé de Percy Jones (le bassiste impassible de Brian Eno et Brand X) et de Terry Bozzio (le batteur de Frank Zappa et Missing Persons) ».

« Il y a eu une espèce de bizutage pendant une semaine, raconte Gabrels. Ils voulaient me bousculer parce que David m'accordait une certaine confiance, alors que je n'avais jamais fait de succès international. Ils pensaient "Nous, tout le monde sait qui on est. Mais lui, c'est qui ?" »

« J'avais travaillé seul avec David et Reeves, explique Tim Palmer, et ce n'est que six jours plus tard que les frères Sales sont arrivés. Là, ç'a été le chaos. Les sessions ont pris une tournure complètement nouvelle ; tout était beaucoup plus désordonné. Hunt et Tony avaient des personnalités dingues, marrantes, ils avaient des idées très arrêtées sur ce qu'ils voulaient faire. D'un côté, c'était drôle, mais parfois un peu frustrant. Hunt est à mon avis un batteur exceptionnel, mais il manque de discipline dans son approche, et on a parfois du mal du mal à lui faire comprendre les choses. Après avoir vu comment la musique était créée, David a décidé qu'on devrait appeler le projet "Tin Machine". Tous les individus qui y participaient avaient leurs propres priorités. Bowie ne les dirigeait pas.

« Au début, j'ai été un peu déçu. Quand on avait commencé le projet, j'avais toutes sortes d'ambitions, j'allais faire le meilleur album de Bowie jamais sorti. Quand j'ai vu la direction qu'on prenait, tous mes rêves se sont évanouis. Il a fallu que je m'adapte à un scénario complètement différent. Ce n'était pas qu'il ne me plaisait pas, seulement je ne m'attendais pas à ça. Au départ, je voulais un environnement beaucoup plus contrôlé. »

Gabrels, lui aussi, avait de sérieux doutes quant à la décision de Bowie de transformer l'album solo en projet collectif : « J'ai essayé de le dissuader parce que je pensais que les frères Sales étaient cinglés ! Je ne voulais plus faire partie d'un groupe. Les groupes, c'est un cauchemar, et en matière de rock'n'roll, la démocratie fonctionne moins bien qu'une dictature bienveillante, à mon avis. »

Devenu collaborateur de Bowie quelques semaines plus tôt à peine, Gabrels se voyait relégué presque immédiatement à la position de simple membre d'un groupe totalement instable. « Les frères Sales nous ont donné les couilles de faire ce projet, dit Gabrels. Ils m'ont appris à faire la différence entre ce qui passe et ce qui ne passe pas, entre l'instinctif et l'intellectuel. Sans eux, on aurait trop réfléchi. En fin de compte, c'était aussi un geste généreux de la part de David parce qu'on en a tous profité financièrement. »

Gabrels força Bowie à prendre des décisions créatives spontanées – à se fier à son inspiration, à enregistrer et advienne que pourra ! « Je crois que David en était arrivé à un point dans sa carrière où il n'aimait plus faire de la musique, il n'aimait plus ses propres disques, estime le producteur Tim Palmer. Tout était devenu trop stagnant, trop réfléchi. Il semblait ne rien vouloir de plus qu'un groupe de personnalités qui fassent de la musique sans compromis. Il ne s'agissait pas de s'occuper des détails, mais de jouer. Ils travaillaient très vite et de façon très spontanée. Quelquefois j'étais encore en train d'essayer d'obtenir un son qu'ils avaient déjà fini. Et pas la peine d'essayer de revenir dessus ! Le son du groupe au studio en Suisse était électrique. Ils jouaient la plupart des morceaux live. On a enregistré l'album en numérique, ce qui est intéressant, parce que beaucoup de gens à l'époque pensaient qu'on ne pouvait pas enregistrer du rock bruyant et grunge en numérique. Je crois que cet album a prouvé que c'était possible. »

« Le problème est que j'aurais préféré un rock plus virtuose, plus agressif, et légèrement expérimental, dit Gabrels, plutôt que le son garage qu'on a eu avec les frères Sales. On voulait faire de "l'audio-vérité", enregistrer au moins une chanson par jour, donc on n'était qu'une poignée de gens en studio. Mais Tim a vraiment été fantastique.

« Il y avait une liste de noms potentiels pour le groupe. Les deux frères aimaient « Tin Machine » parce qu'avoir une chanson qui soit une sorte d'indicatif, ça leur rappelait les Monkees ! Ma suggestion était *The Emperor's New Clothes*. Mais c'était un peu comme se jeter dans un piège ; ça donnait des armes à nos adversaires. »

Jusqu'alors, les sessions avaient été frénétiques et presque totalement improvisées. L'étape suivante de l'enregistrement exigeait un changement de lieu. « On a fini la première série de sessions en Suisse et on a décidé de se retrouver aux studios de Compass Point aux Bahamas quelques mois plus tard, raconte Tim Palmer. On a aussi décidé de faire le mix à New York. Pendant les sessions de Compass Point à Nassau, l'environnement était complètement différent. On logeait dans des huttes sur la plage, tout au bord de l'eau, et il faisait très chaud. Au studio, on n'avait pas assez de pieds pour les micros : ils étaient tous chez Status Quo, à côté ! »

Quand *Tin Machine* sortit en mai 1989, c'était le premier album de Bowie depuis six ans à posséder le son de son époque. Des groupes comme Guns N'Roses et Bon Jovi avaient fait du hard rock une attraction populaire et en tiraient d'énormes bénéfices commerciaux. D'autres groupes plus en marge comme Sonic Youth ou les Pixies se tournaient vers le bruit pur. Avec leurs guitares, ils essayaient de former le même genre de trou noir musical que dans la house ou la techno. « Je pense que le premier album était important parce qu'il préfigurait en quelque sorte le grunge, estime Palmer. David écoutait des groupes comme Sonic Youth, Dinosaur Jr et les Pixies, mais aucun d'eux n'était entré dans le Top 20 des albums américains. Je crois que Tin Machine a ouvert la voie à certains groupes de guitare au son plus chaotique. Pour moi, c'était l'album le plus vital de Bowie depuis un certain temps. On adorait ou on détestait, mais au moins il y avait une réaction forte. »

Le problème avec Tin Machine était que, en dépit de son agressivité et de son audace (indéniables), le groupe quittait rarement l'ère de Led Zeppelin et de Cream, et semblait enraciné dans la tradition blues. Bowie commençait maintenant à promouvoir les joies de l'émotion « authentique » dans le rock, citant le triumvirat des années 60 constitué par Cream, Hendrix et Zeppelin comme ses influences, et chantant les louanges des Neville Brothers pour leur son brutal et vrai. Bref, il paraissait défendre cela même qu'il avait tenté de détruire au début de sa carrière.

Le premier album de Tin Machine possédait plusieurs bons morceaux, en dépit du traitement garage que leur infligeait le groupe. *Heaven's In Here* est pour l'essentiel une chanson de blues, où la batterie de Hunt Sales, très présente, le dispute à la guitare solo de Gabrels. Bowie en est réduit à crier pour se faire entendre. Quant à Tony Sales, on l'entend à peine. Les paroles de la chanson-titre constituent un aveu de l'engourdissement des sensibilités musicales de Bowie. Il hurle :

Raging, raging, raging
Burning in my room
Come on and get a good idea
Come on and get it soon

« En rage, en rage, en rage,
Brûlant dans ma chambre
Allez, trouve une bonne idée
Allez, trouve-la vite »

puis la chanson se termine sans crier gare, comme décapitée à mi-vers. *I Can't Read*, enregistrée aux Bahamas, fut mixée en quarante-cinq minutes. Bowie est de nouveau en quête de la muse qui l'a déserté. Quand il chante « *I can't read shit any more* (Je ne peux plus rien lire du tout) », on entend « *I can't reach it anymore* (Je ne peux plus l'atteindre) » – le désespoir menace. En revanche, Bowie retrouve son sens de l'humour dans *Bus Stop*, un mini-drame punk d'une minute quarante-cinq au sujet d'un homme qui rencontre Dieu en attendant le bus. *Amazing* est lyrique, euphonique, avec une mélodie gracieuse qui progresse sans effort, comme on en trouve si souvent dans l'œuvre de Bowie, depuis *Life On Mars ?* jusqu'à *Outside*. Elle aurait fait un single, mais est restée un bijou méconnu. Ailleurs, cependant, Tin Machine saccage de bonnes chansons comme *Prisoner Of Love* et *Baby Can Dance* ou semble tout simplement grossier et sans intérêt.

Bowie s'était libéré de l'apathie qui avait caractérisé le soporifique *Never Let Me Down*, mais avait du même coup ôté toute subtilité à sa musique. Cela dit, l'album ne déborde pas de superbes mélodies ni de refrains accrocheurs, comme le confirme l'ex-collaborateur de Bowie, Adrian Belew, dont le jugement était partagé par beaucoup : « Il n'y avait pas assez de mélodie. Je trouvais l'idée intéressante – un groupe basé sur le bruit. L'idée me plaisait, et les membres du groupe aussi. Si seulement David avait pu introduire un peu de contenu mélodique comme il sait si bien le faire, les chansons auraient été des chansons, et pas simplement des morceaux de musique intéressants. »

331

Le problème principal de Bowie fut de convaincre EMI de la validité de l'album et du groupe. « David savait pertinemment que les huiles du label ne seraient pas satisfaits de la direction qu'il prenait, se souvient Tim Palmer. Ils espéraient un nouveau *Let's Dance*, et ça l'amusait. On a loué d'énormes haut-parleurs pour leur passer l'album, et c'était très drôle de les voir se recroqueviller devant l'ampleur du volume et du chaos. »

Bien que Tin Machine soit considéré aujourd'hui comme une gaffe épouvantable et un gouffre commercial, ce n'est pas nécessairement ainsi qu'on voyait l'album à l'époque. Il ne se vendit pas plus mal que *Never Let Me Down*, et obtint même un meilleur classement au hit-parade : n° 3 en Angleterre et n° 28 aux États-Unis. Quand Bowie annonça une tournée de promotion de l'album dans de petites salles pour l'été suivant, des centaines de fans firent la queue toute la nuit au Royaume-Uni. Les deux premiers concerts de Tin Machine eurent lieu à New York, respectivement à The Armory et The World, avant d'être suivis par deux autres au Roxy Club de LA. Ensuite vint la brève tournée européenne. Quand le groupe joua au Paradiso Club à Amsterdam en mai, il y avait 1500 personnes à l'intérieur, et 25 000 dehors, à regarder la retransmission télévisée.

L'album, malgré ses défauts, était marginalement plus agréable que la tournée, où Bowie adopta son nouveau rôle de compagnon rocker, fumant cigarette sur cigarette en accordant sa guitare. Tin Machine en concert était ce que Bowie n'avait jamais été : ennuyeux. Bowie jouait les mécènes pleins aux as, présentant volontiers le groupe et bavardant avec le public. Les fans avaient au moins le plaisir de rencontrer leur idole dans des salles intimes, mais il semblait vouloir détruire complètement l'idée d'être « David Bowie ». La musique, quant à elle, était négligée, avec trop de solos de guitare et trop peu de cohérence. « Trente pour cent du concert était de l'improvisation, et les frères Sales y tenaient mordicus », dit Gabrels.

L'insistance de Bowie à prétendre qu'il n'était qu'un quart du groupe déplut aux fans comme aux critiques. Comme Reeves Gabrels l'avait toujours su, ce n'était pas possible. Le résultat fut une fausse démocratie : aucune cajolerie des médias ne put décider Bowie à être interviewé seul. Bowie, imitateur né, poussa la bonhomie macho à l'extrême, affectant une attitude amicale envers tous. Pour certains journalistes, il en faisait trop. Jon Savage : « La camaraderie forcée de Tin Machine me donne envie de vomir et m'ôte toute envie de m'intéresser davantage aux disques. »

Gabrels, contrairement aux frères Sales, s'efforçait de se distancer des clichés associés au rock'n'roll. « Oui, on s'y complaisait dans une certaine mesure, mais si vous regardez les interviews, j'ai toujours porté des costumes. J'étais très opposé à la pose du rocker : pas besoin de limousines pour nous attendre à l'aéroport – prenons une camionnette. » Il révèle aussi que Bowie et lui avaient de nombreux intérêts musicaux en commun : « On s'est rendu compte en discutant qu'on écoutait la même chose – John Coltrane, Miles Davis, Cream, les Pixies, Hendrix, Glen Branca, Sonic Youth, Strauss, Stravinsky. On voulait faire du groupe un mélange de tout ça. » Peu de femmes dans cette liste de compositeurs et d'interprètes. Bowie avait d'ailleurs toujours eu des groupes et des collaborateurs exclusivement masculins. Dans sa carrière musicale, les femmes, à l'exception notable de Tina Turner, étaient des acolytes, attendant l'aide du maître (Dana Gillespie, Lulu, Ava Cherry), et non des égales.

En concert, la mentalité de gang renforçait encore l'aspect macho du projet. Des vers comme « *Tie you down, pretend you're Madonna* (T'attacher, faire comme si tu étais Madonna) », dans *Pretty Thing*, « *Baby can walk round the town, attract a man and cut him down* (Elle peut se promener en ville, attirer un homme et le remettre à sa place) » dans *Baby Can Dance*, et le ton moralisateur de *Prisoner Of Love*, une chanson sur un homme tombé sous les griffes d'une femme, qui se termine par un ordre donné à Bowie, « *just stay square* (ne fais pas d'écarts) », traduit l'insécurité masculine et une sorte de machisme stéréotypé. Étant donné la polysexualité de Bowie et les doutes qu'il avait eus quant à sa propre identité sexuelle dans les années 70, Tin Machine représentait un pas en arrière, une étape hésitante vers une sorte de reniement.

Les interviews de Bowie à cette époque ne manquent pas d'intérêt. Au début des années 80, il donnait l'impression de s'approcher de l'âge mûr avec une certaine assurance. A présent, il était plein de haine et d'incertitude, prêt à transformer ses doutes personnels en tirades contre les maux de la société. Bowie traversait la crise de la quarantaine. « Quel est le but de la vie quotidienne ? demanda-t-il de manière rhétorique à *Rapido* en 1989. Il ne semble plus y avoir aucune valeur qui ait un sens. » Jouant le rôle du parent inquiet, il dit de son fils, Joe : « Il est très difficile pour lui de comprendre la notion de structures, parce qu'en fait, je pense que les structures sont en pleine décomposition. »

Pour Tin Machine, Bowie reprit *Working Class Hero* de John Lennon. Deux de ses propres chansons traitaient également de thèmes ouvertement politiques. *Under The God* était une querelle avec un néonazi, et *Crack City* une tirade qui visait symboliquement sa propre irresponsabilité des années 70. Les paroles des deux chansons sont délibérément très simplistes. Bowie observa : « Je ne veux pas faire du prêchi-prêcha, mais je n'ai entendu que deux ou trois chansons antidrogues. Franchement, je pense que les gens n'en écrivent pas, et je n'en ai pas entendu une seule qui soit efficace parce qu'elles sont toutes trop cohérentes et écrites pour des intellectuels. » A propos de *Under The God*, il déclara : « Je voulais quelque chose qui soit simpliste, naïf, radical, pour que personne ne puisse se tromper sur le sujet de la chanson. » Des deux, *Crack City* est la plus réussie, avec son utilisation sans scrupule du riff de *Wild Things*, qui rappelle la fin tragique de Hendrix. Bowie, derrière le masque de responsabilité collective de Tin Machine, faisait acte de contrition publique pour certaines de ses déclarations passées, inspirées par la coke. Dans l'ensemble, Bowie ne fait pas un très bon avocat. Sa musique n'avait jamais auparavant était empreinte si d'un message politique ni d'une conscience sociale. Et le rôle du redresseur de torts est très difficile à jouer de manière convaincante, comme s'en sont aperçus nombre d'artistes, de Bob Dylan jusqu'à Sting.

Certains critiques affirmèrent que *Tin Machine* était une escroquerie : bruyant, peu convaincant, l'album était la dernière tactique de Bowie pour choquer. Tim Palmer : « Les gens étaient habitués aux métamorphoses perpétuelles de Bowie et à ses changements de direction, et cela les confortait dans l'idée que Tin Machine n'était qu'un nouveau concept, comme Ziggy Stardust. L'idée qu'il puisse n'être qu'un membre ordinaire d'un groupe paraissait un peu incroyable. »

Ainsi, Tin Machine semblait être la manifestation extérieure d'une crise. Bowie exprimait ses sentiments d'insécurité et de dépression dans un linceul de rock hurlant et « jeune ». En dépit des faiblesses du projet, et sans doute pour ennuyer EMI, Bowie persévéra dans son entreprise. En automne 1989, il emmena le groupe en Australie pour enregistrer un deuxième album. Dans cet environnement inconnu, le groupe devint moins frénétique. Les nouvelles chansons étaient mélancoliques, déracinées. « Avec le deuxième album de Tin Machine, mon intention était de mettre les mélodies un peu plus en avant, dit Gabrels, tout en préservant le côté rugueux du premier album. »

Une fois la première partie du disque enregistrée, Bowie se tourna de nouveau vers sa carrière solo. Avec Tin Machine, il avait essayé de tuer la « marque » Bowie. Sa maison de disques, désorientée, se retrouvait avec un gros problème de marketing, qu'elle résolut en fixant aux pochettes des albums des autocollants qui expliquaient aux acheteurs potentiels que David Bowie faisait partie d'un nouveau groupe qu'elle ne savait pas trop comment promouvoir. Avec Tin Machine, il avait assassiné David Bowie la pop star. Avec son nouveau projet, il allait tenter de passer son histoire musicale au fil de l'épée, de l'exécuter à coups de stadium rock.

En janvier 1990, Bowie fit ce que beaucoup de fans étaient persuadés qu'il ne ferait jamais. Il accepta de faire une tournée de ses plus grands tubes, qui lui rapporterait des millions de livres. A première vue, l'idée avait un tel côté « Las Vegas » que c'en était choquant (des chansons telles que *Rock And Roll Suicide* avaient révélé la haine de Bowie pour les adieux mélo à la Sinatra). Mais malgré le soupçon que Bowie profitait d'un trou entre deux projets pour se faire un peu d'argent sur ses anciens titres, il y avait toutefois un réel sentiment d'excitation à la perspective de réentendre des chansons qui avaient contribué à définir la culture populaire. C'était une décision capitale de la part de Bowie. A l'exception du Serious Monlight Tour, il n'avait jamais donné à ses fans un spectacle basé uniquement sur des tubes.

Aux yeux de nombreux journalistes et de beaucoup de ses fans, trois coups fatals avaient été portés à sa carrière par Bowie lui-même – *Tonight, Never Let me Down / Glass Spider*, et *Tin Machine*. Il y avait un autre problème au sujet duquel il était impuissant : son âge. Il devait trouver comment s'adresser à un public plus jeune que lui tout en utilisant une forme culturelle (le rock et la pop) en danger d'extinction.

Il était évident que Bowie ne voulait pas devenir un juke-box recyclant éternellement ses tubes. Il utilisa donc la tournée Sound + Vision pour chanter une dernière fois ses chansons les plus populaires avant de tuer son passé pour de bon. A 43 ans, avec vingt-cinq ans d'enregistrements derrière lui, il se sentait écrasé par le poids de son œuvre et les attentes du public. Bowie expliqua plus tard, dans une interview radio avec Nicky Horne de *Capital London*, que puisqu'il se considérait comme un artiste qui puisait sa force vitale dans la contemporanéité, la pensée de n'être qu'un rocker de plus qui répète son répertoire tournée après tournée le déprimait profondément. A certains égards, Bowie a une haute opinion du rapport qui devrait exister entre son art et lui. Il préfèrerait repartir de zéro comme un compositeur classique pour chaque nouvelle œuvre, plutôt que de devoir y introduire des vieilleries pour faire plaisir au public. Bowie a déclaré de manière plutôt ambiguë que ce serait « probablement la dernière fois [qu'il chanterait] ces chansons. » Mais il ne put s'empêcher de terminer par une pirouette : « Et en général, je fais ce que je dis. » Il donna aux fans la possibilité de voter pour leurs morceaux préférés, qui, promit-il, constitueraient la liste des chansons de la tournée. Après cela, elles ne seraient plus jamais chantées. Cependant, la plupart des observateurs savaient que cette règle serait virtuellement impossible à respecter, et l'avenir leur donnerait raison.

La motivation immédiate de la tournée Sound + Vision était promotionnelle. Le petit label américain Rykodisc s'était vu confier la tâche délicate de mettre de l'ordre dans le catalogue de Bowie. Fin 1989, le label avait sorti le ravissant coffret *Sound + Vision*, qui plus tard obtint un prix (mérité) pour sa conception. Parmi les chansons inédites, on trouvait *Lightning Frightening*, de 1970, *After Today*, un rejet des sessions Sigma en 1974, ainsi que l'interprétation personnelle de Bowie du titre de Springsteen *It's Hard To Be A Saint In The City*. L'impression générale était que le label était soucieux de préserver l'héritage laissé par Bowie. Enthousiasmé par l'engagement total de Rykodisc et la qualité de leur travail, et avec un catalogue de rééditions à promouvoir, Bowie décida qu'une tournée de ses vieux tubes serait à leur mutuel avantage.

L'idée de la tournée avait été avancée dès 1988, et Bowie en avait accepté le principe avant même de commencer à travailler avec Tin Machine. Bowie demanda à Gabrels d'être son guitariste sur la tournée, mais celui-ci déclina gentiment et suggéra Adrian Belew. « Je ne voulais pas jouer les vieilles chansons ; j'aime trop les versions originales. Adrian faisait beaucoup plus partie de l'histoire de David. C'était plus sa place que la mienne ; il avait collaboré à deux disques dans les années 70. Ça me laissait libre de harceler David pour les cassettes du deuxième album pendant qu'il était en tournée. De toute façon, si j'avais fait la tournée, les frères Sales auraient été vexés et ça aurait encore compliqué les choses. »

« J'étais au bord de la piscine à San Diego avec le groupe America quand j'ai reçu un appel de David Bowie me demandant de faire la tournée, raconte Belew. C'était une entreprise énorme. On a parlé des chansons. La liste s'est allongée peu à peu, et c'étaient des chansons qui exigeaient toutes un style différent, des sons différents. On a conclu que la seule façon de couvrir tant de matériau était de mettre certaines orchestrations dans un séquenceur. De cette façon, on pouvait avoir un orchestre. Je voulais atteindre la quintessence de chaque chanson, tout en les interprétant d'une manière neuve. Ce dont on avait vraiment besoin demeurait, que ce soit une tonalité, une partie guitare ou autre, et tout le reste était laissé à l'interprétation du groupe. »

Les répétitions commencèrent en janvier 1990 à New York et durèrent un mois. A la fin janvier, Bowie, vêtu d'un élégant costume sombre et d'une chemise blanche, sans barbe, une guitare acoustique à la main, annonça la tournée Sound + Vision à une conférence de presse au Rainbow Theatre, à Londres. Jovial, il entonna quelques vers de *Laughing Gnome*, puis se lança dans *Space Oddity*. Il expliqua à la presse qu'il ne s'agissait que d'une interruption temporaire de Tin Machine ; l'occasion de faire table rase du passé. Au Royaume-Uni, la demande pour les tickets fut colossale. Deux concerts à la London Arena, d'une capacité de douze mille personnes, affichèrent aussitôt complet, et un troisième se remplit en huit minutes et demie. On prépara la sortie d'une nouvelle compilation, *ChangesBowie*, où figuraient une sélection prévisible de tubes de 1969 à 1984 sous une pochette épouvantable. Un « nouveau » vieux single fut aussi envisagé. Quoiqu'il n'ait jamais été très populaire au Royaume-Uni, *Fame*, le premier n° 1 de Bowie aux États-Unis (*Let's Dance* étant jugé trop récent pour être ressorti) fut remixé et réédité sous le titre *Fame 90*. Bowie était de retour, « image vivante de la nostalgie ». Par ses excès, Glass Spider avait tué Bowie la pop star, et Tin Machine l'avait vu se réduire à un quart de sa taille originale pour devenir membre d'un groupe. La tournée Sound + Vision achèverait-elle de le détruire ?

BOWIE CAN'T DANCE, 1990-1994

Vous vous rendez compte qu'on a accumulé soixante-quatorze ans d'expérience de tournée dans ce groupe ?... Ça fait réfléchir, non ?... Comme les Muddy Waters. Les Muddy Waters du pauvre.
David Bowie à propos de Tin Machine, 1991.

David m'a dit qu'il ne voulait pas essayer de rivaliser avec Let's Dance. *J'ai dit : « Tu es fou. Il faut absolument qu'on rivalise avec* Let's Dance. *C'est notre boulot ! »*
Nile Rodgers à propos de *Black Tie White Noise*, 1999.

Le projet Tin Machine de côté, tout au moins temporairement, Bowie était redevenu Bowie et ses fans vinrent par millions écouter ses tubes pour ce qu'ils pensaient être la dernière fois. Le public de Bowie avait vieilli. Son dernier album à succès datait de sept ans auparavant. Le dernier à s'être adressé aux fidèles de Bowie était vieux de dix ans. Le nombre de ces afficionados, qui avaient maintenant entre 30 et 40 ans, s'amenuisait rapidement. Ils étaient remplacés par les fans de l'ère *Let's Dance*. La plupart des concerts manquèrent d'ambiance. Pourtant, Bowie n'aurait guère pu faire davantage pour plaire à son public. Il interpréta tube après tube : *Space Oddity, Jean Genie, Fame, Golden Years, Queen Bitch, China Girl, Let's Dance, Fashion, Blue Jean, Modern Love, Rebel Rebel, Changes, John, I'm Only Dancing, Young Americans*, et, bien sûr, *Sound And Vision*. Mais voilà ! A présent, un concert de Bowie était devenu une sortie agréable, et non un événement mémorable et théâtral chargé d'intensité. Bowie lui-même donnait le ton avec son costume sombre et sa coiffure raisonnable, grattant une guitare acoustique. Il n'était plus l'idole des jeunes. « Une certaine partie du public en savait beaucoup moins sur David Bowie que les vrais fans, explique Adrian Belew. Pour eux, c'est une sortie, une soirée ; ils ont peut-être entendu une ou deux chansons, mais ils savent que David Bowie est une superstar et ils veulent faire partie de ça – c'est presque comme un match de football. Je suis sûr qu'il y en avait très peu qui étaient vraiment conscients de ce qu'il est. »

Après son expérience avec Tin Machine, Bowie avait l'intention de s'accompagner d'un groupe réduit. Belew avait fait un tri dans le catalogue, modernisé certaines chansons, et ses arrangements aboutissaient à une certaine cohérence. *Space Oddity*, avec une basse puissante et sûre d'elle, marchait bien, tout comme un *Changes* plus rock et un majestueux *Ziggy Stardust*. Belew se donna à fond dans la tournée, réussissant des performances de virtuose soir après soir. Il écrivit un troublant solo de guitare pour introduire *Ashes To Ashes*, bien que Bowie ait souvent échoué à atteindre les aigus pendant les concerts, tant sa voix était faible, cassée. Néanmoins, sur certains morceaux, comme *Stay* et *Young Americans*, Belew et le groupe avaient du mal. Le son souffrait tragiquement de l'absence de ses éléments essentiels : un guitariste rythmique et un saxophoniste. « Je jouais de la guitare synthé, et j'arrivais à imiter le son des violons et de la trompette, explique Belew, mais il faut un saxophone pour *Young Americans*, et j'ai toujours pensé qu'on ne pouvait pas remplir ce rôle avec une guitare. » Sound + Vision prouvait que Bowie a besoin d'un groupe nombreux pour vraiment réussir sur scène, mais c'est une leçon qu'il n'a pas toujours suivie.

Sur le plan visuel, la tournée était la meilleure depuis les années 70, et elle émerveilla jusqu'aux critiques les plus réticents. Bowie tuait ses vieilles chansons et la mise en scène était macabre. Quand les premières notes de *Space Oddity* s'élevaient, on ne voyait que Bowie et sa guitare acoustique. Soudain, une énorme image de ce dernier, générée sur ordinateur, surgissait du ciel, et, par effet d'optique, semblait planer simultanément devant lui et au-dessus des premiers rangs du public.

A intervalles programmés, un écran diaphane s'abaissait sur le devant de la scène, et des films y étaient projetés. Ces films, une brillante série d'images, étaient conçus pour ajouter une information visuelle complémentaire : une paire de jambes de vingt mètres de long traversait la scène en faisant des cabrioles pendant *Space Oddity* ; Bowie tournoyait et virevoltait pour *Be My Wife*. Par le biais d'une technique visuelle imitant la stratégie de Bowie concernant l'assemblage de ses différents personnages, il était découpé en morceaux puis reconstitué pour *Let's Dance*, et, pour *Ashes To Ashes*, un film saisissant montrait le Thin White Duke d'autrefois – défoncé à la coke, glacé, impassible. Avec l'addition de deux écrans de chaque côté de la scène, indépendants l'un de l'autre et projetant pêle-mêle des gros plans de Bowie live et une variété d'images générées par ordinateur, le spectateur ne savait plus quel Bowie regarder. Le Bowie live, le « vrai », celui du film, ou la « vraie version » qu'on voyait au ralenti, puis découpée en morceaux et qui changeait de couleur sur les écrans pendant qu'il chantait ? La confusion était encore renforcée par le fait que les lèvres du Bowie du film mimaient les paroles chantées par le vrai. En bref, Bowie avait séparé certains aspects de sa personnalité et les avait mis en scène simultanément. Il n'avait plus besoin de changer de costumes : la technologie lui offrait la stratégie suprême en matière d'observation de soi. Pendant *Rebel Rebel*, il faisait vivre les paroles de la chanson (un hymne aux « enfants » de l'ère glam). Les fans devenaient les stars, Bowie filmant le public avec une caméra vidéo dont les images étaient instantanément relayées à l'écran.

La scène était illuminée comme un théâtre – un vaste arrière-plan noir, sur lequel se détachaient les silhouettes de Bowie et Belew dans un faisceau de lumière blanche. De même que le look monochrome de cette tournée était un descendant direct du clair-obscur de la tournée de 1976, Bowie montait sur scène vêtu d'une chemise blanche à jabot aux manches froissées et d'un pantalon et d'un gilet noirs. Adressant un clin d'œil à sa gloire passée, Bowie eut l'idée d'utiliser comme introduction un extrait de la bande originale composée par Walter Carlos pour *Orange mécanique*, ainsi qu'il l'avait fait pour *Aladdin Sane* des années plus tôt. C'était un moment poignant, un instant de profonde nostalgie.

Seul Belew était autorisé à venir devant l'écran pour échanger des répliques à la guitare avec Bowie. « David voulait que je sois sur scène avec lui parce que je pense qu'il avait besoin d'un *sparring partner*. Il disait de temps en temps : "Tu peux être Keith et je serai Mick !" Mais il ne voulait pas que le reste du groupe soit visible. » Cela conduisit, d'après Belew, à un certain ressentiment. « Il a été décidé que le groupe serait dans un coin, en fait derrière l'écran d'opéra qui s'abaissait. Je sais qu'ils étaient très déçus. Je pense que tous les membres du groupe se sont sentis très insignifiants à cause de ça, et que Rick Fox, qui était au synthé, a failli partir plusieurs fois. »

Comme pour la tournée de Diamond Dogs, Bowie voulait remplir la scène par sa performance solo. Il ne s'agissait pas d'un concert de rock au sens classique du terme. « Un soir, un événement particulièrement désagréable s'est produit, se souvient Belew. Il y a eu un malentendu avec Erdal Kizilcay, notre bassiste. David lui a fait signe, et il est arrivé en courant et a commencé à danser avec David, qui était furieux. Il a jeté sa guitare sur la scène et il s'est tiré aussi vite qu'il a pu. A ce moment-là, on louait un jet pour nous transporter, et le vol a été très tendu, très silencieux, ce soir-là. A la fin David et Erdal se sont expliqués, et tout s'est calmé, mais évidemment, ça voulait dire que personne n'était censé venir sur scène avec David et moi. »

Quelquefois, Belew se glissait derrière l'écran d'opéra pour s'assurer que le groupe était encore là. « De temps en temps, je me faufilais à l'arrière juste pour aller les voir un peu. Il y avait des moments où je voyais Rick Fox, le joueur de synthé, manger un sandwich pendant qu'un son énorme se déversait des *samplers* – il n'avait rien à faire du tout ! D'autres fois, il mettait des écouteurs et éteignait son clavier live, et l'équipe l'entendait écouter les Beatles sur scène pendant qu'on jouait *Space Oddity* ! »

L'échelle des concerts stupéfiait Belew. « On entrait sur la scène, raconte-t-il, les projecteurs s'allumaient et on commençait *Space Oddity*. C'était totalement effrayant. C'était un océan de têtes et de briquets. Mais, dans l'ensemble, jouer dans ce genre de stades n'est pas une expérience musicale géniale parce qu'on n'est pas vraiment sûr de ce que pense le public. On a un sentiment d'indifférence. Quand on joue dans un club, on voit les visages de gens et leurs réactions. David m'a dit une fois : "Je regarde vers la droite et je vois mon copain Jim là-bas. Je luis fais signe et deux mille personnes me font signe en retour." On a joué au Egg Dome au Japon et au Sky Dome au Canada, et il y avait entre soixante et quatre-vingt-dix mille personnes. Avec tant de gens, c'est presque irréel. »

D'après Belew, Bowie avait beaucoup changé, et les deux hommes devinrent amis. « Je me souviens qu'il m'a donné une visite guidée du musée du Prado en Espagne. C'était comme si j'avais eu un guide professionnel ! Il était sympa, plus heureux, mieux dans sa peau. J'ai compris que sa vie était encore compliquée et qu'il avait encore des problèmes. Il avait une relation difficile avec Melissa, ce qui le chagrinait beaucoup. Quant à moi, j'étais en train de divorcer, alors c'est vrai qu'on a eu des conversations "d'homme à homme". Avant tout, il ne savait pas trop quelle direction donner à sa carrière. Il m'a parlé du désastre qu'avait été la tournée précédente. Je crois qu'il était très embêté. »

Bowie avait retrouvé un certain équilibre. Il appréciait la vie sans drogue, mais s'autorisait à boire une bière de temps en temps, avec des résultats souvent cocasses. « Il est très vite soûl, raconte Belew en riant. Après une bière ou deux, ça y est. Il est très drôle, il parle fort, mais pas d'une façon désagréable. Il me faisait penser à un Cary

Grant moderne. Il s'intéressait encore beaucoup au style, à la mode, mais il n'était plus choquant. Il avait mûri, il était sorti de cette phase-là. »

Belew découvrit que presque toute l'équipe de management, de promotion et de tournée de 1978 avait changé, à l'exception de l'« assistante de Mr Bowie », Coco Schwab.

« Coco a une attitude très protectrice envers David ; trop, à mon avis. Elle contrôle son image et tout ce qui se passe autour de lui, et soit il lui dit ce qu'il veut, et elle le fait, soit elle contrôle ce qui se passe et il l'accepte. Je n'ai jamais su où était la vérité ; peut-être qu'il y a un peu des deux. Si quelqu'un devait être renvoyé, ou s'il fallait changer quelque chose, c'était elle qui apportait les mauvaises nouvelles.

« Quelquefois, c'était tellement inutile que c'en était énervant. Je vais vous raconter une petite anecdote. Une fois, on était en Angleterre, et j'ai rencontré un fan qui avait besoin qu'on le raccompagne (je crois qu'il faisait du stop), alors je l'ai ramené à son hôtel. Puis je suis allé déjeuner et j'ai vu Coco, qui m'a demandé ce que j'avais fait. J'ai dit que j'étais allé en ville et que j'avais ramené un fan. Coco a pété les plombs et elle a dit : "Tu ne devrais jamais faire ça. Parler à ces fans. Tu ne sais pas de quoi ils sont capables." Elle a ajouté cette fameuse phrase, et je cite : "Tu devrais être plus parano !" Je l'ai écrite pour m'en souvenir. Quelle drôle de chose à dire. Je préfère ne *pas* être parano. Je me rends compte qu'il y a du vrai dans ce qu'elle disait et qu'il y a des gens qui pourraient être dangereux, mais ça m'a paru complètement déplacé pour cette occasion, et franchement, ça ne m'intéresse pas d'être *plus parano*. »

Il est évident que Coco s'est rendue impopulaire auprès de collaborateurs bien intentionnés, mais il faut souligner une chose. Pour se faire entendre dans un monde aussi dominé par les hommes, il n'est guère étonnant, en un sens, qu'une personne comme Coco (et il y a beaucoup d'autres cas dans l'industrie de la musique) ait dû recourir à des stratégies brutales, voire impitoyables. De même, à cause du nombre relativement faible de femmes dans le milieu, les hommes ont tendance à les viser, à faire d'elles des boucs émissaires, parce qu'ils se sentent menacés par leur domination. Si Coco avait été un homme, il est probable qu'il n'y aurait pas eu tant de commentaires négatifs à son sujet, parce qu'on aurait pensé qu'il ne faisait que son travail. Les menaces potentielles qui pesaient sur Bowie étaient très réelles : en tournée, c'était un cauchemar pour les services de sécurité si les fans se procuraient l'accès aux suites privées, aux réceptions d'hôtel, aux chambres des musiciens, et les événements du 8 décembre 1980 étaient gravés à l'encre indélébile dans la mémoire de Coco.

Belew et Bowie enregistrèrent deux chansons ensemble, dont *Pretty Pink Rose*, qui devint un élément-clé. Bowie avait fait la démo avec le groupe d'accompagnement de Bryan Adams en 1988. A l'origine, elle était très pop, avec un riff insistant de synthé que Belew a supprimé dans son arrangement de 1990. Belew a donné de la force à la chanson, ajouté une très jolie introduction musicale pour annoncer le thème principal, une dose de guitare d'avant-garde, et l'a transformée en chanson rock. « Il m'a envoyé une démo et à la première écoute, je me suis dit : "Merde, David me propose de faire une de ses chansons et je ne suis même pas sûr qu'elle me plaise !" Mais elle me plaisait, finalement, surtout le refrain, alors je l'ai emportée au studio et je l'ai bricolée avec plein de guitares, et ça l'a beaucoup améliorée. Être en studio au même micro que David Bowie, c'est assez dingue. C'est presque incroyable par certains côtés. On ne s'imagine pas au micro en train de chanter avec un des chanteurs les plus célèbres au monde. »

Tim Pope, un des producteurs de clips les plus novateurs de l'époque, et le vidéaste de Cure, tourna le clip de la chanson, où on voyait Bowie et Belew chanter avec l'actrice Julie T. Wallace (qui avait, au milieu des années 80, acquis une certaine notoriété avec son rôle principal dans l'adaptation de la BBC de *The Lives And Loves of a She-Devil*). Inexplicablement, le single fut un flop. « Avoir un nom célèbre ne garantit pas le succès, commente Belew tristement. Atlantic a fait autant de promotion que possible, jusqu'à épuisement du budget. »

Cependant, la tournée était une grosse affaire commerciale, et la compilation de tubes *ChangesBowie* devint le premier nᵒ 1 pour Bowie au Royaume-Uni depuis *Tonight* en 1984. *The Rise and Fall of Ziggy Stardust and The Spiders From Mars* fit une brève réapparition dans les charts britanniques et américains. Pour David Sinclair du *Times*, Bowie possédait « une présence presque majestueuse ». Dans *l'Independent*, Giles Smith décelait l'artifice sous l'apparence ordinaire de Bowie : « Peut-être dans l'espoir de suggérer une familiarité avec le public, il déplaçait de temps à autre le pied de son micro lui-même, ou branchait bruyamment une guitare à des moments qui, en fait, ne faisaient que confirmer les soupçons de mise en scène... et quand un *roadie* était là, apparemment dans le seul but de le débarrasser de sa cigarette, on comprenait à quel point chaque pas était planifié à l'avance. » Adam Sweeting était encore moins impressionné, qualifiant le spectacle d'antiquité. Pour certains critiques, le retour de Bowie aux gloires passées ne faisait que souligner l'indigence créative du moment.

La tournée Sound + Vision traversa l'Amérique du Nord à toute allure et atteignit au mois de mai un des bastions de Bowie, le Japon.

La dernière destination de Ziggy fut le festival Rock In Chile, à Santiago, le 27 septembre 1990. La tournée Sound + Vision avait visité vingt-sept pays et donné cent huit concerts sur une période de sept mois. Au Royaume-Uni, Bowie avait joué devant deux cents cinquante mille personnes, cinq fois plus que prévu à l'annonce initiale des dates. Bowie aurait gagné quatre millions et demi de livres en seulement dix concerts...

Bowie et Belew se dirent adieu de nouveau. « On s'est dit qu'on retravaillerait ensemble à l'avenir, se souvient Belew, mais le temps passe vite. Déjà huit ans ! » Bowie enchaîna immédiatement par le tournage d'une comédie romantique intitulée *L'Affaire Linguini*, avec Rosanna Arquette. Belew, lui, reprit sa carrière solo dans la pop d'avant-garde tout en collaborant à d'autres formations centrées autour de King Crimson et de leurs successeurs. « David a besoin d'un bras droit, et je ne pourrai sans doute jamais tenir ce rôle, dit Belew, mais j'aimerais beaucoup travailler en studio avec lui et Reeves un jour. »

Pendant la tournée, Bowie rompit avec Melissa Hurley, devenue entre-temps sa fiancée. Le 14 octobre, Bowie rencontra Abdulmajid (née le 25 juillet 1955 en Somalie), une fan de longue date. Iman, le visage des publicités pour *Tia Maria* à la télévision anglaise dans les années 80, avait été top-modèle, mais quand elle rencontra Bowie, elle avait déjà abandonné cette carrière pour se tourner vers le cinéma, et avait monté sa propre société de produits cosmétiques. Une histoire d'amour à l'ancienne s'ensuivit, qui mènerait à leur mariage en 1992. La rencontre avec Iman sortit Bowie de sa période de dépression. « Nous avons vécu ensemble pendant vingt mois et pendant ce temps, j'ai dû apprendre ce que signifiait partager sa vie avec quelqu'un, écrivit Bowie en 1998. Des choses étranges, comme apprendre à écouter, savoir quand il n'est pas nécessaire de parler, quand il suffit d'être un être humain réceptif... Et le plus important : savoir dépasser ses caractéristiques asociales et inévitablement destructrices. » Bowie envoie des fleurs à Iman le 14 de chaque mois, en souvenir de leur première rencontre.

Carlos Alomar était soulagé et heureux pour son ami. « A partir de la tournée Serious Moonlight, il a traversé toutes sortes de mauvais moments. Sa vie sentimentale était un gros sujet d'inquiétude. C'est un type d'âge mûr. On le voyait avec Melissa et on se disait : "Qu'est-ce qu'il fabrique avec cette gosse ?" J'ai une relation fantastique avec ma femme Robin depuis trente ans, et une famille merveilleuse. Il ne pouvait pas ne pas nous envier. Quand il a rencontré Iman, il avait vraiment besoin de remplir un vide dans sa vie. Après, j'étais sûr qu'il s'en sortirait, parce que les dépressions qu'il avait eues pendant la tournée Glass Spider étaient directement liées à son incapacité à trouver l'amour. Une maîtresse n'est pas une femme. Quand il a épousé Iman, je me suis dit : "Wow !" » Mike Garson décrit Iman ainsi : « Elle est géniale. Très dynamique, et intelligente. Quand je les vois ensemble, je vois un très beau couple qui s'aime et se respecte. Ils se soutiennent beaucoup dans leurs carrières respectives. »

Bowie demanda Iman en mariage à Paris en octobre, sur la Seine. « Nous avons loué un bateau, et c'était une surprise totale, se souvient Iman. Nous avions un cuisinier, un pianiste, et à chaque fois que nous passions sous un pont, la lumière s'allumait. Il s'est mis à genoux et m'a demandée en mariage. »

Si sa vie amoureuse était en plein épanouissement, sa carrière musicale en revanche était « au creux de la vague. » En l'espace de douze mois, Bowie avait dû encaisser deux coups durs : sa maison de disques l'avait lâché et son nouvel album, *Tin Machine II,* avait été le premier depuis presque vingt ans à ne pas entrer dans le Top 20 au Royaume-Uni. En Amérique, il n'atteignit que la 126e place.

A un certain moment, en 1990, EMI avait entendu les cassettes du second album de Tin Machine et décidé de ne pas le sortir. Finalement, Bowie signa un contrat avec Victory Records. Une des premières suggestions du nouveau label fut de transformer l'un des morceaux les plus entraînants de l'album, *One Shot*, en un tube pour la radio. Hugh Padgham, qui avait travaillé au mix de *Tonight* et l'avait coproduit, et qui était devenu depuis un des producteurs les plus connus au monde pour son travail avec Sting et Phil Collins, fut sollicité. « Nous l'avons enregistré aux studios A&M à LA, raconte-t-il. En écoutant la démo, j'ai tout de suite su que c'était une chanson géniale. »

Padgham, cependant, n'était pas un grand admirateur du travail accompli précédemment avec le groupe : « Je trouvais ça nul, franchement. Je n'arrivais pas à y croire. On aurait dit un groupe de cinglés. C'est seulement quand j'ai commencé à travailler avec eux que je me suis rendu compte que Reeves était un maître à son instrument, du niveau d'Adrian Belew. Pour les non-initiés, c'était seulement du bruit, mais quand on se concentrait pour écouter, ça prenait un sens. Je me rappelle avoir trouvé Hunt Sales stupéfiant. Mais les frères Sales étaient vraiment dingues. »

Bowie étant en tournée pendant la majeure partie de 1990, c'était à Gabrels qu'était revenue la tâche de terminer le second album de Tin Machine. Son intention était d'apporter une sensibilité mélodique au son du groupe. Tim Palmer, le producteur du premier disque de Tin Machine, fut chargé de mixer le nouvel album. « Bowie était encore capable de grandes performances. Sur une des chansons, *Amlapura*, je me rappelle qu'il a délibérément chanté légèrement faux, pour obtenir une impression de tristesse. Son contrôle m'a vraiment impressionné. »

Tin Machine II sortit finalement le 3 septembre. C'est un album irrégulier, un compromis, allant de l'excellent pop-rock (*Goodbye Mr Ed*) au psychodrame effrayant (*Shopping For Girls*) en passant par les abominations que sont la tranche de « culture américaine » de bas étage intitulée *Stateside* et l'épouvantable épopée larmoyante *I'm Sorry* (dans un effort pour faire du groupe une véritable « démocratie », ces deux chansons sont interprétées par le batteur, Hunt Sales). La plupart des autres morceaux se situent quelque part entre ces deux extrêmes : *Baby Universal*, avec son vers « *Hallo humans, can you hear me thinking* (Salut les humains, vous m'entendez penser ?) » aurait pu être délicieusement théâtrale avec un accompagnement plus inventif. La ballade enjouée *Amlapura*, un hymne à l'Indonésie, est assez plaisante. Le premier single, *You Belong In Rock'n'Roll*, avec Bowie dans le rôle d'Elvis, est assourdissant, métallique, et Bowie parle plutôt qu'il ne chante les paroles.

Néanmoins, Bowie parut enthousiaste, et se lança dans un blitz médiatique comprenant deux apparitions à *Top of the Pops*, une session sur Radio 1, et une courte tournée mondiale. Le futur slogan de VH1 « *Music that means something* (De la musique qui a un sens) », aurait aussi pu s'appliquer à Tin Machine et à leurs efforts maladroits pour produire des déclarations musicales de poids « profondes ». « Nous essayons de créer quelque chose de nouveau, d'adulte », dit Bowie à *Rolling Stone* en automne 1991.

Avec son sens inimitable du style, Bowie parada en tournée cet automne-là en costumes tape-à-l'œil et mal assortis, chemises de designers fades et pantalons à rayures fluorescentes. La tournée It's My life parcourut l'Amérique du Nord, l'Europe et le Japon sans répit, dans des salles petites à moyennes, jusqu'en février 1992. Cette fois, l'accueil fut plus mitigé. Deux ans auparavant, les fans avaient campé toute la nuit pour voir leur homme dans des salles intimes. A présent les places se vendaient bien, sans franchement s'arracher. Le groupe donna son dernier concert le 17 février 1992 à Tokyo. Ce fut la dernière fois qu'ils jouèrent ensemble. Le second single tiré de l'album *Baby Universal* n'entra pas non plus au hit-parade, et *One Shot*, le single prévu pour la radio, ne sortit même pas, ni au Royaume-Uni ni aux États-Unis.

La fin de Tin Machine fut plutôt humiliante, avec la sortie de *Oy Vey baby – Tin Machine Live*, en été 1992. Si, en studio, Tin Machine était de qualité variable (et, dans certains cas, meilleur que certains critiques ne l'ont prétendu), en concert le groupe était braillard et ennuyeux. *Oy Vey baby*, dont le titre était un jeu de mots sur

346

le récent *Achtung Baby* de U2, demeure à ce jour le moment le moins mémorable de la carrière de Bowie. Le disque n'entra ni dans le hit-parade anglais ni dans l'américain. La presse musicale britannique l'assassina. Paul Mathur de *Melody Maker* transforma sa critique en une nécrologie de Bowie. « C'est ici que finalement, catégoriquement, et n'ayons pas peur de le dire, lourdement, Bowie cesse d'exister en tant qu'artiste. Ce n'est pas une glorieuse explosion, pas même une flamme qui s'éteint après avoir accompli son devoir... Ce n'est pas seulement mourir, c'est s'assurer que la postérité ne saura jamais qu'il a existé. »

Sans se décourager, Reeves Gabrels juge cet album le meilleur de Tin Machine. Pour lui, il incarne exactement le projet du groupe : « La raison d'être de Tin Machine était de jouer live, conclut-il. C'était un groupe de garage dopé avec un gros budget ! »

En réalité, en 1992, le groupe avait fait son temps. « Les gens veulent voir David Bowie, dit Gabrels. Il y en a qui paieraient une fortune pour aller le voir faire son marché. Les gens voulaient David Bowie solo, pas avec ces trois Américains. Ils ne voulaient pas le voir avec un groupe. Ils ne voulaient pas entendre chanter Hunt, ni Tony, ni moi. On a dit ce qu'on avait à dire et on a aussi répété le coup de théâtre de *Let's Dance* : après Tin Machine, tout pouvait arriver ! Les gens ne savaient plus à quoi s'attendre, comme toujours dans la carrière de David. »

Tin Machine aurait dû être un projet séparé, ou un seul album, plutôt qu'une stratégie de carrière. Le journaliste Paul Du Noyer affirme : « Je comprends la courageuse minorité qui pense que Tin Machine était a) une étape essentielle pour Bowie, et b) une expérience plutôt réussie. Mon sentiment est que l'expérience avait été menée à bien après le premier album et qu'il aurait dû tirer sa révérence au laboratoire à ce moment-là. Il n'y avait pas besoin d'en faire un second – et l'abominable *Oy Vey Baby,* encore moins. C'est tellement triste d'avoir choisi un titre aussi réactif. Le rôle de Bowie n'est pas de répondre d'une manière aussi terne au succès de quelqu'un d'autre. »

La période Tin Machine, prise dans son ensemble, ne nous a laissé qu'une petite poignée de bonnes chansons. Mais pour Bowie, l'expérience avait été cruciale : « Après Tin Machine, j'étais devenu invisible. Personne ne savait plus qui j'étais, et c'était la meilleure chose qui puisse m'arriver, parce que je pouvais recommencer à utiliser l'art dont j'avais besoin pour survivre et m'imprégner de la passion que j'avais eue dans les années 70. »

Aucune explication officielle ne fut jamais donnée pour la séparation de Tin Machine. Il n'y eut aucune déclaration à la presse, aucune grosse querelle ne fut rapportée, aucun conflit artistique, rien. Et

Bowie est toujours resté muet comme une carpe sur cet épisode. Quelles étaient donc les vraies raisons de la rupture ? Premièrement, Tin Machine ne vendait pas assez de disques pour s'attirer le soutien d'un grand label. Et puis il y avait le sentiment général d'une certaine usure.

« On en avait assez de débattre de tout, confirme Reeves Gabrels. On a fait une très longue tournée ensemble et je pense qu'on a compris à ce moment-là qu'il n'avait pas besoin du fardeau d'un groupe démocratique. Je m'étais toujours demandé combien de temps il lui faudrait pour le réaliser. Le fait est qu'il y avait une concentration de fortes personnalités dans le groupe ! Je pouvais être très obstiné et convaincu d'avoir raison. Et pourtant j'étais sûrement celui qui avait le moins le droit d'être agressif dans cet environnement. »

D'après certaines sources, Bowie était particulièrement mécontent du mode de vie de Hunt Sales. Un éclairagiste du concert au Zirkus Krone à Munich, en 1991 se souvient d'avoir pris de la coke avec « celui qui avait tous les tatouages ». Pourtant, Reeves Gabrels nie farouchement que la drogue ait été présente sur les tournées de Tin Machine. « Je dois dire que pendant tout ce temps – deux tournées, deux albums – je n'ai jamais vu un seul incident. »

Carlos Alomar est beaucoup moins circonspect : « David était très mécontent pendant l'épisode Tin Machine, parce que Hunt Sales se droguait. C'est terrible quand on se rend compte qu'un des membres du groupe nous ment, et, pire encore, qu'il se ment à lui-même. David était déprimé parce qu'il était incapable de gérer ce problème de drogue. Quand on va faire un concert, et qu'un des membres est complètement défoncé, on est très affecté. Surtout quand les dés sont jetés et qu'on s'est engagé avec lui. On ne sait pas quoi faire. »

Pour Gabrels, « après le premier album *Tin Machine*, tout aurait pu s'arrêter et j'aurais quand même été satisfait. J'avais participé à quelque chose qui, à mon avis, avait rapproché David de ce qu'il aime. Je ne m'inquiétais pas vraiment de ce qui arriverait après la fin de Tin Machine parce que je savais que je continuerais à jouer de toute façon. David et moi, on s'est séparés amicalement et avec humour, et on a même évoqué l'idée de retravailler ensemble ».

L'apparition suivante de Bowie survint en avril 1992 au concert donné en hommage à Freddy Mercury pour la prévention du sida. Ce soir-là, Bowie fut sympathique et plein d'humour (même si ses références à sa promiscuité des années 70 étaient peut-être déplacées, vu la nature de l'événement). Vêtu d'un costume vert tilleul surprenant, il chanta *Under Pressure* en duo avec Annie Lennox (la répétition avait été bien meilleure, paraît-il). Puis il accompagna un Ian

Hunter dynamique, à peine vieilli (il avait déjà 52 ans) pour *All The Young Dudes* et joua un *Heroes* truffé d'erreurs avec Mick Ronson.

La scène était particulièrement poignante car Ronson, qui souffrait d'un cancer, était condamné, et la plupart des gens savaient que c'était sa dernière apparition sur une scène. Jusqu'à ce moment-là, le concert avait été une réaffirmation tout à fait banale des valeurs du rock. Mais l'atmosphère changea, et de manière dramatique. Bowie tomba à genoux, et, dans un élan apparemment spontané, récita une prière pour Craig, un auteur de théâtre australien, ami de Coco et de lui, qui était en train de mourir.

A première vue, la scène ne devait guère être convaincante. Bowie, qui, depuis les années 90, était un déiste fervent, avait évidemment pensé que cet acte surprenant concentrerait les esprits sur la vraie question du jour. L'effet produit, cependant, fut stupéfiant. Pour ses détracteurs, il tentait par ce geste hypocrite et lamentable de s'approprier la vedette, et c'était un coup publicitaire du plus mauvais goût. Les supporters de Bowie pensaient au contraire qu'il aurait dû être félicité pour son engagement envers le message du concert. C'était un mélange d'artifice et de sincérité, en soi caractéristique de Bowie.

Bowie entrait dans une phase de réflexion, de contemplation. Il était également très amoureux, et, le 24 avril 1992, Bowie et Iman se marièrent secrètement à Lausanne. Pendant leur lune de miel à LA, ils furent témoins des émeutes qui eurent lieu après l'agression tristement célèbre d'un jeune Noir appelé Rodney King par un policier blanc ; cet incident influença directement la chanson *Black Tie White Noise*. La cérémonie religieuse eut lieu deux mois plus tard à l'église épiscopale St-Jacques, à Florence : Eno, Yoko Ono, Eric Idle et Bono figuraient parmi les invités. Joe, qui était maintenant âgé de 21 ans, se faisait appeler Duncan et étudiait la philosophie à l'université, était également présent, avec son amie Jenny Ichida, et fut photographié avec son père souriant.

Le mariage stimula l'inspiration de Bowie, qui, à l'occasion de la cérémonie nuptiale, avait composé deux instrumentaux. Pour son projet suivant, Bowie réalisa son premier album concept depuis *Diamond Dogs*. Les thèmes de l'aliénation et de la dépression d'alors étaient remplacés par celui de l'amour. Son nouveau disque était son album « de mariage », un cadeau pour sa femme Iman. Vouloir vendre un disque inspiré par son mariage paraîtra sans doute touchant à certains et ridicule à d'autres... Quoi qu'il en soit, les enregistrements du premier album solo de Bowie depuis presque six ans débutèrent à New York cet automne-là.

Hormis le fait que ses photos de mariage furent étalées dans

Hello !, 1992 vit aussi le retour de Bowie dans les médias, pour ainsi dire par défaut : Cet été-là, le compositeur américain Philip Glass avait commencé sa nouvelle œuvre, *The Low Symphony*. L'un des mouvements de la symphonie, *Some Are*, est basé sur une chanson que Bowie avait au départ exclue de l'album avant de l'inclure dans la réédition de 1991.

Au moment où Bowie retournait à une carrière solo, il fut sans doute encouragé de voir se renforcer son influence sur la planète pop après dix ans d'éclipse. La seconde moitié de 1992 vit aussi l'ascension météorique de Suede, dont le premier single, *The Drowners*, avec ses malicieuses figures vocales, sa batterie caverneuse, menaçante, et sa guitare vacillante, aiguë, était un hommage évident au Bowie de l'ère Ziggy. La voix de Brett Anderson, intensément dérangeante, comme celle de Morrissey, affectait un registre sonique instable, quelque part entre Bowie, Bolan et Steve Harvey.

Le deuxième album de Suede, *Dog Man Star*, le seul produit des années 90 à pouvoir rivaliser avec *Diamond Dogs* sur le plan de l'ambition, rend hommage à Bowie en faisant référence à trois de ses albums dans son titre. *Head Music,* qui date de 1999, contient quand à lui la superbe *She's In Fashion* et une chanson intitulée *The Elephant Man*. Voilà un groupe qui ne cherche pas à cacher ses influences !

Les journalistes évoquèrent les posters de Bowie accrochés aux murs d'Anderson, son utilisation de *A Letter To Hermione* sur son répondeur, et le personnage agressivement homo-érotique qu'il incarnait sur scène. Fin 1992, Brett, dans ce qui était sans doute un écho délibéré à la position initiale de Bowie sur sa sexualité, déclara aux médias qu'il était : « un bisexuel qui n'avait jamais eu d'expérience homosexuelle ».

Steve Sutherland, qui avait pratiquement été le seul journaliste à commenter de façon intelligente la phase Tin Machine de Bowie à travers d'excellents interviews dans *Melody Maker*, et travaillait désormais pour *NME*, réunit Brett Anderson et Bowie au début 1993, juste avant la sortie du premier album de Suede et du nouveau de Bowie. D'après Anderson, Bowie se montra abordable et paternel. Bowie arriva vêtu d'un costume sombre à fines rayures, gants noirs et feutre, presque exactement la même tenue que William Burroughs avait portée vingt ans plus tôt quand Bowie, coiffé à la Ziggy, l'avait rencontré pour la première fois. Bowie taquina gentiment Anderson, tout en se posant comme le parrain du glam et le père de la Britpop. Un échange entre eux est particulièrement révélateur :

BRETT : Il est nécessaire qu'on joue live, parce que, quand tout le monde vous critique et qu'on est sous un microscope, il faut se produire et être honnête à propos de ce qu'on fait. Je refuse d'avoir l'air

350

d'une fabrication médiatique, ce que nous ne sommes pas. On ne prémédite pas. On fait ça naturellement.

BOWIE : Ah, là est toute la différence entre nous. Je ne comprends peut-être pas très bien pourquoi ni comment, mais tout ce que je faisais était de la fabrication.

Suede avançait la rhétorique de la sincérité, Bowie celle du mensonge. C'était un microcosme du conflit entre la culture des années 70 (celle de l'artifice, du superficiel et du jeu), et celle des années 90 (où s'était instituée une nouvelle et fervente authenticité).

Bowie dut éprouver une certaine satisfaction à voir *Black Tie White Noise* ravir dès sa sortie en avril 1993 la place de n° 1 à l'album de Suede au Royaume-Uni. Ses fans revenaient, comme pour le persuader en achetant son album solo d'abandonner définitivement Tin Machine.

Bowie était assez sûr de lui pour déclarer au magazine *Rolling Stone* à la fin 92 : « Je ne pense pas avoir atteint un tel sommet auparavant, en tant qu'auteur et interprète. » Le titre, *Black Tie White Noise*, était un commentaire sur le mélange racial de son propre mariage et sur les méthodes de travail de Bowie – la fusion de la soul et du R&B américains et l'ajout d'une certaine sensibilité mélodique européenne.

Pour son premier album solo des années 90, Bowie retrouva Nile Rodgers, le producteur de son dernier grand album, *Let's Dance,* dix ans plus tôt. Pour Rodgers, cependant, l'enregistrement de l'album fut une expérience extrêmement frustrante :

« *Black Tie White Noise* et *Let's Dance* sont comme le jour et la nuit. Quand on a fait *Black Tie White Noise*, j'avais l'impression d'avoir les mains liées la plupart du temps. "Hé, David, si on essayait ça ? – Non. – Alors, ça ? – Non, je ne veux pas faire ça non plus. Ce disque est d'abord le disque de mon mariage." Je lui disais : "Mais David, personne ne s'intéresse à ton mariage. Faisons un tube ! – Non, je ne veux pas rivaliser avec *Let's Dance*. – David, il *faut* qu'on rivalise avec *Let's Dance*. Le monde entier va se demander pourquoi tu fais ça, et la raison doit être qu'on essaye de dépasser *Let's Dance*. David, il faut qu'on fasse *Let's Dance 2*." Je lui répété ça des dizaines de fois. J'appelais même Iman, qui était mon amie, et je lui disais : "S'il te plaît, dis-lui !", et elle répondait : "Non, j'aime bien ces chansons." et je disais : "Aaaaaaaarggghh ! ! ! Non, tu ne les aimes pas. S'il te plaît, Iman – dis-lui !" Mais elle était d'accord avec David.

« Je lui jouais de supers refrains commerciaux, qu'il rejetait presque systématiquement. Je ne savais pas quoi faire. Je ne pourrais même pas dire quelle sorte de son on essayait d'avoir pour *Black Tie White Noise*. Peut-être que je buvais ou que je me droguais plus que j'aurais dû. En fait, je sais que c'était le cas pour *Black Tie White Noise* et *Let's Dance*. J'ai peut-être perdu la capacité de faire de grands disques, alors tout n'est pas la faute de David. Mais quand on a fini cet album, je savais qu'il n'était pas cool. Ne vous méprenez pas. Je pense qu'il y a des trucs très intéressants, très intelligents dessus. Mais ce que je veux dire, c'est qu'il n'est pas aussi bon que *Let's Dance*.

« J'ai quand même adoré la chanson *Miracle Goodnight*. Je la trouvais fantastique. S'il avait sorti celle-là en single, il aurait eu un tube. Il avait une autre chanson, *Lucy Can't Dance*, qui était un n° 1 garanti, et tout le monde a été complètement abasourdi quand elle n'est sortie qu'en bonus track sur le CD. Il fuyait le succès et le mot "dance". Imaginez un peu, David Bowie et Nile Rodgers sortent une chanson intitulée *Lucy Can't Dance*. Génial ! Je me voyais déjà en train d'accepter mon Grammy Award. Mais il a été inflexible. »

L'album possède pourtant un charme particulier. Il y a une indéniable qualité mélodique dans les morceaux comme *Jump They Say*, le single de lancement. *The Wedding* est une version retravaillée de la musique du mariage de Bowie, un mélange d'accords occidentaux (représentant l'Église anglicane de la famille Bowie/Jones/Burns) et de musique microtonale (pour la famille musulmane d'Iman). Mais c'est la trompette de Bowie qui vole la vedette, ajoutant de débonnaires accents jazz à l'album. Quand la trompette intervient en solo sur *You've been Around* et *Jump They Say*, c'est comme une bouffée d'air pur après les constants solos de guitare de la période Tin Machine. L'aspect vraiment frappant du disque est la qualité de la performance vocale de Bowie. Son vibrato profond prend toute son ampleur dans une superbe interprétation de *I Feel free*.

La chanson de Cream, enregistrée en hommage à deux amis, l'un mort depuis longtemps, le second malheureusement sur le point de disparaître, est le moment le plus poignant de l'album. Cream était un des groupes préférés de Terry Burns, qu'il avait autrefois emmené David voir en concert à Londres. Ronson apparaît sur cette nouvelle version *dance* de la chanson. Les deux hommes sont photographiés ensemble pour la dernière fois.

Trois chansons confirment que Bowie n'a rien perdu de son talent. *Jump They Say*, un psychodrame inquiétant, superbement rythmé et cadencé par le saxo, est l'une de ses chansons les plus dramatiques. Elle obtint un assez grand succès en Europe et fut le premier single de Bowie en dix ans à entrer dans le Top 10 britannique. Le clip, réalisé par Mark Romanek, était un pot-pourri d'allusions. Bowie, en costume sombre et cravate à rayures, fait référence au personnage d'écolier du clip de *Boys Keep Swinging*. D'ailleurs la scène du barbouillage de rouge à lèvres, demeurée dans l'iconographie des clips de Bowie depuis *Boys Keep Swinging*, refait surface dans *Jump They Say*. La conclusion du clip est une autre reconstitution visuelle d'une vie artistique passée. La pochette de *Lodger* montrait Bowie recroquevillé sur une table d'autopsie. Sur *Jump They Say*, portant exactement les mêmes vêtements et adoptant une position presque identique, Bowie mime le mot « *Jump* (Saute !) » avant de mourir.

Le thème de la chanson et du clip était le suicide de Terry. Ses périodes de schizophrénie, pendant lesquelles il entendait des voix, sont remarquablement rendues dans la chanson. Bowie exhorte son frère à résister aux démons qui le défient de plonger vers la mort : « *Don't listen to the crowd they say jump !* (N'écoute pas la foule qui te dit de sauter !) » Cette expiation publique était un acte courageux de la part de Bowie. Comme prévu, les cyniques dans les médias prétendirent que Bowie, une fois de plus, tentait de tirer un profit commercial d'une tragédie personnelle.

Cette version fictive de la mort de Terry (il avait effectivement tenté de se suicider en se jetant par la fenêtre en 1982, mais n'y était pas parvenu), n'est que l'élément central d'une série d'images troublantes. Dans une séquence, Bowie vacille au sommet d'un immeuble et mime les paroles de la chanson. Ailleurs, il apparaît sous les traits d'un apparatchik d'entreprise, capturé avec ses collègues pour figurer sur une photo de groupe. Bâillonné, relié à une « salle de torture » électrique, il est soumis à de violents électrochocs pendant que ses bourreaux photographient ses contorsions et son agonie. Trois femmes observent Bowie au moyen d'un télescope, comme dans le chef-d'œuvre de Hitchcock *Fenêtre sur cour* (1954). D'ailleurs les références au cinéaste abondent : la scène du parapet renvoie à *Vertige* (1958), tandis que les pigeons qui poursuivent Bowie rappellent *Les Oiseaux* (1963). Filmé en partie en Cinémascope, c'est le meilleur clip de Bowie depuis *Let's Dance*.

D'après Chris Roberts de *Melody Maker*, « Si quelqu'un veut savoir pourquoi Bowie est toujours d'actualité et toujours intéressant, montrez-leur ce clip et demandez-leur s'ils pourraient nommer un autre artiste capable d'être aussi fascinant à ce stade de sa carrière. Dans les années 70, il y avait un certain prestige à se montrer intelligent, cultivé, cohérent, à avoir des points de références en dehors du rock. Aujourd'hui, si on essaie d'introduire du théâtre, de la littérature ou du cinéma, on s'attend à être ridiculisé. Je trouve que c'est terriblement dommage. »

Deux autres chansons renferment la même atmosphère inquiétante, légèrement psychotique. Sur *Pallas Athena*, morceau effrayant, surtout instrumental, Bowie expérimente comme il ne l'avait pas fait depuis dix ans. Il prononce le vers « *God is on top of it all* (Dieu est au-dessus de tout ça) » d'une voix si fortement déguisée qu'on croirait presque entendre un chanteur de soul noir. *Nite Flights*, morceau *dance* sans concession, est une reprise brillante et inquiétante de la chanson de 1978 des Walker Brothers, avec son accrocheur « *On night flights / only one way to fall* (Sur les vols de nuit / une seule façon de tomber) » et la fantastique envolée du synthé d'un haut-parleur à l'autre.

Ailleurs, Bowie est d'humeur sentimentale. Sur le plan des paroles, il y a une tendance à la flatterie et au cliché, qui nuit à la qualité de l'album. *Miracle Goodnight* est une chanson pop élégante, avec des guitares somptueuses et une des mélodies les plus entraînantes de Bowie, mais bizarrement il est moins convaincant heureux que déprimé. De même, la reprise *Don't Let me Down And Down* (avec des paroles comme « *Still I keep my love for you* (Pourtant je garde mon amour pour toi) ») et *Wedding Song*, dans laquelle Bowie, sans le moindre soupçon d'ironie, chante « *I believe in magic* (Je crois à la magie) ») sont charmantes, mais banales.

L'élan du retour de Bowie fut freiné presque aussitôt. En Grande-Bretagne, sans tournée pour le soutenir, l'album sortit du Top 100 au bout de deux mois. Savage Records, un petit label indépendant chez qui Bowie avait signé aux États-Unis, entama un procès contre lui, réclamant 65 millions de dollars de dommages et intérêts pour les pertes encourues sur *Black Tie White Noise*. La compagnie avait un contrat qui les engageait à payer 3,4 millions de dollars à Bowie pour ses trois albums suivants. Les avocats de Bowie avaient, paraît-il, négocié un terme au contrat quand les ventes de l'album n'avaient pas été à la hauteur des espérances. Savage fit faillite et poursuivit Bowie et BMG, invoquant un complot et une fraude. Quoi qu'il en soit, la cour d'appel du tribunal de l'État de New York donna gain de cause à Bowie.

Mick Ronson mourut d'un cancer du foie le 29 avril. Bowie donna une reprise de *Like A Rolling Stone* de Dylan pour l'album posthume de Ronson, *Heaven And Hull*, mais ne participa pas au Mick Ronson Memorial Concert, qui fut organisé en avril suivant par la sœur de Ronson, Maggi, et son ami, l'écrivain Kevin Cann. « Ce n'était pas assez grandiose pour lui, hein ? commenta plus tard Ian Hunter. Freddie Mercury, lui, était célèbre – David savait qu'il serait vu par beaucoup de gens. » En coulisse, Hunter aurait même déclaré : « Si ce salaud ose se montrer, je lui casse la gueule. »

« Je ne comprends pas pourquoi il n'est pas venu aux obsèques de Mick Ronson ni à la messe commémorative, dit Gus Dudgeon. J'ai trouvé que c'était dommage. Il avait peut-être une très bonne raison, et je suis sûr que c'est ce qu'il pense, mais... il aurait dû être là. »

De toute évidence, Bowie ne se sentait pas capable d'exprimer en public ses pensées sur Ronson à l'époque (Morrissey affirma qu'il était trop bouleversé pour assister aux obsèques). De plus, il y aurait eu quantité d'amis et collaborateurs de l'époque des Spiders, y compris certains auxquels il n'avait pas parlé depuis vingt ans, et qu'il aurait fallu affronter sous l'œil intense des caméras. Au début des années 90, Bowie n'était pas encore prêt à communiquer avec certains personnages de son passé (comme Tony Visconti ou Ken Scott, par exemple).

Sur le plan artistique, 1993 fut l'année la plus fructueuse pour Bowie depuis 1977, et à l'été, il était de retour en studio. Cette fois, le catalyseur était l'adaptation par la BBC du roman de Hanif Kureishi, *The Buddha Of Suburbia*, qui évoquait l'enfance de ce dernier à Bromley, la banlieue de Londres où Bowie avait grandi.

The Buddha Of Suburbia est l'histoire picaresque de Karim, un jeune Asiatique, et de sa progression depuis la morne routine des banlieues vers la vie de bohème dans la grande ville. Le livre nous en apprend beaucoup sur la culture des jeunes à l'époque, sur cette envie de devenir une star et de se réinventer pour se sortir de l'ennui insondable des banlieues. Le récit raconte la relation entre le jeune aspirant acteur, Karim, et Charlie Hero, incarnation du chic progressif, un personnage ressemblant à Bowie, qui de hippie devient glam, puis punk, avant de régresser à la fin du roman en rocker médiocre mais commercial.

Kureishi, chargé par un magazine américain d'interviewer Bowie en février 1993, saisit cette occasion pour demander à celui-ci d'écrire la musique originale de l'adaptation de son roman à la BBC. Bowie prit les thèmes principaux et les développa, avec le multi-instrumentiste Erdal Kizilcay, pendant une séance d'enregistrement éclair de sept jours en 1993. L'album *The Buddha Of Suburbia* sortit en novembre de la même année.

Depuis 1983, les fans de Bowie s'étaient habitués à voir leur idole bronzée, en costume, fréquentant les aristocrates du rock et les membres de la famille royale. Mais la musique du *Buddha Of Suburbia* signalait un changement plutôt radical. Quand Bowie chante, dans son meilleur accent cockney :

Sometimes I fear
That the whole world is queer

« Quelquefois je crains
Que le monde entier ne soit gay »

il retrouve le fil d'une histoire oubliée.

L'impression globale est un sentiment de soulagement et de

liberté. Il s'agissait d'un album où Bowie pouvait se faire plaisir, sans collaborateurs à amadouer, sans public à apaiser. Bowie fit du projet un exercice d'auto-cannibalisme.

Dans la chanson-titre, un morceau comme il n'en avait pas écrit depuis longtemps (sorte de rencontre entre *Absolute Beginners* et *The Bewlay Brothers*, avec des vagues de guitare acoustique à la *Hunky Dory*. Bowie plagie *Space Oddity* et emprunte le passage « Zane, zane, zane, ouvre le chien » à *All The Madmen*.

Plus loin, *Dead Against It*, resplendissant d'une superbe mélodie rétro dont Blondie aurait été fière, rappelle le milieu new wave de la fin des années 70 à New York (et la *menace du cricket* de Eno). *Strangers When We Meet* est du pur *Flesh And Blood*, mélangé au riff de *Gimme Some Lovin* du Spencer Davis Group. Et, dans la sublime incantation hypnotique *Untitled Number 1*, Bowie pastiche le genre de musique hippie influencée par l'Inde que lui-même n'avait encore jamais enregistrée. Il y a aussi une imitation effrontée de Bolan dans la coda, écho de la parodie *Black Country Rock* vingt ans plus tôt. Tout est intelligent, inventif : ce n'est pas le meilleur de Bowie, mais on n'en est pas loin.

Le reste de l'album n'a pas grand-chose à avoir avec le rock. Le rythme de *Sex And The Church* rendrait Prince jaloux. *Bleed Like A Craze Dad* possède le meilleur riff de l'album, un croisement entre *The Harlem Shuffle* et la bande originale d'un James Bond. Il s'amplifie comme une épopée de la période *Heroes*, cinématique, grandiose. Les paroles à demi parlées sont du rap blanc poli, et font délibérément écho à son interprétation remarquable de *African Night Flight* sur *Lodger*. *South Horizon*, le morceau préféré de Bowie, est un instrumental de jazz d'avant-garde qui se replie sur lui-même et change curieusement de vitesse à mi-chemin.

Mike Garson, qui avait joué sur *Looking For Lester* dans l'album précédent, était de retour, et en forme : « J'ai fait tout le piano en trois heures. J'avais les écouteurs sur les oreilles, la bande passait, David m'indiquait où jouer, et je jouais par-dessus. Juste après la tournée *Young Americans*, il m'avait dit : "Tu vas travailler avec moi pour les vingt ans à venir." Là-dessus je n'ai pas de nouvelles de lui pendant vingt ans ! Soudain, il m'appelle et me dit : "Allons-y." C'était comme si dix minutes s'étaient écoulées, c'était tellement bizarre. Certaines des musiques de *Buddha of Suburbia* étaient fantastiques. »

Il y a deux instrumentaux : *The Mysteries* est proche d'un morceau minimaliste à la Eno, tandis que *Ian fish, U.K. Heir*, un rappel lent et funèbre des principaux thèmes de l'album jonché de parasites pour faire bonne mesure, est à peine audible. Il rappelait de manière frappante à ceux qui l'auraient oublié que Bowie était la seule superstar de sa génération qui se souciait encore d'élargir les bases de la musique pop, et qui était prête à prendre des risques pour le faire. Les fans de Rod, Elton, Eric et Mick obtiennent ce qu'ils connaissent avec chaque nouveau disque, et semblent à vrai dire heureux que le rock réconforte et apaise leur âge mûr. Mais *The Buddha Of Suburbia* signalait clairement que Bowie ne jouerait plus à ce jeu-là.

Comme *Black Tie White Noise*, l'album fut bien reçu par la presse musicale britannique. Cependant, fidèle à lui-même, Bowie se sabota tout seul. L'album sortit dans une discrétion presque totale : pas de véritable publicité, pas d'interviews, pas de single, rien. De plus, il fut incorrectement considéré comme une bande originale plutôt que comme un authentique album Bowie. Il ne fut pas même distribué dans le monde entier.

Buddha demeure le grand album oublié de Bowie. Il sortit le même jour qu'une compilation supplémentaire de tubes, *David Bowie : The singles Collection*, qui eut un succès modéré dans la ruée rétro d'avant Noël.

Deux vidéos sortirent presque en même temps. *Black Tie White Noise* était irrégulier. Il contenait des interviews plutôt sans intérêt, des clips récents, et plusieurs versions en play-back de chansons actuelles. « Je suppose qu'on aurait pu la faire pour moins cher, mais pas de beaucoup », observa fort justement Andy Gill, de *Q*. *David Bowie : The Video Collection* suivit un mois plus tard. David Cavanagh de *Q* la décrivit, tout aussi justement, comme « la meilleure collection de clips jamais sortie. »

The Buddha Of Suburbia avait offert sur un plateau à Bowie l'occasion de réaffirmer ses racines londoniennes, et surtout suburbaines. Il avait passé les dix premières années de sa carrière à essayer de nier leur existence, afin de trouver un autre monde, plus excitant. Dans les années 80, il vivait comme une pop star typique de l'époque, avec une base en Suisse et des résidences éparpillées un peu partout dans le monde. Cependant, le recentrage de Bowie dans les années 90 sur sa musique des années 70 le conduisit à tenter de se réapproprier un patrimoine, des origines.

Bowie commença à passer plus de temps en Grande-Bretagne. Il devint l'ami de Kureishi et établit en même temps un rapport avec l'enfant terrible de l'art conceptuel, Damien Hirst (devenu célèbre après la controverse médiatique provoquée par son exposition d'un mouton mort dans un bassin de formaldéhyde). Bowie devint ostensiblement un mécène. Il collectionnait depuis plus d'un quart de siècle – sa collection privée comprend des œuvres de Rubens et du Tintoret, ainsi que d'artistes contemporains tels que Bomberg, Auerbach, Gilbert et George. En 1994, il paya dix-huit mille livres l'œuvre controversée de Peter Howson, *Croatian And Muslim*, (l'artiste britannique officiel de la guerre en Bosnie), refusée par le Imperial War Museum parce qu'elle montrait un viol. Il commença à préparer une exposition de ses œuvres personnelles.

Hirst était exactement le genre de personnage en vue et anti-establishment par qui Bowie était naturellement attiré. Il était la plus proche version d'une vraie « star » dans le monde de l'art britannique. Bowie acheta le *Beautifully Shattering Splashing Violent Pinky Hacking Sphincter Painting* (« Peinture du sphincter magnifiquement spasmodique, rose, violent, éclaboussant, bouleversant ») en 1995 et la même année, collabora à un tableau avec Hirst lui-même, intitulé *Beautiful Hello Space-Boy Painting*. Dans les interviews, Hirst révéla son attachement à l'utilisation des parties du corps comme bases artistiques, à la vision de la beauté dans la mort comme une manière de détourner l'attention de la société de sa réalité : « Ce que j'aime, dit-il à Robert Chalmers, de *l'Observer*, c'est la contradiction : une photo vraiment magnifique de quelque chose d'horrible. » Ces deux principaux thèmes – ce que Hirst appelait « la négation paranoïaque de la mort qui imprègne notre culture » et le corps vu comme un simple assemblage de tissus, de peau et d'os, qui, une fois mort, pouvait produire de l'art – allaient avoir une influence directe sur le projet suivant de Bowie.

Bowie lui-même s'adonna à un peu de piercing et de tatouage. Il arborait à présent une jolie boucle d'oreille et un tatouage de dauphin au mollet. Ce cocktail de néopaganisme de fin de millénaire, de body art et d'anatomie dans l'art, accompagné d'une ferme acceptation de sa propre mortalité, le fascinait. Pour David Bowie, la fin du millénaire allait se produire non pas en 1999, mais en 1995, avec *Outside*.

12

DAME MÉDITATION, 1994-1997

Une rock star vieillissante n'a pas à se retirer de la vie.
Quand j'aurai cinquante ans, j'en donnerai la preuve.
Bowie à Jean Rook en 1979.

Joyeux Anniversaire, madame !
Paul Du Noyer, *Mojo.*

Forget that I'm fifty 'cos you just got paid.
(« Oublie que j'ai cinquante ans parce que tu viens d'être payé »).
Cracked Actor, 1973.

1993 avait été une année étrange pour Bowie. En relançant sa carrière solo, il aurait pu capitaliser sur l'enthousiasme manifeste de ses fans avec une tournée mondiale, et même enchaîner sur un album plus commercial. Il aurait pu accepter l'offre de MTV d'un passage sur *Unplugged* (ils voulaient ses vieux tubes – Bowie refusa). Mais non. Pour son projet suivant, Bowie était résolu à reprendre ses expérimentations des années 70. Au lieu de chercher une nouvelle vie et de s'élancer vers l'inconnu, il commença par fouiller son carnet d'adresses à la recherche de « nouveaux » collaborateurs pour les années 90. D'abord, il était retourné à son passé proche et avait repris Nile Rodgers. Puis ç'avait été le tour de Mike Garson et de Mick Ronson. A présent, c'était Brian Eno. Plus tard, ce serait Carlos

359

Alomar, et vers la fin de la décennie, Tony Visconti. L'histoire rattrapait Bowie.

Au début des années 90, Eno était devenu un des producteurs de rock les plus novateurs et les plus respectés de l'industrie. Son travail sur l'album de U2 *Achtung Baby*, en 1991, était révélateur : une combinaison brillante et inspirée de bruits industriels, de rythmes circulaires et de superbes mélodies. Enregistré à Hansa, comme « *Heroes* », *Achtung Baby* avait tout d'un album de David Bowie. Après des années à n'être qu'un simple objet de curiosité, la carrière discrète d'Eno dans la musique d'ambiance influençait maintenant les genres *dance* comme la *ambient house* et la *trance*. Eno était devenu un arbitre du bon goût. Il possédait son propre label, sa propre revue (éditée par Kevin Cann, ex-collaborateur de Bowie), un grand éditeur (Faber&Faber) publiait ses dires... Il donnait également des séries sporadiques de conférences (toujours drôles). « C'est une de ces personnes, plutôt enviables en un sens, observe le DJ John Peel, qui sont arrivées presque par hasard à une sorte de rôle médiatique de vénérable homme d'État, dont chaque déclaration est prise terriblement au sérieux par tout le monde. »

Le traitement symphonique de *Low* par Philip Glass et la passion retrouvée de Bowie pour la musique expérimentale faisaient d'Eno un choix évident pour l'album suivant de Bowie. Après son mariage, Bowie confia à Eno une cassette de son travail en cours. L'atmosphère et la texture nouvelles de la musique piquèrent la curiosité d'Eno. L'idée d'une collaboration prit forme en octobre 1992. Après une conférence au Gasteig de Munich, Eno déclara que Bowie lui avait demandé de collaborer à un morceau de musique marquant le 1 200e anniversaire de l'Institution de Kyoto en 1994. Rien ne sortit de ce projet, mais l'idée était lancée.

Bowie et Eno envisagèrent une série de possibilités musicales et visuelles, une multitude de sorties pour accompagner le compte à rebours jusqu'à la fin du millénaire ; plusieurs albums, des projets interactifs, et même un spectacle d'opéra au festival de Salzbourg en 1999. Seul l'album *Outside* finit par aboutir.

Pendant la première session en mars 1994, ils enregistrèrent pourtant assez de chansons pour faire plusieurs albums. « J'ai enregistré avec David environ trente-cinq heures de musique qui avait été improvisée avec Reeves et Eno à Montreux, raconte Mike Garson. Une grande partie n'a jamais été éditée, alors il y a dix albums làdedans s'ils le veulent. D'ailleurs, à mon avis, ce qui reste est meilleur que ce qu'il y a sur *Outside*. Tout était filmé ; il y avait des caméras fixées sur chacun de nous. David avait sorti ses fusains et son chevalet. C'était un des environnements les plus créatifs dans lesquels je me suis jamais trouvé. On commençait à jouer comme ça, sans clé, sans tonalité, sans forme, rien. » Pendant cette période, un morceau d'opéra fut enregistré (intitulé *Inside*) mais ne fut jamais édité suffisamment pour être sorti.

Bowie a déclaré plus tard qu'il avait eu un mal fou à convaincre une maison de disques de sortir les chansons qui formeraient *Out side*, et qu'il n'y était parvenu qu'en ajoutant des chansons plus conventionnelles. « Personne ne m'a jamais dit que le disque avait été rejeté par manque de chansons conventionnelles, dit Gabrels. Je pensais qu'on avait décidé que, d'un point de vue commercial, ce qui pour moi est toujours un critère discutable, il aurait été insensé de sortir le double CD d'opéra *Outside*, et qu'on avait besoin d'enregistrer d'autres chansons. »

Certaines des chansons étaient entièrement improvisées. Par exemple, *Heart's Filthy Lesson*, une chanson troublante avec un rythme insistant, déchirant, a commencé par être une totale improvisation, avec Garson au piano. Elle fut plus tard utilisée dans le film *Seven*. « Quand je l'ai entendue dans le film, j'étais presque terrifié », raconte Garson.

« J'ai passé un mois sur deux en Suisse jusqu'à novembre 1994, et la dernière session a eu lieu en janvier-février 1995 », explique Gabrels. De ces sessions à New York naquirent *Outside*, *Strangers When We Meet*, *Thru These Architect's Eyes*, et *I Have Not Been to Oxford Town* (titre original : *Toll The Bell*). Le style *slam-dance* de *Hello Spaceboy* fut développé à partir d'un instrumental d'ambiance de Gabrels intitulé *Moondust*. Lors de la session finale à New York, Carlos Alomar joua les phrases de guitare rythmique.

Le titre de l'album exprimait évidemment le désir d'être à nouveau *en dehors* de la pop mainstream, mais l'inspiration de Bowie et d'Eno venait aussi de leur fascination pour l'*outsider art*. Début 1994, Eno et Bowie s'étaient rendus à l'hôpital psychiatrique de Guggin, près de Vienne, où vivaient et travaillaient certains des célèbres artistes *outsiders*. « Certains sont dans le pavillon des peintres depuis près de trente ans, explique Bowie, dans le cadre d'une expérimentation autrichienne pour voir ce qui arrive quand on permet aux handicapés mentaux de donner libre cours à leurs élans artistiques. Avant d'entrer dans le pavillon des *outsiders*, on en traverse un autre où se trouvent tous les dingues et les assassins, et la seule chose écrite au mur est "ICI C'EST L'ENFER". Mais le pavillon des *outsiders* est couvert de graffitis...L'austérité du pavillon voisin donne vraiment un choc...Il est évident que les *outsiders* ne sont pas soumis aux limitations que connaissent la plupart des artistes. Leur motivation pour peindre et sculpter est différente de celle d'un artiste sain d'esprit aux yeux de la société. » La leçon à tirer de l'*outsider art* était que l'artiste doit être viscéral, que la technique et la virtuosité n'ont aucune importance, et que l'informe qui hurle en nous, attendant d'être libéré, est la véritable essence de la créativité.

Bowie avait saisi l'air du temps de cette fin de millénaire, l'inquiétude face à l'avenir qui s'exprimait à travers la négation du passé et l'idée que l'histoire s'effondrait, se repliait sur elle-même, était peut-être même mourante. Cette notion du « présent perpétuel », du « présent sans profondeur » constituait depuis longtemps une des tendances du postmodernisme, et c'est ce que capture *Outside* :

But it's happening now
Not tomorrow
Or yesterday
Not tomorrow

« Mais cela arrive maintenant
Pas demain
Ni hier
Pas demain »

Bowie fit appel à ce qu'il appela une équipe de collègues renégats, des gens non seulement techniquement très compétents, mais aussi susceptibles de réagir à des tactiques surprises. Pendant une des premières sessions d'enregistrement, Eno, modernisant ses techniques de *Stratégies obliques*, tendit des cartes aux musiciens. « Il a dit à notre batteur [Sterling Campbell] : "Tu es l'ex-membre mécontent d'un groupe de rock sud-africain. Joue les notes qu'on ne t'autorisait pas à jouer." Puis il a dit au pianiste [Mike Garson] : "Tu appartiens à un petit groupe de terroristes amateurs. Tu dois à tout prix leur remonter le moral." Ma carte disait : "Tu es le devin et le héraut d'une société où tous les médias se sont effondrés", alors je savais que c'était à moi de transmettre les événements de l'époque. »

Ils durent se prêter au jeu de la contradiction créative. Bowie lui-même avait modernisé sa technique de découpage des paroles. Un de ses amis avait conçu un programme informatique qui lui permettait de mélanger les paroles en pressant une seule touche, rendant instantané ce qui aurait peut-être pris des heures avec du papier et des ciseaux (Bowie coinventa plus tard le *Verbasizer*, un ordinateur qui déconstruit les phrases qu'on lui donne, puis crée de nouvelles phrases avec les mots). Les paroles assemblées par l'ordinateur étaient ensuite réécrites avant d'être de nouveau soumises au programme, ce qui aboutissait à des paroles encore plus radicalement fracturées que le travail de Bowie à la fin des années 70. C'étaient des paroles vivantes, qui évoluaient, comme l'observa Eno plus tard, selon un processus de sélection naturelle.

Sur *Outside*, les mots sont choisis moins pour leur sens que pour la manière dont leur sonorité chantée convient à la musique. Ces mots sont utilisés comme des signifiants soniques, des explosions ponctuelles de bruit.

Il y avait des tensions entre Eno, fervent minimaliste, et Bowie, dont l'approche était beaucoup plus proche de celle d'un peintre : « Ajoutons une couche et voyons ce qui se passe. » Eno écrivit dans son journal : « En studio, chacun fait exactement le contraire de l'autre. Je fronce fréquemment les sourcils, et je deviens le sculpteur par opposition au peintre qu'est David. Je m'efforce toujours de supprimer des choses, d'obtenir un résultat net et tendu, alors qu'il continue à jeter de nouvelles couleurs sur la toile. C'est un bon duo. »

« La seule chose qui manque, commenta Eno en entendant le mix final, c'est le culot d'être simple. » Dans une interview avec Steven Wells de *NME*, Bowie l'exprima ainsi : « Brian a beaucoup plus peur de la testostérone que moi ! J'adore ça quand ça rocke ! Quand ça a des couilles ! De bonnes grosses couilles poilues ! Mais Brian est beaucoup plus intéressé par le minimalisme que moi. Je ne suis pas un minimaliste, absolument pas. Qu'on en mette des couches ! Plus c'est épais, mieux ça vaut ! Baroque and roll ! »

Le son développé sur *Outside* est dense et possède une texture particulière, soutenue par une section rythmique tonitruante. Garson, instrumentiste principal, domine l'album de sa virtuosité au piano. Troublante et parfaite sur *The Motel*, folle sur *A Small Plot Of Land*, sa musique se situe quelque part entre le jazz d'avant-garde et le style classique. *The Motel* est mon morceau préféré, dit Garson. Je ne l'ai pas composé avec lui, mais j'ai ajouté quelques harmonies qui le rendent plus puissant. C'est sans doute l'une de ses dix meilleures chansons de tous les temps. »

« Les chansons ont une progression lente, prudente jusqu'au meilleur moment, commente le musicien et critique Alan Franks, mais elles ne sont absolument pas écrites comme des chansons pop et pas particulièrement comme des chansons rock. »

L'hymne émouvant qu'est *Outside*, le rythme insistant, presque atone, de *Heart's Filthy Lesson*, le rock défiguré de *The Voyeur Of Utter Destruction (As Beauty)*, *A Small Plot Of Land*, et *No Control* possèdent tous cette lente progression, mais dans *The Motel* le rythme est parfait. La chanson évolue presque imperceptiblement, avec le refrain langoureux du piano de Garson et les battements las de la piste rythmique qui servent d'arrière-plan à une magnifique interprétation de Bowie, une allusion à l'inscription « Ici c'est l'enfer » qu'il avait vue à Guggin :

There is no hell like an old hell
There is no hell
And it's light out boys

« Il n'y a pas d'enfer comparable à un vieil enfer
Il n'y a pas d'enfer
Et c'est l'extinction des feux, les gars »

The Motel est une chanson très intelligente, à la fois hommage et ré-appropriation. Elle s'inspire du superbe psychodrame des Walker Brothers, *The Electrician* (le vers « *There's no hell, no* » est presque identique. Cependant, *The Electrician*, avec son synthé lent, rythmé, faisait directement écho à *Warszawa* de Bowie, de sorte que *The Motel* est un dialogue amical entre les deux chanteurs. Le vibrato profond de la voix de Bowie montre une dimension nouvelle de son répertoire. La plupart des paroles de l'album n'ont pas de sens littéral, et pourtant la diction de Bowie demeure claire du début à la fin. « En niant le sens littéral des mots, Bowie crée une charge émotionnelle, explique Alan Franks, les chansons me touchent profondément, mais j'aurais du mal à expliquer de quelle façon. »

Ailleurs, la musique penche vers la pop. Le son de *Hallo Spaceboy* est assez audacieux, industriel et lourd de menace. Là, Bowie reprend le thème éculé du rapport star/fan avec un angle sexuel à la *Rebel Rebel* (« *Do you like girls or boys ? It's confusing these days* (Tu aimes les filles ou les garçons ? C'est compliqué de nos jours) »). *Thru These Architect's Eyes* possède une mélodie qui va en s'amplifiant et un refrain remarquable (et qui d'autre aurait été assez fou pour écrire une chanson sur les architectes célèbres ?), tandis que *I Have Not Been To Oxford Town* est un classique de Bowie, et le choix évident pour un single (ce qu'il ne fut pas, bien entendu). La guitare rythmique pincée de Carlos Alomar ajoute une touche légèrement funky, alors que le refrain invite à fredonner. *I'm Deran ged* est presque aussi bonne, avec ses échos de *jungle* mêlés d'une dose de Kraftwerk.

Il y eut autour d'*Outside* pas mal de fatras théorique superflu. Pour Bowie, ce n'était pas seulement un album, mais « un hyper-cycle dramatique gothique et non linéaire ». Le journaliste Paul du Noyer commenta : « Je pense qu'il en fait quelque chose de trop abstrait. Je sais qu'il décrit le récit comme "non linéaire". Personnellement, quand j'entends le mot "non linéaire", je cherche mon fusil. Ou je me sauve. C'est un de ces termes à la mode et fumeux que les gens utilisaient dans les années 80 pour décrire leurs clips. J'ai compris qu'en matière de pop, "non linéaire" signifie "absurdités dépourvues d'intrigue." »

Outside révélait un nouveau personnage de Bowie – l'intello de gauche vaguement élitiste – et reflétait directement les centres d'intérêt du chanteur en dehors de la musique. Au printemps 1995, il présenta sa première exposition. Il avait accepté un siège à la rédaction de la revue *Modern Painters* et prouvé que ses connaissances en histoire de l'art étaient de loin supérieures à celles d'un dilettante. En particulier, il semblait fasciné par la figure mythologique du Minotaure. Bowie, avec Damien Hirst, envisagea même de recréer un Minotaure. Un homme anonyme avait offert de donner son corps (après sa mort, bien sûr), et Hirst comptait enlever la tête et la remplacer par une tête de taureau. Bowie songeait à installer ce nouveau Minotaure dans un labyrinthe sur une île grecque.

C'est bien un Minotaure, généré par ordinateur et doté d'un appareil génital impressionnant, qui domina l'exposition de Cork Street. *Ancestor*, un tableau expressionniste tribal, avait été inspiré par un voyage en Afrique du Sud avec Iman. Bowie déclara : « D'après une histoire répandue en Afrique, les fantômes des ancêtres sont blancs. Les Blancs sont ainsi souvent vénérés comme ancêtres de la tribu. J'ai donc fait une série de figures d'ancêtres avec une coupe de cheveux à la Ziggy Stardust. » Mais l'œuvre la plus intéressante était peut-être une modernisation du masque fabriqué en 1974 pour la chanson *Aladdin Sane* pendant la tournée Diamond Dogs. Le masque de chrome de Bowie, presque aussi effrayant que l'original, témoignait des phases traversées par l'homme au fil du temps.

Comme prévu, une partie de la presse fut hostile (« post-baccalauréat, pré-beaux-arts » ; commenta un critique.) Bowie fut critiqué pour son manque de profondeur et ses prétentions au « sérieux ». Dans les médias, on avait consacré beaucoup d'attention à l'idée selon laquelle l'artiste pourrait être « polyvalent ». Tout cela était supposé être absolument neuf, la naissance d'une nouvelle « forme de superart », ou de « créativité non-spécifique ».

Bowie, chanteur-auteur-interprète-mime-acteur-peintre-sculpteur-écrivain, était polyvalent depuis des décennies, et l'attention des médias sur les polyglottes culturels ne faisait que refléter l'évolution de la société occidentale contemporaine, où de nombreux individus se trouvaient contraints de changer de carrière et de mode de vie. L'idée d'un emploi à vie appartenait au passé, et de plus en plus de gens devaient s'adapter et faire preuve de flexibilité. Comme le souligna Stephen Dalton de *NME* en 1997 : « Voyons les choses en face, tout le monde est un peu David Bowie de nos jours. »

La Grande-Bretagne du milieu des années 90 était aussi un ferme bastion du machisme. La musique d'Oasis et de Blur en était la parfaite expression. Être ordinaire était devenu une vertu.

Oasis était un groupe de « durs », des gars du Nord, de descendance irlandaise, qui se vautraient sans honte dans tous les aspects de la bravade masculine. Comme il fallait s'y attendre, le chanteur ne tarda pas à vivre avec une mannequin beaucoup plus âgée que lui, et le scénario habituel alcool-drogues-éclats en public s'ajouta à leur impeccable réputation de rockers.

Par un aspect crucial, cependant, Oasis, et surtout son chanteur boudeur, Liam Gallagher, ressemblait beaucoup à Bowie. Quel que soit le niveau de folie atteinte par la musique ou le public dans un concert d'Oasis, Liam se refusa toujours à se livrer aux clichés standard du rock. Pas de banal « Vous êtes un public formidable ! », pas d'applaudissements ridicules, pas de chute dans la foule pour se faire hisser au-dessus d'une mer de mains tendues. Gallagher chantait les chansons. Point. Il campait à la perfection le personnage du connard grincheux.

Blur, en revanche, était critiqué pour son faux machisme. Comment ces jeunes suburbains intellos de classe moyenne osaient-ils prendre un accent cockney et faire des duos avec Phil Daniels, le type aux diamants ? A l'origine un amalgame des Kinks, des Jam, et, étonnamment, de Chas and Dave, Blur était doué pour fabriquer des singles pop de quatre minutes, comme le prouve *Girls and Boys*.

Le machisme était de retour, que ce soit dans la version traditionnelle « sexe et alcool » offerte par Oasis ou dans la pose plus maniérée de Blur. Les mélodies revenaient à la mode. Un vent de « retour aux valeurs fondamentales » soufflait sur la Britpop de l'époque.

Ce fut dans ce climat que sortit le très conceptuel *Outside*, en septembre 1995. L'album n'avait pas grand-chose à voir avec la Britpop. Sur le plan de l'esprit sinon du contenu, *Outside* côtoyait plus confortablement *Dummy* de Portishead ; ou encore *Maxinquaye* de Tricky. Le magazine *Mojo* écrivit même de PJ Harvey qu'elle recréait l'atmosphère de danger des concerts Ziggy. Son clip pour *Down By The Water* (en partie un hommage au film *Ne vous retour nez pas*, de Nick Roeg) la montrait en robe écarlate, reptilienne, glaciale, chantant une chanson au sujet de sa fille noyée. Enfin, la chanson *Tilt*, de Scott Walker, tour à tour curieuse et inécoutable, était encore plus proche par son style de certaines envolées lyriques d'*Outside*.

Cependant l'album de Bowie n'eut guère d'impact commercial. *Heart's Filthy Lesson*, un des morceaux les plus difficiles, précéda sa sortie. Le clip, réalisé par Samuel Bayer, qui avait travaillé sur *Smells Like Ten Spirit* de Nirvana, est le plus troublant de toute la carrière de Bowie. De toute évidence, il n'était pas conçu pour une diffusion fréquente (MTV rejeta d'ailleurs la première version). Bowie y est entouré d'images sordides rappelant l'Holocauste : des pendus, des décapités, des corps percés d'aiguilles géantes au nom de l'art. Son propre corps est couvert de peinture granuleuse, comme si les fluides corporels, la peau et la peinture avaient été mélangés pour former un médium primitif. La puanteur de la mort flotte sur la scène, et imprègne tout l'album. Bowie vieillissait, et l'inéluctabilité et la cruauté de la mort étaient les thèmes sous-jacents du disque. C'était un clip fantastique, mais il s'adressait à une partie infime du grand public.

Le single reçut un accueil décevant, atteignant la 35e place dans les charts britanniques. Il fut à peine diffusé sur Radio 1, situation stupéfiante compte tenu de l'aura autour du nom de Bowie et du soutien d'un label majeur.

Avant la sortie de l'album fin septembre, Bowie fit quelques extras. En perruque platine et blouson de cuir, il campa Andy Warhol dans le film de Julian Schnabel sur l'artiste noir américain Jean-Michel Basquiat, mort d'une overdose en 1988. Le film, *Basquiat Build A Fort, Set It On Fire*, sortit aux États-Unis un an plus tard. Il était branché et décevant, et Basquiat y apparaissait comme un idiot marmonnant, alors que l'intention était de le présenter comme un postmoderne tourmenté. La performance de Bowie était remarquable, bien qu'il se montrât encore plus efféminé que Warhol ne l'était en réalité (ce qui est un exploit étonnant), mais le film était ennuyeux et n'avait pas la moindre structure dramatique.

Bowie entama une tournée américaine différente des autres : il devait partager la tête d'affiche avec les Nine Inch Nails de Trent Reznor, alors un des groupes les plus populaires aux États-Unis. La marque de fabrique de Reznor, une confusion des sexes emballée dans une explosion de bruit industriel, reprenait le Bowie de la fin des années 70. Bowie avait récemment connu un regain d'intérêt aux États-Unis, en grande partie grâce à la popularité de la version de *The Man Who Sold The World* jouée par Nirvana dans *Unplugged*, sur MTV. D'autres groupes américains comme les Smashing Pumpkins et Marylin Manson furent aussi influencés par Bowie. Le moment était venu pour lui de se réaffirmer devant une nouvelle génération de fans de pop américains.

La soudaine apparition de Bowie dans la liste des idoles de rock influentes aux États-Unis fut renforcée (peut-être même manigancée) par le camp Bowie, soucieux de voir leur homme retrouver son importance. La société de gestion de Bowie, Isolar, basée à New York, tenait beaucoup à lier le nom de Bowie à des groupes plus jeunes. De fait, un article posté sur un des sites Bowie non officiels affirmait qu'Isolar avait lancé une étude de marché ciblant essentiellement les jeunes de 14 ans. « L'enquête a révélé que le public cible actuel, né entre 1976 et 1980, a un mépris total de l'histoire. A la question "qui considérez-vous comme de grands artistes rock ?", ils ont répondu après un instant d'hésitation Prince, Michael Jackson et Madonna. Quand on leur a demandé quels mots ils associaient spontanément avec David Bowie, ils ont dit *Let's Dance* et "gay". A la suite de ces découvertes, le département marketing s'est mis à comploter avec ferveur. Comment pouvaient-ils rétablir un lien avec cette génération irrespectueuse ? Suggestions : une collaboration avec Devante Swing, un album de reprises, un nouvel album hip-hop et techno de vieilles chansons remaniées. »

Il semble donc que la collaboration de Bowie et de Nine Inch Nails ait été, tout au moins en partie, une opération commerciale réfléchie.

Mais les fidèles de Bowie n'aimaient pas le voir partager la vedette avec un homme en qui ils voyaient la pâle imitation d'une image du Bowie des années 70. D'autres considéraient l'entreprise comme une preuve supplémentaire du désir désespéré et presque pathologique de Bowie d'être considéré comme branché. « C'était le risque, commente Gabrels. On a joué live presque trois semaines avant la sortie d'*Outside*, ce qui était peut-être suicidaire. Le plus grand problème était qu'on avait fait une sorte de fusion entre les deux groupes. On alternait au moment où Nine Inch Nails était à l'apogée de son set, un moment très intense, et il fallait qu'on enchaîne avec *Subterraneans*. Mais on n'avait pas assez de chansons suffisamment puissantes pour garder la même intensité, alors c'était difficile. Il y avait toujours au moins un tiers du public à l'extérieur, parce qu'une partie des fans de David ne supportaient pas d'écouter les Nails, et vice-versa. C'était une expérience ; on a beaucoup appris. C'était courageux de la part des deux groupes, peut-être encore plus pour David. »

Pendant la partie américaine de la tournée Outside, Bowie reprit contact avec certains des Sigma Kids pour le vingt et unième anniversaire de leur rencontre. La star et les fans étaient désormais d'âge mûr : « Pendant la tournée Outside, on s'est plaint que David ne nous parlait plus, raconte Patti Brett, alors Carlos nous a fait entrer en coulisses un soir, et ils avaient organisé une petite réception pour nous après le concert. David a serré la main de tout le monde, et nous a parlé pendant environ une heure et demie pendant qu'on prenait des photos. Il était stupéfait de voir qu'on avait vieilli et que certains avaient même des enfants. Il avait une petite barbichette grise, et il nous disait ça ! J'ai tiré sur sa barbe et je lui ai dit : "Tu es un peu grisonnant, toi aussi !" Il a passé la main dans ses cheveux et il a répondu : "Oui, mais pas là-haut." J'ai dit : "Depuis le temps que toi et moi nous faisons teindre les cheveux, je suis étonnée qu'il nous en reste !", et il a éclaté de rire. »

La tournée Outside débuta au Royaume-Uni en novembre et décembre 1995. Le conseil en relations publiques de Bowie, Alan Edwards, suggéra de confier la première partie à Morrissey, qui venait de sortir le légèrement décevant *Southpaw Grammar*. Malheureusement, après plusieurs flops au début de la tournée, Morrissey quitta la tournée anglaise à mi-parcours, officiellement pour raison de santé. Le fait qu'il se soit produit au Japon une semaine ou deux plus tard suggère que la raison de son départ avait plus à voir avec le mécontentement qu'autre chose, et le bruit courut qu'il était parti après une altercation avec Bowie.

L'accueil tiède réservé à Morrissey aux quelques concerts qu'il fit était très décevant pour lui et pour certains fans de Bowie. A bien des égards, Morrissey était l'héritier de Bowie : anti-star charismatique et commentateur classique de l'ennui et de la dépression des banlieues (du Nord, cette fois). Et avec *Your Arsenal* (produit par Mick Ronson en 1992), et *Vauxhall and I*, Morrissey avait mis le doigt sur un riche filon d'écriture. Le fait que Morrissey fut si peu apprécié en dit moins sur le niveau de sa performance que sur le traditionalisme du public de Bowie.

Apparemment, en effet, certains des concerts de Bowie en Grande-Bretagne s'achevèrent devant des salles à moitié vides, les fans écœurés étant partis avant la fin. « Je crois qu'il y avait beaucoup de mécontents à Wembley, confirme Liz Racz, fan de Bowie. J'ai vu tout de suite qu'ils étaient venus entendre les vieilles chansons – *Let's dance*, *Rebel Rebel*, etc. On peut dire qu'ils ont été déçus ! Certains sont partis au milieu. Pas les vrais fans ; juste des gens qui avaient un ou deux albums et qui pensaient que ce serait sympa de venir et de réécouter les vieux tubes. On peut peut-être faire ça avec Rod Stewart ou Billy Joel. Pas avec Bowie. »

Cependant, Bowie et son groupe étaient mystérieux et impressionnants. Dieu merci, pour la première fois depuis la tournée de 1998, la star avait abandonné son sourire et son complet. Avec ses traits anguleux, ses cheveux courts et hérissés, et son léger maquillage (du crayon bleu), Bowie paraissait menaçant dans une série de tenues qui allaient du long manteau en cuir jusqu'à une sorte de toge en toile d'araignée. Le groupe était brillant, avec le piano aux accents jazz de Garson combiné à la guitare discrète et impeccable d'Alomar et aux aventures soniques de Gabrels, qui semblaient souvent être dans un autre ton que la chanson elle-même. Cliff Jones, de *Mojo*, qui serait plus tard célèbre comme chanteur de Gay Dad, résuma parfaitement la situation dans sa critique de la performance de Bowie à Meadowlands dans le New Jersey, où il fut bombardé de bretzels et de bouteilles par un public perplexe : « La musique est une excursion époustouflante dans un monde où tous les sons paraissent inhabituels, légèrement décalés... Des solos stupéfiants et des gammes étranges et noueuses luttent contre un accompagnement techno assourdissant pendant que des cascades de piano inhumain se déversent des haut-parleurs. Extrêmement dérangeant, mais étonnamment excitant, comme si quelqu'un venait de reconnecter au hasard la Machine du Rock... Le rock est peut-être devenu trop cool pour son propre bien ; il a peur de sortir du cercle et de se ridiculiser. Bowie, et c'est tout à son honneur, n'a pas peur. Cet étrange concert a prouvé que, d'une manière indéfinissable, Bowie demeure un pionnier plein de curiosité – mais les pionniers, comme on dit, reçoivent toutes les flèches. »

Bien que le spectacle n'ait pas été à l'échelle de certaines de ses tournées précédentes, son côté très théâtral était le bienvenu après l'ennui visuel de Tin Machine. A la fin de la version de Philip Glass de *Some Are*, Bowie et le groupe arrivaient sur scène sous une simulation d'orage qui éblouissait le public pour *The Motel*, bravement choisie comme ouverture. Quand ils arrivaient à *Hello Spaceboy*, le son vous martelait les tempes, et l'éclairage était haché et hypnotique. Ce n'était peut-être pas le meilleur spectacle de Bowie, mais il ne manquait pas d'audace.

Parallèlement, Bowie et le groupe firent une série d'apparitions à la télévision pour promouvoir l'album. Un single avec une double face A sortit aussi, où figuraient *Strangers When We Meet* et une nouvelle version de *The Man Who Sold The World* mixée par Eno. Il reçut un accueil décevant, entrant tout juste dans le Top 40 britannique, mais donna à Bowie l'occasion de faire une prestation réussie à la cérémonie des récompenses de MTV à Berlin en novembre.

Enfin, Bowie allait voir une réaction dans les charts au Royaume-Uni. Le troisième single tiré d'*Outside*, une version disco réenregistrée de *Hello Spaceboy* avec les Pet Shop Boys, manqua de peu le Top 10 pendant son bref passage au hit-parade en février 1996. Bowie avait interprété la chanson live aux Brit Awards et avait accepté le Lifetime Achievement Award des mains du futur Premier ministre Tony Blair, fan de Bowie et ex-musicien pop lui-même (on a vu dans la presse des photos d'un jeune Blair aux cheveux longs qui s'escrime sur sa guitare).

Après cette première rencontre, les Blair et les Bowie sont restés en bons termes. Il ne serait pas surprenant que Blair anoblisse l'ex-David Jones à l'avenir. Le vent avait tourné en faveur de Bowie. En rebranchant la machine du rock avec des effets bizarres dans *Out side*, Bowie commençait à redevenir une alternative valable au machisme et à l'attitude réactionnaire de la Britpop. A l'approche de la cinquantaine, Bowie retrouvait sa jeunesse.

Bowie eut cinquante ans le 8 janvier 1997. Sur le plan artistique, il était en forme. Il était la seule idole de pop de sa génération à avoir survécu en gardant pour l'essentiel sa crédibilité intacte. Il avait aussi trouvé un nouveau son.

Earthling était le résultat direct de l'énergie explosive de son nouveau groupe. Bowie avait été presque constamment sur la route en 1996, et pour beaucoup, le clou de la tournée fut sa performance au festival de Phoenix cet été-là. Quand Bowie monta sur scène le premier soir, des centaines de fans bloqués dans des embouteillages menant au festival désertèrent leur véhicule et firent les derniers kilomètres à pied pour ne pas manquer l'événement. Bowie fut brillant. Les cheveux poil de carotte hérissés, le corps drapé d'une redingote déchirée et tachée aux couleurs du drapeau britannique, il interpréta un mélange de vieilles et de nouvelles chansons, terminant par une version émouvante de *All The Young Dudes*.

Malheureusement, ce concert et la tournée d'été Outside se sont déroulés sans Carlos Alomar. Bowie et Gabrels avaient resserré le groupe des grandes salles d'Outside pour en faire une unité plus petite, perdant en finesse et gagnant en attaque rock. Pour Alomar, le début de la tournée avait été une expérience malheureuse, sur le plan musical comme sur le plan personnel : « Quand je fais une tournée, j'ai du respect pour mes fans, et ce sont des amis pour moi. Je suis toujours bouleversé d'arriver dans une ville et d'apprendre que ces amis sont morts du sida, ou qu'ils croient que c'est toujours Tin Machine, ou quand ils ne viennent pas du tout. Alors ville après ville, je me suis senti très seul. Je n'ai pas vu David pendant cette tournée, parce qu'il était marié et que beaucoup de choses lui prenaient tout son temps. J'en suis venu à me demander quand je pourrais partir. »

Pendant les creux entre les concerts de l'automne 1996, Bowie travaillait en studio avec son groupe de tournée, Gabrels, Garson, Dorsey et Alford. Il y a conçu une foule d'idées modernes et des séquences musicales inspirées. L'élément central se nommait Mark Plati, un producteur, ingénieur et musicien basé à New York. Plati avait travaillé avec le célèbre producteur de dance Arthur Baker au Shakedown Sound Studio de New York dans les des années 80.

Bowie choisit le Looking Glass Studio pour enregistrer *Earthling*. La salle de mixage était vaste, avec vue sur le pont de Manhattan. Plati fut engagé parce qu'il connaissait le studio (il y avait produit Dee-lite). L'atmosphère pendant l'enregistrement du vingt et unième album solo de Bowie fut cordiale et détendue. Gabrels et Gail Ann Dorsey avaient surnommé le studio « le club ». Entre deux enregistrements, Bowie visitait les musées. Des amis passaient dire bonjour : le réalisateur David Lynch (qui utiliserait *I'm Deranged* pour son film *Lost Highway*), Tony Oursler (le créateur des merveilleuses petites « têtes » surréalistes pour le clip de *Little Wonder* et la tournée Earthling) et le vieux partenaire de Bowie, Lou Reed. « David expliquait son point de vue sur l'art moderne tout en s'amusant de nous voir lancer des muffins sur le toit des taxis depuis le studio ! raconte Plati. Il se moquait de mes shorts de motard ; quand ils m'énervaient, je disais à Reeves et à lui de foutre le camp et d'aller à un vernissage. »

Le point de départ de l'album était *Telling Lies*, un morceau écrit par Bowie en Suisse dans la lignée de morceaux comme *I'm deranged* : un dialogue inachevé entre le style Bowie et la jungle. Plati avait eu l'idée du *Feelgood mix* que Bowie sortit sur l'Internet (avec un grand succès : le morceau fut téléchargé 375 000 fois).

Le travail sur l'album débuta avec Plati, Gabrels et Bowie. « On a commencé à mettre des idées et des arrangements sur ordinateur, pas sur cassette, raconte Plati. Je m'intéressais déjà aux enregistrements sur disque dur, et je me débrouillais plutôt bien. Il s'est avéré que c'était un moyen idéal de stocker de l'information audio dans un format où on pouvait facilement la faire circuler. David disait : "Écoutons une strophe, un refrain, une strophe, un double refrain, une pause, etc.," et je pouvais le faire en trente secondes. »

Bowie se concentrait sur les paroles, gribouillait des notes sur des Post-it ou sur son ordinateur, pendant que Gabrels et Plati s'occupaient de la musique. Bowie proposait à l'occasion certaines phrases musicales ou sons qu'il avait envie d'essayer.

A mesure que les sessions avançaient, la logique de l'album devint claire, particulièrement durant la création de *Battle For Britain (The Letter)*. « C'était un morceau né d'une idée que j'avais eue pendant l'été, explique Plati, ma tentative de faire de la jungle avec un soupçon de jazz. David a rejeté les accords d'origine et en a trouvé de nouveaux. J'ai trouvé la progression d'accords vraiment entraînante et originale, et j'ai pensé que ça pourrait être notre première vraie chanson "Bowie". C'est à ce moment-là que l'album a pris sa cohérence ; c'était la première fois que j'entendais David exprimer son intention de faire un disque mélodique. Les atmosphères seraient intenses, mais ne domineraient pas. C'était très stimulant. »

Dans un moment d'inspiration, Bowie se tourna vers Garson et lui suggéra de faire un solo de piano dans le style d'un octuor de Stravinsky. Après un passage rapide à Tower Records, Garson lui fournit ce qu'il désirait, un passage de piano complètement dingue pour la section centrale. « Pour le solo qui suit, j'avais expérimenté en découpant des trucs sur l'ordinateur et en les bougeant, dit Plati. J'avais lu que les Beatles avaient découpé des bouts de cassette pour

Being For The Benefit Of Mr Kite, et les avaient réassemblés au hasard. J'ai essayé de faire pareil. »

Les incroyables motifs de percussion du morceau étaient créés en mélangeant la batterie live de Zacharey Alford avec des figures de jungle programmées à deux fois la vitesse normale. « Il a fallu des jours pour obtenir un truc fluide, avoue Plati. Mais les résultats sont là. »

Battle For Britain (The Letter) regorge de rythmes, de bribes de sons et de tonnes de distorsions, auxquels s'ajoute un riff fantastique de Gabrels et une mélodie bien construite de Bowie qui rappelle *Day In The Life* des Beatles. Bowie avait confié à Jon Savage qu'il espérait développer le travail de Big Audio Dynamite, le groupe méconnu de Mick Jones après Clash, et une grande partie d'*Earthling* s'inspire en effet du son trouvé sur des disques comme *The Bottom Line*, *Medicine show* et le sublime *E=MC²* de leur premier album *This Is Big Audio Dynamite* (1985), ainsi que sur le titre qui a donné son nom à l'album d'Iggy Pop, *Blah Blah Blah*.

Little Wonder était à l'origine un morceau épique de jungle électronique de neuf minutes. « A ce moment-là, je n'aurais jamais cru qu'on pourrait en faire un single de quatre minutes, observe Plati. Au final, de tous les effets, atmosphères et solos, seuls quelques-uns (le train après la deuxième strophe, par exemple) ont été incorporés à la chanson. » Pour les paroles, Bowie modernisa *Blanche-Neige et les Sept Nains*, inventant quelques nains supplémentaires au passage (et se moquant de lui-même au passage, avec le vers « *Dame Meditation, take me away* ! (Dame Méditation, emmène-moi !) »). Bowie inaugura la chanson aux Fashion Awards de VH1. Il fit preuve d'un impardonnable culot, mettant le public au défi de lui faire une *standing ovation*.

Cette nouvelle musique d'inspiration jungle n'était pas du goût de Mike Garson. « Je n'aimais pas du tout *Little Wonder* ; ni d'ailleurs *Telling Lies*, admet-il franchement. Il nous a emmenés, Reeves et moi, écouter Goldie dans un club à Londres et je me disais : "Où est la mélodie ?" J'aimais bien voir les gens danser, mais c'était tout. Pour moi, *Earthling* manquait de mélodie. J'ai beau être un dingue de l'improvisation, j'aime les bonnes mélodies – c'est ce qui m'inspire. Je me souviens avoir dit à Reeves que je ne pensais pas qu'*Earthling* aurait le même potentiel qu'*Outside*. Je pensais qu'*Outside* ne serait pas reconnu avant dix ou quinze ans. »

En revanche, Garson adorait *Looking For Satellites*. « C'était le meilleur morceau de l'album. J'ai été tellement déçu quand ils ont décidé de ne pas en faire un single que j'ai perdu tout mon enthousiasme. Pour moi, c'était le bon. Quand j'ai entendu la voix de Bowie au début, j'ai failli mourir, tellement c'était bien. »

« C'était le deuxième morceau sur lequel on avait travaillé, dit Plati. Il venait d'une idée que j'avais eue l'été d'avant. Je n'avais pas entendu beaucoup de musique électronique en trois temps, alors j'ai voulu essayer. C'était une de nos premières tentatives de faire consciemment quelque chose à partir de « rebut ». C'est devenu un thème récurrent dans le disque : on prenait n'importe quel son et on en faisait quelque chose de musical. J'ai utilisé des *samples* de mes disques précédents ; je les ai remodelés, transformés, j'en ai fait des sons différents. Ensuite, David et Reeves ont balancé mes accords à la poubelle et trouvé une nouvelle progression. »

Bien que Gabrels ait pensé que la chanson n'avait pas besoin d'un solo de guitare, Bowie en désirait un vers la fin. Seulement, il serait différent. Gabrels n'avait pas le droit d'utiliser certaines notes et dut faire le solo sur une seule corde. Bowie « faisait le difficile », comme dit Alomar.

Cependant, *Looking For Satellites* est une superbe chanson pop, et l'interpolation de *Satellite Of Love* de Lou Reed pour l'accroche est fabuleuse. De la chanson, Bowie déclara : « J'ai utilisé les mots au hasard : *Shampoo*, *TV*, *Boy's Own*. Le premier truc qui me venait à l'esprit restait. C'est ce que j'ai écrit qui se rapproche le plus d'un *spiritual*. » Les thèmes de science-fiction étaient une référence évidente à son travail des années 70.

A l'instar de *Fashion* plusieurs années auparavant, *Seven Years In Tibet*, pourtant une des chansons favorites de Bowie, faillit être abandonnée avant d'être terminée. Gabrels avait composé un morceau intitulé *Brussels* et la chanson se développa à partir de ce projet. Pour Plati, la chanson est née d'un mélange de persévérance de la part de Gabrels et de la dynamique du groupe. Le solo d'orgue de Garson, inspiré par Gabrels, était incongru. Dûment inspiré, Bowie écrivit les paroles et eut l'idée de faire passer sa voix par un modulateur en anneau pour créer un effet vocal inquiétant, désincarné. Les strophes au rythme tranquille sont brutalisées par des hurlements de guitare, et le riff de saxo de Bowie fait momentanément penser à *Let's Dance*. Gabrels ajouta aussi une partition de guitare inquiétante, basée, dit-il, sur *Albatross* de Fleetwood Mac.

Pour *Dead Man Walking*, Bowie voulait un son techno proche de Underworld, qui étaient dans les charts anglais avec *Born Slippy*. Il réutilisa une séquence d'accords « donnée » par Jimmy Page et déjà présente sur *The Supermen*. « Je me suis vraiment donné pour mission de finir ce morceau de façon acceptable, raconte Plati. Il a fallu cinq jours pendant le mix, mais c'est devenu une vraie épopée. Il commence de façon programmée, et à la fin, il est complètement live. » La chanson s'envole des haut-parleurs, et, avec son refrain génial, avance à toute allure.

Law (*Earthlings On Fire*) est le morceau le plus déroutant de l'album. Bowie se complaît dans ces sortes d'hypothèses de science-fiction qui avaient marqué des albums comme *The Man Who Sold The World*. La conclusion, une citation inspirée de Bertrand Russell, « Ce que les hommes veulent, ce n'est pas la connaissance, mais la certitude », prononcée dans le plus pur style cybernétique de Bowie (il chante dans un bidon réfrigérant pour obtenir ce son étrange), conclut brutalement l'album.

Dans *Telling Lies*, les paroles « *I'm the future, I am tomorrow, I am the end* (Je suis le futur, je suis demain, je suis la fin) » font écho au Livre des Révélations : « "Je suis l'alpha et l'oméga, le commencement et la fin", dit le Seigneur. »

The Last Thing That You Should Do est un récit optimiste de rédemption à l'ère du sida :

Save the last dance for me
Catch the last bus with me
Give the last kiss to me
It's the safest thing to do

« Garde-moi la dernière danse
Prends le dernier bus avec moi
Donne-moi le dernier baiser
C'est le plus sûr »

Le semi-humoristique *I'm Afraid Of The Americans* touche tous ceux qu'intimide l'omniprésence de Michael Jackson, Walt Disney et McDonald's.

Baby Universal, un morceau de *Tin Machine II* et une version acoustique de *I Can't Read* de *Tin Machine* furent également enregistrés (la seconde version figura plus tard sur la bande originale de *The Ice Storm*, et fut un tube mineur en 1997). Mais toutes deux furent ensuite écartées au profit de *The Last Thing You Should Do*, enregistrée à l'origine pour faire partie de la face B. « Je dois admettre que je regrette que *I Can't Read* ne soit pas sur le disque, avoue Plati, et je n'étais pas du tout d'accord avec David à ce sujet. Mais son argument était que *Last Thing* était plus approprié au concept de l'album. Je pense que le temps lui a donné raison. »

Toujours d'après Plati, la présentation artistique et la conceptualisation de l'album ont pris forme durant les enregistrements. « Chaque nouvelle idée ou nouveau concept était noté au mur. A la fin de l'enregistrement, les murs étaient pleins de dessins qui sont devenus l'album. »

La pochette montre Bowie en dandy militaire de l'ère napoléonienne, les mains derrière le dos, parcourant du regard la verte Angleterre, rendue dure et irréelle par des verts trop vifs. C'est un simulacre de réalité, tout comme la pochette de *Ziggy Stardust* ressemblait à une version irréelle de Londres.

Le drapeau britannique en lambeaux qu'on voit sur l'album et qui accompagna la tournée fut conçu en collaboration avec Alexander McQueen. Bowie avait eu l'idée de ressusciter l'Union Jack après avoir vu le peintre et sculpteur Gavin Turk exposer *Indoor Flag* en 1995. Bowie lança ainsi une mini-mode de porteurs d'Union Jack, qui culmina par la vente aux enchères de la robe de Ginger Spice pour cinquante mille dollars.

Earthling sortit le 3 février 1997. Le premier single de l'album, l'entraînant *Little Wonder* était le plus influencé par le son drum'n'bass. Bowie chante dans son meilleur accent du sud de Londres. Le clip, réalisé par Floria Sigismondi, montrait trois âges de la « Dame Bowie » – en ingénue perplexe des années 60, en androgyne planant de l'époque spatiale, et dans sa version réelle, encore plus effrayante, qui se transforme en mannequin à la fin de la chanson. C'est le premier clip de Bowie qui emprunte plus à la dance qu'au rock : l'utilisation d'images au ralenti des différents Bowie contre des images en accéléré de la vie à Londres (le métro, les rues embouteillées) rappelle *The Box,* d'Orbital. D'après Mat Snow, rédacteur en chef de *Mojo* : « La batterie et la basse ont été ajoutées purement pour être dans l'air du temps. C'était une décision délibérée. Pour moi, le style drum'n'bass était trop éloigné de celui de Bowie. Il était clairement intrigué par cette "musique branchée" et voulait en faire écho dans sa propre musique. Cela dit, l'album ne m'a pas choqué, et j'en ai même aimé une bonne partie. Mais je suppose qu'il y a quelque chose de moins sincère que dans, disons, *Young Americans*, où il a pris un autre style de musique noire contemporaine et s'y est engagé avec panache tout en maintenant ses formes mélodiques fondamentales. *Earthling* avait des airs de mariage arrangé. J'avais l'impression qu'il ne s'intéressait pas vraiment au drum'n'bass et qu'il ne s'appropriait pas cette forme aussi bien. En fait, l'album était plutôt bon, mais il n'a pas été jugé sur ses mérites parce que le public a pensé "Tiens, grand-père va en boîte !" C'est de la discrimination pure et simple, mais j'imagine que même moi j'ai eu ce genre de réaction. »

A vrai dire, *Earthling* ne contient que deux ou trois morceaux qui ont un élément de drum'n'bass. Avant sa sortie, des articles l'avaient annoncé à tort comme le chef d'œuvre jungle de Bowie, ce qui a contribué à décourager les fans. Pour Mat Snow, cependant, *Earth ling* témoigne d'une certaine nervosité de la part de Bowie, comme s'il ne savait plus très bien qui était son public. « La pochette n'a pas aidé. On aurait dit une création d'un jeune de quinze ans pour un concert de 10cc en 1978. C'était décevant. *Earthling* ressemblait trop à un produit. Même le titre est incroyablement autoréférentiel. Quand on commence à faire ce genre de choses, c'est souvent pour faire pression sur son marché principal : "Vous vous souvenez ? C'est moi, Ziggy Stardust !" Ça révélait une insécurité indigne de David Bowie. »

Pour Snow, *Earthling*, comme *Let's Dance*, était un effort délibéré pour s'attirer l'approbation du grand public. Cette fois, cependant, la manœuvre se retourna contre lui : « Ça a beaucoup mieux marché avec *Let's Dance* parce qu'il n'avait que 35 à l'époque. Il n'avait pas encore traversé de phase où il était objet de ridicule ; il n'avait pas fait de mauvais disques. »

A 50 ans, Bowie était, en apparence tout au moins, un individu beaucoup plus équilibré, beaucoup plus détendu qu'à 40. Et beaucoup plus riche. Il possédait une vaste propriété en Suisse, une autre à New York, ainsi qu'une résidence secondaire aux Bermudes. Il affirma publiquement son intention de fonder une famille avec Iman. Il était actif comme musicien, acteur et peintre. Il avait aussi retrouvé son esprit d'aventure, son intérêt pour la nouveauté.

Bowie n'était plus une star de premier plan, et ce, en grande partie, de son propre fait. Le fan de rock moyen n'avait rien entendu de lui depuis une décennie. Bowie n'avait pas eu d'album très vendeur depuis dix-huit ans. En fait, pour la plupart des gens, il s'était retiré du circuit depuis les années 80.

Le battage médiatique autour des 50 ans de Bowie était prévisible. Certains affûtèrent leurs armes de bonne heure, comme le journaliste Ian Penman, qui, à peine un an auparavant, avait interviewé Bowie à Los Angeles pour le magazine *Esquire* avant la sortie d'*Outside* et l'avait décrit comme « notre étoile la plus brillante ». Il écrivit un article aussi véhément qu'hostile dans le *Guardian*. Tous les traits que Penman avait trouvés louables douze mois auparavant étaient désormais ridiculisés, le rôle de Bowie dans la pop rabaissé, son héritage musical descendu en flammes. Deux nouvelles biographies parurent également : *Living On The Brink*, de George Tremlett et *Loving The Alien*, de Christopher Sandford.

Les médias étaient pleins de rétrospectives ; Alan Yentob produisit un hommage à Bowie pour la BBC, intitulée *Changes*. Contrairement à son documentaire de 1975, *Cracked Actor*, qui était plein d'invention et demeure le meilleur document jamais réalisé sur Bowie, que ce soit sur film, à la radio ou sur papier, cette rétrospective était décevante, paresseuse. Une séance de questions-réponses sur *Radio 1* s'avéra plus distrayante. Brian Molko de Placebo profita de l'occasion pour demander à Bowie quand il travaillerait avec eux.

Neil Tennant, Robert Smith de Cure, Mick Hucknall et les fans de longue date Brett Anderson et Ian McCulloch posèrent aussi des questions à leur idole. Un hommage émouvant de Scott Walker amena Bowie au bord des larmes. L'animatrice de l'émission, Mary Anne Hobbs, parla à Bowie de ses fesses ramollies et des maladies sexuellement transmissibles.

Bowie lui-même décida de clore les célébrations par une soirée au Madison Square Garden le 9 janvier, durant laquelle il interpréta une sélection de vieux titres en duo avec Robert Smith et Lou Reed, ainsi que des extraits d'*Earthling*. Le spectacle proprement dit fut décevant. Visuellement, Bowie utilisait les séquences de films qu'il avait tournés sept ans plus tôt pour la tournée Sound + Vision. Mais le pire fut le choix des participants.

La fête était moins une célébration de la carrière de Bowie qu'une vitrine de ses obsessions musicales du moment. Même le choix d'artistes contemporains était étrange. L'influence de Bowie est peut-être visible dans la théâtralité de Cure (sinon dans leur musique), mais les Foo Fighters et Sonic Youth ne viennent pas immédiatement à l'esprit comme étant des victimes majeures de Bowie. Suede, Nine Inch Nails ou même Blur auraient été des choix plus fidèles. Mais ils n'étaient pas des attractions majeures aux États-Unis, et il y avait Madison Square Gardens à remplir et des droits de diffusion à garantir.

Carlos Alomar ne fut guère impressionné : « Il y avait des tas de gens à qui il aurait pu demander de jouer. Luther Vandross, par exemple, qui est une superstar à présent. Tout ça était politique ; il voulait se rapprocher de gens qui le projetteraient dans l'avenir. Mais je n'aime même pas certains de ces groupes. Sonic Youth ? Ne me faites pas rire. Ils n'ont rien entre les oreilles ! Dans une rétrospective de sa vie, qui sont ces gens-là ? Tous ceux qui ont travaillé avec lui auraient pu venir, comme Dennis Davis, et les vrais fans de Bowie auraient su qui ils étaient, mais réunir le vieux groupe, ce n'était pas politique. »

La raison de cette affiche presque exclusivement contemporaine, était, selon Reeves Gabrels, très simple : « Dans l'ensemble, David est plus un homme du présent que du passé. » Il se souvient du concert comme « d'un événement stressant mais amusant au sens où il n'y avait qu'une soirée et qu'il fallait que tout se passe bien sous l'œil des caméras. En ce qui concerne les invités...je connaissais déjà Frank Black. J'avais suggéré qu'il soit là ; j'avais traîné un peu avec Billy Corgan et Robert Smith et on avait des amis communs comme Tim Pope qui a travaillé sur le concert et Gary Wescott, qui a conçu l'éclairage. J'avais peur que la liste finale des participants ne soit trop grand public. Dans la liste la plus longue, Madonna aurait dû participer, alors, quand tout s'est stabilisé, j'ai été très soulagé. »

Les nouvelles chansons visaient un public très différent des fans dilettantes qui avaient assisté perplexes au concert *Outside* à Wembley. Il fut donc décidé de faire une tournée de petits clubs aux États-Unis à l'automne et de participer à des festivals tels que Phoenix, Roskilde et Balingen en été. Pour la première fois depuis dix ans, Bowie commençait à trouver un nouveau public. Ceux qui assistèrent aux concerts de 1997 étaient un mélange curieux d'amoureux de Ziggy entre 40 et 50 ans, de fous de *Let's Dance* et *Scary Monsters* trentenaires, et d'adolescents qui avaient aimé *Earthling* et découvert le catalogue de Bowie.

Ce dernier passa presque toute l'année 1997 en tournée avec *Earthling*. Il jouait deux sets, un de chansons conventionnelles (qui comprenait de vieux titres comme *Quicksand*, *Stay*, *Panic In Detroit* et *Fashion*) avec des morceaux tirés d'*Outside* et d'*Earthling*, et un autre de drum'n'bass, incluant des versions extrêmement retravaillées de certains classiques de Bowie, tels que l'excellent mais presque méconnaissable *V-2 Schneider*, *Pallas Athena* et une version du tube de 1981 de Laurie Anderson, *O Superman*, avec Gail Ann Dorsey comme chanteuse.

De fait, Dorsey fut de plus en plus mise en vedette pendant la tournée, faisant un duo avec Bowie sur *Under Pressure*, comme pour la tournée *Outside*, et chantant des passages d'*Aladdin Sane* et d'*Outside*. Cela ne fut guère du goût des fans qui avaient payé pour entendre Bowie chanter. Avec le projet Tin Machine, les fans avaient dû essayer d'accepter la démocratisation de Bowie ; à présent, la bassiste chantait certains des meilleurs morceaux, pendant que la star regardait en silence. L'idée vint même à l'esprit de certains fans que Dorsey couvrait pour Bowie, atteignant les notes qui n'étaient plus à la portée de ce dernier.

A vrai dire, la voix de Bowie ne s'améliorait pas et elle sembla même devenir petit à petit plus faible au fil de la tournée. Il payait les conséquences de presque deux ans de concerts continuels, et de sa consommation de nicotine. Il avait vaincu l'alcool, renoncé aux drogues et même conquis ce qui était sans doute une anorexie au milieu des années 70, mais il ne pouvait venir à bout de sa dépendance au tabac. Dans l'une de ses interviews les plus bizarres, Bowie déclara à Jarvis Cocker dans le *Big Issue* en 1997 : « Dans le passé, pour moi, il n'y avait rien de meilleur que les Gitanes. [Elles] m'ont accompagné pendant toutes les années 70. Mais elles étaient si fortes... on devient vraiment dépendant. Alors je suis passé aux Marlboro Reds. J'en ai fumé jusqu'à la fin des années 80, et quand j'ai commencé Tin Machine, autour de 1988, j'ai réalisé que je ne pouvais plus atteindre les aigus, alors je me suis mis à fumer des Marlboro Light. Je devrais fumer des trucs encore moins forts, je suppose, parce que je sais que je vais devoir arrêter tôt ou tard, quand on aura un bébé. Dans une journée typique, je fume à peu près deux paquets – et c'est beaucoup moins qu'avant, croyez-moi. Quand je suis en tournée, j'ai tendance à réduire ma consommation à un paquet environ. Je pense que je chanterais sûrement beaucoup mieux si je ne fumais pas. »

Le groupe de Bowie en tournée étant réduit à un quatuor, une bonne partie de la musique était samplée. Même la guitare acoustique de Bowie dans *Quicksand,* qui ouvrait le concert, semblait très similaire soir après soir, et la possibilité que Bowie joue en playback traversa l'esprit de certains. Des passages qui auraient pu être joués live – un chœur ici, une guitare là, une ligne de saxo ailleurs – étaient en fait enregistrés.

Mais, en dépit des sujets de mécontentement, le groupe semblait prendre plaisir aux concerts. Gabrels s'était mis à teindre ses cheveux ras, à porter du maquillage, et à ressembler à l'oncle Fétide de *La Famille Addams.* « Qu'est-ce qui pourrait être plus terrifiant qu'un guitariste de deux mètres et de cent kilos qui porte un kilt, des cheveux décolorés, du khôl et du rouge à lèvres violet ? demande Gabrels. Vous savez comment les gens se pressent devant la scène ? Si j'allais devant faire un solo de guitare, je sentais qu'ils reculaient, alors qu'ils étaient coincés contre les barrières. Peut-être que ça répondait à un besoin psychologique chez moi. Le kilt est très libérateur. Mon père avait du sang écossais, cherokee, français et anglais. Un jour je marchais dans Glasgow et j'ai vu un magasin qui s'appelait *The Kilt Store.* Il faut les faire faire sur mesure, mais ils en avaient un en magasin que quelqu'un avait décidé de ne pas prendre, du clan des McCloud, en plus, et il m'allait ! Je n'ai jamais eu un mauvais concert avec un kilt. »

Il est indéniable qu'avec *Earthling,* Bowie avait touché un nouveau public. Se produisant devant des foules qui étaient venues autant pour voir Prodigy (avec qui il partageait l'affiche) que la Dame, Bowie convertit jusqu'au plus cynique des observateurs. Sa nouvelle musique était musclée, contemporaine, et son catalogue sans pareil. Il y eut même des moments stupéfiants d'artifice. A la fin de *Scary Monsters,* Bowie mettait le bout du micro dans sa bouche et faisait mine de le sucer. Pour un spectacle de rock, même après la masturbation de Madonna sur scène et les caresses de Michael Jackson sur son sexe, c'était un spectacle subversif.

Il y eut des moments drôles aussi, comme au Jack Docherty Show, quand Reeves Gabrels joua avec une énorme tête de souris, et Bowie avec une paire de pattes de souris. Dans l'émission allemande *Wetten*

Dass, il devait prédire si un type en maillot de bain sur le point de s'immerger dans un aquarium pourrait jouer de la trompette pendant une minute entière (il échoua). Bowie, qui se demandait clairement ce qu'il faisait là, simulait un plaisir poli.

Le plus grand succès de l'album fut un remix de *I'm Afraid Of The Americans* par Trent Reznor. Celui-ci dépouilla la chanson pour la ramener à son rythme minimaliste et produisit un morceau étrange, psychotique, qui resta dans les profondeurs des charts américains. Il ne dépassa pas la 66e place, mais s'incrusta dans le Top 100 seize semaines durant, et fut le premier tube de Bowie depuis *Day In Day Out.* Au Canada, un pays où les sentiments exprimés par la chanson durent en toucher plus d'un, le single resta pendant six mois dans le Top 50. Cependant, il ne sortit pas au Royaume-Uni, où la dernière moisson de singles de Bowie avait reçu un accueil décevant. *Little Wonder* était arrivé à la 14e place, un succès modéré. *Dead Man Walking* n'était pas entré dans le Top 30, et *Seven Years In Tibet* n'avait même pas atteint la 50e place. Une version de *Seven years In Tibet* en mandarin fut n° 1 à Hong-Kong, les sentiments antichinois exprimés ayant de toute évidence trouvé un écho dans l'ancienne colonie.

« Ces deux dernières années, je me suis senti vraiment coupable à propos de ce qui continue à se passer là-bas, confia Bowie à Jo Whiley de Radio 1. J'ai écrit quelques textes en 1968 à ce sujet. L'un s'appelait *Silly Boy Blue* et un autre *Karma Man.* J'ai pensé que c'était le moment idéal pour sortir une chanson antichinoise à Hong-Kong, alors que les Chinois en prenaient le contrôle. Elle a été très populaire, bien sûr, mais je ne suis pas sûr que nous soyons autorisés à y faire une tournée, à présent. J'essaierai peut-être d'y aller l'année prochaine – mais on verra. Je me suis sans doute fâché avec les Chinois. »

C'était là un changement d'attitude pour Bowie. Jusqu'au milieu des années 80, il avait complètement évité les commentaires politiques dans sa musique. Pour la première fois, Bowie s'attaquait de manière subtile aux grandes questions. Le Tibet comptait beaucoup pour lui, et il n'était que trop heureux de prêter sa voix à la lutte que menait le pays pour sa libération.

Earthling n'obtint qu'un succès modéré, atteignant la 6e place au Royaume-Uni et la 35e aux États-Unis, malgré des critiques à juste titre favorables.

La critique de fin d'année de Peter Aspden dans le *Financial Times* fut particulièrement perspicace : « *Earthling* a été inspiré par le son drum'n'bass qui est devenu un élément de base de la dance britannique ; mais quel plaisir de le voir manipulé avec tant de talent par un vieux maître. Si j'étais Prodigy ou les Chemical Brothers, j'écouterais avec beaucoup d'attention. *The Fat Of the Land* et *Dig Your Own Hole* sont tous deux bons pour ce qui est de l'agressivité et de l'attaque vocale, mais manquent trop de variété et de subtilité pour être intéressants plus de vingt minutes. »

Bowie fut nominé aux 40e Grammy Awards en 1998. Il obtint deux distinctions, celle de la Meilleure Performance vocale du Rock masculin (*Dead Man Walking*), et celle de la Meilleure Performance de Musique alternative (*Earthling*), qui furent respectivement obtenues par Radiohead et Dylan. Le bruit courut que Bowie et Radiohead feraient peut-être un duo, mais il n'eut finalement pas lieu. Bowie fut aussi nominé pour le Meilleur Clip masculin aux MTV Awards pour *I'm Afraid Of The Americans*. Il n'obtint aucun prix, mais le simple fait d'avoir été nominé après avoir été cloué au pilori par une certaine frange des médias pendant quinze ans représentait un énorme encouragement pour lui – et pour un album si déterminé, sans concession.

Bowie nous réservait d'autres surprises. Prenons par exemple le canular de *Nat Tate* en 1998. En 1997, Bowie avait décidé d'investir dans une petite maison d'édition, 21, afin de satisfaire sa passion pour l'art et la littérature. Le livre *Nat Tate,* de William Boyd était la biographie épique d'un artiste au génie fatal, laminé par la dépression, qui se suicida en sautant de l'arrière du ferry de Staten Island en 1960. Nat Tate, bien entendu, n'avait jamais existé.

Au lancement du livre, Bowie dut observer avec une satisfaction cruelle les experts en histoire de l'art se confondre en louanges sur la contribution éternelle de Tate à l'art moderne et raconter qu'ils l'avaient bien connu. C'était une indication du pouvoir et de l'utilité du mythe et du mensonge dans la vie « réelle ». Une fois de plus, Bowie mystifia totalement ses pairs. L'écrivain et journaliste Bill Buford imagina même Bowie remplissant le siège laissé vacant par la mort de Warhol en 1987. Le monde de l'art, dépourvu de leader et manquant de glamour, avait besoin d'un personnage connu : « Partout où [Bowie] allait, il était suivi par une foule de quarante, cinquante personnes. Certains étaient des amis, soucieux de lui parler ; certains étaient des fans. Mais beaucoup – dans cette foule branchée – voulaient juste être près de lui. Ils le suivaient, bouche bée, traînant derrière lui, allant partout où il allait. »

Pourtant, qu'importait cela aux fans de sa musique, à ceux qui avaient fait de Bowie une star ? L'interminable diversification de Bowie lui aliénait-elle définitivement son public ?

13

LE THÉÂTRE DES FINANCIERS, 1997-2000

L'Internet est sans aucun doute la forme de communication
la plus subversive, la plus rebelle, la plus révolutionnaire
depuis, oh, la télévision, alors, si vous y tenez.
David Bowie, 2000.

J'ai quitté la tournée parce qu'il me soumettait à beaucoup de
pression et je trouvais ça épuisant. Il ne pouvait même pas
téléphoner à sa mère sans considérer l'impact sur
son statut de star. Bowie est avant tout une industrie.
Il s'entoure de gens très efficaces et c'est le secret de son pouvoir
– tout ce qu'il fait sera vu sous un certain jour.
Morrissey expliquant, en 2000, pourquoi il avait
quitté la tournée Outside en 1995.

Pas question.
La réponse de Bowie en avril 1997,
quand on lui demanda s'il projetait de ressusciter Ziggy.

It's the theatre of financiers
Count them fifteen round the table
White and dressed to kill...

« C'est le théâtre des financiers
Compte-les, quinze autour de la table
Blancs et tirés à quatre épingles. »
We Are The Dead, 1974.

383

Il est plutôt triste que les trois événements de la vie de Bowie qui ont suscité le plus grand intérêt des médias dans les années 90 (son mariage, son cinquantième anniversaire et le Bowie Bond) n'aient pas grand rapport à voir avec sa musique.

Au dire de certains, la médiatisation d'*Earthling* et du cinquantième anniversaire de Bowie n'avait été qu'un subterfuge visant, d'une part, à attirer l'attention sur le Bowie Bond, et, d'autre part, à faire percer Bowie sur le marché des jeunes. Au cours des dix-huit mois suivant son anniversaire, plusieurs enquêtes révélèrent que Bowie était l'une des rock stars les plus riches du monde. L'une d'elle affirma même qu'il était le plus riche, à la tête d'une fortune de 900 millions de dollars. Même à supposer que ces estimations soient largement exagérées, où donc Bowie avait-il amassé de pareilles sommes ?

En 1976, Bowie avait déclaré qu'il n'avait pas un sou, affirmant avoir été impitoyablement exploité par MainMan. Cette immense fortune aurait donc été acquise au cours des vingt dernières années. Elle s'explique en partie par des ventes considérables, estimées selon la BBC à environ 72 millions de disques dans le monde entier jusqu'en 1995. Les ventes de Bowie aux États-Unis, en revanche, étaient modestes en comparaison à celles d'autres superstars. En août 1998, Bowie avait eu douze disques d'or et quatre de platine aux États-Unis. C'est beaucoup moins que, par exemple, Madonna et ses douze disques de platine.

On ignore combien d'albums Bowie a vendu au cours de sa carrière, mais le chiffre est de l'ordre de 110-120 millions. On estime également qu'il a vendu plus de disques dans les années 80 que dans les années 70, et plus dans les années 90 que dans les années 80 (la plupart des ventes récentes étant le fait de son catalogue). Mais l'essentiel de l'argent semble avoir été généré pendant trois tournées lucratives, en 1983, 1987 et 1990, ainsi que par plusieurs contrats très avantageux (celui d'EMI-America en particulier étant censé lui avoir rapporté 17 millions de dollars), et des revenus liés à la publication (droits d'auteur, films, produits dérivés, publicités et autres). De plus, en 1997, Bowie resigna son catalogue à EMI, et reçut en échange une avance de 28,5 millions de dollars. Cependant, le Bowie Bond était conçu avec un objectif spécifique : racheter, une fois pour toutes, les intérêts de son ex-manager Tony DeFries.

Le banquier qui organisa l'affaire était David Pullman, du Pullman Group, une division de Fahnstock & Co. C'était la première fois qu'une pop star se lançait dans une telle entreprise, qui consistait à utiliser des droits d'auteur de son catalogue comme « garanties » pour des obligations. Dans les faits, une institution, Prudential Securities, acheta le total des obligations pour un montant de 55 millions de dollars, dès leur mise en vente. Autrement dit, Bowie reçut une avance de 55 millions, en contrepartie de laquelle il s'engageait à rembourser la somme totale (plus les intérêts cumulés) à une date précise. A l'expiration des obligations (remboursées dans leur totalité), les droits d'auteur retourneront à Bowie, et il pourra de nouveau les vendre. « La propriété intellectuelle a une valeur phénoménale : films, disques, livres – la valeur croît avec le temps », expliqua Pullman en mai 1998. D'après Bill Zysblat, qui a aidé à manager David Bowie et d'autres rockstars par l'intermédiaire de sa société RZO, Bowie préférait obtenir 55 millions d'avance plutôt qu'attendre l'expiration de son contrat. Il a utilisé une partie de l'argent pour acheter des actions dans les droits de ses propres chansons possédées par un DeFries. Il en a aussi investi une partie.

Aux yeux de certains, le Bowie Bond exagérait le standing financier de Bowie et le faisait apparaître comme gourmand. C'était un geste novateur, typique de Bowie, qui ne manquerait pas d'attirer l'attention des médias. Le nom et la réputation de Bowie étaient une certaine garantie de prestige culturel, qui se traduisait en dollars pour l'intéressé. Depuis, ce procédé a été copié par d'autres artistes. Cependant, il semblait clair que, pour la première fois depuis Tin Machine, Bowie s'autorisait à être utilisé comme une « marque », usant de sa célébrité comme d'un produit.

Entre 1988 et 1996, Bowie et Reeves Gabrels avaient lutté pour rétablir la crédibilité musicale de Bowie. De 1997 à 2000, l'argent prévalut sur la musique. Un seul album fut enregistré, mais toute une série de coups commerciaux firent la une des journaux. Bowie devenait plus détendu, délaissant le terrain, acceptant plus volontiers de déléguer à d'autres la production, passant moins de temps en studio.

Pendant cette période, l'intérêt principal de Bowie devint l'institution et l'expansion d'un empire commercial au sein du marché Internet. Il était déjà un peu une star de l'Internet, ayant été le premier grand artiste de rock à sortir un single exclusivement sur Internet, *Telling Lies*. En septembre 1996, le nombre de sites qui lui étaient consacrés le mettaient à la troisième place des chanteurs sur le Web. A ses yeux, ce média, qui offrait un espace de liberté totale à un véritable art d'opposition et à une communauté vibrante de fans, possédait un extraordinaire potentiel créatif. Cette évolution démystifiait l'idole et constituait un instrument d'éducation important.

Le 1er septembre 1998, BowieNet fut lancé. Bowie s'intéressait à la technologie de la communication depuis les années 80. Il n'était donc pas un nouveau venu dans ce domaine. Comme toujours, il suivait les progrès de très près. Il semblait sincèrement motivé par sa vision, à savoir utiliser l'Internet comme un moyen de communication interactif afin de créer en ligne une communauté de fans du rock. BowieNet est indéniablement agréable à visiter. D'une conception attrayante, élégante, contenant quantité d'informations, le site est mis à jour presque quotidiennement. On y trouve des chansons rares à télécharger (live ou non), la possibilité de bavarder avec d'autres fans, des invités célèbres (Joey Ramone, Eddie Izzard et Boy George, ainsi que l'entourage de Bowie : Mike Garson, Tony Visconti, Reeves Gabrels, Mick Rock et Iman, sans compter les apparitions assez fréquentes de Bowie en personne). Les visiteurs peuvent découvrir les obsessions de Bowie, puisqu'une partie du site est consacrée à ses objets de fascination littéraires et cinématographiques. On peut aussi y lire son WebJournal, qui donne des informations sur les activités récentes au pays Bowie : visites de musées, dîners, souvenirs, allusions au travail en cours... Apparemment Bowie envisage même de permettre aux fans de l'observer en train d'écrire et de se produire en studio.

BowieNet exploita la tendance, nouvelle alors sur l'Internet, à recourir à des portails. « Pour ceux d'entre vous qui suivent l'industrie de l'Internet, le marché chaud de l'année dernière a été les sites portails, tels que Yahoo, Excite, Infoseek et Lycos, écrit Dara O'Kearney. « BowieNet n'est pas seulement un portail, mais il possède aussi un contenu spécialisé qui ramènera les activités du client autour du portail BowieNet, plutôt que de le traverser en allant vers d'autres sites. »

Bowie adore les sites un peu farfelus et est à l'affut de ce qu'il appelle l'esprit non-conformiste du Net. C'est un véritable enthousiaste qui conseille, cherche, s'interroge, et qui est susceptible de recommander à l'attention des visiteurs des sites tels que Slap a Spice Girl (Giflez une Spice Girl) ou Virtual Autopsy (« où on peut démembrer un corps entier ! », se réjouit-il).

BowieNet constitue un élément important de la présence de Bowie sur le Net, en compagnie d'autres sites tels que Little Wonderworld, Bassman's Bowie Website, Teenage Wildlife, The Ziggy Stardust Companion, Repetition et Glass Asylum. A vrai dire, la création du site était une réaction à l'existence de certains de ces sites, un désir tardif de s'associer au mouvement. BowieNet étant « officiel », il n'est pas toujours très efficace pour transmettre les informations importantes. Dans bien des cas, celles-ci sont d'abord relayées par d'autres sites.

Un autre problème est que BowieNet semble être parfaitement orchestré, planifié. Il est évident que Bowie vérifie une grande partie de ce qui s'y passe. Il établit l'ordre du jour, les questions qui lui sont adressées sont contrôlées avec soin, la majorité des invités sont choisis par lui, et certains forums de discussion sont honorés de sa présence, annoncée ou non. BowieNet, comme d'autres sites similaires, pose aussi le problème de ce que serait une contribution valable.

Dans plusieurs interviews suivant le lancement, Bowie déclara : « Si j'avais dix-neuf ans, je ferais l'impasse sur la musique et j'irais droit à l'Internet, dit-il à Andrew Davies de *Big Issue*. Quand j'avais dix-neuf ans, la musique était encore la force de communication d'avenir, et c'est ce qui m'a attiré, mais elle ne possède plus ce cachet. Elle a été remplacée par l'Internet, qui a le même air révolutionnaire que la musique autrefois. » En janvier 2000, il ajouta : « Quand le vocabulaire d'un art devient trop connu, il perd sa dynamique. Une fois que tout le monde sait jouer un accord à la guitare, une fois que tout le monde peut essayer ce qu'il veut à la maison sur son ordinateur, le moyen utilisé devient soudain le message et le message semble être : "Ceci est la mode, et non une prise de position." Je pense qu'aujourd'hui achetons sans doute notre musique de la même façon que nous achetons nos vêtements ; elle ne remplace plus la religion. »

« En ce moment, je considère le Net comme une forme d'art parce qu'il semble n'avoir aucun paramètre, déclara Bowie. Le chaos règne, et j'adore ça. J'y vois des possibilités que je suis peut-être capable de saisir, je suis prêt à prendre toutes sortes de risques. »

D'après Bill Zysblat, chargé des finances de Bowie, ce dernier « passe pas mal de temps dans les forums ». Apparemment, Bowie assiste parfois de façon anonyme aux discussions et envoie ensuite un e-mail aux participants pour les informer de sa présence. La plupart des e-mails adressés à Bowie sont lus par quelqu'un d'autre que lui, mais Zysblat affirme que le chanteur répond personnellement à une cinquantaine par mois. Cela suffit sans doute à maintenir une minorité de fidèles en état d'alerte. Cet aspect peut avoir deux conséquences dangereuses. La star, trop connue, se démystifie ; privée d'une certaine aura de mystère, elle devient ordinaire, ce qui est précisément ce que nos héros du rock ne devraient pas être. Deuxièmement, la chimère d'une relation en tête à tête entre millionnaire et fan peut se transformer en une sorte d'identification perverse susceptible de conduire à une pathologie. En se rendant plus « humains », les stars permettent aux fans de s'identifier plus étroitement à eux, de vouloir devenir cette personne – c'est ce qui s'est passé entre Mark Chapman et John Lennon.

Source de changement social et culturel, l'Internet est aussi synonyme de dérégulation anarchique, un monde d'amis et d'ennemis imaginaires. Il peut aliéner les gens à la société au lieu de les amener à s'y sentir plus intégrés. On peut se faire un ami ou un ennemi de quelqu'un qu'on n'a jamais vu (« *Who to dis, who to truss* (De qui se méfier, à qui se fier) » chante Bowie dans une de ses premières chansons sur BowieNet, *The Pretty Things Are Going To Hell*). Pas étonnant que l'impersonnalité et la distance de l'Internet séduisent tant Bowie, un homme qui a fait de l'aliénation un thème artistique.

Si le rock en tant que rébellion se meurt, Bowie l'homme d'affaires ne se soucie guère de lui venir en aide. En 1999, la valeur de BowieNet était estimée à trois cents millions de livres. *Computerworld*, principal magazine d'informatique aux États-Unis, cita Bowie dans son palmarès des vingt-cinq meilleurs innovateurs de 1999. D'autres initiatives allaient suivre, quand Bowie se diversifia dans des domaines différents de ses compétences principales.

En un peu plus d'un an, « Bowie » devint un fournisseur d'accès à l'Internet, une station de radio et une banque. En 1999, il lança le David Bowie Radio Network sur le site de Rolling Stone Radio. Mais surtout, il développa sa compagnie Internet Ultrastar et lança fin 1999 Bowie.banc.com.

Bowie et Ultrastar commencèrent à gérer des sites d'équipes de base-ball américaines, telles que les New York Yankees (Yankees-Xtreme) et les Baltimore Orioles (Oriolesword). « Nous [Ultrastar] créons des fournisseurs d'accès génériques pour diverses entreprises, universités ou lycées ; et nous sommes devenus une société assez importante à présent », déclara Bowie. Fin 1999, Ultrastar annonçait que SFX Entertainment Inc., le plus grand fournisseur d'accès de musique et de loisirs, avait acquis dans leur entreprise « un intérêt minoritaire substantiel, avec l'option d'accroître leurs avoirs. » « Ultrastar est en train de révolutionner l'Internet en créant un modèle basé sur l'inscription des gens à divers groupes qui partagent les mêmes centres d'intérêt, comme les loisirs, la mode, le sport ou autre. » Bowie ajouta : « Nous sommes fiers d'être associés au leader mondial dans le domaine de la musique et des loisirs live. La philosophie de SFX, qui consiste à apporter directement au fan les meilleurs événements en matière de sport ou de musique reflète notre propre approche du cyberespace. »

Le point culminant de l'affaire fut atteint par le concept vaguement comique de BowieBanc. Les clients obtiennent cartes bancaires, chèques et autres documents au nom et à l'effigie de Bowie, ainsi qu'un abonnement d'un an à BowieNet. Toutes les opérations bancaires sont traitées par la USABancShares, firme bancaire en ligne. Bill Zyblatt explique : « Nous prenons la base des fans, qui, il y a vingt ans, aimaient porter les T-shirts de Bowie, ses polos, et qui ces dernières années sont devenus membres de son service Internet, et nous essayons de créer la même affinité avec son service bancaire. »

Financièrement, il s'agit d'une opération profitable, mais pour les fans, qui appréciaient le côté rebelle de Bowie, c'est assez déprimant. Et un brin gênant. On peut décider de porter un T-shirt Bowie une ou deux fois par an en public quand il fait chaud, mais donner une adresse électronique au nom de Bowie, ou avoir sa tête sur votre carte bancaire est une autre affaire. On peut admirer quelqu'un, adorer sa musique, se sentir membre d'une communauté, mais on peut aussi penser que l'équipe d'hommes d'affaires de Bowie poussait un peu trop loin sa transformation en produit. Les fans de Bowie voulaient écouter ses CD et aller à ses concerts, et non le voir mêlé d'encore plus près aux rouages de l'establishment capitaliste. Zysblat, conscient peut-être qu'une certaine frange des médias allait sans doute accuser Bowie de « s'être vendu », observe : « Depuis le début de sa carrière, David, pour autant qu'il ait pu paraître d'avant-garde au public, n'a jamais vraiment transmis un message anti-establishment. Peut-être que nous l'avons cru parce que nos parents n'aimaient pas la façon dont il s'habillait. Mais, pour être tout à fait franc, si vous réfléchissez bien, dès la signature de son premier contrat chez RCA où il restait propriétaire de ses enregistrements originaux, il a été un homme d'affaires avisé. »

Il ne s'agit pas de critiquer l'architecte de beaucoup de ces initiatives commerciales brillantes, car, d'après Reeves Gabrels, Zysblat est un homme intègre : « Bill est un type très gentil et une exception dans l'industrie de la musique. C'est un homme à qui on peut faire confiance. Nous avons souvent eu des désaccords quant à savoir où finit la musique et où commence le commerce, mais il a tout mon respect. » En revanche, ce qu'il faut remettre en question, c'est l'importance suprême que Bowie semble maintenant attacher à de telles entreprises et les compromis auxquels il paraît avoir soumis son art pour les favoriser. Toute la musique pop est commerciale, mais toutes les pop stars ne transforment pas leur art en entreprise.

Un article du *Financial Times* attira l'attention sur le fait que d'autres rockers que Bowie adoptaient la même approche : « A l'époque où une marque signifiait le nom d'un détergent ou d'une boîte de conserves, l'idée que les gens puissent être des marques était absurde. Ce n'est plus le cas aujourd'hui, explique Richard Tomkins. Cette semaine, un autre vieux rocker, Mick Jagger, a enregistré son nom comme marque d'une vingtaine de produits et services, depuis des produits cosmétiques jusqu'à des bars. Ses agents prétendent que c'est uniquement pour empêcher d'autres gens de profiter de l'utilisation de son nom, mais personne ne semble particulièrement surpris que Mick Jagger soit une marque de déodorant. »

David Bowie a un rapport curieux, et, pour certains, illogique, avec l'argent. En tant que défenseur du pop art dans la lignée de

Warhol, il ne devrait surprendre personne qu'il veuille faire de l'art commercial. Nous lui avons su gré de son attaque contre l'hypocrisie de la pose hippie dans les années 70, qui prétendait que la musique était l'expression sincère d'une conscience, et que les musiciens étaient trop marginaux pour s'intéresser aux profits. Mais à présent, Bowie était moins une rock star qu'un homme d'affaires...

Pour un enfant issu de la classe moyenne comme Bowie, né dans l'austérité du Londres d'après-guerre, l'argent a une énorme importance. Autrement dit, on ne peut jamais en avoir assez, et il subsiste une peur constante de ne pouvoir être à même de soutenir financièrement sa famille et ses amis. Bowie n'est pas un personnage ostentatoire. C'est un connaisseur d'art et un collectionneur avide, mais il ne se soucie pas de posséder une flottille de yachts, un parking plein de voitures de collection ni un parc d'attraction privé comme d'autres superstars du rock. Bowie a gardé un sens tout à fait admirable de l'épargne et de la responsabilité morale. Mais alors que par le passé Bowie séparait le plaisir des affaires, il semble à présent qu'avec le Bowie Bond, BowieNet, et BowieBanc, ses conseillers financiers souhaitent nous inciter à investir dans des domaines qui n'ont pas le moindre lien avec ce qui a fait de nous des fans de David Bowie au départ : un amour de sa musique et une profonde admiration pour lui.

Une des conséquences a été le saccage navrant de son impeccable héritage musical par les agents de sa propre société. Puisqu'une des conditions du Bowie Bond exigeait que Bowie vende son catalogue sur le marché, les fans ont dû subir l'indignité de voir *« Heroes »* utilisé dans des publicités pour Kodak, Microsoft et CGU, lequel est spécialisé dans les retraites, investissements et assurances.

La complaisance de Bowie vis-à vis de l'utilisation de sa musique pour vendre des produits préoccupait aussi son bras droit. Reeves Gabrels, malgré le profond respect et l'amitié qu'il portait à Bowie, devint de plus en plus désabusé par la dilution de son héritage :

« David était l'un de mes trois héros non-guitaristes, tout en haut avec Miles Davis et George Jones. J'ai toujours pensé qu'il avait une vraie histoire et un héritage auquel j'étais fier de participer et de contribuer. Mon attitude a toujours été "Faisons de la bonne musique". Au début de l'époque Tin Machine, je me faisais chambrer parce que j'étais "l'artiste snob" du groupe. Ce n'était pas tout à fait vrai, mais ça révèle le respect que j'ai pour ce que je fais. Personnellement, je n'aime pas l'idée d'utiliser sa musique pour vendre des produits. Cela dévalorise l'art, son sens et son contenu émotionnel. Malheureusement, quelquefois, les artistes ne contrôlent pas ces choses-là : tout dépend de qui est le propriétaire des originaux et de qui en contrôle la publication. Mais quand on *peut* protéger son art, par amour pour ses fans et pour soi-même, je pense qu'on devrait le faire. »

Il semble néanmoins que Bowie se soit épargné les pires excès de l'industrie du rock en exigeant trop d'argent pour ses services. En novembre 1999, Jane Sullivan, journaliste à la *San Francisco Chronicle,* élabora un rapport au sujet des rock stars qui étaient sollicitées pour se produire dans des soirées d'affaires privées. La Convention nationale des juges de commerce, par exemple, loua le Fillmore pour sa réception annuelle – et écouta Huey Lewis And The News. « Et, à New York, Luscious Jackson se produisit pour C/Net après que le premier choix de la société, David Bowie, eut demandé un million de dollars. »

Paul Trynka, de *Mojo,* défend charitablement Bowie : « Les bonnes rock stars dévorent les nouvelles expériences. Il n'exploite pas son nom, il est trop futé pour cela. Je pense qu'il essaie seulement de continuer à surprendre les gens. » Mais les fans veulent être surpris sur le plan musical, et non par la capacité de leur idole à bâtir un empire médiatique. L'écrivain Sean O'Hagan résuma parfaitement la situation pour *The Observer* au début 2000 : « De toutes les formes adoptées par le caméléon du rock, voilà [Bowiebanc.com] certainement la plus astucieuse et la plus sûre. Mais on ne peut pas s'empêcher de penser que Ziggy doit se retourner dans sa tombe étoilée. »

A la fin des années 90, il y avait douze ans que Bowie n'avait pas eu de tube au Royaume-Uni, et quinze depuis son dernier rôle convaincant dans un film. Les pas de géant que Bowie avait accomplis sur le plan créatif avec *Outside* et *Earthling* promettaient d'être un tremplin pour des efforts plus audacieux, mais il semblait avoir perdu son élan. Plutôt que de faire suivre *Earthling* d'un autre album techno-rock plein d'énergie, Bowie semblait prendre le temps de la réflexion.

1998 fut une année occupée, mais hachée. David Bowie tourna deux films dont la sortie était prévue pour 1999, *Exhuming Mr Rice* (dont le titre devint par la suite *Mr Rice's Secret*) et *Everbody Loves Sunshine*, un film de gangsters tourné à Liverpool et sur l'île de Man, où Goldie partageait la vedette avec lui (et qui sortit en vidéo sous le titre *Busted*), mais il n'y eut pas de nouvel album. La période d'activités frénétiques entre 1992 et 1996, qui avait donné naissance à quatre bons albums, était terminée. La suite d'*Outside* avec Eno semblait avoir été stoppée définitivement par l'apparition d'*Earthling*. *Contamination*, censé être plein de personnages fictifs des mers du Sud au dix-huitième siècle, restait inachevé. Et avec le recul du drum'n'bass, et le déclin de ses stars principales, comme Goldie, une fusion dance-rock dans le genre d'*Earthling* paraissait désormais exclue. Pour Reeves Gabrels, ce fut une époque frustrante : « Je crois qu'il aurait dû y avoir une suite à *Earthling*, de la même manière qu'*Aladdin Sane* a suivi *Ziggy*. La musique avait évolué, le groupe jouait superbement, et l'occasion était là. David avait envie d'élaborer un album live (produit par lui et moi) composé de chansons tirées seulement d'*Earthling* et d'*Outside*, plus deux nouveaux titres : *Funhouse* (une étonnante folie drum'n'bass-rock) et une reprise de *Trying To Get To Heaven* de Dylan. Malheureusement, Virgin a refusé de le sortir. C'était une très mauvaise nouvelle, d'autant que David, Mark Plati et moi avions passé beaucoup de temps à rassembler des chansons et à les éditer, et au lieu de faire cela, on aurait pu écrire et enregistrer la suite d'*Earthling*. La bonne nouvelle, c'est que vous pouvez écouter ces morceaux en ligne à liveandwell.com. »

Bowie fit néanmoins quelques incursions en studio. Il était en train d'acquérir un vibrato grave, très affecté, légèrement tremblant. Sa voix était à présent presque jazzy et fluide, dotée d'un timbre quelque peu instable. Bowie chanta *Truth* sur l'album *Saturnz Saturnz* de Goldie, sorti début 1998. Plus tard dans l'année, il enregistra une version de *A Foggy Day In London Town* de George Gerschwin pour *Red, Hot and Rhapsody* (le dernier album d'une série visant à réunir des fonds pour une association contre le sida). Il chanta avec Angelo Badalamenti, un compositeur qui avait signé la musique de la série originale de *Twin Peaks* à la télévision et travaillé sur le premier album de Julee Cruise. Mais la chanson, et Bowie lui-même, manquait d'éclat. Il interpréta aussi *Planet Of Dreams* avec la bassiste Gail Ann Dorsey pour le CD au profit du Tibet intitulé *Long Live Tibet*. La chanson rappelle le Roxy Music de l'époque *Avalon*. Sur le plan artistique, ce n'est qu'un succès relatif.

Il y eut aussi deux nouvelles compilations Bowie, premier fruit de la nouvelle campagne de rééditions. *The Best Of Bowie 1969-1974,* assemblage prévisible de moments indéniablement brillants, atteignit la 13ᵉ place dans les charts anglais. Mais la seconde partie de la compilation, *1974-1979,* fut un échec, entrant tout juste dans le Top 40. La troisième, censée couvrir les années 1980 à 1987, ne sortit même pas.

Puis vinrent les rééditions. Peut-être l'aspect le plus notable de celles-ci était-il l'inclusion obligatoire des paroles sur les livrets des CD. Dans l'ensemble, la qualité du son était plus fidèle à celle des originaux sur vinyle que les versions parfois grêles des rééditions de Ryko de 1989-1991. *Young Americans* était la plus améliorée, avec un son solide et luxuriant où apparaissait toute la brillance de la production de Visconti, tandis que *Station To Station* demeurait légèrement aseptisée. *Let's Dance*, toujours fabuleuse, sembler s'envoler des haut-parleurs. Cependant, aucun des albums réédités n'entra dans le Top 100, et ces disques ne possédaient pas les morceaux qui, pour certains, avaient fait de l'édition Ryko un achat indispensable. Un coffret d'anthologie incluant morceaux rares, chutes ou versions alternatives, qui doit être compilé par Bowie lui-même, serait en cours de préparation. Qu'un artiste de la stature de Bowie n'ait pas encore fait l'objet d'une anthologie est tout simplement honteux. Quant aux excellents clips des années 1990, et notamment le clip torturé et inquiétant de *Heart's Filthy Lesson* et celui, spirituel quoique macabre, de *Little Wonder*, ils ne sont plus disponibles, pas plus que les images de Bowie sur scène au cours de la dernière décennie.

A la fin des années 90, Bowie pouvait tirer satisfaction d'avoir accompli une somme de travail impressionnante après Tin Machine. Cependant sa carrière musicale n'était pas complètement remise sur les rails. L'inaction qui avait suivi *Earthling* était frustrante pour ses fans. Juste au moment où Bowie reprenait son rythme, quand les critiques redevenaient favorables, il délaissait les studios d'enregistrement. Mat Snow, de *Mojo*, commente : « Bowie est et sera toujours une légende. Pourtant, en même temps, en tant que marque, pour utiliser un terme commercial, il est entaché. Une marque est un indicateur d'un certain niveau de qualité. Et il a fait une série de disques décevants. Comment convaincre le public de s'intéresser à lui ? En théorie, les Rolling Stones ont eu le même problème, mais ils ont réussi à le surmonter. Les disques ne sont pas très bons, mais ils ne sont que des souvenirs de la tournée. Ce qu'on veut vraiment, c'est voir le concert. Certaines personnes achèteront aussi l'album, parce que ça fait partie de la même ambiance. Ils ne le passeront sans doute pas souvent, et peut-être même pas du tout, mais ils ont l'impression d'avoir été présents. Comme les tournées de Bowie sont relativement discrètes, il ne peut pas en faire autant. C'est une question de financement. On ne peut faire de grosses tournées qu'avec de gros profits en Amérique du Nord. Et Bowie n'a jamais été tout à fait assez populaire là-bas. »

Jusqu'à la mise en vente des Bowie Bonds, Bowie n'avait absolument aucune raison de faire de la musique commerciale. Après 1997, cependant, il lui incombait d'exploiter son catalogue, et de s'assurer que la somme d'argent avancée en 1997 pourrait être récupérée rapidement. Il n'est donc guère surprenant que son album suivant ait cherché à toucher le grand public. Bien sûr, Bowie dirait sans doute qu'on ne peut pas écrire un album commercial ou bluffer le public. Mais il est certain qu'il est maintenant en partie motivé par la nécessité de faire des chansons qui se vendent. Il y a un vaste public d'âge moyen qui se souvient avec beaucoup d'affection de *Hunky Dory*, de *Ziggy Stardust*, et peut-être de *Let's Dance*, mais qui probablement n'a pas entendu d'album de Bowie depuis dix ans. C'était ce contingent d'anciens fans que Bowie allait viser dans son prochain disque, un album plein d'angoisses réelles et imaginaires.

En février 1999, à l'occasion des Brit Awards à la London Docklands Arena, Bowie interpréta *Twentieth Century Boy* de Mark Bolan en duo avec Placebo. Une fois de plus, Bowie semblait avoir rajeuni. Il arborait une nouvelle coiffure, et des cheveux plus longs. Sans barbichette, il ressemblait à un croisement entre le Thin White Duke et un Bryan Adams bisexuel. Sa performance était un modèle d'agressivité contrôlée, et le duo fit un tabac. Bowie trouva aussi le temps de concevoir les plans de sa propre mini-voiture ainsi que le magazine de nouvelles de Francis Ford Coppola intitulé *Zoetrope*. Il fit également don d'une œuvre à la neuvième édition de la vente aux enchères « Emportez un nu chez vous ! » de l'Académie des beaux-arts de New York (le tableau de Bowie était une toile noire avec le mot « *nipples* » (mamelons) épelé en Braille !). Puis, pendant presque toute la première moitié de 1999, Bowie prépara sa dernière apparition sur la scène pop avant la fin du millénaire. L'album qui sortit en octobre 1999 sous le titre *hours...* était à l'origine intitulé *The Dreamers,* jusqu'à ce que Reeves Gabrels signale que ce titre lui faisait penser à un album de Mariah Carey ou de Céline Dion. La genèse en fut confuse. Dans une certaine mesure, l'album était une série de chansons tournant autour de la crise de la quarantaine d'un homme plein de regrets qui pourrait ou non être inspiré de Bowie. C'est aussi la bande originale d'un jeu vidéo, *The Nomad Soul*, sorti en novembre 1999 par Eidos (Bowie imposa que son alter-ego dans le jeu, Boz, ressemble à un jeune androgyne de vingt-quatre ans). L'album contenait aussi un morceau utilisé pour une autre bande originale, *Stigmata*, et un autre qui fut utilisé pour un concours d'écriture sur BowieNet. Il semble étrangement manquer de direction, et fait initialement penser à des albums comme *Tonight, Never Let Me Down, et Tin Machine II* par son approche mélodique conventionnelle et son manque d'unité. Cependant, c'est un bien meilleur album que ces trois-là, et il allait donner à Bowie son plus grand succès commercial depuis le milieu des années 80. *hours...*n'était pas branché, et le clamait haut et fort. Allant à contre-courant une fois de plus, Bowie avait réveillé l'ombre endormie de la chanson pop-rock marginale, juste au moment où tous la croyaient détruite par une décennie de dance.

Gabrels était un choix qui s'imposait pour la bande originale du jeu, puisqu'il avait déjà beaucoup d'expérience dans ce domaine :

« David m'a demandé d'écrire avec lui quelques chansons pour Omikron. Après qu'on a rencontré l'équipe d'Eidos, j'ai suggéré qu'on fasse toute la musique. Cela me semblait normal, parce que j'avais déjà fait pas mal de bandes originales pour la télévision et pour le cinéma (*American Chronicles* de David Lynch, et celles de divers documentaires et films indépendants). Finalement, on a écrit huit chansons pour le jeu et puis j'ai écrit deux ou trois heures de thèmes instrumentaux », raconte-t-il.

Il y avait très longtemps que Bowie n'avait pas fait de démos qu'il avait ensuite soignées et peaufinées avant de les emporter en studio. C'était une méthode qui avait brillamment fonctionné sur des albums comme *Let's Dance,* et avant cela sur *Ziggy Stardust...* mais qu'il avait pour l'essentiel abandonnée à la fin des années 80. Le fait que Bowie redevienne un artisan était un événement inattendu, et toutefois potentiellement excitant : « La musique sur *hours...*, explique Reeves, a été influencée par deux ou trois choses. D'abord, on a écrit des chansons avec seulement la guitare et un clavier avant d'aller en studio. Ensuite, les personnages que nous incarnons dans le jeu sont des chanteurs engagés, et on devait changer notre style d'écriture en conséquence. »

Pour les fans qui associaient Reeves Gabrels à des explosions monotones de bruit d'avant-garde, l'album révélait aussi qu'il pouvait avoir un autre style à la guitare : « Je devais aborder la guitare différemment pour renforcer les paroles et l'atmosphère de la chanson dans les solos, parce que l'album prenait un tour nettement plus introspectif. En tant que coauteur et coproducteur, je devais faire très attention à ce que la guitare et le contenu vocal des chansons s'harmonisent. La musique de *We All Go Through* (qui n'apparaît que sur l'album japonais), *Survive* et *The Pretty Things Are Going To Hell* vient de chansons que j'avais commencées pour mon album solo. En revanche, *Thursday's Child* et *The Dreamers* sont des idées de David. »

Gabrels souhaitait que Mark Plati, qui avait travaillé si efficacement sur *Earthling*, participe aux sessions plus tôt, mais Bowie ne fit appel à lui qu'à mi-chemin de l'enregistrement. « Mon rôle dans *hours...*a débuté un soir d'avril 1999, quand j'ai reçu un message avec le numéro de téléphone des Gabrels. J'ai rappelé ; David et Reeves étaient aux studios de Chung King, et ils m'ont demandé si je voulais bien mettre de la basse sur certaines des nouvelles chansons qu'ils avaient écrites. Deux heures plus tard, j'arrivais au studio en moto avec deux guitares basses, sans me douter que je m'installais pour quelques mois. David et Reeves travaillaient sur les chansons qui deviendraient *hours...*depuis quelques mois, par intervalles, aux Bermudes et ailleurs. Ils s'étaient retrouvés à New York dans l'espoir de terminer le projet. Une grande partie en était déjà enregistrée – le gros de la guitare et des claviers, les rythmes de batterie, certaines idées de voix. J'ai commencé par être leur bassiste, puis j'ai participé à la production et à l'enregistrement, et finalement j'ai fait le mix.

« Je ne m'étais même pas attendu à participer. Toutes sortes de rumeurs circulaient – David et Reeves le faisaient tous seuls avec une mini-production « maison », en contraste total avec les derniers albums, qui, bien sûr avaient été entièrement faits en studio. On disait aussi que c'était le retour de Tony Visconti, et comme Tony et moi sommes tous deux bassistes, producteurs et ingénieurs du son, je pensais que j'étais la dernière personne à qui ils auraient besoin de faire appel ! Mais ils l'ont fait, et c'était un vrai régal. »

Plati ferait plus tard partie du groupe de tournée de Bowie et deviendrait son directeur musical, remplissant le rôle que Ronson, Alomar, Belew et Gabrels avaient tenu avant lui.

D'après Plati, l'atmosphère au studio était détendue et propice à la créativité, Bowie lui-même étant beaucoup plus calme que pendant les sessions frénétiques d'*Earthling*.

« Je ne l'avais pas vu depuis 1998 ; ses cheveux étaient beaucoup plus longs et n'étaient plus teints. Il semblait plus tranquille, sans doute parce que la tournée *Earthling* était terminée et les activités qui en découlaient aussi. J'ai réalisé alors que j'avais toujours travaillé avec lui pendant qu'il faisait beaucoup de publicité ou de concerts live – et les deux sont épuisants, surtout quand on essaie d'enregistrer en même temps. En conséquence, nous avons passé plus de temps à discuter des événements de l'actualité et de la vie en général que pendant *Earthling*, où le rythme était beaucoup plus frénétique, et on ne se connaissait pas aussi bien. David racontait des histoires, parlait des livres qu'il était en train de lire, des films qu'il avait vus, de l'art qui l'intéressait. Il adore les enfants, alors je lui racontais les bêtises de ma fille, qui avait six ans (quand elle venait au studio, elle faisait la leçon à David et à Reeves sur les dangers du tabac. Ils étaient polis, mais continuaient à fumer...). Il parlait beaucoup de l'Internet. Il s'intéressait beaucoup à Ebay à l'époque, il était fasciné par les choses que les gens mettaient aux enchères (Reeves lui demandait tous les jours s'il avait fait une offre pour une île). Il y avait beaucoup d'humour entre David, Reeves, Jay Nicholas (notre assistant) et moi – on partait sur des tangentes et on hurlait de rire pendant des heures. »

Pour Reeves Gabrels, cependant, Bowie s'était embarqué pour un nouveau voyage musical, loin de la sorte d'expérimentation qu'il avait encouragée : « Partager l'écriture et la production avec David est toujours un moment intéressant qui donne lieu à des débats sains et amusants. Au bout du compte, c'est son nom sur la pochette de l'album, et c'est lui qui doit être le plus satisfait. Cela dit, si j'avais été à sa place, j'aurais fait venir Mark Plati plus tôt, dès le début des finitions, pour resserrer les morceaux et mixer. Si j'avais pu être maître de ce que je faisais, le son aurait été plus tendu, plus effrayant (comme dans *We Go To Town*) ». En fait, le morceau semi-instrumental *1917*, sorte de mise à jour psychotique du riff de *Kashmir* de Led Zeppelin, est sans doute un des meilleurs titres de Bowie des années 90, mais il ne sortit qu'en face B à cause de son non-conformisme.

A la première écoute, *hours...* est inquiétant. C'est le seul album de Bowie qui puisse légitimement être utilisé comme musique de fond lors d'un dîner entre amis. Le rythme est régulier, et dégage une impression de lassitude, de dégoût envers la vie, comme si Bowie était vidé après la passion d'*Earthling*. Cependant, il y a aussi des textures plus riches et des moments d'innovation. Le dernier épisode de la saga Bowie est une collection de chansons parfois excellentes, plutôt que d'événements soniques. Mélodies, liens, accroches et parties de guitare ont de toute évidence été réfléchies et travaillées avec soin (c'est le meilleur travail que Gabrels ait accompli sur un disque de Bowie), par contraste avec les explosions d'énergie spontanée trouvées sur *Earthling* et *Outside*. Pour tous ceux qui pensaient que Bowie avait ruiné son talent inné pour la fabrication de mélodies après tant d'années d'expérimentation, *hours...* montre qu'il est toujours le grand prêtre de la parfaite chanson pop. Même à ce stade de sa carrière, certains titres de l'album deviendront peut-être des classiques, comme *Survive*, qui, avec sa partie de guitare mélodieuse et poétique de Gabrels, est une des meilleures chansons de Bowie ces dix dernières années.

Cependant, le disque n'est pas sans faiblesses. Certains titres semblent raides, sous-développés. *Thursday's Child*, par exemple, manque de cordes, de luxuriance. Telle quelle, la chanson donne l'impression d'être sous-produite, presque comme une démo. Même reproche pour *The Dreamers*, qui a été fignolée et améliorée au stade du mixage mais échoue néanmoins à convaincre. *Seven*, plus pop à l'origine, avec un accompagnement délibérément rétro et niais de battement de mains, fut transformée en discrète ballade acoustique pour l'album. Il n'en reste pas moins que deux des chansons sont des classiques de Bowie. *Survive* fut finalement le second single européen. « C'est sans doute mon morceau préféré sur le disque s'enthousiasme Plati. Pour moi, il est très épique, style fin des années 60, à la fois dans la composition et dans la façon dont la production s'amplifie et atteint son apogée. » *Something In The Air* est sans doute une des meilleures chansons de Bowie. C'est le récit émouvant d'un amour devenu amer :

Lived with the best times
Left with the worst
Danced with you too longNothing left to save

« J'ai vécu les meilleurs moments
Il me reste les pires
J'ai dansé avec toi trop longtemps
Il ne me reste plus rien à sauver »

La voix de Bowie s'envole à la fin de la chanson, créant son meilleur moment vocal depuis longtemps. « David a eu recours au modulateur en anneau, et sa voix est presque méconnaissable dans la conclusion. C'est très réussi, très torturé. La guitare de Reeves est superbe. Quelquefois il me rappelait *Hotel California* ! » raconte Mark Plati.

Le premier single européen fut la ballade mélancolique intitulée *Thursday's Child*. C'est l'une des chansons les moins originales de Bowie, mais elle est entraînante et transformée par la poésie des paroles :

Throw me tomorrow
Now that I've really got a chance...

« Lâche-moi demain
Maintenant que j'ai vraiment une chance... »

C'est la chanson-clé de l'album. Bowie affirme qu'elle n'est pas autobiographique, mais biographique, traitant des regrets laissés par des occasions manquées, chantée par un homme d'âge mûr qui, au soir de sa vie, trouve son nouvel amour. Le titre de la chanson est une référence subtile et obscure à une biographie de Eartha Kitt qui remonte aux années 60.

Ce qui complétait l'ensemble, cependant, était le clip, réalisé par Walter Stern (à qui l'on doit le célèbre clip du fœtus pour *Teardrop* de Massive Attack), lequel représentait un changement radical pour Bowie. Il y apparaît dans toute la splendeur de ses 52 ans, sans maquillage, ni embellissement physique, se regardant dans la glace de sa salle de bains, avec sa femme à ses côtés en train de se démaquiller. C'est une scène de la vie ordinaire, jusqu'au moment où le personnage de Bowie se met à souffrir d'hallucinations, et voit dans la glace une version plus jeune de lui-même, avec qui il exécute une version 1990 de la célèbre scène des Marx Brothers dans la Soupe au canard, où Harpo et Groucho imitent leurs gestes réciproques à travers une glace imaginaire. Le jeune Bowie paraît douloureusement artificiel, rappelant une poupée de cire de Madame Tussaud. C'est une scène de tous les jours avec un côté dérangeant, presque paranormal (le clip de *Survive*, également réalisé par Stern, développe le même thème, et on y voit Bowie faire de la lévitation dans sa cuisine.) Le Bowie d'âge mûr voit aussi un ancien amour qui se moque effrontément de son ex-amant ridé avant que les deux s'embrassent et que les hallucinations prennent fin. Le clip est délibérément narcissique, mais n'en reste pas moins troublant et extrêmement original. Il est rare, voire inédit, qu'une rock star de l'âge de Bowie se soit confrontée ainsi au processus du vieillissement, et la chanson et le clip sont sincèrement touchants.

A l'origine, la chanson était censée être une collaboration entre l'ancien maître du glam et les divas du swing-beat des années 90. « Au départ, David voulait que les TLC chantent sur *Thursday's child*, raconte Gabrels, ce qui ne me disait rien du tout. Par chance, j'ai pu obtenir Holly Palmer, une amie avec qui j'écrivais des chansons à Boston. » Avant que Palmer soit sollicitée, cependant, Bowie eut une idée inspirée, qui malheureusement ne fut pas réalisée : « Pour les chœurs, David avait songé à faire chanter un enfant pour la partie *Monday, Tuesday*, relate Plati, alors nous avons demandé à ma fille de six ans, Alice. Mais elle ne voulait pas – elle a dit qu'elle préférait chanter avec ses amis qu'avec des adultes. On a donc appelé Holly et elle a fait une audition pour David au téléphone. Il lui a donné quelques instructions, comme "plus de vibrato, moins de vibrato", et, deux heures plus tard, elle nous avait rejoints sur Varick Street et on avait mis les chœurs dans la boîte. Alice a eu des regrets quand elle a vu Holly se produire avec nous dans *Storytellers* et *Saturday Night Live*. Elle aurait pu faire une tournée avec son papa ! »

The Pretty Things Are Going To Hell contient les meilleurs riffs de Gabrels sur un album de Bowie, et convertirait les plus rétifs des auditeurs aux charmes de la guitare. « *Pretty Things* est en fait une des premières chansons que nous ayons enregistrées, dit Gabrels. Il m'a fallu à peu près vingt minutes pour faire les guitares principales à Londres, en février 1999, et la partie vocale est en grande partie tirée d'une répétition faite en mai 1999. Je pensais qu'elle resterait inachevée, mais elle a survécu à une période de désamour de la part de David et est devenue l'une des préférées des fans. » « Pour cette chanson, se souvient Plati, on a opté pour ce que Reeves et moi appelions le style "abruti", c'est-à-dire le plus basique, le plus Néandertal possible. C'est plus difficile à faire qu'on ne le croit – il est toujours plus facile de jouer des tas de choses. La basse dans ces chansons est grave et simple, parfaite. Les guitares avancent méchamment, avec de petites fioritures ici et là, mais pour l'essentiel, tout reste serré, noueux, contrôlé. La batterie, en revanche, était tout sauf simple. Mike Levesque venait de lire une biographie de Keith Moon [sans doute *Dear Boy* de Tony Fletcher], alors je pense qu'il a voulu se montrer à la hauteur. Il est la star de ce morceau. »

The Pretty Things Are Going To Hell est une vision de 1990 du glam rock, qui fait référence à la chanson *Oh ! You Pretty Things* de Bowie. Les enfants choisis de Bowie sont peut-être sur le chemin de la damnation éternelle, mais ils ont atteint l'immortalité des héros grâce au style.

Le très cinématographique *New Angels Of Promise* reprend le style romantique et sombre de *Sons Of The Silent Age*, énergisé par les motifs époustouflants de Sterling Campell à la batterie, et fait penser au travail de Peter Gabriel dans les années 1980 (particulièrement sur un morceau comme *Jacinto*), tandis que pour l'instrumental *Brilliant Adventure*, Bowie gratte son Koto et ressuscite sa muse bouddhiste. *Seven* est pop jusqu'au bout des ongles et s'intègre bien dans la séquence de cinq chansons qui traitent du regret. Il est difficile de ne pas considérer les vers

I forgot what my brother said
I forgot what he said

« J'ai oublié ce qu'a dit mon frère
J'ai oublié ce qu'il a dit »

comme autobiographiques. *What's Really Happening* est la première chanson a avoir été coécrite par une star et un fan via l'Internet. Bowie posta une mélodie sans paroles sur son site et fut submergé de quatre-vingt mille offres de collaboration. Même des membres de Cure tentèrent leur chance (en vain). Le gagnant, Alex Grant, enregistra la chanson avec Gabrels et Mark Plati. C'était une autre première pour Bowie. Il érodait encore la distance entre star et fan, le mélange de mystique personnelle et d'inaccessibilité, en acceptant de partager avec ses fans le processus créatif. Alex Grant resta en état de choc pendant toute la session, et qui pourrait l'en blâmer ? « C'était assez drôle, raconte Mark Plati. Alex était super. Il était là avec un ami, et ils semblaient un peu abasourdis d'être à New York, dans un studio d'enregistrement, surtout pour cette session-là – il y avait des projecteurs, des caméras, des journalistes, un buffet. Mais Alex a été très bien avec David, il a bien joué le jeu.

400

Son ami et lui ont fini par chanter les chœurs du morceau. Il semblait quand même ne pas en croire ses yeux. »

Sur l'album, Bowie chante avec retenue. Bien que dominant le mix, sa voix n'est jamais forcée ni affectée. Comme tout le reste dans *hours...*, l'arrière-plan est discret, et sert à mettre l'accent sur les paroles. « Les paroles de l'album sont très simples, explique Bowie, la musique que nous avons écrite vise plutôt à les soutenir – elle ne détourne pas l'attention. »

Bowie s'est-il enfin « trouvé » ? Cet album est-il basé, au moins en partie, sur les erreurs commises au cours de sa vie ? *hours...*est un album triste, plein de regrets, un dialogue entre la jeunesse de Bowie et son âge mûr. Bowie semble écartelé entre le présent et le passé, écrasé par le fardeau des deux. D'où le ton de « confession » qu'on trouve dans beaucoup d'interviews récentes de Bowie et dans son journal sur l'Internet. D'où *hours...*, aussi. La pochette montre un jeune Bowie fictif à frange de cheveux raides, comme un ange aux portes du paradis, berçant une version de lui-même à l'âge mûr (une vision de l'homme réduit à l'impuissance, tel un bébé, ou peut-être même en proie à l'agonie ?). Dans *If I'm Dreaming My Life*, Bowie est désorienté, presque comme dans un rêve, devant les marches de l'autel, tandis que la guitare néopsychédélique de Gabrels décline la mélodie dans le cloître.

« Je déteste les albums vraiment heureux, dit Bowie, reflétant une opinion répandue. Quand je suis joyeux, je n'ai pas envie de les entendre, et quand je suis vraiment triste non plus. Donc il n'y pas beaucoup de place dans ma vie pour eux. Et j'ai tendance à graviter autour de la solitude et de l'isolement dans mon écriture. » *hours...*est sans aucun doute l'album le plus déprimant de Bowie, mais aussi le plus touchant. « L'impression que je voulais créer avec cet album était qu'il y avait une certaine quantité de chansons autobiographiques là-dedans, explique Bowie. Peut-être que le terme biographique est plus approprié, parce que je me suis beaucoup inspiré de ce qui est arrivé à mes pairs, à des gens avec qui j'ai grandi et à d'autres, qui ont mon âge et qui ne sont pas encore aussi heureux que moi. Je suis incroyablement heureux. J'ai beaucoup, beaucoup de chance. J'ai une vie fantastique. » Cependant, pour beaucoup de fans, le personnage lointain qu'était devenu Bowie, marié à un top-modèle, immensément riche, et de plus en plus homme d'affaires, ne pouvait partager les déchirements d'un homme ordinaire. Il incarnait là un de ses personnages les plus controversés jusqu'ici.

Comme toujours, Bowie avait préparé un coup médiatique pour coïncider avec la sortie de *hours...* Paradoxalement, bien qu'il ait toujours été un innovateur en affaires, autant qu'une présence vaguement ingérable dans l'industrie de la musique, il s'était souvent plié aux exigences des maisons de disques. Mais en 1999, quand se présenta la possibilité de sortir un album sur l'Internet avant la date prévue pour la mise en vente, Bowie sauta sur l'occasion.

Bowie commença un strip-tease musical sur son site officiel le 6 août 1999, faisant une critique morceau par morceau de l'album à mesure que des extraits de quarante-cinq secondes chacun étaient révélés aux fans. La pochette de l'album fut elle aussi révélée morceau par morceau. Pour les fans de Bowie, c'était un avant-goût aguichant de l'œuvre à venir.

Puis, le mardi 21 septembre, le texte suivant fut envoyé sur BowieNet : « Pour la première fois dans l'histoire de l'industrie de la musique, un artiste et une maison de disques majeurs s'associent aux commerçants pour livrer aux fans de musique un album complet à télécharger sur l'Internet. » Ce qu'ils ne disaient pas, c'était qu'il fallait vivre en Amérique du Nord pour pouvoir le télécharger. Il fallait aussi payer (en fin de compte, l'opération revenait plus cher que d'acheter l'album), et on n'était autorisé à le copier qu'une fois et ce, pour son usage personnel. La qualité du son était censée être excellente, mais les complications dissuadèrent les fans d'accepter l'offre de Bowie, et seules deux cents personnes environ téléchargèrent l'album. Des cyniques ont affirmé qu'il ne s'agissait que d'un coup publicitaire afin de susciter l'intérêt pour la sortie de l'album prévue deux semaines plus tard. « J'espère que cette petite étape va mener à d'autres, plus importantes, et finira par donner aux consommateurs un plus grand choix et un accès plus facile à la musique qui leur plaît », déclara Bowie. Certains fans se demandèrent à quel choix il pouvait bien faire allusion, étant donné que le même album se trouvait dans les bacs quinze jours après et que le morceau inclus en bonus sur l'Internet fut finalement disponible en CD.

La chaîne de magasins HMV grogna : « Si les artistes sortent des albums sur le Net avant qu'on puisse les acheter dans le commerce, ce n'est pas juste. Les disques devraient être disponibles pour tous en même temps, et tout le monde n'a pas accès à l'Internet. » Tout en étant prêt à donner à Bowie une deuxième chance, la société avertissait d'autres pionniers potentiels du Net : « Nous n'accepterions sans doute pas de stocker l'artiste en question. Les gérants de nos magasins ne le toléreraient pas. » Une grande chaîne des Pays-Bas, Free Records, annonça qu'elle boycotterait *hours*... L'inclusion d'un morceau bonus exclusivement en format MP3, *No One Calls,* les agaçait particulièrement. Les analystes ne furent guère impressionnés : « Ce sera important le jour où nous verrons des maisons de disques faire cela avec des stars toutes neuves – pour lesquelles le risque est beaucoup plus grand, commenta Mark Hardie, de Forrester Research. David Bowie représente un très petit risque pour les chaînes solides. N'importe quelle publicité aura son importance parce qu'il ne vend pas autant que les nouveaux groupes. »

Bowie n'utilisait pas le média de la façon dont il avait été envisagé. S'il avait décidé de sortir un album qui n'allait pas être disponible en magasin, et donc de contourner le marché, les fans auraient peut-être été prêts à se précipiter sur leur PC et à bloquer leurs lignes téléphoniques pendant des heures. Mais *hours*...allait forcément sortir, contrairement à l'album de Gabrels, *Ulysses (della notte)*, qui n'est disponible qu'en le téléchargeant. Reeves Gabrels explique l'attrait du format pour les artistes : « Je peux maintenant créer de la musique et la rendre disponible au bout d'une semaine. Je n'ai pas à soumettre ce que je considère comme mon œuvre d'art au contrôle et au filtrage des maisons de disques. Pour le meilleur ou pour le pire, ce que vous entendez est ce que je voulais vous faire entendre, il n'y a pas de compromis. »

Pour Bowie et pour Gabrels, l'Internet offre une gamme entière de façons nouvelles de communiquer sa musique à un public donné.

« Je vois les choses de la manière suivante, explique Gabrels : à la fin des années 60 et au début des années 70, il y a eu la révolution des radios libres qui a ouvert les ondes à des musiques que nous considérons maintenant comme fondamentales, voire comme des classiques. Après, il y a eu le clip, et bien que l'impact ait été surtout visuel, cela a ouvert la voie à un autre élan musical. Depuis, beaucoup d'entre nous attendons ou cherchons la prochaine étape. Je pense que la musique en ligne (rendue disponible par les artistes) représente précisément l'événement que nous attendions, et c'est très important. La révolution ne sera pas télévisée, elle ne sera pas diffusée, elle sera téléchargée. Quand j'ai commencé à publier ma musique exclusivement en ligne, je savais qu'on était en avance sur les connaissances de la population. En l'espace de quelques mois seulement, la capacité du public à gérer les téléchargements a énormément progressé. Mon dentiste a acheté des lecteurs MP3 pour ses deux filles pré-ados. Pour moi, c'est très prometteur. Chaque nouvelle idée prend du temps à s'infiltrer dans la culture populaire. Je veux bien attendre que les gens rattrapent leur retard si cela me donne plus de contrôle sur ce que je fais. En plus, ça m'amuse. Quant à utiliser le Net pour construire une communauté, je ne suis pas en ligne pour me faire des amis. Je n'y suis que pour diffuser mon art. J'espère toucher les gens avec ma musique d'une façon plus importante que je ne pourrais le faire avec des paroles. Mon contact avec le public se fait par l'intermédiaire des sons que je produis. J'espère que c'est aussi purificateur pour eux que ça l'est pour moi. »

Le single de Bowie, *Thursday's Child* fut un tube au Royaume-Uni, atteignant un respectable numéro 16 après une exposition minimale à la radio (notons que c'était le cinquante-sixième titre de Bowie à entrer dans le Top 40). Peut-être signe annonciateur des temps à venir, le single fut disque de la semaine sur Radio 2, tout comme son successeur moins populaire, *Survive*. L'album, lui, sortit des charts peu après avoir atteint la 5e place, améliorant de peu la performance d'*Earthling*. En Amérique, ce fut un flop total. Le disque n'entra même pas dans le Top 40. Partout ailleurs, cependant, *hours...* fut un succès. Il entra dans le Top 10 en France, en Allemagne et en Italie, et dans le Top 20 au Japon.

Bowie soutint l'album non pas avec la tournée promotionnelle qui aurait été nécessaire, mais par une série de concerts ponctuels et d'apparitions à la télévision. En particulier, Bowie et le groupe se produisirent à *Storytellers*, sur VH1. Le producteur, Bill Flanagan, déclara : « Ce sera la meilleure chose que VH1, non, la télé toute entière, diffusera cette année. » Bowie apparut avec les cheveux longs et un sweat-shirt à capuche, et montra qu'il était aussi doué comme comique que comme chanteur. Le programme était plein de surprises aussi. *Word On A Wing* avait fait un come-back, tout comme *Drive In Saturday*. Quand le groupe saccagea *Can't Help Thinking About Me*, qui n'avait pas été joué depuis trente ans, c'était si vieillot qu'on aurait dit un morceau récent. De plus, Mike Garson était de retour aux claviers.

Mark Plati raconte une anecdote qui montre que Bowie était conscient des dangers représentés par la boîte de Pandore à laquelle l'Internet avait fini par ressembler : « Une des choses qu'on n'a pas retenues était un petit monologue que David faisait avant *I Can't Read*. Il parlait de l'excès d'information auquel on est confronté aujourd'hui, à la télé, sur Internet, etc., et il disait que les gens réagissent en devenant de plus en plus bêtes. Ça devenait sérieux et Mike Garson s'est mis à jouer un accompagnement très sombre au piano, avec un bruit de cordes. David a interrompu son monologue et a dit : "Vous entendez ce que j'entends ?" On a tous éclaté de rire en répondant "Oui." » Pour Garson, c'était une performance magique : « Il faut que je vous dise, ouvrir avec lui sur *Life On Mars ?* a été très émouvant pour moi. Je n'avais pas joué sur l'original, c'était Rick Waterman, mais je l'avais jouée live avec les Spiders, et la faire seulement avec la voix et le piano, c'était très beau. » *Storytellers* serait aussi la dernière performance avec Bowie de l'homme qui, toutes ces années auparavant, l'avait poussé vers la musique expérimentale.

La séparation fut qualifiée d'amicale dans la presse, et on dit que Gabrels avait pris un congé pour terminer son travail solo avant de rejoindre les rangs du Bowie Roadshow. Ce n'est pas entièrement vrai. Gabrels avait bien un album solo à finir, mais, à la vérité, Bowie et lui ne partageaient plus les mêmes centres d'intérêt artistiques. Il fut en fait le premier collaborateur-guitariste de Bowie à partir de son propre gré, plutôt que d'être écarté du projet suivant :

« Comme je l'ai dit par le passé, je n'avais jamais vraiment voulu jouer les vieilles chansons parce qu'elles ont tellement d'importance pour moi dans leur forme originale. Elles font tellement partie de mes racines musicales (ma mère m'a acheté *Ziggy Stardust*...) et je ne veux pas gâcher ces souvenirs. J'ai toujours essayé d'être conscient de l'héritage de David. Mais une grande partie de cet héritage est la poursuite de la nouveauté. Quand j'ai compris son désir de faire plus de vieilles chansons et d'éliminer les informations séquentielles et les boucles de notre nouvelle musique, j'ai compris que nos intentions étaient en train de diverger. J'avais mon propre album à terminer, et il fallait que je réfléchisse à ce que j'allais faire ensuite. J'étais prêt à aller de l'avant, prendre le contrôle de ma vie et poursuivre mon propre chemin, d'où le titre de l'album, *Ulysses (della notte)*. C'est un voyage dans la nuit de ces dernières années, sur le plan créatif et sur le plan spirituel. J'ai passé onze très bonnes années avec David. C'est mon ami, et il a changé ma vie, personnellement et sur le plan artistique, d'une manière qu'il ne soupçonne peut-être même pas. J'espère avoir fait pareil pour lui. Pendant l'enregistrement de *hours*..., j'avais l'impression que la boucle était bouclée. J'avais mon album à finir, d'autres projets à entreprendre. J'avais besoin du choc de la nouveauté, de l'excitation que procure l'imprévu. Il était évident qu'il fallait que je dise à David que j'allais partir. Le 27 août, je lui ai parlé. J'étais à la fois inquiet, fatigué du travail qu'on avait fait pendant les six derniers mois, et déçu, parce que je me retirais de la tournée promotionnelle qui devait commencer début octobre. Il a compris. Par respect pour lui et pour la musique qu'on avait faite ensemble, il fallait que je m'en aille. »

Certains fans vont se réjouir que l'ère Gabrels soit apparemment terminée. Pour eux, c'était un destructeur déchaîné. Pour d'autres, il fut le sauveur artistique de Bowie. Il a certainement ramené l'invention et l'inattendu dans la musique de Bowie, tout en sacrifiant la pop funky qui avait marqué les années classiques passées avec Visconti, Alomar et le groupe. Il a indéniablement sorti Bowie de la torpeur commerciale dans laquelle il avait glissé à la fin des années 80. Pendant dix ans, ils ont fait ensemble de la musique novatrice. Malheureusement, le départ de Gabrels semble avoir coïncidé avec une rechute de Bowie, lequel a recommencé à écrire des chansons qui, pense-t-il, répondent aux attentes du public (l'attitude même qui avait mené à son déclin dans les années 80).

Bowie se remit rapidement du choc d'avoir perdu Gabrels, et engagea Page Hamilton comme guitariste solo. Bowie jouait maintenant un mélange de vieux succès et de nouvelles chansons avec des morceaux comme *Repetition* de *Lodger*, et des tubes comme *Rebel Rebel*. Pour Mike Garson, les chansons de *hours...* prirent vie à mesure qu'elles étaient perfectionnées sur la route. Garson était satisfait de la nouvelle approche de Bowie, qui promettait un avenir plus souriant : « On a l'impression que les mélodies reviennent et qu'elles vont s'améliorer. Je regrette seulement qu'on n'ait pas passé six mois de plus sur l'album et que Tony Visconti n'ait pas été appelé pour peaufiner la production. J'ai joué ces chansons pendant quatre mois et elles se sont améliorées au fil des jours et des semaines. On en a fait ce qu'elles auraient dû être si elles avaient été suffisamment développées en studio. »

Bowie travailla extrêmement dur en tournée, et participa à une myriade d'émissions télévisées. Il fit une apparition à l'émission très populaire de Chris Evans, *TFI Friday*, et, à l'entrée, fut assailli par un public en délire. Le plus grand concert fut celui du Net Aid au stade de Wembley en octobre 1999 (présenté comme une réédition 1990 de Live Aid, il avait réuni, à la fin novembre, des dons totalisant huit millions de livres, alors que le précédent en avait rapporté cent vingt. En revanche, il fut l'objet d'un énorme intérêt sur le Net.) « On est montés sur scène devant quatre-vingt mille personnes et on a commencé avec *Life On Mars ?*, raconte Garson. J'étais terrifié parce que je ne pouvais pas me cacher derrière un groupe, et parce qu'on est liés, musicalement, David et moi. Si je suis un peu tendu, ou s'il l'est, l'autre le sent. On a pu surmonter ça, mais c'était quand même effrayant ! »

Il y eut aussi d'autres concerts, plus petits, dans des villes comme Dublin, Paris et Copenhague, tous, aux yeux de Mike Garson, « sensationnels ». Néanmoins, il y eut une expérience éprouvante au London Astoria : « On était tous très nerveux parce qu'il y avait des célébrités dans le public. Mick Jagger était là, Pete Townshend aussi, et ils sont tous venus en coulisses. David a été superbe dans ce concert. Mais le groupe n'a pas joué aussi bien qu'il aurait pu. »

Cette brève tournée tenait un peu du prêche aux convertis. Bowie était bavard, racontait des blagues, mais il y avait peu de véritable suspense – la tension d'autrefois, encore présente pendant la tournée Outside, avait disparu. Un petit nombre de fans furent aussi sérieusement mécontentés par l'annulation du concert de Bowie au festival « First Light » de Gisborne en Nouvelle-Zélande, en 2000. La mévente des billets avait causé de sérieux problèmes financiers. Les promoteurs avaient surestimé le prix des places (quatre cents dollars pièce), et peut-être aussi l'attrait des participants, à la tête desquels se trouvait Bowie, suivi de Split Enz reformé pour l'occasion, ainsi que Dame Kiri Te Kanawa et l'orchestre symphonique de Nouvelle-Zélande. Selon les rumeurs, seuls deux mille billets avaient été vendus sur les trente-cinq mille disponibles. Bowie n'eut d'autre choix que de se retirer sous les huées des fans qui avaient déjà réservé leur vol et leur hôtel pour aller célébrer le nouveau millénaire à l'autre bout du globe. Trop cher et trop vanté, l'événement fut victime du matraquage médiatique de la veille du millénaire. Les gens décidèrent de rester à la maison avec leur famille au lieu d'aller dépenser des sommes extravagantes. C'est exactement ce que fit Bowie, d'ailleurs.

Bowie termina les années 90 dans les charts. Il avait obtenu un de ses plus gros tubes de la décennie avec un vieux titre *Under Pressure*. C'était, d'après le communiqué de presse, « une collaboration entre Queen, David Bowie et Microsoft pour marquer la Journée mondiale du sida, le 1er décembre 1999, par un événement en ligne international destiné à collecter des fonds pour le sida. Le site WindowsMedia.com permettra de télécharger gratuitement un clip où figurent Queen et David Bowie, et vous donnera la possibilité de faire un don pour la lutte contre le sida. Le téléchargement gratuit montrera le clip novateur de Queen et David Bowie – pour la première fois ces deux grands groupes sont réunis grâce à une technologie de pointe ». Le single atteignit la 14e place dans le marché lucratif d'avant Noël. Le clip, qui montrait en alternance des images de Freddie Mercury en concert en 1986 et l'interprétation live de la chanson par Bowie en 1992, était cependant affligeant. Même si c'était pour une excellente cause, Bowie laissait une fois de plus exploiter son catalogue sans égard pour la qualité du produit. Plus déprimant encore, son succès prouvait que Bowie se vendait mieux sous les couleurs de la nostalgie.

Bowie a quantité de projets à réaliser pour le nouveau millénaire. Ce qui est inquiétant, c'est que ce sont, dans une certaine mesure, des projets tournés vers le passé. Il y a presque trente ans, Ziggy volait aux hippies et aux chanteurs-auteurs l'âme authentique du rock, dans un spectacle éblouissant de théâtralité. A présent, Bowie le nécromancien parlait de le ressusciter.

En 1997, Bowie avait pourtant déclaré qu'il n'était « pas question » qu'il s'embarque dans un nouveau projet Ziggy. Alors pourquoi cette volte-face ? Il y a toujours eu une sorte de « culte de Ziggy ». En juillet 1998, son chant du cygne fut recréé pour deux soirées au ICA à Londres. Dans *A Rock'n'Roll Suicide*, de Iain Forsyth et Jane Pollard, Steve Harvey, qui tenait le rôle principal, portait des costumes créés par l'habilleuse originale de Bowie, Natasha Korniloff. Puis, bien sûr, il y eut le non sans défauts *Velvet Goldmine* en 1998. Bowie avait été sollicité comme consultant sur le film et pour fournir sept chansons à la bande originale, dont cinq seraient chantées par les personnages. Deux d'entre elles, *Let's Spend The Night together* et *Lady Grinning Soul*, devaient être les versions originales. Bowie déclina l'offre après avoir lu le script. Selon le site *Ziggy Companion* de Mike Harvey, « Haynes avait envoyé le script à Bowie en sollicitant sa coopération et des chansons pour le film, mais, apparemment, Bowie était atterré par le projet, et aurait dit à des amis que son personnage passait son temps à tailler des pipes. » A peine quelques mois plus tôt, Bowie avait demandé à ses avocats d'estimer la viabilité de l'idée de produire son propre film sur l'époque glam, et, ayant reçu un rapport favorable, il avait commencé à réunir des documents et des idées.

Velvet Goldmine trace un portrait très peu flatteur de David Bowie. Le personnage qui représente Bowie, Brian Slade, est largement basé sur lui, mais Bowie était-il à ce point grossier et manipulateur ? Et pourquoi la figure d'Iggy Pop/Kurt Cobain/Kurt Wild est-elle présentée comme la source de tout le mouvement glam ? Cela dit, c'est un film intéressant, parfois magnifiquement tourné, et doté d'une superbe bande-son (et les pastiches de Bowie sont particulièrement réussis). Mais le film est un pur produit de l'impérialisme américain, qui minimise l'immportance de Bowie et de Bolan. Ewan McGregor et les autres acteurs sont trop bien nourris pour camper d'authentiques figures du glam. Personne alors ne pesait plus de soixante kilos. Eno fut apparemment vu se tordant de rire pendant toute la durée du film. Visconti, quant à lui, qualifia l'œuvre de « porno gay ». il y a effectivement quelques scènes semi-explicites de câlins entre gays, ce qui est quelque peu ironique étant donné que *Velvet Goldmine* est une chanson sur l'amour et le désir hétérosexuels, et que le titre est une métaphore pour le vagin.

Bowie avec son ami Mick Rock, photographe original de Ziggy et vidéaste, semblent déterminés à faire de Ziggy 2002 une réalité. « Je veux que le film traduise la perception de Ziggy par le public. La pièce de théâtre parlera de la vie intérieure de Ziggy. Et le [projet] Internet répondra à des questions comme comme "Qui est sa mère ?". Ce sera une énorme exploration de son environnement. » Bowie semble résolu à démystifier la magie de Ziggy ; cependant, en touchant à la légende et en l'embellissant, il pourrait facilement voir se dissiper la magie du personnage. C'est sans aucun doute une stratégie à haut risque, car si la qualité n'est pas au rendez-vous, une des contributions les plus épiques de Bowie à l'histoire du rock sera à jamais ternie. « David m'a parlé de la possibilité d'enregistrer des chansons supplémentaires pour allonger l'album original de Ziggy et en faire un double album CD pour 2002, raconte Reeves Gabrels. Personnellement, je pense que c'est une idée dangereuse. Il faut se demander comment les fans vont réagir. C'est comme ajouter des chansons à *The Dark Side Of the Moon*, ou *Never Mind The Bollocks, Here's The Sex Pistols*. Mon idée, c'est que pour que ça marche, il faudrait l'enregistrer dans un studio seize pistes, avec une console Trident, ne pas utiliser d'équipement ni d'instruments faits après 1972, et demander à Ken Scott (qui a fait Ziggy) ou à Tony Visconti d'enregistrer et de faire le mix. Il serait important d'examiner les partitions des morceaux originaux et de rester dans ces limites. On verra si c'est la voie qui est choisie. »

En général, les suites réussissent assez bien (*Tubular Bells II et III, Bat Out of Hell II, Return To The Centre Of The Earth,* etc), mais pour quelqu'un qui avait basé toute sa carrière sur le « présent », sur l'expression d'un futur pour la pop, une rétrospective Ziggy semble l'antithèse absolue de tout ce qui caractérise David Bowie, encore qu'il y ait eu des précédents, comme la tournée Sound+Vision. Une fois de plus, on ne peut que supposer que l'intérêt actuel porté à Ziggy s'inscrit dans la nécessité de maintenir le catalogue de Bowie actuel pour que les rééditions continuent à se vendre.

Peut-être le projet Ziggy est-il un signe de plus que le passé domine Bowie. Pour un homme qui, trois décennies durant, s'est enorgueilli d'embrasser la nouveauté, il semble désormais se satisfaire du vieux. L'interview la plus révélatrice donnée par Bowie pour *hours...* est celle conduite par Philip Norman. Dans un article perspicace, Norman remarque que Bowie avait à tout prix voulu parler du passé, de son père, de Little Richard, de Danny Kaye. Il fallut lui rappeler, pour une interview supplémentaire prévue le lendemain, qu'il devait répondre à plus de questions concernant ses nouvelles chansons.

Dans le clip (jusqu'ici non sorti) de *The Pretty Things Go To Hell*, on trouve paraît-il une série d'acteurs déguisés en anciens alter ego de Bowie. Ce n'est une stratégie nouvelle ni pour Bowie (le dos de la pochette de *Scary Monsters* contient des images de son passé recouvertes de peinture blanche) ni pour le monde du clip (par exemple, Annie Lennox, fidèle adepte de Bowie, faisait défiler ses alter ego passés devant elle dans son clip de 1993 pour *Little Bird*.) Ainsi, non seulement Bowie se parodie lui-même, mais il parodie les artistes qui parodient son travail ! Certains critiques qualifieront cette approche de postmoderne, d'autres diront que cela trahit un besoin désespéré de stimulation, ou un homme prisonnier de son propre passé. L'avenir nous dira où se trouve la vérité.

C'est certainement sur Tony Visconti que reposent les plus grands espoirs. Autour de 1988, Bowie et Visconti ont réglé leurs différends et repris contact après un intervalle de quinze ans. Les cinq derniers albums de Bowie s'étaient certes montés inventifs, mais n'avaient pas obtenu un grand succès commercial. Les fans de Bowie adorent la bonne musique, seulement ils aiment aussi voir leur homme dans le Top 10. Visconti n'avait jamais déçu Bowie sur ce point. Non seulement chacun des albums qu'il avait coproduit avait été un succès artistique, mais il avait aussi fabriqué de gros tubes tels que *Sound And Vision, Boys Keep Swinging, Ashes To Ashes, Fashion et Young Americans*.

En été 1998, Bowie et Gabrels enregistrèrent une chanson, *(Safe In This) Sky Life*, pour la bande originale du film des Razmoket, ainsi qu'une version de *Mother* pour un album d'hommages à John Lennon, prévu pour le soixantième anniversaire de sa naissance. La chanson des Razmoket, elle, fut retirée de la bande originale à la dernière minute et n'est pas encore sortie. Au printemps 1999, Bowie et Visconti parlèrent de travailler sur leur premier album ensemble depuis 1980. En mars 1999, Bowie enregistra la partie vocale d'une chanson de Placebo *Without You I'm Nothing*, avec Tony Visconti comme producteur. « Pour être franc, je n'ai pas été tellement gêné d'être laissé de côté pendant ces années-là, déclara Visconti en 1999. Je n'avais jamais eu l'intention de le blesser, et s'il suffisait de cela pour qu'il soit fâché, tant pis. Ma vie a toujours été bien remplie avec ma famille, mes amis, ma carrière. C'est seulement au cours des dernières années, vers l'époque où il a repris contact, que j'ai compris combien il m'avait manqué. Nous avions tous les deux mûri et changé, et le moment était venu de nous réconcilier. Mais j'ai découvert qu'il est très attaché à sa vie privée et j'ai appris à respecter ça. » Visconti était heureux d'enregistrer de nouveau avec son ami. D'après lui, bien que Bowie ait perdu un peu de son amplitude vocale dans les aigus, il chantait avec plus d'assurance que jamais, et était encore plus professionnel. « Je pourrais écouter sa voix toute la journée », dit Visconti. Les deux hommes ont prévu de recommencer à enregistrer ensemble durant la première moitié de l'an 2000.

« Dans la frénésie de palmarès qui a caractérisé le changement de millénaire, Bowie a été couvert de lauriers. Il les mérite tous. Les lecteurs du *Sun* l'ont nommé Star de musique n° 1 du siècle. Dans *Q*, il a été jugé sixième plus grande star du siècle. En Amérique, *Entertainment Weekly* l'a couronné Artiste solo n° 1 de tous les temps avec trente-cinq pour cent des voix, plus du double obtenu par ses rivaux les plus proches, Barbra Streisand et Elvis. Bowie a aussi été nommé commandant des Arts et des Lettres pour son œuvre musicale, un des plus grands titres honorifiques qui existent en France.

Un des moments les plus touchants survint en mai 1999, quand Mr Bowie devint Dr Bowie. Bien qu'il n'ait jamais été friand de cérémonies ni de remises de prix, la décision de Berkeley (le siège de l'université de Californie) de lui attribuer un doctorat honoraire en musique était un hommage émouvant et totalement mérité à l'immense contribution qu'il a apportée à la musique passée, présente, et, espérons-le, future. Dans son discours d'acceptation devant un public de quatre mille personnes au Hynes Convention Center, il décrivit la musique comme « la porte de [ses] perceptions et la maison dans laquelle [il vit] ». Drapé de son, Bowie est aujourd'hui le musicien pop vivant le plus important de Grande-Bretagne.

Quand on annonça les nominations pour le meilleur artiste solo aux Brit Awards en 2000, Bowie, à 53 ans, faisait partie d'un groupe de vétérans : les autres nominés étaient Ian Brown (tout jeune, 36 ans), Van Morrison (54 ans), Sting (48 ans), et Tom Jones, (59 ans), qui fut finalement déclaré gagnant. Cette sélection reflétait-elle seulement les inclinations du panel ? Indiquait-elle vraiment une qualité de star ? Ou indiquait-elle tout simplement que le lien entre « pop » et « jeune » n'avait plus d'importance ? L'ère des grandes idoles du rock était révolue, l'industrie de la musique s'était finalement reconstruite autour de l'anonymat après presque deux décennies de triomphe de la dance, un milieu presque totalement dépourvu de « stars » traditionnelles. Tom Jones, avec sa voix tonitruante et ses terrifiants pantalons en cuir, et Bowie, avec son album angoissé sur le vieillissement, étaient des symboles d'un monde rock en train d'agoniser. Avons-nous encore besoin du dieu Rock ? Bowie n'en semble pas certain.

Dans les années 70, Bowie vivait sa musique et ses spectacles. Il se consacrait totalement à son art. Dans les années 80 et 90, la musique de Bowie lutte avec d'autres centres d'intérêt, des intérêts qui ne se reflètent pas nécessairement dans sa musique. Il y avait une sorte de lien organique entre l'album *Station To Station*, le personnage de Thomas Newton de *The Man Who Fell To Earth* et le Thin White Duke. Bowie travaillait dans des médias différents, mais l'ensemble formait un tout. En revanche, peut-on affirmer que le commentaire d'une exposition de peinture (pour l'installation controversée *Sensation* en 1999), la création d'un site Internet, et la participation à une série télévisée dans le genre fantastique/horreur (Bowie fut invité à présenter une version télévisée de *Les prédateurs*) forment un tout ? Non, bien sûr, et, en cela, Bowie est, une fois de plus, un symbole de la culture troublée qu'il était à la mode d'appeler « post-moderne » il y a dix ans.

Un autre « nouveau » projet concerne le passé. Il est question d'éditer la suite de l'album *Outside*, intitulée *Contamination*. Bowie a également déclaré récemment qu'il envisage de rédiger les mémoires du rock (mais cela risque d'être très éloigné de la biographie traditionnelle). Ces deux dernières années, Bowie s'est plongé dans son passé, révélant bribe par bribe des clichés d'une vie tout à fait remarquable. « Plus j'y pense, plus ces idées me semblent amusantes et sensées, opine Bowie. Ce que je devrais faire, c'est rassembler toutes les anecdotes apocryphes et faire un concert qui s'appellerait Alternative David Bowie. Ce serait un spectacle hilarant. » la cinquantaine passée, Bowie semble maintenant sur le point de réduire ses activités. Il semble de moins en moins enclin à se soumettre aux exigences des concerts. « Ce n'est pas très important pour moi, a-t-il dit au sujet des tournées. Je pourrais arrêter demain. »

Le 13 février 2000, l'annonce qu'Iman Bowie attendait un heureux événement donna lieu à un déluge d'e-mails de félicitations émanant des fans du monde entier. Le couple avait toujours désiré avoir des enfants. Mike Garson se souvient que Bowie avait parlé de fonder une famille bien avant la tournée Outside. Tous deux ont des enfants de mariages précédents. Le fils de Bowie, Joe (maintenant connu sous le nom de Duncan), produit films et clips, tandis qu'Iman a une fille, Zulekha.

Bien entendu, certains journalistes ne purent résister à la tentation de quelques taquineries, comme Daisy Donovan dans l'émission *The Eleven O'Clock Show* (Channel 4) : « Quand on lui a demandé s'il préférait un garçon ou une fille, David a répondu qu'il était marié à présent et que tout cela était du passé. »

Par ailleurs, Bowie le chanteur de pop faisait un come-back. Le 25 juin 2000, dans un champ près de Pilton, dans le Somerset, il participa à l'événement pop le plus populaire de Grande-Bretagne, le festival de Glastonbury.

Conscient que le public de Glastonbury n'était pas pour l'essentiel constitué de fidèles, Bowie décida, pour la première fois depuis dix ans, d'interpréter ses meilleurs tubes. Vêtu d'une sorte de redingote qui semblait coupée dans un vieux rideau de sa grand-mère, le visage encadré de boucles châtain terne, il savait parfaitement qu'avec un programme de deux heures contenant plus de tubes que n'importe quel artiste qui s'était produit là avant lui, il ne pouvait pas échouer.

Son look, qui rappelait les années d'avant Ziggy, quand il portait des robes, allait conduire *GQ*, la Bible britannique du style, à le désigner « Homme le plus élégant de l'année » en automne 2000.

Mais une question insistante demeurait : pouvait-il se construire un futur ?

Sur le plan personnel, la réponse était un « oui » tonitruant. Le 15 août 2000, Bowie devint père pour la seconde fois – Alexandra Zahra Jones naquit à 5 h 06, pesant 3,3 kilos. Le papa assista à la naissance et coupa le cordon ombilical.

Sur le plan commercial, il y avait belle lurette que Bowie, comme Dylan ou les Rolling Stones, ne s'inquiétait plus de la place de ses singles dans les charts. Pour les albums, en revanche, c'était une autre histoire. *Bowie At The Beeb*, un double CD d'enregistrements live à la radio entre 1968 et 1972, se classa septième au hit-parade anglais.

Sur le plan artistique, Bowie choisit de nouveau de se tourner vers le passé plutôt que de s'élancer avec assurance vers l'inconnu. Après des années passées dans l'oubli, les chansons écrites avant *Space Oddity* avaient retenu son attention. Bowie enregistra donc une série de titres mineurs comprenant trois nouvelles chansons pour compléter les vieilles. Et d'après la rumeur, Bowie serait de retour au stylophone pour la première fois depuis trente ans.

Fin 2000, personne ne peut remettre en question l'influence de Bowie sur la pop. Un sondage mené dans *NME* auprès de musiciens célèbres révéla qu'il était « le musicien qui avait le plus inspiré » la génération actuelle de musiciens. Les Beatles n'arrivaient qu'à la troisième place.

Faut-il en conclure que Bowie est maintenant un membre de l'*establishment* ? Ou est-il resté un agent provocateur qui étonne ? L'avenir nous le dira. « J'adorerais refaire un album qui touche à l'actualité, qui se concentre sur l'atmosphère et le son plutôt que les paroles », a déclaré Bowie. Bowie et Tony Visconti, qui doit coproduire l'album de 2001, nous réservent certainement une musique de la plus grande qualité. Si Bowie se concentre sur sa musique et reconstruit le mystère, il demeurera essentiel pour la culture pop. Tous ceux qui s'intéressent à la musique doivent aussi s'intéresser à David Bowie.

Conclusion

HISSONS LE DRAPEAU

David Bowie a irrévocablement changé notre culture. La seule évolution sur laquelle il n'a pas eu d'influence est le drum & bass.
Gary Mulholland, Time Out, 1998.

Le plus important pour un artiste est de trier les débris d'une culture, de regarder ce qui a été oublié ou ce qui n'a pas été pris au sérieux. Chaque fois qu'une tendance est catégorisée et acceptée, elle devient partie intégrante de la tyrannie du mainstream, et perd sa force. Il en a toujours été ainsi pour moi : il n'y a rien de plus étouffant que de se sentir catalogué.
David Bowie, 1998.

Bowie ne semble jamais douter de lui-même, et c'est admirable. Il semble parfaitement savoir comment tirer le meilleur de lui-même. Je suis toujours assailli par les doutes et l'autocritique.
Bryan Ferry, 1999.

J'ai fait la critique d'un album de Neil Diamond...Que j'aime bien maintenant, devrais-je ajouter, mais que, bien sûr, je n'aimais pas alors. Parce qu'il était une sorte d'anti-Bowie.
La pop star Chrissie Hynde, parlant de son premier article pour *NME* en 1974.

Il est rare que les figures de la pop deviennent des idoles ; quand cela arrive, c'est à la fois un bien et un mal. Car la légende pop est traditionnellement teintée d'un certain type de fantasme, le mythe romantique de la star (masculine) torturée. La force des idoles pop des années soixante (Dylan, Lennon, Morrison) se trouvait dans leur poésie. Ils parlaient à la culture dans un langage neuf, enrichissaient notre compréhension de la vie contemporaine.

Bowie est différent. Il fut la seule idole de l'ère du rock. Comme ses prédécesseurs des années 60, il attirait, par son côté intello, l'intelligentsia de la pop, et par son côté sexy, les adolescents et adolescentes. Mais il détourna entièrement le concept de rock star. Par son ambivalence sexuelle, il libéra les grandes forces interdites du rock. Avant lui, la sous-culture gay influençait discrètement la culture pop, avec son ambiguïté, son sens du jeu, son « actualité » et son obsession pour le style. Bowie lâcha tout cela quand il afficha la volonté d'être populaire et détruisit à jamais le mythe de l'iconographie pop des années 60. Ensemble, Bowie et le punk rock ont fait exploser l'ère du rock pour nous amener dans la culture de la fusion.

Bouffi, gonflé de sa propre importance, baignant dans l'autosatisfaction, le monde de la pop avait besoin d'être parodié et plagié, déchiré et recréé. Bowie remit en question la foi même de la musique rock dans son époque. Il fut un monstre pan-sexuel et pan-générique. Il flotta d'une identité, d'une sexualité, d'un genre musical à l'autre d'une façon que certains jugèrent fausse ou calculée. En réalité, il prédisait l'évolution de la culture pop ces deux dernières décennies : elle est devenue plus frivole, les divisions entre les différents arts sont moins fixes, la musique beaucoup moins statique, le mélange d'idées et de styles devenu fréquent. Nos propres vies, enfin, ne se cantonnent plus à une seule direction ou orientation. La musique de Bowie annonçait tout cela il y a un quart de siècle.

Si le punk a rendu la vie difficile (ne serait-ce que momentanément) aux pop stars existantes, Bowie, lui aussi, a donné naissance à terrible partialité. Douze ans durant, Bowie a défini le cool. Être un fan de Bowie était presque une vocation. Les autres artistes paraissaient ennuyeux comparés à Bowie, qui changeait d'image et de style pour chaque album. Après des années de stagnation, c'était un défi fabuleux aux autres. Cependant, en fin de compte, Bowie fut la dernière idole de la pop. En détruisant le mythe macho et la romance du rock, il gâchait la fête pour tous les autres. La vieille formation de rock des années 60 mourut, pour être ressuscitée sous forme de parodie par la Britpop des années 90.

Après Bowie, aucune autre idole pop n'a eu la même stature, parce que le monde qui a produit ces dieux du rock n'existe plus. Il est impossible à présent à des musiciens de travailler au même rythme que Bowie, Dylan, les Stones ou les Beatles ; artistiquement et commercialement, deux albums par an serait du suicide. Les techniques d'enregistrement et de publicité ont contribué à ralentir le rythme du changement. Après Bowie, il est devenu presque impossible d'effrayer ou de stimuler le public. La théâtralité s'est de plus en plus démodée, et les nouveaux artistes ne sont plus que des pastiches de pastiches...

La partialité farouche du culte de Bowie était unique – son influence a sans doute été plus durable et plus créatrice que celle de n'importe quel autre groupe de fans. Beau, riche, talentueux – Bowie est l'incarnation mythique de celui que ses fans rêvent d'être, comme le montre le livre de Fred et Judy Vermorel, *Starlust*, (1985), qui est dominé par les contributions de fidèles de Bowie. Aujourd'hui, presque quinze ans après la publication du livre, ces fans restent aussi partiaux et aussi précieux que jamais. Pour certains, être un fan de Bowie reste un mode de vie ; une façon d'appréhender le monde ; une manière d'être différent. Bowie prêche l'individualisme, et non la collectivité. En 1990, Richard Cook de *Punch* observa : « Bowie, c'était du fanatisme. » Une fan déclare simplement : « Au fond, je dis aux inconnus que je suis une fan de Bowie, et puis je me referme s'ils ne répondent pas : "Moi aussi." J'ai l'impression de leur avoir expliqué ma place dans la vie et tout ce qu'il y a à dire à mon sujet dans ces quelques mots. »

L'intensité de leur identification avec Bowie en tant qu'idole a conduit certains commentateurs à les qualifier de « victimes de Bowie » ou de « monstres ». Inspirés par le sens du style de leur idole, et convaincus par sa logique de réinvention permanente, ces fans ont eu plus d'influence sur la culture pop que Bowie lui-même. Un aspect particulièrement intéressant de cette identification est la manière dont ils adoptent, consciemment ou non, certains traits de la personnalité de Bowie. Ils imitent ses maniérismes, apprennent par cœur des extraits de ses interviews, les répètent comme si c'étaient les leurs, et calquent leurs propres goûts sur les siens. Depuis que Bowie a commencé à porter une croix vers le milieu des années 70, un certain nombre de fans le font aussi. Interrogés sur ce qui les a poussés à devenir des fans de Bowie, beaucoup citent une date et une heure précise, comme s'ils se souvenaient d'une conversion quasi religieuse. Les extraits suivants de deux lettres écrites en 1993 par une fan de 19 ans donnent une indication de l'attraction qu'inspire le chanteur :

« Depuis que je suis une fan (c'est-à-dire depuis 6 ans, 1 mois, 28 jours, 7 heures et 23 minutes exactement !) je consacre toute mon énergie à acheter toutes sortes d'objets liés à Bowie. Mis à part les choses évidentes, comme les disques, cassettes vidéo, livres, posters et tous bouts de papier portant mention de Bowie, j'ai aussi acheté un nain de jardin (comme dans *The Laughing Gnome*), un bouddha miniature (un lien avec l'intérêt de Bowie pour le bouddhisme), des gilets à la Bowie années 76 et 90, quantité de teinture rousse, etc., tout cela pour essayer d'établir un lien entre ma vie et la sienne. Je me suis entourée de toutes sortes d'objets Bowie pour pouvoir vivre dans mon petit monde imaginaire.

« Je cite sans arrêt des choses que Bowie a dites dans des interviews, je copie ses manières et j'essaie de faire en sorte que mes goûts en musique soient identiques aux siens...je ne peux pas vraiment dire si j'aurais aimé tous ces albums différents si je n'avais pas su qu'ils étaient de lui. Je suppose que je ne le saurai jamais. Je ne suis tout de même pas allée jusqu'à me défoncer à la cocaïne !

« Je pense qu'au fond, j'aime David Bowie et c'est une émotion si forte que je ne peux pas très bien l'expliquer. Toutes mes pensées et mes idées sur Bowie doivent être les mêmes que quand on aime quelqu'un.

« Je voudrais vraiment être dans sa tête pour savoir comment est sa vie – sa vie privée et sa vie publique. J'aimerais le suivre partout sans être vraiment là si vous voyez ce que je veux dire – comme quelqu'un d'invisible qui observe ce qui se passe sans en faire partie. »

D'autres fans expliquent que leur personnalité a été étrangement marquée par celle de Bowie. Quand Brett Anderson, de Suede, chante « *Slow down, you're taking me over* » dans *The Drowners* (1992), c'est l'expression claire de ce que signifie être un fan de Bowie. Un fan dit ainsi « avoir été possédé » dans les années 80 : « Mon amour pour David Bowie a grandi au point que ce n'était plus seulement une obsession, mais je pensais vraiment être lui. Je passais des soirées entières avec des amis à donner des interviews de Bowie, à prendre l'accent cockney et à adopter une démarche que j'imaginais être exactement pareille à celle du grand homme. Je rendais les gens dingues, et pendant deux ans au moins, je ne me suis intéressé absolument à rien d'autre que Bowie. Les gens disaient : "Oh, un jour tu comprendras combien tout cela est stupide." J'ai maintenant 28 ans, trois enfants adorables, mais au fond, je suis aussi obsédé que jamais. »

Une fan raconte un récit similaire : « Quand je dis que j'imite ses gestes et ses expressions, c'est vrai. Par exemple, quand je regarde un de ses films ou une cassette vidéo d'un de ses concerts, je copie tous les mouvements qu'il a faits et j'apprends une partie du dialogue par cœur. Pareil pour ses expressions. Je l'imite quand je fronce les sourcils, quand je marche, quand je parle, quand je dors, quand je mange ou je bois. J'ai acheté une guitare comme la sienne, j'essaie

418

de lire tous les livres qu'il lit, et j'ai même ses dix livres préférés. Je lis Nietzsche et Burroughs parce qu'il les lit, et j'aime bien tous les gens qu'il aime. Tina Turner, Chuck Berry, John Lee Hooker, Trickie et Goldie sont tous dans ma collection de disques. Je me dis que je vais les écouter jusqu'à ce que je les aime. »

Cependant, si Bowie a consciemment répandu une idée dans les années 70, c'était que les fans et la star pouvaient agir l'un sur l'autre, et, qu'en utilisant la star comme modèle, les fans pouvaient se transformer, découvrir d'autres aspects de leur propre personnalité. Non seulement ils pouvaient trouver en Bowie une manière d'identifier et, peut-être d'accepter leur propre différence sexuelle ou émotionnelle, mais ils pouvaient également apprendre à mieux se connaître. La plupart des fans de Bowie ont su faire preuve de discernement, utiliser Bowie comme influence positive dans leur vie. « Je suis tout à fait satisfaite de l'influence que Bowie a eue dans ma vie, écrit une fan : Il est peut-être mon "héros" (bien que je ne sois pas sûre que ce soit un mot que j'utiliserais personnellement pour décrire mes sentiments), mais je suis tout de même capable de discerner le bien du mal dans ses opinions. Ce que David Bowie m'a encouragée à faire, c'est à être plus ouverte aux nouvelles idées et aux nouvelles expériences. J'ai écouté de la musique, j'ai vu des endroits, fait des choses que je n'aurais sûrement jamais faites s'il n'avait pas été là. Pour moi, Bowie signifie beaucoup plus que la musique, aussi bonne soit-elle. Il représente une manière totalement différente de penser. Il ne s'aligne pas sur un groupe de gens, sur une religion ou une école de pensée. Je sais qu'il pique des idées à d'autres gens, mais qui ne le fait pas ? Son talent consiste à prendre une idée et la mélanger à d'autres pour en faire quelque chose de neuf. »

Pour elle, Bowie est le modèle d'un nouveau genre d'individu. Dans une culture qui, souvent, décourage la différence et encourage la déférence, Bowie en tant qu'idole remet en question la supériorité des idées communément acceptées et encourage le pluralisme et l'ambivalence auxquels il est si attaché.

Aux yeux de certains, l'influence de Bowie a été et est encore totalement libératrice. Un fan canadien assure que l'instabilité de Bowie, et sa tendance à s'ennuyer rapidement sont devenus un principe directeur de sa propre vie : « En regardant des interviews de David, en lisant et citant certaines de ses paroles, en adaptant certaines idées générales et certains changements qu'il a effectués dans sa vie, j'ai pu analyser ce qui se passait dans la mienne. Par exemple, quand les choses deviennent ennuyeuses et qu'on sent qu'on s'est engagé dans une impasse, on doit se lancer dans l'inconnu. Socialement, j'ai souvent fait cela. Quand je m'ennuie avec un groupe, que je le trouve monotone, je rejoins un autre groupe où je connais peut-être une seule personne, et puis je forme des amitiés, juste parce que j'aime apprendre de nouvelles façons de penser. »

Pour une bonne partie de ces fans, l'influence principale de Bowie était qu'il leur montrait comment se comporter dans des groupes et comment présenter une image publique de soi : « Regarder Bowie bouger, par exemple regarder la façon dont il entre dans une pièce, m'a aidé à surmonter mon manque d'assurance et ma timidité fondamentale. Même maintenant, quand je me sens gêné en arrivant dans un grand groupe de gens, je me souviens de comment David abordait la situation. Ne vous méprenez pas – je n'ai jamais eu aucune intention de devenir David Bowie. Seulement, il a eu, et a toujours la plus grande influence sur ma vie. »

Et puis il y a les aficionados de Bowie, obsédés par la collection et les listes, et fétichistes par excellence. Apparemment, beaucoup des anciens collectionneurs de Bowie dans les années 70 ont vendu leur collection, mais ont été remplacés par une nouvelle génération, plus jeune, de dingues de Bowie. Pour ces gens, un disque rare, même d'une chanson exécrable, vaut de l'or. Car, dans les milieux de collectionneurs, le vinyle est synonyme de prestige, sa valeur se trouvant confirmée par sa rareté à l'époque du CD. Il y a, bien sûr, différents types de collectionneurs, depuis ceux qui dépenseraient volontiers des centaines de livres sur un seul objet jusqu'à ceux qui se « contentent » d'acheter tous les produits Bowie qui sortent dans le commerce – tâche coûteuse en soi, étant donné la variété de formats dans lesquels sort chaque single. D'après le sondage de *Record Collector* en 1999, Bowie est encore le neuvième artiste le plus collectionné, une belle place pour un homme qui, à cette époque, était en plein marasme commercial depuis une décennie. Pour certains organisateurs de fan-clubs et vendeurs de cassettes vidéo, cassettes et objets pirates, Bowie n'est pas seulement une source de plaisir mais aussi de profit, et le marché est extrêmement compétitif. A vrai dire, cette mini-industrie s'est développée à cause des faiblesses de Bowie et de son propre management. Pendant longtemps, le catalogue a été négligé : avant le programme de réédition de Ryko/EMI au début des années 90, il était extrêmement difficile de trouver l'œuvre de Bowie sur CD (hormis son travail chez EMI-America des années 80). Jusqu'en 1993, il n'y avait pas non plus de collection officielle de ses clips. Ainsi, une bonne partie de ses meilleures créations reste non documentée. A l'exception du film légèrement décevant de DA Pennebaker du concert Ziggy à Hammersmith, il est encore impossible de voir Bowie dans sa splendeur glam. Seules ses tournées de 1983 et de 1987 ont été l'objet de cassettes vidéo officielles. Le résultat est qu'il y a une énorme demande pour les cassettes vidéo et les CD pirates (qui contiennent souvent des chansons rares que Ryko/EMI n'ont pas jugé dignes d'inclusion ou ne connaissaient pas au moment de la sortie du catalogue).

Bowie n'a jamais eu de fan-club officiel. De fait, il a fait remarquer en 1987 qu'il ne les aime pas. Mais les fidèles de Bowie sillonnent quand même le globe pour voir leur homme, parcourent les journaux d'un bout à l'autre pour chercher des informations ou s'abonnent aux nombreux fan-clubs et magazines créés au fil des années. Ceux-ci vont du fanzine fait maison comme *The Bowie Connection* ou *ZI Duang Provence* jusqu'au semi-officiel sur papier glacé comme *Crankin'Out* ou le défunt et regretté *Starzone*. Dans la seconde moitié des années 1990, cette niche dans le marché fut exploitée par une myriade de sites non officiels, pour répondre à une demande d'information apparue depuis que la presse musicale avait cessé de couvrir régulièrement les activités de Bowie. Ces sites ont souvent été aidés par le management de Bowie et son équipe de relations publiques, Bowie comprenant l'importance de maintenir des liens avec ses fidèles. BowieNet en est la reconnaissance officielle. Certains fans ont été récompensés pour leurs infatigables efforts au fil des années et ont eu des relations cordiales avec le camp Bowie. Une telle réciprocité aurait été impensable il y a dix ans.

Certains fans ne reculent devant rien pour voir leur idole ou obtenir des informations à son sujet, fouillant les poubelles à l'extérieur de ses bureaux de presse, usant de toutes sortes de ruses et tactiques pour découvrir l'adresse de son hôtel, collectionnant ses mégots de cigarette, etc.

Certains sont récompensés de leur persévérance par des avant-premières de chansons (c'est toujours le rêve d'un fan de Bowie), des passes pour entrer en coulisses et des invitations à des expositions ou à des soirées.

En dépit de sa méfiance naturelle vis-à-vis des fan-clubs, Bowie semble très chaleureux envers ses fans, peut-être parce qu'il est avant tout un fan lui-même. Il a toujours été très franc sur ses influences. Ziggy Stardust était convaincant parce qu'il avait été conçu par un homme qui connaissait extrêmement bien l'univers des superstars et qui était enthousiaste. La carrière de Bowie est pleine d'hommages, de pastiches et d'appropriations.

Bowie est indéniablement la rock star la plus critiquée de sa génération. Il est jugé selon des critères différents. Son œuvre est si impressionnante que quand un nouveau produit n'arrive pas tout à fait à la hauteur de gloires passées, le jugement est souvent dur, voire impitoyable. Il est très difficile de rester indifférent à Bowie. Il provoque chez les gens une réaction claire et nette. Pour certains, c'est un sauveur, un mentor. Pour d'autres c'est un dilettante arrogant, un charlatan. Critiquer Bowie est un des sports favoris des médias depuis la tournée Serious Moonlight, et jusqu'en 1993, ses défenseurs disposaient de peu de munitions pour lutter. Mais le vent a commencé à tourner maintenant qu'il produit de nouveau de la musique intéressante et inventive. Il a profondément marqué la culture populaire, et son nom et ses chansons sont devenus des références durables. Dans le numéro de *Face* de novembre 1996, par exemple, les titres des chansons de Bowie (ou des dérivations de celles-ci) ont été utilisés comme légendes et sous-titres à quatre reprises (*Life On Mars*, *Space Oddity*, *Hello Spaceboys*, *Gene Genie*), cinq si on compte la section *Fame* sur les célébrités.

Mais en dépit de sa présence dans les médias, peu de gens seraient en fait capable de citer ne serait-ce qu'une seule chanson de son catalogue après *Let's Dance*. Une fan écrit : « A bien des égards, je pense qu'il est devenu un artiste "culte", qui a un nombre limité de fans, mais ils sont passionnés. »

« Je le considère comme un personnage intéressant, en marge, déclara John Peel en 1990. J'aimais qu'il se réinvente parce que c'était à un moment où le public voulait quelque chose de prévisible, peut-être plus encore que maintenant. L'aspect le plus remarquable du rock progressif du début des années 70 était qu'il ne progressait pas. Avant Bowie, les gens ne voulaient pas trop de changement. »

Aujourd'hui, presque tous les meilleurs groupes ont quelque chose de Bowie dans leurs gènes. En théâtralisant le rock, en le « rabaissant » musicalement, en l'ouvrant à toutes sortes d'influences et d'idées musicales, Bowie a touché ces gens qui en avaient par-dessus la tête de voir les rockers arriver sur scène en jean. Car une superstar de rock ne peut jamais être ordinaire, comme l'a prouvé l'expérience Tin Machine. Les rock stars sont censées être bizarres, dérangeantes, troublantes – c'est pourquoi des groupes comme Nine Inch Nails, Smashing Pumpkins, Marylin Manson, Suede, et même Blur sont dans l'esprit de Bowie.

Critiques et fans, à de nombreuses reprises, se sont laissés convaincre par la rhétorique de Bowie sur la pose, et certains en sont venus à considérer tout l'art de Bowie comme une simple escroquerie, facile et dénuée de toute profondeur. Ce livre a tenté de démontrer que tel n'est pas le cas. Bowie est un auteur, un musicien et un chanteur extrêmement talentueux. Son catalogue est fabuleux. Au moins six de ses albums pourraient être considérés comme des classiques, même par le plus mesquin des critiques. Et, en dépit de ce que Bowie et d'autres ont affirmé après coup, ces albums ont obtenu un succès commercial et critique. *Aladdin Sane* a été l'album le plus vendu au Royaume-Uni en 1973, *Diamond Dogs* a été n° 1 pendant un mois, *Ziggy Stardust* a passé près de deux cents semaines dans les charts anglais, et *Hunky Dory*, plus de cent. *Station To Station* a eu un immense succès aux États-Unis. Même *Young Americans* et *Low* ont atteint la 2ᵉ place au Royaume-Uni. On ne peut qualifier un tel succès d'insignifiant, surtout quand on le compare au Velvet Underground, qui a passé un total d'à peine cinq semaines dans les charts anglais.

Sous les couches d'artifice se cache un travail d'une ampleur et d'une maturité considérables. L'auteur Alan Franks observe : « Je ne crois pas du tout qu'il soit un pseudo-intellectuel. Je pense qu'il s'intéresse à toute une gamme de sujets. Depuis toujours. Ce n'est pas un "papillonneur". Quand il a voulu apprendre le mime, il l'a fait correctement, avec Lindsay Kemp. Pour la chanson, il a étudié la génération de crooners précédente, comme Anthony Newley. C'est quelqu'un qui est tout à fait apte à changer de forme. Je ne crois pas que le désir de changer doive être confondu avec de la désinvolture ou une approche superficielle des styles. Le monde est plein de gens qui se réinventent, Picasso en est un exemple évident. En dessous, il y a toujours le même puits de créativité. Je pense que ceux qui décrivent Bowie comme un escroc ou un poseur se trompent. C'est à eux de prouver leurs affirmations, car l'œuvre de Bowie est très, très substantielle, et son meilleur travail est extrêmement impressionnant. »

Après le Thin White Duke, Bowie a affirmé qu'il était désormais « normalisé », plus en phase avec son « vrai » moi, et avec le monde. Mais certains doutent qu'il soit vraiment aussi normalisé qu'on le prétend, comme le journaliste Paul Du Noyer : « J'ai souvent l'impression que les gens dans le rock sont pour l'essentiel des individus assez normaux qui tentent de se projeter comme étant différents. Tandis qu'avec Bowie, il semble que ce soit l'inverse, qu'il soit réellement un individu étrange qui affecte d'être normal – à présent, tout au moins. Il est certain que depuis les années 80, il paraît normal. Bien sûr, dans les années 70, ce n'était pas le cas ! »

Bowie reste excellent quand il parodie ou imite, c'est un personnage véritablement changeant, et c'est cela qui fait de lui un artiste exceptionnel. Il suffit de regarder une de ses interviews pour comprendre que ses paroles, sa façon de parler, toute sa personnalité, se redéfinissent sans cesse. Un fan de Bowie déclare : « Il vous dira toujours ce que vous avez envie d'entendre. Il a cinq ou six réponses en réserve, et il va sortir celle qu'il pense devoir vous plaire. Vous n'allez jamais voir la vraie personne. J'ai vu tant de personnes différentes dans son visage. »

L'essence de la contribution apportée par Bowie à la musique pop se trouve dans sa remarquable capacité à analyser et à sélectionner des idées marginales – de l'art, de la littérature, du théâtre et du cinéma – et de les introduire dans sa musique. Il y avait bien sûr eu des moments théâtraux dans la musique pop avant Ziggy Stardust, mais personne n'avait jamais conçu un concert de rock tout entier comme une production théâtrale. De même, avant que Bowie admette sa bisexualité, rares étaient les pop stars qui se sentaient libres de bafouer les conventions des genres. L'activisme gay d'un personnage comme Tom Robinson à la fin des années 70 aurait été impossible sans la prise de position de Bowie en 1972. Bowie a donné courage aux gays. Le fait qu'il a apparemment renié cet aspect de sa sexualité ne signifie pas pour autant que sa carrière des années 70 ait été une cynique charade médiatique. « Je pense qu'il tire beaucoup de plaisir de l'ambiguïté de tout ce qu'il fait, commente Alan Franks, [...] Bowie est intrigué par les oppositions à l'intérieur des choses, les contradictions qu'une proposition pourrait contenir, et la sexualité est un exemple parmi d'autres. »

Pour ses fans, l'artificialité, l'ambiguïté, l'incarnation d'autres personnages sont au centre de sa nature. Bowie est l'antithèse absolue de personnages comme Bruce Springsteen. En 1976, il déclara : « On ne peut pas monter sur scène et vivre – tout est faux du début à la fin...Je ne peux pas supporter l'affirmation qui veut qu'on monte sur scène en jeans et guitare en ayant l'air aussi normal que possible devant dix-huit mille personnes. Ça n'a rien de normal ! »

Pour le journaliste Mat Snow, la musique de Bowie sera toujours d'actualité parce qu'elle exprime cet état particulier de l'entre-deux de l'adolescence. La clé en est la théâtralité et la dramatisation de lui-même :

« Il y a dans les disques de Bowie une incroyable auto-dramatisation, qui est, bien sûr, quelque chose de très adolescent. Vous savez, quand on est adolescent, on est toujours en train de se demander où est sa place parmi ses pairs. On veut toujours se montrer un peu raisonnable parce qu'on sent qu'on n'est plus un enfant, mais on est aussi inquiet de ce que le monde adulte nous réserve. Et, en même temps, curieusement, aussi troublé et dépressif qu'on puisse l'être pendant cette période, c'est souvent aussi le moment qui est censé être celui où on s'amuse le plus dans la vie. Je pense qu'il exprimait cette idée-là, grosso modo. Il y a quelque chose dans les grands gestes émotionnels qu'il a faits, le mélange d'artificialité et de sincérité – l'artifice sincère, si vous voulez – qui touchait particulièrement les adolescents et les adultes encore proches de leur passé adolescent : non seulement la recherche d'une identité, mais la vraie souffrance derrière cette recherche. »

Bowie est toujours actuel. Certains de ses disques n'ont pas pris une ride ; ils sont toujours aussi modernes aujourd'hui qu'il y a vingt ans. Mais pour certains, comme John Peel, c'est sa musique récente qui a le plus d'attrait : « Bowie compte évidemment parmi les musiciens qui m'ont donné le plus de plaisir au fil des années. Mais j'écoute très rarement de vieux disques. »

Que réserve l'avenir à Bowie ? Montera-t-il toujours sur scène à 70 ans, couvert de rides, pour chanter le *Jean Genie* devant un public de retraités ? Il a une vie en dehors de la pop. Il est devenu plus réfléchi, s'intéresse davantage à sa propre histoire et à son propre parcours. Récemment, Bowie a renoué contact avec de vieux amis et collègues, il semble songer à recoller les fragments de son passé qui se sont perdus en chemin. Mais Bowie en temps que figure médiatique sera toujours associé à l'aventure, l'audace, la fascination et, surtout, au changement.

Étrangement, Bowie a aussi éduqué les gens. En 1998, il déclara à Charlie Rose, au cours d'une interview : « J'aurais adoré être comme Sting et avoir été professeur. J'aime faire découvrir de nouvelles choses aux gens, surtout aux jeunes. J'adore sentir qu'ils sont enthousiastes, et que ça va peut-être les inciter à se lancer dans quelque chose – vous savez, c'est comme si on ouvrait la porte d'un monde. J'adore emmener les gens dans des galeries d'art. J'adore les emmener au musée aussi... J'ai toujours pensé que c'était un cadeau quand on m'emmenait quelque part ou qu'on me montrait quelque chose de nouveau. J'avais l'impression que c'était le plus beau cadeau qu'on puisse me faire. Et j'adore le faire en retour. » Bowie n'a pas à s'inquiéter. Son héritage artistique a éduqué les gens d'une manière infiniment plus profonde qu'il ne le soupçonne.

Depuis la pop parfaite (*Space Oddity*), le style américain (*Golden Years*) et l'électronique débridée (*Sound + Vision*) jusqu'à la danse (*Let's dance*), l'ironie douce-amère (*The Buddha Of Suburbia*) et l'abjection palpitante (*Heart's Filthy Lesson*), Bowie définit l'émotion humaine (et son absence). Il réussit l'impossible : il met en musique l'inexprimable et l'inexplicable ; il se rapproche d'émotions qui ne portent pas de nom, et les rend réelles. Son influence a été unique dans la culture populaire. Il a touché et changé plus de vies qu'aucun autre artiste.

Ses paroles de prophétie, d'épanouissement de soi et d'auto-mythification de 1971 l'ont guidé (et nous ont guidés) à travers le dernier tiers du vingtième siècle. Ils nous guideront dans le suivant, et seront son immortel héritage :

So I turned myself to face me
But I've never caught a glimpse
Of how the others must see the faker
I'm much too fast to take that test.

« Je me suis retourné pour me faire face
Mais je n'ai jamais aperçu
L'imposteur que doivent voir les autres
Je suis beaucoup trop rapide pour faire ce test. »

NOTES

Ce qui suit est un bref résumé des sources principales utilisées dans la rédaction de chaque chapitre. Les lecteurs soucieux de retrouver les divers livres, auteurs, disques, clips, films et autre bric-à-brac culturel mentionné dans le texte pourront se référer au chapitre « Sources » en fin d'ouvrage.

Chapitre 1 : Elvis est anglais, 1947-1970

Dans ce chapitre, je me suis beaucoup inspiré d'interviews exclusives avec Mike Vernon, Gus Dudgeon, Ken Scott et Paul Buckmaster, qui ont tous travaillé avec Bowie dans les années 60, d'une correspondance avec l'ami et producteur de Bowie, Tony Visconti, et d'une interview avec le DJ, présentateur et auteur, John Peel. Une lettre écrite par Bowie à Peel en 1969 m'a également été fournie. Les citations du journaliste et biographe Mark Paytress sur Bolan et Bowie proviennent d'une correspondance privée avec l'auteur. La plus importance source secondaire pour cette période est l'ouvrage rédigé par l'ex-manager Ken Pitt, *The Pitt Report*. Je me suis également inspiré des biographies de Bowie de Peter et Leni Gillman et Christopher Sandford. *In Other Words...David Bowie*, le livre de Kerry Juby sur Bowie vu par ses collègues et amis, a été une aide précieuse. D'autres idées et citations proviennent de sources variées, telles que l'excellent hommage rendu par Radio 1 à Bowie à l'occasion de son cinquantième anniversaire, *ChangesnowBowie*, la psychanalyse de Frank Sulloway, *Born To Rebel*, l'anthologie académique *Visions Of Suburbia*, l'œuvre des sociologues Simon Frith et Howard Horne sur la tradition des *art-schools* britanniques dans leur livre de 1987, Art Into Pop, et le travail de Terrence McKenna et Rogan Taylor sur la relation entre la culture pop, les drogues et le chamanisme. J'ai également glané des informations très utiles au sujet des chansons restées inédites de Bowie dans les années 60 auprès d'un fan, David Priest. Le site Internet non officiel de Bowie, Teenage Wildlife, a

427

été une source précieuse d'information. Les citations de Bowie lui-même sur sa vie de famille lors de son enfance sont tirées de son journal sur BowieNet. Les sources visuelles comprennent la première interview de Bowie à la télévision en tant que président de la Société pour la prévention de la cruauté envers les hommes à cheveux longs, interview conduite par Cliff Michelmore dans l'émission *Tonight*, et le film promotionnel *Love You Till Tuesday*, sorti en cassette vidéo en 1984.

Chapitre 2 : Gare à vous, tous les rock'n'rollers, 1970-1972

Tony Visconti et Ken Scott, producteurs des classiques de Bowie *The Man Who Sold The World* et *Hunky Dory*, m'ont fourni des informations précieuses pour ce chapitre. Je me suis aussi inspiré d'entretiens avec l'ex-producteur de Bowie, Gus Dudgeon, et avec David Stopps, le directeur de Friars Aylesbury (une salle qui a joué un rôle important dans la percée de Bowie en 1971-1972). Parmi les sources secondaires les plus utiles, je dois citer l'ouvrage de Legs McNeil et Gillian McCain, *Please Kill Me : Une histoire orale du punk*, qui livre des anecdotes amusantes concernant l'accueil réservé à Bowie par le groupe de Warhol en 1971. J'ai trouvé mes informations sur le contexte du « coming out » de Bowie en 1972 dans les livres de Marjorie Garber, *Vice Versa*, et de John Gill, *Queer Noises*. J'ai également consulté l'autobiographie d'Angie, *Backstage Passes*. Je me suis également inspiré de nombreux articles de la presse musicale anglo-américaine, et ceux qui désirent en avoir la liste peuvent se référer au chapitre « Sources ». Je remercie de nouveau David Priest, archiviste de Bowie, pour les informations concernant les multiples projets d'enregistrement de Bowie en 1970 et 1971.

Chapitre 3 : Chirurgie cosmique, 1972-1973

Citons immédiatement le site du Legendary Stardust Cow-boy, la source la moins utile mais la plus amusante, et qui, par son côté ridicule, donne une idée de la culture marginale qui fascinait Bowie. Ken Scott, John Peel et David Stopps là encore ont fourni des contributions substantielles et exclusives à ce chapitre. Le témoignage direct de Bryan Ferry m'a aussi été précieux, et je le remercie sincèrement. Le journaliste et fan de Bowie, Chris Roberts a ajouté de la couleur à l'impact sismique que Ziggy a eu sur ses enfants (et sur leurs parents terrifiés). David Priest m'a fourni des informations exclusives sur le stock de chansons inédites de l'ère Trident. Rogan Taylor a volontiers discuté avec moi de la dette de Bowie envers le chamanisme quand j'étais à l'université de Liverpool. Pour ceux qui recherchent des lectures sur le lien entre Bowie et le « glam noir » de Sun Ra et George Clinton, par exemple, il est judicieux de commencer avec le livre *Extended Play*, de John Corbett. La courte analyse du personnage de Ziggy livrée par Dave Laing dans son ouvrage, *One Chord Wonders*, a été primordiale dans l'élaboration de ma propre vision de cette création mythique.

Chapitre 4 : La Mort du monstre sacré, 1972-1974

Le contrat passé entre Bowie et MainMan le 31 septembre 1972 révèle la nature des relations entre DeFries et Bowie. Dai Davies, ancien employé de MainMan, et Ken Scott m'ont donné des informations exclusives sur cette période. Scott m'a également parlé en détail de l'élaboration de l'album pionner qu'était *Aladdin Sane*, de celle de *Pin-Ups*, et de sa rupture avec Bowie. Mike Garson a été une mine d'informations, donnant un aperçu de l'aspect vampirique et changeant du caractère de Bowie. Bryan Ferry m'a parlé de son propre projet solo, *These Foolish Things*, sorti le même jour que *Pin-Ups*. Chris Charlesworth, alors journaliste à *Melody Maker,* a donné un aperçu de l'« hostilité » de la branche américaine de MainMan. David Priest a retrouvé la liste des chansons qui devaient figurer dans le projet avorté de Bowie, *1984*. L'émission *Nationwide* sur la Bowie-mania, diffusée à l'origine en juin 1973, est un document essentiel de l'histoire du rock et montre que Bowie, en 1973 au moins, avait un public d'adolescents à la Osmond et David Cassidy. Ceux qui s'intéressent au culte de Bowie devraient lire l'article de Simon Frith intitulé « The Art Of Posing ». J'ai aussi consulté l'excellent site web de Paul Kinder, Little Wonderworld, sur lequel on peut consulter des extraits du journal *Mirabelle*. Une correspondance détaillée avec Tony Visconti m'a également fourni des informations exclusives sur Bowie et le projet *Diamond Dogs*.

Chapitre 5 : Tromper les ploucs, 1974-1975

La percée de Bowie en Amérique. La décadence poétique de la période a été parfaitement captée par Alan Yentob, dont le documentaire *Cracked Actor*, tourné en 1974, est un élément incontournable de l'histoire du rock. Des extraits du Dick Cavett Show, où un Bowie hagard, reniflant et perdu, tape sur le sol avec sa canne, sont disponibles non officiellement par le biais du réseau commercial des fans de Bowie. Pour ce chapitre, je me suis beaucoup inspiré de mes interviews exclusives de Carlos Alomar, Earl Slick et Mike Garson, qui ont beaucoup joué avec Bowie pendant cette période, et de ma correspondance avec Tony Visconti. Patti Brett a également été une source précieuse d'informations. Je remercie David Priest pour les informations et documents exclusifs qu'il m'a fournis sur le projet du *Gouster*. *Backstage Passes* d'Angie Bowie et *In Other Words...David Bowie*, de Kerry Juby, m'ont aussi permis d'enrichir le contexte. Merci à l'auteur et chroniqueur Paul Gambaccini et au musicologue et théoricien culturel John Shepherd pour avoir partagé leurs points de vue sur Bowie en tant que chanteur. Parmi les nombreux articles consultés se trouvent la critique de Lester Bang de la tournée soul de Bowie dans *Psychotic Reactions And Carburetor Dung*, et l'article de Robert Elm publié dans *Face* en 1985 sur l'influence de la période soul de Bowie, intitulé « All You've Got To Do Is Win » (pour plus de détails, consulter le chapitre « Sources »).

Chapitre 6 : *Thin White Duke*, 1975-1976

Des interviews publiés dans *Creem, Rolling Stone, NME* et *Melody Maker* témoignent du fait que Bowie avait l'esprit confus pendant cette période, mais le plus révélateur est l'interview de Bowie par le défunt Russell Harty (par satellite, en novembre 1975) disponible sur le réseau commercial des fans. Notre homme paraît impatient à l'idée de rentrer en Grande-Bretagne au printemps suivant, mais étrangement paranoïaque. La performance effrayante de Bowie en chanteur-danseur dans le *Cher Show* vaut également la peine d'être vue (Bowie prétend n'avoir aucun souvenir de cet enregistrement !), de même que son interprétation hagarde de *Golden Years* sur *Soul Train*. Les répétitions pour la tournée de 1976, y compris la version supérieure de Bowie d'une chanson qui sera plus tard enregistrée par Iggy Pop, *Calling Sister Midnight* est maintenant disponible dans le commerce. David Priest m'a une fois de plus fourni des documents d'archives exclusifs concernant les chansons inédites de Bowie pour cette période. Les témoignages de l'intérêt de Bowie pour l'extrême droite ont été rassemblés à partir d'articles dans *Spearhead* et des tracts de *Bulldog* (merci à Liz Thomson d'avoir partagé ces sources avec moi). L'occultisme de Bowie a pu être mis en contexte par la lecture, entre autres, de *Occult Reich*, de Brennan, du court essai de Peter R. Koenig, *The Laughing Gnostic*, et de la biographie d'Aleister Crowley par Symonds. Earl Slick, Carlos Alomar, et Paul Buckmaster ont là encore fourni leurs témoignages. Les auteurs Chris Charlesworth, Paul Du Noyer et Alan Franks ont aussi apporté leur contribution. John Peel a évoqué avec moi « l'ego de rock star » de Bowie au milieu des années 70. Gary Numan m'a parlé très librement de sa passion pour Bowie. Les citations de Bowie lui-même sont tirées d'une série de sources, parmi lesquelles les deux versions de *The David Bowie Story* de Radio 1 (1976, 1993), et d'interviews à la presse et à la télévision.

Chapitre 7 : La nouvelle école de prétention, 1976-1977

Le travail le plus original de Bowie a été accompli dans un élan de créativité qui a produit quatre albums, deux de Bowie et deux d'Iggy Pop. Merci à Tony Visconti pour sa reconstruction minutieuse et détaillée des sessions de *Low* et *« Heroes »*. Merci également à Carlos Alomar de ses impressions. Les cartes de Stratégies Obliques d'Eno et de Schmidt, qui étaient commercialisées par la compagnie Opal d'Eno au début des années 90, donnent un aperçu précieux de l'étonnant *modus operandi* d'Eno. Le meilleur article sur la phase berlinoise de Bowie est un article de Steve Turner publié dans *The Independent* en 1991, « The Great Escape

Of The Thin White Duke ». Les interviews de Charles Murray « Who Was That (Un)Masked Man ? » et de Michael Watts sont des lectures essentielles. Pour Iggy, plusieurs articles de *Mojo* sont cités dans la bibliographie. Merci encore à David Stopps pour ses souvenirs du concert d'Iggy à Aylesbury. Des extraits de l'émission *Marc* circulent parmi les fans de Bowie, de même que des interviews données aux médias européens à l'occasion de la promotion d'« *Heroes* ». Le clip de *Be my Wife*, (disponible sur la cassette vidéo *The Bowie Collection* ») est étrangement surréaliste, comme l'est, d'une manière différente, le duo avec Bing (qui figure souvent au programme télé des fêtes de Noël au Royaume-Uni). Pour l'impact de Bowie sur la mode dans la culture jeune, consulter *Football With Attitude* de Steve Redhead et *Style Wars* de Peter Yorke, et pour son impact sur le punk, *One Chord Wonders* de Dave Laing et *England's Dreaming* de Jon Savage. *The David Bowie Story,* diffusée pour la première fois en 1993 et présentée par Paul Gambaccini, contient d'excellents documents sur cette époque.

Chapitre 8 : Une hache pour briser la glace, 1978-1982

Une interview exclusive avec Adrian Belew m'a fourni une foule d'informations pour la première moitié de ce chapitre sur la tournée mondiale de 1978 et l'album *Lodger*. La confrontation Numan/Bowie marqua le monde de la pop en 1979. Gary Numan donne ici sa version de l'affaire et évoque son sentiment de trahison en tant que fan de Bowie désavoué par son mentor. Tony Visconti et Carlos Alomar m'ont parlé de *Lodger* et de *Scary Monsters*. Les vidéos des deux albums sont des documents essentiels, rassemblés dans l'anthologie *David Bowie : The Video Collection*. Pour la tournée de 1978, la prestation de Bowie à *Musikladen* est souvent montrée sur les chaînes musicales mais n'a guère d'intérêt. Les images de Bowie à Dallas au printemps 1978 sont bien meilleures. Une émission spéciale d'une heure en direct du Budakahn, à Tokyo, à la fin de la tournée, a également été diffusée. Les deux apparitions de Bowie au *Kenny Everett Show* en 1979, montrant un *Boys Keep Swinging* bizarre et une superbe version acoustique de *Space Oddity* valent également la peine d'être vues. La splendide performance live de Bowie au *Saturday Night Live*, où Bowie termina le programme en robe, le montre sous son jour le plus photogénique. *The David Bowie Star Special*, une émission de deux heures en mai 1979, où Bowie était invité comme DJ, illustre magnifiquement ses obsessions musicales de l'époque. L'article d'Allan Jones « Lou Bops Bowie [1] », publié d'abord dans *Melody Maker* au printemps 1979, puis ressuscité dans la colonne « Stop Me If You've Heard This One » d'*Uncut*, est toujours très drôle. Enfin le culte de Bowie dans la nouvelle ère romantique a été exploré à travers de nombreuses interviews et une correspondance avec les fans de Bowie eux-mêmes. Merci aux deux fanzines de Bowie, *Zi Duang Provence* et *Crankin'Out !* de l'aide qu'ils m'ont apportée

---

1. « Lou baffe Bowie ». (*N.d.T.*)

pour me permettre de contacter d'autres fans. Les citations de Sean Mayes sont tirées d'un autre fanzine, *Starzone*. Le journal de Sean Mayes en 1978, *We Can be Heroes*, a été publié en 1999.

Chapitre 9 : La marque Bowie, 1982-1987

Cette période d'échec relatif sur le plan artistique commença pourtant par un énorme triomphe. Nile Rodgers m'a apporté des informations exclusives sur la création de *Let's Dance*, l'album le plus vendu de Bowie. Tony Visconti m'a livré ses réflexions sur la rupture de son amitié avec Bowie, et Carlos Alomar a évoqué la « lutte pour le pouvoir » du milieu des années 80. Les producteurs Alan Winstanley et Hugh Padgham, ainsi que le guitariste Earl Slick, ont fourni des informations très utiles pour cette partie. On peut suivre la descente de Bowie vers le conformisme à la fin des années 80, et je recommande en particulier la lecture de l'article de Chris Bohn sur l'époque *Serious Moonlight* en 1983, l'article écrit en 1984 par Charles Shaar Murray pour *NME*, et celui de David Thomas en 1986 (détails dans le chapitre « Sources »). La vidéo officielle de *Serious Moonlight* montre un spectacle professionnel mais est néanmoins distrayante. Les clips de cette période se trouvent dans David Bowie : *The Video Collection*. Des images de la conférence de Bowie au Claridge sont disponibles auprès des revendeurs et ont été diffusées à l'époque dans *Newsnight* et *The Tube*. Une curieuse émission de télévision, *North Of Watford*, vaut également la peine d'être vue ; mi-histoire de Milton Keynes, mi-retour sur Bowie et son concert triomphal au Bowl cet été-là. Tous les films de Bowie datant de cette période sont sortis officiellement – *Furyo* est le seul achat qui s'impose vraiment. La citation de Greil Marcus sur le culte du survivant est tirée d'un recueil d'articles intitulé *In The Fascist Bathroom*.

Chapitre 10 : David Bowie est mort, 1987-1990

Le « rock'n'roll suicide » de Bowie provoqua la perplexité des critiques et des fans. Dans cette section, Carlos Alomar a décrit la tournée Glass Spider, Reeves Gabrels le projet Tin Machine, et Adrian Belew la préparation de *Sound + Vision*. Merci également au producteur du premier album de Tin Machine, Tim Palmer, de m'avoir livré ses souvenirs. Une suite couvrant la plupart des morceaux du premier album a été faite avec Julien Temple et vaut la peine d'être recherchée, car elle est totalement unique. Les articles de Steve Sutherland sur Tin Machine, ainsi que le portrait brossé par Adrian Deevoy dans *Q*, nous fournissent les meilleurs commentaires journalistiques sur la crise de la quarantaine de la Dame.

Chapitre 11 : Bowie Can't Dance, 1990-1994

Loin d'être découragé par le faux départ de Tin Machine en 1989, Bowie émergea sûr de lui et capable de produire des tubes pour la tournée Sound + Vision l'année suivante, et une interview avec le directeur musical, Adrian Belew, sert d'arrière-plan à cette partie. Cette tournée acheva de fait le projet Tin Machine, qui connut une fin piteuse en 1992, une période évoquée par Reeves Gabrels et Hugh Padgham. Carlos Alomar évoque aussi les raisons de la rupture. En 1992, le journal de Bowie sur l'Internet le montre marié et heureux. En 1993, il revint dans les charts avec *Black Tie White Noise*. Le producteur Nile Rodgers fournit des documents exclusifs sur ce qu'il considérait comme une occasion manquée de rétablir Bowie comme une superstar du mainstream. Steve Sutherland de *NME* a organisé et raconté la rencontre de Bowie et du prétendant à la couronne du glam, Brett Anderson. L'histoire de la disparition subite et honteuse de Savage, le label américain de Bowie, a été reconstituée à partir d'articles parus ultérieurement dans la presse et publiés sur les sites *Teenage Wildlife* et *Bassman Bowie*. Le producteur Gus Dudgeon a commenté la décision de Bowie de ne pas assister aux obsèques de Mick Ronson. Merci à Hanif Kureishi pour sa citation sur sa vie à Bromley, tirée d'un article sur le tournage du *Buddha Of Suburbia*. La citation de Mike Garson sur le projet provient d'une interview de trois heures avec celui-ci. Les vidéos officielles *Tin Machine Live : Oy Vey Baby* et *Black Tie White Noise* ne présentent guère d'intérêt. En revanche, *David Bowie : The Video Collection* est un must. Les images de Bowie pendant Sound + Vision attendent toujours d'être éditées, et cette tournée mondiale, pourtant spectaculaire sur le plan visuel, n'a malheureusement pas fait l'objet d'une sortie officielle, bien qu'il existe un certain nombre de films privés disponibles auprès des revendeurs, ainsi que des copies de diffusions télévisées en Amérique du Sud et au Japon. Le concert d'août 1990 à Milton Keynes a été diffusé dans son intégralité par Radio 1, de même qu'une interview, et l'année suivante, Bowie était de retour à la BBC pour la première fois depuis presque vingt ans pour enregistrer une session avec Tin Machine. *The David Bowie Story*, diffusée sur Radio 1 en 1993, une biographie en six parties présentée par Paul Gambaccini avec des contributions de Ken Pitt, Carlos Alomar et Tony Visconti entre autres, est absolument essentielle.

Chapitre 12 : Dame Méditation, 1994-1997

Avec le projet *Outside*, Bowie enrichit de nouveau le mainstream d'un inhabituel bric-à-brac culturel. L'histoire de cette période a été reconstituée à l'aide d'interviews de Gabrels et d'Alomar et de critiques d'Alan Franks et de Paul Du Noyer. La citation de Bertha Harris est tirée de *The Art Of Today*, de Brendon Taylor. Le fielleux journal d'Eno, publié en 1995 par Faber, *A Year With Swollen Appendices*, a également fourni des informations utiles. J'ai aussi consulté diverses histoires de l'art, ruminations philosophiques et récits journalistiques concernant l'album et la tournée, dont la plupart sont citées dans la bibliographie. La contribution non négligeable de Bowie au monde de l'art peut être examinée sur son site officiel, bowieart.com. Le clip de *Heart's Filthy Lesson* est essentiel, et quoique encore inédit sur une collection de clips, est disponible auprès des revendeurs. Merci également à Gary Numan pour ses observations sur le single. *Basquiat* est désormais disponible en vidéo, mais ne présente que peu d'intérêt. Il n'existe aucune vidéo officielle des tournées *Outside* et *Earthling*, mais la soirée du cinquantième anniversaire de Bowie aux Madison Square Gardens a été filmée et diffusée. De nombreux films pirates des deux tournées circulent, de même que de nombreuses cassettes et CD de bonne qualité. Merci à Reeves Gabrels, Mark Plati et Mike Garson pour leurs pensées sur l'album *Earthling* et à l'auteur Mat Snow pour ses remarques. Une transcription d'une interview entière de Mark Plati sur la création d'*Earthling* est disponible sur son propre site Internet (voir le chapitre « Sources »). Le rapport sur l'étude de marché d'Isolar provient du site *Bassman's Bowie*. Pour Bowie à 50 ans, on peut écouter l'hommage qui lui fut rendu par Radio 1, *ChangesnowBowie*. L'article de Bill Bufford sur le canular de Nat Tate monté par Bowie est tiré du *Guardian* (voir le chapitre « Sources »).

Chapitre 13 : Le théâtre des financiers, 1997-2000

La section consacrée au Bowie Bond doit beaucoup au travail de Dara O'Kearney et Evan Torrie qui ont écrit sur les finances de Bowie dans le site Teenage Wildlife. Pour les activités interactives de Bowie, mieux vaut consulter directement BowieNet (davidbowie.com), un régal pour tous les fans. Le jeu vidéo *The Nomad Soul*, avec une musique de Gabrels et Bowie, est sorti chez Eidos à l'automne 1999. Pour l'époque de *hours...*, j'ai eu la chance de bénéficier de trois témoignages précieux. Mark Plati a fait un compte rendu détaillé et fascinant de la création de l'album *hours...*et de sa promotion, dont je n'ai malheureusement pu utiliser que des extraits. Mike Garson s'est également prêté de bonne grâce à une interview (je remercie Matt Gilbert de l'avoir organisée). Reeves Gabrels, compagnon de Bowie pendant une douzaine d'années, termina sa collaboration avec David Bowie (tout au moins pour l'instant) par sa franche et émouvante contribution à l'édition de ce livre. Le chapitre tout entier doit également beaucoup au travail de Bonnie Powell (alias Bonster), fan de Bowie, dont le bulletin sur Internet (Bulletin David Bowie à l'intention des paresseux et des handicapés du Net) rassemble articles, nouvelles brûlantes et commérages dans un format inédit. On trouvera comment s'inscrire à ce bulletin dans le chapitre « Sources ». L'article perspicace de Philip Norman sur le Bowie de l'époque *hours...*, celui de Richard Tomkin dans le *Financial Times* et la critique de Sean O'Hagan dans *The Observer* sont tous utiles (voir le chapitre « Sources »). *Velvet Goldmine* est désormais également disponible en vidéo et mérite d'être vu.

Conclusion : Hissons le drapeau

Mes remerciements en particulier aux journalistes Paul Du Noyer, Alan Franks et Mat Snow pour leurs contributions. Les vraies stars de ce chapitre sont néanmoins les fans, qui m'ont fourni quantité de témoignages exclusifs au fil des années.

SOURCES

Ce chapitre ne prétend pas être un guide complet ou définitif de l'œuvre de Bowie ou des documents qui lui ont été consacrés. Il s'agit plutôt d'aiguiller les lecteurs curieux d'en savoir plus sur certaines pistes.

LECTURES

Biographies

Le meilleur livre écrit sur David Bowie est malheureusement épuisé. (Il s'agit de David Bowie : An Illustrated Record *(Proteus, 1981), de Charles Shaar Murray et Roy Carr). Il mariait avec bonheur finesse, esprit, et journalisme d'investigation. Le livre de Kevin Cann,* David Bowie : a Chronology, *regorge également d'anecdotes intéressantes et est extrêmement complet.*

Pour ce qui est des biographies principales, Alias David Bowie[1], *des Gillman, est très détaillé quant à l'histoire de la famille Bowie, et un peu moins sur son œuvre et l'importance de celle-ci.* Stardust, *écrit par l'ex-employé de MainMan Tony Zanetta et le journaliste Henry Edwards, donnent fréquemment un aperçu fascinant du cirque médiatique ; le plus récent,* Loving The Alien, *écrit par le journaliste de rock Christopher Sandford, est bien écrit, mais manque d'humour et brosse de Bowie un portrait plutôt antipathique.* The Bowie Companion, *édité par Elizabeth Thompson et David Gutman, est une anthologie d'articles importants jusqu'en 1992. Kerry Juby, dans* In Other Words...David Bowie, *et les* Starzone Interviews *éditées par David Currie rassemblent les interviews de Bowie à partir du milieu des années 80.*

---

1. Peter et Leni Gillman, *Alias David Bowie*, Albin Michel, 1987.

Bowie, Angela, et Carr, Patrick, *Backstage : ma vie avec David Bowie*, Belfond, 1993.

Buckley, David, *The Complete Guide To the Music of David Bowie*, Omnibus, 1996.

Cann, Kevin, *David Bowie : A Chronology*, Vermilion, 1983.

Carr, Roy, et Murray, Charles Shaar, *David Bowie : An Illustrated Record*, Proteus, 1981.

Charlesworth, Chris, *David Bowie Profile*, Proteus, 1981.

Currie, David, *The Starzone Interviews*, Omnibus, 1985.

Currie, David, *David Bowie : Glass Idol*, Omnibus, 1987.

Flippo, Chet, *David Bowie's Serious Moonlight*, Sidgwick & Jackson, 1984.

Gillman, Peter et Leni, *Alias David Bowie*, Albin Michel, 1987.

Hopkins, Jerry, *Bowie*, Corgi, 1986.

Juby, Kerry, ed., *In Other Words... David Bowie*, Omnibus, 1986.

Matthew-Walker, Robert, *David Bowie, Theatre of Music*, Kensal Press, Buckinghamshire, 1985.

Miles, Barry, *Bowie In His Own Words*, Omnibus, 1980.

Mayles, Sean, *We Can Be Heroes : Life on Tour with David Bowie*, Music Sales Ltd, 1999.

Miles, Barry, et Charlesworth, Chris, *David Bowie : Black Book*, Omnibus, 1988.

Paytress, Mark, *Ziggy Stardust*, Schirmer Books, 1998.

Paytress, Mark, et Pafford, Steve, *Bowie style*, Vade-Retro, 2001.

Pegg, Nicholas, *The Complete David Bowie*, Reynolds and Hearn, 2000.

Pitt, Kenneth, *Bowie : The Pitt Report*, Omnibus, 1985.

Sandford, Christopher, *Loving The Alien*, Little Brown, 1996.

Thompson, Dave, *Moonage Daydream*, Plexus, 1987.

Thomson, Elizabeth, et Gutman, David, eds., *The Bowie Companion*, MacMillan, 1993.

Tremlett, George, *The David Bowie Story*, Futura, 1974.

Tremlett, George, *David Bowie : Living On The Brink*, Century, 1996.

Welch, Chris, *L'intégrale David Bowie : les secrets de toutes ses chansons 1970-1980*, Hors Collection, 2001.

Zanetta, Tony, et Edwards, Henry, *Stardust : The Life and Times of David Bowie*, Michael Joseph, 1986.

Articles

The Bowie Companion *(voir ci-dessus)* constitue ici une excellente source d'informations.

Anon, 'A Message From Dave', *Melody Maker*, 26 février 1966.

Anon, 'Isolar', on Bassman Bowie website, 1996.

Aspden, Peter, 'Angst Back In Fashion', *Financial Times*, 27-28 décembre 1997.

Bailey, Doug, 'Jarvis and Bowie Light Up', *Big Issue*, 8 décembre 1997.

Bohn, Chris, 'Merry Christmas, Mr Bowie', *NME*, 16 avril 1983, pp. 26-30 et 49.

Brazier, Chris, 'Bowie : Beauty Before Outrage', *Melody Maker*, 4 septembre 1976, pp. 17 et 38.

Brown, Gary, 'Monster Maestro', *Record Mirror*, 9 août 1980, p. 8.

Buford, Bill, 'That Nat Tate Hoax', *Guardian*, 10 avril 1998.

Cocks, Jay, 'David Bowie Rockets Onwards', *Time*, 18 juillet 1983.

Cohen, D.R., 'David Bowie Eats His Young', *Rolling Stone*, 25 décembre 1980, p. 102.

Coleman, Ray, 'A Star Is Born', *Melody Maker*, 15 juillet 1972.

Cook, Richard, 'Ziggy Popped', *Punch*, 23 mars 1990.

Copetas, Craig, 'Beat Godfather Meets Glitter MainMan', *Rolling Stone*, 12 février 1976, pp. 14-17.

Crowe, Cameron, 'Ground Control To Davy Jones', *Rolling Stone*, 12 février 1976, pp. 29-33.

Currie, David, 'Tony Visconti : a Producer's tale', *Starzone*, 11, 1984.

Davies, Andrew, 'Starman Lost in Cyberspace', *Big Issue*, 11-17 janvier1999.

Davies, Stephen, 'Performance : David Bowie, Radio City Music Hall', *Rolling Stone*, 29 mars 1973, p. 16.

Deevoy, Adrian, 'Boys Keep Swinging', *Q*, juin 1989, pp. 62-70.

Elms, Robert, 'All You Have To Do Is Win', the *Face*, mai 1985, pp. 50-56.

Ferris, Tim, 'David Bowie In America-The Iceman, Having Calculated, Cometh', *Rolling Stone*, 9 novembre 1972, pp. 38-42.

Franks, Alan, 'Keeping Up With The Jones', *The Times* magazine, 9 septembre 1995, pp. 9-12.

Fricke, David, 'The Dark Soul of a New Machine', *Rolling Stone*, 15 juin 1989, pp. 137-139.

Frith, Simon, 'Only Dancing : David Bowie Flirts with the Issues', (1983) in McRobbie, A., ed .,*Zoot-Suits and Second-Hand Dresses : an Anthology of Fashion and music*, Basingstoke : MacMillan Education, 1989, pp. 132-140.

Finn, D.E., 'Moon and Gloom : David Bowie's Frustrated Messianism', *Commonweal* n° 1, 1983, pp. 467-468.

Gillman, Peter, 'Going Straight, A New Role For The Rebel', *You* (*Mail On Sunday* magazines), 6 avril 1986, pp. 16-19.

Glaister, Dan, *Guardian*, 19 février 1996, pp. 8-9.

Hilburn, Robert, 'Bowie : Now I'm A Businessman', *Melody Maker*, 28 février 1976, pp. 9-10.

Holden, Stephen, 'Rock Kings, Drag Queens : a Common Strut', *New York Times*, dimanche 1er juin 1998.

Horkins, Tony, 'Golden Years', *Rock On CD*, 1992, pp. 56-58.

Hughs, Tim, 'Bowie For A Song' (1970), réimprimé dans Elizabeth Thomson, et Gutman, David, eds., *The Bowie Companion*, 1993.

Jerome, J., 'A Session With David Bowie', *Life*, décembre 1992.

Jones, Allan, 'The great Hope Versus The Thin White Duke', *Melody Maker*, 21 avril 1979, p. 9.

Jones, Allan, 'Stop Me If You've Heard This One Before', the above *Melody Maker* story relived, *Uncut*, 24 mai 1999.

Jones, Cliff, 'David Bowie/Nine Inch Nails, Meadowlands Arena live review', *Mojo*, 25 décembre 1995.

Jones, Dylan, *The Times*, 9 octobre 1994.

Kirkup, Martin, Review of *Diamond Dogs*, *Sounds*, 4 mai 1974, p. 16.

Kureishi, Hanif, 'The Boy In The Bedroom' (article non publié), 1993.

Koenig, Peter R., 'The Laughing Gnostic', essai sur Internet.

Laing, Dave, et Frith, Simon, 'Bowie Zowie', *Let It Rock*, juin 1973, pp. 34-35.

Loeffler, Mark, 'Designer Remedies For Bowie's Theatre Bug', *Theatre Crafts*, 21 novembre 1987, pp. 38-41, 80-81.Malins, Steve, 'Duke Of hazard', *Vox*, octobre 1995.

MacKay, Patricia, 'Serious – and Stunning – Moonlight', *Theatre Crafts*, 18 janvier 1984, pp. 17-19, 66, 68-71.

MacKay, Patricia, 'Surrealism and Di Chirico : Mark Ravitz Designs', *Theatre Crafts*, 18 janvier 1984, p. 67.

MacKinnon, Angus, 'The Elephant Man Cometh And Other Monstruous Tales', *NME*, 13 septembre 1980, pp. 31-39, 61.

McNeill, Phil, 'The Axeman Cometh...', *Wire*, octobre 1991, pp. 42-46, 69.

Mendelsohn, John, 'David Bowie ? Pantomime Rock ?', *Rolling Stone* n° 79, 1er avril 1971, p. 16.

Morgan, J., Review of *Stage*, *Creem*, janvier 1979, p. 78.

Murray, Charles Shaar, 'Sermon From The Savoy', *NME*, 29 septembre 1984.

Murray, Charles Shaar, 'David Bowie : Who Was That (Un)Masked Man ?', *NME*, 12 novembre 1977, réimprimé dans *Shots From The Hip*, Penguin, 1991.

Murray, Charles Shaar, 'And The Singer's Called Dave...', *Q* n° 61, 1991, pp. 56-64.

Murray, Charles Shaar, 'The Man Who Fell To Earth', *Arena*, mai-juin 1993, pp. 80-82.

Norman, Phlip, 'No Hiding Face', *Sunday Times*, 19 septembre 1999, pp. 22-28.

O'Grady, Anthony, 'Dictatorship : the Next Step ?', *NME*, 23 août 1975, pp. 5-6.

O'Hagan, Sean, Major Tom.com, *Observer*, 16 janvier 2000, p. 27.

Paphides, Peter, 'Cyberspace Oddity', *Time Out*, décembre 1998.

Parsons, Tony, Bowie Interview, *Arena*, mai-juin 1993.

Penman, Ian, 'What Was That All About ?', *Guardian*, 7 novembre 1996, pp. 2-3.

Pond, Steve, 'Beyond Bowie', *Live !*, mars 1997.

Paulson, Diana (transcription), 'Chat@Eden Online' (*chat* de David Bowie), 2 février 2000.

Rice, Anne, 'David Bowie and the End of Gender', *Vogue* n° 173, novembre 1983, pp. 432-435.

Roberts ; Chris, 'David Bowie with La La La Human Steps', *Melody Maker*, 9 juillet 1988, p. 20.48-49.

Robinson, Lisa, 'Clockwork Orange In Black&White', *Creem*, mai 1976, pp. 48-49.

Rock, Mick, 'David Bowie Is Just Not Serious', *Rolling Stone*, 8 juin 1972, p. 14.

Rook, Jean, 'Bowie Reborn', *Daily Express*, 14 février 1979, p. 7.

Sandall, Robert, 'Demolition Man', *The Times* n° 12-13, 1995.

Savage, Jon, 'The Gender Bender', the *Face* n° 7, novembre 1980, pp. 16-20.

Simpson, Kate, Interview, *Music Now !*, 1969.

Shrorer, Steve, et Lifflander John, 'David Bowie : Spaced Out in the Desert', *Creem*, décembre 1975.

Sischy, Ingrid, Bowie interview, *Interview*, septembre 1995.

Snow, Mat, 'Mr Bowie Changing Trains', *Mojo*, octobre 1994.

'Don't Condemn Pop', *Spearhead* n° 150, avril 1981.

Spencer, Neil, 'Space Invader', *Uncut*, août 1998.

Sullivan, Caroline, 'Kitsch'n'Synch Adds Up To Art', *Guardian*, 16 novembre 1995.

Sutherland, Steve, 'Metallic KO', *Melody Maker*, 27 mai 1989, p. 33.

Sutherland, Steve, 'Tin Machine : Metal Gurus', *Melody Maker*, 1er juillet 1989, pp. 20-22.

Sutherland, Steve, 'Tin Machine : The Industrial Blues', *Melody Maker*, 8 juillet 1989, pp. 28-60.

Sutherland, Steve, 'Bowie : Boys keep Swinging', *Melody Maker*, 24 mars 1990, pp. 24-26.

Sutherland, Steve, 'Bowie, Ch-Ch-Ch-Ch-Changes ?', *Melody Maker*, 31 mars 1990, pp. 20-22.

Sutherland, Steve,, 'One Day, All This Could Be Yours...', *NME*, 20 mars 1993, pp. 28-31.

Sutherland, Steve, 'Alias Smiths and Jones', *NME*, 27 mars 1993, pp. 12-13.

Sweeting, Adam, 'The Star Who Fell To Earth', *Guardian*, 3-4 mars 1990, pp. 4-6.

Sweeting, Adam, 'Tin Machine Live Review', *Guardian*, 12 novembre 1991.

Thompson, Ben, *Independent*, 28 mars 1996.

Thomas, D., 'Bowie's Profile', *Extra*, 9 mars 1986, pp. 4-7.

Tomkins, Richard, 'Bowie – The Man Who Sold The Web', *Financial Times* (édition on-line), 28 janvier 2000.

Turner, Steve, 'The Great Escape Of The Thin White Duke', *Independent*, 4 mai 1991, p. 43.

Tyler, A., 'David Bowie', *Superpop –A Disc Special*, 1973, p. 34.

Walker, Andrew, 'David Bowie : Banking on Success', *BBC News* (édition on-line), janvier 2000.

Watts, Michael, 'Oh You Pretty Thing', *Melody Maker*, 22 janvier 1972, pp. 19 et 42.

Watts, Michael, 'Confessions of an Elitist', *Melody Maker*, 18 février 1978, pp. 36-40.

Wells, Steven, 'The Artful Codger', *NME*, 25 novembre 1995.

White, Timothy, 'David Bowie : a Fifteen Year Odyssey of Image and Imagination', *Musician* n° 55, mai 1983, pp. 52-56, 122.

Wild, David, 'Bowie's Wedding Album', *Rolling Stone*, 21 janvier 1993, p. 14.

Yates, Paula, 'Bob, Blitz & Bowie ', *Record Mirror*, 18 septembre 1979.

Yates, Robert, 'Back On The Outside Looking In', *Guardian*, 29 septembre 1995, pp. 10-11.

Fanzines / Hommages

Un nombre considérable de fanzines publiés depuis les années 70 ont joué un rôle vital dans la promotion du culte de Bowie et l'accès des fans à l'information. Avec l'apparition de BowieNet et de nombreux autres sites dédiés à Bowie, les fans ont tendance à les délaisser. Néanmoins, trois fanzines anglais méritent l'intérêt des esprits curieux :

Starzone, édité par David Currie. (Professionnel et compétent, contenant de nombreuses interviews avec des obsessionnels de Bowie. Publié de 1981 à 1987.)

Zi Duang Provence, édité par Dean Baalam. (Original, un côté fait maison, mais intensément enthousiaste. Publié de 1987 à 1993.)

Crankin'Out !, édité par Steve Pafford. (Illustré. Professionnel. Pour plus d'informations, contacter Steve, P.O. Box 3268, Londres NW6 4NH, joindre une enveloppe timbrée à son nom et adresse.)

Aux États-Unis, un des fanzines les plus durables pendant la fin des années 80 et les années 90 a été Rumours And Lies and Stories They Made Up, *édité par Mike Alford (fait maison aussi, mais plein d'informations).*

Des groupes de fans existent dans le monde entier et célèbrent Bowie par des concerts, expositions, conventions et rencontres. « Les Inconditionnels de David Bowie », basés en France, publient un magazine de temps à autre. L'essentiel de l'activité des fans semble désormais centrée sur l'Internet, avec ses myriades de sites et de forums.

Le culte de Bowie et les fans de la pop

Frith, Simon, 'The Art Of Posing', in *Music For Pleasure*, Frith, S., ed., Oxford : Blackwell, 1988, pp. 176-179.

Hebdidge, Dick, *Subculture : The Meaning Of Style*, Methuen, 1979.

Jenson, J., 'Fandom As Pathology : The Consequences Of Characterization', in Lewis, L.A., ed., *The Adoring Audience : Fan Culture and Popular Media*, Routledge, 1992, pp. 9-29.

Kureishi, Hanif, *Le Bouddha de Banlieue*, Bourgois, 1991.

Miller, Harland, *Slow Down Arthur, Stick To Thirty*, Fourth Estate, 2000.

Redhead, Steve, *Football With Attitude*, Manchester : Wordsmith, 1991.

Sampson, Kevin, *Awaydays*, Jonhatan Cape, 1998.

Taylor, I., et Wall, D., 'Beyond Skinheads : Comments on the Emergence and Significance of the Glamrock Cult' in Mungham, G., et Pearson, G., eds., *Working Class Youth Culture*, Routledge, 1976, pp. 105-123.

Thorne, T., *Fads, Fashion and Cults*, Bloomsbury, 1993.

Vermorel, Fred et Judy, *Starlust : The Secret Fantasies of Fans*, Comedia, 1985.

Vermorel, Fred et Judy, *Fandemonium ! : the Book of Fan Cults and Dance Crazes*, Omnibus, 1989.

Willis, Paul, *Profane Culture*, Routledge, 1978.

Willis, Paul, *Common Culture*, Buckingham : Open University Press, 1990.

Wise, Sue, 'Sexing Elvis' (1984) in Frith, S. &Goodwin, A., eds., *On Record : Rock, Pop and the Written Word*, Routledge, 1990, pp. 390-398.

York, Peter, *Style Wars*, Sidgwick&Jackson, 1980.

Critique et histoire de la pop 1950-2000

Au cours des dix dernières années, on a assisté à un déluge de livres et d'articles venant de toutes sortes de points de vue intellectuels sur la pop et la culture populaire. Les meilleures analyses reconnaissent le pouvoir de la pop dans la vie confuse de la fin du vingtième siècle et examinent comment la musique a affecté et touché les individus. Les ouvrages qui suivent sont tous recommandés, et beaucoup sont des classiques. Tous ont été consultés pendant les recherches effectuées pour ce livre et sa rédaction.

Bangs, Lester, *Psychotic reactions et autres carburateurs flingués*, Tristram, 1996.

Bracewell, Michael, *England Is Mine : Pop Life in Albion from Wilde to Goldie*, Harper Collins, 1997.

Chambers, Iain, *Urban Rhythms*, MacMillan, 1985.

Corbett, John, *Extended Play : Sounding Off From John Cage To Dr. Funkenstein*, Durham, North Carolina : Duke University Press, 1994.

Eno, Brian, et Schmidt, Peter, *Oblique Strategies* (boxed set over 500 cards), Leigh-on-Sea : Opal Information, 1975.

Eno, Brian, *Une année aux appendices gonflés : Journal*, Serpent à plumes, 1998.

Frith, Simon, *Sound Effects : Youth, leisure, and the Politics of Rock'n'-Roll*, New York : Pantheon, 1981.

Frith, Simon, 'Essay Review : Rock Biography', *Popular Music 3 : Producers and markets*, in Middleton, R., et Horn, D., eds., Cambridge University press, 1983, pp. 271-277.

Frith, Simon, *Art into Pop*, (with Howard Horne), Methuen, 1987.

Frith, Simon, 'After Word. Making Sense of Video : Pop into the Nineties' in *Music For Pleasure*, Oxford : Blackwell, 1988, pp. 205-225.

Frith, Simon, 'The Suburban Sensibility in British Rock and Pop', in

Visions of Suburbia, ed., Roger Silverstone : Routledge, 1997, pp. 269-279.

Frith Simon, and McRobbie, Angela, 'Rock and Sexuality' (1978), in *On Record : Rock, Pop and the Written Word*, Frith, S., et Goodwin, A., eds., Routledge, 1990, pp. 317-389.

Gill, John, *Queer Noises, Male and Female Homosexuality in Twentieth-Century Music*, Cassell, 1995.

Grant, Linda, 'Cut and Trust', *Guardian*, 5 février 1996.

Herman, Gary, *Rock'n'Roll Babylon*, Plexus, 1994.

Hill, Dave, *Designer Boys and Material Girls*, Poole : Blandford Press, 1986.

Hipgnosis, et Dean, R., *The Album Cover Album*, Dragon's World, 1977.

Holdstein, Deborah, 'Music Video : Messages and Structure', *Jump/Cut* n° 1, 1984, pp. 13-14.

Hoskyns, Barney, *Glam ! Bowie, Bolan and the Glitter Rock Revolution*, Faber&Faber, 1998.

Hunter, Ian, *Diary of a Rock-and-Roll Star*, Independent Music Press, 1996 (1974).

Jones, Cliff, and Trnka, Paula, 'Whatever Turns You On' (Iggy Pop special), *Mojo*, 29 avril 1996.

Keil, Charles, *Urban Blues*, Chicago : University o Chicago Press, 1966.

Laing, Dave, *One Chord Wonders : Power and Meaning in Punk Rock*, Milton Keynes : Open University Press, 1985.

Longhurst, Brian, *Popular Music and Society*, Cambridge : Polity, 1995.

Marcus, Greil, *Lipstick traces : une histoire secrète du vingtième siècle*, Gallimard, 2000.

Melly, George, *Revolt Into Style : The Pop Arts in the 50s and 60s*, Oxford University Press, 1970 (1989).

Moore, Alan F., *Rock : The Primary Text*, Buckingham : Open University Press, 1993.

Murray, Charles Shaar, *Crosstown Traffic : Jimi Hendrix and Post-War Pop*, Faber&Faber, 1989.

McNeil, Legs, et McCain, Gillian, *Please Kill Me : The Uncensored Oral History Of Punk*, Abacus, 1997.

McDonald, Ian, *Revolution in the Head : the Beatles' Records and the Sixties*, Fourth Estate, 1994.

Needs, Kris, *Needs Must : A Very Rock'n'Roll Life Story*, Virgin, 1999.

O'Brien, Lucy, *She Bop : The Definitive History of Women in Pop*, Penguin, 1995.

Paytress, Mark, *Twentieth Century Boy : The Marc Bolan Story*, Sidgwick&Jackson, 1992.

Peebles, Andy, *The Lennon Tapes*, BBC Publications, 1981.

Redhead, Steve, *Football With Attitude*, 1991.

Reynolds, Simon, *Blissed Out : The Raptures of Rock* : Serpent's Tail, 1990.

Reynolds, Simon, and Press, Joy, *The Sex Revolts : Gender, Rebellion and Rock'n'Roll*, Serpent's Tail, 1995.

Rimmer, Dave, *Like Punk Never Happened : Culture Club and the New Pop*, Faber&Faber, 1985.

Savage, Jon, 'Androgyny', the *Face*, n° 38, juin 1983 pp. 20-23.

Savage, Jon, 'Humpty Dumpty and the New Authenticity', the *Face* n° 63, juillet 1985, p. 70.

Savage, Jon, 'The Enemy within : Sex, Rock and Identity', in Frith, Simon, ed., *Facing The Music*, New-York : Pantheon, 1988, pp. 131-172.

Savage, Jon, 'The Age of Plunder' (1983), in McRobbie, A., ed., *Zoot-Suits and Second-hand Dresses : an Anthology of Fashion and Music*, Basingstoke :MacMillan Education, 1989, pp. 169-180.

Savage, Jon, 'Tainted Love', in Tomlison, A., ed., Consumption, *Identity and Style*, Routledge, 1990.

Savage, Jon, *England's Dreaming, les Sex Pistols et le mouvement punk*, Allia, 2002.

Savage, Jon, et Kureishi, Hanif, eds., *The Faber Book Of Pop*, 1995.

Savage, Jon, *Time Travel : From The Sex Pistols to Nirvana : Pop ; Media And Sexuality*, 1977-96, Chatto&Windus, 1996.

Shore, Martin, *The Rolling Stone Book of Rock Video*, Sidgwick&Jackson, 1984.

Sinclair, Dave, *Rock On CD : The Essential Guide*, Kyle Cathie, 1992.

Street, John, *Rebel Rock : the Politics of Popular Music*, Oxford : Blackwell, 1986.

Tamm, Eric, *Brian Eno : His Music and the Vertical Color of Sound*, Faber&Faber, 1990.

Médias, société, idées 1950-2000

Ansell Pearson, Keith, ed., *Deleuze and Philosophy : the Difference Engineer*, Routledge, 1997.

Ansell Pearson, Keith, *Viroid Life : Perspectives on Nietzsche and the Transhuman Condition*, Routledge, 1997.

Bockris, Victor, *Andy Warhol*, Plon, 1990.

Booker, Christopher, *The Seventies, Portrait of a Decade*, Allan Lane, 1980.

Boyd, William, *Nat tate, un artiste américain 1928-1960*, Seuil, 2002.

Brennan, J.H., *Occult Reich*, Futura, 1974.

Bulldog, (Paper of the Young National Front) 'White European Dance music', n° 25, novembre-décembre 1981.

Burroughs, William S., *Le Festin nu*, Gallimard, 2002.

Collings, Matthew, *Blimey ! from Bohemia to Britpop : The London Artworld from Francis Bacon to Damien Hirst*, 21, 1998.

Deleuze, Gilles, et Guattari, Félix, *Mille plateaux : capitalisme et schizophrénie*, Minuit, 1980.

Edwards, Frank, *Strange People*, Secaucus : Citadel Press.

Garber, Marjorie, *Vice Versa : Bisexuality and the Eroticism of Everyday Life*, Hamish Hamilton, 1995.

Gysin, B. , et Burroughs, W., *Oeuvre croisée*, Flammarion, 1998.

Harrer, Heinrich, *Sept ans d'aventures au Tibet*, Arthaud, 1997.

Hoggart, Richard, *The Uses of Literacy*, Penguin, 1992 (1957).

Hunt, Leon, *British Low Culture : From Safari Suits to Sexploitation*, Roultledge, 1998.

Lydenberg, R., *World Cultures : Radical Theory and Practice in William S. Burroughs' Fiction*, Urbana : University o Illinois Press, 1987.

Medhurst, Andy, 'Negotiating the Gnome Zone : Visions Of Suburbia in British popular Culture', in Silverstone, R., ed., *Visions of Suburbia*, pp. 240-268, Routledge, 1997.

Metzner, Richard, *Maps Of Conciousness*, Collier-MacMillan, 1971.

Morgan, Ted, *Literary Outlaw : The Life and Times of William S. Burroughs*, New York : Henry Holt, 1988.

McKenna, Terrence, *Food Of The Gods : a Radical History Of Plants, Drugs and Human Evolution*, Rider, 1992.

Silverstone, Roger, ed., *Visions of Suburbia*, Routledge, 1997.

Singer, June, *Androgyny : Toward a New Theory of Sexuality*, Routledge, 1977.

Sontag, Susan, 'Notes On Camp', in *Against Interpretation and Other Essays*, Eyre&Spottiswoode, 1967.

Symond, J., *The Great Beast : The Life and Magick of Aleister Crowley*, MacDonald, 1971.

Sulloway, Frank, *Les Enfants rebelles : ordre de naissance, dynamique familiale, vie créatrice*, Odile Jacob, 1999.

Taylor, Brandon, *The Art Of Today*, Weidenfeld and Nicolson, 1995.

Taylor, Rogan, *The Death and Resurrection Show : From Shaman to Superstar*, Anthony Blond, 1985.

The Legendary Stardust Cowboy (vrai nom : Norman Odam), 1969, 'My Life', courte biographie extraite de son site web officiel, Paralysed, 1998.

Willet, J., ed. et trad., *Brecht On Theatre : the Development of an Aesthetic*, Methuen, 1964.

Paroles des chansons

Pour plus d'information concernant les efforts littéraires de Bowie, voir Bowieart.com.

Modern Painters
D. Bowie – Interview avec Julian Schnabel – Painting the Veils of Time
Hiver 1998

Interview magazine
D. Bowie – Interview avec Roy Lichtenstein
Décembre 1997

Modern Painters
D. Bowie – It's Art Jim But As We Know it (interview avec Tracy Emin)
Automne 1997

Raygun : Out of Control
D. Bowie – The Closing Down : interviews avec Tony Oursler, Yoko Ono et Roy Lichtenstein, Angleterre
1997 Booth Gibbons Editions

Interview magazine
D. Bowie – Jibby Beane the Art Machine
Décembre 1996

Dazed and Confused
D. Bowie – Fashion : Turn to the Left
Bowie en conversation avec Alexander McQueen
Décembre 1996

Telegraph
D. Bowie – Fashion Victims, Florence Biennale
5 octobre 1996

Modern Painters
D. Bowie – Stop Press : Death Row Damien Delights
Été 1996

The *Independent*
Death, Passion and Contradiction, par Bowie et Hirst
15 juin 1996

Evening Standard
D. Bowie – Bowie on Kossoff
31 mai 1996

Modern Painters
D. Bowie – Basquiat's Wave
Printemps 1996

Q magazine
D. Bowie – The Beautiful, I Won't Rap, She Won't Dance, Very Tricky
  Piece
Octobre 1995

Modern Painters
D. Bowie – The Cleanest Work of All (Johannesburg Biennale)
Été 1995

Q magazine
D. Bowie – The Diary of Nathan Alder (texte et illustrations de D. Bowie)
Hiver 1994

Modern Painters
D. Bowie – Balthus the Last Legendary Painter
Automne 1994

Zoetrope magazine a présenté des dessins et des peintures de Bowie dans
  son numéro d'avril 1999.

A VOIR

Bowie à la télévision

Bowie est apparu dans des milliers d'émissions de télévision dans le monde entier depuis les années 60. Ce qui suit est un court échantillon des plus importantes consultées pendant la rédaction de ce livre. Cracked Actor, d'Alan Yentob, diffusé pour la première fois en janvier 1975 par la BBC, est un document essentiel de l'histoire du rock, et la meilleure émission réalisée sur Bowie à ce jour pour la télévision. Le spécial Bowie de Legends, *sur VH1, présenté par le comédien et surréaliste Eddie Izzard, est le meilleur résumé récent de la carrière de Bowie.*

The Tonight Show, 1964 : toute première apparition à la TV de Bowie, en tant que Président de la Société pour la prévention de la cruauté envers les hommes à cheveux longs (Society for Prevention of Cruelty to Long-Haired Men). Interviewé par un Cliff Michelmore stupéfié.
Top of the pops, 1972 (chante 'Starman').
Nationwide 73, (film disponible sur Bowiemania '73, avec une interview et une séquence live de Bowie et des interviews avec ses fans).
The 1980 Floor Show (NBC), 1973.
Cracked Actor, BBC, 1975 (le grand classique des rockumentaires).
Bing Crosby's *Merry Olde Christmas,* 1977. (duo avec Bing – 'Peace On Earth'/'Little Drummer Boy' ; Bowie chante son titre 'Heroes')
Marc television show, Granada, 1977. (Bowie chante 'Heroes' avant un duo inachevé avec Bolan)
Kenney EverettVideo Show, LWT, 1979. (Bowie interprète 'Boys Keep Swinging' et joue une farce avec Everett)
Kenney Everett New Year Special, LWT, 1979. (version acoustique de 'Space Oddity')
Saturday Night Live, NBC, 1979. (interprétation classique avec Klaus Nomi et Joey Arias)
Johnny Carson Show, 1980. (chante 'Ashes to Ashes' et 'Life on mars')
The Snowman, Channel 4, 1983 : présente ce classique des films d'animation en pull moulant avec une coiffure sculptée d'un blond décoloré.
Top of the Pops, 1987. Bowie interprète 'Time Will Crawl' (non diffusé jusqu'aux années 90).
VH1, 1998. Légendes : David Bowie.
VH1, *Storytellers,* 1999. Un court *live* émaillé de traits d'humour et d'anecdotes de Bowie.

Les clips de Bowie

'John, I'm Only Dancing'(1972). Réalisé par Mick Rock.
'The Jean Genie'(1972). Réalisé par Mick Rock.
'Space Oddity'(1973). Réalisé par Mick Rock.
'Life On Mars'(1973). Réalisé par Mick Rock.
'Be My Wife'(1977). Réalisé par Stanley Dorfman.

'Heroes'(1977). Réalisé par Nick Ferguson.
'Boys Keep Swinging'(1979). Réalisé par David Mallet.
'DJ'(1979). Réalisé par David Mallet.
'Look Back In Anger'(1979). Réalisé par David Mallet.
'Ashes To Ashes'(1980). Réalisé par David Mallet.
'Fashion'(1980). Réalisé par David Mallet.
'Wild Is The Wind'(1981). Réalisé par David Mallet.
'Under Pressure' avec Queen (1981).
'Little Drummer Boy/Peace On Earth'(1982, tourné en 1977).
'Let's Dance'(1983). Réalisé par Bowie et David Mallet.
'China Girl'(1983). Réalisé par Bowie et David Mallet.
'Modern Love'(1983). Réalisé par Jim Yukich.
'Jazzin'For Blue Jean'(1984). Réalisé par Julien Temple.
'Blue Jean'(1984). Clip différent de ci-dessus, filmé au Wag Club pour les
    USA.
'Loving The Alien'(1985). Réalisé par David Mallet.
'Dancing In The Street'(1985). Réalisé par David Mallet.
'Absolute beginners'(1986). Réalisé par Julien Temple.
'Underground'(1986). Réalisé par Steve Barron.
'As The World Falls Down'(1986). Réalisé par Steve Barron.
'When The Wind Blows'(1986). Réalisé par Steve Barron.
'Day In Day Out'(1987). Réalisé par Julien Temple.
'Never Let Me Down'(1987). Réalisé par Jean-Baptiste Mondino.
'Fame 90'(1990). Réalisé par Gus Van Sant.
'Real Cool World'(1992). Clip d'animation, Bowie n'y apparaît pas.
'Jump They Say'(1993). Réalisé par Mark Romanek.
'Black Tie White Noise'(1993). Réalisé par Mark Romanek.
'Miracle Goodnight'(1993). Réalisé par Matthew Rolston.
'The Buddha Of Suburbia'(1993).
'The Heart's Filthy Lesson'(1995). Réalisé par Sam Bayer.
'Strangers When We Meet'(1995). Réalisé par Sam Bayer.
'Hallo Spaceboy'(1996). Réalisé par David Mallet.
'Little Wonder'(1996). Réalisé par Floria Sigismondi.
'Dead Man Walking'(1997). Réalisé par Floria Sigismondi.
'Seven Years In Tibet'(1997). Réalisé par Doro Productions.
'I'm Afraid Of Americans' avec Trent Reznor (1997). Réalisé par Dom et
    Nick.
'Thursday's Child'(1999). Réalisé par Walter Stern.
'Under Pressure'(1999).Queen et David Bowie (RAH mix).
'The Pretty Things Are Going To Hell'(1999, bien que non autorisé en
    Europe avant mars 2000). Réalisé par Dom et Nick.
'Survive'(1999). Réalisé par Walter Stern.

Bowie n'apparaît pas en personne dans Under Pressure *(version originale)
ni* Real Cool World*. il apparaît en revanche dans un petit rôle dans les clips*
Mercy Mercy Me (The Ecology) *de Marvin Gaye et* Perfect Day, *une réalisation de divers artistes pour* Children In Need. *Une photo de Bowie avec Iggy
Pop le jour de leur rencontre avec Kraftwerk au printemps 1976 est également
incluse dans la promotion de leur single de 1977* Trans Europa Express. *Plu-*

sieurs émissions de télévision ont été également utilisées ponctuellement à des fins publicitaires, telles que l'interprétation de Bowie de Rebel Rebel à Top Pop (1974), son apparition au Dick Cavett Show pour Young Americans (1974), au Cher show en 1975, où il chanta Fame, et son interprétation de Golden Years dans Soul Train la même année. Ces extraits ont été montrés à Top of the Pops sur la BBC, en l'absence de clips. Top of the Pops a souvent élaboré des clips non officiels pour les singles de Bowie, comme pour son tube de 1974 Knock On Wood. Son interprétation live de Starman en 1972 est fréquemment diffusée. Selon certaines sources, Bowie aurait aussi chanté The Jean Genie au studio de Top of the Pops en décembre 1972, mais l'auteur de ce livre n'a jamais vu d'images qui puissent confirmer ces propos.

Vidéos et DVD de Bowie

1969	*Love You Till Tuesday* (vidéo)	Polygram
1982	*Ziggy Stardust* (viéo live)	RCA
1983	China Girl Video 45	Sony
1984	*Christiane F.* (vidéo)	Media
1984	*Jazzin' for Blue Jean* (vidéo)	Pioneer
1984	*Love You Till Tuesday* (vidéo)	Deram
1984	*Serious Moonlight* (vidéo)	Pioneer
1985	*Ricochet* (vidéo)	JEM/Passport
1988	*Glass Spider* (vidéo)	MPI
1993	*Video Collection*	Rykodisc
1994	*Black Tie White Noise* (vidéo)	BMG Video
2001	*Glass Spider Tour* (live)	
2002	*The Best Of Bowie* (DVD)	Virgin
2003	*Ziggy Stardust : The Motion Picture* (DVD live)	Virgin
2004	*Origins Of A Starman*	Music Video Distributors

Les films de Bowie

Ci-dessous une liste des principaux rôles de Bowie à l'écran.

L'Homme qui venait d'Ailleurs (1976). Réalisé par Nicolas Roeg.
Just a Gigolo (1978). Réalisé par David Hemmings.
Moi, Christiane F., 13 ans, droguée, prostituée... (1981). Réalisé par Ulrich Edel.
Les Prédateurs (1983). Réalisé par Tony Scott.
Furyo (1983). Réalisé par Nagisa Oshima.
Série Noire pour une Nuit Blanche (1985). Réalisé par John Landis.
Absolute Beginners (1986). Réalisé par Julien Temple.
Labyrinthe (1986). Réalisé par Jim Henson.
La Dernière Tentation du Christ (1988). Réalisé par Martin Scorsese.
The Linguini Incident (1991). Réalisé par Richard Shepard.
Twin Peaks (1992). Réalisé par David Lynch.
Basquiat (1995). Réalisé par Julian Schnabel.

Mio West (1998). Réalisé par Giovanni Veronesi.
Everybody Loves Sunshine (1999). Réalisé par Andrew Goth.
Mr Rice's Secret (1999). Réalisé par Nick Kendall.

Bowie au théâtre

Le seul rôle important de Bowie au théâtre a été son incarnation, fort applaudie, de The Elephant Man, *dans la production de Jack Hofsiss à Broadway en automne-hiver 80-81.*

Bowie sur la Toile

Voir Bowieart.com
Expositions

1999

Cologne, Ludwig Museum.
I Love New York – croisement d'arts contemporains
Collaboration avec Laurie Anderson 'Line'
Parmi les artistes : Oursler, Aitkin, Long, Mori, Stockholder.
6 novembre-1er février 1999

1998

Londres, Chisenhale Gallery
Roots – Installations sonores et artistiques de Thurston Moore
Parmi les artistes : Gavin Turk, Jon Tye, Thurston Moore.
19 octobre-1er novembre 1998

Bâle, Group Show à la galerie d'art Daniel Blaise Thorens
Octobre 1998

1997

Londres ICA
Vente aux enchères du 50e anniversaire
Parmi les artistes : Apel, Bowie, Chapman, Chadwick, Christo, Hirst,
   Paolozzi, Riley, Smith, Turk, Viola, Wallinger, Whiteread.
23 juin 1997

Londres, Milestones, Royal College of Art et lieux variés
21 janvier-16 février 1997

1996

Londres, Jibby Beane, Through the Looking Glass
(collaboration avec David D'Angelis)
décembre 1996

Florence, Biennale di Firenze
New Persona/New Universe – Statione Leopolda
21 septembre-15 décembre 1996

Bâle, galerie d'Art Daniel Blaise Thorens, David Bowie
25 mai-7 juillet 1996

Londres, ICA
Incarcerated with Artaud and Genet : installation de David Bowie
31 mai-2 juin 1996

1995

Montreux, jazz Festival
David Bowie – peintures, impressions et sculptures
7-22 juillet 1995

Bristol, Amolfini Gallery
Collaboration David Bowie/Damien Hirst, Minky Manky
17-30 juin 1995

Londres, galerie dans Cork Street
David Bowie – New Afro Pagan and Work 1975-95
18-29 avril 1995

Londres, Christie
Manson and Wood
Vente aux enchères au profit de l'Imperial Cancer Research
Février 1995

1994

Londres, Berkeley Square Gallery
Minotaur Myths and Legends
17 novembre-3 décembre

Londres, Flowers East, Bosnia War Child
27 septembre-9 octobre

Commandes
1995, poster du Jazz Festival de Montreux
(les posters précédents avaient été commandés entre autres à David Hockney, Jean Tinguely, Nicky de Saint Phalle et Keith Haring)

Collections publiques et privées
Floride
Jacksonville Museum of Modern Art

Manchester
Whitworth Museum

Londres
Saatchi Collection

Bowie interactif

Jump : The David Bowie Interactive CD-ROM, BMG/ION, 1994
The Nomad Soul, Eidos Interactive

LES CHANSONS : ENREGISTREMENTS OFFICIELS

Albums :

Tous les albums studio de David Bowie de 1969 à 1989, y compris le premier album Tin Machine *ont été réédités par EMI en septembre 1999. Ci-dessous se trouve une liste de tous les albums studio de Bowie et une sélection des compilations actuellement disponibles, avec leur date originelle de sortie et leur numéro de catalogue britannique, ainsi que leur performance dans les charts anglais et américains depuis l'époque de leur sortie. Les anthologies et compilations médiocres ou supprimées, qui sont légion, n'ont pas été incluses ici. Ceux qui s'intéressent aux premiers enregistrements de Bowie à partir du milieu des années 60 doivent consulter* David Bowie : Early On *(1964-1966) (US CD Rhino R2 70526),* David Bowie : Rock Reflections *(CD australien : Deram/polydor 820 549 2) et* David Bowie : the Deram Anthology *1966-1968 (Deram 844 784-2). Ci-dessous une liste raisonnable et écoutable de certaines des meilleures chansons pop jamais enregistrées.*

David Bowie	Deram DML.1007	Juin 1967	
David Bowie[1] *	Philips SBL 7912	Nov 1969	UK 17/38
			US 16/36
The Man Who Sold The World[2] *	Mercury 6338041	US nov 70, UK avr 71	UK 26/31 US 105/23
Hunky Dory *	RCA SF8244	Déc 1971	UK 3/122
			US 93/16
The Rise And Fall Of Ziggy Stardust And The Spiders From Mars *	RCA SF8287	Juin 1972	UK 5/172 US 75/81
Aladdin Sane *	RCA RS 1001	Avr 1973	UK 1/72
			US 17/22
Pin-Ups *	RCA RS 1003	Oct 1973	UK 1/39
			US 23/21
Diamond Dogs *	RCA APLI.0576	Avr 1974	UK 1/39
			US 5/25
David Live *	RCA APL2.0771	Oct 1974	UK 2/12
			US 8/21
Young Americans *	RCA RS. 1006	Mars 1975	UK 2/16
			US 9/51
Station To Station *	RCA APLI.1327	Jan 1976	UK 5/17
			US 3/32

---

1. Cet album a été réédité sous le titre *Space Oddity* en novembre 1972 et c'est sous ce titre qu'il y est fait référence dans le texte.
2. Cet album a été réédité par RCA en novembre 1972.

---

* Réédité avec des morceaux bonus (à l'exception d'*Aladdin Sane*) par EMI entre 1990 et 1992.

ChangesoneBowie	RCA RS 1055	Mai 1976	UK 2/28
			US 10/39
Low *	RCA PL. 12030	Jan 1977	UK 2/24
			US 11/19
'Heroes' *	RCA PL. 12522	Oct 1977	UK 3/26
			US 35/19
Peter And The Wolf *	RCA RL 12743	Mai 1978	US 135/7
Stage *	RCA PL 02913	Sept1978	UK 5/10
			US 44/13
Lodger *	RCA BOW LP I	Mai 1979	UK 4/17
			US 20/15
Scary Monsters (and Super Creeps) *	RCA BOW LP 2	Sept 1980	UK 1/32
			US 12/27
Christiane F-Wir Kinder Vom Bahnhof Zoo	RCA 4239 (B.O.)	Avr 1981	US 135/7
ChangestoBowie	RCA BOW LP 3	Nov 1981	UK 27/17
			US 68/18
Let's Dance	EMI America AML 3029	Avr 1983	UK 1/58
			US 4/68
Ziggy Stardust-The Motion Picture *	RCA PL 84862	Oct 1983	UK 17/6
			US 89/15
Tonight	EMI America DB1	Sept 1984	UK 1/19
			US 11/24
Absolute Beginners (trois titres par Bowie)	Virgin V 2386	Mars 1986	UK 19/9
Labyrinth (titres de Bowie et six instrumentaux par Trevor Jones)	EMI Amerca AML 3104	Juil 1986	UK 38/2
			US 68/8
Never Let Me Down	EMI America AMLS 3117	Avr 1987	UK 6/16
			US 34/26
Tin Machine **	EMI-USA MTLS 1044	Mai 1989	UK 3/9
			US 28/17
Sound+Vision (4 CD Boxed Set)	Rykodisc RCD 90120/21/22	Nov 1989	US 97/16
ChangesBowie	EMI DBTV 1	Mars 1990	UK 1/29
			US 39/27
Tin Machine II **	8282721	Sept 1991	UK 23/3
			US 126/3
Tin Machine Live-Oy Vey Baby **	Victory/828 328	Août 1992	
Black Tie White Noise	Arista 74321 13697	Avr 1993	UK 1/11
			US 39/8
The Buddha of Suburbia	Arista	Nov 1993	UK 87/1

---

* Réédité avec des morceaux bonus (à l'exception d'*Aladdin Sane*) par EMI entre 1990 et 1992.

** Enregistré comme partie intégrante de *Tin Machine*.

Davd Bowie : The Singles Collection		Nov 1993	UK 9/15
Santa Monica, '72	Trident International, GY 002	Mai 1994	UK 74/1
RarestoneBowie	Trident International, GY 014		UK 101/1
Outside	RCA 74321 31066 2	Sept 1995	UK 8/4 US 21/6
Earthling	RCA 74321 44944 2	Fév 1997	UK 6/4 US 39/6
The Best Of Bowie : 1969-73	EMI 7243 8 21849 2 8	Oct 1998	UK 13/19
The Best Of Bowie : 1974-79	EMI 7243 4 94300 2 0	Avr 1998	UK 37
Hours...	Virgin CDV 2900	Oct 1999	UK 5/6 US 47/4
Bowie At The Beeb	EMI 72443 528629 2 40	Sept 2000	UK 7/4 US 181/1
Rarest Live	MF	2001	
Heathen	Columbia	Juin 2002	
Club Bowie	EMI	2003	
Reality	ISO/Columbia	Sept 2003	
Black Tie White Noise (expanded)	EMI	2004	

N.B. La dernière colonne du tableau indique la meilleure position atteinte dans les charts anglais et américains/le nombre de semaines dans les charts.

Singles :

Ci-dessous la liste des tubes de Bowie au Royaume-Uni et aux États-Unis, prouvant qu'il est une des stars les plus durables de l'industrie.
Charts britanniques :
Ce qui suit est la liste des chansons de Bowie au Top 75. Chaque entrée comprend : la semaine d'entrée dans les charts, le titre, le label original et la référence au catalogue, le meilleur classement obtenu et le total de semaines au hit-parade. Bowie n'est entré qu'une seule fois à la 1re place, pour son duo avec Mick Jagger, *Dancing In The Street*. *Ashes To Ashes*, entré à la 4e place, a atteint la première place la semaine suivante, et est le single de Bowie qui s'est vendu le plus rapidement. Bien qu'aucun chiffre officiel n'ait été publié, il semble que le plus gros succès de Bowie au Royaume-Uni ait été *Space Oddity*, qui a atteint près d'un million de ventes, suivi par *Let's Dance*, avec environ 750 000 ventes.

6 sept 69	Space Oddity	Philips BF 1801	5	14
24 juin 72	Starman	RCA 2199	10	11
16 sept 72	John, I'm Only Dancing	RCA2263	12	10
9 déc 72	The Jean Genie	RCA 2302	2	13
14 avr 73	Drive in Saturday	RCA 2352	3	10

30 juin 73	Life on Mars ?	RCA 2316	3	13
15 sept 73	The Laughing Gnome	Deram DM 123	6	12
20 oct 73	Sorrow	RCA 2424	3	15
23 fév 74	Rebel Rebel	RCA LPBO 5009	5	7
20 avr 74	Rock'n'Roll Suicide	RCA LPBO 5021	22	7
22 juin 74	Diamond Dogs	RCA APBO 0293	21	6
28 sept 74	Knock On Wood	RCA APBO 2466	10	6
1 mars 75	Young Americans	RCA 2523	18	7
2 août 75	Fame	RCA 2579	17	8
11 oct 75	Space Oddity (re-issue)	RCA 2593	1	10
29 nov 75	Golden Years	RCA 2640	8	10
22 mai 76	TVC15	RCA 2682	33	4
19 fév 77	Sound And Vision	RCA PB 0905	3	11
15 oct 77	"Heroes"	RCA PB 1121	24	8
21 jan 78	Beauty And The Beast	RCA PB 1190	39	3
2 déc 78	Breaking Glass EP	RCA BOW 1	54	7
5 mai 79	Boys Keep Swinging	RCA BOW 2	7	10
21 juil 79	DJ	RCA BOW 3	29	5
15 juil 79	John, I'm Only Dancing (Again)(1975)/ John, I'm Only Dancing (1972)	RCA BOW 4	12	8
1 mars 80	Alabama Song	RCA BOW 5	23	5
16 août 80	Ashes To Ashes	RCA BOW 6	1	10
1 nov 80	Fashion	RCA BOW 7	5	12
10 jan 81	Scary Monsters (And Super Creeps)	RCA BOW 8	20	6
28 mars 81	Up The Hill Backwards	RCA BOW 9	32	6
14 nov 81	Under Pressure	EMI 5250	1	11
28 nov 81	Wild Is The Wind	RCA BOW 10	24	10
6 mars 82	Baal's Hymn (EP)	RCA BOW 11	29	5
10 avr 82	Cat People(Putting out Fire)	MCA 770	26	6
27 nov 82	Peace On Earth – Little Drummer Boy	RCA BOW 12	3	8
26 mars 83	Let's Dance	EMI America EA 152	1	14
11 juin 83	China Girl	EMI America EA 157	2	8
24 sept 83	Modern Love	EMI America EA 158	2	8
5 nov 83	White Light, Whte Heat	RCA 372	46	3
22 sept 84	Blue Jean	EMI America 181	6	8
8 déc 84	Tonight	EMI America EA 181	53	4
9 fév 85	This Is Not America	EMI America EA 190	14	7
8 juin 85	Loving The Alien	EMI America EA 195	19	7
7 sept 85	Dancing In The Street	EMI America EA 204	1	12
15 mars 86	Absolute Beginners	Virgin VS 838	2	9
21 juin 86	Underground	EMI America EA 216	21	6
8 nov 86	When The Wind Blows	Virgin VS 906	44	4
4 avr 87	Day-n Day-Out	EMI America EA 230	17	6
27 juin 87	Time Will Crawl	EMI America EA 237	33	4
29 août 87	Never Let Me Down	EMI America EA 239	34	6

7 avr 90	Fame 90 (re-mix)	EMI-USA FAME 90	28	4
22 août 92	Real Cool World	Warner Bros. W 0127	53	1
27 mars 93	Jump They Say	Arista 74321139422	9	6
12 juin 93	Black Tie White Noise	Arista 74321148682	36	2
23 oct 93	Miracle Goodnight	Arista 74321162262	40	2
4 déc 93	Buddha of Suburbia	Arista 74321177052	35	3
23 sept 95	The Heart's Filthy lesson	RCA 74321 37032	35	2
2 déc 95	Strangers When We Meet/ The Man Who Sold The World (Live)	RCA 74321 329402	39	2
2 mars 96	Hallo Spaceboy	RCA 74321 353842	12	5
4 nov 96	Telling Lies	RCA 74321 397392	81	1
4 fév 97	Little Wonder	RCA 74321 452072	14	4
16 avr 97	Dead Man Walking	RCA 74321 475842	32	2
18 août 97	Seven Years In Tibet	RCA 74321 512542	61	1
21 fév 98	I Can't Read	Velvet ZYX 8757 8	73	1
26 sept 99	Thursday's Child	Virgin VSCDF 1753	16	3
12 déc 99	Under Pressure (RAH mix)	EMI 72438 88033	14	7
30 jan 00	Survive	Virgin VSCDT 1767	28	2
23 juil 00	Seven	Virgin VSCDT 1761	32	2
2001	Life On Mars/The Man Who Sold The World	EMI		
2002	Everyone Says Hi, part 1	Sony International		
2002	Everyone Says Hi, part 2	Sony International		
2002	Everyone Says Hi, part 3	Sony International		
2002	Everyone Says Hi	EMI		
2002	I've Been Waiting ForYou	EMI		
2002	Slow Burn	Sony International		
2003	New Star Killer	Sony International		
2003	Lodger (bonus track)	Rykodisc		

Avec Tin machine :

Juil 89	Under The God	EMI-USA MT 68	51	2
9 sept 89	Tin Machine/Maggie's Farm (Live)	EMI-USA MT 73	48	2
24 août 91	You Belong In Rock'n'Roll	London LON 305	33	3
2 nov 91	Baby Universal	London LON 310	48	3

Charts américains :

Le succès de Bowie dans les charts américains a été irrégulier, avec deux grands n° 1 qui ont éclipsé de nombreux hits mineurs. Les données fournies ici sont les suivantes : semaine (ou mois) de parution du single, titre, label d'origine et numéro de catalogue, meilleure position dans les charts et nombre total de semaines dans les charts (quand l'information est disponible).

Jan 72	Changes	RCA 740605	41	
Mai 72	Starman	RCA 740719	65	
Nov 72	The Jean Genie	RCA 0838	71	
Fév 73	Space Oddity	RCA 0876	15	10

Fév 74	Rebel Rebel	RCA AP BO 0287	64	
Jan 75	Young Americans	RCA 10152	28	4
Août 75	Fame	RCA 10320	1	14
Nov 75	Golden Years	RCA 10441	10	16
Avr 76	TVC15	RCA PB 106664	64	
Fév 77	Sound And Vision	RCA PB 10903	69	
1 nov 80	Fashion	RCA 12134	70	
14 nov 81	Under Pressure	Elektra 47235	29	8
10 avr 82	Cat People (Puttin'Out Fire)	Backstreet Records	67	
26 mars 83	Let's Dance	EMI America 8158	1	14
11 juin 83	China Girl	EMI America 8165	10	11
24 sept 83	Modern Love	EMI America 8177	14	9
Fév 84	Whithout You	EMI America B8190	73	
22 sept 84	Blue Jean	EMI America 8231	8	10
8 déc 84	Tonight	EMI America	53	
9 mars 85	This Is Not America	EMI America 8251	32	4
7 sept 85	Dancing In The Street	EMI America 8288	7	9
15 mars 86	Absolute Beginners		53	
1 avr 87	Day-In Day-Out	EMI America 8380	21	7
29 août 87	Never Let Me Down	EMI America 43031	27	5
Nov 95	Heart's Filthy Lesson		92	
14 oct 97	I'm Afraid Of Americans	EMD/Virgin 72438 3861828	66	16

Enregistrement pirates

La planète Bowie est inondée d'enregistrements pirates, illégaux, bien entendu. La plupart sont abominables. Certains sont exorbitants. Cependant, Bowie lui-même a souvent fermé les yeux sur les sites qui permettent de télécharger des enregistrements pirates, et a même demandé à ses fans d'envoyer des cassettes et documents photographiques illégaux de la tournée Earthling à son propre site ! Ce qui est sûr, c'est qu'un certain nombre de fans se sont enrichis grâce aux enregistrements pirates, et que le marché noir de Bowie est l'un des plus compétitifs qui soient. Cependant, un de ces enregistrements, d'excellente qualité et présenté par différentes sources au cours des deux décennies écoulées, devrait se trouver dans la collection de tout vrai fan : celui du Thin White Duke, une prestation live féroce qui a eu lieu début 1976 au Uniondale Coliseum de Nassau. Des copies du récent spectacle de Bowie à l'Orpheum Theatre de Boston, le 1er octobre 1997, sont également disponibles, et excellentes. Pour plus d'informations, consultez l'Internet, mais soyez prudent, vous risquez fort de payer une fortune et d'être déçu !

David Bowie parle

Une brève liste des émissions de radio les plus importantes.

Grundy, S., The David Bowie Story, Radio 1, quatre parties, mai 1976.

Bowie, D., *Star Special*, Radio 1, 'Bowie spins the discs', mai 1979.

Gambaccini, P., *The David Bowie Story*, Radio 1, six parties, 3 avril-8 mai 1993. Mise à jour de la diffusion de 1976 avec des interviews de Bowie et de ses camarades de travail.

ChangesnowBowie, 1997. Un hommage à Bowie diffusé en janvier 1997 et présenté par Mary-Anne Hobbes. Les interviewers invités étaient entre autres Sean Ryder, Scott Walker, Damon Albarn et Brett Anderson. Bowie y joua également des versions acoustiques d'une demi-douzaine de ses vieux succès.

Alison Vernon-Smith (productrice), Ben Moody (chercheur), Mark Goodyear (présentateur), *Golden Years – The Story of David Bowie*, BBC Radio 2, 3 parties, mars 2000.

DAVID BOWIE SUR INTERNET

Sites officiels

Bowie a deux excellents sites, BowieNet (davidbowie.com) et bowieart.com

BowieNet (www.davidbowie.com)
www.bowieart.com

Sites non officiels

Il existe des dizaines et des dizaines de sites sur Bowie. Voici mes favoris :

Bassman Bowie www.algonet.se/~bassman
Teenage Wildlife www.teenagewildlife.com/Bowie/
Little Wonderworld www.bowiewonderworld.com/
The Ziggy Stardust Companion www.5years.com/

Sites liés à Bowie

Il est également possible de s'inscrire à la « David Bowie Newsletter for the Lazy and Web-Impaired » à dbfan-list-request@etete.com pour obtenir des informations régulières sur Bowie. Le bulletin édité par Andrew Stewart est également intéressant et peut être obtenu en adressant un mail à bowie-new@hotmail.com

Philippe Auliac www.auliac.com/bowie/mainbowie.html
Adrian Belew www.murple.com/adrianbelew
Angie Bowie www.bettyjack.com/angie
Reeves Gabrels www.reevesgabrels.com
Mike Garson www.nowmusic.net

Iman www.i-iman.com
Outside Organisation (Bowie's UK publicists) www.outside-org.co.uk
Mark Plati www.markplati.com
Mick Rock (famous Bowie photographer) www.mickrock.com
Earl Slick's website and cyber record label www.slickmusic.com
Tony Visconti www.tonyvisconti.com

INDEX

461

462

REMERCIEMENTS

Je travaille à ce livre, sous différentes formes, depuis quatre ans. Ses origines se trouvent dans une thèse de doctorat et des recherches menées entre 1988 et 1993 à l'Institute of Popular Music de l'université de Liverpool. Je voudrais remercier mon directeur de recherches David Horn, qui a supervisé la partie du travail datant de cette époque. Outre David, de nombreux amis et collègues m'ont généreusement accordé leur temps pendant ces cinq années. Je tiens à remercier particulièrement Martin Cloonan, Sara Cohen, John Corner, Simon Frith, Robin Hartwell, Mike Jones, Susan Mensah, Ron Moy, Steve Murray, Robert Orledge, Steve Redhead, John Shepherd, Phillip Tag, Michael Talbot, Liz Thomson et Jolande Van Bergen.

Deux projets centrés sur Bowie m'ont aussi permis de vérifier mes théories concernant l'ex-Mr Jones. Je voudrais remercier Liz Thomson et David Gutman de m'avoir confié la rédaction de deux articles pour leur anthologie *The Bowie Companion*, publiée chez MacMillan en 1993, juste au moment où Bowie retrouvait toute son importance. Je remercie également Chris Charlesworth d'Omnibus Press de m'avoir demandé d'écrire un bref guide du catalogue de Bowie, et Andrew King, également chez Omnibus. Ce livre élémentaire « de la taille d'un CD », intitulé *The Complete Guide to the Music of David Bowie* a été publié en mai 1996, et s'adresse au fan de rock en général. David Bowie a aimé le livre et a commandé la production d'une édition spéciale dans une version révisée, distribuée aux médias à l'occasion de la sortie de son album *Earthling* de 1997. Une seconde édition révisée, également à l'intention de certains médias, fut publiée avec une critique de *hours...*en automne 1999.

J'ai beaucoup bénéficié des conversations que j'ai eues avec de nombreuses personnalités clés de la carrière de Bowie. Toutes les personnes interrogées se souviennent de David Bowie avec une affection sincère. Je souhaite remercier tous ceux qui m'ont aidé dans mes recherches, ont correspondu avec moi ou ont été interviewés pour ce livre.

En particulier, je désire exprimer ma profonde gratitude aux trois des principaux collaborateurs de Bowie qui ont généreusement partagé avec moi leur temps et leur connaissances : Ken Scott, producteur des chefs-d'œuvre de l'époque glam, Carlos Alomar, qui a dirigé le groupe de Bowie pendant presque quinze ans, et Tony Visconti, le coproducteur d'environ la moitié de l'œuvre enregistrée de Bowie. Des informations précieuses sur la vie et le travail de David Bowie m'ont également été fournies par Adrian Belew, Patti Brett, Paul Buckmaster, Dai Davies, Gus Dudgeon, Bryan Ferry, Reeves Gabrels, Mike Garson, Hanif Kureishi, Gary Numan, Hugh Padgham, Tim Palmer, Mark Plati, Nile Rodgers, Earl Slick, David Stopps, Mike Vernon et Alan Winstanley.

Un autre grand merci doit être adressé à tous les acteurs de l'industrie de la musique, managers, publicistes, journalistes et auteurs, qui m'ont parlé ou ont correspondu avec moi : Chris Charlesworth, Alan Franks, Paul Gambaccini, Dave Laing, Steve Malins, John Osborne chez Slick Music, Jordyn chez Nile Rodgers Productions, Mark Paytress, John Peel, Simon Reynolds, Chris Roberts, Paul Roberts, Jon Savage, Mat Snow et Rogan Taylor.

J'ai également une dette immense envers les fans de David Bowie, dont beaucoup ont répondu à des questionnaires, correspondu avec moi, m'ont fourni des documents et m'ont encouragé pendant la rédaction de cet ouvrage. Une mention particulière doit aller à l'archiviste de Bowie, David Priest, le seul homme que je connaisse qui aime *vraiment* la musique de Bowie du milieu des années 60, pour son extrême générosité et ses conseils d'expert. Paul Kinder, doyen de l'univers Bowie et maître du site Little Wonderworld, a également été une source inestimable d'information et d'encouragement, de même que l'auteur et fan extraordinaire Dara O'Kearney. Je voudrais aussi exprimer mon appréciation envers la tribu suivante de fidèles de Bowie (ou ex-fidèles, dans certains cas), dont certains sont beaucoup plus critiques à l'égard de leur idole que je ne le suis : Ian Aldous, Patti Brett, David Gough, Richard Guerin, Wolfgang Gürster, Neville Judd, Spenser Kansa, Steve Keay, Stefano Nardini, Steve Pafford, Bonnie Powell, Liz Racz, Evan Torrie, Stefan Westman, Michael Wiegers, Ruth Willis, Paul Woods et Tom Zuback.

Merci également à Paul Lawrence, Philipp Tagg, Rob Orledge et Robin Hartwell de m'avoir aidé à comprendre la musique de Bowie d'un point de vue de musicologue.

Je désire tout particulièrement remercier Geoff Ward, qui a lu et relu des différentes versions du manuscrit sur une période de plusieurs années, et placer un bras affectueux autour des épaules de deux fans méritants de Liverpool FC qui se sont attaqués au manuscrit avec enthousiasme : Paul Du Noyer, le laconique fondateur du magazine *Mojo* et ancien éditeur de *Q*, et Keith Ansell Pearson, fan de Bowie depuis beaucoup plus longtemps que moi, et philosophe de surcroît, et dont les commentaires ont été précieux.

Merci également à mes agents, Ros Edwards et Helena Fuglewicz, grâce à qui mon travail a pu être porté à l'attention d'un public plus vaste, et à Jo McGarvey. Un grand merci aussi à Ian Gittins, mon éditeur chez Virgin, qui a su voir le potentiel que recelait l'idée de célébrer l'œuvre de Bowie et dont les commentaires sur le texte ont été judicieux, ainsi qu'à Kirstie Addis, Tim Wild et Melissa Harrison. Je voudrais de plus remercier les publicistes de Bowie, *Outside Organisation*, notamment le conseiller de David, Alan Edwards, son ancienne assistante Vicky Hayford et Julian Stockton, qui m'ont donné beaucoup de conseils et d'informations, et ont tenu David Bowie informé du déroulement du projet. Je remercie également David Bowie de m'avoir donné la permission d'interviewer certains de ses collaborateurs actuels.

Je dois aussi remercier mes amis à Munich. Tout d'abord, une tournée de bière blanche est de rigueur pour les habitués du Die 2 (Grant, Graham, Richard et Klaus). Merci à Steve Hopwood de bien vouloir jouer avec moi chaque semaine et à Chris Andrews, expert en billard.

Un merci particulier à mes frères, John et Harold (tous deux fans de Ziggy alors que l'auteur faisait encore une fixation – brève – sur Slade), à ma mère, mon père et mes deux filles, Louise et Elsa (toutes les deux nées pendant la phase Tin Machine de Bowie), qui, tous, d'une manière ou d'une autre, supportent un frère/fils/père obsédé par Bowie, et cela depuis des années. Étonnamment, ils aiment tous la musique de David Bowie, même après en avoir été bombardés pendant si longtemps.

Ma plus profonde gratitude va néanmoins à ma femme, Ann Henrickson, pour son soutien au fil des années et sa lecture et relecture incessante d'interminables brouillons de la thèse et du livre.

David Buckley
Munich, 11 août 1999

CRÉDITS PHOTOS

473

Page 11 : Iggy Pop à Berlin, où il accompagna Bowie en 1977, © Philippe Auliac.

Page 12 : David Bowie à l'époque de *Heroes*, en 1977, © Simonpietri Christian / Corbis Sigma.

Page 13 : David Bowie dans le film *Just a gigolo* de David Hemmings, en 1978, © Simonpietri Christian / Corbis Sigma.

Page 14 : David Bowie dans *Furyo*, de Nagisa Oshima, en 1983, © Corbis Sigma.
David Bowie en Andy Warhol pour les besoins du film *Basquiat*, de Julian Schnabel, en 1995, © Mitchelle Gerber/Corbis Sigma.
Bowie à Broadway dans le rôle de John Merrick, dans *Elephant Man*, en 1980, © Michael Putland/Retna.

Page 15 : Catherine Deneuve et David Bowie dans *Les Prédateurs* de Tony Scott, en 1983, © Corbis Sigma.

Page 16 : Les jeunes Américains retrouvent le culte de Bowie, qui savoure les applaudissements lors de la tournée *Earthling*, en 1997, © Simonpietri Christian / Corbis Sigma.

TABLE

CET OUVRAGE A ÉTÉ COMPOSÉ
ET MIS EN PAGES CHEZ NORD COMPO (VILLENEUVE-D'ASCQ)
ET ACHEVÉ D'IMPRIMER SUR ROTO-PAGE
PAR L'IMPRIMERIE FLOCH À MAYENNE
EN SEPTEMBRE 2004

N° d'éd. FF855401. N° d'impr. 61085.
D.L. : octobre 2004.

Imprimé en France